Inhaltsverzeichnis

A	**Aufgaben und Bereiche des industriellen Rechnungswesens**					**7**
1	Aufgaben des Rechnungswesens ...	7	2.2	Kosten- und Leistungsrechnung		8
			2.3	Statistik		8
2	Bereiche des Rechnungswesens	7	2.4	Planungsrechnung		8
2.1	Buchführung	7				

B	**Einführung in die Industriebuchführung**					**9**
1	Bedeutung der Buchführung	9	6	Gewinn- und Verlustrechnung mit Bestandsveränderungen an fertigen und unfertigen Erzeugnissen		54
1.1	Aufgaben der Buchführung	9				
1.2	Gesetzliche Grundlagen der Buchführung	10				
1.3	Ordnungsmäßigkeit der Buchführung	11	7	Umsatzsteuer beim Ein- und Verkauf		60
			7.1	Wesen der Umsatz- bzw. Mehrwertsteuer		60
2	Inventur, Inventar und Bilanz	12	7.2	Buchung der Umsatzsteuer im Ein- und Verkaufsbereich		63
2.1	Inventur	12				
2.2	Inventurverfahren für das Vorratsvermögen	13	7.2.1	Buchung beim Einkauf von Rohstoffen u.a.		63
2.3	Inventar	14	7.2.2	Buchung beim Verkauf von Erzeugnissen		64
2.4	Erfolgsermittlung durch Kapitalvergleich	18	7.2.3	Vorsteuerabzug und Ermittlung der Zahllast		65
2.5	Bilanz	20				
2.6	Aussagewert der Bilanz	21	7.3	Bilanzierung der Zahllast und des Vorsteuerüberhangs		66
2.7	Vergleich zwischen Inventar und Bilanz	22				
			8	Privatentnahmen und Privateinlagen		70
3	Buchen auf Bestandskonten	24	8.1	Privatkonto		70
3.1	Wertveränderungen in der Bilanz ...	24	8.2	Umsatzsteuer bei Eigenverbrauch ...		70
3.2	Auflösung der Bilanz in Bestandskonten	26	9	Organisation der Buchführung		73
3.3	Buchung von Geschäftsfällen und Abschluß der Bestandskonten	28	9.1	Industriekontenrahmen (IKR)		73
			9.1.1	Aufgaben und Aufbau des IKR		73
3.4	Buchungssatz	32	9.1.2	Erläuterung der Kontenklassen 0 bis 8		75
3.4.1	Einfacher Buchungssatz	32	9.1.3	Kontenrahmen und Kontenplan		76
3.4.2	Zusammengesetzter Buchungssatz ..	36	9.2	Belegorganisation		80
3.5	Eröffnungsbilanzkonto und Schlußbilanzkonto	38	9.2.1	Bedeutung und Arten der Belege ...		80
			9.2.2	Bearbeitung der Belege		80
3.5.1	Eröffnungsbilanzkonto (EBK)	38	9.3	Bücher der Buchführung		82
3.5.2	Schlußbilanzkonto (SBK)	38	9.3.1	Grundbuch		82
			9.3.2	Hauptbuch		83
			9.3.3	Nebenbücher (Nebenbuchhaltungen)		84
4	Buchen auf Erfolgskonten (Ergebniskonten)	41	9.3.3.1	Kontokorrentbuchhaltung		84
4.1	Aufwendungen und Erträge	41	10	Konventionelle und EDV-gestützte Buchführung		87
4.2	Erfolgskonten als Unterkonten des Kapitalkontos	42	10.1	Konventionelle Buchführung		87
4.3	Gewinn- und Verlustkonto als Abschlußkonto der Erfolgskonten ...	45	10.2	Computergestützte Buchführung ...		87
			11	Buchen mit einem Finanzbuchhaltungsprogramm		89
5	Abschreibung der Anlagegüter	50	11.1	Erfassung der Daten		89
5.1	Ursachen, Buchung und Wirkung der Abschreibung	50	11.2	Buchungserfassung mit der KHK-Classic-Line-Fibu		90
5.2	Berechnung der Abschreibung	51				

C	**Beleggeschäftsgang 1 – computergestützt**					**95**

D	**Buchungen in wichtigen Sachbereichen**					**109**
1	Beschaffungs- und Absatzbereich ..	109	1.2	Bezugskosten		109
1.1	Sofortrabatte	109	1.3	Handelswaren		112

1.4	Rücksendungen	113
1.4.1	Rücksendungen an Lieferer	113
1.4.2	Rücksendungen vom Kunden	113
1.5	Nachlässe	115
1.5.1	Nachträgliche Preisnachlässe im Beschaffungsbereich	115
1.5.2	Nachträgliche Preisnachlässe im Absatzbereich	116
1.6	Nachlässe in Form von Skonti	120
1.6.1	Liefererskonti	120
1.6.2	Kundenskonti	121
1.7	Buchung der Materialeinkäufe auf Aufwandskonten der Klasse 6	124
2	**Personalbereich**	**130**
2.1	Grundlagen der Lohn- und Gehaltsberechnung	130
2.1.1	Lohn- und Kirchensteuerabzug	130
2.1.2	Sozialversicherungsabzüge	133
2.2	Buchung der Löhne und Gehälter	137
2.3	Vorschüsse	138
2.4	Sonstige (geldliche) Bezüge	138
2.5	Vermögenswirksame Leistungen	145
3	**Finanzbereich**	**147**
3.1	Buchungen im Scheckverkehr	147
3.2	Buchungen im Wechselverkehr	147
3.2.1	Besitz- und Schuldwechsel	147
3.2.2	Verwendungsmöglichkeiten des Wechsels	149
3.2.3	Wechselkopierbuch	150
3.2.4	Wechselprotest und Wechselrückgriff	152
3.3	Anzahlungen an Lieferer und von Kunden	154
3.3.1	Geleistete Anzahlungen auf Vorräte	154
3.3.2	Erhaltene Anzahlungen auf Bestellungen	155
3.4	Wertpapiere	156
3.4.1	An- und Verkauf von Aktien	156
3.4.2	Bewertung der Wertpapiere zum Jahresabschluß	157
3.4.3	Kauf und Verkauf festverzinslicher Wertpapiere	158
3.4.4	Buchhalterische Behandlung der Dividende	158
4	**Buchhalterische Behandlung der Steuern**	**160**
4.1	Aktivierungspflichtige Steuern	160
4.2	Aufwandsteuern (Betriebssteuern)	160
4.3	Personensteuern (Privatsteuern)	161
4.4	Steuern als „durchlaufender Posten" (Durchlaufsteuern)	162
4.5	Steuernachzahlungen und Steuerrückerstattungen	162
5	**Sachanlagenbereich**	**165**
5.1	Anlagenbuchhaltung (Anlagenkartei)	165
5.2	Anschaffung von Anlagegütern	166
5.3	Eigene Herstellung von Anlagegütern	168
5.4	Anzahlungen auf Anlagen und Anlagen im Bau	170
5.5	Abschreibungen auf Anlagegüter	171
5.5.1	Planmäßige und außerplanmäßige Abschreibungen	171
5.5.2	Methoden der planmäßigen Abschreibung	173
5.5.2.1	Lineare (gleichbleibende) Abschreibung	173
5.5.2.2	Degressive Abschreibung (Buchwert-AfA)	173
5.5.2.3	Abschreibung nach Leistungseinheiten (Leistungs-AfA)	175
5.5.3	Geringwertige Wirtschaftsgüter (GWG)	175
5.6	Ausscheiden von Anlagegütern	179
5.6.1	Verkauf von Anlagegütern	179
5.6.2	Entnahme von Anlagegütern	181
5.6.3	Inzahlungnahme von Anlagegütern	182

E	**Jahresabschluß**	**184**
1	**Jahresabschlußarbeiten im Überblick**	**184**
2	**Zeitliche Abgrenzung der Aufwendungen/Erträge**	**185**
2.1	Sonstige Forderungen und Sonstige Verbindlichkeiten	185
2.2	Aktive und Passive Rechnungsabgrenzungsposten	188
2.3	Rückstellungen	194
3	**Bewertung der Vermögensteile und Schulden**	**199**
3.1	Maßgeblichkeit der handelsrechtlichen Bewertung	199
3.2	Allgemeine Bewertungsgrundsätze nach § 252 HGB	201
3.3	Wertmaßstäbe	203
3.4	Besondere Bewertungsprinzipien	206
3.5	Bewertung des Anlagevermögens	208
3.5.1	Bewertung der abnutzbaren Anlagegüter	208
3.5.2	Bewertung der nicht abnutzbaren Anlagegüter	208
3.6	Bewertung des Umlaufvermögens	210
3.6.1	Bewertung der Vorräte	210
3.6.1.1	Durchschnittsbewertung nach § 240 (4) HGB	211
3.6.1.2	Verbrauchsfolgebewertung nach § 256 HGB	212
3.6.2	Bewertung der Forderungen	215
3.6.2.1	Einführung	215
3.6.2.2	Einzelbewertung von Forderungen	216
3.6.2.3	Pauschalwertberichtigung (PWB) der Forderungen	220
3.6.2.4	Kombination von Einzel- und Pauschalbewertung	222
3.7	Bewertung der Schulden	224
3.8	Diverse Aufgaben zur Bewertung der Wirtschaftsgüter	227

4	Abschluß in der Hauptabschlußübersicht 231		6.1 6.2 6.3	Publizitäts- und Prüfungspflicht .... 239 Gliederung der Bilanz nach § 266 HGB 240 Ausweis des Eigenkapitals	
5	Jahresabschluß der Personengesellschaften 235		6.4	in der Bilanz .... 242 Darstellung der Anlagenentwicklung	
5.1	Abschluß der Offenen Handelsgesellschaft (OHG) 235		6.5	im Anlagenspiegel .... 244 Gliederung der Gewinn- und	
5.2	Abschluß der Kommanditgesellschaft (KG) 237		6.6	Verlustrechnung nach § 275 HGB .. 244 Jahresabschluß der Gesellschaft mit beschränkter Haftung 246	
6	Jahresabschluß der Kapitalgesellschaften 239		6.7	Jahresabschluß der Aktiengesellschaft 252	

F Beleggeschäftsgang 2 – computergestützt 254

G Betriebswirtschaftliche Auswertung des Jahresabschlusses 272

1	Auswertung der Bilanz 272		3	Auswertung der Erfolgsrechnung .. 287	
1.1	Aufbereitung der Bilanz (Bilanzanalyse) 272		3.1 3.1.1	Umschlagskennzahlen .... 288 Lagerumschlag der Materialbestände 288	
1.2	Beurteilung der Bilanz (Bilanzkritik) 274		3.1.2	Umschlag der Forderungen 289	
1.2.1	Beurteilung der Kapitalausstattung (Finanzierung) 274		3.1.3 3.2	Kapitalumschlag .... 289 Kennzahlen der Rentabilität 290	
1.2.2	Beurteilung der Anlagenfinanzierung (Investierung) 276		3.2.1	Rentabilität des Eigenkapitals (Unternehmer-Rentabilität) 291	
1.2.3	Beurteilung des Vermögensaufbaues (Konstitution) 277		3.2.2	Rentabilität des Gesamtkapitals (Unternehmungs-Rentabilität) 291	
1.2.4	Beurteilung der Zahlungsfähigkeit (Liquidität) 279		3.2.3	Umsatzrentabilität (Umsatzverdienstrate) 292	
2	Bewegungsbilanz als Instrument zur Aufdeckung der Finanzierungs- und Investitionsvorgänge 282		3.3 3.4	Cash-flow-Analyse .... 293 Erfolgs- und Kostenstruktur 294	

H Kosten- und Leistungsrechnung im Industriebetrieb 299

1	Aufgaben und Grundbegriffe der Kosten- und Leistungsrechnung ... 299		2.3.2 2.3.3	Kalkulatorische Abschreibungen .. 315 Kalkulatorische Zinsen 318	
1.1	Zweikreissystem des Industriekontenrahmens 299		2.3.4 2.3.5	Kalkulatorischer Unternehmerlohn . 320 Kalkulatorische Wagnisse 322	
1.2	Aufgaben der Kostenund Leistungsrechnung 300		2.3.6 2.4	Kalkulatorische Miete .... 324 Kostenrechnerische Korrekturen	
1.3	Grundbegriffe der Kostenund Leistungsrechnung 301		2.5	durch Verrechnungspreise .... 325 Erstellung und Auswertung	
1.3.1	Einnahmen und Ausgaben 301			der Ergebnistabelle 326	
1.3.2	Erträge und Aufwendungen 301		2.5.1	Vorgehensweise bei der Erstellung	
1.3.3	Aufwendungen – Kosten 302			der Ergebnistabelle 327	
1.3.4	Erträge – Leistungen 304		2.5.2	Auswertung der Ergebnistabelle ... 327	
2	Abgrenzungsrechnung 307		3	Kostenartenrechnung 333	
2.1	Unternehmensbezogene Abgrenzungen 307		3.1 3.2	Aufgaben der Kostenartenrechnung 333 Gliederung der Kostenarten	
2.1.1	Ergebnistabelle als Hilfsmittel der Abgrenzungsrechnung 307		3.3	in der Kostenrechnung .... 333 Abhängigkeit der Kosten	
2.1.2	Erläuterungen zur Ergebnistabelle . 309			von der Beschäftigung 334	
2.2	Kostenrechnerische Korrekturen .. 313		3.3.1	Kostenverläufe bei variablen Kosten 336	
2.3	Kostenrechnerische Korrekturen durch Kalkulatorische Kosten 314		3.3.2 3.3.3	Kostenverläufe bei fixen Kosten ... 338 Kostenverläufe bei Mischkosten ... 339	
2.3.1	Aufgaben und Arten der Kalkulatorischen Kosten 314		3.3.4	Kostenplanung bei linearem Kostenverlauf 342	

4	**Vollkostenrechnung im Mehrproduktunternehmen**	346
4.1	Zurechnung der Kosten auf die Kostenträger	346
4.2	Kostenstellenrechnung in Betrieben mit Serienfertigung	347
4.2.1	Gliederung des Betriebes in Kostenstellen	348
4.2.2	Betriebsabrechnungsbogen (BAB) als Hilfsmittel der Kostenstellenrechnung	350
4.2.3	Ermittlung der Zuschlagssätze (Istzuschläge)	352
4.2.4	Kostenträgerblatt (BAB II) als Hilfsmittel der Kostenträgerzeitrechnung	358
4.3	Kostenstellen- und Kostenträgerrechnung auf Normalkostenbasis	360
4.3.1	Normalgemeinkosten	360
4.3.2	Kostenüberdeckung und Kostenunterdeckung	362
4.3.3	Kostenträgerblatt auf Normalkostenbasis	363
4.4	Erweiterter Betriebsabrechnungsbogen	367
4.4.1	Betriebsabrechnungsbogen mit mehreren Fertigungshauptstellen	367
4.4.2	Mehrstufiger Betriebsabrechnungsbogen	368
4.5	Maschinenstundensatzrechnung	374
4.5.1	Grundlagen der Maschinenstundensatzrechnung	374
4.5.2	Maschinenabhängige Fertigungsgemeinkosten	375
4.5.3	Restgemeinkosten	376
4.5.4	Berechnung des Maschinenstundensatzes im BAB	376
4.5.5	Abhängigkeit des Maschinenstundensatzes von der Maschinenlaufzeit	378
4.6	Kostenträgerstückrechnung bei Serienfertigung	381
4.6.1	Zuschlagskalkulation	381
4.6.2	Zuschlagskalkulation als Angebotskalkulation	382
4.6.3	Zuschlagskalkulation als Nachkalkulation	386
4.7	Vollkostenrechnung in Betrieben mit Sortenfertigung (Äquivalenzziffernkalkulation)	389
4.8	Vollkostenrechnung in Betrieben mit Massenfertigung (Divisionskalkulation)	391
5	**Deckungsbeitragsrechnung als Teilkostenrechnung**	393
5.1	Vergleich zwischen Vollkosten- und Teilkostenrechnung	393
5.2	Grundzüge der Deckungsbeitragsrechnung	394
5.2.1	Deckungsbeitragsrechnung als Stückrechnung	394
5.2.2	Deckungsbeitragsrechnung als Periodenrechnung im Einproduktunternehmen	395
5.2.3	Deckungsbeitragsrechnung als Periodenrechnung im Mehrproduktunternehmen	400
5.3	Bestimmung der Preisuntergrenze	404
5.4	Annahme von Zusatzaufträgen	406
5.5	Optimales Produktionsprogramm	408
5.6	Eigenfertigung oder Fremdbezug	412
6	**Plankostenrechnung als Controlling-Instrument**	415
6.1	Grundlagen des Controlling	415
6.2	Wesen der Plankostenrechnung	417
6.3	Planung der Einzel- und Gemeinkosten	418
6.3.1	Bestimmung der Planbeschäftigung	419
6.3.2	Festlegung der Plankosten aufgrund fester Verrechnungspreise	419
6.3.3	Verfahren der Kostenauflösung	420
6.4	Zuschlagskalkulation mit Plankostenverrechnungssätzen	421
6.5	Sollkosten	422
6.6	Soll-Ist-Kostenvergleich (Kostenkontrolle)	424

I	**Aufgaben zur Wiederholung und Vertiefung**	428

J	**Rechnungslegungsvorschriften nach HGB**	436
	Vorschriften für alle Kaufleute	436
	Ergänzende Vorschriften für Kapitalgesellschaften	441

Sachregister 446

Anhang: Industriekontenrahmen (IKR)
         Gliederung der Bilanz (§ 266 HGB)
         Gliederung der Gewinn- und Verlustrechnung (§ 275 HGB)
         Anmerkungen zum Jahresabschluß der Kapitalgesellschaften

A Aufgaben und Bereiche des industriellen Rechnungswesens

1 Aufgaben des Rechnungswesens

Das industrielle Rechnungswesen muß das gesamte Unternehmensgeschehen, insbesondere die

- ▶ **Beschaffung** der Werkstoffe und Betriebsmittel (Maschinen u.a.) sowie die
- ▶ **Fertigung** (Produktion) der Erzeugnisse und deren
- ▶ **Absatz** (Verkauf) zahlenmäßig

● erfassen, ● überwachen und ● auswerten.

Die Hauptaufgaben des Rechnungswesens im Industriebetrieb sind somit:

1. **Dokumentationsaufgabe.** Zeitlich und sachlich geordnete Aufzeichnung aller Geschäftsfälle auf Grund von Belegen, die die Vermögenswerte, das Eigen- und Fremdkapital sowie den Jahreserfolg (Gewinn oder Verlust) des Unternehmens verändern.
2. **Rechenschaftslegungs- und Informationsaufgabe.** Aufgrund gesetzlicher Vorschriften jährliche Rechenschaftslegung und Information der Unternehmenseigner, der Finanzbehörde und evtl. der Gläubiger (Kreditgeber) über die Vermögens-, Schulden- und Erfolgslage des Unternehmens (Jahresabschluß).
3. **Kontrollaufgabe.** Ausgestaltung des Rechnungswesens zu einem aussagefähigen Informations- und Kontrollsystem, das der Unternehmensleitung jederzeit eine Überwachung der Wirtschaftlichkeit der betrieblichen Prozesse sowie der Zahlungsfähigkeit (Liquidität) des Unternehmens ermöglicht.
4. **Dispositionsaufgabe.** Bereitstellung des aufbereiteten Zahlenmaterials als Grundlage für alle unternehmerischen Planungen und Entscheidungen, z. B. über Investitionen u. a.

2 Bereiche des Rechnungswesens

Die Verschiedenheit der Aufgaben bedingt eine Aufteilung des Rechnungswesens:

Bereiche des Rechnungswesens			
Buchführung	Kosten- und Leistungsrechnung	Statistik	Planung

2.1 Buchführung

Zeitrechnung. Die Buchführung erfaßt Höhe und Veränderungen der Vermögens- und Kapitalteile des Unternehmens sowie alle Arten von Aufwendungen (Werteverbrauch) und Erträgen (Wertezuwachs) für eine bestimmte Rechnungsperiode (Geschäftsjahr, Quartal, Monat). Sie ist also eine Zeitrechnung.

Dokumentation. Die Buchführung dient in erster Linie der Dokumentation (Aufzeichnung) aller Geschäftsfälle, die zu einer Veränderung des Vermögens und des Eigen- und Fremdkapitals des Unternehmens führen. Sie erfaßt also primär alle Zahlen, die im Unternehmen aufgrund von Belegen anfallen, und zeichnet sie zeitlich und sachlich geordnet entsprechend auf. Die Buchführung, in der Regel auch als Finanz- oder Geschäftsbuchhaltung bezeichnet, ist damit der wichtigste Zweig, der das Zahlenmaterial für die drei übrigen Bereiche des Rechnungswesens liefert.

Rechenschaftslegung. Im gesetzlich vorgeschriebenen Jahresabschluß (Bilanz und Gewinn- und Verlustrechnung sowie zusätzlich ein Anhang bei Kapitalgesellschaften) hat die Buchführung Rechenschaft abzulegen über Höhe und Zusammensetzung des Vermögens und des Kapitals sowie den Erfolg des Unternehmens im Geschäftsjahr.

2.2 Kosten- und Leistungsrechnung

Betrieb. Im Gegensatz zur Buchführung, die mehr unternehmensbezogen ist, indem sie alle wirtschaftlichen Vorgänge des gesamten Unternehmens festhält, ist die Kosten- und Leistungsrechnung betriebsbezogen. Sie befaßt sich lediglich mit den wirtschaftlichen Daten des Betriebes als Stätte des Leistungsprozesses:

- Produktion   und   • Absatz der Erzeugnisse.

Kosten und Leistungen. Die Kosten- und Leistungsrechnung erfaßt somit nur den Teil des Werteverbrauchs (= Kosten) und des Wertezuwachses (= Leistungen), der durch die Erfüllung der eigentlichen betrieblichen Tätigkeit verursacht wird, und ermittelt daraus das Betriebsergebnis (Betriebsgewinn oder Betriebsverlust).

Die Überwachung der Wirtschaftlichkeit des Leistungsprozesses ist die wichtigste Aufgabe der Kosten- und Leistungsrechnung (KLR). Auf der Grundlage der ermittelten Selbstkosten ist erst eine Kalkulation des Angebotspreises für das einzelne Erzeugnis (Stückrechnung) möglich.

2.3 Statistik

Aufgaben. Die betriebswirtschaftliche Statistik befaßt sich mit der Aufbereitung und Auswertung der Zahlen der Buchführung und der Kosten- und Leistungsrechnung mit dem Ziel der Überwachung des Betriebsgeschehens und der Gewinnung von Unterlagen für die unternehmerische Planung und Disposition. Beschaffungs-, Lager-, Umsatz-, Personal-, Kosten-, Bilanz- und Erfolgsstatistiken werden übersichtlich in tabellarischer und grafischer Form dargestellt.

Vergleichsrechnung. Durch Vergleich der statistisch aufbereiteten Daten mit früheren Zeitabschnitten (Zeitvergleich) oder mit Unternehmen der gleichen Branche (Betriebsvergleich) ergeben sich für die Unternehmensleitung wichtige Erkenntnisse.

2.4 Planungsrechnung

Vorschaurechnung. Die Planungsrechnung basiert auf den Zahlen der Buchführung, Kosten- und Leistungsrechnung und Statistik. Ihre Aufgabe ist es, die zukünftige betriebliche Entwicklung in Form von Voranschlägen zu berechnen.

Teilpläne werden im Rahmen der Planungsrechnung nach entsprechenden Funktionen erstellt: Investitionsplan, Beschaffungsplan, Absatz- und Finanzplan. Ein Vergleich der in den Plänen vorgegebenen Zahlen (Sollzahlen) mit den tatsächlichen Ergebnissen (Istzahlen) vermittelt aussagefähige Erkenntnisse über Abweichungen und deren Ursachen. Damit wird die Planungsrechnung zu einem echten Führungs- und Kontrollinstrument.

Organisation des Rechnungswesens. Die vier Bereiche des Rechnungswesens unterscheiden sich zwar in ihrer speziellen Aufgabenstellung, sie stehen aber in enger Verbindung zueinander und ergänzen sich gegenseitig. Diese enge Verzahnung bedarf daher einer entsprechenden Organisation des gesamten Rechnungswesens. Sie trägt entscheidend zur Erhöhung der Wirtschaftlichkeit bei.

Merke:	Das betriebliche Rechnungswesen gliedert sich in vier Bereiche:
• Buchführung:	▷ Zeitrechnung
• Kosten- und Leistungsrechnung:	▷ Stück- und Zeitrechnung
• Statistik:	▷ Vergleichsrechnung
• Planungsrechnung:	▷ Vorschaurechnung

B Einführung in die Industriebuchführung
1 Bedeutung der Buchführung
1.1 Aufgaben der Buchführung

Geschäftsfälle. In einem Industriebetrieb werden täglich vielfältige Arbeiten ausgeführt: Werkstoffe werden eingekauft, gelagert und zu fertigen Erzeugnissen verarbeitet, Rechnungen werden geschrieben, eingehende Rechnungen werden bezahlt, Löhne und Gehälter werden überwiesen usw. Sofern diese Tätigkeiten

- **Vermögenswerte** und **Schulden** der Unternehmung verändern,
- zu **Geldeinnahmen** oder **Geldausgaben** führen,
- Werteverzehr **(Aufwand)** oder Wertezuwachs **(Ertrag)** darstellen,

nennt man sie **Geschäftsfälle**.

Beleg. Jedem Geschäftsfall muß ein Beleg zugrunde liegen, der über

- **Vorgang,**   • **Datum**   und   • **Betrag**

Auskunft gibt. Der Beleg (Rechnungen, Bankauszüge, Quittungen u. a.) ist der Nachweis für die Richtigkeit der Aufzeichnung (Buchung).

Bereich	Geschäftsfall	Beleg
Beschaffung	Einkauf von Spanplatten	Eingangsrechnung
Fertigung	Verbrauch von Spanplatten	Materialentnahmeschein
Absatz	Verkauf von fertigen Erzeugnissen	Ausgangsrechnung

Merke: Zu jedem Geschäftsfall gehört ein Beleg als Nachweis der Buchung.

Die Buchführung muß alle Geschäftsfälle laufend, lückenlos und sachlich geordnet nach Materialeinkäufen, Verkaufserlösen (Umsatzerlösen), Verbindlichkeiten an Lieferer, Forderungen an Kunden usw.) erfassen und aufzeichnen (buchen). Ohne eine ordnungsgemäße Aufzeichnung der Geschäftsfälle würde die Unternehmensleitung in kürzester Zeit den Überblick über die Vermögens-, Schulden- und Erfolgslage sowie das gesamte Betriebsgeschehen verlieren. Außerdem fehlten ihr dann die zahlenmäßigen Grundlagen für alle Planungen, Entscheidungen und Kontrollen.

Die Buchführung im Industriebetrieb erfüllt wichtige Aufgaben:
- Sie stellt den **Stand des Vermögens und der Schulden** fest.
- Sie zeichnet **alle Veränderungen** der Vermögens- und Schuldenwerte lückenlos und sachlich geordnet auf.
- Sie ermittelt den **Erfolg des Unternehmens,** also den Gewinn oder den Verlust, indem sie alle Aufwendungen (Werteverzehr) und Erträge (Wertezuwachs) erfaßt.
- Sie liefert die Zahlen für die **Preisberechnung (Kalkulation) der Erzeugnisse.**
- Sie stellt Zahlen für **innerbetriebliche Kontrollen** zur Verfügung, die der Steigerung der Wirtschaftlichkeit dienen.
- Sie ist die Grundlage zur **Berechnung der Steuern.**
- Sie ist wichtiges **Beweismittel** bei Rechtsstreitigkeiten mit Kunden, Lieferern, Banken, Behörden (Finanzamt, Gerichte) u. a.

Merke:
- **Die Buchführung ist die sachlich geordnete und lückenlose Aufzeichnung aller Geschäftsfälle eines Unternehmens aufgrund von Belegen.**
- **Die Buchführung, auch Finanz- oder Geschäftsbuchhaltung genannt, liefert auch die Zahlen für die übrigen Zweige des industriellen Rechnungswesens:**
  ▷ **Kosten- und Leistungsrechnung,**   ▷ **Statistik**   und   ▷ **Planung.**

1.2 Gesetzliche Grundlagen der Buchführung

Buchführungspflicht. Die Buchführung ist das zahlenmäßige Spiegelbild des gesamten Unternehmensgeschehens. Sie erfüllt wichtige Aufgaben nicht nur für die Unternehmensleitung und die Unternehmenseigner, sondern auch für den Staat im Interesse einer richtigen Ermittlung der Steuern. Letztlich dient eine ordnungsmäßige Buchführung auch dem Schutz der Gläubiger des Unternehmens. Es liegt daher nahe, daß sowohl das Handelsgesetzbuch (§ 238 HGB) als auch die Abgabenordnung (§§ 140f. AO) den Unternehmer zur Buchführung verpflichten. Nach Handelsrecht ist nur der Vollkaufmann zur Buchführung verpflichtet:

„Jeder Kaufmann ist verpflichtet, Bücher zu führen und in diesen seine Handelsgeschäfte und die Lage seines Vermögens nach den Grundsätzen ordnungsmäßiger Buchführung ersichtlich zu machen." (§ 238 [1] HGB)

Nach Steuerrecht ist zunächst auch der Unternehmer zur Buchführung verpflichtet, der nach Handelsrecht gemäß § 238 HGB buchführungspflichtig ist (§ 140 AO). Darüber hinaus ist nach Steuerrecht jeder andere Unternehmer, also auch Minderkaufleute, Handwerker u. a., zur Buchführung verpflichtet, der gemäß § 141 AO eine der folgenden Voraussetzungen erfüllt:

- **Umsatz** jährlich von mehr als .... 500 000,00 DM
- oder **Eigenkapital** von mehr als .... 125 000,00 DM
- oder **Gewinn** jährlich von mehr als .... 48 000,00 DM

Die handelsrechtlichen Vorschriften über die Rechnungslegung, nämlich

Buchführung und **Jahresabschluß**,

enthält das Handelsgesetzbuch in seinem 3. Buch

„Handelsbücher".

Das 3. Buch „Handelsbücher" im HGB gliedert sich in drei Abschnitte:

- Der **1. Abschnitt (§§ 238–263 HGB)** enthält Vorschriften, die auf **alle Kaufleute** anzuwenden sind. Zu diesen grundlegenden Vorschriften zählen die Buchführungspflicht, die Führung von Handelsbüchern, das Inventar, die Pflicht zur Aufstellung des Jahresabschlusses (Bilanz und Gewinn- und Verlustrechnung), die Bewertung der Vermögensteile und Schulden sowie die Aufbewahrung von Buchführungsunterlagen u.a.m.

- Der **2. Abschnitt (§§ 264–335 HGB)** enthält – ergänzend zum 1. Abschnitt – spezielle Vorschriften für **alle Kapitalgesellschaften**, insbesondere über die Gliederung, Prüfung und Veröffentlichung des Jahresabschlusses der Aktiengesellschaft, Kommanditgesellschaft auf Aktien und Gesellschaft mit beschränkter Haftung. Die Vorschriften dieses Abschnitts entsprechen zugleich den Rechnungslegungsvorschriften aller EU-Mitgliedstaaten aufgrund des Bilanzrichtlinien-Gesetzes.

- Der **3. Abschnitt (§§ 336–339 HGB)** enthält für **eingetragene Genossenschaften** über den 1. und 2. Abschnitt hinausgehende Regelungen.

Rechtsformspezifische Vorschriften der jeweiligen Unternehmensform sind im Aktiengesetz, GmbH-Gesetz und Genossenschaftsgesetz enthalten.

Steuerrechtliche Vorschriften über die Buchführung enthalten die Abgabenordnung (AO), das Einkommensteuergesetz (EStG), Körperschaftsteuergesetz (KStG), Umsatzsteuergesetz (UStG) sowie die entsprechenden Durchführungsverordnungen (EStDV, KStDV, UStDV) und Richtlinien (EStR, KStR, UStR).

Merke: Das 3. Buch HGB enthält in drei Abschnitten eine geschlossene Darstellung der handelsrechtlichen Rechnungslegungsvorschriften (siehe Anhang).

1.3 Ordnungsmäßigkeit der Buchführung

Die Buchführung gilt als ordnungsgemäß, wenn sie so beschaffen ist, daß sie einem sachverständigen Dritten (Steuerberater, Betriebsprüfer des Finanzamtes) in angemessener Zeit einen Überblick über die

- Geschäftsfälle   und   • Lage des Unternehmens

vermitteln kann (§ 238 HGB, § 145 AO). Die Buchführung muß deshalb

- allgemein anerkannten   und   • sachgerechten Normen

entsprechen, und zwar den „Grundsätzen ordnungsmäßiger Buchführung" (GoB).

Quellen der GoB sind vor allem Wissenschaft und Praxis, die Rechtsprechung sowie Empfehlungen der Wirtschaftsverbände. Zahlreiche Grundsätze haben ihren Niederschlag in handels- und steuerrechtlichen Vorschriften gefunden.

Aufgabe der GoB ist es, Unternehmenseigner sowie Gläubiger des Unternehmens vor falschen Informationen und Verlusten zu schützen.

Die wichtigsten Grundsätze ordnungsmäßiger Buchführung (GoB)

- **Die Buchführung muß klar und übersichtlich sein.**
  - Sachgerechte und überschaubare Organisation der Buchführung
  - Übersichtliche Gliederung des Jahresabschlusses (§§ 243 [2], 266, 275 HGB)
  - Keine Verrechnung zwischen Vermögenswerten und Schulden sowie zwischen Aufwendungen und Erträgen (§ 246 [2] HGB)
  - Buchungen dürfen nicht unleserlich gemacht werden (§ 239 [3] HGB).
- **Ordnungsmäßige Erfassung aller Geschäftsfälle.**
  Die Geschäftsfälle sind fortlaufend und vollständig, richtig und zeitgerecht sowie sachlich geordnet zu buchen, damit sie leicht überprüfbar sind (§§ 238 [1], 239 [2] HGB). Kasseneinnahmen und -ausgaben sind täglich aufzuzeichnen (§ 146 [1] AO).
- **Keine Buchung ohne Beleg!**
  Sämtliche Buchungen müssen anhand der Belege jederzeit nachprüfbar sein. Die Belege müssen laufend numeriert und geordnet aufbewahrt werden (§ 257 [1] HGB).
- **Ordnungsmäßige Aufbewahrung der Buchführungsunterlagen.**
  Alle Buchungsbelege sind sechs Jahre, Buchungsprogramme, Konten, Bücher, Inventare, Eröffnungsbilanzen, Jahresabschlüsse einschließlich Anhang und Lagebericht zehn Jahre geordnet aufzubewahren (§ 257 [4] HGB, § 147 [3] AO).
  Mit Ausnahme der Eröffnungsbilanz und des Jahresabschlusses können alle Buchführungsunterlagen auf einem Bildträger (Mikrofilm) oder auf einem anderen Datenträger (Magnetband, Disketten u. a.) aufbewahrt werden. „Grundsatz ordnungsmäßiger DV-gestützter Buchführungssysteme" (GoBS): Die gespeicherten Daten müssen jederzeit durch Bildschirm oder Ausdruck lesbar gemacht werden können (§§ 239 [4], 257 [3] HGB, § 147 [2] AO).

Merke: Nur eine ordnungsmäßige Buchführung besitzt Beweiskraft (§§ 258 f. HGB).

Verstöße gegen die GoB sowie die handels- und steuerrechtlichen Vorschriften können eine Schätzung der Besteuerungsgrundlagen (Umsatz, Gewinn) durch die Finanzbehörden zur Folge haben (§ 162 AO). Mit Freiheitsstrafe oder mit Geldstrafe wird bestraft, wer Jahresabschlüsse unrichtig wiedergibt oder verschleiert (§ 331 HGB, §§ 370 f. AO). Im Konkursfall können Verstöße gegen die GoB Strafverfolgung (Freiheitsstrafe) nach sich ziehen (§ 283 Strafgesetzbuch).

Fragen

1. Nennen Sie mindestens drei wichtige Aufgaben der Buchführung.
2. Nennen Sie mindestens vier Geschäftsfälle mit den zugehörigen Belegen.
3. Welche Bedeutung hat die Buchführung für die übrigen Zweige des Rechnungswesens?
4. Welchen Sinn haben die „Grundsätze ordnungsmäßiger Buchführung"?

2 Inventur, Inventar und Bilanz
2.1 Inventur

Nach § 240 HGB sowie §§ 140, 141 AO ist der Kaufmann verpflichtet,
Vermögen und **Schulden**
seines Unternehmens festzustellen, und zwar

- bei **Gründung** oder **Übernahme** eines Unternehmens,
- für den **Schluß eines jeden Geschäftsjahres** (in der Regel zum 31.12.),
- bei **Auflösung** oder **Veräußerung** seines Unternehmens.

Die hierzu erforderliche Tätigkeit nennt man Inventur (lat. invenire = vorfinden).

Die Inventur, auch Bestandsaufnahme genannt, erstreckt sich auf alle Vermögensteile und alle Schulden des Unternehmens, die jeweils einzeln nach ihrer Art (Bezeichnung), Menge (Stückzahl, nach Gewicht, Länge u. a.) und Wert (in DM) zu einem bestimmten Zeitpunkt (Stichtag) zu erfassen sind.

Merke: Inventur ist die mengen- **und** wertmäßige Bestandsaufnahme aller Vermögensteile und Schulden eines Unternehmens zu einem bestimmten Zeitpunkt.

Arten der Inventur. Nach der Art ihrer Durchführung unterscheidet man
- körperliche Inventur und • Buchinventur.

Die **körperliche Inventur** ist die **mengenmäßige Aufnahme** aller körperlichen Vermögensgegenstände (z. B. Technische Anlagen und Maschinen, Fahrzeuge, Betriebs- und Geschäftsausstattung, Bestände an Material und Erzeugnissen, Barmittel) durch Zählen, Messen, Wiegen und notfalls durch Schätzen **mit nachfolgender** Bewertung der Mengen in DM.

Die **Buchinventur** erstreckt sich auf alle nichtkörperlichen Gegenstände. Forderungen, Bankguthaben sowie alle Arten von Schulden sind **wertmäßig** aufgrund der buchhalterischen **Aufzeichnungen und Belege** (z. B. Kontoauszüge) festzustellen und nachzuweisen. Im Rahmen dieser **buchmäßigen Bestandsaufnahme** werden häufig auch Saldenbestätigungen bei Kunden und Lieferern eingeholt.

Anlagenkartei. Die jährliche körperliche Bestandsaufnahme des beweglichen Anlagevermögens (Maschinen, Fahrzeuge u. a.) entfällt, wenn für jeden Anlagegegenstand eine gesonderte Anlagenkarte geführt wird, die folgende Angaben buchmäßig ausweist: Bezeichnung, Tag der Anschaffung, Anschaffungswert, Nutzungsdauer, jährliche Abschreibung, Tag des Abgangs u. a. (Abschnitt 31 der Einkommensteuerrichtlinien) → siehe S. 165.

Vorbereitung und Durchführung der Inventur. Die körperliche (mengenmäßige) Inventur des Vorratsvermögens (Handelswaren, Erzeugnisse) bedarf vor allem einer sorgfältigen Vorbereitung und Durchführung. Zunächst wird ein Inventurleiter ernannt. Der Inventurleiter erstellt einen genauen Aufnahmeplan. Dieser Aufnahmeplan legt die einzelnen Inventurbereiche fest sowie personelle Besetzung der Aufnahmegruppen, die Aufnahmevordrucke und -richtlinien, die Hilfsmittel (z. B. Diktiergeräte) und den Zeitpunkt der Inventur. Bestimmte Aufsichtspersonen müssen durch Stichproben die Bestandsaufnahme überprüfen.

Merke:
- Körperliche Inventur ▷ mengen- und wertmäßige Bestandsaufnahme
- Buchinventur ▷ nur wertmäßige Bestandsaufnahme aufgrund von Aufzeichnungen

2.2 Inventurverfahren für das Vorratsvermögen

Inventurvereinfachungsverfahren. Die Bestandsaufnahme der Vorräte an Material, Erzeugnissen und Waren ist in der Regel mit erheblichem Arbeitsaufwand verbunden. Der Gesetzgeber (§ 241 HGB, Abschnitt 30 der Einkommensteuerrichtlinien) erlaubt deshalb folgende Verfahren zur Vereinfachung der Inventur der Lagervorräte:

1. Stichtagsinventur = zeitnahe körperliche Bestandsaufnahme

Zeitnahe Stichtagsinventur. Die mengenmäßige Bestandsaufnahme der Vorräte muß nicht am Abschlußstichtag (31.12.) erfolgen. Sie muß aber zeitnah innerhalb einer Frist von 10 Tagen vor oder nach dem Abschlußstichtag durchgeführt werden. Zugänge und Abgänge zwischen dem Aufnahmetag und dem Abschlußstichtag werden anhand von Belegen mengen- und wertmäßig auf den 31.12. fortgeschrieben bzw. zurückgerechnet.

Nachteile. Die Stichtagsinventur führt zu einem großen Arbeitsanfall innerhalb weniger Tage, der oft Betriebsunterbrechungen zur Folge hat.

2. Verlegte Inventur = vor- bzw. nachverlegte körperliche Bestandsaufnahme

Die vor- bzw. nachverlegte Inventur stellt gegenüber der Stichtagsinventur bereits eine wesentliche Erleichterung dar. Die körperliche Bestandsaufnahme erfolgt an einem beliebigen Tag innerhalb der letzten 3 Monate vor oder der ersten 2 Monate nach dem Abschlußstichtag. Die einzelnen Artikel dürfen zu unterschiedlichen Zeitpunkten aufgenommen werden. Der am Tag der Inventur ermittelte Bestand wird nur wertmäßig (nicht mengenmäßig!) auf den Abschlußstichtag fortgeschrieben oder zurückgerechnet:

Wertfortschreibung	Wertrückrechnung
Wert am Tag der Inventur (z. B. 15.10.)	Wert am Tag der Inventur (28.02.)
+ Wert der Zugänge vom 15.10.–31.12.	– Wert der Zugänge vom 01.01.–28.02.
– Wert der Abgänge vom 15.10.–31.12.	+ Wert der Abgänge vom 01.01.–28.02.
= Wert am Abschlußstichtag (31.12.)	= Wert am Abschlußstichtag (31.12.)

3. Permanente Inventur = laufende Inventur anhand der Lagerkartei

Voraussetzung. Die permanente Inventur ermöglicht es, den am Abschlußstichtag vorhandenen Bestand des Vorratsvermögens nach Art, Menge und Wert auch ohne gleichzeitige körperliche Bestandsaufnahme festzustellen. Der Bestand für den Abschlußstichtag kann in diesem Fall nach Art und Menge der Lagerkartei entnommen werden. Für jeden einzelnen Artikel werden alle Mengenbewegungen (Zu- und Abgänge) laufend buchmäßig erfaßt. In jedem Geschäftsjahr muß mindestens einmal – der Zeitpunkt ist beliebig! – durch körperliche Bestandsaufnahme geprüft werden, ob der in der Lagerkartei ausgewiesene Buch- bzw. Sollbestand des Vorratsvermögens mit dem tatsächlich vorhandenen Bestand (Istbestand) übereinstimmt. Tag und Ergebnis der körperlichen Inventur sind auf der entsprechenden Lagerkarteikarte zu vermerken und zu unterschreiben.

Vorteile. Die permanente Inventur ist ein rationelles und aussagefähiges Inventurverfahren, das der Unternehmensleitung täglich, vor allem beim Einsatz von Datenverarbeitungsanlagen, wichtige Daten über die Bestandsbewegungen liefert. Ihr besonderer Vorzug liegt darin, daß die körperliche Bestandsaufnahme der einzelnen Gruppen des Vorratsvermögens zu beliebigen Zeitpunkten durchgeführt werden kann.

4. Stichprobeninventur mit Hilfe mathematisch-statistischer Methoden

Der Lagerbestand nach Art, Menge und Wert kann auch mit Hilfe anerkannter mathematisch-statistischer Verfahren (z. B. Mittelwertschätzung) aufgrund von Stichproben ermittelt werden. Dabei werden die als Stichprobe ausgewählten Lagerpositionen zunächst körperlich aufgenommen und bewertet. Das Stichprobenergebnis wird sodann auf den Gesamtinventurwert der Lagervorräte hochgerechnet. Die Stichprobeninventur gilt als zuverlässiges, zeit- und kostensparendes Hilfsverfahren der Inventur.

2.3 Inventar

Die durch die Inventur ermittelten Bestände werden in einem besonderen Verzeichnis zusammengestellt: Inventar oder Bestandsverzeichnis.

> **Merke:** Das Inventar ist ein ausführliches Bestandsverzeichnis, das alle Vermögensteile und Schulden eines Unternehmens zu einem bestimmten Zeitpunkt nach Art, Menge und Wert ausweist.

Das Inventar besteht aus drei Teilen:

| A. Vermögen | B. Schulden | C. Eigenkapital = Reinvermögen |

A. Vermögen

Die Vermögensgegenstände werden nach ihrer Geldnähe oder Flüssigkeit (Liquidität) geordnet, also nach dem Grad, wie schnell sie in Geld umgesetzt werden können. So sind die weniger flüssigen Vermögensgegenstände (z. B. Gebäude) im Inventar zuerst, die flüssigsten (Kassenbestand, Bankguthaben) zuletzt aufzuführen. Das Vermögen wird in zwei Gruppen gegliedert:

I. Anlagevermögen
Dazu zählen alle Vermögensteile, die dazu bestimmt sind, dem Unternehmen **langfristig** zu dienen. Das Anlagevermögen bildet die **Grundlage der eigentlichen Betriebstätigkeit**: Grundstücke und Gebäude, Technische Anlagen und Maschinen, Fahrzeuge (Fuhrpark), Werkzeuge, Betriebs- und Geschäftsausstattung u. a.

II. Umlaufvermögen
Zum Umlaufvermögen zählen alle Vermögensposten, die nur **kurzfristig** im Unternehmen verbleiben, weil sie ständig umgesetzt werden. Im einzelnen rechnen im Industriebetrieb dazu:

- **Roh-[1], Hilfs-[1] und Betriebsstoffe,** die für die Produktion erforderlich sind;
- **Unfertige Erzeugnisse,** die sich noch in der Herstellung befinden;
- **Fertige Erzeugnisse,** die zum Verkauf bereitliegen;
- **Forderungen und alle Geldmittel** (Bargeld, Postbank- und Bankguthaben).

Im Gegensatz zum Anlagevermögen, das langfristig genutzt wird, verändert sich das Umlaufvermögen ständig. Aus fertigen Erzeugnissen entstehen durch Verkauf auf Ziel Forderungen. Diese werden beim Ausgleich der Rechnungen zu Zahlungsmitteln, die wiederum zum Einkauf der Rohstoffe u. a. ausgegeben werden.

B. Schulden (Fremdkapital)

Sie werden nach der Fälligkeit bzw. Dringlichkeit der Zahlung gegliedert:

    I. Langfristige Schulden (Hypotheken-, Darlehensschulden)
    II. Kurzfristige Schulden (Liefererschulden, Bankschulden)

Die Schulden stellen das im Unternehmen arbeitende Fremdkapital dar.

C. Ermittlung des Eigenkapitals (Reinvermögen)

Vom Vermögen werden die Schulden abgezogen. Der Unterschied ist das Eigenkapital oder Reinvermögen des Unternehmens:

    Summe des Vermögens
  − Summe der Schulden
  = **Eigenkapital (Reinvermögen)**

> **Merke:**
> - Das Vermögen wird in Anlage- und Umlaufvermögen gegliedert, wobei die Vermögensposten nach steigender Flüssigkeit (Liquidität) geordnet werden.
> - Die Schulden (Fremdkapital) werden nach ihrer Fälligkeit in langfristige und kurzfristige Schulden gegliedert.

---

[1] Haupt- und Nebenbestandteile der Erzeugnisse, siehe auch Seite 41

INVENTAR
der Möbelfabrik Lutz Weise, Leverkusen, für den 31. Dezember 19..

	DM	DM
A. Vermögen		
I. Anlagevermögen		
1. Gebäude		
Werkshalle	5 104 000,00	
Verwaltungsgebäude	2 601 000,00	
Lagerhalle	705 000,00	8 410 000,00
2. Maschinen lt. Anlagenverzeichnis AV 1		2 703 000,00
3. Fuhrpark lt. AV 2		427 000,00
4. Betriebs- u. Geschäftsausst. lt. AV 3		460 000,00
II. Umlaufvermögen		
1. Rohstoffe lt. Inventurliste IV 4		2 405 000,00
2. Hilfsstoffe lt. Inventurliste IV 5		824 000,00
3. Betriebsstoffe lt. Inventurliste IV 6		154 000,00
4. Unfertige Erzeugnisse lt. IV 7		628 000,00
5. Fertige Erzeugnisse		
480 Schreibtische T 18 je 980,00 DM	470 400,00	
520 Schränke S 24 je 1 400,00 DM	728 000,00	
Diverse Kleinmöbel lt. IV 8	853 600,00	2 052 000,00
6. Forderungen an Kunden		
H. Schnickmann, Köln	452 000,00	
H. Hamm, Mainz	279 000,00	
B. Herms, Düsseldorf	263 000,00	994 000,00
7. Kassenbestand		27 000,00
8. Bankguthaben		
Stadtsparkasse Leverkusen	590 000,00	
Deutsche Bank, Leverkusen	326 000,00	916 000,00
Summe des Vermögens		**20 000 000,00**
B. Schulden		
I. Langfristige Schulden		
1. Hypothek der Sparkasse Leverkusen		4 106 000,00
2. Darlehen der Deutschen Bank, Köln		1 204 000,00
II. Kurzfristige Schulden		
Verbindlichkeiten an Lieferer		
S. Heyn, Münster	457 000,00	
J. Hermanns, Rheine	233 000,00	690 000,00
Summe der Schulden		**6 000 000,00**
C. Ermittlung des Eigenkapitals		
Summe des Vermögens		20 000 000,00
− Summe der Schulden		6 000 000,00
Eigenkapital (Reinvermögen)		**14 000 000,00**

Aufbewahrung. Inventare sind 10 Jahre geordnet aufzubewahren. Die Aufbewahrung kann auch auf einem <u>Bildträger</u> (Mikrofilm) oder auf einem anderen <u>Datenträger</u> (Magnetband, Diskette u. a.) erfolgen, wenn sichergestellt ist, daß die Wiedergabe oder die Daten jederzeit lesbar gemacht werden können (§ 257 HGB).

Merke:
- Inven<u>tur</u> = Bestands<u>aufnahme</u> ➔ Inven<u>tar</u> = Bestands<u>verzeichnis.</u>
- Das Inventar ist Grundlage eines ordnungsgemäßen Jahresabschlusses.

Aufgaben

2 Welche der folgenden Vermögensposten gehören
  I. zum Anlagevermögen,
  II. zum Umlaufvermögen?

Ordnen Sie die Vermögensposten 1–17 im Bereich des Anlagevermögens (I) und des Umlaufvermögens (II) nach steigender Flüssigkeit:

  1. Bankguthaben
  2. Maschinen
  3. Rohstoffe
  4. Bargeld
  5. Gebäude
  6. Fertige Erzeugnisse
  7. Fuhrpark
  8. Forderungen aus Lieferungen und Leistungen (a.LL)
  9. Hilfsstoffe
  10. Werkzeuge
  11. Postbankguthaben
  12. Betriebs- und Geschäftsausstattung
  13. Grundstücke
  14. Unfertige Erzeugnisse
  15. Maschinelle Anlagen (Fließband)
  16. Betriebsstoffe
  17. Wertpapiere als Kapitalanlage

3 Ordnen Sie die folgenden Schulden nach ihrer Laufzeit (Fälligkeit) im Bereich der langfristigen (I) und kurzfristigen (II) Schulden:
  1. Verbindlichkeiten aus Lieferungen und Leistungen (a.LL)
  2. Hypothekenschulden
  3. Verbindlichkeiten gegenüber Finanzbehörden
  4. Darlehensschulden

4
5 Die Textilfabrik U. Brandt, Köln, stellte zum 31.12.01 (Aufgabe 4) und zum 31.12.02 (Aufgabe 5) folgende Inventurwerte fest:

	4	5
Gebäude: Fabrikgebäude	3 800 000,00	3 724 000,00
Lagergebäude	1 200 000,00	1 176 000,00
Maschinen lt. Anlagenverzeichnis 1	2 654 000,00	3 264 000,00
Werkzeuge lt. Anlagenverzeichnis 2	336 000,00	285 000,00
Fuhrpark: 1 LKW	223 000,00	178 400,00
3 PKW	127 000,00	101 600,00
Betriebs- und Geschäftsausstattung lt. Inventurliste 3	480 000,00	384 000,00
Rohstoffe lt. Inventurliste 4	2 052 000,00	2 486 000,00
Hilfsstoffe lt. Inventurliste 5	188 000,00	194 000,00
Betriebsstoffe lt. Inventurliste 6	43 000,00	48 000,00
Unfertige Erzeugnisse lt. Inventurliste 7	469 000,00	324 000,00
Fertige Erzeugnisse lt. Inventurliste 8	2 081 000,00	2 362 000,00
Forderungen a.LL: F. Schmelz, Tübingen	528 000,00	728 000,00
R. Tauber, Frankfurt	335 000,00	615 000,00
Kasse (Barbestand)	28 000,00	26 000,00
Postbankguthaben	189 000,00	294 000,00
Bankguthaben bei der Commerzbank Wuppertal	1 267 000,00	1 310 000,00
Hypothekenschulden: Stadtsparkasse Wuppertal	2 805 000,00	2 524 500,00
Darlehensschulden: Stadtsparkasse Wuppertal	1 603 000,00	1 202 250,00
Handelsbank Düsseldorf	1 207 000,00	905 250,00
Verbindlichkeiten a.LL lt. Verzeichnis 9	785 000,00	1 368 000,00

1. Erstellen Sie die Inventare der beiden aufeinanderfolgenden Geschäftsjahre.
2. Vergleichen Sie die beiden Inventare und erklären Sie die Veränderungen im Anlage- und Umlaufvermögen, in den Schulden und im Eigenkapital.

Die Maschinenfabrik W. Peters, Düsseldorf, stellte zum 31.12.01 (Aufgabe 6) und zum 31.12.02 (Aufgabe 7) folgende Inventurwerte fest:

	6	7
Gebäude: Verwaltungsgebäude	3 500 000,00	3 425 000,00
Fabrikgebäude	4 900 000,00	4 802 000,00
Rohstoffe lt. Inventurliste 5	734 000,00	562 000,00
Hilfs- und Betriebsstoffe lt. Inventurliste 6	416 000,00	424 000,00
Fertige Erzeugnisse lt. Inventurliste 8	486 000,00	786 000,00
Maschinen lt. Anlagenverzeichnis 1	2 615 000,00	3 562 000,00
Werkzeuge lt. Anlagenverzeichnis 2	537 000,00	494 000,00
Kundenforderungen a. LL lt. Inventurliste 9	350 000,00	567 000,00
Kassenbestand	48 000,00	39 000,00
Fuhrpark lt. Anlagenverzeichnis 3	375 000,00	314 000,00
Betriebs- und Geschäftsausstattung lt. Anlagenverzeichnis 4	366 000,00	445 000,00
Unfertige Erzeugnisse lt. Inventurliste 7	233 000,00	315 000,00
Bankguthaben bei der Deutschen Bank, Köln	731 000,00	842 000,00
bei der Stadtsparkasse Köln	514 000,00	423 000,00
Verbindlichkeiten a. LL lt. Verzeichnis 10	486 000,00	671 000,00
Hypothekenschulden	4 140 000,00	3 900 000,00
Darlehensschulden: Deutsche Bank, Köln	920 000,00	864 000,00
Stadtsparkasse Köln	654 000,00	515 000,00

1. Gliedern Sie die Vermögensteile nach der Liquidität und die Schulden nach der Fälligkeit.
2. Erstellen Sie die Inventare der beiden aufeinanderfolgenden Geschäftsjahre.
3. Vergleichen Sie die beiden Inventare und erklären Sie die Veränderungen im Anlage- und Umlaufvermögen, in den Schulden und im Eigenkapital.

Ermitteln Sie im Rahmen der zeitlich verlegten Inventur durch Wertfortschreibung bzw. Wertrückrechnung jeweils den Vorratsbestand an Profileisen U 642 zum Abschlußstichtag (31.12.):

a) Bestand am Tag der Inventur (01.10.): 32 800,00 DM; Wert der Zugänge vom 01.10. bis 31.12.: 58 300,00 DM. Wert der Abgänge in die Fertigung (Verbrauch) vom 01.10. bis 31.12.: 76 300,00 DM.

b) Bestand am Aufnahmetag (20.02.): 43 600,00 DM; Wert der Abgänge vom 01.01. bis 20.02.: 22 800,00 DM; Wert der Zugänge vom 01.01. bis 20.02.: 15 200,00 DM.

Fragen

1. Nach welchen Gesetzen ist der Unternehmer zur Buchführung und zu regelmäßigen Jahresabschlüssen verpflichtet?
2. Die Buchführung muß den „Grundsätzen ordnungsmäßiger Buchführung" (GoB) entsprechen. Erläutern Sie die Quellen der GoB.
3. Unterscheiden Sie zwischen Inventur und Inventar.
4. Worin unterscheiden sich Anlage- und Umlaufvermögen?
5. Was versteht man unter körperlicher Bestandsaufnahme?
6. Welche Bestände können nur aufgrund von Belegen oder Aufzeichnungen, also durch eine „Buchinventur", festgestellt werden?
7. Wie lange sind a) Inventare und b) Belege aufzubewahren?
8. Worin sehen Sie die Nachteile der Stichtagsinventur?
9. Welche Vorteile hat die permanente Inventur?
10. Unterscheiden Sie zwischen vorverlegter und nachverlegter Inventur.

2.4 Erfolgsermittlung durch Kapitalvergleich

Auf der Grundlage des Inventars läßt sich auch auf einfache Weise der

Erfolg des Unternehmens,

also der Gewinn oder Verlust des Geschäftsjahres, ermitteln. Dies geschieht durch

Eigenkapitalvergleich,

der dem „Betriebsvermögensvergleich" nach § 4 [1] Einkommensteuergesetz entspricht.

Eigenkapitalvergleich. Man vergleicht zunächst das Eigenkapital am Ende des Geschäftsjahres mit dem Eigenkapital vom Anfang des Geschäftsjahres. Der Vergleich ergibt entweder eine Mehrung oder eine Minderung des Eigenkapitals. Grundsätzlich bedeutet:

- Eigenkapital**mehrung** = **Gewinn**
- Eigenkapital **minderung** = **Verlust**

Beispiel: Erfolgsermittlung durch Kapitalvergleich bei Unternehmer A und B:

	A	B
Eigenkapital am Ende des Geschäftsjahres	980 000,00	610 000,00
− Eigenkapital am Anfang des Geschäftsjahres	820 000,00	690 000,00
= Kapital**mehrung** bzw. Kapital**minderung** ...	+ 160 000,00	− 80 000,00
Gewinn bzw. **Verlust**	160 000,00	80 000,00

Privatentnahmen. Die Kapitalzunahme bei A bzw. die Kapitalabnahme bei B kann aber nur dann als Gewinn bzw. Verlust des Unternehmens angesehen werden, wenn beide Unternehmer während des Geschäftsjahres weder Geld noch Waren oder andere Vermögensgegenstände für private Zwecke dem Geschäftsvermögen entnommen haben.

Privatentnahmen vermindern das Vermögen des Unternehmens (Geschäftsvermögen) und damit das Eigenkapital (Reinvermögen) des Unternehmers, also letztlich auch den Unterschied zwischen End- und Anfangskapital des Geschäftsjahres. Wäre nichts entnommen worden, so wären das Eigenkapital am Ende des Geschäftsjahres und damit der Gewinn höher, der Verlust dagegen kleiner. Daher:

> **Merke:**
> - Privatentnahmen sind der Kapitalmehrung hinzuzurechnen, dagegen von der Kapitalminderung abzuziehen.
> - Entnahmen beinhalten alle Wirtschaftsgüter (auch Bargeld), die der Unternehmer dem Unternehmen für sich, für seinen Haushalt oder für andere unternehmensfremde Zwecke im Laufe des Geschäftsjahres entnommen hat.
> - Für jede einzelne Privatentnahme muß jeweils ein „Entnahmebeleg" erstellt werden.

Beispiel: Unter Berücksichtigung der Privatentnahmen während des Geschäftsjahres stellt sich die Erfolgsermittlung für die Unternehmer A und B wie folgt dar:

	A	B
Kapitalmehrung bzw. Kapitalminderung ...	+ 160 000,00	− 80 000,00
+ Privatentnahmen (Geld, Waren u. a.)	+ 48 000,00	+ 36 000,00
= **Gewinn** bzw. **Verlust**	208 000,00	− 44 000,00

Kapitaleinlagen. In unserem Beispiel soll nun weiterhin angenommen werden, daß beide Unternehmer während des Geschäftsjahres Geld- oder Sachwerte (z. B. aus einer Erbschaft) in das Unternehmen eingebracht haben. Diese Neueinlagen <u>erhöhen</u> das <u>Vermögen</u> des Unternehmens und damit auch entsprechend das <u>Eigenkapital</u> (Reinvermögen) des Unternehmers. Es wäre aber nicht richtig, die dadurch eingetretene Erhöhung des Eigenkapitals als Gewinn des Unternehmens zu bezeichnen. Es gilt daher:

Merke: **Einlagen des Unternehmers, also Zuflüsse von neuem Eigenkapital, sind von der Kapitalmehrung abzuziehen, dagegen der Kapitalminderung hinzuzurechnen.**

Unter Berücksichtigung von Privatentnahmen und Neueinlagen ergibt sich nun die endgültige Erfolgsermittlung für die Unternehmer A und B.

Erfolgsermittlung durch Kapitalvergleich:	A	B
Eigenkapital am Ende des Jahres	980 000,00	610 000,00
− **Eigenkapital am Anfang des Jahres**	820 000,00	690 000,00
= **Kapitalmehrung bzw. Kapitalminderung**	160 000,00	− 80 000,00
+ **Privatentnahmen** (Geld, Waren u. a.)	+ 48 000,00	+ 36 000,00
	208 000,00	− 44 000,00
− **Neueinlagen** (z. B. aus Erbschaft)	− 68 000,00	− 26 000,00
Gewinn bzw. **Verlust**	140 000,00	70 000,00

Merke: **Gewinn ist der Unterschiedsbetrag zwischen dem Eigenkapital am Schluß des Geschäftsjahres und dem Eigenkapital am Schluß des vorangegangenen Geschäftsjahres, vermehrt um den Wert der Privatentnahmen und vermindert um den Wert der Privateinlagen.**

Aufgaben

10 Die Textilfabrik F. Schnell, Hamburg, weist im Inventar zum 31.12.02 ein Eigenkapital in Höhe von 480 000,00 DM aus. Am 31.12.01 betrug das Eigenkapital 450 000,00 DM. Im Geschäftsjahr 02 hatte F. Schnell insgesamt 72 000,00 DM dem Vermögen (Bargeld) seines Unternehmens für private Zwecke entnommen.
Wie hoch ist der Gewinn des Unternehmens zum 31.12.02?

11 Das Inventar der Möbelfabrik Lutz Weise (vgl. Seite 15) weist ein Eigenkapital von 14 000 000,00 DM aus. Am Ende des darauffolgenden Geschäftsjahres ergibt sich aus dem Inventar ein Eigenkapital von 14 850 000,00 DM.
Für Privatzwecke hatte Lutz Weise bar 180 000,00 DM entnommen.
a) Wie hoch ist der Gewinn des Geschäftsjahres?
b) Wie hoch ist der Verlust, wenn das Eigenkapital statt 14 850 000,00 DM lediglich 13 500 000,00 DM beträgt?

12 13 Die Maschinenfabrik Klaus Barth, Leverkusen, hat am Anfang des Geschäftsjahres ein Eigenkapital von 590 000,00 DM (680 000,00 DM). Am Ende des Geschäftsjahres betragen lt. Inventur die Vermögensteile 870 000,00 DM (985 000,00 DM), die Schulden 210 000,00 DM (150 000,00 DM). Während des Geschäftsjahres sind als Privatentnahmen 48 000,00 DM (36 000,00 DM) und als Einlagen 25 000,00 DM (20 000,00 DM) gebucht worden.
Ermitteln Sie den Erfolg des Unternehmens durch Kapitalvergleich.

2.5 Bilanz

Das Inventar ist eine ausführliche Aufstellung der einzelnen Vermögensteile und Schulden nach Art, Menge und Wert, das ganze Bände umfassen kann. Dadurch verliert es erheblich an Übersichtlichkeit.

§ 242 HGB verlangt daher außer der regelmäßigen Aufstellung des Inventars noch eine kurzgefaßte Übersicht, die es ermöglicht, geradezu mit einem Blick das Verhältnis zwischen Vermögen und Schulden des Unternehmens zu überschauen. Eine solche Übersicht ist die Bilanz.

Die Bilanz ist eine Kurzfassung des Inventars in Kontenform. Sie enthält auf der linken Seite die Vermögensteile, auf der rechten Seite die Schulden (Fremdkapital) und das Eigenkapital als Ausgleich (Saldo). Beide Seiten der Bilanz (ital. bilancia = Waage) weisen daher die gleichen Summen aus. Aktiva heißen die Vermögenswerte, Passiva die Kapitalwerte.

Aus dem Inventar auf Seite 15 ergibt sich folgende Bilanz:

Aktiva		Bilanz zum 31. Dezember 19 ..		Passiva
I. Anlagevermögen			**I. Eigenkapital**	14 000 000,00
1. Gebäude	8 410 000,00		**II. Fremdkapital**	
2. Maschinen	2 703 000,00		1. Hypothek	4 106 000,00
3. Fuhrpark	427 000,00		2. Darlehen	1 204 000,00
4. Betriebs- und Geschäftsausstattung .	460 000,00		3. Verbindlichk. a. LL	690 000,00
II. Umlaufvermögen				
1. Rohstoffe	2 405 000,00			
2. Hilfsstoffe	824 000,00			
3. Betriebsstoffe	154 000,00			
4. Unfertige Erzeugn.	628 000,00			
5. Fertige Erzeugnisse ...	2 052 000,00			
6. Forderungen a. LL	994 000,00			
7. Kasse	27 000,00			
8. Bank	916 000,00			
	20 000 000,00			**20 000 000,00**

Leverkusen, den 10. Januar 19 .. *Lutz Weise*

Merke:
- Die Bilanz ist eine kurzgefaßte Gegenüberstellung von Vermögen (Aktiva) und Kapital (Passiva) in Kontenform.
- Grundlage für die Aufstellung der Bilanz ist das Inventar.
- Die Bilanz muß klar und übersichtlich gegliedert sein (§ 243 [2] HGB). Anlage- und Umlaufvermögen, Eigenkapital und Schulden sind gesondert auszuweisen und hinreichend aufzugliedern (§§ 247, 266 HGB → siehe Anhang).

  Vermögensposten (Aktiva) → Ordnung nach der Flüssigkeit
  Kapitalposten (Passiva) → Ordnung nach der Fälligkeit

- Der Jahresabschluß (Bilanz und Gewinn- und Verlustrechnung) ist vom Unternehmer unter Angabe des Datums persönlich zu unterzeichnen (§ 245 HGB).

2.6 Aussagewert der Bilanz

Inhalt der Bilanz. Die Bilanz läßt nahezu auf einen Blick erkennen, woher das Kapital stammt und wo es im einzelnen angelegt (investiert) worden.ist:

Aktiva	Bilanz		Passiva
Vermögens**formen**		Vermögens**quellen**	
Vermögens- oder Aktivseite zeigt die **Formen** des Vermögens: I. Anlagevermögen ...... 12 000 000,00 II. Umlaufvermögen ...... 8 000 000,00 **Vermögen** **20 000 000,00**		Kapital- oder Passivseite zeigt die **Herkunft** des Vermögens: I. Eigenkapital .... 14 000 000,00 II. Fremdkapital .... 6 000 000,00 **Kapital** **20 000 000,00**	
Wo ist das Kapital angelegt?		*Woher stammt das Kapital?*	

Man kann auch sagen:

- **Die Passivseite** der Bilanz gibt Auskunft über die Herkunft der finanziellen Mittel. Sie zeigt also die Mittelherkunft oder Finanzierung.
- **Die Aktivseite** weist dagegen die Anlage bzw. Verwendung des Kapitals aus. Sie gibt also Auskunft über die Mittelverwendung oder Investierung.

Aussagewert der Bilanz. Die oben dargestellte Kurzfassung der Bilanz zeigt bereits deutlich die Zusammensetzung (Struktur) des Kapitals und des Vermögens in absoluten Zahlen. Man erkennt, daß das Unternehmen überwiegend mit eigenen Mitteln arbeitet. Der Unternehmer bewahrt damit seine Unabhängigkeit gegenüber seinen Gläubigern. Außerdem ist die Zinsbelastung durch die Inanspruchnahme der fremden Mittel nicht zu hoch. Die solide Ausstattung des Unternehmens mit Kapital (die Finanzierung) kommt auch dadurch zum Ausdruck, daß nicht nur das gesamte Anlagevermögen, sondern auch ein Teil des Umlaufvermögens mit Eigenkapital beschafft (finanziert) worden ist.

Die Bilanzstruktur wird noch aussagefähiger, wenn man sie in Gliederungszahlen (%) darstellt. Dadurch werden folgende Verhältnisse überschaubarer:

Aktiva				Bilanzstruktur			Passiva
Vermögensstruktur		DM	%	**Kapital**struktur	DM	%	
Anlagevermögen (AV) Umlaufvermögen (UV)		12 000 000,00 8 000 000,00	**60 %** **40 %**	Eigenkapital (EK) Fremdkapital (FK)	14 000 000,00 6 000 000,00	**70 %** **30 %**	
Gesamtvermögen		20 000 000,00	**100 %**	Gesamtkapital	20 000 000,00	**100 %**	

Merke:
- **Die Bilanz ist eine kurzgefaßte Gegenüberstellung von:**
  - ▷ Vermögens**formen** und Vermögens**quellen,**
  - ▷ Mittel**verwendung** und Mittel**herkunft,**
  - ▷ **Investierung** und **Finanzierung.**
- **Die Bilanzstruktur zeigt deutlich den Vermögens- und Kapitalaufbau.**

Diese rechnerische Gleichheit beider Bilanzseiten, also von Vermögen und Kapital, kann auch in einer Gleichung ausgedrückt werden:

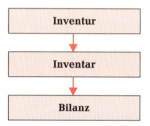

Bilanzgleichung
Vermögen = Kapital
Vermögen = Eigenkapital + Fremdkapital
Eigenkapital = Vermögen − Fremdkapital
Fremdkapital = Vermögen − Eigenkapital

2.7 Vergleich zwischen Inventar und Bilanz

Die Inventur ist die Voraussetzung für die Aufstellung des Inventars. Das Inventar bildet die Grundlage für die Erstellung der Bilanz:

Inventur
↓
Inventar
↓
Bilanz

Anlässe zur Aufstellung. Inventar und Bilanz sind aufzustellen:
- bei **Gründung** oder **Übernahme** eines Unternehmens,
- regelmäßig zum **Schluß des Geschäftsjahres,**
- bei **Veräußerung** oder **Auflösung** des Unternehmens.

Inventar und Bilanz zeigen beide den Stand des Vermögens und des Kapitals eines Unternehmens. Sie unterscheiden sich nur in der Art der Darstellung:

Inventar	Bilanz
• **Ausführliche** Darstellung der einzelnen Vermögens- und Schuldenwerte.	• **Kurzgefaßte** überschaubare Darstellung des Vermögens und des Kapitals.
• Angabe der Mengen, Einzelwerte **und** Gesamtwerte.	• **Nur** Angabe der **Gesamtwerte** der einzelnen Bilanzposten.
• Darstellung des Vermögens und des Kapitals **untereinander:**	• Darstellung des Vermögens und des Kapitals **nebeneinander:**
▶ **Staffelform**	▶ **Kontenform**

Merke:
1. Inventar und Bilanz sind 10 Jahre lang im Inventar- und Bilanzbuch aufzubewahren (§ 257 [4] HGB).
2. Den Jahresabschluß (Bilanz und Gewinn- und Verlustrechnung) unterzeichnen (§ 245 HGB):
   - bei der Einzelunternehmung: ▷ Inhaber persönlich,
   - bei der OHG: ▷ alle Gesellschafter,
   - bei der KG: ▷ alle persönlich haftenden Gesellschafter,
   - bei der AG: ▷ alle Mitglieder des Vorstandes,
   - bei der GmbH: ▷ alle Geschäftsführer.

Aufgaben – Fragen

14
15

Beachten Sie die Gliederung der Bilanz auf Seite 20.

Stellen Sie nach folgenden Angaben die Bilanz für die Elektromotorenfabrik Rolf Röhrig, Frankfurt (Main), zum 31.12.19.. auf.

	14	15
Maschinen	1 300 000,00	1 150 000,00
Betriebs- und Geschäftsausstattung	380 000,00	350 000,00
Rohstoffe	450 000,00	550 000,00
Fertige Erzeugnisse	100 000,00	250 000,00
Forderungen a. LL	220 000,00	350 000,00
Kasse	50 000,00	30 000,00
Bankguthaben	300 000,00	320 000,00
Darlehensschulden	500 000,00	800 000,00
Verbindlichkeiten a. LL	200 000,00	400 000,00

1. Mit welchem Gesamtkapital, Eigenkapital und Fremdkapital arbeitet die Unternehmung?
2. Wie beurteilen Sie das Verhältnis der eigenen zu den fremden Mitteln?
3. Reichten die eigenen Mittel zur Beschaffung (Finanzierung) des Anlagevermögens aus?

16
17

Stellen Sie nach folgenden Angaben die Bilanz für die Metallwarenfabrik Gerd Badicke, Leverkusen, zum 31.12.19.. auf. Ordnen Sie die Vermögens- und Kapitalposten.

	16	17
Rohstoffe	850 000,00	1 200 000,00
Verbindlichkeiten a. LL	500 000,00	900 000,00
Kasse	50 000,00	40 000,00
Forderungen a. LL	400 000,00	700 000,00
Fabrikgebäude	3 200 000,00	3 000 000,00
Darlehensschulden	700 000,00	1 500 000,00
Maschinen	1 100 000,00	900 000,00
Hypothekenschulden	1 600 000,00	2 100 000,00
Fuhrpark	220 000,00	250 000,00
Betriebs- und Geschäftsausstattung	280 000,00	350 000,00
Hilfsstoffe	450 000,00	650 000,00
Betriebsstoffe	100 000,00	200 000,00
Bankguthaben	800 000,00	960 000,00
Fertige Erzeugnisse	450 000,00	750 000,00

Beantworten Sie die gleichen Fragen wie zu den Aufgaben 14/15.

18 Stellen Sie die Bilanzen auf Grund der Inventare (Aufgaben 4 und 5) der Firma U. Brandt, Köln, zum 31. Dezember 19.. auf.

19 Die Bilanzen der Firma W. Peters, Düsseldorf, sind auf Grund der Inventare (Aufgaben 6 und 7) zum 31. Dezember 19.. aufzustellen.

20 Stellen Sie für die Bilanzen der Aufgaben 14 bis 19 jeweils die Bilanzstruktur dar, indem Sie den Prozentanteil des Eigen- und Fremdkapitals sowie des Anlage- und Umlaufvermögens an der Bilanzsumme (= 100 %) ermitteln (vgl. auch Muster auf Seite 21 unten).

1. Beurteilen Sie vor allem das Verhältnis der eigenen zu den fremden Mitteln.
2. Wieviel Eigenkapital verbleibt nach Deckung des Anlagevermögens noch für das Umlaufvermögen?

3 Buchen auf Bestandskonten
3.1 Wertveränderungen in der Bilanz

Bilanz bedeutet Waage. Stellen wir uns die Bilanz als eine **Waage** mit vielen kleinen Waagschalen vor:

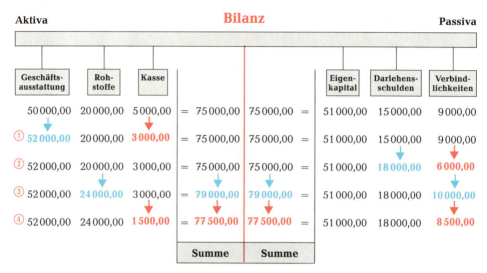

Jeder Geschäftsfall verändert die Bilanz, und zwar in doppelter Weise. Dabei sind vier Möglichkeiten der Bilanzveränderung zu unterscheiden:

① **Aktivtausch,** d. h., der Geschäftsfall betrifft nur die Aktivseite der Bilanz. Die Bilanzsumme ändert sich somit nicht:

| Wir kaufen einen Personalcomputer gegen bar für 2 000,00 DM | Ausstattung + | Kasse − |

② **Passivtausch,** d. h., der Geschäftsfall wirkt sich nur auf der Passivseite aus. Daher ändert sich die Bilanzsumme nicht:

| Eine kurzfristige Lieferschuld wird in eine Darlehensschuld umgewandelt: 3 000,00 DM (Umschuldung) | Verbindlichk. − | Darlehen + |

③ **Aktiv-Passivmehrung,** d. h., der Geschäftsfall betrifft beide Seiten der Bilanz. Der Vermehrung eines Aktivpostens steht auch die Vermehrung eines Passivpostens gegenüber. Die Bilanzsummen nehmen auf beiden Seiten um den gleichen Betrag zu. Die Bilanzgleichung bleibt somit gewahrt.

| Wir kaufen Rohstoffe auf Ziel (Kredit) für 4 000,00 DM | Rohstoffe + | Verbindlichk. + |

④ **Aktiv-Passivminderung;** auch hier betrifft der Geschäftsfall beide Seiten der Bilanz. Der Verminderung eines Aktivpostens entspricht die Verminderung eines Passivpostens. Die Bilanzgleichung bleibt durch Abnahme der Bilanzsumme auf beiden Seiten gewahrt.

| Wir bezahlen eine Liefererrechnung über 1 500,00 DM bar | Kasse − | Verbindlichk. − |

Merke: 1. Jeder Geschäftsfall verändert mindestens zwei Posten der Bilanz. Möglich sind:
- **Aktivtausch:** ▷ Tauschvorgang auf der Aktivseite
- **Passivtausch:** ▷ Tauschvorgang auf der Passivseite
- **Aktiv-Passivmehrung:** ▷ Vermehrung auf beiden Bilanzseiten
- **Aktiv-Passivminderung:** ▷ Verminderung auf beiden Bilanzseiten

2. Bei allen vier Möglichkeiten der Wertveränderungen bleibt das Gleichgewicht der Bilanzseiten (Bilanzgleichung) erhalten. Es verändert sich lediglich der zahlenmäßige Inhalt der Bilanz.

Bei jedem Geschäftsfall sind folgende Fragen zu beantworten:
1. Welche Posten der Bilanz werden berührt?
2. Handelt es sich um Aktiv- oder/und Passivposten der Bilanz?
3. Wie wirkt sich der Geschäftsfall auf die Bilanzposten aus?
4. Um welche der vier Arten der Bilanzveränderung handelt es sich?

Aufgaben

21

Aktiva: Fabrikgebäude 480 000,00 DM, Maschinen 130 000,00 DM, Rohstoffe 50 000,00 DM, Forderungen a. LL 25 000,00 DM, Kasse 5 000,00 DM, Bank 30 000,00 DM.

Passiva: Eigenkapital 671 000,00 DM, Darlehensschulden 20 000,00 DM, Verbindlichkeiten a. LL 29 000,00 DM.

Stellen Sie sich für die folgenden Geschäftsfälle zuerst die o. g. vier Fragen. Buchen Sie danach in der Bilanzwaage:

1. Kauf einer Maschine gegen Bankscheck 18 000,00
2. Wir kaufen Rohstoffe auf Ziel (= Kredit des Lieferers) lt. Eingangsrechnung . 9 000,00
3. Wir begleichen die gebuchte Liefererrechnung durch Banküberweisung 9 000,00
4. Unser Kunde begleicht eine Rechnung (unsere Forderung) bar 650,00
5. Eine kurzfristige Lieferersschuld wird in eine langfristige Darlehensschuld umgewandelt 6 000,00
6. Unser Kunde begleicht unsere Rechnung durch Banküberweisung 3 500,00
7. Unsere Bareinzahlung auf unser Bankkonto 2 000,00
8. Teilrückzahlung unserer Darlehensschuld durch Banküberweisung 2 000,00

22

Aktiva: Maschinen 490 000,00 DM, Fuhrpark 40 000,00 DM, Rohstoffe 42 000,00 DM, Forderungen a. LL 15 000,00 DM, Kasse 6 000,00 DM, Bank 28 000,00 DM.

Passiva: Eigenkapital ?, Darlehen 30 000,00 DM, Verbindlichkeiten a. LL 20 000,00 DM.

Beantworten Sie zunächst zu jedem Geschäftsfall die o. g. vier Fragen. Buchen Sie die Änderungen der Bilanzwerte und erstellen Sie anschließend eine ordnungsmäßige Schlußbilanz.

1. Wir erhalten Eingangsrechnung für Zieleinkauf von Rohstoffen 1 700,00
2. Unsere Banküberweisung für Liefererrechnung (Fall 1) 1 700,00
3. Wir verkaufen eine gebrauchte Maschine bar für 2 500,00
4. Wir kaufen Rohstoffe gegen Barzahlung für 4 500,00
5. Wir begleichen eine Liefererrechnung durch Banküberweisung 5 500,00
6. Unser Kunde begleicht unsere Rechnung durch Banküberweisung 3 400,00
7. Wir tilgen eine Darlehensschuld durch Banküberweisung 8 000,00

3.2 Auflösung der Bilanz in Bestandskonten

Jeder Geschäftsfall verändert mindestens zwei Posten der Bilanz. In der Praxis ist es aber nicht möglich, die Veränderungen der Aktiv- und Passivposten ständig in einer Bilanz vorzunehmen. Man benötigt eine genaue und übersichtliche

Einzelabrechnung jedes Bilanzpostens (= Konto).

Deshalb löst man die Bilanz in Konten auf. Jeder Bilanzposten erhält sein entsprechendes Konto.

Nach den Seiten der Bilanz unterscheidet man

Aktiv- und Passivkonten.

Bestandskonten. Aktiv- und Passivkonten weisen im einzelnen die Bestände an Vermögen und Kapital des Unternehmens aus und erfassen die Veränderungen dieser Bestände aufgrund der Geschäftsfälle. Sie stellen daher Bestandskonten dar. Man spricht von aktiven und passiven Bestandskonten. Die linke Seite des Kontos wird mit „Soll" (S), die rechte Seite mit „Haben" (H) bezeichnet.

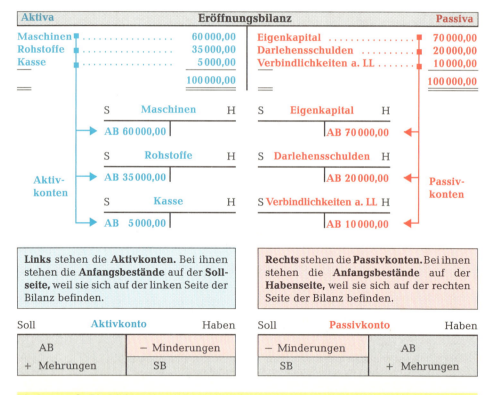

Merke:
- Die Mehrungen stehen auf der Seite der Anfangsbestände (AB), weil sie diese Bestände vergrößern.
- Die Minderungen stehen auf der entgegengesetzten Seite.
- Saldiert man nun die Minderungen mit den Beträgen der anderen Seite, so erhält man den Schlußbestand (SB), so daß jedes Konto wie eine kleine Waage am Ende auf beiden Seiten (Soll und Haben) mit gleicher Summe abschließt.
- Aktiv- und Passivkonten sind Bestandskonten.

Kontoabschluß. Nach Eintragung des Anfangsbestandes und Buchung der Geschäftsfälle wird das Konto folgendermaßen abgeschlossen:

① <u>Addition</u> der wertmäßig stärkeren Seite (hier: Soll 2520,00 DM).
② <u>Übertragung</u> dieser Summe auf die wertmäßig <u>schwächere</u> Seite (hier: Haben).
③ <u>Ermittlung des Saldos</u> als Unterschiedsbetrag zwischen Soll und Haben, also des Schlußbestandes durch Nebenrechnung (hier: 1213,00 DM), und <u>Eintragung des Saldos</u> auf der <u>schwächeren</u> Seite, damit das Konto im <u>Soll und Haben summenmäßig gleich ist</u>.

Soll (Einnahmen)			Kassenkonto		Haben (Ausgaben)	
Datum	Text	DM	Datum	Text		DM
Jan. 01.	Anfangsbestand	1 550,00	Jan. 05.	Zahlung an		850,00
Jan. 05.	Bankabhebung	300,00		H. Steinbring		
Jan. 16.	Zahlung von	260,00	Jan. 21.	Telefonrechnung		120,00
	H. Krüger		Jan. 26.	Bürobedarf		165,00
Jan. 20.	Zahlung von	220,00	Jan. 28.	Zeitungsinserat		172,00
	Harlinghausen		Jan. 31.	Schlußbestand	③	1 213,00
Jan. 29.	Barverkauf	190,00		(Saldo)		
		① 2 520,00			②	2 520,00
Febr. 01.	Saldovortrag	1 213,00				

Aufgaben – Fragen

23 *Führen Sie ein Kassenkonto vom 25. bis 31. Januar.*

25.01.	Anfangsbestand	2 855,00
25.01.	Barzahlung eines Kunden	220,00
26.01.	Barzahlung an einen Lieferer	380,00
26.01.	Zahlung für eine Zeitungsanzeige	120,00
27.01.	Bezahlung der Rechnung für Büromaterial	180,00
27.01.	Privatentnahme des Inhabers	400,00
28.01.	Abhebung von der Bank	2 800,00
28.01.	Gehaltszahlung	1 620,00
29.01.	Zahlung für Postwertzeichen	144,00
29.01.	Zahlung für Fracht und Rollgeld	65,00
30.01.	Zahlung an Fensterputzer	280,00
31.01.	Mieteinnahme	1 500,00
31.01.	Zahlung für Löhne	2 900,00

Das Kassenkonto ist abzuschließen. Wie hoch ist der Schlußbestand (Saldo)?

24 *Führen Sie das Konto „Verbindlichkeiten a. LL" vom 1. bis 6. Februar.*

01.02.	Anfangsbestand (Saldovortrag)	16 200,00
02.02.	Zielkauf von Rohstoffen	11 100,00
03.02.	Wir begleichen eine Rechnung unseres Lieferers über	2 250,00
04.02.	Zielkauf von Rohstoffen	3 450,00
05.02.	Wir begleichen eine Rechnung durch Banküberweisung von	980,00
06.02.	Wir geben Lieferer einen Bankscheck über	2 300,00

Das Konto ist abzuschließen. Wie hoch ist der Schlußbestand (Saldo) am 6. Februar?

25
1. Nennen Sie jeweils einen Geschäftsfall für eine der vier möglichen Wertveränderungen und erläutern Sie die Auswirkung auf die Bilanzsumme.
2. Auf welcher Seite des Kontos „Forderungen a. LL" werden Zugänge (Mehrungen) und auf welcher Abgänge (Minderungen) gebucht?
3. Auf welcher Seite bucht man bei Hypothekenschulden jeweils die Zugänge und Abgänge?

3.3 Buchung von Geschäftsfällen und Abschluß der Bestandskonten

Eröffnung der Konten. Die zum Schluß des vorhergehenden Geschäftsjahres aufgestellte Bilanz ist gleichzeitig die Eröffnungsbilanz zu Beginn des neuen Geschäftsjahres. Zu jeder Bilanzposition werden die entsprechenden Aktiv- und Passivkonten eingerichtet und die Anfangsbestände (AB) vorgetragen.

Laufende Buchungen. Folgende Geschäftsfälle sind nun in den Aktiv- bzw. Passivkonten zu buchen, nachdem die Anfangsbestände (AB) vorgetragen wurden. Jeder Buchung muß der entsprechende Beleg zugrunde liegen: Eingangsrechnungen, Ausgangsrechnungen, Bankauszüge. Das Belegprinzip ist ein wichtiger Grundsatz ordnungsmäßiger Buchführung (GoB).

> **Vor jeder Buchung sind folgende Überlegungen anzustellen:**
> 1. Welche Konten werden durch den Geschäftsfall berührt?
> 2. Sind es Aktiv- oder Passivkonten?
> 3. Liegt ein Zugang (+) oder Abgang (−) auf dem jeweiligen Konto vor?
> 4. Sind etwa auf beiden Konten Zugänge oder Abgänge zu buchen?
> 5. Auf welcher Kontenseite ist demnach jeweils zu buchen?

① Kauf einer EDV-Anlage gegen Banküberweisung: **Buchung**
20 000,00 DM

Die Geschäftsausstattung erhöht sich:	Aktivkonto:	Soll
Das Bankguthaben vermindert sich:	Aktivkonto:	Haben

② Zieleinkauf von Rohstoffen für 15 000,00 DM

Der Rohstoffbestand nimmt zu:	Aktivkonto:	Soll
Die Verbindlichkeiten a. LL nehmen auch zu:	Passivkonto:	Haben

③ Ein Kunde begleicht eine Rechnung durch Banküberweisung über 14 000,00 DM

Das Bankguthaben nimmt zu:	Aktivkonto:	Soll
Der Bestand an Forderungen a. LL nimmt ab:	Aktivkonto:	Haben

④ Wir begleichen eine Rechnung unseres Lieferers durch Banküberweisung über 3 000,00 DM

Die Verbindlichkeiten a. LL nehmen ab:	Passivkonto:	Soll
Das Bankguthaben nimmt ab:	Aktivkonto:	Haben

⑤ Eine Liefererverbindlichkeit über 18 000,00 DM wird vereinbarungsgemäß in eine Darlehensschuld umgewandelt

Die Verbindlichkeiten a. LL nehmen ab:	Passivkonto:	Soll
Die Darlehensschulden erhöhen sich:	Passivkonto:	Haben

Erklären Sie anhand der oben genannten fünf Geschäftsfälle, welche Art der Wertveränderung in der Bilanz vorliegt.

Merke:
- Jeder Geschäftsfall wird doppelt gebucht, zuerst im Soll und danach im Haben.
- Bei der Buchung in den Konten wird jeweils das Gegenkonto angegeben.

Abschluß der Bestandskonten. Sind alle Geschäftsfälle gebucht, wird für jedes Aktiv- und Passivkonto der Schlußbestand (SB) errechnet und jeweils zum Ausgleich des Kontos auf der schwächeren Seite eingesetzt. Danach wird die Schlußbilanz des Geschäftsjahres aufgestellt, indem die Schlußbestände der Aktivkonten auf die Aktivseite der Schlußbilanz übertragen werden, die der Passivkonten auf die Passivseite. Vorher muß allerdings noch eine Abstimmung der kontenmäßigen Schlußbestände (Buchbestände) mit den Inventurwerten (Istbestände) vorgenommen werden.

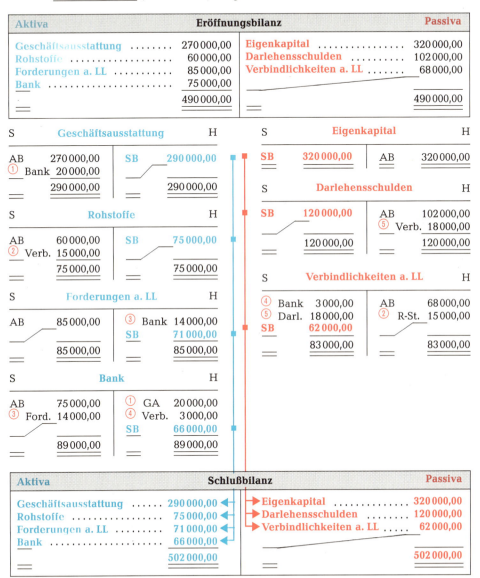

Merke:
- Die Schlußbilanz muß wertmäßig mit dem Inventar zum Schluß des Geschäftsjahres übereinstimmen.
- Die Schlußbilanz eines Geschäftsjahres (31.12.) ist zugleich die Eröffnungsbilanz des folgenden Geschäftsjahres (01.01.): Grundsatz der Bilanzidentität.

Aufgaben: Von der Eröffnungsbilanz über die Bestandskonten zur Schlußbilanz

Reihenfolge der Buchungsarbeiten:
1. Eröffnungsbilanz aufstellen
2. Anfangsbestände auf Aktiv- und Passivkonten vortragen
3. Geschäftsfälle buchen
4. Schlußbestände auf den Aktiv- und Passivkonten ermitteln und mit den Inventurwerten abstimmen
5. Konten abschließen
6. Schlußbilanz aufstellen

26, 27

Anfangsbestände:

Fabrikgebäude	310 000,00
Technische Anlagen (TA) und Maschinen	170 000,00
Rohstoffe	30 000,00
Forderungen a.LL	35 000,00
Kasse	5 000,00
Bank	55 000,00
Darlehensschulden	20 000,00
Verbindlichkeiten a.LL	46 000,00
Eigenkapital	?

Geschäftsfälle:	26	27
1. Unsere Banküberweisung an den Lieferer (Rechnungsausgleich)	11 300,00	12 400,00
2. Wir kaufen Rohstoffe auf Ziel (= Eingangsrechnung)	7 200,00	8 600,00
3. Teilrückzahlung der Darlehensschuld durch Banküberweisung	5 000,00	6 000,00
4. Ein Kunde überweist Rechnungsbetrag auf unser Bankkonto	5 200,00	6 100,00
5. Unsere Bareinzahlung auf Bankkonto	2 200,00	2 400,00

Abschlußangabe: Die Schlußbestände auf den Konten stimmen mit der Inventur überein.

28, 29

Anfangsbestände:

Technische Anlagen (TA) und Maschinen	235 000,00
Betriebs- und Geschäftsausstattung (BGA)	75 000,00
Rohstoffe	22 000,00
Forderungen a.LL	19 000,00
Kasse	4 500,00
Bank	36 000,00
Darlehensschulden	24 000,00
Verbindlichkeiten a.LL	20 000,00
Eigenkapital	?

Geschäftsfälle:	28	29
1. Eingangsrechnung für Rohstoffe	2 300,00	2 500,00
2. Kauf einer EDV-Anlage gegen Bankscheck	8 500,00	9 100,00
3. Tilgung einer Darlehensschuld mit Bankscheck	5 000,00	6 000,00
4. Banküberweisung unseres Kunden zum Rechnungsausgleich	3 400,00	4 100,00
5. Kauf einer Fertigungsmaschine auf Ziel (Kredit)	12 000,00	14 000,00
6. Ausgleich einer Liefererrechnung durch Banküberweisung	4 300,00	4 800,00
7. Wir verkaufen eine nicht mehr benötigte Maschine gegen Bankscheck	2 400,00	2 700,00

Abschlußangabe: Die Schlußbestände auf den Konten entsprechen den Inventurwerten.

Anfangsbestände: **30**
Technische Anlagen (TA) und Maschinen 262 000,00 **31**
Betriebs- und Geschäftsausstattung (BGA) 81 000,00
Rohstoffe 22 000,00
Forderungen a.LL 26 000,00
Kasse 4 500,00
Postbankguthaben 400,00
Bankguthaben 39 000,00
Darlehensschulden 27 000,00
Verbindlichkeiten a.LL 40 000,00
Eigenkapital .... ?

Geschäftsfälle:	30	31
1. Ausgleich einer Liefererrechnung durch Banküberweisung	3 200,00	3 700,00
2. Eingangsrechnung für Rohstoffe	9 500,00	11 100,00
3. Kunde überweist auf unser Postbankkonto	1 750,00	1 960,00
4. Überweisung vom Postbankkonto auf Bankkonto	1 900,00	2 100,00
5. Rechnungsausgleich des Kunden auf unser Bankkonto	2 150,00	2 350,00
6. Tilgung einer Darlehensschuld mit Bankscheck	4 000,00	5 000,00
7. Verkauf eines nicht mehr benötigten Faxgerätes bar	650,00	780,00
8. Unsere Bareinzahlung auf Bankkonto	2 400,00	2 600,00

Abschlußangabe:
Die Buchbestände der Aktiv- und Passivkonten stimmen mit den Inventurwerten überein.

Anfangsbestände: **32**
Fabrikgebäude 570 000,00 **33**
Technische Anlagen (TA) und Maschinen 180 000,00
Betriebs- und Geschäftsausstattung (BGA) 45 000,00
Rohstoffe 28 000,00
Hilfsstoffe 11 200,00
Forderungen a.LL 33 500,00
Kasse 2 900,00
Bankguthaben 52 000,00
Hypothekenschulden 120 000,00
Verbindlichkeiten a.LL 46 000,00
Eigenkapital .... ?

Geschäftsfälle:	32	33
1. Eingangsrechnung für Rohstoffe	2 500,00	4 600,00
2. Unsere Banküberweisung an den Lieferer	11 400,00	11 600,00
3. Zieleinkauf einer Maschine für den Fertigungsbetrieb	14 200,00	16 700,00
4. Barkauf von Hilfsstoffen	1 150,00	1 210,00
5. Aufnahme einer Hypothek bei der Bank	50 000,00	62 000,00
6. Kauf von Rohstoffen gegen Bankscheck	1 260,00	1 470,00
7. Banküberweisung unseres Kunden	3 145,00	3 670,00
8. Barverkauf eines nicht mehr benötigten Computers	650,00	720,00
9. Unsere Bareinzahlung auf Bankkonto	1 500,00	1 600,00

Abschlußangabe:
Die Salden der Bestandskonten entsprechen den Inventurwerten.

3.4 Buchungssatz
3.4.1 Einfacher Buchungssatz

Belege. Richtigkeit und Vollständigkeit der Buchungen lassen sich nur durch entsprechende Belege nachweisen. Deshalb muß jeder Buchung ein Beleg zugrunde liegen: Eingangsrechnungen (ER), Ausgangsrechnungen (AR), Kontoauszüge der Bank (BA), Postbankauszug (PA), Kassenbeleg (K) u. a. Belege stellen das Bindeglied zwischen Geschäftsfall und Buchung dar.

Keine Buchung ohne Beleg!

Vorkontierung der Belege. Jeder Beleg löst mindestens eine Soll- und eine Habenbuchung aus. In der Praxis wird die Buchung zunächst mit Hilfe eines Buchungsstempels auf dem Beleg vermerkt. Diese Vorkontierung des Belegs ist als Buchungsanweisung zu verstehen. Sie nennt die Konten, auf denen der Buchhalter jeweils im Soll und im Haben buchen muß. Datum, Journalseite und Namenszeichen des Buchhalters sollen die Durchführung der Buchung in den Buchführungsbüchern bestätigen.

Beispiel: Die Maschinenfabrik Fritz Walter erhält folgende Rechnung:

Eintragung ins Grundbuch. Bevor der Buchhalter die Buchung des Belegs auf den Konten vornimmt, muß er den Geschäftsfall zunächst in zeitlicher Reihenfolge im

Grundbuch (Tagebuch, Journal)

erfassen. Für die Eintragung des Geschäftsfalls in das Grundbuch hat sich eine bestimmte Darstellungsform des Geschäftsfalls entwickelt, der

Buchungssatz.

Der Buchungssatz gibt die Konten an, auf denen zu buchen ist. Er nennt zuerst das Konto, in dem im Soll und dann das Konto, in dem im Haben gebucht wird. Beide Konten werden durch das Wort „an" verbunden. Die Sollbuchung nennt man auch Lastschrift, die Habenbuchung Gutschrift. Außer dem Buchungssatz sind noch Buchungsdatum, Art und Nummer des Belegs im Grundbuch zu vermerken.

---

[1] Aus methodischen Gründen bleibt die Umsatzsteuer unberücksichtigt.

Grundbuch					
Datum	Beleg	Buchungssatz		Soll	Haben
13.06.19..	ER 65	**Rohstoffe**		**2 000,00**	
		an **Verbindlichkeiten a. LL**			**2 000,00**
					1 Lastschrift = 1 Gutschrift

In den Konten, die das Hauptbuch **darstellen,** wird nun eingetragen:

S	Rohstoffe	H	S	Verbindlichkeiten a. LL	H
AB	10 000,00			AB	12 000,00
Verbindl.	**2 000,00**			**Rohstoffe**	**2 000,00**

Bei der Eintragung des Buchungssatzes auf den Konten wird jeweils das Gegenkonto angerufen, um die Buchungen jederzeit nachprüfen zu können:

Im Konto **Verbindlichk. a. LL** wird das Konto **Rohstoffe** angerufen.
Im Konto **Rohstoffe** wird das Konto **Verbindlichk. a. LL** angerufen.

Merke:
- Der Buchungssatz nennt die Konten, auf denen der Geschäftsfall zu buchen ist.
- Zuerst wird das Konto mit der Sollbuchung (Lastschrift) genannt, dann – nach dem Wörtchen „an" – das Konto mit der Habenbuchung (Gutschrift).
- Zur Bildung des Buchungssatzes stellt man sich die vier bekannten Fragen (siehe S. 25).
- Die Buchungssätze werden zunächst im Grundbuch erfaßt und danach entsprechend auf die Konten des Hauptbuches übertragen.
- Das Grundbuch enthält die zeitliche oder chronologische, das Hauptbuch die sachliche Ordnung aller Buchungen.

Aufgaben

34 Bei der Firma Fritz Krüger, Köln, liegen folgende Geschäftsfälle vor. *Nennen Sie jeweils den Beleg und den Buchungssatz. Tragen Sie die Buchungssätze in das Grundbuch ein.*

1. Barverkauf eines gebrauchten Personalcomputers 450,00
2. Barabhebung vom Bankkonto 5 800,00
3. Zielkauf von Rohstoffen lt. ER 469 .... 14 600,00
4. Umwandlung einer Lieferschuld in eine Darlehensschuld 13 500,00
5. Kunde überweist Rechnungsbetrag (AR 450) auf unser Postbankkonto 400,00
6. Barkauf von Hilfsstoffen lt. ER 470 800,00
7. Eingangsrechnung (ER 471) für Betriebsstoffe 3 600,00
8. Kauf einer Maschine für den Fabrikbetrieb auf Ziel lt. ER 472 .... 34 700,00
9. Unsere Postbanküberweisung auf Bankkonto 1 900,00
10. Wir begleichen eine Rechnung (ER 451) durch Banküberweisung 1 800,00
11. Bareinzahlung auf Bankkonto 2 800,00
12. Kunde begleicht eine Rechnung (AR 450) durch Banküberweisung 2 400,00
13. Kauf eines Kopiergerätes gegen Bankscheck 2 850,00
14. Barzahlung an Lieferer zum Ausgleich von ER 468 600,00
15. Aufnahme einer Hypothek bei der Sparkasse 14 000,00
16. Kauf eines Baugrundstücks gegen Bankscheck 66 000,00
17. Barverkauf eines gebrauchten Geschäfts-PKWs 4 100,00
18. Tilgung einer Darlehensschuld durch Banküberweisung 12 000,00
19. Kunde sendet uns einen Bankscheck zum Ausgleich von AR 451 .... 12 600,00

35 Welche Geschäftsfälle liegen folgenden Buchungssätzen zugrunde?

1. Fuhrpark an Bank 30 000,00
2. Verbindlichkeiten a. LL an Bank 5 000,00
3. Bank an Kasse 8 500,00
4. Rohstoffe an Verbindlichkeiten a. LL 11 400,00
5. Kasse an Bank 2 500,00
6. Postbank an Forderungen a. LL 3 800,00
7. Kasse an Betriebs- und Geschäftsausstattung 1 200,00
8. Bank an Darlehensschulden 40 000,00
9. Betriebs- und Geschäftsausstattung an Bank 2 300,00
10. Bank an Postbank 5 400,00
11. Bank an Forderungen a. LL 6 700,00
12. Darlehensschulden an Bank 3 800,00

36 Nennen Sie jeweils den Geschäftsfall zu den Buchungen im folgenden Bankkonto:

Soll		**Bank**		Haben
AB	24 000,00	2. Kasse	6 000,00
1. Forderungen a. LL	4 500,00	3. Verbindlichkeiten a. LL	5 300,00
4. Darlehensschulden	50 000,00	5. Hypotheken	6 700,00
6. BGA	1 500,00	SB	62 000,00
	80 000,00		80 000,00

37 Kontieren Sie für die Küchentechnik-Werke Wirtz den folgenden Beleg.

34

Kontieren Sie die folgenden Belege für die Küchentechnik-Werke Karl Wirtz. **38**

Udo Steffens ELEKTROZUBEHÖRHANDEL

Udo Steffens, Postfach 12 80, 46483 Wesel

Küchentechnik-Werke
Karl Wirtz
Röntgenstr. 44

51373 Leverkusen

ER 498

Eingang: 19..-12-15

Ihre Bestellung vom	Unser Auftrag Nr.	Zeit der Leistung	Datum
..-12-02	K 4 089 IV	..-12-12	..-12-13

Rechnung Nr. 2 312 K

Artikel-Nr.	Gegenstand	Menge Stück	Stückpreis DM	Gesamtpreis DM
TS 12	Thermostat	30	8,00	240,00
W 24	Elektromotor	150	82,00	12.300,00
				12.540,00[1]

Konto Soll Haben

Gebucht:

Telefon
(02 81) 48 69

Fax
(02 81) 48 75

Deutsche Bank, Wesel
Konto-Nr. 486 222
(BLZ 145 678 55)

Postbank Köln
Konto-Nr. 124 45-501
(BLZ 370 100 50)

Durchschrift für den Auftraggeber

19..-12-22   *Karl Wirtz*
Datum   Unterschrift für nachstehenden Auftrag

Empfänger
Elektrozubehörhandel Udo Steffens, 46483 Wesel

Konto-Nr. des Empfängers: 486 222   Bankleitzahl: 145 678 55

bei (Kreditinstitut)
Deutsche Bank, Wesel

Betrag: DM, Pf
12.540,00--------------

Verwendungszweck (nur für Empfänger)
Rechnung-Nr. 2 312 K vom 13. Dez. 19..

Auftraggeber
Küchentechnik-Werke Karl Wirtz, 51373 Leverkusen

Konto-Nr. des Auftraggebers:
218 435 717

1 Aus methodischen Gründen bleibt die Umsatzsteuer unberücksichtigt.

3.4.2 Zusammengesetzter Buchungssatz

Bisher wurden durch die Geschäftsfälle nur zwei Konten angerufen. Die Lastschrift wurde im Soll, die Gutschrift im Haben des jeweiligen Kontos vorgenommen. Es handelt sich um <u>einfache</u> Buchungssätze.

Zusammengesetzte Buchungssätze entstehen, wenn durch einen Geschäftsfall <u>mehr als zwei Konten</u> berührt werden.

Beispiel 1: Wir begleichen die Rechnung unseres Lieferers (ER 66) über 3 000,00 DM durch Banküberweisung 2 600,00 DM (BA 44) und Postbanküberweisung 400,00 DM (PA 28).

Buchung: Soll: Verbindlichkeiten a. LL   Haben: Bank, Postbank

Grundbuch				
Datum	Beleg	Buchungssatz	Soll	Haben
20.06.19..	ER 66 BA 44 PA 28	Verbindlichkeiten a. LL .... an Bank .... an Postbank	3 000,00 1 Lastschrift =	 2 600,00 400,00 2 Gut- schriften

Buchung auf den Konten des Hauptbuches:

S	Verbindlichkeiten a. LL		H		S	Bank		H
Bank/ Postbank 3 000,00		AB	12 000,00		AB	14 000,00	Verbindlk. 2 600,00	
					S	Postbank		H
					AB	800,00	Verbindlk. 400,00	

Beispiel 2: Ein Kunde begleicht eine Rechnung (AR 1401) über 1000,00 DM, und zwar mit Bankscheck (BA 45) über 700,00 DM und bar 300,00 DM (K 86).

Buchung: Soll: Bank, Kasse   Haben: Forderungen a. LL

Grundbuch				
Datum	Beleg	Buchungssatz	Soll	Haben
24.06.19..	BA 45 K 86 AR 1401	Bank .... Kasse .... an Forderungen a. LL	700,00 300,00 2 Last- schriften =	 1000,00 1 Gutschrift

Übertragen Sie die Buchung auf die Konten des Hauptbuches.

Merke: Bei einfachen und zusammengesetzten Buchungssätzen gilt stets:
- Summe der **Sollbuchung(en)** ⟺ Summe der **Habenbuchung(en)**
- Summe der **Lastschrift(en)** ⟺ Summe der **Gutschrift(en)**

Aufgaben

39 Wie lauten die Buchungssätze für folgende Geschäftsfälle? Tragen Sie die Buchungssätze in das Grundbuch ein.

1. Kauf von Rohstoffen
   - bar 500,00
   - auf Ziel .... 11 500,00 — 12 000,00

2. Kauf eines Baugrundstückes
   - gegen Bankscheck 68 000,00
   - gegen bar .... 2 000,00 — 70 000,00

3. Verkauf eines gebrauchten LKWs
   - gegen bar 2 000,00
   - gegen Bankscheck .... 14 000,00 — 16 000,00

4. Kunde begleicht Rechnung
   - durch Banküberweisung 12 000,00
   - gegen bar .... 500,00 — 12 500,00

5. Kauf von Büromöbeln
   - bar 1 500,00
   - gegen Bankscheck .... 4 000,00 — 5 500,00

6. Tilgung einer Hypothek
   - durch Banküberweisung 17 000,00
   - durch Postbanküberweisung 2 000,00
   - bar .... 1 000,00 — 20 000,00

7. Wir begleichen Rechnungen unseres Lieferers
   - durch Banküberweisung 8 000,00
   - durch Postbanküberweisung 1 000,00
   - bar .... 500,00 — 9 500,00

8. Tilgung einer Darlehensschuld
   - durch Banküberweisung 15 000,00
   - durch Postbanküberweisung 1 000,00 — 16 000,00

9. Kauf einer EDV-Anlage
   - gegen Postbanküberweisung 3 000,00
   - gegen Banküberweisung ... 17 000,00
   - gegen bar .... 1 000,00 — 21 000,00

40 Welche Geschäftsfälle liegen folgenden Buchungssätzen zugrunde?   Soll   Haben

1. Kasse 1 000,00
   Bank 12 000,00
   an Fuhrpark .... — 13 000,00

2. Hilfsstoffe 8 000,00
   an Kasse .... — 1 000,00
   an Bank .... — 7 000,00

3. BGA 4 000,00
   an Bank .... — 3 000,00
   an Postbank .... — 1 000,00

4. Darlehensschulden 7 000,00
   an Kasse .... — 1 000,00
   an Bank .... — 6 000,00

5. Bank 7 000,00
   Postbank 1 000,00
   Kasse 1 000,00
   an Forderungen a. LL .... — 9 000,00

6. Technische Anlagen und Maschinen 14 000,00
   an Kasse .... — 2 000,00
   an Bank .... — 12 000,00

7. Verbindlichkeiten a. LL 22 000,00
   an Bank .... — 19 000,00
   an Postbank .... — 2 000,00
   an Kasse .... — 1 000,00

3.5 Eröffnungsbilanzkonto und Schlußbilanzkonto

3.5.1 Eröffnungsbilanzkonto (EBK)

Bilanzidentität. Die Schlußbilanz eines Jahres ist zugleich die Eröffnungsbilanz des folgenden Geschäftsjahres. Diese inhaltliche Gleichheit nennt man Bilanzidentität.

System der Doppik. Allen Buchungen im Hauptbuch ist gemeinsam, daß auf eine Sollbuchung eine Habenbuchung folgt. Man bezeichnet das Prinzip, daß durch jeden Geschäftsfall mindestens ein Konto im Soll und mindestens ein Konto im Haben in wertmäßig gleicher Höhe angerufen wird, als System der Doppik. Dieses System wurde bei der Übertragung der Anfangsbestände auf die Bestandskonten (Eröffnung der Bestandskonten) durchbrochen.

Aktiva	Schlußbilanz	=	Eröffnungsbilanz	Passiva
Vermögensformen				Vermögensquellen
S	Aktive Bestandskonten H		S Passive Bestandskonten	H
Anf.-Bestand				Anf.-Bestand

Soll auch im Rahmen der Eröffnungsbuchungen für die Aktiv- und Passivkonten nach dem Prinzip der Doppik verfahren werden, muß für die Übertragung der Anfangsbestände ein Hilfs- oder Gegenkonto eingerichtet werden. Dieses Gegenkonto ist das

Eröffnungsbilanzkonto (EBK),

das die **Aktivposten im Haben** und die **Passivposten im Soll aufnimmt**. Das Eröffnungsbilanzkonto ist somit das Spiegelbild der Schlußbilanz des Vorjahres.

Die Eröffnungsbuchungssätze für die Bestandskonten lauten:

- **Aktivkonten** .... an **Eröffnungsbilanzkonto** (EBK)
- **Eröffnungsbilanzkonto** ... an **Passivkonten**

Merke: Das Eröffnungsbilanzkonto, das Gegenkonto zur Eröffnung der Bestandskonten im Hauptbuch, ist das Spiegelbild der Eröffnungsbilanz.

3.5.2 Schlußbilanzkonto (SBK)

Kontenabschluß. Zum Schluß des Geschäftsjahres werden die Konten des Hauptbuches abgeschlossen. Die Schlußbestände der einzelnen Aktiv- und Passivkonten werden zunächst errechnet und mit den Schlußbeständen lt. Inventur (Inventar) abgestimmt. Für die Eintragung bzw. Buchung der Schlußbestände auf den Aktiv- und Passivkonten wird das

Schlußbilanzkonto (SBK)

als Gegenkonto genommen. Die Abschlußbuchungssätze lauten:

- **Schlußbilanzkonto** (SBK) ... an **Aktivkonten**
- **Passivkonten** .... an **Schlußbilanzkonto**

Übereinstimmung. Das Schlußbilanzkonto als Abschlußkonto der Aktiv- und Passivkonten im Hauptbuch muß stets mit der aus dem Inventar erstellten Bilanz für das betreffende Geschäftsjahr übereinstimmen.

Merke: Das Schlußbilanzkonto ist das Gegenkonto für den Abschluß aller Bestandskonten im Hauptbuch.

Inventur zum 31.12.01
↓
Inventar zum 31.12.01
↓
Schlußbilanz zum 31.12.01 ist zugleich die
↓

Aktiva	Eröffnungsbilanz zum 01.01.02		Passiva	
Rohstoffe	28 000,00	Eigenkapital	50 000,00	Inventar-
Bank	47 000,00	Verbindlichk. a. LL	25 000,00	und
	75 000,00		75 000,00	Bilanzbuch

Ort, Datum   Unterschrift

Hauptbuch

Soll	Eröffnungsbilanzkonto (EBK)		Haben	
Eigenkapital	50 000,00	Rohstoffe	28 000,00	
Verbindlichk. a. LL	25 000,00	Bank	47 000,00	
	75 000,00		75 000,00	

S	Rohstoffe		H	S	Eigenkapital		H
EBK ①	28 000,00 20 000,00	SBK	48 000,00	SBK	50 000,00	EBK	50 000,00
	48 000,00		48 000,00				

S	Bank		H	S	Verbindlichkeiten a. LL		H
EBK	47 000,00	② SBK	10 000,00 37 000,00	② SBK	10 000,00 35 000,00	EBK ①	25 000,00 20 000,00
	47 000,00		47 000,00		45 000,00		45 000,00

Soll	Schlußbilanzkonto (SBK)		Haben	
Rohstoffe	48 000,00	Eigenkapital	50 000,00	
Bank	37 000,00	Verbindlichk. a. LL	35 000,00	
	85 000,00		85 000,00	

Inventur zum 31.12.02
↓
Inventar zum 31.12.02
↓

Aktiva	Schlußbilanz zum 31.12.02		Passiva	
Rohstoffe	48 000,00	Eigenkapital	50 000,00	Inventar-
Bank	37 000,00	Verbindlichk. a. LL	35 000,00	und
	85 000,00		85 000,00	Bilanzbuch

Ort, Datum   Unterschrift

Nennen Sie Geschäftsfälle, die den Buchungen ① und ② auf den Konten des Hauptbuches zugrunde liegen.

Merke:
- Die Schlußbilanz wird aufgrund des Inventars aufgestellt.
- Das Schlußbilanz<u>konto</u> ist das Abschlußkonto im Hauptbuch. Schlußbilanz und Schlußbilanzkonto stimmen inhaltlich überein.
- Die Schlußbilanz ist <u>zugleich</u> Eröffnungsbilanz des folgenden Geschäftsjahres (Grundsatz der Bilanzidentität).

Aufgaben – Fragen

> 1. Erstellen Sie zunächst die Eröffnungsbilanz (= Schlußbilanz des Vorjahres).
> 2. Eröffnen Sie danach die Bestandskonten mit Hilfe des Eröffnungsbilanzkontos (EBK).
> 3. Buchen Sie die Geschäftsfälle auf den jeweiligen Bestandskonten.
> 4. Schließen Sie die Bestandskonten über das Schlußbilanzkonto (SBK) ab.
> 5. Erstellen Sie für das Bilanzbuch eine ordnungsgemäß gegliederte Schlußbilanz.

41 / 42 Anfangsbestände:

TA u. Maschinen	270 000,00	Kasse	6 000,00
BGA	140 000,00	Bankguthaben	32 000,00
Rohstoffe	60 000,00	Verbindlichkeiten a. LL	48 000,00
Forderungen a. LL	35 000,00	Eigenkapital	?

Geschäftsfälle:

	41	42
1. ER 406: Kauf von Rohstoffen auf Ziel	12 200,00	8 800,00
2. ER 408: Barkauf eines Anrufbeantworters	600,00	700,00
3. Kunde begleicht eine Rechnung mit Bankscheck	1 800,00	1 700,00
4. ER 409: Zielkauf einer Maschine für Fabrikbetrieb	11 100,00	12 200,00
5. Bareinzahlung auf Bankkonto	1 300,00	1 200,00
6. Wir begleichen die Rechnung eines Lieferers bar	1 700,00	1 600,00
7. Kauf von Rohstoffen lt. ER 410	4 000,00	4 500,00
8. Ausgleich einer Kundenrechnung durch Banküberweisung	2 400,00	2 300,00

Abschlußangaben: Die Schlußbestände auf den Konten entsprechen den Inventurwerten.

43 / 44 Anfangsbestände:

Fabrikgebäude	380 000,00	Kasse	6 000,00
TA u. Maschinen	290 000,00	Postbankguthaben	3 400,00
BGA	130 000,00	Bankguthaben	49 000,00
Rohstoffe	48 000,00	Darlehensschulden	178 000,00
Hilfsstoffe	14 000,00	Verbindlichkeiten a. LL	55 000,00
Forderungen a. LL	34 000,00	Eigenkapital	?

Geschäftsfälle:

	43	44
1. Aufnahme eines Darlehens bei der Bank	42 600,00	42 500,00
2. Kauf von Rohstoffen lt. ER 510	4 000,00	5 000,00
3. Zielverkauf einer gebrauchten Maschine zum Buchwert	12 100,00	13 250,00
4. Zielkauf von Rohstoffen (ER 511)	2 950,00	4 000,00
5. Banküberweisung an Lieferer	8 150,00	9 350,00
6. Barkauf eines Aktenvernichters	900,00	950,00
7. Bareinzahlung auf Bankkonto	1 200,00	1 100,00
8. Barkauf von Hilfsstoffen (ER 512)	1 200,00	1 250,00
9. Überweisung vom Postbankkonto auf Bankkonto	1 400,00	1 500,00
10. Darlehensrückzahlung durch Bankscheck	14 000,00	12 500,00
11. Kunde begleicht Rechnung durch Banküberweisung	4 400,00	5 200,00

Abschlußangaben: Die Schlußbestände auf den Konten entsprechen den Inventurwerten.

45

1. Begründen Sie, weshalb Aktiv- und Passivkonten Bestandskonten darstellen.
2. Unterscheiden Sie zwischen a) Grundbuch, b) Hauptbuch, c) Inventar- und Bilanzbuch.
3. Erklären Sie den Grundsatz der Bilanzidentität.
4. Worin unterscheiden sich Schlußbilanz und Schlußbilanzkonto? Welcher Zusammenhang besteht zwischen beiden?

4 Buchen auf Erfolgskonten (Ergebniskonten)

4.1 Aufwendungen und Erträge

Erfolg/Ergebnis. Bisher haben wir lediglich Geschäftsfälle auf den Bestandskonten gebucht. Das Eigenkapital blieb dabei unberührt, d. h., diese Geschäftsfälle hatten keinen Einfluß auf den Erfolg bzw. das Ergebnis des Unternehmens. Nun bringen aber vor allem

- **Herstellung** und
- **Absatz der Erzeugnisse**

Geschäftsfälle mit sich, die sich auf den <u>Gewinn oder Verlust</u> und damit auf das

Eigenkapital

des Industriebetriebes auswirken. Man spricht von „Aufwendungen" und „Erträgen".

Aufwendungen. Hauptaufgabe des Industriebetriebes ist es, Erzeugnisse herzustellen und zu verkaufen. Zur Herstellung der Erzeugnisse werden Rohstoffe verarbeitet sowie Hilfs- und Betriebsstoffe verbraucht. Außerdem müssen Maschinen, Arbeitskräfte u. a. m. eingesetzt werden. <u>Jeden Werteverzehr</u> eines Unternehmens an Gütern und Diensten bezeichnet man dabei als <u>Aufwand</u>. Aufwendungen <u>vermindern das Eigenkapital</u>. Dazu zählen im Industriebetrieb vor allem:

1. **Materialaufwendungen,** d. h. Verbrauch von Roh-, Hilfs- und Betriebsstoffen
   - **Rohstoffe** (Hauptbestandteile), d. h. Stoffe, die nach der Be- oder Verarbeitung Hauptbestandteil der fertigen Erzeugnisse werden, z. B. <u>Stahlblech und Bandeisen, Stabholz und Spanplatten, Glas, Wolle, Kunstfasern, Rohöl</u> usw.
   - **Hilfsstoffe** (Nebenbestandteile), die z. T. in das Erzeugnis hineingearbeitet werden, z. B. <u>Nägel, Schrauben, Schweißmaterial, Farben, Lacke, Leim, Säuren</u> usw.
   - **Betriebsstoffe,** die nur mittelbar der Herstellung dienen, also nicht in das Erzeugnis eingehen, z. B. <u>Brenn- und Treibstoffe, Schmieröl, Reparaturmaterial</u> usw.
2. **Aufwendungen für Vorprodukte/Fremdbauteile,** also z. B. der Verbrauch an von Fremdfirmen bezogenen Fertigteilen, z. B. <u>Elektromotoren, Beschläge, Schlösser u. a.</u>
3. **Aufwendungen für Handelswaren,** also Artikel, die meist als Zubehör zu den eigenen Erzeugnissen verkauft werden.
4. **Aufwendungen für den Einsatz von Arbeitskräften:**
   - **Löhne** für alle Arbeiter des Industriebetriebes
   - **Gehälter** für alle kaufmännischen und technischen Angestellten
   - **Gesetzliche und freiwillige Sozialabgaben**
5. **Wertminderung des Anlagevermögens durch Abnutzung (Abschreibungen)**
6. **Aufwendungen für Miete, Betriebssteuern, Verwaltung, Werbung u. a. m.**

Merke:
- **Aufwendungen stellen den gesamten Werteverzehr eines Unternehmens an Gütern, Diensten und Abgaben während einer Abrechnungsperiode dar.**
- **Aufwendungen <u>vermindern</u> das Eigenkapital.**

Erträge sind dagegen <u>alle Wertzuflüsse</u> in das Unternehmen, die das <u>Eigenkapital erhöhen</u>. Hauptertrag des Industriebetriebes bilden natürlich die Erlöse aus dem Verkauf der fertigen Erzeugnisse. Diese <u>Umsatzerlöse</u> sollen nicht nur die Selbstkosten der Erzeugnisse decken, sondern außerdem auch einen angemessenen Gewinn erbringen. Daneben fallen in einem Industrieunternehmen zuweilen auch Zinserträge, Erträge aus Vermietung und Verpachtung u. a. m. an.

Merke:
- **Erträge sind alle erfolgswirksamen Wertzuflüsse. Wichtigster Ertragsposten des Industriebetriebes sind die <u>Umsatzerlöse für eigene Erzeugnisse.</u>**
- **Erträge <u>erhöhen</u> das Eigenkapital.**

4.2 Erfolgskonten als Unterkonten des Kapitalkontos

Notwendigkeit der Erfolgskonten (Ergebniskonten). Aufwendungen und Erträge wären an sich unmittelbar auf dem Eigenkapitalkonto zu buchen, und zwar Aufwendungen als Kapitalminderung im Soll, Erträge als Mehrung des Kapitals im Haben. Das hätte aber den Nachteil, daß das Eigenkapitalkonto unübersichtlich würde. Aus Gründen der Klarheit und Übersichtlichkeit ist es notwendig, die einzelnen Aufwands- und Ertragsarten kontenmäßig gesondert aufzuzeigen, damit die

Quellen des Erfolges

deutlich erkennbar werden. Deshalb werden Erfolgskonten als Unterkonten des Eigenkapitalkontos eingerichtet, die die einzelnen Arten der Aufwendungen (Aufwandskonten) und Erträge (Ertragskonten) aufnehmen.

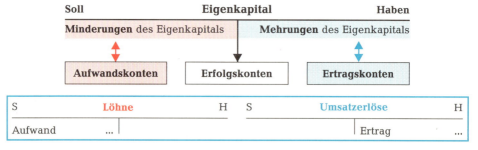

Merke: Die Erfolgskonten sind Unterkonten des Kapitalkontos. Sie bewegen sich wie das Eigenkapitalkonto: Man bucht deshalb
- auf den Aufwandskonten im Soll ▷ die Minderungen des Eigenkapitals
- auf den Ertragskonten im Haben ▷ die Mehrungen des Eigenkapitals

Beispiele für die Buchung von Aufwendungen und Erträgen

Die Bestandskonten „Rohstoffe", „Hilfsstoffe", „Betriebsstoffe" und „Vorprodukte/Fremdbauteile" stellen das Materiallager dar. Die Abgabe von Material an die Fertigung wird bei ihnen auf der Habenseite gebucht.

Aufwandskonten. Der Verbrauch an Material in der Fertigung bewirkt letztlich eine Minderung des Eigenkapitals. Deshalb wird auf den entsprechenden Material-Aufwandskonten auf der Sollseite gebucht. Wir richten folgende Aufwandskonten ein:
- Konto **„Aufwendungen für Rohstoffe"** für den Rohstoffverbrauch
- Konto **„Aufwendungen für Hilfsstoffe"** für den Hilfsstoffverbrauch
- Konto **„Aufwendungen für Betriebsstoffe"** für den Betriebsstoffverbrauch
- Konto **„Aufwendungen für Vorprodukte/Fremdbauteile"** für den Verbrauch

Der Verbrauch an Material kann auf zweifache Weise ermittelt werden:
- **Laufend mit Hilfe von Materialentnahmescheinen.** Bei dieser direkten Methode wird der Verbrauch bei der Entnahme belegmäßig erfaßt und gebucht.
- **Nachträglich durch Inventur.** Bei dieser indirekten Methode wird der Materialverbrauch erst am Ende der Rechnungsperiode über den Inventurbestand ermittelt und gebucht:

Anfangsbestand + Zugänge − Endbestand lt. Inventur = Verbrauch

Beispiel:

Anfangsbestand an Rohstoffen	50 000,00	
+ Zugänge (Einkäufe, netto)	30 000,00	80 000,00 DM
− Endbestand lt. Inventur		10 000,00 DM
Rohstoffverbrauch		**70 000,00 DM**

1. Wir verbrauchen für die Herstellung im Betrieb lt. Materialentnahmescheine für 12 000,00 DM Rohstoffe, für 2 000,00 DM Hilfsstoffe, für 1 000,00 DM Betriebsstoffe.

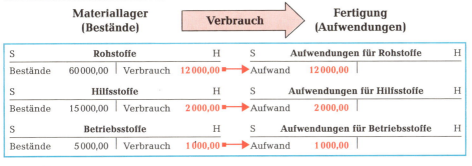

S	Rohstoffe	H	S	Aufwendungen für Rohstoffe	H
Bestände 60 000,00	Verbrauch 12 000,00		Aufwand 12 000,00		

S	Hilfsstoffe	H	S	Aufwendungen für Hilfsstoffe	H
Bestände 15 000,00	Verbrauch 2 000,00		Aufwand 2 000,00		

S	Betriebsstoffe	H	S	Aufwendungen für Betriebsstoffe	H
Bestände 5 000,00	Verbrauch 1 000,00		Aufwand 1 000,00		

Buchung: Aufwendungen für Rohstoffe ..... an Rohstoffe 12 000,00
          Aufwendungen für Hilfsstoffe .... an Hilfsstoffe 2 000,00
          Aufwendungen für Betriebsstoffe . an Betriebsstoffe 1 000,00

2. Wir bezahlen Löhne 15 000,00 DM, Gehälter 13 000,00 DM, Miete 1 500,00 DM durch Banküberweisung.

S	Löhne	H	S	Gehälter	H	S	Mietaufwendungen	H
B. 15 000,00			B. 13 000,00			B. 1 500,00		

S	Bank	H
... 80 000,00	Diverse 29 500,00	

Buchung: Löhne 15 000,00
          Gehälter 13 000,00
          Mietaufwendungen ... 1 500,00
          an Bank 29 500,00

3. Im Betrieb entstehen weitere Aufwendungen. Banküberweisung für:
   Büromaterial 800,00 DM, Reparaturen 300,00 DM, Betriebssteuern 400,00 DM.

S	Büromaterial	H	S	Fremdinstandhaltung	H	S	Betriebssteuern	H
B. 800,00			B. 300,00			B. 400,00		

S	Bank	H
... 80 000,00	Diverse 29 500,00	
	1 500,00	

Buchung: Büromaterial 800,00
          Fremdinstandhaltung 300,00
          Betriebssteuern 400,00
          an Bank 1 500,00

4. Alle im Betrieb hergestellten Erzeugnisse wurden auf Ziel verkauft. Die Ausgangsrechnungen weisen insgesamt 55 000,00 DM aus.

S	Forderungen a. LL	H	S	Umsatzerlöse für eigene Erzeugnisse	H
Erlöse 55 000,00				Ford. a. LL 55 000,00	

Buchung: Forderungen a. LL ... an Umsatzerlöse für eigene Erzeugnisse .. 55 000,00

Die Erlöse der verkauften Erzeugnisse bilden den Haupteertrag des Industriebetriebes. Da sie das Eigenkapital mehren, werden sie auf dem Ertragskonto „Umsatzerlöse" im Haben gebucht.

Merke:
- Aufwands- und Ertragskonten ⇔ Erfolgskonten
- Aktiv- und Passivkonten ⇔ Bestandskonten

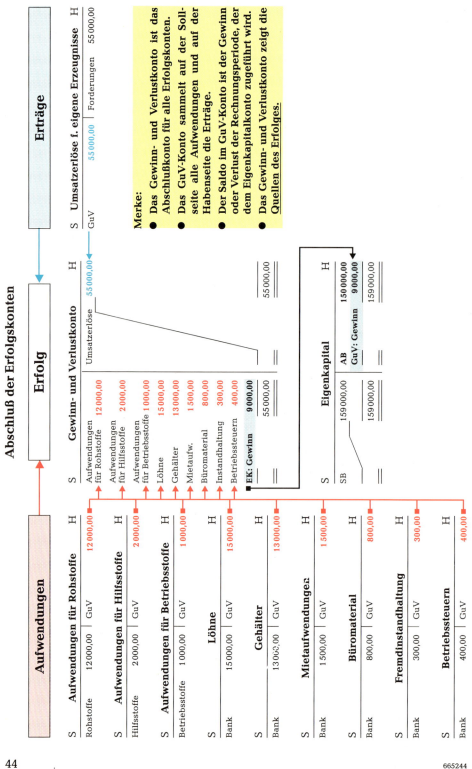

4.3 Gewinn- und Verlustkonto als Abschlußkonto der Erfolgskonten

Aufgaben des Gewinn- und Verlustkontos. Am Ende des Geschäftsjahres müssen nun

Aufwendungen und Erträge

einander gegenübergestellt werden, um den Erfolg des Unternehmens festzustellen. Diese Aufgabe übernimmt das Konto

„Gewinn und Verlust" (GuV).

Alle Aufwands- und Ertragskonten werden daher über das Gewinn- und Verlustkonto abgeschlossen. Die Buchungssätze lauten:

- GuV-Konto   an   alle Aufwandskonten
- Alle Ertragskonten an   GuV-Konto

Das Gewinn- und Verlustkonto weist somit auf der Sollseite die gesamten Aufwendungen aus, auf der Habenseite dagegen die Erträge. Aus dieser Gegenüberstellung ergibt sich als Saldo der Erfolg des Unternehmens: ein Gewinn oder Verlust, je nachdem, ob die Erträge oder die Aufwendungen überwiegen:

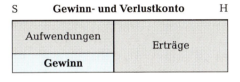
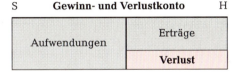

- Erträge > Aufwendungen → Gewinn
- Erträge < Aufwendungen → Verlust

Abschluß des Gewinn- und Verlustkontos über Eigenkapitalkonto. Der ermittelte Gewinn oder Verlust wird sodann auf das Eigenkapitalkonto übertragen.

Die Abschlußbuchungen lauten:

- bei Gewinn: GuV-Konto   an   Eigenkapitalkonto
- bei Verlust: Eigenkapitalkonto an   GuV-Konto

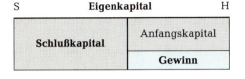
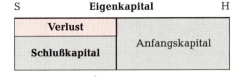

> **Merke:**
> - Der Gewinn erhöht das Eigenkapital.
> - Der Verlust vermindert das Eigenkapital.

Das GuV-Konto ist somit ein unmittelbares Unterkonto des Kapitalkontos. Im Beispiel hat sich das Eigenkapital durch den Gewinn um 9 000,00 DM erhöht (siehe Seite 44).

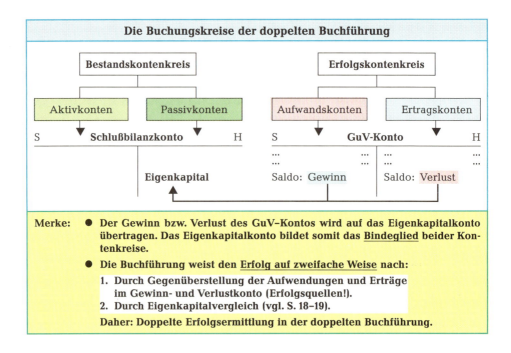

Aufgaben – Fragen

46 Die Berufsbekleidungswerke GmbH ermittelt den Verbrauch an Nähgarn monatlich durch Inventur. Der Durchschnittspreis je Rolle beträgt 45,00 DM.

1. Ermitteln Sie anhand der folgenden Lagerkarte den Materialverbrauch im Monat Januar.
2. Nennen Sie den Buchungssatz.

Lagerkarte		Bekleidungswerke GmbH	
Artikel-Nr.: 0568		**Mindestbestand:** 200 Stück	
Artikel-Bez.: Nähgarnrollen		**Höchstbestand:** 500 Stück	
Datum	Beleg	Bestand in Stück	Zugang in Stück
01.01.19..	Vortrag (AB)	250	–
12.01.19..	Lieferschein L 425	–	150
18.01.19..	Lieferschein L 431	–	180
28.01.19..	Lieferschein L 488	–	300
31.01.19..	Inventurliste (SB)	280	–

47 Die Textilwerke GmbH weist den Materialverbrauch durch Materialentnahmescheine nach.
Nennen Sie den Buchungssatz für den folgenden Beleg:

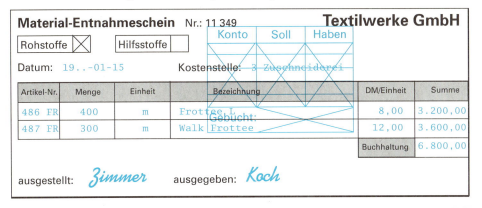

48 Die Kleinmöbelfabrik Heinz Schnell erstellt Computertische und verarbeitet Spanplatten und Stahlrohre als Rohstoffe, Leim und Schrauben als Hilfsstoffe.

Richten Sie die Konten mit ihren Soll-/Habensummen ein:	Soll	Haben
Rohstoffe	350 000,00	220 000,00
Hilfsstoffe	60 000,00	45 000,00
Betriebsstoffe	42 000,00	31 000,00
Forderungen a. LL	799 000,00	610 000,00
Bankguthaben	850 000,00	595 000,00
Eigenkapital	—	850 000,00
Verbindlichkeiten a. LL	218 000,00	297 000,00
Aufwendungen für Rohstoffe	220 000,00	—
Aufwendungen für Hilfsstoffe	45 000,00	—
Aufwendungen für Betriebsstoffe	31 000,00	—
Löhne	285 000,00	—
Gehälter	198 000,00	—
Aufwendungen für Miete	160 000,00	—
Umsatzerlöse für eigene Erzeugnisse	—	610 000,00

Buchen Sie auf den Bestands- und Erfolgskonten die folgenden Geschäftsfälle:

1. Eingangsrechnungen (ER) für Spanplatten 60 000,00
   Stahlrohre 12 000,00
   Leim 2 000,00
2. Materialentnahmescheine (ME) für Spanplatten 80 000,00
   Schrauben 4 000,00
   Treibstoffe 2 000,00
3. Lastschriften der Bank für Lohnzahlungen 16 000,00
   Gehälter 8 000,00
   Miete 12 000,00
4. Ausgangsrechnungen (AR): Zielverkäufe von Computertischen 590 000,00

Schließen Sie die Erfolgskonten über das GuV-Konto ab, ermitteln und buchen Sie den Gewinn. Schließen Sie danach die Bestandskonten über das Schlußbilanzkonto ab.

Haben sich Produktion und Absatz der Computertische „gelohnt"? Vergleichen Sie den Gewinn mit dem Eigenkapital (AB), ermitteln und beurteilen Sie die Verzinsung (Rentabilität).

Beachten Sie die Reihenfolge der Buchungsarbeiten:
1. Richten Sie die Bestands- und Erfolgskonten ein.
2. Eröffnen Sie die Bestandskonten über das Eröffnungsbilanzkonto (EBK).
3. Bilden Sie zu den Geschäftsfällen die Buchungssätze (Grundbuch).
4. Übertragen Sie die Buchungen auf die Bestands- und Erfolgskonten (Hauptbuch).
5. Schließen Sie die Erfolgskonten über das GuV-Konto ab, und übertragen Sie den Gewinn oder Verlust auf das Eigenkapitalkonto.
6. Erst zum Schluß werden alle Bestandskonten zum Schlußbilanzkonto (SBK) abgeschlossen, sofern die Inventur keine Abweichungen zwischen Buch- und Istbeständen ergibt.

49
50
Anfangsbestände: Rohstoffe 60 000,00 DM, Hilfsstoffe 16 000,00 DM, Betriebsstoffe 8 000,00 DM, Forderungen a. LL 14 000,00 DM, Kasse 10 000,00 DM, Bank 20 000,00 DM, Eigenkapital 128 000,00 DM.

Bestandskonten: Rohstoffe, Hilfsstoffe, Betriebsstoffe, Forderungen a. LL, Kasse, Bank, Eigenkapital: Schlußbilanzkonto;

Erfolgskonten: Aufwendungen für Rohstoffe, Aufwendungen für Hilfsstoffe, Aufwendungen für Betriebsstoffe, Löhne, Gehälter, Betriebssteuern, Werbeaufwendungen, Umsatzerlöse für eigene Erzeugnisse: GuV-Konto.

Geschäftsfälle:	49	50
1. Verbrauch von Hilfsstoffen lt. Materialentnahmeschein (ME)	1 300,00	1 400,00
2. Verbrauch von Rohstoffen für die Herstellung lt. ME	14 000,00	14 500,00
3. Verbrauch von Betriebsstoffen für die Herstellung lt. ME	1 300,00	1 800,00
4. Betriebssteuern werden durch Banküberweisung beglichen	1 800,00	1 950,00
5. Fertigungslöhne werden bar ausgezahlt	9 000,00	8 100,00
6. Gehaltszahlung durch Banküberweisung	2 400,00	2 600,00
7. Wir begleichen Rechnung über Werbeanzeige	250,00	350,00
8. Verkauf aller hergestellten fertigen Erzeugnisse auf Ziel lt. AR	47 300,00	48 100,00

Abschlußangabe: Die Salden der Bestandskonten entsprechen der Inventur.

Auswertungsfragen: *Wie hoch sind die gesamten Aufwendungen der Rechnungsperiode, und welche Erlöse stehen diesen Aufwendungen gegenüber? Wie hoch ist das Ergebnis, und wie wirkt es sich auf das Eigenkapital aus?*

51
52
Anfangsbestände: Rohstoffe 82 000,00 DM, Hilfsstoffe 24 000,00 DM, Betriebsstoffe 12 000,00 DM, Forderungen a. LL 13 000,00 DM, Kasse 7 000,00 DM, Bankguthaben 23 000,00 DM, Eigenkapital 146 000,00 DM, Verbindlichkeiten a. LL 15 000,00 DM.

Bestandskonten: Rohstoffe, Hilfsstoffe, Betriebsstoffe, Forderungen a. LL, Kasse, Bank, Verbindlichkeiten a. LL, Eigenkapital: Schlußbilanzkonto;

Erfolgskonten: Aufwendungen für Rohstoffe, Aufwendungen für Hilfsstoffe, Aufwendungen für Betriebsstoffe, Löhne, Fremdinstandhaltung, Büromaterial, Umsatzerlöse: GuV-Konto.

Geschäftsfälle:	51	52
1. Eingangsrechnung für Rohstoffe	13 500,00	13 800,00
2. Verbrauch von Rohstoffen für die Herstellung lt. ME	14 100,00	14 400,00
3. Lohnzahlung bar	6 200,00	6 500,00
4. Zielverkauf von fertigen Erzeugnissen lt. AR	12 400,00	12 600,00
5. Wir begleichen eine Rechnung über Reparaturkosten (Bank)	350,00	450,00
6. Barzahlung für Büromaterial	250,00	300,00
7. Verbrauch von Betriebsstoffen lt. ME	1 400,00	1 500,00
8. Verbrauch von Hilfsstoffen lt. ME	1 900,00	2 100,00
9. Kunden begleichen Rechnungen durch Banküberweisung	9 500,00	10 200,00
10. Verkauf aller fertigen Erzeugnisse auf Ziel lt. AR	35 900,00	36 800,00

Abschlußangabe: Die Salden der Bestandskonten entsprechen der Inventur.

Auswertungsfrage: *Wie hoch ist der Erfolg, und wie wirkt er sich auf das Eigenkapital aus?*

53 54

Anfangsbestände:

Techn. Anlagen u. Maschinen	150 000,00	Kasse	3 000,00
Rohstoffe	60 000,00	Bankguthaben	25 000,00
Fremdbauteile	30 000,00	Eigenkapital	200 000,00
Betriebsstoffe	15 000,00	Darlehensschulden	60 000,00
Forderungen a. LL	10 000,00	Verbindlichkeiten a. LL	33 000,00

Bestandskonten:

Technische Anlagen und Maschinen, Rohstoffe, Fremdbauteile, Betriebsstoffe, Forderungen a. LL, Kasse, Bank, Darlehensschulden, Verbindlichkeiten a. LL, Eigenkapital: Schlußbilanzkonto;

Erfolgskonten:

Aufwendungen für Rohstoffe, Aufwendungen für Fremdbauteile, Aufwendungen für Betriebsstoffe, Löhne, Gehälter, Büromaterial, Werbeaufwendungen, Mietaufwendungen, Fremdinstandhaltung, Postgebühren, Umsatzerlöse, Zinserträge: GuV-Konto.

Geschäftsfälle:

	53	54
1. Zieleinkauf von Rohstoffen lt. ER	4 500,00	5 600,00
von Fremdbauteilen lt. ER	1 500,00	1 800,00
von Betriebsstoffen lt. ER	1 200,00	2 300,00
2. Barkauf von Büromaterial	250,00	340,00
3. Banküberweisung für Maschinenreparatur	400,00	720,00
4. Verkauf von Erzeugnissen		
auf Ziel lt. AR	19 500,00	27 800,00
gegen Barzahlung	700,00	2 950,00
5. Banküberweisung für		
Löhne	8 700,00	9 600,00
Gehälter	4 300,00	3 800,00
6. Banküberweisung von Kunden	9 500,00	12 800,00
7. Unsere Banküberweisung für		
Miete	1 800,00	2 300,00
Telefonkosten	350,00	450,00
Werbeanzeigen	780,00	620,00
Ausgleich einer Liefererrechnung	4 520,00	6 280,00
8. Verkauf aller fertigen Erzeugnisse auf Ziel lt. AR	38 000,00	78 500,00
9. Bank schreibt uns Zinsen gut	600,00	500,00

Abschlußangaben:

Im vorliegenden Industriebetrieb wird der Materialverbrauch durch Inventur ermittelt. Die Schlußbestände betragen lt. Inventur für

Rohstoffe	28 000,00	33 000,00
Fremdbauteile	22 700,00	22 700,00
Betriebsstoffe	11 600,00	13 900,00

Buchen Sie zunächst jeweils den Endbestand, und ermitteln und buchen Sie danach den Verbrauch an Rohstoffen, Fremdbauteilen und Betriebsstoffen (vgl. S. 42).

Auswertungsfragen:

1. Nennen Sie die Auswirkung des Erfolges (Ergebnisses) auf das Eigenkapital.
2. Worauf führen Sie den Verlust in der Aufgabe 53 zurück?
3. Ermitteln Sie auch den Erfolg durch Kapitalvergleich, indem Sie das Eigenkapital der Eröffnungsbilanz mit dem der Schlußbilanz vergleichen.
4. Begründen Sie, daß ein hoher Gewinn das oberste Unternehmungsziel ist.

5 Abschreibung der Anlagegüter

5.1 Ursachen, Buchung und Wirkung der Abschreibung

Die Gegenstände des Anlagevermögens sind dazu bestimmt, dem Unternehmen langfristig zu dienen. Ihre Nutzungsdauer ist jedoch — soweit es sich um abnutzbare Wirtschaftsgüter handelt — begrenzt.

Wertminderungen. Der Wert der abnutzbaren Anlagegüter mindert sich durch

- Nutzung (Gebrauch),
- natürlichen Verschleiß,
- technischen Fortschritt und
- außergewöhnliche Ereignisse.

Eine ordnungsmäßige Buchführung muß diese Wertminderungen in Form von Abschreibungen auf dem Aufwandskonto

Abschreibungen auf Sachanlagen (SA)

erfassen. Die Abschreibungen auf das Anlagevermögen werden in der Regel zum Schluß des Geschäftsjahres im Rahmen der Inventur vorgenommen. Im Steuerrecht sagt man statt Abschreibung „**A**bsetzung **f**ür **A**bnutzung" = AfA.

Aufwand. Die Abschreibung (im Beispiel 12 000,00 DM) stellt betrieblichen Aufwand dar und schmälert somit den Gewinn des Unternehmens. Das Aufwandskonto „Abschreibungen" wird daher über das Gewinn- und Verlustkonto abgeschlossen.

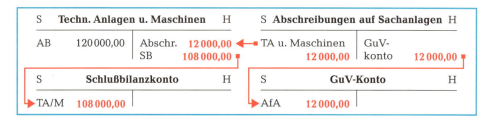

Buchungssätze:
1. Abschreibungen auf SA an TA u. Maschinen 12 000,00
2. GuV-Konto .... an Abschreibungen auf SA ... 12 000,00
3. Schlußbilanzkonto ...... an TA und Maschinen 108 000,00

Merke:
- Die Wertminderung der Anlagegüter wird durch Abschreibungen erfaßt.
- Durch die Abschreibung werden die Anschaffungskosten eines Anlagegutes auf seine Nutzungsdauer (Jahre) verteilt.
- Abschreibungen mindern als Aufwand den Gewinn und somit auch die gewinnabhängigen Steuern, wie z. B. die Einkommensteuer.

In der Kalkulation der Verkaufspreise der Erzeugnisse werden die Abschreibungen als Kosten eingesetzt. Über die Umsatzerlöse fließen die einkalkulierten Abschreibungsbeträge in Form von liquiden Mitteln (Geld) in das Unternehmen zurück. Diese Mittel stehen nun wiederum für Anschaffungen (Investitionen) im Sachanlagevermögen zur Verfügung. Das Unternehmen finanziert somit die Anschaffung von Sachanlagegütern in erster Linie aus Abschreibungsrückflüssen. Die Abschreibung stellt deshalb ein bedeutendes Mittel der Finanzierung dar.

Abschreibungskreislauf. Abschreibungen bewegen sich nahezu in einem Kreislauf. Aus dem Anlagevermögen fließen sie über die Umsatzerlöse in das Umlaufvermögen (Bank) und von dort durch Neuanschaffungen in das Anlagevermögen zurück.

Merke: Abschreibungen finanzieren Investitionen in Sachanlagen.

5.2 Berechnung der Abschreibung

Abschreibungsmethoden.[1] Der jährliche Abschreibungsbetrag wird vorwiegend nach einer der beiden folgenden Berechnungsmethoden ermittelt:

- Abschreibung von den **Anschaffungs- oder Herstellungskosten** = **lineare** Abschreibung: gleichbleibende Abschreibungsbeträge:

$$\text{Linearer AfA-Betrag} = \frac{\text{Anschaffungskosten}}{\text{Nutzungsdauer}} \qquad \text{Linearer AfA-Satz (\%)} = \frac{100\,\%}{\text{Nutzungsdauer}}$$

- Abschreibung vom **Buch- oder Restwert** = **degressive** Abschreibung: fallende Abschreibungsbeträge.

Beispiel: Die Anschaffungskosten einer Maschine betragen 120 000,00 DM, die voraussichtliche Nutzungsdauer ist 10 Jahre. Die Maschine wird jährlich mit 10 % linear und degressiv mit 30 % (§ 7 [1] EStG) abgeschrieben. Bei Anwendung der beiden Abschreibungsmethoden ergibt sich folgende Berechnung:

Lineare AfA	Ermittlung des Buchwertes	Degressive AfA
120 000,00 DM	Anschaffungswert	120 000,00 DM
12 000,00 DM	·/. AfA am Ende des 1. Jahres	**36 000,00** DM
108 000,00 DM	= **Buchwert am Ende des 1. Jahres**	84 000,00 DM
12 000,00 DM	·/. AfA am Ende des 2. Jahres	**25 200,00** DM
96 000,00 DM	= **Buchwert am Ende des 2. Jahres**	58 800,00 DM
10 % AfA von den **Anschaffungskosten**	**Führen Sie das Beispiel zu Ende.**	30 % AfA vom **Buchwert**

Merke: Anschaffungskosten − AfA = Buchwert bzw. Restwert

Bei der linearen Abschreibung erfolgt die Abschreibung in jedem Jahr der Nutzung von den Anschaffungskosten des Anlagegutes. Die Abschreibungsbeträge sind daher gleich hoch. Nach Ablauf der Nutzungsdauer ist der Buchwert gleich Null. Sollte sich das Anlagegut nach Ablauf der Nutzungsdauer noch weiterhin im Betrieb befinden, so ist es mit einem Erinnerungswert von 1,00 DM im Anlagekonto auszuweisen. Im Beispiel dürften dann am Ende des 10. Jahres nur 11 999,00 DM abgeschrieben werden.

Bei der degressiven Abschreibung wird die Abschreibung nur im ersten Nutzungsjahr von den Anschaffungskosten vorgenommen, in den folgenden Jahren dagegen vom jeweiligen Buch- oder Restwert. Dadurch ergeben sich jährlich fallende Abschreibungsbeträge. Bei der degressiven Abschreibung wird der Nullwert des Anlagegutes nach Ablauf der Nutzungsdauer nie erreicht. Der Abschreibungssatz sollte daher bei degressiver Abschreibung höher sein als bei linearer AfA. Steuerrechtlich darf der degressive AfA-Satz allerdings höchstens das Dreifache des linearen AfA-Satzes betragen, jedoch nicht höher als 30 %.[1]

Vorteil der degressiven Abschreibung. Wertminderungen können bei Anlagegütern vor allem in den ersten Jahren der Nutzung – bedingt durch den technischen Fortschritt (Modellwechsel) – sehr hoch sein. Dieser Tatsache trägt die degressive Abschreibungsmethode Rechnung, da bei ihr in den ersten Nutzungsjahren die Abschreibungsbeträge höher sind als bei linearer Abschreibung.

Merke: Nutzungsdauer und Abschreibungsmethode bestimmen die Höhe der jährlichen Abschreibung.

---

1 Vgl. ausführliche Darstellung auf Seite 171 f.

$$\text{AfA-Betrag} = \frac{\text{Anschaffungskosten}}{\text{Nutzungsdauer}} \qquad \text{AfA-Satz \%} = \frac{100}{\text{Nutzungsdauer}}$$

Beispiele für normale Abschreibungssätze bei linearer Abschreibung:

1. Grund und Boden .... 0 %
2. Betriebs- u. Verwaltungsgebäude ... 4–10 %
3. Büromaschinen, EDV-Anlagen ..... 20–25 %
4. Lastwagen .... 20–25 %
5. Personenwagen ...... 20–25 %
6. Maschinen .... 10–20 %

Aufgaben

55 Die Anschaffungskosten einer Maschine betragen 200 000,00 DM, die Nutzungsdauer wird auf 10 Jahre geschätzt.
   a) Ermitteln Sie bei linearer Abschreibung jeweils den Abschreibungsbetrag und Abschreibungssatz.
   b) Welcher AfA-Satz ist für die degressive Abschreibung anzuwenden?
   c) Stellen Sie die Abschreibungsbeträge bei linearer und degressiver Abschreibung wenigstens für die ersten 4 Jahre in einer Tabelle gegenüber und ermitteln Sie für jedes Jahr den Buch- bzw. Restwert.
   d) Buchen Sie für das 1. Jahr die Abschreibung auf Maschinen. Richten Sie dazu folgende Konten ein: TA u. Maschinen, Abschreibungen auf Sachanlagen, GuV-Konto, Schlußbilanzkonto.

56 Es sind folgende Konten einzurichten:
Technische Anlagen und Maschinen 290 000,00 DM, BGA 120 000,00 DM, Abschreibungen auf Sachanlagen, GuV-Konto, Schlußbilanzkonto.
Buchen Sie die Abschreibungen auf Maschinen 20 %, BGA 10 %.
Schließen Sie die Bestandskonten und das Konto Abschreibungen auf Sachanlagen ab und stellen Sie danach das Schlußbilanzkonto auf.

57 Folgende Konten sind einzurichten:
TA u. Maschinen 220 000,00 DM, Fuhrpark 140 000,00 DM, BGA 90 000,00 DM, Abschreibungen auf Sachanlagen, GuV-Konto, Schlußbilanzkonto.
Buchen Sie die Abschreibungen, wenn lt. Inventur folgende Schlußbestände vorhanden sind:
TA u. Maschinen 196 000,00 DM, Fuhrpark 113 000,00 DM, BGA 81 000,00 DM.
Führen Sie den Abschluß der Konten durch.

58
59 **Anfangsbestände:**
TA u. Maschinen 90 000,00 DM, Fuhrpark 50 000,00 DM, BGA 25 000,00 DM, Rohstoffe 31 000,00 DM, Hilfsstoffe 3 500,00 DM, Betriebsstoffe 2 500,00 DM, Forderungen a.LL 9 000,00 DM, Kasse 6 000,00 DM, Bank 28 000,00 DM, Verbindlichkeiten a.LL 14 000,00 DM, Darlehensschulden 10 000,00 DM, Eigenkapital 221 000,00 DM.

Bestandskonten: TA u. Maschinen, Fuhrpark, BGA, Rohstoffe, Hilfsstoffe, Betriebsstoffe, Forderungen a.LL, Kasse, Bank, Verbindlichkeiten a.LL, Darlehensschulden, Eigenkapital: Schlußbilanzkonto;

Erfolgskonten: Aufwendungen für Rohstoffe, Aufwendungen für Hilfsstoffe, Aufwendungen für Betriebsstoffe, Löhne, Betriebssteuern, Abschreibungen auf Sachanlagen, Umsatzerlöse: GuV-Konto.

Geschäftsfälle:	58	59
1. Banküberweisung eines Kunden	1 200,00	1 250,00
2. Materialentnahmescheine für die Herstellung		
über Rohstoffe	13 000,00	13 200,00
Betriebsstoffe	1 600,00	1 700,00
3. Banküberweisung an einen Lieferer	3 300,00	3 600,00
4. Kauf von Rohstoffen auf Ziel lt. ER	2 850,00	3 100,00

5. Banküberweisung für Gewerbesteuer	750,00	850,00
6. Banküberweisung für Löhne	5 100,00	5 500,00
7. Teilrückzahlung eines Darlehens durch Banküberweisung	3 500,00	4 500,00
8. Verkauf aller fertigen Erzeugnisse auf Ziel lt. AR	72 700,00	73 200,00

Abschlußangaben:
1. Abschreibungen: 20 % auf TA u. Maschinen; Fuhrpark: 10 000,00 DM; BGA: 2 500,00 DM.
2. Endbestand an Hilfsstoffen lt. Inventur .... 1 700,00 | 1 550,00
   Der Verbrauch an Hilfsstoffen ist noch zu ermitteln und zu buchen.
3. Keine Bestände an eigenen Erzeugnissen.

Auswertungsfragen:
1. Wie hoch sind die Aufwendungen der Abrechnungsperiode?
2. Welche Erlöse stehen diesen Aufwendungen gegenüber?
3. Wie hoch ist demnach der Erfolg (Gewinn oder Verlust)?
4. Wie wirkt sich ein Gewinn bzw. Verlust auf das Eigenkapital aus? Worauf läßt das Ergebnis schließen?
5. Weisen Sie den Erfolg auch durch Kapitalvergleich (Betriebsvermögensvergleich) nach, indem Sie das Eigenkapital der Schlußbilanz mit dem der Eröffnungsbilanz vergleichen.

Anfangsbestände: **60**
TA u. Maschinen 120 000,00 DM, Fuhrpark 40 000,00 DM, BGA 30 000,00 DM, Rohstoffe   **61**
16 000,00 DM, Hilfsstoffe 5 000,00 DM, Betriebsstoffe 3 000,00 DM, Forderungen a. LL 10 000,00 DM, Kasse 8 000,00 DM, Bank 28 000,00 DM, Verbindlichkeiten a. LL 18 000,00 DM, Darlehensschulden 20 000,00 DM, Eigenkapital 222 000,00 DM.

Kontenplan: wie in Aufgabe 58/59, zusätzlich Konto „Gehälter".

Geschäftsfälle:	60	61
1. Verbrauch lt. ME von Rohstoffen	3 100,00	3 500,00
Hilfsstoffen	800,00	900,00
Betriebsstoffen	700,00	800,00
2. Kauf einer Maschine gegen Bankscheck	5 000,00	6 000,00
3. Aufnahme eines Darlehens bei der Bank	45 000,00	46 000,00
4. Zahlung der Löhne durch Banküberweisung	4 100,00	4 400,00
5. Banküberweisung eines Kunden	2 950,00	3 250,00
6. Banküberweisung für Kraftfahrzeugsteuer	900,00	1 100,00
7. Zieleinkauf von Hilfsstoffen lt. ER	6 100,00	6 200,00
8. Zieleinkauf von Rohstoffen lt. ER	13 400,00	12 800,00
9. Gehaltszahlung durch Banküberweisung	2 500,00	2 400,00
10. Verkauf aller fertigen Erzeugnisse, davon		
gegen bar	5 500,00	5 600,00
auf Ziel lt. AR	48 800,00	49 400,00

Abschlußangaben:
1. Abschreibung: TA u. Maschinen 5 000,00 DM, Fuhrpark 6 000,00 DM, BGA 2 000,00 DM.
2. Keine Bestände an eigenen Erzeugnissen.

Fragen

1. Unterscheiden Sie zwischen linearer und degressiver Abschreibung.   **62**
2. Erläutern Sie die Gewinnauswirkung bei beiden Abschreibungsmethoden im Jahr der Anschaffung des Vermögensgegenstandes.
3. Welchen besonderen Vorteil hat die degressive Abschreibung?
4. Erläutern Sie den Kreislauf der Abschreibung.
5. Inwiefern ist die Abschreibung ein bedeutendes Mittel der Finanzierung?
6. Nennen Sie Beispiele für Rohstoffe und Hilfsstoffe.

6 Gewinn- und Verlustrechnung mit Bestandsveränderungen an fertigen und unfertigen Erzeugnissen

Erfolgsermittlung ohne Bestandsveränderungen. Bisher haben wir unterstellt, daß alle in einem Geschäftsjahr hergestellten Erzeugnisse auch im gleichen Jahr verkauft wurden. Bestände an fertigen (absatzfähigen) sowie unfertigen (noch in Arbeit befindlichen) Erzeugnissen lagen weder zu Beginn noch am Ende des Geschäftsjahres vor. In diesem Fall läßt sich der Erfolg des Industriebetriebes einfach ermitteln, indem man den Herstellungsaufwendungen des Geschäftsjahres die Umsatzerlöse (Erträge) dieser Rechnungsperiode (RP) gegenüberstellt.

Beispiel 1: Eine Fahrradfabrik hat in ihrem 1. Geschäftsjahr 1000 Fahrräder einer bestimmten Marke hergestellt. Die Herstellungsaufwendungen betragen je Fahrrad 100,00 DM. Bis zum 31.12. wurden alle Fahrräder zu einem Nettopreis von 150,00 DM je Stück verkauft.

Soll	Gewinn und Verlust	Haben
Herstellungsaufwand der RP für **1000 Stück** .... 100 000,00 Gewinn .... ?	Umsatzerlöse der RP für **1000 Stück** 150 000,00	

Merke: Stimmen Herstellungs- und Absatzmenge der Erzeugnisse innerhalb einer Rechnungsperiode (RP) überein, so ergibt sich der betriebliche Erfolg aus der Gegenüberstellung der Herstellungsaufwendungen und Umsatzerlöse dieser Periode.

Bestandsveränderungen. In den meisten Fertigungsbetrieben werden jedoch Produktions- und Absatzmenge in einem Rechnungsabschnitt nicht übereinstimmen. Diese Betriebe haben in einem Geschäftsjahr entweder

- **mehr hergestellt** als verkauft = **Mehr**bestand an Erzeugnissen
oder
- **mehr verkauft** als hergestellt = **Minder**bestand an Erzeugnissen

Diese Veränderungen der Erzeugnisbestände müssen am Ende des Geschäftsjahres bei der Ermittlung des Erfolges berücksichtigt werden.

Beispiel 2: Im 2. Geschäftsjahr stellt die Fahrradfabrik 2000 Fahrräder her, von denen bis zum 31.12. jedoch nur 1500 Stück verkauft wurden. 500 Fahrräder mußten daher auf Lager genommen werden. Der Schlußbestand an Fahrrädern zum 31.12. beträgt somit 50 000,00 DM (500 Stück zu 100,00 DM/Stück).

Buchung des Schlußbestandes zum 31.12.:

① Schlußbilanzkonto an Fertige Erzeugnisse 50 000,00

Bestandsmehrung. Am Ende des Geschäftsjahres ergibt sich ein Mehrbestand an Fahrrädern, da der Schlußbestand (500 Stück) größer ist als der Anfangsbestand (0 Stück). Im 2. Jahr wurden in der Fahrradfabrik somit mehr Fahrräder hergestellt als verkauft:

SB > AB = Mehrbestand ⇔ Herstellungsmenge > Absatzmenge

Bei der Ermittlung des Erfolges aus der Herstellung und dem Verkauf der Fahrräder muß auch der im Geschäftsjahr produzierte Mehrbestand von 500 Stück entsprechend berücksichtigt werden: Das Gewinn- und Verlustkonto weist im Soll die Aufwendungen für die größere Herstellungsmenge (2000 Stück) aus, im Haben jedoch nur die Erlöse für die geringere Absatzmenge (1500 Stück). Deshalb muß noch auf der Habenseite des GuV-Kontos zusätzlich der Mehrbestand, d. h. der Herstellwert der auf Lager genommenen Fahrräder (500 · 100,00 = 50 000,00 DM) als Leistung (Ertrag) der Fahrradfabrik den Herstellungsaufwendungen des Geschäftsjahres gegenübergestellt werden:

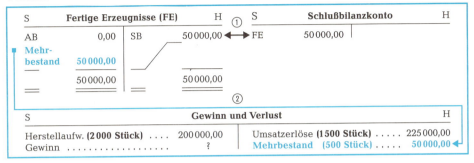

Die Habenseite des Gewinn- und Verlustkontos weist somit die wichtigsten Ertragsposten als Gesamtleistung eines Industriebetriebes aus:

Verkaufs- bzw. Umsatzerlöse (Umsatzleistung) ...	225 000,00 DM
+ Mehrbestand an Erzeugnissen (Lagerleistung) ...	50 000,00 DM
Gesamtleistung des Industriebetriebes	**275 000,00 DM**

Beispiel 3: Im 3. Geschäftsjahr stellt die Fahrradfabrik 3 000 Fahrräder her. Im gleichen Zeitraum werden jedoch 3 400 Fahrräder verkauft. 400 Fahrräder wurden somit aus dem Lagerbestand des Vorjahres (500 Stück) abgesetzt. Der Schlußbestand beträgt daher zum 31.12. 100 Stück je 100,00 DM/Stück = 10 000,00 DM.

Buchung: ① Schlußbilanzkonto an Fertige Erzeugnisse 10 000,00

Bestandsminderung. Am 31.12. des 3. Jahres ergibt sich ein Minderbestand von 400 Fahrrädern, da der Schlußbestand (100 Stück) kleiner ist als der Anfangsbestand (500 Stück). Im Geschäftsjahr wurden somit mehr Fahrräder verkauft als hergestellt:

SB < AB = Minderbestand ⟺ Herstellungsmenge < Absatzmenge

Im GuV-Konto muß daher den Erlösen der 400 Fahrräder, die aus Lagerbeständen des Vorjahres verkauft wurden, auch der entsprechende Herstellwert gegenübergestellt werden, d. h. der Minderbestand in Höhe von 40 000,00 DM (400 · 100,00):

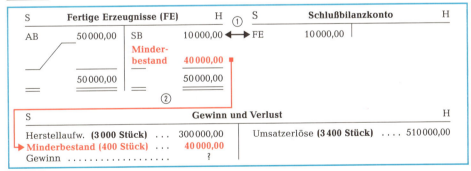

Merke:
- Bestandsveränderungen an Erzeugnissen entstehen, wenn in einer Rechnungsperiode Herstellungs- und Absatzmenge nicht übereinstimmen.
- Die Mehr- und Minderbestände müssen in der GuV-Rechnung berücksichtigt werden, da sich die Aufwendungen des Geschäftsjahres auf die hergestellte, die Umsatzerlöse jedoch auf die abgesetzte Menge an Erzeugnissen beziehen.

Sammelkonto. Zum Jahresabschluß haben Industriebetriebe in der Regel sowohl Bestände an fertigen als auch unfertigen Erzeugnissen, für die gesonderte Bestandskonten einzurichten sind. Die Mehr- und Minderbestände an unfertigen und fertigen Erzeugnissen werden aus Gründen der Übersichtlichkeit nicht unmittelbar auf dem GuV-Konto gebucht, sondern zunächst auf einem besonderen Erfolgskonto

„Bestandsveränderungen"

gesammelt. Dieses „Sammelkonto" erfaßt im Soll die Minderbestände und im Haben die Mehrbestände der Erzeugnisse. Nach Eintragung der Schlußbestände lt. Inventur auf die Konten „Unfertige Erzeugnisse" (UE) und „Fertige Erzeugnisse" (FE) — Buchungssatz: Schlußbilanzkonto an UE und FE — ergeben sich folgende

Umbuchungen bei Bestandsmehrungen:
- Unfertige Erzeugnisse .... an Bestandsveränderungen
- Fertige Erzeugnisse ...... an Bestandsveränderungen

Umbuchungen bei Bestandsminderungen:
- Bestandsveränderungen .. an Unfertige Erzeugnisse
- Bestandsveränderungen .. an Fertige Erzeugnisse

Abschluß des Kontos „Bestandsveränderungen". Auf dem Konto „Bestandsveränderungen" werden die Mehr- und Minderbestände der unfertigen und fertigen Erzeugnisse miteinander verrechnet. Der Saldo wird auf das GuV-Konto übertragen.

Abschlußbuchung:
- bei Minderbestand: Gewinn- und Verlustkonto an Bestandsveränderungen
- bei Mehrbestand: Bestandsveränderungen .. an Gewinn- und Verlustkonto

Beispiel 4: Am Schluß des 4. Geschäftsjahres beträgt der Endbestand an fertigen Fahrrädern lt. Inventur 2 000,00 DM, bewertet zum Herstellwert. Der Herstellwert des Schlußbestandes an noch nicht fertiggestellten Fahrrädern beträgt lt. Inventur 48 000,00 DM. Nach Buchung dieser Schlußbestände (Schlußbilanzkonto an FE und UE) ergibt sich der folgende praxisgerechte Abschluß der Konten:

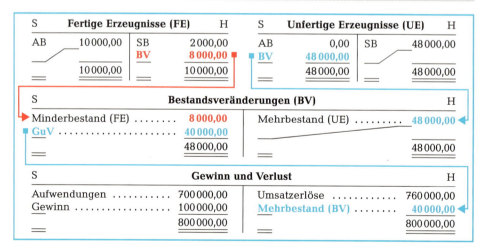

Merke: Wenn Herstellungs- und Absatzmenge in einer Rechnungsperiode nicht übereinstimmen, ergibt sich der Erfolg des Industriebetriebes erst unter Berücksichtigung der Bestandsveränderungen an unfertigen und fertigen Erzeugnissen.

Merke: Die Konten „Unfertige Erzeugnisse" und „Fertige Erzeugnisse" weisen in der Regel nur drei Posten aus:
- den Anfangsbestand,
- den Schlußbestand lt. Inventur und
- die Bestandsveränderung (Mehrung oder Minderung).

Aufgaben

63 *Führen Sie folgende Konten:* Unfertige Erzeugnisse, Fertige Erzeugnisse, Bestandsveränderungen, Gewinn und Verlust, Schlußbilanzkonto.

Anfangsbestände:
Unfertige Erzeugnisse ..... 12 000,00 DM   Fertige Erzeugnisse ...... 18 000,00 DM
Die Aufwendungen betragen im GuV-Konto insgesamt .... 85 000,00 DM
Die Umsatzerlöse betragen im GuV-Konto insgesamt .... 120 000,00 DM

Schlußbestände:
Unfertige Erzeugnisse ..... 16 000,00 DM   Fertige Erzeugnisse ...... 26 000,00 DM

Aufgaben:
1. Buchen Sie die Schlußbestände an UE und FE.
2. Buchen und erläutern Sie jeweils die Bestandsveränderung an UE und FE.
3. Ermitteln Sie buchhalterisch den Erfolg des Industriebetriebes.
4. Wie hoch wäre der Erfolg ohne Berücksichtigung der Bestandsveränderungen?
5. Wie wirken sich demnach Bestandsmehrungen auf den Erfolg aus?

64 *Übernehmen Sie den Kontenplan der Aufgabe 63.*

Anfangsbestände:
Unfertige Erzeugnisse ..... 10 200,00 DM   Fertige Erzeugnisse ...... 22 400,00 DM
Die Aufwendungen betragen insgesamt .... 62 840,00 DM
Die Umsatzerlöse betragen insgesamt .... 96 920,00 DM

Schlußbestände:
Unfertige Erzeugnisse ...... 8 000,00 DM   Fertige Erzeugnisse ...... 10 200,00 DM

Aufgaben:
1. Schließen Sie die Konten unter Angabe der Buchungssätze ab und ermitteln Sie den Erfolg des Industriebetriebes.
2. Wie wirken sich Bestandsminderungen auf den Erfolg aus?

65 *Übernehmen Sie den Kontenplan der Aufgabe 63.*

Anfangsbestände:
Unfertige Erzeugnisse ..... 20 000,00 DM   Fertige Erzeugnisse ...... 60 000,00 DM
Die Aufwendungen betragen insgesamt .... 280 000,00 DM
Die Umsatzerlöse betragen insgesamt .... 330 000,00 DM

Schlußbestände:
Unfertige Erzeugnisse ...... 5 000,00 DM   Fertige Erzeugnisse ...... 90 000,00 DM
Schließen Sie die Konten unter Angabe der Buchungssätze ab und ermitteln Sie den Erfolg.

66
1. Begründen Sie, warum der Minderbestand an Erzeugnissen auf der Sollseite des Gewinn- und Verlustkontos auszuweisen ist.
2. Warum ist entsprechend der Mehrbestand an Erzeugnissen auf der Habenseite des Gewinn- und Verlustkontos auszuweisen?
3. Erklären Sie: Erlöse + Mehrbestände > Aufwendungen   = ?
                     Erlöse < Aufwendungen + Minderbestände   = ?
4. Woraus setzt sich die Gesamtleistung des Industriebetriebes zusammen?

67 Der Summenbilanz eines Industriebetriebes entnehmen wir folgende Konten:

Konten	Soll	Haben
Rohstoffe	83 500,00	—
Hilfsstoffe	37 600,00	—
Aufwendungen für Rohstoffe	—	—
Aufwendungen für Hilfsstoffe	—	—
Löhne	54 600,00	—
Gehälter	36 200,00	—
Mietaufwendungen	28 000,00	—
Abschreibungen auf Sachanlagen	16 400,00	—
Werbeaufwendungen	1 600,00	—
Unfertige Erzeugnisse (Anfangsbestand)	13 100,00	—
Fertige Erzeugnisse (Anfangsbestand)	22 300,00	—
Umsatzerlöse für eigene Erzeugnisse	—	235 800,00
Bestandsveränderungen	—	—
Gewinn und Verlust	—	—
Eigenkapital	—	255 000,00
Schlußbilanzkonto	—	—

Abschlußangaben:

Schlußbestände lt. Inventur: Rohstoffe 33 700,00
                                          Hilfsstoffe 22 300,00
                                          Unfertige Erzeugnisse 16 000,00
                                          Fertige Erzeugnisse 10 400,00

Aufgaben:
1. *Eröffnen Sie die Konten.*
2. *Buchen Sie zunächst die Schlußbestände lt. Inventur und nennen Sie jeweils den entsprechenden Buchungssatz.*
3. *Führen Sie den Abschluß der Konten unter Angabe der Buchungssätze durch.*
4. *Nennen Sie die Verfahren zur Ermittlung des Materialverbrauchs und deren Vor- bzw. Nachteile. Wodurch wird der Verbrauch an Roh- und Hilfsstoffen in diesem Betrieb erfaßt?*
5. *Welche grundsätzliche Wirkung hat in diesem Falle die Bestandsveränderung?*

68
69

Anfangsbestände:	68	69
Technische Anlagen und Maschinen	210 000,00	160 000,00
Rohstoffe	53 600,00	50 200,00
Fremdbauteile	18 300,00	17 600,00
Betriebsstoffe	5 100,00	4 100,00
Unfertige Erzeugnisse	11 900,00	10 600,00
Fertige Erzeugnisse	28 600,00	27 100,00
Forderungen a.LL	44 400,00	41 800,00
Bank	27 200,00	23 600,00
Kasse	14 900,00	13 200,00
Verbindlichkeiten a.LL	114 000,00	28 200,00
Eigenkapital	300 000,00	320 000,00

Kontenplan:

Bestandskonten: Technische Anlagen und Maschinen, Rohstoffe, Fremdbauteile, Betriebsstoffe, Unfertige Erzeugnisse, Fertige Erzeugnisse, Forderungen a.LL, Bank, Kasse, Verbindlichkeiten a.LL, Eigenkapital: Schlußbilanzkonto;

Erfolgskonten: Aufwendungen für Rohstoffe, Aufwendungen für Fremdbauteile, Aufwendungen für Betriebsstoffe, Löhne, Gehälter, Vertriebsprovisionen, Ausgangsfrachten, Reisekosten, Mietaufwendungen, Fremdinstandhaltung, Abschreibungen auf Sachanlagen, Umsatzerlöse für eigene Erzeugnisse, Bestandsveränderungen, Zinserträge: Gewinn und Verlust.

Geschäftsfälle:		68	69
1.	Verbrauch lt. Materialentnahmescheine		
	Rohstoffe	28 600,00	26 300,00
	Fremdbauteile	6 000,00	4 900,00
2.	Zielverkauf von Erzeugnissen lt. AR 1206	29 700,00	27 400,00
3.	Barabhebung von der Bank	1 900,00	1 800,00
4.	Barzahlung von Löhnen	6 800,00	6 400,00
5.	Kauf von Rohstoffen lt. ER 806	19 800,00	17 400,00
	von Fremdbauteilen lt. ER 807	3 400,00	3 800,00
6.	Verkauf von Erzeugnissen auf Ziel lt. AR 1207 ab Werk	25 400,00	23 550,00
7.	Unsere Banküberweisung für Vertreterprovision	950,00	750,00
8.	Kunden begleichen Rechnung durch Banküberweisung	23 650,00	22 950,00
9.	Banküberweisung für Gehälter	9 400,00	9 200,00
10.	Barzahlung für eine Maschinenreparatur	1 950,00	1 650,00
11.	Barausgaben für Reisekosten	490,00	480,00
12.	Zielverkauf von Erzeugnissen lt. AR 1208 frei Haus	8 900,00	6 800,00
13.	Ausgangsfracht hierauf bar	290,00	280,00
14.	Unsere Banküberweisung für Lagerraummiete	700,00	800,00
15.	Gutschrift der Bank für Zinsen	800,00	900,00

Abschlußangaben:

1.	Abschreibung auf Technische Anlagen und Maschinen	24 400,00	23 500,00
2.	Inventurbestände:		
	Betriebsstoffe	3 200,00	2 550,00
	Unfertige Erzeugnisse	11 600,00	9 700,00
	Fertige Erzeugnisse	35 300,00	29 300,00
3.	Im übrigen entsprechen die Buchwerte der Inventur.		

Fragen

1. In welchem Fall entsteht
   a) ein Mehrbestand und
   b) ein Minderbestand an Erzeugnissen?
2. Wie lautet der Abschlußbuchungssatz des Kontos „Bestandsveränderungen"
   a) bei Mehrbeständen und
   b) bei Minderbeständen?
3. Wie wirken sich a) Mehrbestände und b) Minderbestände auf den Gewinn der Abrechnungsperiode aus?
4. Erläutern Sie kritisch die beiden Verfahren zur Ermittlung des Materialverbrauchs.
5. Welcher Sachverhalt liegt den folgenden Buchungen zugrunde?
   a) Eigenkapitalkonto an Gewinn- und Verlustkonto 20 000,00 DM
   b) Bank an Eigenkapitalkonto 60 000,00 DM

7 Umsatzsteuer beim Ein- und Verkauf
7.1 Wesen der Umsatz- bzw. Mehrwertsteuer[1]

Mehrwertschöpfung. Viele zum Verkauf angebotene Waren legen meist einen langen Weg zurück: vom Betrieb der Urerzeugung über die Betriebe der Weiterverarbeitung, des Groß- und Einzelhandels bis zum Letztverbraucher. Menschen und Kapital schaffen auf jeder Stufe des Warenwegs „mehr Wert"; Kosten und Gewinn erhöhen jeweils diesen Wert. Dieser Mehrwert je Stufe kommt somit im Unterschied zwischen Einkaufspreis und Verkaufspreis der Ware zum Ausdruck.

Besteuerung des Mehrwertes. An dieser Wertschöpfung beteiligt sich der Staat in Form einer Steuer, die im allgemeinen 15 % (= allgemeiner Steuersatz) und für Lebensmittel und bestimmte andere Umsätze 7 % (= ermäßigter Steuersatz) beträgt. Da jeder Unternehmer von dem auf seiner Umsatzstufe „neu" hinzugewonnenen Mehrwert Steuern an das Finanzamt zu entrichten hat, nennt man diese Art der Besteuerung „Mehrwert-" bzw. „Umsatzsteuer". Grundlage ist das Umsatzsteuergesetz (UStG).

Zahllast. Jeder Unternehmer hat nur die Umsatzsteuer von seiner Mehrwertschöpfung an das Finanzamt abzuführen. Sie stellt für ihn die eigentliche Zahllast dar. Die Summe aller Zahllasten (1 500,00 DM) entspricht 15 % des Nettopreises (10 000,00 DM), den der Letztverbraucher für den Warenwert an den Einzelhändler zahlen muß:

Beispiel eines vierstufigen Warenwegs				
Umsatzstufen	Verkaufspreis —	Einkaufspr. =	Mehrwert	Zahllast 15 % v. Mehrwert
Material-Herstellung	2 000,00	—	2 000,00	300,00
Weiterverarbeitende Industrie	6 500,00	2 000,00	4 500,00	675,00
Großhandel	8 000,00	6 500,00	1 500,00	225,00
Einzelhandel	10 000,00	8 000,00	2 000,00	300,00
Letztverbraucher trägt und zahlt:			10 000,00 +	1 500,00

Merke:
- Auf jeder Stufe des Warenwegs entsteht ein Mehrwert.
- Mehrwert = Differenz zwischen Nettoverkaufs- und Nettoeinkaufspreis.
- Jeder Unternehmer hat die Umsatzsteuer von seiner Mehrwertschöpfung an das Finanzamt abzuführen (= Zahllast).

Der Umsatzsteuer unterliegen vor allem die **Lieferungen und Leistungen,** die ein Unternehmer im Inland gegen Entgelt im Rahmen seines Unternehmens ausführt. Auch der **Eigenverbrauch,** also sowohl die Entnahme von Erzeugnissen für Privatzwecke als auch die private Nutzung von Betriebsgegenständen (z. B. Kfz) und die private Inanspruchnahme von betrieblichen Leistungen durch den Unternehmer (z. B. Reparatur seines Privathauses), sowie die Einfuhr von Gütern **aus Nicht-EU-Staaten sind umsatzsteuerpflichtig (§ 1 [1] UStG).** Mit Beginn des **EU-Binnenmarktes** (01.01.1993) unterliegt der **gewerbliche Erwerb** von Gütern **aus EU-Mitgliedstaaten** (sog. innergemeinschaftlicher Erwerb im Inland gegen Entgelt) der deutschen Umsatzsteuer.

---
1 weitere Ausführungen auf den Seiten 70 f.

Verbrauchsteuer. Die Umsatzsteuer muß zwar auf jeder Umsatzstufe vom <u>Unternehmer</u> an das Finanzamt abgeführt werden, sie soll ihn aber <u>keinesfalls belasten</u>. Als echte Verbrauchsteuer[1] muß sie wie die Kaffee- oder Tabaksteuer u.a. allein vom Letztverbraucher der Ware getragen werden. Das sind in der Regel die Privatverbraucher. Aus diesem Grund wird die Umsatzsteuer in der Kette der Unternehmen vom ersten Erzeuger der Ware bis zum letzten Verbraucher offen überwälzt. Jeder Lieferer muß daher neben dem reinen Warenwert (= Nettopreis) die Umsatzsteuer <u>gesondert</u> auf der Rechnung ausweisen.[2]

Vorsteuerabzug. Die offene Weitergabe der Umsatzsteuer auf allen Stufen des Warenwegs ermöglicht es, die Zahllast jeder Stufe ohne vorherige Ermittlung des Mehrwertes auf einfache Weise festzustellen:

1. Jeder Unternehmer stellt seinen Kunden die Umsatzsteuer gesondert in Rechnung (= Ausgangsrechnung). Andererseits berechnet ihm sein Lieferer ebenfalls Umsatzsteuer (= Eingangsrechnung).
2. Die in der Ausgangsrechnung des Industriebetriebes (vgl. Stufenbeispiel unten) ausgewiesene Umsatzsteuer von 975,00 DM muß der Unternehmer aber nicht in voller Höhe an das Finanzamt abführen. Er kann die in der Eingangsrechnung ausgewiesene Umsatzsteuer von 300,00 DM – die sog. Vorsteuer –, die er an seinen Lieferer (Material-Herstellung) zu zahlen hat, abziehen.
3. Die Differenz von 675,00 DM ist die Zahllast, die er an das Finanzamt abzuführen hat:

Umsatzsteuer aus dem Verkauf	975,00 DM
− Vorsteuer (= Umsatzsteuer aus dem Einkauf)	300,00 DM
Zahllast	675,00 DM

Die Vorsteuer – die <u>Umsatzsteuer beim Einkauf</u> – stellt somit ein Guthaben, d.h. eine <u>Forderung</u> an das Finanzamt dar, die <u>Umsatzsteuer beim Verkauf</u> dagegen eine <u>Schuld</u>. Durch den Abzug der Vorsteuern erreicht man, daß letztlich nur der Mehrwert besteuert wird, der auf einer bestimmten Umsatzstufe erzielt wurde:

Beispiel eines vierstufigen Warenwegs mit Vorsteuerabzug					
Umsatzstufen	Rechnung		USt b. Verk.	− Vorsteuer	= Zahllast
Material-Herstellung	Nettowert + 15 % USt Rechnungspr.	2 000,00 300,00 2 300,00	300,00	—	300,00
Weiterverarbeitende Industrie	Nettowert + 15 % USt Rechnungspr.	6 500,00 975,00 7 475,00	975,00	300,00	675,00
Großhandel	Nettowert + 15 % USt Rechnungspr.	8 000,00 1 200,00 9 200,00	1 200,00	975,00	225,00
Einzelhandel Letztverbraucher	Nettowert + 15 % USt Rechnungspr.	10 000,00 1 500,00 11 500,00	1 500,00	1 200,00	300,00
	Probe:		3 975,00 Schuld	− 2 475,00 − Forderung	= 1 500,00 = Zahllast

---

[1] Steuerrechtlich zählt die Umsatzsteuer zwar zu den Verkehrsteuern, in ihrer Wirkung ist sie jedoch eine Verbrauchsteuer.

[2] Die Umsatzsteuer muß nur in Rechnungen an **Unternehmen bzw. Selbständige** gesondert ausgewiesen werden.

Durchlaufender Posten. Da der Unternehmer die Umsatzsteuer beim Verkauf der Erzeugnisse seinem Kunden in Rechnung stellt, belastet sie ihn nicht, verursacht ihm also auch keine Kosten. Jeder Unternehmer läßt sich von dem Abnehmer seiner Erzeugnisse sowohl die Umsatzsteuer, die er von seinem Mehrwert an das Finanzamt abzuführen hat (= Zahllast), als auch die seiner Vorlieferanten bezahlen. Für den einzelnen Unternehmer ist die Umsatzsteuer somit grundsätzlich ein „durchlaufender" Posten. Die Umsatzsteuer trägt und zahlt letztlich der Endverbraucher mit dem Betrag von 1500,00 DM.

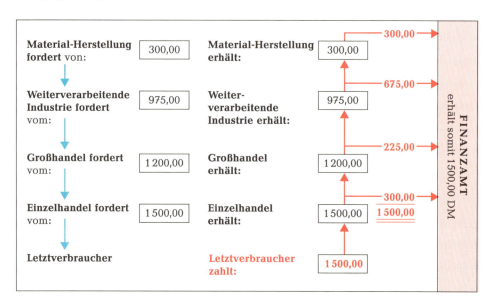

Merke:
- Nur der Letztverbraucher trägt die Umsatzsteuer.
- Daher ist die Umsatzsteuer für das Unternehmen i. d. R. kostenneutral.
- Die Umsatzsteuer ist im Unternehmen grundsätzlich ein „durchlaufender" Posten: Im Auftrag des Finanzamtes zieht das Unternehmen von seinen Kunden die Umsatzsteuer ein und führt diese nach Abzug der Vorsteuer an das Finanzamt (Zahllast) ab.

Das Entgelt bildet die Grundlage zur Berechnung der Umsatzsteuer. Dazu gehört alles, was aufgewandt wird, um die Lieferung (z. B. die Ware) oder sonstige Leistung (z. B. die Reparatur einer Maschine) zu erhalten, allerdings ohne die Umsatzsteuer. Entgelt als Bemessungsgrundlage der Umsatzsteuer ist daher in der Regel der Nettopreis der Lieferung oder sonstigen Leistung zuzüglich aller Nebenkosten.

Umsatzsteuervoranmeldung. Der Unternehmer hat zu bestimmten Terminen eine Umsatzsteuervoranmeldung (VA) abzugeben. VA-Zeitraum ist in der Regel der Kalendermonat und bei einer Vorjahres-USt von nicht mehr als 6 000,00 DM das Kalendervierteljahr. Die Voranmeldung ist binnen 10 Tagen auf einem besonderen Vordruck abzugeben. Vereinfacht sieht das so aus:

Verkaufsumsatz im Januar 19.. .... 100 000,00 DM	
15 % Umsatzsteuer von 100 000,00 DM	**15 000,00 DM**
− Vorsteuer auf den Eingangsrechnungen für den Monat Januar 19..	9 000,00 DM
an das Finanzamt zu zahlen (Zahllast)............................	**6 000,00 DM**

Die Zahllast ist binnen 10 Tagen nach Ablauf des VA-Zeitraumes an das zuständige Finanzamt abzuführen.

Vorsteuerüberhang. Sind die Vorsteuern eines Monats höher als die eigene Umsatzsteuerschuld (z. B. bei saisonalen Einkäufen), so erstattet das Finanzamt die überschüssigen Vorsteuern.

Jahressteuererklärung. Die aufgrund der Voranmeldung an das Finanzamt abgeführten Zahllasten stellen lediglich Umsatzsteuervorauszahlungen dar. Für das abgelaufene Kalenderjahr hat der Unternehmer deshalb noch eine Jahreserklärung auf amtlich vorgeschriebenem Vordruck abzugeben, und zwar bis zum 31. Mai des folgenden Kalenderjahres.

> **Merke:**
> - Die Umsatzsteuer wird vom Nettopreis der Warenlieferungen und der in Rechnung gestellten Leistungen der Handwerker und freien Berufe berechnet. Der Nettopreis ist stets die Berechnungsgrundlage der Umsatzsteuer.
> - Auf Unternehmen sowie Selbständige ausgestellte Rechnungen muß die Umsatzsteuer stets gesondert ausgewiesen werden. Bei Kleinbetragsrechnungen bis zu 200,00 DM genügt die Angabe des im Rechnungsbetrag enthaltenen Steuersatzes.
> - Die Zahllast ist für den VA-Zeitraum (Monat, Quartal) zu ermitteln:
>   Umsatzsteuer aus Verkauf − Vorsteuer = Zahllast
> - Die in der USt-Voranmeldung ausgewiesene Zahllast ist spätestens bis zum 10. des Folgemonats an das Finanzamt abzuführen.

7.2 Buchung der Umsatzsteuer im Ein- und Verkaufsbereich

7.2.1 Buchung beim Einkauf von Rohstoffen u. a.

Der Einkauf von Roh-, Hilfs- und Betriebsstoffen wird aufgrund der Eingangsrechnung (ER) gebucht. Sie weist den Nettowert des bezogenen Materials und die darauf entfallende Umsatzsteuer gesondert aus. In unserem Stufenbeispiel S. 60/61 erhält der Fabrikant (weiterverarbeitende Industrie) für den Bezug von Rohstoffen folgende Rechnung:

Eingangsrechnung	
Rohstoffe, netto	2 000,00 DM
+ 15 % Umsatzsteuer	300,00 DM
Rechnungsbetrag	**2 300,00 DM**

Konto „Vorsteuer". Die in der Eingangsrechnung ausgewiesene Umsatzsteuer – die sog. Vorsteuer – begründet für den Fabrikanten eine Forderung an das Finanzamt; denn seine Umsatzsteuerschuld gegenüber dem Finanzamt entsteht erst in dem Augenblick, wenn er die aus den Rohstoffen u. a. hergestellten Erzeugnisse verkauft. Daher wird die beim Einkauf der Rohstoffe in Rechnung gestellte Vorsteuer zunächst im

Konto „Vorsteuer"

auf der Sollseite gebucht. Das Konto „Vorsteuer" hat Forderungscharakter. Es ist daher ein Aktivkonto.

Das „Rohstoffkonto" wird nur mit dem Nettobetrag belastet. Der Rechnungsbetrag wird dem Lieferer auf dem Konto „Verbindlichkeiten a. LL" gutgeschrieben.

Der Buchungssatz aufgrund der Eingangsrechnung lautet daher:

	S	H
Rohstoffe	2 000,00	
Vorsteuer	300,00	
an Verbindlichkeiten a. LL		2 300,00

S	Rohstoffe	H	S	Verbindlichkeiten a. LL	H
Verb. a. LL 2 000,00				Rohstoffe/Vorst. 2 300,00	

S	Vorsteuer	H
Verb. a. LL 300,00		

Merke: Die Umsatzsteuer in der Eingangsrechnung ist die Vorsteuer. Das Konto „Vorsteuer" ist ein Aktivkonto. Es weist ein Guthaben, d. h. eine Forderung gegenüber dem Finanzamt aus.

7.2.2 Buchung beim Verkauf von Erzeugnissen

Der Verkauf von fertigen Erzeugnissen wird aufgrund der Ausgangsrechnung (AR) gebucht. Sie weist den Nettopreis der Erzeugnisse und die darauf entfallende Umsatzsteuer gesondert aus. In unserem Beispiel erstellt der Fabrikant aus den Rohstoffen Erzeugnisse und verkauft diese an den Großhändler auf Ziel (Nettopreis 6 500,00 DM). Der Fabrikant, der durch diesen Umsatz einen Mehrwert von 4 500,00 DM (6 500,00 DM − 2 000,00 DM) schafft, schickt dem Großhändler folgende Rechnung:

Ausgangsrechnung	
Fertige Erzeugnisse, netto	6 500,00 DM
+ 15 % Umsatzsteuer	975,00 DM
Rechnungsbetrag	7 475,00 DM

Konto „Umsatzsteuer". Der Fabrikant belastet den Großhändler auf dem Konto „Forderungen a. LL" mit dem Rechnungsbetrag von 7 475,00 DM; denn der Großhändler ist verpflichtet, dem Fabrikanten den Nettowert der Erzeugnisse und dessen Umsatzsteuerschuld zu bezahlen. Das Konto „Umsatzerlöse für eigene Erzeugnisse" übernimmt im Haben den Nettopreis von 6 500,00 DM. Die darauf entfallende Umsatzsteuer, also die Umsatzsteuer aus dem Verkauf der Erzeugnisse, wird dem Finanzamt auf dem

Konto „Umsatzsteuer"

gutgeschrieben. Dieses Konto hat Verbindlichkeitscharakter und stellt daher ein Passivkonto dar.

Der Buchungssatz aufgrund der Ausgangsrechnung lautet:

	S	H
Forderungen a. LL	7 475,00	
an Umsatzerlöse für eigene Erzeugnisse		6 500,00
an Umsatzsteuer		975,00

S	Forderungen a. LL	H	S	Umsatzerlöse f. eigene Erzeugnisse	H
Erlöse/USt 7 475,00				Ford. a. LL 6 500,00	

S	Umsatzsteuer	H
	Ford. a. LL	975,00

Merke: Das Konto „Umsatzsteuer" ist ein Passivkonto. Es weist eine Verbindlichkeit gegenüber dem Finanzamt aus.

7.2.3 Vorsteuerabzug und Ermittlung der Zahllast

Ermittlung der Zahllast. Mit dem Verkauf der Erzeugnisse an den Großhändler entsteht für den Fabrikanten zunächst eine Umsatzsteuerschuld in Höhe von 975,00 DM gegenüber dem Finanzamt. Der Fabrikant hat aber durch die beim Einkauf der Rohstoffe geleistete Vorsteuer ein Guthaben, d. h. eine Forderung an das Finanzamt in Höhe von 300,00 DM. Er braucht also nur noch den Unterschiedsbetrag zwischen der Umsatzsteuer beim Verkauf und der Umsatzsteuer beim Einkauf (= Vorsteuer) an das Finanzamt zu zahlen (= Zahllast):

	Umsatzsteuer aus dem Verkauf	975,00 DM
−	Vorsteuer (Umsatzsteuer aus dem Einkauf)	300,00 DM
	Zahllast	675,00 DM

Die Zahllast in Höhe von 675,00 DM entspricht somit 15 % seiner eigenen Mehrwertschöpfung (15 % von 4 500,00 DM = 675,00 DM).

Zum Monatsende (Umsatzsteuervoranmeldungszeitraum) ist der Saldo des Kontos „Vorsteuer" (= Forderung) auf das Konto „Umsatzsteuer" (= sonstige Verbindlichkeit) zu übertragen, um die Zahllast buchhalterisch zu ermitteln:

Buchung: Umsatzsteuer .... an Vorsteuer 300,00

Überweisung der Zahllast. Nach dieser Umbuchung weist nun der Saldo des Kontos „Umsatzsteuer" die Zahllast aus, die spätestens bis zum 10. des folgenden Monats an das Finanzamt abzuführen ist:

Buchung: Umsatzsteuer .... an Bank 675,00

Merke:
- Zur buchhalterischen Ermittlung der Zahllast wird das Konto „Vorsteuer" über das Konto „Umsatzsteuer" abgeschlossen.
- Nach der Verrechnung zeigt der Saldo auf dem Konto „Umsatzsteuer" den an das Finanzamt abzuführenden Betrag: die Zahllast.
- Bei einem Steuersatz von 15 % entspricht der Rechnungs- oder Bruttobetrag stets 115 %: Warennettobetrag (= 100 %) + 15 % Umsatzsteuer. Aus dem Bruttobetrag läßt sich der Anteil der Umsatzsteuer wie folgt herausrechnen:
  115 % $\hat{=}$ Bruttobetrag, 15 % $\hat{=}$ x:

$$\text{Steueranteil} = \frac{\text{Bruttobetrag} \cdot 15}{115}$$

7.3 Bilanzierung der Zahllast und des Vorsteuerüberhangs

Passivierung der Zahllast. Zum 31.12. ist die Zahllast des Monats Dezember als „Sonstige Verbindlichkeit" in die Schlußbilanz einzusetzen, also zu passivieren.

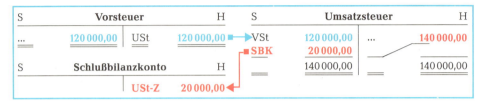

Buchungen zum 31.12.: ① Umsatzsteuer an Vorsteuer 120 000,00
② Umsatzsteuer an Schlußbilanzkonto 20 000,00

Aktivierung des Vorsteuerüberhangs. Entsprechend ist ein Vorsteuerüberhang zum 31.12. als „Sonstige Forderung" in der Schlußbilanz auszuweisen, also zu aktivieren. In diesem Fall ist das Konto „Umsatzsteuer" über das Konto „Vorsteuer" abzuschließen.

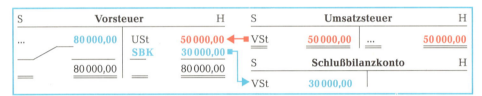

Buchungen zum 31.12.: ① Umsatzsteuer ...... an Vorsteuer .. 50 000,00
② Schlußbilanzkonto .. an Vorsteuer .. 30 000,00

Merke: Zum Bilanzstichtag (31.12.) ist im Schlußbilanzkonto
- die **Zahllast** als „Sonstige Verbindlichkeit" auszuweisen **(zu passivieren)**,
- ein **Vorsteuerüberhang** als „Sonstige Forderung" zu **aktivieren**.

Aufgaben – Fragen

71 Ein Unternehmen der Grundstoffindustrie verkauft an einen Industriebetrieb Rohstoffe im Wert von 2 000,00 DM netto. Der Industriebetrieb erstellt aus den Rohstoffen fertige Erzeugnisse und verkauft diese für 6 000,00 DM an den Großhandel. Der Großhandel veräußert diese Waren an den Einzelhandel für 7 600,00 DM. Der Einzelhandel setzt die Waren an verschiedene Konsumenten für 11 000,00 DM ab. Die Preise sind Nettopreise, allgemeiner Steuersatz.

Zeichnen Sie ein Stufenschema (s. S. 60), das den Rechnungsbetrag, die Umsatzsteuer beim Verkauf, die Vorsteuer und die Zahllast enthält. Buchen Sie auf jeder Stufe.

72 Ein Industrieunternehmen hat im Monat Oktober insgesamt Umsatzerlöse von netto 50 000,00 DM und Einkäufe von Rohstoffen von netto 30 000,00 DM getätigt. Allgemeiner Steuersatz.

Konten: Rohstoffe, Vorsteuer, Verbindlichkeiten a. LL, Umsatzerlöse, Umsatzsteuer, Forderungen a. LL, Bank (Anfangsbestand 10 000,00 DM).

1. Buchen Sie a) die Umsatzerlöse, b) Rohstoffeinkäufe, c) Ermittlung der Zahllast (31.10.).
2. Bis wann ist die Zahllast an das Finanzamt zu überweisen? Buchen Sie.

Im Dezember hatte das Industrieunternehmen folgende Umsätze: Verkäufe netto 600 000,00 **73**
DM, Rohstoffeinkäufe netto 800 000,00 DM. Allgemeiner Steuersatz.
1. Buchen Sie die Vorgänge summarisch.
2. Warum ergibt sich zum 31.12. keine Zahllast?
3. Wohin gelangt der Vorsteuerüberhang beim Jahresabschluß?
4. Begründen Sie, daß die Vorsteuer eine Forderung an das Finanzamt darstellt.

Anfangsbestände: **74**

TA u. Maschinen	220 000,00	Fertige Erzeugnisse	20 000,00
Andere Anlagen, BGA	50 000,00	Forderungen a. LL	34 000,00
Rohstoffe	42 000,00	Kasse	6 000,00
Hilfsstoffe	22 000,00	Bankguthaben	35 000,00
Betriebsstoffe	14 000,00	Verbindlichkeiten a. LL	43 000,00
Unfertige Erzeugnisse	10 000,00	Eigenkapital	410 000,00

75

Kontenplan: TA u. Maschinen, Andere Anlagen, BGA, Rohstoffe, Hilfsstoffe, Betriebsstoffe, Unfertige Erzeugnisse, Fertige Erzeugnisse, Forderungen a. LL, Vorsteuer, Kasse, Bank, Verbindlichkeiten a. LL, Umsatzsteuer, Aufwendungen für Rohstoffe, Aufwendungen für Hilfsstoffe, Aufwendungen für Betriebsstoffe, Löhne, Abschreibungen auf Sachanlagen, Umsatzerlöse für eigene Erzeugnisse, Bestandsveränderungen, Gewinn und Verlust, Eigenkapital, Schlußbilanzkonto.

Geschäftsfälle:

	74	75
1. Kauf von Betriebsstoffen lt. ER 11		
Nettopreis	3 000,00	4 000,00
+ Umsatzsteuer	450,00	600,00
Rechnungsbetrag	3 450,00	4 600,00
2. Kauf von Rohstoffen lt. ER 12–14		
Nettopreis	25 000,00	30 000,00
+ Umsatzsteuer	3 750,00	4 500,00
Rechnungsbeträge	28 750,00	34 500,00
3. Banküberweisung an einen Lieferer, Rechnungsbetrag	8 600,00	8 700,00
4. Barzahlung von Fertigungslöhnen	4 400,00	4 600,00
5. Zieleinkauf von Hilfsstoffen lt. ER 15		
Nettopreis	8 000,00	8 500,00
+ Umsatzsteuer	1 200,00	1 275,00
Rechnungsbetrag	9 200,00	9 775,00
6. Verkauf von eigenen Erzeugnissen lt. AR 10–12		
Nettopreis	9 000,00	8 500,00
+ Umsatzsteuer	1 350,00	1 275,00
Rechnungsbeträge	10 350,00	9 775,00
7. Banküberweisung von Kunden, Rechnungsbeträge	15 400,00	16 500,00
8. Rohstoffverbrauch lt. Materialentnahmeschein	20 500,00	20 600,00
Hilfsstoffverbrauch lt. Materialentnahmeschein	2 500,00	2 400,00
Betriebsstoffverbrauch lt. Materialentnahmeschein	3 100,00	3 000,00
9. Verkauf von eigenen Erzeugnissen lt. AR 13–18		
Nettopreis	42 000,00	45 000,00
+ Umsatzsteuer	6 300,00	6 750,00
Rechnungsbeträge	48 300,00	51 750,00

Abschlußangaben:
1. Abschreibungen auf TA u. Maschinen 4 500,00 DM; auf Andere Anlagen, BGA 1 500,00 DM.
2. Die Zahllast für die Umsatzsteuer ist zu ermitteln und auf die Habenseite des Schlußbilanzkontos einzustellen, d. h. zu passivieren.
3. Schlußbestände lt. Inventur: Unfertige Erzeugnisse   15 000,00 | 12 000,00
                                    Fertige Erzeugnisse   25 000,00 | 27 000,00

76 Anfangsbestände:

TA u. Maschinen	230 000,00	Fertige Erzeugnisse	15 000,00
Andere Anlagen, BGA	90 000,00	Forderungen a. LL	44 000,00
Rohstoffe	62 000,00	Kasse	6 000,00
Hilfsstoffe	42 000,00	Bankguthaben	40 000,00
Betriebsstoffe	15 000,00	Verbindlichkeiten a. LL	43 000,00
Unfertige Erzeugnisse	22 000,00	Eigenkapital	523 000,00

Kontenplan:

TA u. Maschinen, Andere Anlagen, BGA, Rohstoffe, Hilfsstoffe, Betriebsstoffe, Unfertige Erzeugnisse, Fertige Erzeugnisse, Forderungen a.LL, Vorsteuer, Kasse, Bank, Verbindlichkeiten a.LL, Umsatzsteuer, Aufwendungen für Rohstoffe, Aufwendungen für Hilfsstoffe, Aufwendungen für Betriebsstoffe, Löhne, Werbeaufwendungen, Postgebühren, Büromaterial, Fremdinstandhaltung, Abschreibungen auf Sachanlagen, Umsatzerlöse für eigene Erzeugnisse, Bestandsveränderungen, Gewinn und Verlust, Eigenkapital, Schlußbilanzkonto.

Geschäftsfälle:

1. Zieleinkauf von Rohstoffen lt. ER 22–29, netto 9 600,00
   + Umsatzsteuer 1 440,00   11 040,00
2. Verbrauch lt. Materialentnahmescheine:
   Rohstoffe 32 000,00
   Betriebsstoffe 2 500,00
3. Barkauf von Büromaterial, Nettopreis 280,00
   + Umsatzsteuer 42,00   322,00
4. Banküberweisung der Löhne 8 500,00
5. Banküberweisung für unsere Werbeanzeige, Nettopreis 800,00
   + Umsatzsteuer 120,00   920,00
6. Zielverkäufe von eigenen Erzeugnissen lt. AR 35–40, netto 25 000,00
   + Umsatzsteuer 3 750,00   28 750,00
7. Barzahlung für Maschinenreparatur, Nettopreis 700,00
   + Umsatzsteuer 105,00   805,00
8. Hilfsstoffverbrauch lt. Materialentnahmeschein 6 200,00
9. Zieleinkauf von Betriebsstoffen lt. ER 30–34, netto 4 500,00
   + Umsatzsteuer 675,00   5 175,00
10. Banküberweisungen von Kunden, Rechnungsbeträge 18 100,00
11. Zielverkäufe von eigenen Erzeugnissen lt. AR 41–48, netto 42 000,00
    + Umsatzsteuer 6 300,00   48 300,00
12. Kauf von Briefmarken, bar 550,00

Abschlußangaben:

1. Abschreibungen auf TA u. Maschinen 5 000,00 DM; auf Andere Anlagen, BGA 1 400,00 DM.
2. Schlußbestände lt. Inventur: Unfertige Erzeugnisse 18 000,00
   Fertige Erzeugnisse 26 000,00
3. Ermittlung und Passivierung der Umsatzsteuer-Zahllast.

Anfangsbestände:

TA u. Maschinen	230 000,00	Forderungen a.LL	24 000,00
Andere Anlagen, BGA	75 000,00	Kasse	7 100,00
Rohstoffe	32 000,00	Bankguthaben	34 200,00
Hilfsstoffe	15 000,00	Verbindlichkeiten a.LL	50 000,00
Unfertige Erzeugnisse	14 000,00	Umsatzsteuerschuld	4 500,00
Fertige Erzeugnisse	18 000,00	Eigenkapital	394 800,00

Kontenplan:

Weitere einzurichtende Konten: Vorsteuer, Aufwendungen für Rohstoffe, Aufwendungen für Hilfsstoffe, Löhne, Gehälter, Fremdinstandhaltung, Betriebssteuern, Büromaterial, Mietaufwendungen, Abschreibungen auf Sachanlagen, Umsatzerlöse für eigene Erzeugnisse, Bestandsveränderungen, GuV, SBK.

Geschäftsfälle:

	77	78
1. Unsere Banküberweisung für Miete (steuerfrei)	2 400,00	2 600,00
2. Verbrauch lt. Materialentnahmescheine:		
Rohstoffe	22 500,00	23 000,00
Hilfsstoffe	6 400,00	6 500,00
3. Banküberweisung der Umsatzsteuer an das Finanzamt	4 500,00	4 500,00
4. Barkauf von Büromaterial, netto	380,00	400,00
+ Umsatzsteuer	57,00	60,00
	437,00	460,00
5. Kauf von Rohstoffen lt. ER 412–418, netto	19 600,00	19 500,00
+ Umsatzsteuer	2 940,00	2 925,00
	22 540,00	22 425,00
6. Banküberweisung der Löhne	15 200,00	15 300,00
7. Barzahlung einer Maschinenreparatur, Nettopreis	800,00	700,00
+ Umsatzsteuer	120,00	105,00
	920,00	805,00
8. Banküberweisung der Gewerbesteuer	1 600,00	1 800,00
9. Gehaltszahlungen durch Banküberweisung	8 400,00	8 800,00
10. Kauf von Hilfsstoffen lt. ER 449–451, netto	4 600,00	5 300,00
+ Umsatzsteuer	690,00	795,00
	5 290,00	6 095,00
11. Banküberweisungen an die Lieferer, Rechnungsbeträge	6 500,00	6 800,00
12. Verkauf von eigenen Erzeugnissen lt. AR 512–516, netto	89 400,00	89 900,00
+ Umsatzsteuer	13 410,00	13 485,00
	102 810,00	103 385,00

Abschlußangaben:

1. Abschreibungen auf TA u. Maschinen 6 000,00 DM; auf Andere Anlagen, BGA 1 500,00 DM.
2. Schlußbestände lt. Inventur: Unfertige Erzeugnisse   16 000,00 | 17 000,00
                                        Fertige Erzeugnisse   15 000,00 | 16 000,00

1. Sowohl Lieferungen als auch Leistungen unterliegen u.a. der Umsatzsteuer. Nennen Sie jeweils einige Beispiele.
2. Was versteht man unter einer Zahllast? Für welchen Zeitraum wird sie in der Regel ermittelt? Bis zu welchem Termin ist die Zahllast spätestens abzuführen?
3. Im Monat Dezember beträgt die Vorsteuer 120 000,00 DM, die Umsatzsteuer aufgrund der Ausgangsrechnungen nur 80 000,00 DM. Schließen Sie zum 31.12. die Konten ab.
4. Erläutern Sie, inwiefern die Umsatzsteuer für das Unternehmen ein grundsätzlich „durchlaufender" Posten ist.

8 Privatentnahmen und Privateinlagen

8.1 Privatkonto

Privatentnahmen. Zu seinem Lebensunterhalt entnimmt der Unternehmer[1] bei Bedarf Geld oder Waren aus seinem Betrieb. Überweisungen für Privatzwecke werden oft über die Finanzkonten des Unternehmens durchgeführt, wie z. B. Zahlungen für die Lebens- und Krankenversicherung, Einkommensteuer- und Kirchensteuerzahlungen u. a. Diese Privatentnahmen sind keine betrieblichen Aufwendungen. Sie stellen vielmehr vorweggenommenen Gewinn des laufenden Geschäftsjahres dar und bewirken somit zunächst eine Verminderung des im Unternehmen arbeitenden Eigenkapitals.

Kapitaleinlagen. Zuweilen führt der Unternehmer dem Betrieb Geld- oder Sachwerte aus seinem Privatvermögen zu. Diese Mittel erhöhen das Eigenkapital.

Privatkonto. Privatentnahmen und Kapitaleinlagen verändern das Eigenkapital. Aus Gründen der Übersichtlichkeit wird ein Privatkonto eingerichtet, das ein Unterkonto des Eigenkapitalkontos ist. Das Privatkonto nimmt daher auf der Sollseite die Entnahmen, auf der Habenseite etwaige Einlagen des Inhabers auf.[2] Für die Buchungen sind entsprechende Eigenbelege auszustellen. Buchungsbeispiele:

- Privatentnahmen, bar: **Privatkonto** .. an **Kasse**
- Privateinlage, bar: **Kasse** .... an **Privatkonto**

Das Privatkonto wird am Jahresende über das Eigenkapitalkonto abgeschlossen:

- Entnahmen > Einlagen: **Eigenkapital** .. an **Privatkonto**
- Einlagen   > Entnahmen: **Privatkonto** .. an **Eigenkapital**

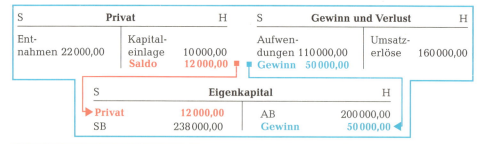

Merke: Das Eigenkapitalkonto verändert sich
- durch den **Gewinn** oder **Verlust** des Geschäftsjahres,
- durch **Privatentnahmen** und **Neueinlagen**.

8.2 Umsatzsteuer bei Eigenverbrauch

Entnahme von Gegenständen. Der Geschäftsinhaber kann seinem Unternehmen außer Geld auch Gegenstände (z. B. Erzeugnisse) für den privaten Verbrauch (Gebrauch) entnehmen. Dieser Eigenverbrauch unterliegt – wie die Lieferung von Erzeugnissen – der Umsatzsteuer (§ 1 Abs. 1 UStG). Der Entnahmebeleg muß den Eigenverbrauch (z. B. die Herstellungskosten der entnommenen Erzeugnisse) und die darauf entfallende Umsatzsteuer ausweisen. Der Eigenverbrauch ist aus steuerlichen Gründen buchhalterisch gesondert nachzuweisen (§ 22 UStG). Das geschieht auf dem

Ertragskonto „Steuerpflichtiger Eigenverbrauch".

---

[1] Das Privatkonto kann es nur für den Einzelunternehmer oder für den Gesellschafter (Vollhafter) einer Personengesellschaft (OHG, KG) geben.

[2] Einlagen können auch direkt über das Eigenkapitalkonto gebucht werden.

Beispiel: Der Fabrikant Barth entnimmt seinem Betrieb fertige Erzeugnisse für Privatzwecke: Nettowert 800,00 DM + 120,00 DM Umsatzsteuer.

Buchungen: ① Privat .... 920,00 an Steuerpflichtiger Eigenverbrauch 800,00
                                                                            an Umsatzsteuer 120,00
             ② Stpfl. Eigenverbr. . 800,00 an GuV-Konto 800,00

S	Privat	H		S	Steuerpflichtiger Eigenverbrauch	H
① EV/USt	920,00			② GuV	800,00 ① Privat	800,00
S	**GuV-Konto**	**H**		**S**	**Umsatzsteuer**	**H**
	② EV	800,00			① Privat	120,00

Die private Inanspruchnahme von Leistungen des eigenen Betriebes gilt als steuerpflichtiger Eigenverbrauch (z.B. Kosten der Dachreparatur im Haus des Unternehmers: 800,00 DM + 120,00 DM Umsatzsteuer).

Buchung: Privat .... 920,00 an Steuerpflichtiger Eigenverbrauch 800,00
                                                  an Umsatzsteuer 120,00

Der private Anteil an den Geschäftstelefonkosten unterliegt als Eigenverbrauch der Umsatzsteuer. Er wird wie im vorstehenden Beispiel als „Steuerpflichtiger Eigenverbrauch" gebucht.

Die private Nutzung eines Geschäftswagens ist gleichfalls umsatzsteuerpflichtig. Dabei ist zu beachten, daß nur die mit Vorsteuer belasteten Kfz-Kosten (z.B. Treibstoffe, AfA u.a.) die Bemessungsgrundlage für den Eigenverbrauch bilden dürfen. Die vorsteuerfreie Kfz-Steuer und -Versicherung sind in Höhe des privaten Nutzungsanteils gesondert auf dem Ertragskonto „Steuerfreier Eigenverbrauch" auszuweisen.

Beispiel: Der Fabrikant Barth benutzt den Geschäftswagen lt. Fahrtenbuch zu 25 % privat. Die mit Vorsteuer belasteten Kfz-Kosten betragen insgesamt 8000,00 DM, von denen 25 % = 2000,00 DM als Eigenverbrauch mit 15 % = 300,00 DM Umsatzsteuer zu belasten sind. Der Privatanteil an der Kfz-Steuer beträgt 25 % von 500,00 DM = 125,00 DM und an der Kfz-Versicherung 25 % von 800,00 DM = 200,00 DM.

Buchungen: ① Privat .... 2300,00 an Steuerpfl. Eigenverbrauch 2000,00
                                                     an Umsatzsteuer 300,00
             ② Privat .... 325,00 an Steuerfreier Eigenverbrauch ... 325,00

Merke: Der Eigenverbrauch unterliegt der Umsatzsteuer (§ 1 UStG). Dazu zählen:
- Entnahme von Gegenständen (z.B. Waren, BGA u.a.) für Privatzwecke[1]
- Private Nutzung von Betriebsgegenständen (z.B. Geschäfts-PKW)
- Inanspruchnahme von Leistungen des eigenen Betriebes für Privatzwecke

Aufgaben – Fragen

Bilden Sie die Buchungssätze zu folgenden Geschäftsfällen: **80**

1. Banklastschriften für Miete: 4000,00 DM Lagerhalle, 800,00 DM Privatwohnung.
2. Fabrikant Schneider entnimmt für seinen Urlaub 2500,00 DM der Geschäftskasse.
3. Entnahme von Erzeugnissen für Privathaushalt zum Nettowert von 500,00 DM.
4. Kapitaleinlage des Geschäftsinhabers auf das betriebliche Bankkonto: 5000,00 DM.
5. Die anteiligen mit Vorsteuer belasteten Kfz-Kosten für Privatfahrten betragen jährlich 3000,00 DM. Die anteiligen vorsteuerfreien Kfz-Kosten belaufen sich auf 500,00 DM.
6. Der private Anteil an den Telefongebühren beträgt netto 1200,00 DM.
7. Heizung im Privathaus des Geschäftsinhabers wird durch den eigenen Betrieb repariert, netto 1700,00 DM.
8. Nennen Sie den Abschluß des Privatkontos: Entnahmen a) > und b) < Einlagen.

---

[1] siehe auch S. 181

81 Stellen Sie die Konten Privat, Steuerpflichtiger Eigenverbrauch, Gewinn und Verlust und Eigenkapital auf und schließen Sie diese ab.

Privatentnahmen in bar 34 000,00 DM; Privatentnahmen von fertigen Erzeugnissen 2 000,00 DM netto; der Unternehmer bringt seinen Privat-PKW in das Geschäftsvermögen ein: 15 000,00 DM; Aufwendungen insgesamt 172 000,00 DM; Umsatzerlöse insgesamt 218 000,00 DM; Eigenkapital 180 000,00 DM.

82
83 Anfangsbestände:

TA u. Maschinen 240 000,00 DM, Andere Anlagen, BGA 65 000,00 DM, Rohstoffe 36 000,00 DM, Hilfsstoffe 16 000,00 DM, Unfertige Erzeugnisse 12 000,00 DM, Fertige Erzeugnisse 23 000,00 DM, Forderungen a.LL 34 000,00 DM, Bankguthaben 63 000,00 DM, Kasse 8 000,00 DM, Verbindlichkeiten a.LL 48 000,00 DM, Umsatzsteuerschuld 6 000,00 DM, Eigenkapital 443 000,00 DM.

Kontenplan:
Weitere einzurichtende Konten: Vorsteuer, Aufwendungen für Rohstoffe, Aufwendungen für Hilfsstoffe, Löhne, Instandhaltung, Büromaterial, Mietaufwendungen, Abschreibungen auf Sachanlagen, Umsatzerlöse für eigene Erzeugnisse, Steuerpflichtiger Eigenverbrauch, Bestandsveränderungen, Gewinn und Verlust, Privat, Schlußbilanzkonto.

Geschäftsfälle:	82	83
1. Verbrauch von Rohstoffen lt. ME	19 000,00	18 000,00
von Hilfsstoffen lt. ME	4 500,00	3 700,00
2. Banküberweisung der Umsatzsteuer-Zahllast	6 000,00	6 000,00
3. Kauf von Rohstoffen lt. ER 806–809, netto	9 500,00	8 800,00
+ Umsatzsteuer	1 425,00	1 320,00
4. Barentnahme des Inhabers für Urlaubsreise	1 200,00	1 300,00
5. Banküberweisung der Löhne	8 200,00	8 800,00
6. Barkauf von Schreibmaterial, Nettopreis	480,00	500,00
+ Umsatzsteuer	72,00	75,00
7. Barzahlung der Maschinenreparatur, Nettopreis	700,00	800,00
+ Umsatzsteuer	105,00	120,00
8. Privatentnahmen von fertigen Erzeugnissen, Nettowert	660,00	760,00
+ Umsatzsteuer	99,00	114,00
9. Unsere Banküberweisung für Miete: Betrieb	3 200,00	3 600,00
privat	700,00	800,00
10. Banküberweisung an Lieferer, Rechnungsbetrag	14 400,00	15 500,00
11. Privatentnahme in bar	350,00	300,00
12. Verkauf von eigenen Erzeugnissen lt. AR 966–978, netto	74 800,00	75 200,00
+ Umsatzsteuer	11 220,00	11 280,00
13. Die Alarmanlage im Einfamilienhaus des Betriebsinhabers wurde durch den eigenen Betrieb instand gesetzt. Kosten	500,00	460,00
+ Umsatzsteuer	75,00	69,00

Abschlußangaben:
1. Abschreibungen auf TA u. Maschinen 6 000,00 DM; auf Andere Anlagen, BGA 1 200,00 DM.
2. Inventurbestände: Unfertige Erzeugnisse 10 000,00 | 8 000,00
   Fertige Erzeugnisse 30 000,00 | 29 000,00

84
1. Welcher Zusammenhang besteht zwischen Gewinn und Privatentnahmen?
2. Was versteht man im Sinne des Umsatzsteuergesetzes unter Eigenverbrauch?
3. Begründen Sie, weshalb der Eigenverbrauch umsatzsteuerpflichtig ist.
4. Erklären Sie die Abschlußbuchung für das Konto „Eigenverbrauch".

9 Organisation der Buchführung
9.1 Industriekontenrahmen (IKR)
9.1.1 Aufgaben und Aufbau des IKR

Anforderungen an ein Kontenordnungssystem. Die Zahlen der Buchführung sind zugleich Grundlage für die Planungen und Entscheidungen der Unternehmensleitung. Dazu sind wichtige Bilanz-, Aufwands- und Ertragsposten durch Vergleich mit den Zahlen früherer Geschäftsjahre (Zeitvergleich) sowie mit branchengleichen Betrieben (Betriebsvergleich) betriebswirtschaftlich auszuwerten. Die Buchführung mit ihren zahlreichen Konten bedarf daher einer bestimmten Ordnung, die die Konten des Unternehmens und der branchengleichen Betriebe nicht nur systematisch und detailliert sowie EDV-gerecht gliedert, sondern vor allem auch einheitlich benennt.

Der Industriekontenrahmen (IKR), der 1971 vom Bundesverband der Deutschen Industrie (BDI) herausgegeben wurde, ist ein übersichtliches Kontenordnungssystem, das den Industriebetrieben zur Anwendung empfohlen wird. Für den Groß- und Außenhandel, den Einzelhandel und das Handwerk sowie für Banken und Versicherungen gibt es eigene Kontenrahmen.

Aufbau des Industriekontenrahmens. Der Industriekontenrahmen ist wie alle Kontenrahmen nach dem dekadischen System (Zehnersystem) aufgebaut. Die Konten werden zunächst eingeteilt in

10 Klassen von 0 bis 9,

wobei die Klassen 0 bis 8 der Finanz- bzw. Geschäftsbuchhaltung (= Rechnungskreis I) vorbehalten sind. Die Klasse 9 kann für eine kontenmäßige Darstellung der Kosten- und Leistungsrechnung (= Rechnungskreis II) genutzt werden, sofern sie nicht – wie in der Praxis üblich – tabellarisch durchgeführt wird. Die beiden Hauptbereiche des Rechnungswesens bilden somit im IKR jeweils einen eigenen Kontenkreis. Der IKR ist deshalb kontenmäßig ein echtes Zweikreissystem.

		Kontenklasse	Inhalt der Kontenklasse
Finanzbuchhaltung	Bestands- konten	0	Immaterielle Vermögensgegenstände und Sachanlagen
		1	Finanzanlagen
		2	Umlaufvermögen und aktive Rechnungsabgrenzung
		3	Eigenkapital, Wertberichtigungen, Rückstellungen
		4	Verbindlichkeiten und passive Rechnungsabgrenzung
	Erfolgs- konten	5	Erträge
		6	Betriebliche Aufwendungen
		7	Weitere Aufwendungen
		8	Ergebnisrechnung (Abschlußkonten)
KLR		9	Buchhalterische Abwicklung der Kosten- und Leistungsrechnung (KLR)

Merke: Die Finanzbuchhaltung (Rechnungskreis I) und die Kosten- und Leistungsrechnung (Rechnungskreis II) bilden im IKR jeweils einen in sich geschlossenen Kontenkreis. Die beiden Zweige des Rechnungswesens werden somit klar getrennt.

Abschlußgliederungsprinzip. Dem Industriekontenrahmen liegt die Gliederung des handelsrechtlichen Jahresabschlusses zugrunde. Aufbau der Kontenklassen sowie Reihenfolge und Bezeichnung der Konten entsprechen den Posten der

> ▶ **Bilanz** nach § 266 HGB und der
> ▶ **Gewinn- und Verlustrechnung** nach § 275 HGB.[1]

Rationelle Erstellung des Jahresabschlusses. Die Ausrichtung des Kontenrahmens auf den Jahresabschluß führt zu einer wesentlichen Vereinfachung der Abschlußarbeiten: Bilanz und Gewinn- und Verlustrechnung ergeben sich unmittelbar aus den Salden der Konten. Ein abschlußorientierter Kontenrahmen trägt damit zur Rationalisierung des Rechnungswesens bei.

Soll		8010 Schlußbilanzkonto		Haben
Kontenklasse	Aktiva		Passiva	Kontenklasse
0	Immaterielle Vermögensgegenstände und Sachanlagen		Eigenkapital, Wertberichtigungen und Rückstellungen	3
1	Finanzanlagen		Verbindlichkeiten und passive Rechnungsabgrenzung	4
2	Umlaufvermögen und aktive Rechnungsabgrenzung			

Soll		8020 Gewinn und Verlust		Haben
Kontenklasse	Aufwendungen		Erträge	Kontenklasse
6	Betriebliche Aufwendungen		Erträge	5
7	Weitere Aufwendungen			

Die Abschlußbuchungssätze lauten somit für die

Bestandskonten:
- 8010 Schlußbilanzkonto
  an alle Aktivkonten der Klassen 0, 1 und 2
- Alle Passivkonten der Klassen 3 und 4
  an 8010 Schlußbilanzkonto

Erfolgskonten:
- Alle Ertragskonten der Klasse 5
  an 8020 Gewinn- und Verlustkonto
- 8020 Gewinn- und Verlustkonto
  an alle Aufwandskonten der Klassen 6 und 7

Merke: Dem Industriekontenrahmen liegt das Abschlußgliederungsprinzip zugrunde. Bilanz und Gewinn- und Verlustrechnung ergeben sich unmittelbar aus den Salden der Konten der Klassen 0 bis 7.

---

[1] Vgl. §§ 266, 275 HGB auf der Rückseite des Industriekontenrahmens im Anhang des Lehrbuches.

9.1.2 Erläuterung der Kontenklassen 0 bis 8

Klasse 0: Immaterielle Vermögensgegenstände und Sachanlagen

Die Kontenklasse 0 bildet die Grundlage der Betriebsbereitschaft. Sie enthält vor allem die notwendigen Sachanlagen (Kontengruppen 05 bis 09) eines Unternehmens, wie Grundstücke, Gebäude, technische Anlagen und Maschinen, Betriebs- und Geschäftsausstattung u. a.

Die Kontengruppen 02 und 03 erfassen immaterielle Anlagewerte (Lizenzen, Konzessionen, Geschäfts- oder Firmenwert). Sie sind meist von untergeordneter Bedeutung.

Die Kontengruppe „00 Ausstehende Einlagen auf das Gezeichnete Kapital" ist zu führen, sofern das Haftungskapital der GmbH (Stammkapital) oder AG (Grundkapital), das in der Bilanz stets zum Nennwert als „Gezeichnetes Kapital" auszuweisen ist, noch nicht voll eingezahlt worden ist.

Klasse 1: Finanzanlagen

Hier werden die langfristigen Finanzanlagen eines Unternehmens erfaßt, wie z. B. Kapitalbeteiligungen an anderen Unternehmen, langfristige Ausleihungen sowie Wertpapiere, die als langfristige Kapitalanlage angeschafft wurden.

Klasse 2: Umlaufvermögen und aktive Rechnungsabgrenzung

Diese Klasse enthält die Bestände an Material und Handelswaren sowie die Forderungen aus Lieferungen und Leistungen, die Vorsteuer, sonstige Forderungen, als kurzfristige Anlage erworbene Wertpapiere sowie die flüssigen Mittel (Bank, Postbank, Kasse). Die aktive Rechnungsabgrenzung dient der periodengerechten Abgrenzung des Jahreserfolges.

Klasse 3: Eigenkapital, Wertberichtigungen und Rückstellungen

Die Klasse 3 enthält die Eigenkapitalkonten der Einzelunternehmen und Personengesellschaften (OHG, KG) sowie der Kapitalgesellschaften (GmbH, AG, KGaA). Das Privatkonto wird als Unterkonto den Eigenkapitalkonten der Personenunternehmen entsprechend zugeordnet.

Rücklagen werden in Form der Kapital- und Gewinnrücklagen in der Klasse 3 erfaßt und offen in der Bilanz der Kapitalgesellschaft – getrennt vom „Gezeichneten Kapital" – ausgewiesen. Gewinnrücklagen entstehen durch Einbehaltung von Teilen des Gewinns, Kapitalrücklagen durch Zuzahlung der Gesellschafter der Kapitalgesellschaft.

Passive Wertberichtigungsposten zum Anlage- und Umlaufvermögen dürfen in der Buchführung aller Unternehmen gebildet werden. In der zu veröffentlichenden Bilanz der Kapitalgesellschaften dürfen sie allerdings nicht ausgewiesen werden. Sie sind dann vorher zu verrechnen.

Verbindlichkeiten, deren Höhe oder Fälligkeit zum Bilanzstichtag noch nicht feststehen, werden in der Klasse 3 als Rückstellungen geführt: Pensions-, Steuer- und sonstige Rückstellungen.

Klasse 4: Verbindlichkeiten und passive Rechnungsabgrenzung

Klasse 4 erfaßt alle kurz- und langfristigen Verbindlichkeiten gegenüber Banken, Lieferern, Finanzamt u. a. Die passive Rechnungsabgrenzung dient dem periodengerechten Erfolgsausweis.

Klasse 5: Erträge

Die Kontengruppen 50 und 54 enthalten die eigentlichen betrieblichen Erträge der Unternehmen: Die Umsatzerlöse für eigene Erzeugnisse sowie Handelswaren werden einschließlich des Unterkontos in der Klasse 5 erfaßt. Die Kontengruppe 54 enthält die Konten der „sonstigen" betrieblichen Erträge, wie Mieterträge, Provisionserträge, Eigenverbrauch u. a. In den übrigen Kontengruppen werden sowohl Erträge aus Beteiligungen als auch Zinserträge und außerordentliche (ungewöhnliche, seltene) Erträge u. a. berücksichtigt.

Klasse 6: Betriebliche Aufwendungen

Die Kontengruppen erfassen den Material- und Warenaufwand, Personalaufwand, Abschreibungen auf das Anlagevermögen sowie diverse „Sonstige betriebliche Aufwendungen".

Klasse 7: Weitere Aufwendungen

Die Klasse 7 enthält insbesondere alle Steuern, Zinsen und ähnliche Aufwendungen sowie die außerordentlichen (ungewöhnliche, seltene) Aufwendungen.

Klasse 8: Eröffnung/Abschluß

Die Klasse 8 dient vor allem der Eröffnung und dem Abschluß der Konten:
- 8000 Eröffnungsbilanzkonto
- 8010 Schlußbilanzkonto
- 8020 GuV-Konto

Merke: Die Kontenklassen 0 bis 8 enthalten die Konten der Finanzbuchhaltung.

9.1.3 Kontenrahmen und Kontenplan

Im Kontenrahmen läßt sich jede der 10 Kontenklassen (einstellige Ziffer) in 10 Kontengruppen (zweistellige Ziffer), jede Kontengruppe in 10 Kontenarten (dreistellige Ziffer) und jede Kontenart in 10 Kontenunterarten (vierstellige Ziffer) untergliedern.

Beispiel:	Aus der Kontennummer 2801 erkennt man die		
	▶ Kontenklasse:	2 Umlaufvermögen und ARA	
	▶ Kontengruppe:	28 Flüssige Mittel	Kontenrahmen
	▶ Kontenart:	280 Guthaben bei Kreditinstituten	
	▶ Kontenunterart:	2800 Kreissparkasse	Kontenplan
		2801 Deutsche Bank	

Kontenplan. Der Kontenrahmen bildet die einheitliche Grundordnung für die Aufstellung betriebsindividueller Kontenpläne der Unternehmen eines Wirtschaftszweiges. Aus dem Kontenrahmen entwickelt jedes Unternehmen seinen eigenen Kontenplan, der auf seine besonderen Belange (Branche, Struktur, Größe, Rechtsform) ausgerichtet ist. So läßt sich im Kontenplan eine weitere Untergliederung der Kontenarten in Kontenunterarten entsprechend den Bedürfnissen des Unternehmens vornehmen. Der Kontenplan enthält somit nur die im Unternehmen geführten Konten.

Vereinfachung der Buchungsarbeit. Der Kontenplan vereinfacht die Buchungen in den Konten, da die Kontenbezeichnungen durch Kontennummern ersetzt werden.

Beispiel:	statt: Privat an Kasse ...... 1800,00 DM		kurz: 3001/2880 ...... 1800,00 DM	
Soll	3001 Privat	Haben	Soll	2880 Kasse	Haben
2880	1 800,00		AB	7 500,00	3001	1 800,00

EDV-Kontenrahmen. Soll der IKR – wie im vorliegenden Lehrbuch beabsichtigt – zugleich auch in der EDV-Buchführung verwendet werden, ist jedes Sachkonto (= Hauptbuchkonto) in der Regel mit einer vierstelligen Kontenziffer zu versehen. Personenkonten (Kunden- und Liefererkonten) haben stets fünfstellige Kontenziffern.

Merke:
- Der Kontenrahmen bildet für alle Unternehmen eines Wirtschaftszweiges die einheitliche Grundordnung für die Gliederung und Bezeichnung der Konten. Der Kontenrahmen ermöglicht damit
  ▷ eine Vereinfachung und Vereinheitlichung der Buchungen sowie
  ▷ Zeit- und Betriebsvergleiche zur Überwachung der Wirtschaftlichkeit.
- Der Kontenplan enthält nur die im Unternehmen geführten Konten.

Aufgaben – Fragen

85 *Wie lauten die Kontenbezeichnungen und die zugrunde liegenden Geschäftsfälle?*

1. 0870 und 2600 an 2800
2. 2000 und 2600 an 4400
3. 2400 an 5000 und 4800
4. 6300 an 2800
5. 6520 an 0870
6. 6870 und 2600 an 2880
7. 4400 an 2800
8. 3001 an 5420 und 4800
9. 2800 an 2400

86 *Nennen Sie jeweils den Geschäftsfall der folgenden Buchungen auf dem Bankkonto:*

Soll		2800 Bank		Haben
1. 8000	86 000,00	5. 4400	18 400,00
2. 2880	5 000,00	6. 4800	12 300,00
3. 4250	25 000,00	7. 6300	24 300,00
4. 2400	12 000,00	8. 8010	73 000,00
	128 000,00		128 000,00

Anfangsbestände: **87** **88**

Konto	Bezeichnung	Betrag
0700	TA u. Maschinen	250 000,00
2000	Rohstoffe	40 000,00
2020	Hilfsstoffe	12 000,00
2030	Betriebsstoffe	8 000,00
2100	Unfertige Erzeugnisse	15 000,00
2200	Fertige Erzeugnisse	12 000,00
2400	Forderungen a. LL	17 000,00
2800	Bank	28 000,00
2880	Kasse	6 000,00
4250	Darlehensschulden	83 000,00
4400	Verbindlichkeiten a. LL	25 000,00
3000	Eigenkapital	280 000,00

Kontenplan:
0700, 2000, 2020, 2030, 2100, 2200, 2400, 2600, 2800, 2880, 3000, 3001, 4250, 4400, 4800, 5000, 5200, 5420, 6000, 6020, 6030, 6140, 6160, 6200, 6520, 6700, 7000, 7510, 7700, 8010, 8020.

Geschäftsfälle:

		87	88
1.	Unsere Banküberweisung der Geschäftsmiete	3 800,00	4 200,00
2.	Verkauf von eigenen Erzeugnissen lt. AR 605 frei Haus	26 700,00	28 300,00
	+ Umsatzsteuer	4 005,00	4 245,00
3.	Ausgangsfracht hierauf bar, Nettofracht	1 400,00	1 500,00
	+ Umsatzsteuer	210,00	225,00
4.	Zieleinkauf von Rohstoffen lt. ER 807, netto	15 000,00	18 000,00
	+ Umsatzsteuer	2 250,00	2 700,00
5.	Verbrauch von Brenn- und Treibstoffen lt. ME	1 600,00	2 400,00
6.	Banküberweisung von Kunden	12 600,00	13 400,00
7.	Verbrauch von Rohstoffen lt. ME	14 800,00	15 200,00
8.	Lastschrift der Bank für Darlehenszinsen	2 200,00	2 300,00
9.	Privatentnahme bar	1 400,00	1 200,00
10.	Verkauf von eigenen Erzeugnissen lt. AR 606 ab Werk, netto	18 600,00	19 700,00
	+ Umsatzsteuer	2 790,00	2 955,00
11.	Banküberweisung für Fertigungslöhne lt. Lohnliste	11 700,00	12 300,00
12.	Banküberweisung der Gewerbekapitalsteuer	600,00	700,00
	Gewerbeertragsteuer	1 500,00	1 400,00
13.	Einkauf von Hilfsstoffen lt. ER 808, netto	3 500,00	4 200,00
	+ Umsatzsteuer	525,00	630,00
14.	Unsere Banküberweisung für Maschinenreparatur, netto	600,00	800,00
	+ Umsatzsteuer	90,00	120,00
15.	Entnahme von Erzeugnissen für Privatzwecke, netto	1 600,00	1 500,00
	+ Umsatzsteuer	240,00	225,00

Abschlußangaben:

		87	88
1.	Schlußbestand an Hilfsstoffen lt. Inventur	7 000,00	8 000,00
	Der Verbrauch ist noch zu berechnen und zu buchen.		
2.	Inventurbestände: Unfertige Erzeugnisse	13 000,00	14 000,00
	Fertige Erzeugnisse	28 000,00	29 000,00
3.	Abschreibungen auf TA u. Maschinen	5 000,00	5 000,00
4.	Im übrigen entsprechen die Buchwerte der Inventur.		

89 / 90 Kontenplan und vorläufige Saldenbilanz zum 28.12.19..

Konto	Bezeichnung	Soll	Haben
0510	Unbebaute Grundstücke	110 000,00	—
0530	Betriebsgebäude	700 000,00	—
0700	Technische Anlagen und Maschinen	1 200 000,00	—
0800	Andere Anlagen, BGA	150 200,00	—
2000	Rohstoffe	155 000,00	—
2020	Hilfsstoffe	72 000,00	—
2100	Unfertige Erzeugnisse	45 600,00	—
2200	Fertige Erzeugnisse	63 700,00	—
2400	Forderungen aus Lieferungen und Leistungen	151 800,00	—
2600	Vorsteuer	11 200,00	—
2800	Bank	292 200,00	—
2880	Kasse	42 800,00	—
3000	Eigenkapital	—	1 542 100,00
3001	Privat	48 000,00	—
4200	Kurzfristige Bankverbindlichkeiten	—	440 000,00
4250	Hypothekenschulden	—	510 000,00
4400	Verbindlichkeiten aus Lieferungen und Leistungen	—	180 600,00
4800	Umsatzsteuer	—	25 800,00
5000	Umsatzerlöse für eigene Erzeugnisse	—	1 740 000,00
5200	Bestandsveränderungen	—	—
5400	Mieterträge	—	42 800,00
5420	Steuerpflichtiger Eigenverbrauch	—	12 600,00
5710	Zinserträge	—	8 300,00
6000	Aufwendungen für Rohstoffe	462 800,00	—
6020	Aufwendungen für Hilfsstoffe	220 300,00	—
6140	Ausgangsfrachten	1 600,00	—
6150	Vertriebsprovisionen	11 200,00	—
6160	Fremdinstandhaltung	5 800,00	—
6200	Löhne	298 400,00	—
6300	Gehälter	166 200,00	—
6520	Abschreibungen auf Sachanlagen	—	—
6700	Mietaufwendungen	110 500,00	—
6820	Postgebühren	18 700,00	—
6930	Verluste aus Schadensfällen	77 400,00	—
7000	Gewerbesteuer	22 600,00	—
7020	Grundsteuer	6 000,00	—
7510	Zinsaufwendungen	58 200,00	—
8010	Schlußbilanzkonto	—	—
8020	Gewinn- und Verlustkonto	—	—
		4 502 200,00	4 502 200,00

Geschäftsfälle vom 28.12. bis 31.12.:	89	90
1. ER 457–469 für Hilfsstoffe, netto	10 400,00	10 800,00
+ Umsatzsteuer	1 560,00	1 620,00
2. Zinsgutschrift der Bank	650,00	680,00
3. Barzahlung einer Maschinenreparatur, Nettopreis	460,00	500,00
+ Umsatzsteuer	69,00	75,00

		89	90
4.	Mieteinnahmen aus Werkswohnungen, bar	1 500,00	1 600,00
5.	Privatentnahme, bar	400,00	300,00
6.	Banküberweisung für Fertigungslöhne	6 200,00	6 300,00
7.	Materialentnahmescheine: Rohstoffe	18 400,00	18 600,00
	Hilfsstoffe	12 600,00	12 800,00
8.	Privatentnahme von fertigen Erzeugnissen, netto	800,00	700,00
	+ Umsatzsteuer	120,00	105,00
9.	Banküberweisung für Vertreterprovision, netto	1 500,00	1 600,00
	+ Umsatzsteuer	225,00	240,00
10.	Unsere Banküberweisung für Spenden	380,00	420,00
11.	Banküberweisung für Grundsteuer	440,00	450,00
	für Hypothekenzinsen	1 900,00	1 800,00
12.	Belastung des Kunden mit Verzugszinsen	30,00	40,00
13.	Lastschrift der Bank für Darlehenszinsen	6 400,00	6 500,00
14.	Maschinenschaden durch Brand	2 800,00	3 600,00
15.	AR 959–988 für eigene Erzeugnisse frei Haus, netto	43 400,00	44 000,00
	+ Umsatzsteuer	6 510,00	6 600,00
16.	Ausgangsfrachten hierauf bar, netto	2 300,00	2 400,00
	+ Umsatzsteuer	345,00	360,00
17.	Wir werden vom Lieferer mit Verzugszinsen belastet	50,00	60,00
18.	Zahlung der Gewerbesteuer durch Bank	2 400,00	2 600,00
19.	Banküberweisung für Gehälter	18 600,00	20 400,00
	für Telefonrechnung, netto	1 200,00	1 600,00
	+ Umsatzsteuer	180,00	240,00
20.	Reparaturen im Privathaus des Inhabers wurden vom eigenen Betrieb ausgeführt	900,00	800,00
	+ Umsatzsteuer	135,00	120,00

Abschlußangaben:
1. Abschreibung auf 0530: 35 000,00 DM; auf 0700: 180 000,00 DM; auf 0800: 21 000,00 DM.
2. Inventurbestände: Unfertige Erzeugnisse   38 000,00   39 000,00
   Fertige Erzeugnisse   81 000,00   82 000,00
3. Im übrigen entsprechen die Buchbestände der Inventur.

Auswertung:
1. Setzen Sie den Jahresgewinn ins Verhältnis zum Eigenkapital vom Anfang des Geschäftsjahres und ermitteln Sie die Rentabilität des Eigenkapitals.
2. Wie beurteilen Sie die Rendite des Eigenkapitals, wenn Sie eine landesübliche Verzinsung von 8 % zugrunde legen?

91

1. Nach welchem Prinzip sind die Kontenklassen der Geschäftsbuchführung (Finanzbuchhaltung) im IKR aufgebaut? Welche Vorzüge bietet dieses Gliederungsprinzip?
2. Unterscheiden Sie Kontenklasse, Kontengruppe, Kontenart, Kontenunterart.
3. Nennen Sie jeweils den Abschlußbuchungssatz für die einzelnen Kontenklassen sowohl des Bestandskonten- als auch des Erfolgskontenbereichs.
4. Vergleichen Sie die Kontenklassen und Kontengruppen des IKR mit den Positionen der Bilanz und Erfolgsrechnung im Anhang dieses Lehrbuches.
5. Begründen Sie die Notwendigkeit eines Kontenrahmens.
6. Worin unterscheiden sich Kontenrahmen und Kontenplan?

9.2 Belegorganisation

9.2.1 Bedeutung und Arten der Belege

Belegprinzip. Die Richtigkeit der Buchungen im Grund- und Hauptbuch kann nur anhand der Belege überprüft werden. Deshalb muß jeder Buchung ein Beleg zugrunde liegen. Belege stellen in der Buchführung das <u>Bindeglied zwischen Geschäftsfall und Buchung</u> dar. <u>Der wichtigste Grundsatz</u> ordnungsmäßiger Buchführung lautet daher:

Keine Buchung ohne Beleg.

Belegarten. Nach der Herkunft der Belege unterscheidet man

- **Fremdbelege** („externe" Belege), die von außen in das Unternehmen gelangen (z. B. Eingangsrechnungen), und
- **Eigenbelege** („interne" Belege), die im Unternehmen selbst erstellt werden (z. B. Lohn- und Gehaltslisten).

Fremdbelege	Eigenbelege
– Eingangsrechnungen – Quittungen – Gutschriftsanzeige des Lieferers für Warenrücksendung und Preisnachlaß – Begleitbriefe zu erhaltenen Schecks und Wechseln – Erhaltene sonstige Geschäftsbriefe über z. B. nachträgliche Belastungen – Bankbelege (z. B. Kontoauszüge u. a.) – Postbelege (z. B. Quittungen über Einzahlungen, Versand, Kontoauszüge der Postbank u. a.)	– Durchschriften von Ausgangsrechnungen – Quittungsdurchschriften – Durchschrift der Gutschriftsanzeige an Kunden für Warenrücksendung und Preisnachlaß – Durchschriften von Begleitbriefen zu weitergegebenen Schecks und Wechseln – Durchschriften von abgesandten sonstigen Geschäftsbriefen – Lohn- und Gehaltslisten – Belege über Materialentnahmen – Belege über Privatentnahmen (Eigenverbrauch) – Belege über Storno- und Umbuchungen sowie Abschlußbuchungen

Not- oder Ersatzbelege sind auszustellen, wenn ein <u>Originalbeleg abhanden gekommen</u> ist oder ein Fremdbeleg nicht zu erhalten war. Bei verlorengegangenen Fremdbelegen wird man in der Regel eine Abschrift erbitten. Fehlen z. B. über eine Taxifahrt oder von auswärts geführte Ferngespräche die notwendigen Belege, so ist ein Ersatzbeleg zu erstellen, der <u>Zeitpunkt, Grund und Höhe der Ausgabe</u> enthält.

9.2.2 Bearbeitung der Belege

Folgende Arbeitsstufen umfaßt die Bearbeitung der Belege in der Buchhaltung:

- <u>Vorbereitung</u> der Belege zur Buchung
- <u>Buchung</u> der Belege im Grund- und Hauptbuch
- <u>Ablage</u> und Aufbewahrung der Belege

Die sorgfältige Vorbereitung der Belege ist unerläßliche Voraussetzung ordnungsmäßiger Buchführung. Dazu gehören:

- **Überprüfung der Belege** auf ihre sachliche und rechnerische Richtigkeit.
- **Bestimmung des Buchungsbeleges.** Gehören zu einem Geschäftsfall mehrere Belege (z.B. bei Banküberweisungen: Überweisungsvordruck und Kontoauszug), muß vorab bestimmt werden, welcher Beleg als Buchungsunterlage verwendet werden soll, um mehrfache Buchungen zu vermeiden.
- **Ordnen der Belege nach Belegarten (Belegsortierung)** als Voraussetzung für Sammelbuchungen und eine ordnungsmäßige Ablage und Aufbewahrung der Belege:

  - Ausgangsrechnungen
  - Gutschriften an Kunden
  - Eingangsrechnungen
  - Gutschriften von Lieferern
  - Lohn- und Gehaltslisten
  - Bankbelege
  - Postbankbelege
  - Kassenbelege
  - Privatentnahmen
  - Sonstige Belege

- **Fortlaufende Numerierung** der Belege innerhalb jeder Belegart.
- **Vorkontierung der Belege,** indem man mit Hilfe eines Kontierungsstempels die Buchungssätze bereits auf den Belegen angibt.

Bei der Buchung der vorkontierten Belege im Grund- und Hauptbuch sind jeweils die Belegart und die Belegnummer anzugeben. Dieser Belegvermerk (z.B. AR 15) stellt sicher, daß zu jeder Buchung der zugehörige Beleg sofort auffindbar ist. Umgekehrt muß nach jeder Buchung der Buchungsvermerk auf dem Beleg eingetragen werden, der die Journalseite, das Buchungsdatum sowie das Zeichen des Buchhalters angibt. Durch diese wechselseitigen Hinweise wird der Beleg zum Bindeglied zwischen Geschäftsfall und Buchung.

Belegvermerk:

E = Belegart „Entnahmen"
48 = Belegnummer

Vorkontierung

Buchungsvermerk:

J XII/3 = Eintragung im Grundbuch (Journal) für Dezember auf Seite 3

R. = Kurzzeichen des Buchhalters

Belegaufbewahrung. Nach der Buchung müssen die Belege sorgfältig abgelegt und 6 Jahre aufbewahrt werden, gerechnet vom Ende des Kalenderjahres, in dem der Beleg entstanden ist (§ 257 [4] HGB). Für jede Belegart wird in der Regel ein Ordner angelegt, in dem die Belege nach fortlaufender Nummer abgeheftet sind. Bei einer Mikrofilmablage muß die jederzeitige Wiedergabe der mikroverfilmten Belege sichergestellt sein (vgl. S. 11).

Merke: Die Belegorganisation ist Voraussetzung ordnungsmäßiger Buchführung.

9.3 Bücher der Buchführung

Ordnung der Buchungen. Die buchhalterischen Aufzeichnungen müssen klar und jederzeit nachprüfbar sein. Deshalb fordern die Grundsätze ordnungsmäßiger Buchführung für die Buchung der Geschäftsfälle eine bestimmte Ordnung, und zwar eine

- **zeitliche** (chronologische) Ordnung,
- **sachliche** (systematische) Ordnung und in bestimmten Fällen noch eine
- **ergänzende** Ordnung durch Nebenaufzeichnungen.

Es ist Aufgabe der „Bücher" der Buchführung, diese Ordnung vorzunehmen.

9.3.1 Grundbuch

Zeitliche Reihenfolge. Im Grundbuch werden alle Geschäftsfälle in zeitlicher (chronologischer) Reihenfolge nach vorkontierten Belegen festgehalten. Im einzelnen nimmt es auf:

1. **Eröffnungsbuchungen**
2. **Laufende Buchungen**
3. **Vorbereitende Abschlußbuchungen** (Umbuchungen)
   - Buchung der Abschreibung
   - Abschluß der Unterkonten (z. B. Privat)
   - Verrechnung „Vorsteuer", „Umsatzsteuer"
4. **Abschlußbuchungen**
   - Abschluß der Erfolgskonten über das GuV-Konto
   - Abschluß des GuV-Kontos über das Eigenkapitalkonto
   - Abschluß der Bestandskonten über das Schlußbilanzkonto

Das Grundbuch oder Journal (Tagebuch) bildet somit die Grundlage der Buchführung. Für jeden Geschäftsfall sollte aus dem Grundbuch zu erkennen sein: Datum, Belegvermerk (Belegart und Belegnummer), Buchungstext (Kurzbeschreibung des Geschäftsfalls), Buchungssatz (Kontierung) und Betrag:

Journal			Monat November 19..			Seite ...	
				Buchungssatz		Betrag	
Datum	Beleg Nr.		Buchungstext	Soll	Haben	Soll	Haben
12.11.			Übertrag von Seite ...			...	...
12.11.	BA 158		Überweisung an Vits KG	4400	2800	4 600,00	4 600,00
13.11.	AR 896		Verkauf an Holzen OHG	2400	5000	6 900,00	6 000,00
					4800		900,00
14.11.	BA 159		Überweisung von Decker	2800	2400	2 760,00	2 760,00
.	.		...				

Bedeutung des Grundbuches. Die chronologischen Aufzeichnungen im Journal ermöglichen es, jeden einzelnen Geschäftsfall während der Aufbewahrungsfristen schnell bis zum Beleg zurückzuverfolgen und damit nachzuweisen.

Übertragungs-, Durchschreibe- oder EDV-Buchführung. Jede Grundbuchung muß auf dem entsprechenden Sachkonto des Hauptbuches und gegebenenfalls auf dem Konto bzw. der Karteikarte eines Nebenbuches (Lagerkartei, Kunden- und Liefererkonto u.a.) erfaßt werden. Ob die Grundbuchungen vor der Übertragung auf die Konten (= Übertragungsbuchführung) oder im Durchschreibeverfahren (= Durchschreibebuchführung) oder automatisch mit der Buchung auf den Konten (= EDV-Buchführung) erfolgen, ist eine Frage des jeweils angewandten Buchungsverfahrens.

Merke: Im Grundbuch werden die Geschäftsfälle in zeitlicher Reihenfolge gebucht.

9.3.2 Hauptbuch

Sachliche Ordnung. Aus dem Grundbuch läßt sich nicht jederzeit der Stand der einzelnen Vermögensteile und Schulden erkennen. Deshalb müssen die Geschäftsfälle noch in sachlicher Ordnung auf entsprechenden „Sachkonten" gebucht werden, z.B. alle Gehaltszahlungen auf einem Konto „Gehälter", alle Bargeschäfte auf einem Kassenkonto u.a. Die Sachkonten stellen wegen ihrer Bedeutung für die Buchführung das Hauptbuch dar. Sie werden heute wie das Grundbuch auf losen Formblättern geführt.

Die Sachkonten sind die im Kontenplan des Betriebes verzeichneten Bestands- und Erfolgskonten. Ihr Abschluß führt zur Gewinn- und Verlustrechnung und Bilanz. Bei jeder Buchung auf einem Sachkonto des Hauptbuches müssen ähnlich wie im Grundbuch vermerkt werden: Datum, Belegvermerk, Buchungstext, Gegenkonto, Betrag im Soll und im Haben:

Konto: 2800 Bank					
Datum	Beleg Nr.	Buchungstext	Gegenkonto	Betrag	
				Soll	Haben
12.11.	BA 158	Überweisung an Vits KG	4400	–	4 600,00
14.11.	BA 159	Überweisung von Decker	2400	2 760,00	–
.	.	...			
.	.	...			
.	.	...			

Merke: Im Hauptbuch werden die Geschäftsfälle sachlich geordnet gebucht.

Zusammenhang von Grund- und Hauptbuch. Grundlage der Buchungen im Grundbuch sind die vorkontierten Belege. Das Hauptbuch übernimmt auf den Sachkonten die gleichen Buchungen, nur in anderer Ordnung:

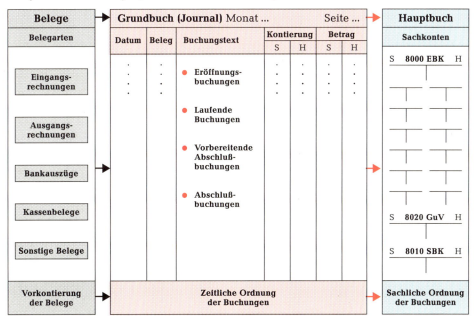

9.3.3 Nebenbücher (Nebenbuchhaltungen)

Erläuterung einzelner Sachkonten. Bestimmte Hauptbuchkonten (z.B. Forderungen a. LL, Verbindlichkeiten a. LL, Rohstoffe, Handelswaren, Löhne und Gehälter, Fuhrpark, Betriebs- und Geschäftsausstattung u.a.) bedürfen noch einer näheren Erläuterung, um wichtige Einzelheiten zu erfahren. Das geschieht in Nebenbüchern (Nebenbuchhaltungen), die heute wie das Hauptbuch in Kartei- oder Loseblattform geführt werden.

Zu den Nebenbuchhaltungen rechnen:

- **Die Kontokorrentbuchhaltung,** die den Geschäftsverkehr mit den einzelnen Kunden und Lieferern erfaßt: Kontokorrentbuch oder Buch der Geschäftsfreunde.
- **Die Lagerbuchhaltung,** die die Aufzeichnungen über die Bestände, Zugänge und Abgänge der einzelnen Material-, Erzeugnis- und Warenart enthält: Lagerkartei (Lagerkarteikarte).
- **Die Anlagenbuchhaltung,** die die Veränderung der Anlagegegenstände durch Zugänge, Abgänge und Abschreibungen im einzelnen nachweist in Form der Anlagenkartei.[1]
- **Die Lohn- und Gehaltsbuchhaltung,** die die Lohn- und Gehaltsabrechnung vornimmt.[1]
- **Das Wechselbuch,** das den gesamten Besitzwechsel- und Schuldwechselnachweis führt.

Merke: Die Nebenbücher dienen der Erläuterung bestimmter Hauptbuchkonten.

9.3.3.1 Kontokorrentbuchhaltung

Personenkonten. Aus den Sachkonten „2400 Forderungen a. LL" und „4400 Verbindlichkeiten a. LL" des Hauptbuches kann man nicht ersehen, wie hoch die Forderung gegenüber den einzelnen Kunden (= Debitoren) oder die Schulden gegenüber den einzelnen Lieferern (= Kreditoren) sind. Es ist daher unerläßlich, für jeden Kunden und Lieferer ein eigenes Konto einzurichten. Diese Personenkonten (Lieferer- und Kundenkonten) dienen vor allem der Überwachung der Zahlungstermine und der Zahlungsbereitschaft (Liquidität). Sie bilden das Kontokorrentbuch (ital.: conto corrente = laufende Rechnung).

Kundenkonto: P. Klein, Südallee 2, 50858 Köln						Konto-Nr. 10 000
Datum	Beleg	Buchungstext	Journalseite	Soll	Haben	Saldo
02.01.	–	Saldovortrag	J 1	4 600,00	–	4 600,00
04.01.	BA 1	Banküberweisung	J 1		3 450,00	1 150,00
12.01.	AR 38	Verkauf Artikel-Nr. 567 ...	J 3	2 760,00	–	3 910,00

Abstimmung der Personenkonten mit den Sachkonten. Bei konventioneller Übertragungsbuchführung muß jede Buchung, die auf den Sachkonten „2400 Forderungen a. LL" und „4400 Verbindlichkeiten a. LL" vorgenommen wurde, gleichzeitig auf dem entsprechenden Kunden- und Liefererkonto vermerkt werden. Beim Kontenabschluß werden die Salden der Kunden- und Liefererkonten jeweils in einer Saldenliste zusammengestellt. Die Summe der Einzelsalden aller Kundenkonten muß mit dem Saldo des Kontos „Forderungen a. LL" im Hauptbuch übereinstimmen. Gleiches gilt für die Liefererkonten und das Konto „Verbindlichkeiten a. LL".

In der EDV-Buchführung wird zunächst auf den Personenkonten gebucht. Beim Abschluß werden die Summen der Debitoren und Kreditoren automatisch auf die Sachkonten 2400 und 4400 übertragen. Sachkonten sind stets vierstellig, Personenkonten fünfstellig:

Debitoren: 10000 – 59999 ▷ z.B. 10000 Kunde A, 10001 Kunde B
Kreditoren: 60000 – 99999 ▷ z.B. 60000 Lieferer A, 60001 Lieferer B

Kundenkonten erhalten z.B. an der fünften Stelle (die EDV-Anlage liest die Kennziffern von rechts nach links) die Kennziffern 1 bis 5, Liefererkonten die Ziffern 6 bis 9.

---

[1] Diese **Nebenbücher** werden bei der Behandlung der entsprechenden **Sachkonten** besprochen.

Beispiel: Die **Saldenlisten der Personenkonten** (= <u>Inventurlisten</u>) und die Sachkonten „Forderungen a. LL" und „Verbindlichkeiten a. LL" der Textilwerke R. Wilms weisen zum 31.12.19.. folgende Zahlen aus:

Konto-Nr.	Kunden	Salden DM		Konto-Nr.	Lieferer	Salden DM
10000	Berger, Köln	6 900		60000	Peters, Münster	2 300
10001	Winter, Bonn	16 100		60001	Lang, Lingen	9 775
10002	Kurz, Berlin	27 600		60002	Schnell, Soest	15 525
10003	Krüger, Wesel	24 150		60003	Gruppe, Berlin	12 075
	Saldensumme	74 750			Saldensumme	39 675

2400 Forderungen a. LL					4400 Verbindlichkeiten a. LL				
Datum	Beleg	Text	Soll DM	Haben DM	Datum	Beleg	Text	Soll DM	Haben DM
31.12.	—	...	862 500	787 750	31.12.	—	...	420 325	460 000
		Saldo	—	74 750			Saldo	39 675	—
			862 500	862 500				460 000	460 000

Merke: Die Saldensumme der Kundenkonten (Debitoren) und Liefererkonten (Kreditoren) im Kontokorrentbuch muß jeweils mit dem Saldo des Sachkontos „2400 Forderungen a. LL" bzw. „4400 Verbindlichkeiten a. LL" im Hauptbuch übereinstimmen.

Aufgaben – Fragen

Sachkonten der Textilwerke U. Brandt zum 28.12.	**Soll**	**Haben**
2000 Rohstoffe	80 000,00	—
2400 Forderungen a. LL	41 975,00	—
2600 Vorsteuer	23 200,00	—
2800 Bank	80 400,00	—
4400 Verbindlichkeiten a. LL	—	69 575,00
4800 Umsatzsteuer	—	32 700,00
5000 Umsatzerlöse für eigene Erzeugnisse	—	685 000,00

Kundenkonten der Textilwerke U. Brandt zum 28.12.	**Soll**
10000 F. Walter, Leverkusen	21 850,00
10001 A. Kühn, Köln	20 125,00

Liefererkonten der Textilwerke U. Brandt zum 28.12.	**Haben**
60000 M. Blau, Rheine	35 650,00
60001 S. Schneider, Emsdetten	33 925,00

Buchen Sie folgende Geschäftsfälle auf den entsprechenden Sach- und Personenkonten:
1. 28.12. Bankauszug 96: Überweisungen an: Fa. Blau 12 650,00, Fa. Schneider 9 200,00 DM
2. 29.12. ER 469 von M. Blau: Stoffe 15 000,00 + 2 250,00 USt = 17 250,00 DM
3. 30.12. AR 633 an A. Kühn: Tischdecken 8 500,00 + 1 275,00 USt = 9 775,00 DM
4. 31.12. Bankauszug 97: Überweisungen von: F. Walter 9 200,00, A. Kühn 10 350,00 DM

Erstellen Sie zum 31.12. die Saldenlisten der Kunden- und Liefererkonten und stimmen Sie diese mit den Sachkonten „2400 Forderungen a. LL" und „4400 Verbindlichkeiten a. LL" ab.

92

93 1. Erläutern Sie die Aufgaben der Bücher der Buchführung:
a) Grundbuch, b) Hauptbuch, c) Nebenbücher, d) Inventar- und Bilanzbuch.
2. Was bedeutet der Grundsatz der Bilanzidentität?
3. Inwiefern ist der Beleg Bindeglied zwischen Geschäftsfall und Buchung?
4. Belege lassen sich nach ihrer Entstehung in a) Fremd- bzw. externe Belege und b) Eigen- bzw. interne Belege unterscheiden. Nennen Sie jeweils mindestens drei Beispiele.
5. Nennen Sie die Aufbewahrungsfristen für Geschäftsbelege und die Bücher der Buchführung.
6. Von welchem Zeitpunkt an beginnt die Aufbewahrungsfrist?
7. Welche Möglichkeiten der Belegaufbewahrung bestehen?
8. Erklären Sie den Zusammenhang zwischen Sach- und Personenkonten.

94 1. Erklären Sie jeweils anhand eines Beispiels die vier typischen Wertveränderungen der Bilanzposten und ihre Auswirkung auf die Bilanzsumme.
2. Um welche Art der Wertveränderung handelt es sich bei folgenden Buchungen:
a) Abschreibungen an Betriebs- und Geschäftsausstattung
b) Forderungen a. LL an Umsatzerlöse und Umsatzsteuer
c) Gehälter an Bank
d) Bank an Zinserträge
e) Verbindlichkeiten a. LL an Eigenkapital

95 Erklären Sie, ob nachstehende Geschäftsfälle den Jahresgewinn einer Unternehmung ① mindern, ② mehren oder ③ nicht verändern:
1. Ausgleich einer gebuchten Eingangsrechnung durch Banküberweisung.
2. Privatentnahme bar.
3. Zahlung der Gehälter und Löhne.
4. Eigenverbrauch von Erzeugnissen.
5. Finanzamt überweist Vorsteuerguthaben.
6. Verkauf von eigenen Erzeugnissen auf Ziel.
7. Inhaber leistet Kapitaleinlage durch Bankeinzahlung.
8. Kassenfehlbetrag lt. Inventur.
9. Überweisung der Umsatzsteuer an das Finanzamt.
10. Bankgutschrift für Provisionserlöse.
11. Abschreibung auf Gebäude.
12. Verkauf eines nicht mehr benötigten LKWs zum Buchwert.

96 Erläutern Sie in folgenden Fällen jeweils den Buchungsvorgang:
1. 3000 an 8020
2. 2000 an 8000
3. 2800 an 3001
4. 5420 an 8020
5. 8010 an 2000
6. 6000 an 2000
7. 3001 an 3000
8. 3000 an 3001
9. 3001 an 5420 und 4800
10. 4800 an 2600
11. 8010 an 2600
12. 6520 an 0840
13. 4800 an 8010
14. 8020 an 3000
15. 6160 und 2600 an 4400
16. 2880 an 2800

97 Die Konten „2600 Vorsteuer" und „4800 Umsatzsteuer" weisen zum 31.12. folgende Zahlen aus:

S	2600 Vorsteuer	H	S	4800 Umsatzsteuer	H
... 182 800,00		... 172 600,00	... 168 000,00		... 176 200,00

Wie lauten die Buchungssätze zum Abschluß der beiden Konten?

10 Konventionelle und EDV-gestützte Buchführung

10.1 Konventionelle Buchführung

Konventionelle Buchungsverfahren sind die

- Übertragungsbuchführung   und   • Durchschreibebuchführung.

Übertragungsbuchführung. Bei diesem Buchführungsverfahren wird jeder Geschäftsfall zuerst im Grundbuch (Journal) erfaßt und danach auf die entsprechenden Sachkonten des Hauptbuches und gegebenenfalls zusätzlich auf die zugehörigen Personenkonten des Kontokorrentbuches (Debitoren bzw. Kreditoren) übertragen. Jede Buchung bedingt somit zwei Arbeitsgänge. Wegen der zeitraubenden und fehleranfälligen Übertragungsarbeit ist die Übertragungsbuchführung nur noch in Kleinstbetrieben denkbar. Für den Buchführungslernenden ist sie allerdings nach wie vor von unschätzbarem Wert.

Die Durchschreibebuchführung beseitigt die Mängel der Übertragungsbuchführung, da bei ihr jegliche Übertragungsarbeit entfällt. Sach- und Personenkonten sowie das Journal bestehen aus losen Blättern, die in ihrer Lineatur übereinstimmen. Jede Buchung auf dem Sach- und Personenkonto erscheint zugleich in Durchschrift – also in einem Arbeitsgang – auf dem darunterliegenden Journalblatt. Die Loseblattform erlaubt zudem eine beliebige Erweiterung der Kontenzahl. Die Durchschreibebuchführung kann sowohl manuell als auch maschinell durchgeführt werden.

10.2 Computergestützte Buchführung

EDV-Buchführung. Die Zahl der täglichen Geschäftsfälle ist in der Regel auch in kleinen Unternehmen so groß, daß selbst mit Hilfe einer maschinellen Durchschreibebuchführung die Fülle von Belegen nicht in wirtschaftlich vertretbarer Zeit zu bearbeiten ist. Nur eine EDV-gestützte Buchführung ermöglicht es,

- eine Vielzahl von Buchungsdaten in kürzester Zeit zu erfassen,
- automatisch zu verarbeiten,
- auszuwerten und zu speichern sowie
- die Ergebnisse jederzeit abzurufen.

Drei Schritte kennzeichnen die Arbeitsweise der EDV in der Buchführung:

Die Eingabe der Daten in den Computer (Zentraleinheit) erfolgt in der Regel direkt über die Eingabetastatur des Bildschirmgerätes. Das hat den Vorteil, daß die eingegebenen Daten sofort am Bildschirm überprüft werden können. Daten können zudem auch über Datenträger (Diskette, Magnetbandkassette) oder durch Fernübertragung in die Zentraleinheit eines Rechners eingegeben werden. Klarschriftbelege (Schecks, Überweisungsvordrucke) und Markierungsbelege enthalten bereits die einzugebenden Daten in optisch lesbarer Schrift, die direkt über einen Belegleser in den Computer eingelesen werden.

Die Verarbeitung der Daten findet in der Zentraleinheit statt. Sie ist das Kernstück der EDV-Anlage, die drei wichtige Funktionen hat:

1. **Speichern der Programme und Daten im Hauptspeicher,**
2. **Rechnen,**
3. **Steuern der Datenverarbeitung nach Programm.**

Die Zentraleinheit besteht deshalb aus dem Hauptspeicher, dem Rechenwerk und dem Steuerwerk. Die eingegebenen Daten gelangen zunächst in den Hauptspeicher. Durch das Steuerwerk wird mit Hilfe des Programms alles weitere geleitet und koordiniert, und zwar das Speichern der Daten, das programmgemäße Rechnen und schließlich die Ausgabe der Ergebnisdaten.

Die Ausgabe der Daten der EDV-Buchführung erfolgt über Bildschirm und Drucker:

- ▶ **Buchungserfassungsprotokoll** zur Kontrolle der Buchungssätze,
- ▶ **Offene-Posten-Liste** der Kunden und Lieferanten,
- ▶ **Grundbuch (Journal)** für den Abrechnungszeitraum,
- ▶ **Sachkonten und Personenkonten** (Debitoren und Kreditoren),
- ▶ **Bilanz und Gewinn- und Verlustrechnung,**
- ▶ **Betriebswirtschaftliche Auswertungen:**
  - − Strukturzahlen der Bilanz und GuV-Rechnung
  - − Rohgewinn je Warengruppe
  - − Kostenvergleichsanalyse
  - − Liquiditätsübersichten u. a. m.

Datensicherung. Daten und Programme der EDV-Finanzbuchhaltung müssen vor Übertragungsfehlern, Verfälschung, Vernichtung und Diebstahl geschützt werden und sollten deshalb in regelmäßigen Abständen auf externe Datenträger (Disketten, Magnetbandkassetten) kopiert werden. Sicherungskopien sind vor allem nach Eingabe der Stammdaten und vor dem Jahresabschluß zu erstellen. Die Datensicherung ist ein wichtiger Grundsatz ordnungsmäßiger DV-gestützter Buchführungssysteme (GoBS).

Grundsätze ordnungsmäßiger DV-Buchführung. In einer EDV-Buchführung werden die eingegebenen Buchungsdaten zunächst lediglich auf magnetischen Datenträgern (Festplatte, Diskette, Magnetbandkassette) gespeichert, ohne daß eine sofortige Verarbeitung in Form eines Grund- und Hauptbuches erfolgt. Für eine Speicherbuchführung gelten deshalb **neben den allgemeinen „Grundsätzen ordnungsmäßiger Buchführung" (GoB)**, wie z.B. Vollständigkeit, Richtigkeit, Zeitgerechtigkeit und Nachprüfbarkeit der Buchungen (s. S. 11), seit 1995 besondere **„Grundsätze ordnungsmäßiger DV-gestützter Buchführungssysteme" (GoBS).** Dazu zählen vor allem:

- • **Grundsatz der Zuverlässigkeit des Fibu-Programms,**
- • **Grundsatz der Nachprüfbarkeit der Daten aus automatischen Vorgängen** (z.B. USt-, VSt-Korrekturen),
- • **Grundsatz der Datensicherheit** und
- • **Grundsatz der jederzeitigen Datenwiedergabe.**

Merke:
- • Grundbuch, Hauptbuch und Nebenbücher dürfen auf Datenträgern aufbewahrt werden (siehe § 239 [4] HGB). Aufbewahrungsfrist: 10 Jahre.
- • Bilanz und Gewinn- und Verlustrechnung sind dagegen in ausgedruckter Form 10 Jahre aufzubewahren (siehe § 257 [3] HGB).

11 Buchen mit einem Finanzbuchhaltungsprogramm
11.1 Erfassung der Daten

Fibu-Programm. Eine EDV-gestützte Buchführung setzt die Installation eines guten Finanzbuchhaltungsprogramms (Fibu) auf der Festplatte der EDV-Anlage voraus. Dazu zählen unter anderen KHK und IBM. Die Programme unterscheiden bei den Datenbeständen zwischen Stammdaten und Bewegungsdaten.

Stammdaten sind Daten, die über einen längeren Zeitraum unverändert bleiben. Sie bilden die Grundlage der Finanzbuchhaltung und sind deshalb zuerst in die EDV-Anlage einzugeben, sofern sie nicht bereits im käuflich erworbenen Programm enthalten sind, wie z.B. ein entsprechender Kontenrahmen. Wichtige Stammdaten sind:

- ▶ Kontenplan mit Kontennummern und Kontenbezeichnungen,
- ▶ Gliederung der Bilanz und Gewinn- und Verlustrechnung,
- ▶ Zuordnung der Sachkonten zur Bilanz und GuV-Rechnung,
- ▶ Kundenkonten mit Kontonummer, Name und Anschrift,
- ▶ Liefererkonten mit Kontonummer, Name, Anschrift, Banken,
- ▶ Steuerschlüssel zur automatischen Herausrechnung der Vor- bzw. Umsatzsteuer aus dem eingegebenen Bruttobetrag,
- ▶ Bankverbindungen,
- ▶ Mahnvorbesetzungen für automatische Mahnschreiben an Kunden.

Bewegungsdaten ändern sich bei jedem Geschäftsfall (Bewegung):

- ▶ Buchungsdatum
- ▶ Belegnummer, Belegdatum
- ▶ Sollkonto, Habenkonto
- ▶ Buchungsbeleg, Buchungstext

Bei Ersteinrichtung der EDV-Buchführung sind außer den Stammdaten zunächst auch die Anfangsbestände bzw. Salden der Sachkonten sowie die noch nicht beglichenen Rechnungen der Kunden und Lieferer, die auch als „Offene Posten" bezeichnet werden, über das Hilfs- bzw. Gegenkonto „8050 Saldenvorträge" auf die entsprechenden Sach- und Personenkonten einzugeben. Beim Jahresabschluß werden die Bestände und Offenen Posten vom Programm automatisch auf das folgende Geschäftsjahr übertragen. Beim Monatsabschluß, der in der EDV-Buchführung die Regel ist, werden die Salden der Sach- und Personenkonten automatisch auf den nächsten Monat vorgetragen.

Erfassung der Buchungen. Die Buchungen werden aufgrund der vorkontierten Belege eingegeben. In der Regel unterscheidet man Stapel- und Dialogbuchungen.

- • **Stapelbuchungen.** Die Buchungen werden nicht direkt auf Konten gebucht, sondern vorab in einem Zwischenspeicher „gestapelt". Dieses Buchungsverfahren hat somit den Vorteil, daß die gespeicherten Buchungssätze noch jederzeit ergänzt oder korrigiert werden können. Die „gestapelten" Buchungen werden später durch einen besonderen Verarbeitungsbefehl auf die entsprechenden Konten übertragen. Vorher sollte man allerdings noch zur Kontrolle ein Buchungserfassungsprotokoll ausdrucken lassen.
- • **Dialogbuchungen.** Bei diesem Verfahren wird jeder Buchungssatz sofort nach seiner Eingabe auf den entsprechenden Konten gebucht. Buchungen können nicht mehr zurückgenommen, sondern nur noch storniert werden.

Merke:
- • **Stammdaten bleiben langfristig gleich, sind aber jederzeit zu aktualisieren.**
- • **Bewegungsdaten ändern sich bei jedem Geschäftsfall.**
- • **Stapelbuchungen sind den Dialogbuchungen vorzuziehen.**

11.2 Buchungserfassung mit der KHK-Classic-Line-Fibu

Nach dem Start der Fibu erscheint gewöhnlich das unten abgebildete

„Hauptmenü",

das 9 Programme ausweist. Nach der Wahl des Mandanten erscheinen die Mandantenbezeichnung **„Metallwerk Thomas Berg"** sowie das aktuelle Buchungsdatum.

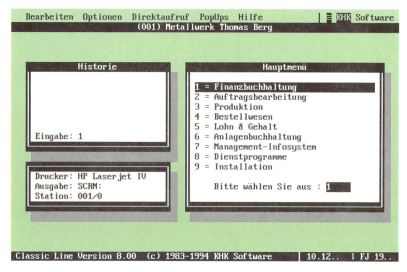

Im obigen Hauptmenü gelangt man durch die Eingabe von **„1"** und **„Return"** in das Programm der

„Finanzbuchhaltung"

und erhält folgendes Menü mit 9 Teilprogrammen.

Ausgewählt wird die Ziffer **„2"** = **Buchen.**

Nach Eingabe der Ziffer „2" und nach Betätigung der Returntaste wird nun das Menü
„Buchen"
geöffnet, das alle Programme enthält, die die Erfassung und Verarbeitung von Buchungen betreffen:

Nach Eingabe und Bestätigung der Ziffer „1" öffnet sich das Menü
„Buchungserfassung"
mit 5 weiteren Teilprogrammen:

Wählt man nun in der vorstehenden Bildschirmmaske die Ziffer „1", wird die Buchungsmaske **„Buchungserfassung für Periode: X"** angezeigt (siehe nächste Seite).

In der Bildschirmmaske **„Buchungserfassung für Periode: X"** werden nun alle
- Eröffnungsbuchungen,
- laufenden Buchungen und
- vorbereitenden Abschlußbuchungen

erfaßt.

Beispiel: In der untenstehenden Buchungsmaske wird der Zielverkauf von Erzeugnissen an den Kunden Computer GmbH, Rostock, aufgrund der folgenden Ausgangsrechnung erfaßt:

Belegnummer: AR 001	01.12...
80 Stahlblechgehäuse je 75,00 DM, netto	6 000,00 DM
15 % Umsatzsteuer	900,00 DM
Rechnungsbetrag	6 900,00 DM

```
 Bearbeiten  Optionen  Direktaufruf  PopUps  Hilfe        | KW50 | 10.12...
                   Buchungserfassung für Periode : 01


 Soll-   Beleg-      Beleg-    Haben-                  U U
 konto   nummer      datum     konto    B e t r a g    A S

 D10001  AR001       01.12...  S50000       6900,00    M USt 15,00%       900,00
 Computer GmbH - Rostock       Umsatzerlöse

                                                       B-Text Rechnungsausgang

 OP-Nummer  ZKD                Betrag    Valuta-Dt.  MKZ Vtr   Provision
 AR001      000/00/000          6900,00  01.12...     00 999      0,00




 Rest          0,00 Σ           6900,00                 Σ          0,00
 Saldo         0,00           Saldo         0,00
 F2=OP-Auswahl   SHIFT F2=Ausgebuchte OPs            | (001) | FJ 19..
```

In der obigen Buchungsmaske wird folgendes erfaßt:

- **Kontonummern** sind in der KHK-Fibu stets **6stellig,** wobei die 1. Stelle jeweils die Kontenart bestimmt:

    D = Debitor   K = Kreditor   S = Sachkonto

    Es ist jeweils die Kontonummer des Soll- und Habenkontos einzugeben, und zwar bei Zielverkäufen direkt das entsprechende Debitorenkonto und bei Zieleinkäufen das zugehörige Kreditorenkonto. Nach Eingabe der Kontonummer erscheint automatisch die Kontenbezeichnung.

- **Belegnummer.** Hier wird die laufende Belegnummer oder die jeweilige Rechnungsnummer eingegeben.

- **Das Belegdatum** dient der Feststellung der Fälligkeit auf den Kunden- und Liefererkonten.

- Im **Betragsfeld** wird bei Ein- und Ausgangsrechnung sowie Eigenverbrauch stets der Bruttobetrag eingegeben, da die Vor- bzw. Umsatzsteuer automatisch herausgerechnet und gebucht wird.

- Im Feld **UA = Umsatzsteuerart** wird V = Vorsteuer und M = Mehrwertsteuer bzw. Umsatzsteuer automatisch durch das entsprechende Sachkonto definiert und ausgewiesen oder mit der F2-Taste gewählt.

- Im Feld **US = Umsatzsteuerschlüssel** wird der entsprechende Steuersatz (15 % bzw. 7 %) automatisch übernommen oder mit der F2-Taste gewählt und die Umsatzsteuer aus dem Bruttobetrag errechnet und ausgewiesen.

- Der **Buchungstext** gibt in Kurzform den Inhalt der Buchung an: Rechnungseingang, Rechnungsausgang, Zahlungseingang, Zahlungsausgang, Barverkauf, Bankeinzahlung, Privatentnahme u. a.
- **Offene-Posten-Nr. (OP-Nr.).** Die Nummer der jeweiligen Eingangs- oder Ausgangsrechnung, nach der Offene-Posten-Listen erstellt und alle Zahlungsein- und -ausgänge bestimmten Rechnungen zugeordnet werden.
- Im Feld **ZKD = Zahlungskonditionen** erscheinen die im Kunden- bzw. Liefererstammsatz eingegebenen Konditionen (Skonto). Sie lassen sich hier verändern.

Die vorhergehende Buchung wird stets im oberen Feld der Bildschirmmaske angezeigt.

Beispiel: Beleg 2: Barauszahlung der Reisespesen .... 240,00 DM

```
 Bearbeiten  Optionen  Direktaufruf  PopUps  Hilfe        | KW50 | 10.12...
                       Buchungserfassung für Periode : 01

 D10001  AR001     01.12...   S50000      6900,00  M  1    Rechnungsausgang

 Soll-   Beleg-    Beleg-     Haben-                U  U
 konto   nummer    datum      konto    B e t r a g  A  S

 S68500  KB002     03.12...   S28800       240,00
 Reisekosten                  Kasse

                                                B-Text Reisespesen

 OP-Nummer   ZKD              Betrag




 Rest              Σ

 Saldo       0,00          Saldo      0,00
 F2=Auswahl   SHIFT F2=Buchungsmemo                 (001) | FJ 19..
```

Buchungserfassungsprotokoll. Vor der Übertragung der Buchungen auf die entsprechenden Konten sollte zur Kontrolle ein Buchungserfassungsprotokoll ausgedruckt werden, in dem noch einmal alle eingegebenen Buchungen aufgelistet sind. Dazu ist die Ziffer „4" im Buchungserfassungs-Menü auf S. 91 einzugeben.

Die Verarbeitung der Buchungen auf den Konten erfolgt, indem man aus dem Buchen-Menü die Ziffer „2" = Buchungsverarbeitung ansteuert und bestätigt und in der folgenden Auswahl erneut „Buchungsverarbeitung" wählt. Das dort ebenfalls aufgeführte Buchungsjournal läßt sich ausdrucken. Es dokumentiert die verarbeiteten Buchungen.

Auswertungen und Abschluß. Die Programme zur Ausgabe der Saldenlisten, Umsatzstatistiken, Umsatzsteuervoranmeldung und Bilanzauswertungen befinden sich im Menü „Auswertungen" (siehe Fibu-Menü auf S. 90); der Monats- und Jahresabschluß wird im Menü „Abschluß" (siehe S. 90) ausgeführt.

Merke: Vor der Buchungsverarbeitung muß eine Datensicherung erfolgen.

Aufgaben – Fragen

98 Als Sachbearbeiter in der Finanzbuchhaltung der Büromöbelwerke Jung, Düsseldorf, haben Sie folgende Geschäftsfälle EDV-gerecht zu buchen. Im Fibu-Programm Ihrer EDV-Anlage aktivieren Sie dazu das Teilprogramm „1 Buchungserfassung" (siehe S. 91) und tragen die Buchungsdaten der Geschäftsfälle in das folgende Erfassungsschema ein, das grundsätzlich der KHK-Buchungsmaske entspricht.

Soll-konto	Beleg-nummer	Beleg-datum	Haben-konto	Betrag	UA[1]	US[1]	OP-Nr.	B-Text

Sachkontenplan:

S20000, S20200, S28000, S28800, S30010, S50000, S54200, S57100, S67000, S68000, S70300.

Debitoren:

D10003 Heider, Bonn
D10004 Hiebel, Essen
D10005 Seitz, Wuppertal

Kreditoren:

K60004 Lauf, Burscheid
K60006 Kurz, Leverkusen
K60007 Kroll, Leichlingen

Geschäftsfälle:

Belegnummer ist die Nummer des Geschäftsfalls; Belegdatum: 01.11...; 15 % USt.

1. Verkauf von eigenen Erzeugnissen an Firma Heider lt. AR 450, brutto ... 8 050,00 DM
2. Privatentnahme, bar .... 700,00 DM
3. Barkauf von Büromaterial, brutto .... 575,00 DM
4. Einkauf von Rohstoffen bei Firma Lauf lt. ER 578, brutto .... 17 250,00 DM
5. Banküberweisung des Kunden Seitz zum Ausgleich von AR 426 .... 13 800,00 DM
6. Belastung des Kunden Seitz mit Verzugszinsen .... 138,00 DM
7. Bankgutschrift für Zinsen lt. Bankauszug .... 240,00 DM
8. Banklastschrift für Überweisung der Geschäftsmiete .... 6 000,00 DM
9. Verkauf von eigenen Erzeugnissen an Firma Hiebel lt. AR 451, brutto ... 9 775,00 DM
10. Einkauf von Rohstoffen bei Firma Kurz lt. ER 579, brutto .... 14 950,00 DM
11. Barauszahlung vom Bankkonto .... 2 800,00 DM
12. Banküberweisung an Kreditor Lauf zum Ausgleich von ER 568 .... 6 900,00 DM
13. Eigenverbrauch: Entnahme von Erzeugnissen, brutto .... 805,00 DM
14. Einkauf von Hilfsstoffen lt. ER 580 bei Firma Kroll, brutto .... 4 600,00 DM
15. Banküberweisung der Kfz-Steuer für Geschäfts-PKW .... 700,00 DM

99 1. Unterscheiden Sie Stamm- und Bewegungsdaten.
2. Nennen Sie wichtige Stammdatenbereiche.
3. Unterscheiden Sie Dialog- und Stapelbuchungen. Nennen Sie Vor- und Nachteile.
4. Nennen Sie wichtige Grundsätze ordnungsmäßiger DV-gestützter Buchführungssysteme (GoBS).
5. Welche buchhalterische Bedeutung hat die Erfassung der Offene-Posten-Nummer?
6. Welche Vorzüge hat eine EDV-Finanzbuchhaltung?
7. Begründen Sie die Notwendigkeit einer Datensicherung in der EDV-Finanzbuchhaltung.

---

[1] **UA** = Umsatzsteuerart: V = Vorsteuer, M = Mehrwertsteuer (Umsatzsteuer); **US** = Umsatzsteuerschlüssel: 15 % oder 7 %. Umsatzsteuerart und Umsatzsteuerschlüssel werden in der EDV durch das Konto vorbestimmt und automatisch ausgewiesen. Tragen Sie hier lediglich die Umsatzsteuerart und den USt-Satz ein.

C Beleggeschäftsgang 1 – computergestützt

100

Die **Textilwerke Edgar Tuch,** Parkstraße 44, 90409 Nürnberg, Bankverbindungen: Stadtsparkasse Nürnberg: Konto-Nr. 218 435 717 (BLZ 760 501 01); Postbank Nürnberg: Konto-Nr. 9987 96-850 (BLZ 760 100 85), haben sich auf die Herstellung von Frotteeartikeln und Decken spezialisiert. In ihrer **Finanzbuchhaltung** werden folgende <u>Bücher</u> geführt:

- **<u>Grundbuch</u>** (Journal) für die laufenden Buchungen, die vorbereitenden Abschlußbuchungen und die Abschlußbuchungen.
- **Hauptbuch** für die Sachkonten: Bestandskonten, Erfolgskonten, Abschlußkonten.
- **<u>Kontokorrentbuch</u>** für die Personenkonten: Kundenkonten, Liefererkonten.
- **Bilanzbuch** für die Aufnahme des ordnungsmäßig gegliederten Jahresabschlusses: Jahresbilanz und Gewinn- und Verlustrechnung mit Unterschrift.

In der **EDV-Fibu** müssen die folgenden <u>Salden der Sach- und Personenkonten</u> über das Hilfs- bzw. Gegenkonto „8050 Saldenvorträge" gebucht werden.

I. **Die Sachkonten** der Textilwerke E. Tuch weisen zum 27.12... folgende Salden aus:

Kontenplan und vorläufige Saldenbilanz		Soll	Haben
0700	Technische Anlagen und Maschinen	886 900,00	—
0800	Andere Anlagen, BGA	278 000,00	—
2000	Rohstoffe	120 000,00	—
2020	Hilfsstoffe	28 000,00	—
2030	Betriebsstoffe	48 000,00	—
2100	Unfertige Erzeugnisse	28 000,00	—
2200	Fertige Erzeugnisse	69 000,00	—
2400	Forderungen aus Lieferungen und Leistungen	70 908,00	—
2600	Vorsteuer	18 900,00	—
2800	Bank	297 600,00	—
2850	Postbank	28 100,00	—
2880	Kasse	21 000,00	—
3000	Eigenkapital	—	922 000,00
3001	Privat	84 000,00	—
4250	Darlehensschulden	—	342 930,00
4400	Verbindlichkeiten aus Lieferungen und Leistungen .	—	99 978,00
4800	Umsatzsteuer	—	211 500,00
5000	Umsatzerlöse für eigene Erzeugnisse	—	1 400 000,00
5200	Bestandsveränderungen	—	—
5420	Steuerpflichtiger Eigenverbrauch	—	10 000,00
5430	Andere sonstige betriebliche Erträge	—	18 000,00
5710	Zinserträge	—	42 000,00
6000	Aufwendungen für Rohstoffe	540 000,00	—
6020	Aufwendungen für Hilfsstoffe	60 000,00	—
6030	Aufwendungen für Betriebsstoffe	15 000,00	—
6160	Fremdinstandhaltung	88 000,00	—
6200	Löhne	186 000,00	—
6300	Gehälter	145 000,00	—
6520	Abschreibungen auf Sachanlagen	—	—
6820	Postgebühren	10 000,00	—
6850	Reisekosten	2 000,00	—
7510	Zinsaufwendungen	22 000,00	—
Abschlußkonten: 8010, 8020		3 046 408,00	3 046 408,00

II. **Die Personenkonten** weisen die folgenden offenen Posten und Salden aus:

Kundenkonten (Debitoren)		Offene Posten – Kunden			
Konto-Nr.	Kunden	Datum	Rechnungs-Nr.	Betrag	Salden
10 000	Hartmann KG Saalestraße 16 39126 Magdeburg	04.12... 06.12...	4563 4565	12 205,00 4 895,00	17 100,00
10 001	Kaufring GmbH Bendstraße 10 52066 Aachen	02.12... 04.12... 07.12...	4558 4564 4566	1 803,00 8 037,00 2 280,00	12 120,00
10 002	Holzmann OHG Amselweg 14 67063 Ludwigshafen	03.12... 04.12...	4560 4562	840,00 33 360,00	34 200,00
10 003	Wolfgang Kunde Hauptstraße 7 06132 Halle	02.12... 03.12... 10.12...	4559 4561 4567	2 010,00 1 032,00 4 446,00	7 488,00
Saldensumme der Kundenkonten (Abstimmung mit Konto 2400)					**70 908,00**

Liefererkonten (Kreditoren)		Offene Posten – Lieferer			
Konto-Nr.	Lieferer	Datum	Rechnungs-Nr.	Betrag	Salden
60 000	Velox GmbH Postfach 67 11 20 22359 Hamburg	18.12...	24502	42 400,00	42 400,00
60 001	Schneider KG Am Wiesenrain 16 75181 Pforzheim	03.12... 17.12...	14678 14701	3 080,00 25 420,00	28 500,00
60 002	Garne GmbH Kantstraße 22 19063 Schwerin	09.12... 15.12...	1496 1528	6 042,00 23 036,00	29 078,00
60 003	Offermann OHG Industriestraße 200 90765 Fürth	–	–	–	–
60 004	Walter Schreiber Ring 12 65779 Kelkheim	–	–	–	–
60 005	Hartmut Götz Sonnenstraße 15 91058 Erlangen	–	–	–	–
Saldensumme der Liefererkonten (Abstimmung mit Konto 4400)					**99 978,00**

III. **Die Belege 1–23** stellen die Geschäftsfälle der Textilwerke E. Tuch vom 28.12.–31.12. dar.

IV. **Abschlußangaben aufgrund der Inventur** (siehe Belege 24–26):
   1. Abschreibungen auf TA u. Maschinen 110 000,00 DM; auf Andere Anlagen, BGA 30 000,00 DM.
   2. Schlußbestände: Betriebsstoffe 22 000,00 DM; Unfertige Erzeugnisse 15 000,00 DM; Fertige Erzeugnisse 95 000,00 DM.
   3. Die Kasse hat lt. Inventur einen Bestand von 13 100,00 DM. Das Kassenkonto weist einen Buchbestand von 12 954,50 DM aus. Die Differenz konnte nicht aufgeklärt werden.
   4. Im übrigen stimmen alle Buchbestände mit den Inventurwerten überein.

V. **Aufgaben:**
   1. Führen Sie die Vorkontierung der Belege auf einem Grundbuchblatt durch.
   2. Buchen Sie konventionell oder computergestützt auf den Sach- und Personenkonten.
   3. Erstellen Sie den Jahresabschluß konventionell oder mit Hilfe des Computers.

Belegbuchung 1:

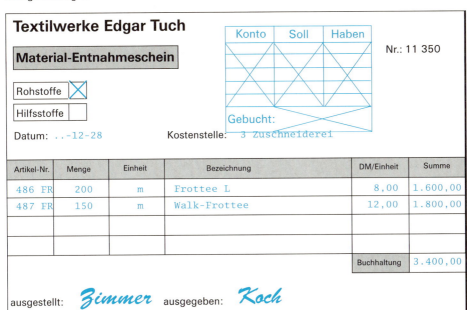

Belegbuchung 2:

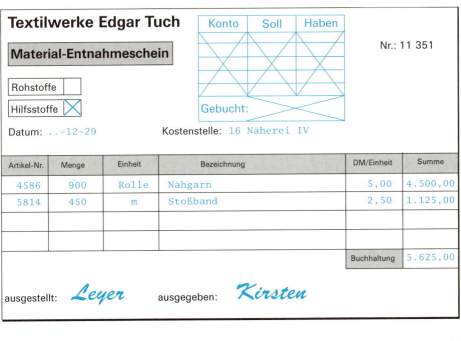

Belegbuchung 3:

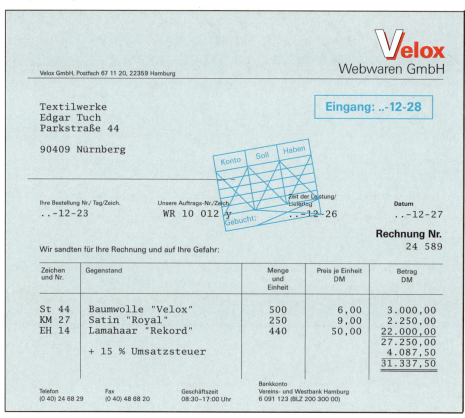

Belegbuchung 4:

Belegbuchung 5:

Edgar Tuch TEXTILWERKE

Textilwerke E. Tuch, Parkstr. 44, 90409 Nürnberg

Textil-Großhandel
Hartmann KG
Saalestr. 16

39126 Magdeburg

Konto	Soll	Haben
Gebucht:		

Unsere Auftrags-Nr. 20 336
Lieferschein-Nr. 20 586
Versanddatum: ..-12-28
Versandart: LKW
Verpackungsart: Kartons

Ihr Zeichen/Bestellung Nr. vom   Kunden-Nr.
WA/4 896/..-12-18   10 000

Bitte bei Zahlung angeben:
Rechnungs-Nr. 4 568
Rechnungsdatum: ..-12-28

Rechnung

Position	Sachnummer	Bezeichnung der Lieferung/Leistung	Menge und Einheit	Preis je Einheit	Betrag DM
L	4 842	Badetücher "Luxor"	420	20,00	8.400,00
K	2 245	Saunamäntel "S"	310	45,00	13.950,00
H	3 451	Lama-Decken	40	100,00	4.000,00
					26.350,00
		+ 15 % Umsatzsteuer			3.952,50
					30.302,50

Zahlbar rein netto innerhalb von 20 Tagen. Skontoabzug ist nicht zulässig.

Geschäftsräume
Parkstraße 44
90409 Nürnberg

Telefon (09 11) 5 63 56
Telefax (09 11) 4 44 81

Stadtsparkasse Nürnberg
Konto-Nr. 218 435 717
(BLZ 760 501 01)

Postbank Nürnberg
Konto-Nr. 9987 96-850
(BLZ 760 100 85)

Belegbuchung 6:

Belegbuchung 7:

Deutsche Post AG
90403 Nuernberg
82531081   1037
..-12-29

*340,00 DM

Postwertzeichen
ohne Zuschlag

Belegbuchung 8:

Belegbuchung 9:

Belegbuchung 10:

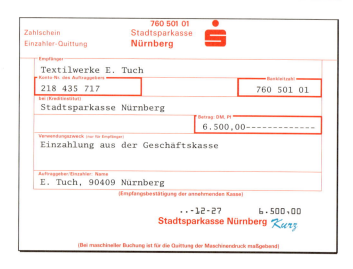

Kontoauszug zu den Belegbuchungen 8 und 10:

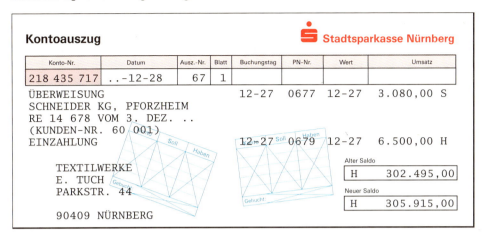

Belegbuchung 11:

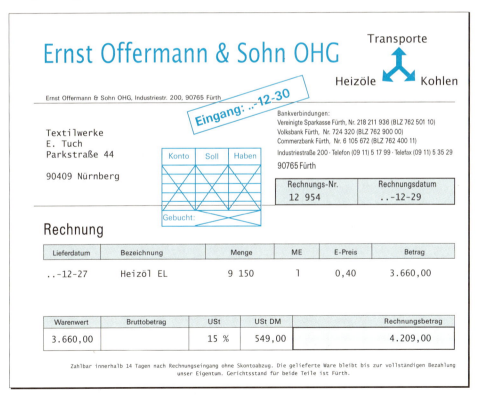

Kontoauszug zu Belegbuchung 12:

Belegbuchung 12:

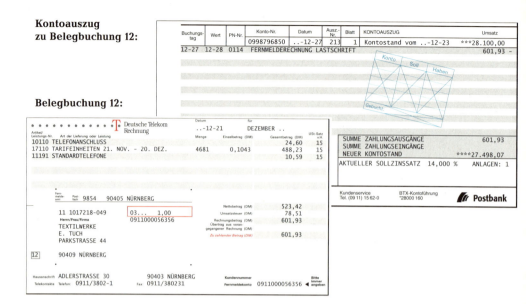

Belegbuchung 13:

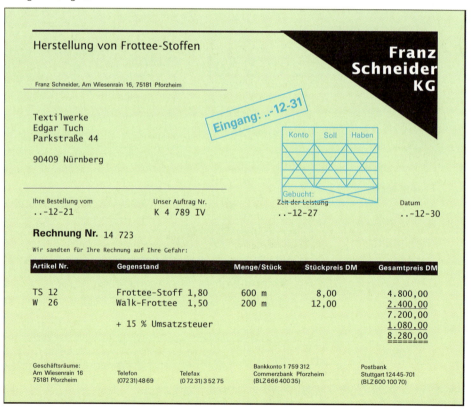

Belegbuchung 14:

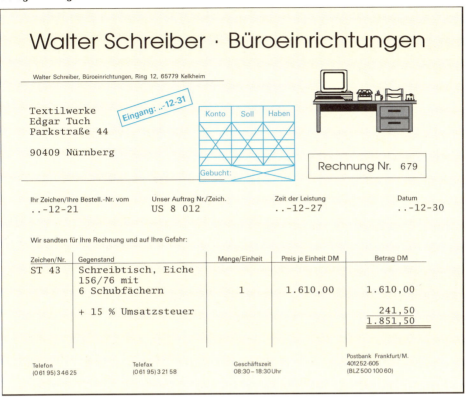

Belegbuchung 15:

Belegbuchung 16:

Belegbuchung 17:

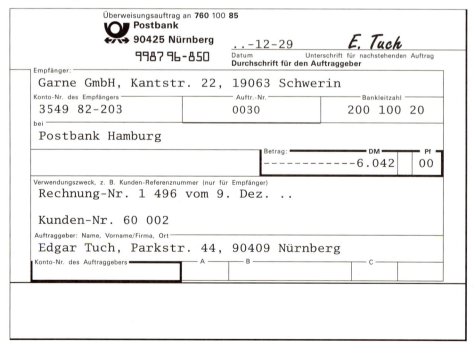

Kontoauszug zu Belegbuchung 17:

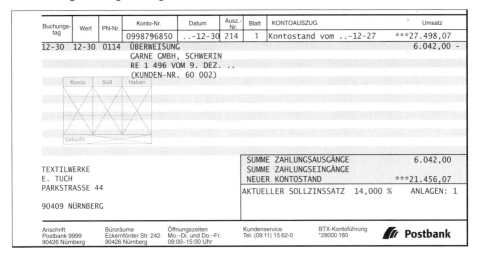

6652   S.105 oben

Kontoauszug zu den Belegbuchungen 18 und 19:

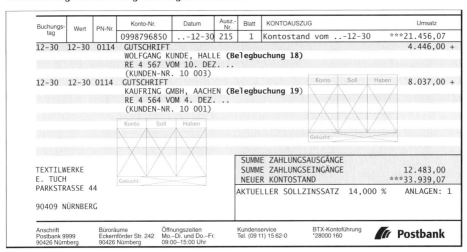

Belegbuchung 20:

Edgar Tuch TEXTILWERKE

Textilwerke E. Tuch, Parkstr. 44, 90409 Nürnberg

Textil-Großhandel
Holzmann OHG
Amselweg 14

67063 Ludwigshafen

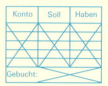

Unsere Auftrags-Nr. 20 337
Lieferschein-Nr. 20 587
Versanddatum: ..-12-29
Versandart: LKW
Verpackungsart: Original

Bitte bei Zahlung angeben:
Rechnungs-Nr. 4 569
Rechnungsdatum: ..-12-30

Ihr Zeichen/Bestellung Nr. vom   Kunden-Nr.
LZ/2 112/..-12-27   10 002

Rechnung

Position	Sachnummer	Bezeichnung der Lieferung/Leistung	Menge und Einheit	Preis je Einheit	Betrag DM
KS	5 634	Bademäntel 100 % Bw	300	80,00	24.000,00
GT	4 321	Badetücher 50/70	450	10,00	4.500,00
					28.500,00
		+ 15 % Umsatzsteuer			4.275,00
					32.775,00

Zahlbar rein netto innerhalb von 20 Tagen. Skontoabzug ist nicht zulässig.

Geschäftsräume   Telefon (09 11) 5 63 56   Stadtsparkasse Nürnberg   Postbank Nürnberg
Parkstraße 44   (BLZ 760 501 01)   (BLZ 760 100 85)
90409 Nürnberg   Telefax (09 11) 4 44 81   Konto-Nr. 218 435 717   Konto-Nr. 9987 96-850

Belegbuchung 21:

Kontoauszug   Stadtsparkasse Nürnberg

Konto-Nr.	Datum	Ausz.-Nr.	Blatt	Buchungstag	PN-Nr.	Wert	Umsatz
218 435 717	..-12-30	68	1				
GUTSCHRIFT KAUFRING GMBH, AACHEN RE 4 566 VOM 7. DEZ. .. (KUNDEN-NR. 10 001)				12-29	0678	12-29	2.280,00 H

TEXTILWERKE
E. TUCH
PARKSTR. 44

90409 NÜRNBERG

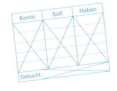

Alter Saldo
H 305.915,00

Neuer Saldo
H 308.195,00

Belegbuchung 22:

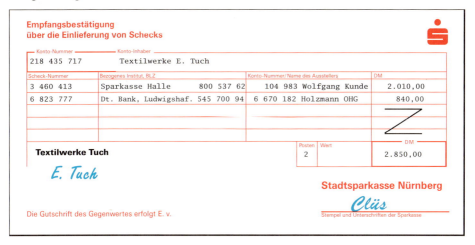

Kontoauszug zu den Belegbuchungen 22 und 23[1]

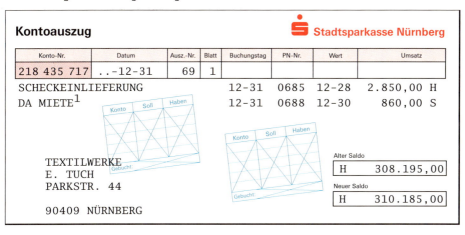

---

1 Belegbuchung 23: DA = Dauerauftrag für die Wohnungsmiete des Geschäftsinhabers.

Belegbuchung 24:

Buchungsanweisung	Datum: ..-12-31	Beleg-Nr.:
Betreff: Abschreibungen auf Sachanlagen		Gebucht: Datum:

Buchungstext	Soll		Haben	
	Konto	Betrag	Konto	Betrag
- Technische Anlagen und Maschinen				
- Andere Anlagen, BGA				

Belegbuchung 25:

Buchungsanweisung	Datum: ..-12-31	Beleg-Nr.:
Betreff: Bestandsveränderungen		Gebucht: Datum:

Buchungstext	Soll		Haben	
	Konto	Betrag	Konto	Betrag
Bestandsveränderungen				
- unfertige Erzeugnisse				
- fertige Erzeugnisse				

Belegbuchung 26:

Buchungsanweisung	Datum: ..-12-31	Beleg-Nr.:
Betreff: Umbuchungen		Gebucht: Datum:

Buchungstext	Soll		Haben	
	Konto	Betrag	Konto	Betrag
- Betriebsstoffverbrauch				
- Kassendifferenz				
- Vorsteuerverrechnung				
- Privatentnahmen				

D Buchungen in wichtigen Sachbereichen
1 Beschaffungs- und Absatzbereich
1.1 Sofortrabatte

Mengen-, Sonder- und Wiederverkäuferrabatte, die sofort bei Rechnungserteilung gewährt werden, stellen einen im voraus gewährten Preisnachlaß dar und werden deshalb nicht gesondert erfaßt. In beiden Fällen sind direkt die Nettopreise zu buchen.

Beispiel:

	Rechnung	
	Listenpreis für 10 t Stahl R 4044	10 000,00 DM
	− 10 % Sonderrabatt	1 000,00 DM
	Nettobetrag	9 000,00 DM
	+ Umsatzsteuer	1 350,00 DM
	Rechnungsbetrag	10 350,00 DM

Buchen Sie das Beispiel als Eingangs- und Ausgangsrechnung.

Merke: „Sofortrabatte" werden buchmäßig nicht gesondert erfaßt.

1.2 Bezugskosten

Bezugskosten. Beim Einkauf von Roh-, Hilfs- und Betriebsstoffen sowie Fremdbauteilen und Handelswaren fallen neben dem Kaufpreis oft noch Bezugskosten an:

- Verpackungskosten
- Versicherungskosten
- Transportkosten
- Einfuhrzoll u.a.

Anschaffungskosten. Bezugskosten erhöhen die Anschaffungskosten eines Wirtschaftsgutes. Sie sind deshalb auch als Anschaffungsnebenkosten dem Anschaffungspreis hinzuzurechnen, mit dem sie zusammen die Anschaffungskosten des Wirtschaftsgutes bilden. Nach § 255 (1) HGB sind alle Wirtschaftsgüter zum Zeitpunkt des Erwerbs mit ihren Anschaffungskosten zu erfassen. Die Vorsteuer zählt nicht zu den Anschaffungskosten, da sie eine Forderung gegenüber dem Finanzamt begründet. Anschaffungspreisminderungen, wie z.B. Skonto, sind abzusetzen.

Unterkonto „Bezugskosten". Die vielfältigen Bezugskosten können entweder direkt auf dem betreffenden Material- oder Warenbestandskonto der Klasse 2 oder zunächst auf einem entsprechenden Unterkonto „Bezugskosten" gebucht werden:

2000 **Rohstoffe**	2020 **Hilfsstoffe**	2070 **Sonstiges Material**
2001 Bezugskosten	2021 Bezugskosten	2071 Bezugskosten
2010 **Fremdbauteile**	2030 **Betriebsstoffe**	2280 **Waren**
2011 Bezugskosten	2031 Bezugskosten	2281 Bezugskosten

Die gesonderte Erfassung der Bezugskosten auf den entsprechenden Unterkonten erlaubt eine ständige Überwachung der Wirtschaftlichkeit dieser Kosten.

Beispiel 1: Zieleinkauf von Rohstoffen lt. ER 450: 5 000,00 DM netto + 750,00 DM USt

Buchung: 2000 Rohstoffe ... 5 000,00
2600 Vorsteuer ... 750,00 an 4400 Verbindlichkeiten a. LL 5 750,00

Beispiel 2: Barzahlung der Fracht für obige Sendung: 300,00 DM netto + 45,00 DM USt

Buchung: 2001 Bezugskosten 300,00
2600 Vorsteuer ... 45,00 an 2880 Kasse 345,00

Umbuchung der Bezugskosten. Die auf Unterkonten erfaßten Bezugskosten werden in der Regel monatlich oder vierteljährlich entsprechend umgebucht:

Buchung: 2000 Rohstoffe ....   an   2001 Bezugskosten   300,00

S	2001 Bezugskosten	H	S	2000 Rohstoffe	H
2880	300,00 | 2000	300,00	4400	5 000,00	
			2001	300,00	

Anschaffungskosten. Nach der Umbuchung der Bezugskosten weist das Rohstoffkonto die Anschaffungskosten der eingekauften Materialien in Höhe von 5 300,00 DM aus. Das entspricht den handels- und steuerrechtlichen Vorschriften.

> **Merke:** Nach § 255 (1) HGB sind alle Wirtschaftsgüter des Anlage- und Umlaufvermögens zum Zeitpunkt des Erwerbs mit ihren Anschaffungskosten zu buchen:
>
> | | Anschaffungspreis der Rohstoffe .... | 5 000,00 DM |
> |---|---|---|
> | + | Anschaffungsnebenkosten (Bezugskosten) .... | 300,00 DM |
> | | **Anschaffungskosten** .... | 5 300,00 DM |

Aufgaben – Fragen

101 a) *Buchen Sie die folgende Eingangsrechnung:*

	Listenpreis: 6 Stahlträger XT je 2 500,00 DM	15 000,00 DM
–	10 % Sonderrabatt	1 500,00 DM
	netto	13 500,00 DM
+	Umsatzsteuer	2 025,00 DM
	Rechnungsbetrag	15 525,00 DM

b) *Buchen Sie die Speditionsrechnung zu a):*

	Verladekosten und Entladekosten	450,00 DM
	Transportkosten	1 300,00 DM
	Versicherung	250,00 DM
	netto	2 000,00 DM
+	Umsatzsteuer	300,00 DM
	Rechnungsbetrag	2 300,00 DM

1. Weisen Sie buchhalterisch die Anschaffungskosten der Stahlträger nach.
2. Wieviel % betragen die Bezugskosten vom Anschaffungspreis?

102

Kontenauszug der Büromöbelwerke GmbH	Soll	Haben
2000 Rohstoffe	690 000,00	–
2001 Bezugskosten	35 000,00	–
2020 Hilfsstoffe	56 000,00	–
2021 Bezugskosten	1 800,00	–
2600 Vorsteuer	22 700,00	–
2800 Bank	135 600,00	–
4400 Verbindlichkeiten a. LL	–	114 000,00
4800 Umsatzsteuer	–	10 300,00
6000 Aufwendungen für Rohstoffe	–	–
6020 Aufwendungen für Hilfsstoffe	–	–

Geschäftsfälle:

1. ER 489 für Stahlrohre SZ 345, netto 65 000,00
   + Verpackung 500,00
   + Transportversicherung 200,00
   + Fracht 800,00   66 500,00
   + Umsatzsteuer 9 975,00
   Rechnungsbetrag 76 475,00

2. Rollgeld für ER 489 gegen Bankscheck, netto 260,00
   + Umsatzsteuer 39,00   299,00

3. ER 490 für Farben, netto 2 500,00
   + Fracht 200,00
   + Umsatzsteuer 405,00   3 105,00

Schlußbestände: Rohstoffe: 140 000,00 DM; Hilfsstoffe: 10 000,00 DM.

Abschlußkonten: 8010 SBK und 8020 GuV.

1. Buchen Sie die Geschäftsfälle 1 bis 3. Schließen Sie die Konten ab.
2. Wie hoch sind die Anschaffungskosten der Rohstoffe und Hilfsstoffe?
3. Ermitteln Sie jeweils den Prozentanteil der Bezugskosten an den entsprechenden Anschaffungspreisen der Rohstoffe und Hilfsstoffe.
4. Erläutern Sie den Saldo aus den Steuerkonten.
5. Weshalb zählt die Vorsteuer nicht zu den Anschaffungskosten?

103
104

Anfangsbestände:
Rohstoffe 40 000,00, Hilfsstoffe 15 000,00, Fertige Erzeugnisse 20 000,00, Forderungen a. LL 18 000,00, Kasse 12 000,00, Bankguthaben 30 000,00, Verbindlichkeiten a. LL 35 000,00, Eigenkapital 100 000,00.

Kontenplan: 2000, 2001, 2020, 2021, 2200, 2400, 2600, 2800, 2880, 3000, 4400, 4800, 5000, 5200, 6000, 6020, 6140, 6200, 6800, 7510, 8010, 8020.

Geschäftsfälle:	103	104
1. Zieleinkauf von Rohstoffen ab Werk lt. ER, netto	8 400,00	8 600,00
+ Umsatzsteuer	1 260,00	1 290,00
2. Eingangsfracht hierauf bar, Nettofracht	500,00	400,00
+ Umsatzsteuer	75,00	60,00
3. Banküberweisung der Löhne	4 700,00	4 900,00
4. Verbrauch lt. Materialentnahmescheine: Rohstoffe	22 500,00	21 800,00
Hilfsstoffe	7 800,00	8 000,00
5. Barkauf von Büromaterial, netto	800,00	600,00
+ Umsatzsteuer	120,00	90,00
6. Zieleinkauf von Hilfsstoffen ab Werk lt. ER, netto	3 600,00	3 800,00
+ Umsatzsteuer	540,00	570,00
7. Eingangsfracht hierauf bar, Nettofracht	300,00	400,00
+ Umsatzsteuer	45,00	60,00
8. Zielverkäufe von eigenen Erzeugnissen lt. AR frei Haus, netto	38 500,00	39 500,00
+ Umsatzsteuer	5 775,00	5 925,00
9. Ausgangsfrachten hierauf bar, netto	1 200,00	1 300,00
+ Umsatzsteuer	180,00	195,00
10. Lastschrift unserer Bank für Zinsen	360,00	380,00

Abschlußangabe:
| Inventurbestand an fertigen Erzeugnissen .... | 22 000,00 | 21 000,00 |

Ermitteln Sie jeweils die Anschaffungskosten für a) Rohstoffe und b) Hilfsstoffe.

1.3 Handelswaren

Handelswarenbestände. Bezieht der Industriebetrieb Erzeugnisse, die er ohne Be- oder Verarbeitung im eigenen Betrieb weiterveräußert, spricht man von Handelswaren. Es handelt sich dabei meist um Artikel, die als Zubehör zu den eigenen fertigen Erzeugnissen verkauft werden. Sie werden beim Einkauf auf dem Konto

2280 Waren

gebucht. Für Bezugskosten und etwaige Nachlässe werden entsprechende Unterkonten eingerichtet: „2281 Bezugskosten für Waren" und „2282 Nachlässe".[1]

Die Erlöse aus Handelswaren werden – getrennt von den Umsatzerlösen aus eigenen Erzeugnissen – erfaßt auf dem Konto

5100 Umsatzerlöse für Waren.

Aufwendungen für Waren. Im GuV-Konto muß den Umsatzerlösen für Waren der Einstandspreis der verkauften Waren als Aufwand gegenübergestellt werden, um den Erfolg aus dem Warengeschäft zu ermitteln. Der Wareneinsatz wird durch Inventur ermittelt (vgl. Ermittlung des Materialverbrauchs auf Seite 42). Der Endbestand lt. Inventur (z. B. 8 000,00 DM) ist daher vorab zu buchen:

Buchung: 8010 Schlußbilanzkonto .. an 2280 Waren 8 000,00

Anfangsbestand an Waren	12 000,00 DM
+ Einkäufe	24 000,00 DM
	36 000,00 DM
– Schlußbestand lt. Inventur	8 000,00 DM
= **Aufwendungen für Waren**	**28 000,00 DM**

Die Aufwendungen für Waren werden auf dem gleichnamigen Konto 6080 gebucht:

Buchung: 6080 Aufwendungen für Waren an 2280 Waren 28 000,00

S	2280 Waren		H		S	6080 Aufwendungen für Waren		H
AB	12 000,00	SB (8010)	8 000,00	→	2280	28 000,00	GuV	28 000,00
Einkäufe	24 000,00	6080	28 000,00					
	36 000,00		36 000,00		S	5100 Umsatzerlöse für Waren		H
					GuV	40 000,00	...	40 000,00

Soll	8020 Gewinn und Verlust		Haben
6080 Aufwendungen für Waren ..	28 000,00	5100 Umsatzerlöse für Waren	40 000,00

> **Merke:** Das Gewinn- und Verlustkonto des Industriebetriebes zeigt auch die Quellen des Erfolges aus dem Ein- und Verkauf von Handelswaren.

Aufgabe

105 Das Konto „2280 Waren" weist zum 31.12. im Soll 120 000,00 DM aus. Die Umsatzerlöse für Waren (Konto 5100) betragen 150 000,00 DM. Schlußbestand lt. Inventur: 20 000,00 DM.
1. Richten Sie die Konten 2280, 5100, 6080, 8010 und 8020 ein.
2. Ermitteln Sie buchhalterisch den Erfolg aus dem Ein- und Verkauf der Handelswaren.
3. Nennen Sie jeweils den Buchungssatz einschließlich der Abschlußbuchungen.

---

[1] Der **Wareneinkauf** kann auch **direkt** auf dem **Aufwandskonto „6080 Aufwendungen für Waren"** gebucht werden. Bezugskosten und Nachlässe sind dann auf Unterkonten des Kontos 6080 zu erfassen. Das **Bestandskonto „2280 Waren"** enthält somit nur den Anfangs- und Schlußbestand an Waren und als **Saldo** die **Bestandsveränderung**, die auf das Aufwandskonto 6080 umzubuchen ist (siehe auch S. 124 f.).

1.4 Rücksendungen

Steuerberichtigung. <u>Berechnungsgrundlage</u> für die Umsatzsteuer ist der jeweilige <u>Nettobetrag</u> der Rechnung. Eine <u>nachträgliche Minderung</u> dieses Betrages <u>wegen</u> einer teilweisen oder vollständigen <u>Rücksendung</u> der erhaltenen oder gelieferten Wirtschaftsgüter führt somit auch zwangsläufig zu einer entsprechenden <u>Minderung (Berichtigung)</u> der bereits gebuchten <u>Vorsteuer bzw. Umsatzsteuer</u>.

1.4.1 Rücksendungen an Lieferer

Mangelhafte Lieferung. Schicken wir Roh-, Hilfs- und Betriebsstoffe und Handelswaren an die Lieferer zurück, weil sie <u>falsch oder mit Mängeln behaftet</u> geliefert wurden, so verringert sich deren Bestand mengen- und wertmäßig auf der Habenseite der entsprechenden Bestandskonten. Die <u>Vorsteuer</u> ist somit <u>anteilig</u> im Haben des Kontos 2600 zu berichtigen <u>(kürzen)</u>. Die Verbindlichkeiten a. LL vermindern sich entsprechend im Soll.

Beispiel: Wir kaufen Rohstoffe auf Ziel für netto 4 000,00 DM + 600,00 DM USt. Bei Lieferung wird festgestellt, daß Stoffe im Wert von 800,00 DM netto beschädigt sind. Diese Rohstoffe werden an den Lieferer zurückgeschickt:

```
      Nettowert der zurückgesandten Rohstoffe .......... 800,00 DM
    + Umsatzsteuer .................................... 120,00 DM
      Gutschrift vom Lieferer (brutto) ................. 920,00 DM
```

① **Buchung aufgrund der Eingangsrechnung:**

		S	H
2000 Rohstoffe		4 000,00	
2600 Vorsteuer		600,00	
an 4400 Verbindlichkeiten a. LL			4 600,00

② **Buchung der Rücksendung aufgrund der Gutschriftsanzeige des Lieferers:**

		S	H
4400 Verbindlichkeiten a. LL		920,00	
an 2000 Rohstoffe			800,00
an 2600 Vorsteuer			120,00

S	2000 Rohstoffe	H	S	4400 Verbindlichkeiten a. LL	H
① 4 000,00	②	800,00	② 920,00	①	4 600,00

S	2600 Vorsteuer	H
① 600,00	②	120,00

Merke: Bei Rücksendungen an die Lieferer ist die Vorsteuer anteilig zu berichtigen.

1.4.2 Rücksendungen vom Kunden

Senden Kunden beanstandete Erzeugnisse zurück, vermindern sich die Umsatzerlöse im Soll des Kontos 5000. Zugleich verringert sich unsere <u>Umsatzsteuerschuld im Soll</u> des Kontos 4800. Die Forderungen a. LL nehmen im Haben entsprechend ab.

Beispiel: Ein Kunde, dem wir eigene Erzeugnisse im Wert von 5 000,00 DM netto + Umsatzsteuer auf Ziel verkauft hatten, sendet beschädigte Erzeugnisse zurück:

```
      Nettowert der beanstandeten Erzeugnisse ......... 600,00 DM
    + Umsatzsteuer ....................................  90,00 DM
      Gutschrift an Kunden (brutto) ................... 690,00 DM
```

① **Buchung aufgrund der Ausgangsrechnung:**

		S	H
2400 Forderungen a. LL		5 750,00	
an 5000 Umsatzerlöse für eigene Erzeugnisse			5 000,00
an 4800 Umsatzsteuer			750,00

② **Buchung der Rücksendung durch den Kunden aufgrund unserer Gutschriftsanzeige:**

		S	H
5000 Umsatzerlöse für eigene Erzeugnisse		600,00	
4800 Umsatzsteuer		90,00	
an 2400 Forderungen a. LL			690,00

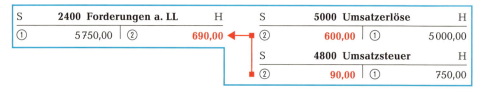

Merke:
- Bei Rücksendungen vom Kunden ist die Umsatzsteuer(schuld) zu berichtigen.
- Rücksendungen sind buchhalterisch als Rückbuchung zu erfassen.

Aufgaben – Fragen

106 **Kontenplanauszug:**
2000, 2001, 2030, 2031, 2280, 2281, 2400, 2600, 4400, 4800, 5000, 5100.

Ermitteln Sie für die folgenden Geschäftsfälle jeweils den Rechnungs- bzw. Gutschriftsbetrag, nennen Sie den Buchungssatz, und buchen Sie auf den entsprechenden Konten.

1. ER 2356 für Rohstoffe: Listenpreis .... 20 000,00 DM
   Gewährter Mengenrabatt .... 20 %
   + Umsatzsteuer .... ? DM
2. Eingangsfracht (Fall 1) lt. Speditionsrechnung, netto .... 800,00 DM
   + Umsatzsteuer .... 120,00 DM
3. Rücksendung beschädigter Rohstoffe (ER 2356), Nettowert .... 5 000,00 DM
   + Umsatzsteuer .... 750,00 DM
4. AR 3456: Verkauf von eigenen Erzeugnissen, Listenpreis .... 40 000,00 DM
   Gewährter Wiederverkäuferrabatt .... 25 %
   + Umsatzsteuer .... ? DM
5. Kunde (AR 3456) sendet uns beschädigte Erzeugnisse zurück, Nettowert 4 000,00 DM
6. ER 2357: Kauf von Handelswaren, netto .... 14 600,00 DM
   Verpackung, netto .... 400,00 DM
7. ER 2358: 6 Fässer Schmieröl zum Stückpreis von 250,00 DM, netto .... 1 500,00 DM
   Leihverpackung (50 % Gutschrift bei Rücksendung) .... 600,00 DM
   + Umsatzsteuer .... ? DM
8. Gutschrift für zurückgesandte Fässer (ER 2358), Nettowert .... 300,00 DM
   + Umsatzsteuer .... ? DM
9. AR 3457: Verkauf von Handelswaren, Listenpreis .... 2 500,00 DM
   Gewährter Mengenrabatt .... 10 %
   + Umsatzsteuer .... ? DM
10. Kunde (AR 3457) erhält Gutschrift wegen Falschlieferung, netto ..... 1 300,00 DM

1. Ermitteln Sie buchhalterisch die Anschaffungskosten der noch vorhandenen Rohstoffe, Betriebsstoffe und Handelswaren.
2. Begründen Sie, warum in Gutschriftsanzeigen die Umsatzsteuer gesondert auszuweisen ist.
3. Warum rechnen Leihverpackungen zu den Bezugskosten?
4. Welche Rechte können im Falle einer rechtzeitigen Mängelrüge geltend gemacht werden?

1.5 Nachlässe

1.5.1 Nachträgliche Preisnachlässe im Beschaffungsbereich

Nachlässe, die uns nachträglich in Form von
- **Preisnachlässen aufgrund von Mängelrügen,**
- **Boni** (nachträglich gewährte Rabatte) oder **Skonti**[1]

von Lieferern gewährt werden, mindern die Anschaffungs- bzw. Einstandspreise der bezogenen Materialien sowie Handelswaren und damit auch die darauf entfallende Vorsteuer. Aus Gründen der besseren Übersicht werden diese Nachlässe zunächst auf einem Unterkonto des betreffenden Bestandskontos erfaßt:

2002	Nachlässe für Rohstoffe	2032	Nachlässe für Betriebsstoffe
2022	Nachlässe für Hilfsstoffe	2282	Nachlässe für Handelswaren

Umbuchung. Zum Jahresschluß werden diese Konten über die entsprechenden Bestandskonten abgeschlossen, die dann die berichtigten Anschaffungspreise ausweisen.

Netto- oder Bruttobuchung. Nachlässe können netto oder brutto gebucht werden, je nachdem, ob man die Vorsteuer sofort oder erst später berichtigt.

Beispiel: Ein Lieferer, von dem wir Rohstoffe zum Nettopreis von 3 000,00 DM + 450,00 DM USt = 3 450,00 DM bezogen hatten, gewährt uns aufgrund unserer Mängelrüge einen Preisnachlaß von 20 %.

Nettobuchung. Wird der Nachlaß buchhalterisch direkt mit dem Nettobetrag erfaßt, muß die anteilige Steuerberichtigung sogleich ermittelt und gebucht werden.

```
  Rohstoffpreis, netto .....  3 000,00 DM − 20 % = 600,00 DM  <=>  Nettonachlaß
+ Vorsteuer ................    450,00 DM − 20 % =  90,00 DM  <=>  Steuerberichtigung
  Bruttopreis ............   3 450,00 DM − 20 % = 690,00 DM   <=>  Bruttonachlaß
```

① **Buchung aufgrund der Eingangsrechnung:**

	S	H
2000 Rohstoffe 3 000,00		
2600 Vorsteuer 450,00		
an 4400 Verbindlichkeiten a. LL		3 450,00

② **Nettobuchung des Preisnachlasses aufgrund der Gutschriftsanzeige:**

4400 Verbindlichkeiten a. LL 690,00		
an 2002 Nachlässe für Rohstoffe		600,00
an 2600 Vorsteuer		90,00

③ **Umbuchung am Ende der Rechnungsperiode:**

2002 Nachlässe f. Rohst. an 2000 Rohstoffe 600,00

S	2000 Rohstoffe	H	S	4400 Verbindlichkeiten a. LL	H
①	3 000,00	③ 600,00	②	690,00	① 3 450,00

S	2002 Nachlässe für Rohstoffe	H
③	600,00	② 600,00

Anschaffungspreis	3 000,00
− Preisminderung	600,00
Anschaffungskosten	**2 400,00**

S	2600 Vorsteuer	H
①	450,00	② 90,00

Bruttobuchung. Es ist rationeller, Nachlässe brutto zu buchen:

Buchung: ① 4400 Verbindlichk. a. LL ... an 2002 Nachlässe f. Rohstoffe ... 690,00

---
[1] ausführliche Behandlung der Skonti Seite 120 f.

Steuerberichtigung am Monatsende. Erst am Ende des Monats, wenn die Zahllast ermittelt wird, werden die Konten „2002 Nachlässe" und „2600 Vorsteuer" um den anteiligen Steuerbetrag berichtigt. Die Steuerberichtigung wird aus dem Bruttobetrag ermittelt:[1]

$$115\% \triangleq 690{,}00 \text{ DM}$$
$$15\% \triangleq x \text{ DM}$$
$$x = \frac{690{,}00 \cdot 15}{115} = \underline{\underline{90{,}00 \text{ DM}}}$$

Buchung: ② 2002 Nachlässe für Rohstoffe an 2600 Vorsteuer 90,00

S	2002 Nachlässe für Rohstoffe	H	S	4400 Verbindlichkeiten a.LL	H
②	90,00	① 690,00	①	690,00	2000, 2600 3 450,00

S	2600 Vorsteuer	H
4400	450,00	② 90,00

> **Merke:** Bei der Nettobuchung der Nachlässe wird die Steuer jeweils sofort, bei der Bruttobuchung dagegen erst am Ende des Monats summarisch berichtigt.[1]

1.5.2 Nachträgliche Preisnachlässe im Absatzbereich

Erlösberichtigungen. Dem Kunden gewährte Preisnachlässe aufgrund von Mängelrügen, Boni sowie Skonti schmälern die Erlöse. Sie werden auf Unterkonten erfaßt:

▶ 5001 Erlösberichtigungen für Erzeugnisse   ▶ 5101 Erlösberichtigungen für Waren

Umbuchung. Am Ende der Abrechnungsperiode werden die Unterkonten über die entsprechenden Erlöskonten abgeschlossen, die dann die berichtigten Erlöse ausweisen.

Netto- oder Bruttobuchung. Auch die Erlösberichtigungen werden entweder netto oder brutto gebucht, wobei das Bruttoverfahren praxisgerechter ist.

Beispiel: Wir gewähren einem Kunden, dem wir Erzeugnisse für 10 000,00 DM netto + 1 500,00 DM USt verkauft hatten, wegen Mängelrüge einen Preisnachlaß von 20 %.

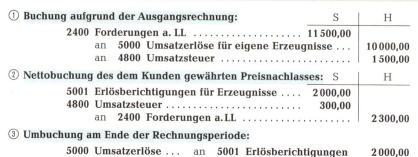

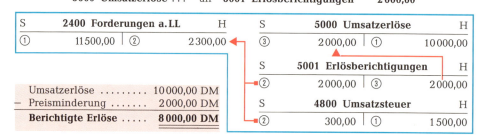

---
[1] In der **EDV** erfolgt die **Steuerberichtigung** mit Eingabe des Bruttobetrages **automatisch** (Programmfunktion).

Bruttobuchung. In diesem Fall lautet die Buchung zunächst:

① 5001 Erlösberichtigungen .. an 2400 Forderungen a. LL ..... 2 300,00[1]

Die Steuerberichtigungsbuchung am Monatsende lautet somit:

② 4800 Umsatzsteuer .... an 5001 Erlösberichtigungen ... 300,00[1]

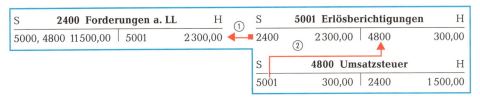

Merke: Nachlässe bedingen entsprechende Steuerberichtigungen.

Aufgaben

Buchen Sie auf den Konten: 2000, 2002, 2020, 2022, 2400, 2600, 4400, 4800, 5000, 5001.

107

1. Zieleinkauf von Rohstoffen lt. ER 406–428, netto 50 000,00
   + Umsatzsteuer 7 500,00 57 500,00
2. Lieferer (ER 408) gewährt Preisnachlaß wegen Mängelrüge, netto 1 000,00
   + Umsatzsteuer 150,00 1 150,00
3. Zielverkäufe von eigenen Erzeugnissen lt. AR 807–840, netto ... 45 000,00
   + Umsatzsteuer 6 750,00 51 750,00
4. Kunde (AR 811) erhält Preisnachlaß wegen Mängelrüge, netto ... 2 000,00
   + Umsatzsteuer 300,00 2 300,00
5. Lieferer (ER 410) gewährt uns Preisnachlaß
   für beschädigte Rohstoffe, Nettowert 800,00
6. Kunde (AR 812) erhält von uns eine Gutschrift über einen
   Preisnachlaß wegen Mängelrüge, brutto 1 380,00
7. Rohstofflieferer gewährt uns einen Bonus, brutto 3 450,00
8. Kunde erhält von uns Gutschrift über einen Bonus, netto 1 500,00
9. Zieleinkauf von Hilfsstoffen lt. ER 429, netto 25 000,00
   + Umsatzsteuer 3 750,00
10. Rücksendung beschädigter Hilfsstoffe (ER 429), netto 5 000,00
    Auf den Restbetrag erhalten wir nachträglich einen Preisnachlaß von 20 %.
    Wie hoch ist der Überweisungsbetrag an den Lieferer?

a) Zieleinkauf von Handelswaren, ER 450: Warenwert 5 000,00 DM + 750,00 DM USt.

108

b) Lieferer (ER 450) gewährt nachträglich Rabatt: 800,00 DM netto.

1. Buchen Sie die Geschäftsfälle a) und b) auf Konten. Schließen Sie Konto 2282 ab.
2. Nennen Sie die entsprechenden Buchungen beim Lieferer.

c) Zielverkauf von Handelswaren, AR 754: 8 000,00 DM netto + 1 200,00 DM USt.
d) Aufgrund einer Mängelrüge erhält der Kunde von uns eine Gutschrift einschließlich Umsatzsteuer von 575,00 DM.

1. Buchen Sie die Geschäftsfälle c) und d) und schließen Sie das Konto 5101 ab.
2. Wie lauten die entsprechenden Buchungen beim Kunden?

---
[1] In der **EDV** erfolgt die **Steuerberichtigung** mit Eingabe des Bruttobetrages **automatisch** (Programmfunktion).

109 Buchen Sie die folgenden Geschäftsfälle auf den Konten 2000, 2002, 2400, 2600, 4400, 4800, 5000, 5001 und ermitteln Sie jeweils die erforderlichen Steuerberichtigungen.
1. Zieleinkauf von Rohstoffen, Warenwert lt. ER 567: 5 800,00 DM.
2. Rücksendung beschädigter Rohstoffe an Lieferer (ER 567): Warenwert 1 800,00 DM.
3. Auf die übrigen Rohstoffe (ER 567) gewährt uns der Lieferer noch 20 % Nachlaß.
4. Zielverkauf von eigenen Erzeugnissen, Netto- bzw. Warenwert lt. AR 859: 6 000,00 DM.
5. Kunde sendet beschädigte Erzeugnisse (AR 859) zurück: 2 000,00 DM netto.
6. Kunde (AR 859) erhält im übrigen noch einen Preisnachlaß von brutto 230,00 DM.

110 In der Finanzbuchhaltung der Möbelfabrik Jörg Breuer haben Sie den nebenstehenden Beleg zu buchen:

111 Buchen Sie den nebenstehenden Beleg in der Finanzbuchhaltung der Möbelfabrik Jörg Breuer.

112 Buchen Sie die Belege der Aufgaben 110 und 111 in den Buchhaltungen von Max Kaiser und Werner Theuer.

a) Ein Rohstofflieferer gewährt uns wegen Mängelrüge einen Preisnachlaß von 10 % des **113**
Rechnungsbetrages. Der Rechnungsbetrag (ER 488) lautete über 11 500,00 DM.

b) Wir gewähren einem Kunden aufgrund seiner Mängelrüge nachträglich einen Preisnachlaß von 20 % des Rechnungsbetrages (AR 811) in Höhe von 17 250,00 DM.

1. Ermitteln Sie jeweils die Gesamtgutschrift und die Steuerberichtigung.
2. Erstellen Sie die entsprechenden Gutschriftsanzeigen, und nennen Sie die Buchungssätze.

Anfangsbestände: **114**

0700	TA u. Maschinen	285 000,00	2280 Handelswaren	6 000,00
0800	Andere Anlagen, BGA	138 500,00	2400 Forderungen a. LL	32 600,00
2000	Rohstoffe	42 000,00	2800 Bankguthaben	38 600,00
2020	Hilfsstoffe	13 000,00	2880 Kasse	12 800,00
2100	Unfertige Erzeugnisse	18 000,00	3000 Eigenkapital	564 000,00
2200	Fertige Erzeugnisse	21 500,00	4400 Verbindlichkeiten a. LL	44 000,00

115

Kontenplan:
0700, 0800, 2000, 2002, 2020, 2100, 2200, 2280, 2281, 2400, 2600, 2800, 2880, 3000, 3001, 4400, 4800,
5000, 5100, 5101, 5200, 5420, 6000, 6020, 6080, 6140, 6160, 6200, 6520, 6700, 8010, 8020.

Geschäftsfälle:

	114	115
1. Kauf von Handelswaren lt. ER 505–510, netto	25 700,00	26 100,00
+ Umsatzsteuer	3 855,00	3 915,00
2. Eingangsfrachten hierauf bar, netto	400,00	500,00
+ Umsatzsteuer	60,00	75,00
3. Verkauf von Handelswaren lt. AR 980–986	15 400,00	15 800,00
+ Umsatzsteuer	2 310,00	2 370,00
4. Banküberweisung der Fertigungslöhne	5 250,00	5 500,00
5. Barzahlung einer Maschinenreparatur, Nettopreis	600,00	700,00
+ Umsatzsteuer	90,00	105,00
6. Verbrauch lt. Entnahmescheine: Rohstoffe	12 500,00	12 800,00
Hilfsstoffe	4 000,00	4 400,00
7. Verkauf von eigenen Erzeugnissen lt. AR 987–988, netto	64 700,00	65 100,00
+ Umsatzsteuer	9 705,00	9 765,00
8. Ausgangsfrachten hierauf bar, netto	700,00	800,00
+ Umsatzsteuer	105,00	120,00
9. Rücksendung beschädigter Rohstoffe an Lieferer, brutto	575,00	690,00
10. Lieferer (Rohstoffe) gewährt uns Bonus, brutto	1 150,00	1 725,00
11. Unser Kunde sendet beschädigte Erzeugnisse zurück, Nettowert	2 000,00	2 500,00
12. Ein Kunde erhält von uns Preisnachlaß wegen beanstandeter Warenlieferung, brutto	1 380,00	1 265,00
13. Zahlung der Geschäftsmiete durch Banküberweisung	2 800,00	2 600,00
14. Privatentnahmen in bar	650,00	600,00
von Handelswaren, netto	1 500,00	2 000,00

Abschlußangaben:
1. Abschreibungen auf 0700: 9 600,00 DM; auf 0800: 2 300,00 DM.
2. Endbestand lt. Inventur:

		114	115
	Unfertige Erzeugnisse	16 000,00	18 000,00
	Fertige Erzeugnisse	29 000,00	28 000,00
	Handelswaren	20 000,00	20 500,00

Ermitteln Sie auch den Rohgewinn aus dem Verkauf der Handelswaren.

1.6 Nachlässe in Form von Skonti

Bedeutung des Skontos. Ein- und Ausgangsrechnungen werden meist innerhalb einer bestimmten Zahlungsfrist unter Abzug von Skonto beglichen. Der Skonto ist eine <u>Zinsvergütung für vorzeitige Zahlung</u>. Er enthält aber auch eine <u>Prämie für die Ersparung von Risiko und Aufwand</u>, die mit Zielverkäufen verbunden sind. Ein Skonto von 2 % entspricht beispielsweise einem Jahreszinssatz von 36 %, wenn die Zahlungsbedingungen lauten: „Zahlbar in 10 Tagen mit 2 % Skonto oder 30 Tage netto Kasse". Es lohnt sich also, alle Rechnungen innerhalb der Skontofrist zu bezahlen.

- **Liefererskonti.** Der Skonto, der uns von Lieferern gewährt wird, <u>mindert</u> nachträglich den <u>Anschaffungspreis</u> der eingekauften Materialien und Waren und muß deshalb auf einem entsprechenden <u>Unterkonto „Nachlässe"</u> (2002, 2012, 2022, 2032, 2282) gebucht werden.
- **Kundenskonti.** Skonti, die wir den Kunden gewähren, <u>schmälern</u> die <u>Umsatzerlöse</u>. Sie sind auf dem entsprechenden Konto „Erlösberichtigungen" (5001, 5101) zu erfassen.

1.6.1 Liefererskonti

Beispiel: ① Rohstoffeinkauf auf Ziel lt. ER 460: 10 000,00 DM netto + 1 500,00 DM USt.
② ER 460 wird von uns abzüglich 2 % Skonto durch Banküberweisung beglichen.

	100 %	Nettopreis ..	10 000,00	— 2 %	**Nettoskonto**	200,00 =	9 800,00 DM
+	15 %	Vorsteuer ..	1 500,00	— 2 %	**Vorsteuerberichtigung**.	30,00 =	1 470,00 DM
	115 %	Bruttopreis .	11 500,00	— 2 %	**Bruttoskonto**	230,00 =	11 270,00 DM

Nettobuchung. Der vom Lieferer gewährte Skonto wird <u>direkt</u> mit dem <u>Nettobetrag</u> gebucht, wobei die darauf entfallende <u>Vorsteuerberichtigung sofort</u> erfolgt.

① **Buchung aufgrund der ER 460:** *Nennen Sie den Buchungssatz.*

② **Buchung des Rechnungsausgleichs:**   S   H

    4400 Verbindlichkeiten a. LL 11 500,00
        an   2002 Nachlässe   200,00
        an   2600 Vorsteuer   30,00
        an   2800 Bank 11 270,00

③ **Abschlußbuchung:**   2002 Nachlässe   an   2000 Rohstoffe   200,00

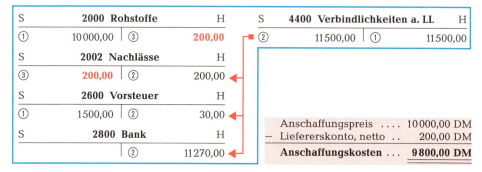

Bruttobuchung. In der Regel wird der Skonto brutto gebucht:

② **Buchung:**   S   H

    4400 Verbindlichkeiten a. LL 11 500,00
        an   2002 Nachlässe   230,00
        an   2800 Bank 11 270,00

Steuerberichtigung. Erst am Monatsende – bei Ermittlung der Zahllast – wird der Vorsteueranteil aus der Summe der Bruttoskonti ermittelt und umgebucht:[1]

115 % = Bruttoskonti | 115 % ≙ 230,00 DM | $x = \dfrac{230{,}00 \text{ DM} \cdot 15\%}{115\%} = 30{,}00 \text{ DM}$
15 % = Steuerberichtigung | 15 % ≙   x   DM |

$$\text{Steuerberichtigungsbetrag} = \frac{\text{Bruttoskonti} \cdot 15}{115}$$

③ **Umbuchung:** 2002 Nachlässe .... an 2600 Vorsteuer 30,00

S	2002 Nachlässe		H
③	30,00	②	230,00

S	2600 Vorsteuer		H
①	1 500,00	③	30,00

S	2800 Bank		H
		②	11 270,00

S	4400 Verbindlichkeiten a. LL		H
②	11 500,00	①	11 500,00

Wie lautet der Buchungssatz für den Abschluß des Kontos „2002 Nachlässe"?

1.6.2 Kundenskonti

Beispiel: ① Erzeugnisverkauf auf Ziel lt. AR 812: 15 000,00 DM netto + 2 250,00 DM USt.
② Wir erhalten vom Kunden den Rechnungsbetrag abzüglich 2 % Skonto (Bank).

Rechnungsbetrag lt. AR 812   17 250,00 DM
− 2 % Skonto (brutto) ....   345,00 DM   Steuerberichtigung = $\dfrac{345 \cdot 15}{115}$
Bankgutschrift ....   16 905,00 DM
                                                = 45,00 DM

① **Buchung der AR 812:**   Nennen Sie den Buchungssatz.
② **Bruttobuchung:**   2800 Bank 16 905,00
                            5001 Erlösberichtig. 345,00   an   2400 Forder. a. LL . 17 250,00
③ **Steuerberichtigung:**   4800 Umsatzsteuer ....   an   5001 Erlösberichtig.   45,00
④ **Abschlußbuchung:**   5000 Umsatzerlöse ....   an   5001 Erlösberichtig.   300,00

S	2400 Forderungen a. LL		H
①	17 250,00	②	17 250,00

S	5000 Umsatzerlöse		H
④	300,00	①	15 000,00

S	4800 Umsatzsteuer		H
③	45,00	①	2 250,00

S	2800 Bank		H
②	16 905,00		

S	5001 Erlösberichtigungen		H
②	345,00	③	45,00
		④	300,00

Umsatzerlöse ....   15 000,00 DM
− Kundenskonti, netto ....   300,00 DM
Berichtigte Erlöse ...... **14 700,00 DM**

Nennen Sie für das vorliegende Beispiel auch die Nettobuchung des Kundenkontos.

Merke:
- Lieferer- und Kundenkonti werden in der Regel brutto gebucht.
- Bei Lieferersskonto ist die Vorsteuer, bei Kundenkonto die Umsatzsteuer zu berichtigen.
- Lieferersskonti mindern die Anschaffungspreise, Kundenskonti die Erlöse.

---

[1] In der **EDV** wird die **Steuerberichtigung** mit Eingabe des Bruttobetrages **automatisch** ermittelt und gebucht.

> **Merke:** Die Umsatzsteuer-Zahllast kann am Monatsende erst nach Vornahme der anteiligen Berichtigungen auf den Steuerkonten 2600 und 4800 ermittelt werden:

S	2600 Vorsteuer	H		S	4800 Umsatzsteuer	H
Vorsteuerbeträge aufgrund von Eingangsrechnungen	**Berichtigungen** • Rücksendungen an Lieferer • Preisnachlässe von Lieferern • Liefererskonti • Liefererboni			**Berichtigungen** • Rücksendungen von Kunden • Preisnachlässe an Kunden • Kundenskonti • Kundenboni	**Umsatzsteuerbeträge** aufgrund von Ausgangsrechnungen	

Aufgaben

116 Die Eingangsrechnung 8857 über 2 875,00 DM (Rohstoffwert 2 500,00 DM + 375,00 DM USt) wird unter Abzug von 2 % Skonto durch Banküberweisung an den Lieferer beglichen.
Konten: 2000, 2002, 2600, 2800 (AB 85 000,00 DM), 4400.
1. Buchen Sie den Eingang der Rohstoffe aufgrund der ER 8857.
2. Ermitteln Sie die Steuerberichtigung und buchen Sie beim Rechnungsausgleich den Skonto
   a) netto und b) brutto.

117 Der Kunde begleicht unsere Ausgangsrechnung 4459 über 17 250,00 DM (Warenwert 15 000,00 DM + 2 250,00 DM USt) abzüglich 2 % Skonto durch Postbanküberweisung.
Konten: 2400, 2850, 4800, 5000, 5001.
1. Buchen Sie den Verkauf der Erzeugnisse aufgrund der AR 4459.
2. Buchen Sie den Skonto beim Zahlungseingang a) netto und b) brutto.
Zusatzaufgabe: Nennen Sie die entsprechenden Buchungen zu 1. und 2. auch beim Kunden.

118

Auszug aus der vorläufigen Summenbilanz	Soll	Haben
2600 Vorsteuer	52 500,00	48 350,00
4800 Umsatzsteuer	72 150,00	83 450,00
2002 Nachlässe (brutto)	?	3 680,00
5001 Erlösberichtigungen (brutto)	2 875,00	?

1. Ermitteln Sie am Monatsende die Steuerberichtigungen und buchen Sie.
2. Ermitteln Sie nach den Berichtigungsbuchungen die Umsatzsteuer-Zahllast.

119

Auszug aus der vorläufigen Summenbilanz	Soll	Haben
2600 Vorsteuer	28 640,00	14 450,00
4800 Umsatzsteuer	43 560,00	66 350,00
2002 Nachlässe (brutto)	?	5 336,00
5001 Erlösberichtigungen (brutto)	6 095,00	?

Ermitteln und buchen Sie die Steuerberichtigungen. Wie hoch ist die Zahllast?

120 Buchen Sie die Skonti in der folgenden Aufgabe a) netto und b) brutto.
Bestände: 2400 Forderungen a. LL 28 500,00, 2600 Vorsteuer 2 400,00, 2800 Bankguthaben 225 600,00, 4400 Verbindlichkeiten a. LL 27 400,00, 4800 Umsatzsteuer 5 800,00.
Konten: 2002, 2400, 2600, 2800, 4400, 4800, 5001.
Geschäftsfälle:
1. Kunde begleicht AR 256 durch Banküberweisung
   abzüglich 2 % Skonto, Rechnungsbetrag 5 750,00
2. Banküberweisung an den Lieferer zum Ausgleich von ER 456
   abzüglich 2 % Skonto, Rechnungsbetrag 25 875,00
3. Banküberweisung der Umsatzsteuer-Zahllast an das Finanzamt . . . . ?

Anfangsbestände:

0530	Gebäude	620 000,00	2400	Forderungen a. I.L.	38 400,00
0700	TA u. Maschinen	354 000,00	2800	Bankguthaben	37 200,00
0800	Andere Anlagen, BGA ..	34 000,00	2880	Kasse	7 800,00
2000	Rohstoffe	65 300,00	3000	Eigenkapital	921 000,00
2020	Hilfsstoffe	14 700,00	4250	Darlehensschulden ...	200 000,00
2100	Unfertige Erzeugnisse ...	6 600,00	4400	Verbindlichkeiten a. LL	62 200,00
2200	Fertige Erzeugnisse	15 400,00	4800	Umsatzsteuer	10 200,00

Kontenplan:

0530, 0700, 0800, 2000, 2002, 2020, 2100, 2200, 2400, 2600, 2800, 2880, 3000, 3001, 4250, 4400, 4800, 5000, 5001, 5200, 5400, 5710, 6000, 6020, 6200, 6520, 6700, 6800, 6930, 8010, 8020.

Geschäftsfälle:	121	122
1. Materialentnahmescheine: Rohstoffe	33 300,00	33 700,00
Hilfsstoffe	4 400,00	4 800,00
2. Banküberweisung der Umsatzsteuer-Zahllast	10 200,00	10 200,00
3. ER 681–689 für Rohstoffe, netto	14 400,00	15 600,00
ER 690–692 für Hilfsstoffe, netto	5 600,00	4 800,00
+ Umsatzsteuer	3 000,00	3 060,00
4. Banküberweisung von Kunden, Rechnungsbeträge	34 500,00	28 750,00
− 2 % Skonto (brutto)	690,00	575,00
Gutschrift der Bank	33 810,00	28 175,00
Steuerberichtigung wegen Kundenskonti	?	?
5. Privatentnahme bar	500,00	600,00
6. Zinsgutschrift der Bank	2 580,00	2 600,00
7. Banküberweisung der Löhne	4 100,00	3 990,00
8. Barzahlung für Büromaterial, Nettopreis	360,00	460,00
+ Umsatzsteuer	54,00	69,00
9. AR 1211–1219 für eigene Erzeugnisse ab Werk, netto	92 000,00	95 000,00
+ Umsatzsteuer	13 800,00	14 250,00
10. Mieteinnahmen aus Geschäftshaus bar	4 600,00	4 400,00
11. Kunde sendet Erzeugnisse zurück, netto	700,00	800,00
12. Barspende an das Rote Kreuz	200,00	300,00
13. Unsere Banküberweisung für Miete der LKW-Garagen	850,00	900,00
14. Hilfsstoffe werden durch Wassereinbruch beschädigt (kein Versicherungsanspruch)	900,00	950,00
15. Banküberweisung an Rohstofflieferer, Rechnungsbeträge	17 250,00	23 000,00
− 2 % Skonto (brutto)	345,00	460,00
Lastschrift der Bank	16 905,00	22 540,00
Steuerberichtigung wegen Liefererskonti	?	?

Abschlußangaben:

1. Abschreibungen auf 0530: 1 500,00 DM; auf 0700: 11 500,00 DM; auf 0800: 2 000,00 DM.
2. Inventurbestände: Unfertige Erzeugnisse .... 6 000,00 | 5 500,00
                   Fertige Erzeugnisse .... 16 000,00 | 18 000,00
3. Im übrigen entsprechen die Buchwerte der Inventur.

1.7 Buchung der Materialeinkäufe auf Aufwandskonten der Klasse 6

Erfassung der Materialeinkäufe auf Bestandskonten. Bisher haben wir die Materialeinkäufe auf den entsprechenden Bestandskonten der Klasse 2 gebucht. Der Materialverbrauch wurde anhand der Materialentnahmescheine oder aufgrund der Inventur ermittelt und auf die zugehörigen Aufwandskonten der Klasse 6 umgebucht:

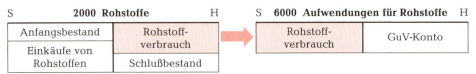

Buchung der Materialeinkäufe direkt auf Aufwandskonten. Industriebetriebe lassen das Material aus Kostengründen (Verringerung der Lagerkosten) oft erst dann anliefern, wenn es in der Produktion benötigt wird („Just-in-Time-Fertigung"). Der Materialeinkauf wird dann auch direkt auf den entsprechenden Aufwandskonten der Klasse 6 gebucht. Die Bestandskonten der Klasse 2 enthalten somit lediglich den Anfangsbestand und den durch Inventur ermittelten Schlußbestand an Roh-, Hilfs- und Betriebsstoffen sowie die Bestandsveränderung als Saldo.

Die Bestandsveränderung weist entweder eine Mehrung oder Minderung des Materialanfangsbestandes aus. Im ersten Fall wurde in der Abrechnungsperiode mehr Material eingekauft als verbraucht, im zweiten Fall ist es umgekehrt, d. h., es wurde zusätzlich Material aus Lagerbeständen des Vorjahres verbraucht.

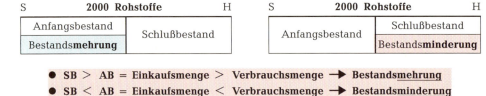

- SB > AB = Einkaufsmenge > Verbrauchsmenge → Bestandsmehrung
- SB < AB = Einkaufsmenge < Verbrauchsmenge → Bestandsminderung

Umbuchung der Bestandsveränderung. Um den tatsächlichen Materialverbrauch auf den Aufwandskonten der Klasse 6 zu ermitteln, muß die Bestandsveränderung des Materialbestandskontos der Klasse 2 auf das entsprechende Materialaufwandkonto der Klasse 6 umgebucht werden.

Nennen Sie den Buchungssatz.   *Nennen Sie den Buchungssatz.*

Beispiel 1: Bestandsmehrung. Zu Beginn des Geschäftsjahres beträgt der Lagerbestand an Rohstoffen 50 000,00 DM. Während des Geschäftsjahres wurden Rohstoffe im Nettowert von 200 000,00 DM eingekauft. Zum Schluß des Geschäftsjahres beträgt der Bestand an Rohstoffen lt. Inventur 70 000,00 DM.

① Buchung des Anfangsbestandes an Rohstoffen:

    2000 Rohstoffe .... an 8000 Eröffnungsbilanzkonto 50 000,00

② Buchung des Materialeinkaufs direkt als Aufwand:

    6000 Aufwendungen f. Rohstoffe 200 000,00
    2600 Vorsteuer 30 000,00
        an 4400 Verbindlichkeiten a. LL 230 000,00

③ Buchung des Schlußbestandes an Rohstoffen:

    8010 Schlußbilanzkonto an 2000 Rohstoffe 70 000,00

④ Umbuchung der Bestandsveränderung (Mehrbestand):

    2000 Rohstoffe .... an 6000 Aufwendungen f. Rohstoffe ... 20 000,00

⑤ Abschluß des Kontos „6000 Aufwendungen für Rohstoffe":

    8020 GuV-Konto .... an 6000 Aufwendungen f. Rohstoffe ... 180 000,00

S	2000 Rohstoffe	H		S	6000 Aufwendungen f. Rohstoffe	H
AB ①	50 000,00	SB ③	70 000,00	4400 ② 200 000,00	2000 ④	20 000,00
6000 ④	20 000,00				GuV ⑤	180 000,00

S	8010 Schlußbilanzkonto	H		S	8020 GuV-Konto	H
2000 ③	70 000,00			6000 ⑤	180 000,00	

Beispiel 2: Bestandsminderung. Die Angaben des 1. Beispiels werden bis auf den Schlußbestand an Rohstoffen, der jetzt 10 000,00 DM betragen soll, übernommen.

S	2000 Rohstoffe	H		S	6000 Aufwendungen f. Rohstoffe	H
AB ①	50 000,00	SB ③	10 000,00	4400 ② 200 000,00	GuV ⑤	240 000,00
		6000 ④	40 000,00 ➡	2000 ④ 40 000,00		

S	8010 Schlußbilanzkonto	H		S	8020 GuV-Konto	H
2000 ③	10 000,00			6000 ⑤	240 000,00	

Nennen Sie selbst jeweils den Buchungssatz für die Erfassung des Schlußbestandes an Rohstoffen ③, die Umbuchung des Minderbestandes an Rohstoffen ④ sowie den Abschluß des Kontos „6000 Aufwendungen für Rohstoffe" ⑤.

Merke: Werden die Materialeinkäufe direkt als Aufwand erfaßt, ergibt sich der tatsächliche Materialverbrauch auf den Aufwandskonten der Kontengruppe 60 erst nach Berücksichtigung der Bestandsveränderungen der Kontengruppe 20.

Wert der Materialeinkäufe	Wert der Materialeinkäufe
− Mehrbestand an Material	+ Minderbestand an Material
= Materialverbrauch	= Materialverbrauch

Unterkonten der Materialaufwandskonten. Werden Materialeinkäufe direkt als Aufwand in der Kontengruppe 60 gebucht, sind auch Bezugskosten und Lieferernachlässe in der Kontengruppe 60 auf entsprechenden Unterkonten zu erfassen[1]:

6000 Aufwendungen für Rohstoffe	6010 Aufwendungen für Fremdbauteile
6001 Bezugskosten für Rohstoffe	6011 Bezugskosten für Fremdbauteile
6002 Nachlässe für Rohstoffe	6012 Nachlässe für Fremdbauteile
6020 Aufwendungen für Hilfsstoffe	**6030 Aufwendungen für Betriebsstoffe**
6021 Bezugskosten für Hilfsstoffe	6031 Bezugskosten für Betriebsstoffe
6022 Nachlässe für Hilfsstoffe	6032 Nachlässe für Betriebsstoffe

Merke: Materialrücksendungen an die Lieferer sind direkt auf der Habenseite des entsprechenden Aufwandskontos der Kontengruppe 60 zu buchen.

Beispiel: Auf den Konten 2600, 4400, 6000, 6001 und 6002 sind zu buchen:
1. Rohstoffeinkauf auf Ziel: 50 000,00 DM + USt
2. Eingang der Speditionsrechnung: 2 000,00 DM + USt
3. Wir schicken beschädigte Rohstoffe zurück: 3 000,00 DM netto + USt
4. Nachträglicher Preisnachlaß des Lieferers (Fall 1): 4 600,00 DM brutto

```
                                                           S           H
Buchungen: ① 6000  Aufwendungen für Rohstoffe .........  50 000,00
              2600  Vorsteuer ..........................   7 500,00
              an  4400  Verbindlichkeiten a. LL ........              57 500,00
           ② 6001  Bezugskosten für Rohstoffe .........   2 000,00
              2600  Vorsteuer ..........................     300,00
              an  4400  Verbindlichkeiten a. LL ........               2 300,00
           ③ 4400  Verbindlichkeiten a. LL ..............   3 450,00
              an  6000  Aufwendungen für Rohstoffe ...               3 000,00
              an  2600  Vorsteuer ......................                 450,00
           ④ 4400  Verbindlichkeiten a. LL ..............   4 600,00
              an  6002  Nachlässe für Rohstoffe ........               4 000,00
              an  2600  Vorsteuer ......................                 600,00
```

S	6000 Aufwendungen für Rohstoffe		H	S	2600 Vorsteuer		H
①	50 000,00	③	3 000,00	①	7 500,00	③	450,00
⑤	2 000,00	⑥	4 000,00	②	300,00	④	600,00
S	6001 Bezugskosten für Rohstoffe		H	S	4400 Verbindlichkeiten a. LL		H
②	2 000,00	⑤	2 000,00	③	3 450,00	①	57 500,00
S	6002 Nachlässe für Rohstoffe		H	④	4 600,00	②	2 300,00
⑥	4 000,00	④	4 000,00				

1. Nennen Sie die Buchungssätze für die Umbuchung der Bezugskosten ⑤ und Nachlässe ⑥.
2. Wie hoch ist der Rohstoffverbrauch auf dem Konto 6000, wenn sich auf dem Konto „2000 Rohstoffe" a) ein Mehrbestand von 10 000,00 DM, b) ein Minderbestand von 30 000,00 DM ergibt?

Soll	6000 Aufwendungen für Rohstoffe	Haben
Einkauf von Rohstoffen	Rücksendungen an Lieferer	
	Nachlässe von Lieferern	
Bezugskosten für Rohstoffe	Mehrbestand an Rohstoffen	
Minderbestand an Rohstoffen	**Saldo = Verbrauch an Rohstoffen**	

---

[1] **Wareneinkäufe** können in der gleichen Weise **direkt in der Kontengruppe 60** gebucht werden.

Aufgaben – Fragen

123 In der Maschinenbau GmbH betrug zu Beginn des Geschäftsjahres der Bestand an Rohstoffen 70 000,00 DM, an Hilfsstoffen 30 000,00 DM. Zum Jahresabschluß ergab die Inventur bei Rohstoffen einen Bestand von 120 000,00 DM und bei Hilfsstoffen von 10 000,00 DM. Während des Geschäftsjahres wurden Rohstoffe insgesamt für 450 000,00 DM netto + USt und Hilfsstoffe für 50 000,00 DM netto + USt auf Ziel eingekauft.
1. Richten Sie folgende Konten ein: 2000, 2020, 2600, 4400, 6000, 6020, 8000, 8010, 8020.
2. Buchen Sie auf Konten, und nennen Sie den Buchungssatz für die Buchung
   a) des Anfangs- und Schlußbestandes der Roh- und Hilfsstoffe,
   b) der Materialeinkäufe direkt als Aufwand,
   c) der Bestandsveränderungen bei Rohstoffen und Hilfsstoffen sowie
   d) zum Abschluß der Konten 6000 und 6020.

124 Die Metall GmbH erfaßt die Materialeinkäufe verbrauchs- bzw. fertigungssynchron. Buchen Sie die folgenden Geschäftsfälle, bilden Sie die Buchungssätze, und schließen Sie die Konten 2000, 6000, 6001 und 6002 über SBK bzw. GuV ab. Wie hoch ist der Rohstoffverbrauch?

Auszug aus der Saldenbilanz der Metall GmbH	Soll	Haben
2000 Rohstoffe	150 000,00	—
2600 Vorsteuer	10 000,00	—
4400 Verbindlichkeiten a. LL	—	160 000,00
6000 Aufwendungen für Rohstoffe	280 000,00	—
6001 Bezugskosten für Rohstoffe	7 000,00	—
6002 Nachlässe für Rohstoffe	—	12 000,00

Geschäftsfälle:
1. Zieleinkauf von Rohstoffen: 60 000,00 DM netto + 9 000,00 DM USt 69 000,00
2. Bezugskosten hierauf lt. ER 354: 3 000,00 DM netto + 450,00 DM USt 3 450,00
3. Preisnachlaß unseres Rohstofflieferers wegen Mängelrüge: brutto 5 750,00
4. Rücksendung beschädigter Rohstoffe an den Lieferer, netto 1 500,00
5. Schlußbestand an Rohstoffen lt. Inventur 180 000,00

125

Auszug aus der Saldenbilanz der Fertigbau GmbH	Soll	Haben
2000 Rohstoffe	450 000,00	—
2010 Fremdbauteile	80 000,00	—
2600 Vorsteuer	25 000,00	—
4400 Verbindlichkeiten a. LL	—	120 000,00
6000 Aufwendungen für Rohstoffe	320 000,00	—
6001 Bezugskosten für Rohstoffe	15 000,00	—
6002 Nachlässe für Rohstoffe	—	12 000,00
6010 Aufwendungen für Fremdbauteile	95 000,00	—
6011 Bezugskosten für Fremdbauteile	4 000,00	—
6012 Nachlässe für Fremdbauteile	—	5 000,00
Abschlußkonten: 8010 und 8020		

Schlußbestände lt. Inventur: Rohstoffe 150 000,00 DM; Fremdbauteile 100 000,00 DM
1. Buchen Sie noch folgende Geschäftsfälle:
   a) Einkauf von Fremdbauteilen lt. ER 456: 25 000,00 DM + USt
   b) Nachträglicher Preisnachlaß des Lieferers auf ER 456: 10 %
   c) Rücksendungen beanstandeter Rohstoffe an den Lieferer: 5 000,00 DM netto
2. Welche betriebswirtschaftlichen Vorteile hat die fertigungssynchrone Anlieferung des Materials („Just-in-Time")? Welche Kosten können im einzelnen eingespart werden?
3. a) Materialverbrauch = Materialeinkauf ? Mehrbestand an Material
   b) Materialverbrauch = Materialeinkauf ? Minderbestand an Material

126 Für die Erfassung der Materialeinkäufe gibt es zwei Methoden:
1. Bestandskontenmethode: Buchung auf Bestandskonten der Klasse 2
2. Aufwandskontenmethode: Buchung auf Aufwandskonten der Klasse 6

Nennen Sie zu den folgenden Geschäftsfällen jeweils den Buchungssatz nach beiden Methoden.
Kontenplan für die Bestandskontenmethode: 2000, 2001, 2002, 2010, 2011, 2012.
Kontenplan für die Aufwandskontenmethode: 6000, 6001, 6002, 6010, 6011, 6012.

1. ER 465 über Rohstoffe 20 000,00
   + Umsatzsteuer 3 000,00   23 000,00
2. Barzahlung der Fracht für Fall 1 800,00
   + Umsatzsteuer 120,00   920,00
3. Rücksendung von Rohstoffen 700,00
   + Umsatzsteuer 105,00   805,00
4. Lieferer gewährt uns Preisnachlaß für Rohstoffe 600,00
   + Umsatzsteuer 90,00   690,00
5. ER 467 für Fremdbauteile 60 000,00
   + Umsatzsteuer 9 000,00   69 000,00
6. Barzahlung von Rollgeld für ER 467 200,00
   + Umsatzsteuer 30,00   230,00
7. Rücksendung von Fremdbauteilen 1 500,00
   + Umsatzsteuer 225,00   1 725,00
8. Lieferer gewährt uns Preisnachlaß für Fremdbauteile 300,00
   + Umsatzsteuer 45,00   345,00

127 Buchen Sie die Geschäftsfälle nach der a) Bestands- und b) Aufwandsmethode.

Anfangsbestände:

2000 Rohstoffe 200 000,00	2800 Bankguthaben 45 000,00
2010 Fremdbauteile 130 000,00	3000 Eigenkapital 360 000,00
2400 Forderungen a. LL 25 000,00	4400 Verbindlichkeiten a. LL ... 40 000,00

Kontenplan: 2000, 2010, 2400, 2600, 2800, 3000, 4400, 4800, 5000, 6000, 6010, 8010, 8020.
Zusatzkonten für Bestandsmethode: 2001, 2002, 2012.
für Aufwandsmethode: 6001, 6002, 6012.

Geschäftsfälle:

1. ER 720 über Rohstoffe 20 000,00
   + Umsatzsteuer 3 000,00   23 000,00
2. Banküberweisung für Eingangsfracht (Fall 1) 500,00
   + Umsatzsteuer 75,00   575,00
3. Lieferer gewährt uns aufgrund unserer Mängelrüge
   Preisnachlaß für Rohstoffe 600,00
   für Fremdbauteile 700,00
   + Umsatzsteuer 195,00   1 495,00
4. ER 721 über Fremdbauteile 15 000,00
   + Umsatzsteuer 2 250,00   17 250,00
5. Rücksendung von Fremdbauteilen 800,00
   + Umsatzsteuer 120,00   920,00
6. AR 508 über Erzeugnisse unseres Betriebes 65 000,00
   + Umsatzsteuer 9 750,00   74 750,00

Abschlußangaben:
Schlußbestände lt. Inventur: Rohstoffe 180 000,00 DM; Fremdbauteile 140 000,00 DM.

Anfangsbestände:

0700	TA u. Maschinen	400 000,00	2400 Forderungen a. LL	29 000,00
0800	Andere Anlagen, BGA	60 000,00	2800 Bankguthaben	68 000,00
2000	Rohstoffe	50 000,00	2880 Kasse	3 000,00
2020	Hilfsstoffe	20 000,00	3000 Eigenkapital	470 000,00
2100	Unfertige Erzeugnisse	10 000,00	4250 Darlehensschulden	145 000,00
2200	Fertige Erzeugnisse	30 000,00	4400 Verbindlichkeiten a. LL ...	55 000,00

Kontenplan: 0700, 0800, 2000, 2020, 2100, 2200, 2400, 2600, 2800, 2880, 3000, 3001, 4250, 4400, 4800, 5000, 5001, 5200, 5420, 5710, 6000, 6001, 6002, 6020, 6021, 6022, 6200, 6520, 6700, 8010, 8020.

Geschäftsfälle (Aufwandskontenmethode bei Materialeinkäufen):

1. ER 621–624 über Rohstoffe 30 000,00
   ER 625–626 über Hilfsstoffe 10 000,00
   + Umsatzsteuer 6 000,00   46 000,00
2. Barzahlung der Bezugskosten für Rohstoffe 1 200,00
   für Hilfsstoffe 800,00
   + Umsatzsteuer 300,00   2 300,00
3. Banküberweisung von Kunden, Rechnungsbetrag 5 750,00
   – 2 % Skonto (brutto) 115,00   5 635,00
4. Rücksendung beschädigter Rohstoffe 800,00
   + Umsatzsteuer 120,00   920,00
5. Banküberweisung an Rohstofflieferer, Rechnungsbetrag 11 500,00
   – 2 % Skonto (brutto) 230,00   11 270,00
6. Hilfsstofflieferer gewährt uns Preisnachlaß 1 500,00
   + Umsatzsteuer 225,00   1 725,00
7. Privatentnahme von Erzeugnissen 700,00
   + Umsatzsteuer 105,00   805,00
8. Zinsgutschrift der Bank 600,00
9. Banküberweisung der Löhne 6 300,00
10. AR 728–736 über unsere Erzeugnisse 65 000,00
    + Umsatzsteuer 9 750,00   74 750,00
11. Bonusgutschrift des Rohstofflieferanten 1 000,00
    + Umsatzsteuer 150,00   1 150,00
12. Unsere Banküberweisung für Miete der Betriebsstätte 8 000,00
13. Banklastschrift für Darlehenstilgung 4 000,00

Abschlußangaben:

1. Abschreibungen: 7 000,00 DM auf TA u. Maschinen; 3 000,00 DM auf Andere Anlagen, BGA.
2. Schlußbestände lt. Inventur: Rohstoffe 60 000,00 DM, Hilfsstoffe 8 000,00 DM, Unfertige Erzeugnisse 15 000,00 DM, Fertige Erzeugnisse 22 000,00 DM.

129

In einem Geschäftsjahr beträgt der Rohstoffverbrauch zum 31.12. 600 000,00 DM.
Ermitteln Sie den Rohstoffeinkauf, wenn zum 31.12. 1. ein Mehrbestand an Rohstoffen in Höhe von 150 000,00 DM und 2. ein Minderbestand an Rohstoffen über 100 000,00 DM vorliegt.

130

Nennen Sie jeweils die Auswirkung auf den Rohstofflagerschlußbestand:
1. *Einkaufsmenge = Verbrauchsmenge*
2. *Einkaufsmenge > Verbrauchsmenge*
3. *Einkaufsmenge < Verbrauchsmenge*

2 Personalbereich
2.1 Grundlagen der Lohn- und Gehaltsabrechnung

Löhne und Gehälter. Das Arbeitsentgelt eines Arbeiters bezeichnet man als Lohn, das des Angestellten als Gehalt. Löhne und Gehälter sind für den Arbeitnehmer **Einkommen,** für den Arbeitgeber hingegen **Aufwendungen** (= Personalkosten).

Abzüge. Der Arbeitgeber ist gesetzlich verpflichtet, vom **Bruttoverdienst** der Arbeiter und Angestellten die Lohnsteuer, den Solidaritätszuschlag, die Kirchensteuer und den Anteil der Arbeitnehmer an der gesetzlichen Kranken-, Pflege-, Renten- und Arbeitslosenversicherung **einzubehalten** und **bis zum 10. des Folgemonats** an das Finanzamt und die jeweilige Krankenkasse zu **überweisen.** Nach Abzug der Steuern und des Arbeitnehmeranteils zur Sozialversicherung ergibt sich der **Nettoverdienst.**

Das Kindergeld wird im Regelfall **vom Arbeitgeber** mit dem Lohn oder Gehalt **ausgezahlt** und **mit der an das Finanzamt abzuführenden Lohnsteuer verrechnet.** Es beträgt für das erste und zweite Kind je 220,00 DM, für das dritte 300,00 DM und für jedes weitere Kind je 350,00 DM.[1]

Bruttogehalt/-lohn	Abzüge
– **Steuern**	○ Lohnsteuer (LSt) ○ Solidaritätszuschlag (7,5 % der LSt) ○ Kirchensteuer (8 bzw. 9 % der LSt)
– **Arbeitnehmeranteil zur gesetzlichen Sozialversicherung**	○ Krankenversicherung ○ Pflegeversicherung ○ Rentenversicherung ○ Arbeitslosenversicherung
Nettogehalt/-lohn + Kindergeld = Auszahlung	

2.1.1 Lohn- und Kirchensteuerabzug

Der Lohnsteuer unterliegen alle Einkünfte aus **nichtselbständiger** Arbeit. Sie richtet sich nach der **Höhe des Arbeitslohnes,** der **Steuerklasse** und möglichen **Freibeträgen** (z.B. für Behinderte). Der Grundfreibetrag ist lohnsteuerfrei: 12 095,00 DM für Ledige und 24 191,00 DM für Verheiratete.[1] Es gibt **sechs Lohnsteuerklassen:**

Steuerklasse	Zuordnung der Arbeitnehmer
I	Nicht verheiratete, verwitwete oder geschiedene Arbeitnehmer sowie Verheiratete, die ständig getrennt leben.
II	Arbeitnehmer der Steuerklasse I, sofern sie mindestens ein Kind haben.
III	Verheiratete, jedoch nicht ständig getrennt lebende Arbeitnehmer, deren Ehegatte keinen Arbeitslohn bezieht oder in die Steuerklasse V eingeordnet ist.
IV	Verheiratete, nicht ständig getrennt lebende Arbeitnehmer, wenn beide Arbeitslohn beziehen.
V	Verheiratete, nicht ständig getrennt lebende Ehegatten, die beide Arbeitslohn beziehen, wobei ein Ehegatte auf gemeinsamen Antrag in Steuerklasse III ist.
VI	Bezieht ein Arbeitnehmer Arbeitslohn von mehreren Arbeitgebern, wird auf der zweiten und jeder weiteren Lohnsteuerkarte die Steuerklasse VI eingetragen.

1 Stand 1997

Steuerpflichtiges und steuerfreies Arbeitsentgelt. Grundsätzlich sind alle Einnahmen, die ein Arbeitnehmer aus einem Arbeitsverhältnis erzielt, lohnsteuerpflichtig. Es gibt aber auch Arbeitsentgelte, die in bestimmten Grenzen steuerfrei sind:

Lohnsteuerpflichtiger Arbeitslohn	Lohnsteuerfreier Arbeitslohn
– Löhne und Gehälter – Zulagen (z.B. Schmutzzulage) – Zuschläge (z.B. für Überstunden) – Urlaubsgeld – Weihnachtsgratifikationen u.a.	– Zuwendungen zum 25jährigen Dienstjubiläum bis 1200,00 DM[1] – Heiratsbeihilfen bis 700,00 DM[1] – Geburtsbeihilfen bis 700,00 DM[1] u.a.

Solidaritätszuschlag. Zur Finanzierung der deutschen Einheit wird seit 01.01.1995 ein Solidaritätszuschlag in Höhe von **7,5 %** der Lohnsteuer erhoben.

Die Kirchensteuer ist nicht in allen Bundesländern einheitlich hoch. Sie beträgt
- in Baden-Württemberg, Bayern, Bremen und Hamburg **8 %** und
- in den übrigen Bundesländern **9 %** der Lohnsteuer.

Kinderfreibetrag. Im Gegensatz zur Lohnsteuer wird bei der Bemessung der Kirchensteuer und des Solidaritätszuschlages die Anzahl der Kinder berücksichtigt. Jedes Kind wird auf der Lohnsteuerkarte mit dem Zähler 0,5 (= 288,00 DM monatlicher Kinderfreibetrag) eingetragen. Der Zähler erhöht sich auf 1,0 (= 576,00 DM) bei verheirateten und nicht dauernd getrennt lebenden Arbeitnehmern.[1]

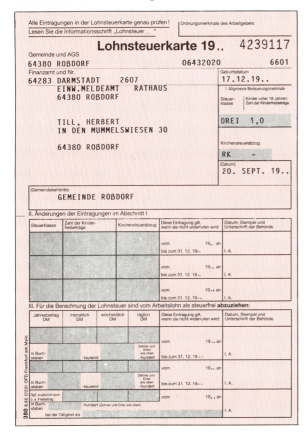

Lohnsteuerkarte. § 39 EStG bestimmt, daß die **Gemeinden** den steuerpflichtigen Arbeitnehmern eine nach amtlichem Muster vorgeschriebene Lohnsteuerkarte auszustellen haben. Die Lohnsteuerkarte legt der Arbeitnehmer zu Beginn eines jeden Jahres seinem Arbeitgeber vor. Er erhält sie am Jahresende nach dem Eintrag des Jahresarbeitslohnes und des Steuerabzugs zur Durchführung der Antragsveranlagung oder zur Abgabe der Einkommensteuererklärung beim Finanzamt zurück. Die Lohnsteuerkarte enthält **alle für die Lohnsteuerberechnung wichtigen Angaben** über den Steuerpflichtigen.

Nennen und erläutern Sie die für die Berechnung der Lohn- und Kirchensteuer wichtigen Daten der nebenstehenden Lohnsteuerkarte.

---
[1] Stand 1997

Aus Lohnsteuertabellen können für jeden steuerpflichtigen Arbeitnehmer die Lohnsteuer, der Solidaritätszuschlag und die Kirchensteuer abgelesen werden. Die Tabellen berücksichtigen die jeweilige Steuerklasse, die Kinderfreibetragszahl und andere Freibeträge, die in der Tabelle bereits berücksichtigt sind, wie z. B. den Pauschbetrag für Werbungskosten des Arbeitnehmers in Höhe von 2 000,00 DM. Es gibt Abzugstabellen für tägliche, wöchentliche und monatliche Lohnzahlung. Darüber hinaus wird umfangreiche Tabellensoftware für eine PC-Anwendung angeboten.

Beispiel: Der kaufmännische Angestellte Herbert Till (siehe Lohnsteuerkarte auf S. 131) ist verheiratet und hat ein Kind. Seine Frau bezieht keinen Arbeitslohn. Beide Ehepartner gehören der katholischen Kirche an. Lohn- und Kirchensteuer sowie der Solidaritätszuschlag können aus der nachstehenden Tabelle abgelesen werden.

Tarifgehalt nach der Gehaltstafel	4 408,00 DM
Kindergeld	220,00 DM
Steuerklasse	III
Kinderfreibetragszahl	1,0
Lohnsteuer	373,83 DM
Solidaritätszuschlag	2,06 DM
Kirchensteuer	20,90 DM
Steuerabzüge insgesamt	**396,79 DM**

In der Lohn- und Gehaltsbuchhaltung wird **für jeden Arbeitnehmer** ein besonderes **Lohnkonto** geführt, das monatlich **folgende Daten** erfaßt:

> Tarifgehalt bzw. Tariflohn, Zulagen, Zuschläge, Bruttoverdienst, (Kindergeld); Abzüge: Lohnsteuer, Solidaritätszuschlag, Kirchensteuer, Krankenversicherung, Pflegeversicherung, Rentenversicherung, Arbeitslosenversicherung; steuerfreie Zuwendungen, Vorschuß, Nettoauszahlung.

Die Lohnabrechnungen der Arbeiter werden in einer **Lohnliste** zusammengestellt, die Gehaltsabrechnungen der Angestellten in einer **Gehaltsliste**. Lohn- und Gehaltsliste bilden dann den **Sammelbeleg für die Buchung der Löhne und Gehälter** (siehe Beispiel auf Seite 140).

Aufgabe

131 In der Metallbau GmbH sind sieben Angestellte beschäftigt. Die folgende Tabelle weist für den Monat Januar das jeweilige Bruttogehalt und die persönlichen Daten der Angestellten aus:

Nr.	Name	Tarifgehalt	Familienstand	Sonstige Hinweise
1	W. Beyer	4 404,00 DM	verheiratet, 1,0 Kinderfreibetrag	St.-Klasse V für Ehefrau
2	A. Fellner	4 418,00 DM	ledig	—
3	B. Hübner	4 428,00 DM	geschieden, 0,5 Kinderfreibetrag	—
4	G. Lamper	4 432,00 DM	verheiratet, keine Kinder	St.-Klasse IV für Ehefrau
5	R. Schmidt	4 436,00 DM	ledig	—
6	J. Steiner	4 421,00 DM	verheiratet, keine Kinder	—
7	H. Winter	4 395,00 DM	verwitwet, keine Kinder	—

1. Bestimmen Sie für jeden Angestellten die Lohnsteuerklasse.
2. Ermitteln Sie anhand der nebenstehenden Lohnsteuertabelle für jeden Angestellten
   a) die Lohnsteuer,   b) die Kirchensteuer   und   c) den Solidaritätszuschlag.

Auszug aus der Lohnsteuertabelle für monatliche Lohn- und Gehaltszahlung[1]

Lohn/Gehalt bis DM		Abzüge an Lohnsteuer, Solidaritätszuschlag (SolZ) und Kirchensteuer (9%) in den Steuerklassen																		
		I–VI			**I, II, III, IV**															
		ohne Kinderfreibeträge			mit Zahl der Kinderfreibeträge ...															
					0,5		1		1,5		2		2,5		3		3,5		4	
		LSt	SolZ	KiSt	LSt	SolZ	KiSt	SolZ	KiSt	SolZ	KiSt	SolZ	KiSt	SolZ	KiSt	SolZ	KiSt	SolZ	KiSt	SolZ	KiSt
4 392,15	I,IV	833,50	62,51	75,01	833,50	56,32	67,59	50,23	60,28	44,26	53,11	38,38	46,06	32,62	39,15	26,96	32,35	21,41	25,69	15,96	19,15
	II	686,50	51,48	61,78	686,50	45,48	54,58	39,59	47,51	33,80	40,56	28,12	33,75	22,55	27,05	17,08	20,49	9,05	14,06	–	7,75
	III	371,33	27,85	33,41	371,33	15,66	27,02	1,60	20,70	–	14,42	–	8,23	–	2,09	–	–	–	–	–	–
	V	1381,83	103,63	124,36																	
	IV				833,50	59,40	71,28	56,32	67,59	53,26	63,92	50,23	60,28	47,23	56,68	44,26	53,11	41,31	49,57	38,38	46,06
	VI	1456,16	109,21	131,05																	
4 396,65	I,IV	835,–	62,62	75,15	835,–	56,45	67,71	50,34	60,41	44,36	53,23	38,48	46,18	32,72	39,26	27,06	32,47	21,50	25,80	16,05	19,26
	II	687,91	51,59	61,91	687,91	45,59	54,71	39,69	47,63	33,90	40,68	28,22	33,86	22,64	27,17	17,17	20,61	9,30	14,17	–	7,85
	III	371,33	27,85	33,41	371,33	15,66	27,02	1,60	20,70	–	14,42	–	8,23	–	2,09	–	–	–	–	–	–
	V	1383,83	103,78	124,54																	
	IV				835,–	59,51	71,41	56,43	67,71	53,37	64,04	50,34	60,41	47,34	56,81	44,36	53,23	41,41	49,69	38,48	46,18
	VI	1458,16	109,36	131,23																	
4 401,15	I,IV	836,41	62,73	75,27	836,41	56,53	67,84	50,45	60,53	44,46	53,36	38,58	46,30	32,81	39,38	27,15	32,58	21,60	25,92	16,15	19,37
	II	689,33	51,70	62,03	689,33	45,69	54,83	39,80	47,75	34,–	40,80	28,31	33,98	22,74	27,29	17,26	20,72	9,53	14,27	–	7,97
	III	371,33	27,85	33,41	371,33	15,66	27,02	1,60	20,70	–	14,42	–	8,23	–	2,09	–	–	–	–	–	–
	V	1385,66	103,92	124,70																	
	IV				836,41	59,61	71,54	56,53	67,84	53,48	64,17	50,45	60,53	47,44	56,93	44,46	53,36	41,51	49,81	38,58	46,30
	VI	1460,16	109,51	131,41																	
4 405,65	I,IV	837,83	62,83	75,40	837,83	56,64	67,97	50,55	60,66	44,56	53,48	38,69	46,43	32,91	39,50	27,25	32,70	21,69	26,03	16,24	19,49
	II	690,75	51,80	62,16	690,75	45,80	54,95	39,90	47,88	34,10	40,92	28,41	34,10	22,83	27,40	17,36	20,83	9,78	14,39	–	8,07
	III	373,83	28,03	33,64	373,83	16,13	27,23	2,06	20,90	–	14,65	–	8,44	–	2,30	–	–	–	–	–	–
	V	1387,66	104,07	124,88																	
	IV				837,83	59,72	71,66	56,64	67,97	53,58	64,29	50,55	60,66	47,55	57,06	44,56	53,48	41,61	49,94	38,69	46,43
	VI	1462,16	109,66	131,59																	
4 410,15	I,IV	839,25	62,94	75,53	839,25	56,75	68,09	50,65	60,78	44,66	53,60	38,79	46,55	33,01	39,62	27,35	32,81	21,78	26,14	16,33	19,60
	II	692,08	51,90	62,29	692,08	45,90	55,08	40,–	47,99	34,20	41,04	28,51	34,21	22,93	27,51	17,45	20,94	10,03	14,50	–	8,18
	III	373,83	28,03	33,64	373,83	16,13	27,23	2,06	20,90	–	14,65	–	8,44	–	2,30	–	–	–	–	–	–
	V	1389,83	104,23	125,08																	
	IV				839,25	59,83	71,79	56,75	68,09	53,68	64,42	50,65	60,78	47,65	57,17	44,66	53,60	41,71	50,06	38,79	46,55
	VI	1464,33	109,82	131,78																	
4 414,65	I,IV	840,75	63,05	75,66	840,75	56,85	68,22	50,76	60,90	44,77	53,73	38,89	46,67	33,11	39,74	27,45	32,94	21,88	26,26	16,43	19,71
	II	693,50	52,01	62,41	693,50	46,–	55,19	40,10	48,11	34,30	41,15	28,61	34,33	23,02	27,63	17,55	21,06	10,26	14,60	–	8,29
	III	376,33	28,22	33,86	376,33	16,63	27,46	2,56	21,13	–	14,86	–	8,65	–	2,52	–	–	–	–	–	–
	V	1391,66	104,37	125,24																	
	IV				840,75	59,94	71,93	56,85	68,22	53,79	64,55	50,76	60,90	47,75	57,30	44,77	53,73	41,81	50,18	38,89	46,67
	VI	1466,16	109,96	131,95																	
4 419,15	I,IV	842,16	63,16	75,79	842,16	56,96	68,35	50,86	61,03	44,87	53,85	38,99	46,79	33,21	39,85	27,54	33,05	21,98	26,37	16,52	19,82
	II	694,91	52,11	62,54	694,91	46,10	55,32	40,20	48,24	34,40	41,27	28,70	34,44	23,12	27,74	17,64	21,17	10,51	14,72	–	8,39
	III	376,33	28,22	33,86	376,33	16,63	27,46	2,56	21,13	–	14,86	–	8,65	–	2,52	–	–	–	–	–	–
	V	1393,66	104,52	125,42																	
	IV				842,16	60,05	72,05	56,96	68,35	53,90	64,67	50,86	61,03	47,85	57,42	44,87	53,85	41,91	50,30	38,99	46,79
	VI	1468,33	110,12	132,14																	
4 423,65	I,IV	843,58	63,26	75,92	843,58	57,06	68,48	50,96	61,16	44,97	53,96	39,09	46,91	33,31	39,97	27,64	33,17	22,07	26,48	16,61	19,93
	II	696,25	52,21	62,66	696,25	46,20	55,44	40,30	48,35	34,50	41,40	28,80	34,56	23,21	27,86	17,73	21,28	10,76	14,83	–	8,51
	III	378,66	28,40	34,07	378,66	17,13	27,68	3,03	21,34	–	15,07	–	8,86	–	2,72	–	–	–	–	–	–
	V	1395,66	104,67	125,60																	
	IV				843,58	60,15	72,18	57,06	68,48	54,–	64,80	50,96	61,16	47,96	57,55	44,97	53,96	42,02	50,42	39,09	46,91
	VI	1470,50	110,28	132,34																	
4 428,15	I,IV	845,–	63,37	76,05	845,–	57,17	68,60	51,07	61,29	45,08	54,09	39,19	47,03	33,41	40,09	27,73	33,28	22,16	26,60	16,70	20,04
	II	697,66	52,32	62,78	697,66	46,31	55,57	40,40	48,47	34,60	41,51	28,90	34,68	23,31	27,97	17,83	21,39	11,–	14,94	–	8,61
	III	378,66	28,40	34,07	378,66	17,13	27,68	3,03	21,34	–	15,07	–	8,86	–	2,72	–	–	–	–	–	–
	V	1397,66	104,82	125,78																	
	IV				845,–	60,26	72,31	57,17	68,60	54,10	64,92	51,07	61,29	48,06	57,67	45,08	54,09	42,12	50,54	39,19	47,03
	VI	1472,50	110,43	132,52																	
4 432,65	I,IV	846,50	63,48	76,18	846,50	57,28	68,73	51,17	61,40	45,18	54,21	39,29	47,15	33,51	40,21	27,83	33,40	22,26	26,71	16,80	20,16
	II	699,08	52,43	62,91	699,08	46,41	55,69	40,50	48,60	34,70	41,63	29,–	34,79	23,40	28,08	17,92	21,51	11,25	15,05	–	8,72
	III	381,16	28,58	34,30	381,16	17,60	27,90	3,53	21,56	–	15,30	–	9,09	–	2,93	–	–	–	–	–	–
	V	1399,66	104,97	125,96																	
	IV				846,50	60,36	72,44	57,28	68,73	54,21	65,05	51,17	61,40	48,16	57,80	45,18	54,21	42,22	50,67	39,29	47,15
	VI	1474,66	110,60	132,71																	
4 437,15	I,IV	847,91	63,59	76,31	847,91	57,38	68,86	51,28	61,53	45,28	54,34	39,39	47,27	33,61	40,33	27,93	33,51	22,36	26,83	16,89	20,27
	II	700,50	52,53	63,04	700,50	46,51	55,82	40,60	48,72	34,80	41,76	29,10	34,92	23,50	28,20	18,01	21,62	11,50	15,16	–	8,83
	III	381,16	28,58	34,30	381,16	17,60	27,90	3,53	21,56	–	15,30	–	9,09	–	2,93	–	–	–	–	–	–
	V	1401,66	105,12	126,14																	
	IV				847,91	60,47	72,56	57,38	68,86	54,31	65,18	51,28	61,53	48,26	57,92	45,28	54,34	42,32	50,78	39,39	47,27
	VI	1476,50	110,73	132,88																	

Quelle: Stollfuß Gesamtabzugstabelle/Monat 01.01.1996, S. 109

2.1.2 Sozialversicherungsabzüge

Die gesetzliche Sozialversicherung besteht aus der Rentenversicherung, der Krankenversicherung, der Arbeitslosenversicherung und der Pflegeversicherung. Der **Sozialversicherungsbeitrag** für den einzelnen Arbeiter und Angestellten wird **je zur Hälfte** vom Arbeitnehmer und Arbeitgeber getragen. Der **Arbeitnehmeranteil** wird vom Bruttoverdienst **einbehalten**. Der **Arbeitgeberanteil** zum Sozialversicherungs-

---

[1] Für das Bearbeiten der Aufgaben ist es nicht von Bedeutung, aus welchem Jahr die im Buch enthaltenen Abzugstabellen stammen. **Zusatzaufgabe:** Beschaffen Sie sich aktuelle Tabellen in der Personalabteilung Ihres Ausbildungsbetriebes, bei der Krankenkasse oder über den örtlichen Buchhandel, und lösen Sie die folgenden Aufgaben auch mit Hilfe dieser Tabellen.

beitrag **ist zusätzlicher Personalaufwand,** ebenso die Beiträge zur **gesetzlichen Unfallversicherung** der Arbeitnehmer bei der Berufsgenossenschaft.

Für die Berechnung der Beiträge werden von Jahr zu Jahr bestimmte **Beitragsprozentsätze** und **Beitragsbemessungsgrenzen** (= Höchstgrenzen) festgelegt:

Versicherungszweig	Beitragssatz in %[1]	Beitragsbemessungsgrenze[1]
– **Krankenversicherung (KV)**	11 bis 16 % je nach Krankenkasse	75 % der Bemessungsgrenze zur Rentenversicherung: 6 150,00 DM monatlich
– **Pflegeversicherung (P)**	1,7 %	6 150,00 DM monatlich
– **Rentenversicherung (RV)**	20,3 %	8 200,00 DM monatlich
– **Arbeitslosenversicherung (ALV)**	6,5 %	Bemessungsgrenze der Rentenversicherung: 8 200,00 DM monatlich

Abzugstabelle. Die **Beiträge** zur Sozialversicherung werden wie die Lohn- und Kirchensteuer **vom Bruttoarbeitsentgelt** des Arbeitnehmers berechnet. Die Abzugstabellen weisen jeweils nur den **Arbeitnehmeranteil (= 50 %)** zur Kranken-, Pflege-, Renten- und Arbeitslosenversicherung aus. Für PC-Anwendung gibt es Software.

Beitragsgruppen. Die Abzugstabellen sind entsprechend den Zweigen der Sozialversicherung in Beitragsgruppen unterteilt, die ein schnelles Ablesen der einzelnen Beiträge zur Kranken-, Pflege-, Renten- und Arbeitslosenversicherung erlauben:

G: allgemeiner Beitrag zur Krankenversicherung **(KV)**
P: Beitrag zur Pflegeversicherung **(P)**
K/L: Beitrag zur Rentenversicherung **(RV)**: K = Arbeiter; L = Angestellte
M: Beitrag zur Arbeitslosenversicherung **(ALV)**

Beispiel: Der Angestellte H. Till (s. S. 132) bezieht ein steuerpflichtiges Bruttogehalt von 4 408,00 DM. Seine Beiträge zur Sozialversicherung werden nach den Gruppen G/P/L/M berechnet, wobei ein Krankenkassenbeitrag von 13,5 % zugrunde gelegt ist. Seine Abzüge an Sozialversicherungsbeiträgen sind in der nebenstehenden Tabelle in der Zeile „bis 4 410,15" abzulesen:

Bruttoarbeitsentgelt	KV (G)	P	RV (L)	ALV (M)	Arbeitnehmeranteil zur Sozialversicherung
4 408,00	297,53	37,47	423,16	143,26	901,42

Der Arbeitgeberanteil zur Sozialversicherung beträgt dann ebenfalls **901,42 DM**. Gesamter Beitrag zur Sozialversicherung des Arbeitnehmers Till: **1 802,84 DM**.

Nettogehalt und Auszahlungsbetrag errechnen sich nun wie folgt:

Bruttogehalt		4 408,00 DM
– Abzüge für		
Lohn- und Kirchensteuer sowie Solidaritätszuschlag (s. S. 132)	396,79 DM	
Arbeitnehmeranteil zur Sozialversicherung (s. o.)	901,42 DM	1 298,21 DM
Nettogehalt		3 109,79 DM
+ Kindergeld		220,00 DM
Auszahlungsbetrag		3 329,79 DM

---

[1] Stand 1997. In den neuen Bundesländern sind die Bemessungsgrenzen z. Z. noch niedriger.

Auszug aus der Gesamtabzugstabelle für monatliche Lohn- und Gehaltszahlung[1]

Abzüge für Krankenversicherung (KV) bei einem Beitrag zur Krankenversicherung (in %) von																	Abzüge für RV ALV P
11,4	11,5	11,6	11,7	11,8	11,9	12,0	12,1	12,2	Arbeitsentgelt bis DM	12,3	12,4	12,5	12,6	12,7	12,8	12,9	13,0
13,3	13,4	13,5	13,6	13,7	13,8	13,9	14,0	14,1		14,2	14,3	14,4	14,5	14,6	14,7	14,8	14,9
15,2	15,3	15,4	15,5	15,6	15,7	15,8	15,9	16,0		16,1	16,2	16,3	16,4	16,5	16,6	16,7	16,8
Gruppe G	Gruppe G	Gruppe G	Gruppe G	Gruppe G	Gruppe G	Gruppe G	Gruppe G	Gruppe G		Gruppe G	Gruppe G	Gruppe G	Gruppe G	Gruppe G	Gruppe G	Gruppe G	Gruppe G	Gruppe K/L M P
250,22	252,42	254,61	256,81	259,—	261,20	263,39	265,59	267,78	4 392,15	269,98	272,17	274,37	276,56	278,76	280,95	283,15	285,34	421,43 142,67
291,93	294,12	296,32	298,51	300,71	302,90	305,10	307,29	309,49		311,68	313,88	316,07	318,27	320,46	322,66	324,85	327,05	
333,63	335,83	338,02	340,22	342,41	344,61	346,80	349,—	351,19		353,39	355,58	357,78	359,97	362,17	364,36	366,56	368,75	37,31
250,48	252,68	254,88	257,07	259,27	261,47	263,66	265,86	268,06	4 396,65	270,26	272,45	274,65	276,85	279,04	281,24	283,44	285,64	421,86 142,82
292,23	294,42	296,62	298,82	301,02	303,21	305,41	307,61	309,81		312,—	314,20	316,40	318,59	320,79	322,99	325,19	327,38	
333,97	336,17	338,37	340,57	342,76	344,96	347,16	349,35	351,55		353,75	355,95	358,14	360,34	362,54	364,74	366,93	369,13	37,35
250,74	252,94	255,14	257,34	259,54	261,73	263,93	266,13	268,33	4 401,15	270,53	272,73	274,93	277,13	279,33	281,53	283,73	285,93	422,29 142,96
292,53	294,73	296,93	299,13	301,32	303,52	305,72	307,92	310,12		312,32	314,52	316,72	318,92	321,12	323,32	325,52	327,72	
334,32	336,52	338,72	340,91	343,11	345,31	347,51	349,71	351,91		354,11	356,31	358,51	360,71	362,91	365,11	367,31	369,51	37,39
250,99	253,20	255,40	257,60	259,80	262,—	264,20	266,41	268,61	4 405,65	270,81	273,01	275,21	277,41	279,62	281,82	284,02	286,22	422,73 143,11
292,83	295,03	297,23	299,43	301,63	303,83	306,04	308,24	310,44		312,64	314,84	317,04	319,25	321,45	323,65	325,85	328,05	
334,66	336,86	339,06	341,26	343,47	345,67	347,87	350,07	352,27		354,47	356,68	358,88	361,08	363,28	365,48	367,68	369,89	37,43
251,25	253,45	255,66	257,86	260,07	262,27	264,47	266,68	268,88	4 410,15	271,09	273,29	275,49	277,70	279,90	282,11	284,31	286,51	423,16 143,26
293,13	295,33	297,53	299,74	301,94	304,15	306,35	308,55	310,76		312,96	315,16	317,37	319,57	321,78	323,98	326,18	328,39	
335,—	337,20	339,41	341,61	343,82	346,02	348,22	350,43	352,63		354,84	357,04	359,24	361,45	363,65	365,86	368,06	370,26	37,47
251,51	253,71	255,92	258,13	260,33	262,54	264,74	266,95	269,16	4 414,65	271,36	273,57	275,78	277,98	280,19	282,39	284,60	286,81	423,59 143,40
293,42	295,63	297,84	300,04	302,25	304,46	306,66	308,87	311,07		313,28	315,49	317,69	319,90	322,11	324,31	326,52	328,72	
335,34	337,55	339,75	341,96	344,17	346,37	348,58	350,79	352,99		355,20	357,40	359,61	361,82	364,02	366,23	368,44	370,64	37,51
251,76	253,97	256,18	258,39	260,60	262,81	265,01	267,22	269,43	4 419,15	271,64	273,85	276,06	278,26	280,47	282,68	284,89	287,10	424,02 143,55
293,72	295,93	298,14	300,35	302,56	304,77	306,97	309,18	311,39		313,60	315,81	318,02	320,23	322,43	324,64	326,85	329,06	
335,68	337,89	340,10	342,31	344,52	346,73	348,94	351,14	353,35		355,56	357,77	359,98	362,19	364,39	366,60	368,81	371,02	37,54
252,02	254,23	256,44	258,65	260,86	263,07	265,28	267,49	269,71	4 423,65	271,92	274,13	276,34	278,55	280,76	282,97	285,18	287,39	424,45 143,70
294,02	296,23	298,44	300,66	302,87	305,08	307,29	309,50	311,71		313,92	316,13	318,34	320,55	322,76	324,97	327,18	329,39	
336,03	338,24	340,45	342,66	344,87	347,08	349,29	351,50	353,71		355,92	358,13	360,34	362,55	364,77	366,98	369,19	371,40	37,58
252,28	254,49	256,70	258,92	261,13	263,34	265,55	267,77	269,98	4 428,15	272,19	274,41	276,62	278,83	281,04	283,26	285,47	287,68	424,89 143,84
294,32	296,54	298,75	300,96	303,17	305,39	307,60	309,81	312,03		314,24	316,45	318,66	320,88	323,09	325,30	327,52	329,73	
336,37	338,58	340,79	343,01	345,22	347,43	349,65	351,86	354,07		356,28	358,50	360,71	362,92	365,14	367,35	369,56	371,78	37,62
252,53	254,75	256,96	259,18	261,39	263,61	265,82	268,04	270,25	4 432,65	272,47	274,68	276,90	279,12	281,33	283,55	285,76	287,98	425,32 143,99
294,62	296,84	299,05	301,27	303,48	305,70	307,91	310,13	312,34		314,56	316,77	318,99	321,20	323,42	325,63	327,85	330,06	
336,71	338,93	341,14	343,36	345,57	347,79	350,—	352,22	354,43		356,65	358,86	361,08	363,29	365,51	367,72	369,94	372,15	37,66
252,79	255,01	257,22	259,44	261,66	263,88	266,09	268,31	270,53	4 437,15	272,75	274,96	277,18	279,40	281,62	283,83	286,05	288,27	425,75 144,13
294,92	297,14	299,36	301,57	303,79	306,01	308,23	310,44	312,66		314,88	317,10	319,31	321,53	323,75	325,97	328,18	330,40	
337,05	339,27	341,49	343,70	345,92	348,14	350,36	352,57	354,79		357,01	359,23	361,44	363,66	365,88	368,10	370,31	372,53	37,70

Quelle: Stollfuß Gesamtabzugstabelle/Monat 01.01.1996, S. 108

Aufgaben – Fragen

132 Bestimmen Sie für die in Aufgabe 131, Seite 132, genannten Angestellten W. Beyer und A. Fellner mit Hilfe der obenstehenden Abzugstabelle die Sozialversicherungsbeiträge, wenn beide Angestellte den Beitragsgruppen G/P/L/M zugeordnet sind und ein Krankenkassenbeitrag von 13,3 % anzusetzen ist.

1. Wieviel DM Nettogehalt werden beiden Angestellten überwiesen?
2. Wieviel Prozent betragen jeweils die Gesamtabzüge vom Bruttogehalt?

[1] siehe Fußnote auf S. 133

133 Der kaufmännische Angestellte R. Hemmerle ist in der Textilfabrik Brückner KG, Rosenheim, in verantwortlicher Position tätig (Gehaltsgruppe V). Sein Tarifgehalt beträgt 4 395,00 DM. Er ist verheiratet und hat 1 Kind. Seine Ehefrau ist nicht erwerbstätig. Für seine mehr als 10jährige Betriebszugehörigkeit erhält Herr Hemmerle eine monatliche Treueprämie von 30,00 DM. Seine Beiträge zur Sozialversicherung werden nach den Gruppen G/P/L/M berechnet, wobei ein Krankenkassenbeitrag von 13,4 % zugrunde gelegt wird.

1. Berechnen Sie aus der Lohnabzugstabelle die von Herrn Hemmerle zu zahlende Lohn- und Kirchensteuer sowie den Solidaritätszuschlag.
2. Bestimmen Sie den Sozialversicherungsbeitrag für Herrn Hemmerle.
3. Berechnen Sie den Prozentsatz der Gesamtabzüge vom Bruttogehalt.
4. Stellen Sie in einer Gehaltsabrechnung die Nettoauszahlung fest.

134 Das Unternehmen Schätzke & Co., Kempten, beschäftigt den Angestellten A. Wagner im Außendienst. Herr Wagner ist 26 Jahre alt, ledig. Sein Tarifgehalt beträgt 4 000,00 DM. Zusätzlich zum Tarifgehalt erhält er einen steuerpflichtigen Zuschuß für Kleidung von monatlich 100,00 DM. Als steuerpflichtiger Sachbezug sind monatlich 320,00 DM für die kostenlose Unterkunft in einer Werkswohnung anzusetzen.

Für die Berechnung der Sozialversicherungsbeiträge wird das steuerpflichtige Bruttogehalt zugrunde gelegt. Herr Wagner zahlt die Beiträge zur Sozialversicherung nach den Gruppen G/P/L/M bei einem Krankenversicherungsbeitragssatz von 13,8 %.

1. Berechnen Sie das steuerpflichtige Bruttogehalt.
2. Ermitteln Sie aus den Lohnsteuer- und Sozialversicherungstabellen alle Abzüge.
3. Stellen Sie in einer Gehaltsabrechnung das Nettogehalt fest.

135
1. Welche vertraglichen Grundlagen sind für die Gehaltsberechnung maßgeblich?
2. Was zählt im einzelnen zum steuerpflichtigen Arbeitseinkommen?
3. Nennen Sie Beispiele für „Zulagen" und „Zuschläge".
4. Welche Merkmale liegen vor, wenn ein Arbeitnehmer nach Steuerklasse III besteuert wird?
5. Erläutern Sie den Begriff „Beitragsbemessungsgrenze".
6. Warum werden in der Sozialversicherung Beitragsgruppen gebildet?

Merke:
- Arbeitnehmer sind grundsätzlich mit allen Einkünften aus nichtselbständiger Arbeit lohnsteuer- und sozialversicherungspflichtig.
- Die Höhe der Lohnsteuer ist abhängig von der Höhe des Arbeitslohnes, der Steuerklasse und möglichen Freibeträgen. Kirchensteuer und Solidaritätszuschlag berücksichtigen zusätzlich die Zahl der Kinder.
- Zur Sozialversicherung zählen
  - Krankenversicherung,
  - Pflegeversicherung,
  - Rentenversicherung und
  - Arbeitslosenversicherung.
- Die Beiträge zur Sozialversicherung tragen Arbeitnehmer und Arbeitgeber je zur Hälfte. Der Arbeitgeberanteil stellt zusätzlichen Aufwand des Betriebes dar.
- Die einbehaltenen Steuern und Sozialabgaben sowie der Arbeitgeberanteil zur Sozialversicherung sind bis zum 10. des Folgemonats an das Finanzamt bzw. die Krankenkasse zu überweisen.
- Lohn- und Gehaltslisten, in denen die Einzelabrechnungen aller Arbeitnehmer monatlich zusammengefaßt werden, bilden den Buchungssammelbeleg (s. S. 140).

2.2 Buchung der Löhne und Gehälter

Bruttolöhne und **Bruttogehälter** werden erfaßt im Soll der Aufwandskonten

6200 Löhne und 6300 Gehälter.

Die Abzüge des Arbeitnehmers, also die Lohn- und Kirchensteuer zuzüglich Solidaritätszuschlag sowie der Anteil des Arbeitnehmers an der Sozialversicherung, muß der Arbeitgeber vom Lohn bzw. Gehalt einbehalten und bis zum 10. des Folgemonats an das Finanzamt und die gesetzliche Krankenkasse überweisen. Bis dahin werden die einbehaltenen Abzüge als „durchlaufende Posten" im Haben folgender Konten erfaßt:

- „Sonstige Verbindlichkeiten gegenüber Finanzbehörden" ▶ **4830 FB-Verbindlichkeiten**
- „Verbindlichkeiten gegenüber Sozialversicherungsträgern" ▶ **4840 SV-Verbindlichkeiten**

Der Arbeitgeberanteil zur Sozialversicherung wird als zusätzlicher Aufwand auf dem Konto **„6400 Arbeitgeberanteil zur Sozialversicherung"**
erfaßt und auf dem Konto „4840 SV-Verbindlichkeiten" gegengebucht.

Beispiel: Auszug aus der Gehaltsliste Monat Februar: Gehaltsabrechnung H. Till

Name	Steuer-klasse	Brutto-gehalt	Kinder-geld	Abzüge					Gesamt-abzüge	Aus-zahlung
				LSt	SolZ	KSt	Steuer-abzüge	SV		
Till, H.	III/1,0	4 408,00	220,00	373,83	2,06	20,90	396,79	901,42	1 298,21	3 329,79

Das Kindergeld wird vorab mit der abzuführenden Lohnsteuer **verrechnet:**

396,79 DM Steuerabzüge − 220,00 DM Kindergeld = 176,79 DM abzuführende Steuern

① **Buchung bei Gehaltszahlung:**   S   H

    6300 Gehälter 4 408,00
        an 4830 FB-Verbindlichkeiten   176,79
        an 4840 SV-Verbindlichkeiten   901,42
        an 2800 Bank 3 329,79

② **Buchung des Arbeitgeberanteils zur Sozialversicherung:**

    6400 AG-Anteil z. SV ..   an 4840 SV-Verbindlichkeiten .. 901,42

③ **Überweisung der einbehaltenen und noch abzuführenden Beträge:**

    4830 FB-Verbindlichkeiten   176,79
    4840 SV-Verbindlichkeiten 1 802,84
        an 2800 Bank 1 979,63

S	6300 Gehälter	H	S	4830 FB-Verbindlichkeiten	H
①	4 408,00		③	176,79	① 176,79
S	6400 Arbeitgeberant. z. Sozialvers.	H	S	4840 SV-Verbindlichkeiten	H
②	901,42		③	1 802,84	① 901,42
					② 901,42

Bruttogehalt 4 408,00	S	2800 Bank	H
+ Arbeitgeberanteil SV 901,42			① 3 329,79
Personalkosten **5 309,42**			③ 1 979,63

Merke: Das mit dem Lohn oder Gehalt ausgezahlte Kindergeld wird mit der an das Finanzamt abzuführenden Lohnsteuer verrechnet.

2.3 Vorschüsse

Vorschüsse an Arbeitnehmer werden bis zur nächsten Lohn- oder Gehaltszahlung als kurzfristige Darlehensforderungen erfaßt und verrechnet auf dem Konto

2650 Forderungen an Mitarbeiter.

Beispiel: Der Angestellte H. Till erhält einen Vorschuß von 1500,00 DM bar, der bei den Gehaltszahlungen monatlich mit 500,00 DM einbehalten wird.

Buchung: 2650 Forderungen an Mitarbeiter an 2880 Kasse ... 1 500,00

Verrechnung des Vorschusses bei der nächsten Gehaltszahlung:

Rechnung:		
	Bruttogehalt	4 408,00 DM
−	Lohn- und Kirchensteuer sowie Solidaritätszuschlag	396,79 DM
−	Sozialversicherung	901,42 DM
	Nettogehalt	3 109,79 DM
+	Kindergeld	220,00 DM
−	Vorschuß	500,00 DM
	Auszahlung	**2 829,79 DM**

Buchung: 6300 Gehälter 4 408,00
          an 2650 Forderungen an Mitarbeiter 500,00
          an 4830 FB-Verbindlichkeiten .... 176,79[1]
          an 4840 SV-Verbindlichkeiten 901,42
          an 2800 Bank 2 829,79

2.4 Sonstige (geldliche) Bezüge

Sonstige Bezüge umfassen <u>einmalige</u> Arbeitslohnzahlungen, die <u>zusätzlich</u> zum laufenden Arbeitslohn gezahlt werden. Sie werden auf den Lohn- oder Gehaltskonten der Arbeitnehmer gebucht und unterliegen – abgesehen von bestimmten Freigrenzen – der Lohnsteuer. Zu ihnen zählen u. a.:

> Weihnachtsgeld, Urlaubsgeld, 13. und 14. Monatsgehalt, Gratifikationen, Jubiläumszuwendungen, Heiratsbeihilfe, Geburtsbeihilfe, sonstige Beihilfen.

Zuwendungen des Arbeitgebers zu Firmenjubiläen, Betriebsveranstaltungen sowie zu betrieblichen Fort- und Weiterbildungsmaßnahmen liegen <u>im eigenbetrieblichen Interesse</u> und gehören deshalb in der Regel <u>nicht zu den sonstigen Bezügen</u>.

Beispiel:
1. Der 25jährige ledige Arbeiter Krause erhält im Juli zu seinem laufenden Lohn in Höhe von 2 860,00 DM eine Erholungsbeihilfe von 300,00 DM. Diese Zuwendung ist ein „sonstiger Bezug" und wird gemäß § 39 b EStG als „laufender Arbeitslohn" besteuert. Abzüge: 532,78 DM LSt/KSt/SolZ, 648,09 DM SV (13,6 % KV, Gruppen G/P/K/M).
2. Zuschuß des Betriebes für eine Betriebsfeier: 1 500,00 DM bar.

Buchungen: ① 6200 Löhne 3 160,00
           an 4830 FB-Verbindlichkeiten 532,78
           an 4840 SV-Verbindlichkeiten 648,09
           an 2800 Bank 1 979,13
         6400 Arbeitgeberanteil z. Sozialversicherg. 648,09
           an 4840 SV-Verbindlichkeiten 648,09
② 6495 Sonstige soziale Aufwendungen 1 500,00
           an 2880 Kasse 1 500,00

Die aufgrund von Lohn- und Gehaltspfändungen einbehaltenen Beträge werden auf der Habenseite des Kontos „4890 Sonstige Verbindlichkeiten" gebucht.

---

[1] siehe S. 137

Geldwerte Vorteile. Zusätzlich zum tariflichen oder außertariflichen Arbeitsentgelt und zu den sonstigen (geldlichen) Bezügen erhalten Arbeitnehmer häufig Zuwendungen, die nicht in Geld bestehen. Es handelt sich hierbei um sog. Sachbezüge, auch geldwerte Vorteile genannt. Sofern sie ständig gewährt werden, gehören sie zum laufenden Arbeitslohn. Zu ihnen zählen vor allem:

- ständige Überlassung von Dienstfahrzeugen zur privaten Nutzung,
- freie oder verbilligte Mahlzeiten und Wohnungen.

Umsatzsteuer. Für den Arbeitgeber stellt die Gewährung von Sachbezügen grundsätzlich eine umsatzsteuerpflichtige Leistung dar.

Beispiel: Der Angestellte Kreiber erhält ein Bruttogehalt von 4000,00 DM; er wird besteuert nach III/0; der Krankenkassenbeitrag macht 13,5 % aus. Herrn Kreiber steht kostenlos ein firmeneigener PKW zur privaten Nutzung zur Verfügung.

Berechnung des Sachbezugs:

Das Steuerrecht läßt zwei Möglichkeiten der Berechnung des Sachbezugs zu. Eine Möglichkeit sieht vor, ihn mit 1 % des auf volle 100,00 DM abgerundeten Listenpreises (einschließlich Umsatzsteuer und Sonderausstattung) des PKWs anzusetzen.

Beispiel:
Listenpreis (einschl. Umsatzsteuer)	34 557,00 DM
abgerundet auf volle 100,00 DM	34 500,00 DM
davon 1 % Sachbezug	**345,00 DM**

In diesem Sachbezug von 345,00 DM ist der Umsatzsteueranteil, den der Arbeitgeber zu entrichten hat, mit 45,00 DM enthalten.

Gehaltsabrechnung:

Bruttogehalt	4 000,00 DM
+ Sachbezug (private PKW-Nutzung)	345,00 DM
steuer- und sozialversicherungspflichtiges Gehalt	4 345,00 DM
− Lohn- und Kirchensteuer sowie SolZ	418,23 DM
− Sozialversicherung	888,53 DM
− Sachbezug	345,00 DM
Auszahlung	**2 693,24 DM**

Die verrechneten Sachbezüge werden mit ihrem Nettobetrag auf dem Konto „Andere sonstige betriebliche Erträge" erfaßt.

Buchung:

			S	H
6300	Gehälter		4 345,00	
an	4830	FB-Verbindlichkeiten		418,23
an	4840	SV-Verbindlichkeiten		888,53
an	5430	Andere sonstige betriebliche Erträge		300,00
an	4800	Umsatzsteuer		45,00
an	2800	Bank		2 693,24

Merke:
- Sachbezüge sind für den Arbeitnehmer Bestandteile seines steuerpflichtigen Arbeitsentgeltes.
- Für den Arbeitgeber stellt der gewährte Sachbezug grundsätzlich eine umsatzsteuerpflichtige Leistung dar.

Aufgaben – Fragen

136

Gehaltsliste Monat Januar

Name	Steuer-klasse	Brutto-gehalt	Kinder-geld	Abzüge					Aus-zahlung
				LSt	SolZ	Kirchen-steuer	Steuer-abzüge	Sozial-versich.	
1. Tierjung, V.	III/2,0	4 968,00	440,00	525,50	3,53	21,56	550,59	1 030,43	3 826,98
2. Steinbring, W.	I	3 462,00	–	546,75	41,00	49,20	636,95	705,61	2 119,44
3. Walter, F.	II/0,5	4 490,00	–	717,25	47,75	57,30	822,30	913,46	2 754,24
		12 920,00	440,00	1 789,50	92,28	128,06	2 009,84	2 649,50	8 700,66

Buchen Sie auf den Konten 2800 (AB 35 000,00 DM), 4830, 4840, 6300 und 6400
1. die Gehaltsabrechnung lt. Gehaltsliste zum 31.01. (Banküberweisung),
2. den Arbeitgeberanteil zur Sozialversicherung,
3. die Überweisung der einbehaltenen Abzüge zum 10.02.

Wie hoch sind die Personalkosten des Betriebes?

137 Buchen Sie auf den Konten 2650, 2800 (AB 32 000,00 DM), 4830, 4840, 6200 und 6400
1. Zahlung eines Lohnvorschusses durch Banküberweisung: 4 000,00 DM,
2. Lohnabrechnung mit Verrechnung des Vorschusses in Höhe von 500,00 DM monatlich:

Brutto-löhne	LSt/KSt/SolZ	Sozial-Vers.	Verrechneter Vorschuß	Auszahlung (Bank)	Arbeitgeber-anteile
7 800,00	1 100,00	880,00	500,00	5 320,00	880,00

3. Banküberweisung der einbehaltenen Abzüge zum 10. n. M.

138 Zahlung der Gehälter durch Banküberweisung zum 31.12. *Bilden Sie die Buchungssätze:*
1. Gehälter lt. Gehaltsliste für den Monat Dezember:
   Bruttobeträge . . . . 55 800,00 DM
   Lohn- und Kirchensteuer sowie Solidaritätszuschlag . . . . 10 050,00 DM
   Sozialversicherungsbeiträge der Arbeitnehmer . . . . 9 765,00 DM
2. Verrechnung von Vorschüssen (Bestand: 8 000,00 DM) . . . . 2 500,00 DM
3. Arbeitgeberanteil . . . . ?
4. Die einbehaltenen Abzüge werden erst Anfang Januar an das Finanzamt und die Allgemeine Ortskrankenkasse (AOK) überwiesen.

1. Nennen Sie die Buchungen bis zum Jahresabschluß.
2. Wie lauten a) die Eröffnungsbuchung zum 01.01. n. J. und b) die Überweisungsbuchung?
3. Wie hoch sind die gesamten Personalkosten des Betriebes für Dezember?

139 Zum 31.12. weisen die nachstehenden Konten folgende Salden aus:
2650 Forderungen an Mitarbeiter . . . . 16 000,00 DM
4830 Sonstige Verbindlichkeiten gegenüber Finanzbehörden . . . . 12 600,00 DM
4840 Verbindlichkeiten gegenüber Sozialversicherungsträgern . . . . 14 300,00 DM
Bilden Sie die Abschlußbuchungssätze.

140 Die Miete der Arbeitnehmer für Werkswohnungen wird mit den Gehältern verrechnet. Die Nettogehälter werden durch Banküberweisung ausgezahlt:

Bruttogehälter lt. Gehaltsliste	66 300,00 DM
Kindergeld	2 200,00 DM
Lohn- und Kirchensteuer sowie Solidaritätszuschlag	12 300,00 DM
Sozialversicherungsbeiträge der Arbeitnehmer	11 600,00 DM
Einbehaltene Mieten für Werkswohnungen	3 600,00 DM

Ermitteln Sie die Nettoauszahlung und buchen Sie auf den entsprechenden Konten die Gehaltsabrechnung, den Arbeitgeberanteil zur Sozialversicherung und die Überweisung der Abzüge und des Arbeitgeberanteils.
Konten: 2800 (50 000,00 DM Bestand), 4830, 4840, 5400, 6300 und 6400.

141

Bruttogehälter lt. Gehaltsliste	28 730,00 DM
Abzüge:	
Lohn- und Kirchensteuer sowie SolZ	5 310,00 DM
Arbeitnehmeranteil zur Sozialversicherung	4 680,00 DM
Verrechnung von Vorschüssen	1 800,00 DM
Einbehaltene Mieten für Werkswohnungen	1 750,00 DM
Einbehaltene Beträge aufgrund von Gehaltspfändungen	1 450,00 DM
Banküberweisung der Nettogehälter für Dezember am 30.12.19..	? DM
Arbeitgeberanteil	? DM

1. Erstellen Sie die Gehaltsabrechnung einschließlich Arbeitgeberanteil.
2. Wie hoch sind die gesamten Personalkosten?
3. Bilden Sie die Buchungssätze.
4. Buchen Sie auf den Konten 2800 (80 000,00 DM Bestand), 2650 (12 000,00 DM Bestand), 4830, 4840, 4890, 5400, 6300 und 6400.
5. Wie lautet der Abschlußbuchungssatz für die einbehaltenen Steuern und Sozialabgaben?

142 *Bilden Sie die Buchungssätze:*
1. Banküberweisung der Beiträge zur Berufsgenossenschaft: 1 200,00 DM.
2. Ein Angestellter erhält einen Vorschuß durch Banküberweisung: 2 000,00 DM.
3. Ein Angestellter erhält zum 25jährigen Dienstjubiläum 750,00 DM (Banküberweisung).
4. Einem Arbeiter wird eine Heiratsbeihilfe überwiesen: 300,00 DM.

143 Ein Angestellter eines Industriebetriebes nutzt das Dienstfahrzeug auch privat. Der Listenpreis des PKW betrug einschließlich Umsatzsteuer 46 000,00 DM.
Berechnen Sie den monatlichen Sachbezug bzw. geldwerten Vorteil des Angestellten.

144 Das Bruttogehalt des Angestellten (Aufgabe 143), verheiratet, beträgt 4 500,00 DM. Abzüge: Lohnsteuer 525,50 DM, SolZ 39,41 DM, Kirchensteuer 47,29 DM, Arbeitnehmeranteil zur Sozialversicherung 1 014,60 DM. Der geldwerte monatliche Vorteil aus der privaten Nutzung des Geschäftsfahrzeuges ist zu berücksichtigen.

1. Erstellen Sie die Gehaltsabrechnung.
2. Nennen Sie den Buchungssatz (Banküberweisung).
3. Buchen Sie auf den Konten: 2800, 4800, 4830, 4840, 5430, 6300 und 6400.

145
146

Anfangsbestände:

0510	Bebaute Grundstücke ...	100 000,00	2400	Forderungen a. LL	22 000,00
0530	Betriebsgebäude	320 000,00	2800	Bankguthaben	45 000,00
0700	TA u. Maschinen	260 000,00	2880	Kasse	15 000,00
0800	Andere Anlagen, BGA ..	120 000,00	3000	Eigenkapital	740 000,00
2000	Rohstoffe	47 000,00	4250	Darlehensschulden	150 000,00
2100	Unfertige Erzeugnisse ...	5 000,00	4400	Verbindlichkeiten a. LL .	46 000,00
2200	Fertige Erzeugnisse	6 000,00	4800	Umsatzsteuer	4 000,00

Kontenplan:

0510, 0530, 0700, 0800, 2000, 2020, 2100, 2200, 2400, 2600, 2650, 2800, 2880, 3000, 4250, 4400, 4800, 4830, 4840, 5000, 5001, 5200, 5400, 5710, 6000, 6002, 6020, 6200, 6300, 6400, 6520, 6800, 6930, 7020, 8010, 8020.

Geschäftsfälle:

	145	146
1. Zieleinkauf von Rohstoffen lt. ER 956, netto	15 600,00	17 800,00
von Hilfsstoffen lt. ER 957, netto	8 400,00	9 200,00
+ Umsatzsteuer	3 600,00	4 050,00
2. Banküberweisung der Umsatzsteuer-Zahllast	4 000,00	4 000,00
3. Kunde begleicht AR 1206 durch Bank	5 750,00	8 050,00
– 2 % Skonto (brutto)	115,00	161,00
4. Belastung des Kunden mit Verzugszinsen	50,00	60,00
5. Angestellter erhält Gehaltsvorschuß bar	1 500,00	1 800,00
6. Banküberweisung für Grundsteuern	350,00	400,00
7. Zinsgutschrift der Bank	600,00	700,00
8. Banküberweisung von Fertigungslöhnen, brutto	12 400,00	13 200,00
Abzüge: Steuer: 1 500,00 (1 700,00); SV: 900,00 (1 100,00)	2 400,00	2 800,00
netto	10 000,00	10 400,00
Arbeitgeberanteil, noch nicht abgeführt	900,00	1 100,00
9. Rohstofflieferer gewährt uns Preisnachlaß wegen Mängelrüge ..	500,00	840,00
+ Umsatzsteuer	75,00	126,00
10. Bankgutschrift für Mieteinnahmen	1 800,00	1 900,00
11. AR 1256–1289 für eigene Erzeugnisse ab Werk, netto	87 800,00	92 300,00
+ Umsatzsteuer	13 170,00	13 845,00
12. Banküberweisung für Gehälter, brutto	4 200,00	4 100,00
Abzüge: Steuer: ? DM; SV: ? DM	700,00	800,00
Gehaltsvorschuß	500,00	600,00
netto	3 000,00	2 700,00
Arbeitgeberanteil, noch nicht abgeführt	250,00	300,00
13. Brandschaden im Rohstofflager	2 500,00	1 800,00
14. Barkauf von Büromaterial, Nettopreis	460,00	500,00
+ Umsatzsteuer	69,00	75,00
15. Banküberweisung der einbehaltenen Lohn- und Kirchensteuer einschl. SolZ sowie der Sozialabgaben .	?	?

Abschlußangaben:

1. Abschreibungen auf 0530: 2 200,00 DM; auf 0700: 4 300,00 DM; auf 0800: 1 800,00 DM.
2. Inventurbestände:

	Rohstoffe	28 600,00	33 500,00
	Hilfsstoffe	3 900,00	5 200,00
	Unfertige Erzeugnisse	7 000,00	8 000,00
	Fertige Erzeugnisse	10 000,00	11 000,00

Woraus setzen sich die gesamten Personalkosten des Betriebes zusammen?

Kontenplan und vorläufige Saldenbilanz	Soll	Haben
0700 Technische Anlagen und Maschinen	850 000,00	—
0800 Andere Anlagen, BGA	240 000,00	—
2000 Rohstoffe	118 000,00	—
2020 Hilfsstoffe	17 000,00	—
2100 Unfertige Erzeugnisse	15 000,00	—
2200 Fertige Erzeugnisse	34 000,00	—
2400 Forderungen a. LL	285 000,00	—
2600 Vorsteuer	12 300,00	—
2650 Forderungen an Mitarbeiter	2 500,00	—
2800 Bank	312 500,00	—
3000 Eigenkapital	—	1 100 000,00
3001 Privat	65 000,00	—
4250 Darlehensschulden	—	310 500,00
4400 Verbindlichkeiten a. LL	—	160 400,00
4800 Umsatzsteuer	—	8 200,00
4830 FB-Verbindlichkeiten	—	—
4840 SV-Verbindlichkeiten	—	—
5000 Umsatzerlöse für eigene Erzeugnisse	—	1 884 100,00
5001 Erlösberichtigungen	25 700,00	—
5200 Bestandsveränderungen	—	—
5420 Steuerpflichtiger Eigenverbrauch	—	18 400,00
5710 Zinserträge	—	6 800,00
6000 Aufwendungen für Rohstoffe	890 000,00	—
6001 Bezugskosten	24 600,00	—
6002 Nachlässe	—	15 700,00
6020 Aufwendungen für Hilfsstoffe	98 500,00	—
6150 Vertriebsprovisionen	24 800,00	—
6200 Löhne	180 700,00	—
6300 Gehälter	124 700,00	—
6400 Arbeitgeberanteil zur Sozialversicherung	42 600,00	—
6420 Beiträge zur Berufsgenossenschaft	24 900,00	—
6520 Abschreibungen auf Sachanlagen	—	—
6700 Mietaufwendungen	90 000,00	—
7510 Zinsaufwendungen	26 300,00	—
Abschlußkonten: 8010 und 8020	3 504 100,00	3 504 100,00

Geschäftsfälle:	147	148
1. Banküberweisung eines Gehaltsvorschusses an einen Arbeitnehmer	12 000,00	9 600,00
2. Lastschrift der Bank für Mietzahlung: Betrieb	12 000,00	11 000,00
Privat	1 500,00	1 700,00
3. Banküberweisung für Vertreterprovisionen	2 800,00	3 500,00
+ Umsatzsteuer	420,00	525,00
4. Kunde erhält aufgrund seiner Mängelrüge einen Preisnachlaß	800,00	700,00
+ Umsatzsteuer	120,00	105,00
5. Ein Arbeiter erhält durch Banküberweisung eine Heiratsbeihilfe	600,00	500,00
6. Beschädigte Hilfsstoffe werden an Lieferer zurückgeschickt, netto	2 500,00	3 000,00
+ Umsatzsteuer	375,00	450,00
7. Banküberweisung der Berufsgenossenschaftsbeiträge	15 800,00	17 600,00

		147	148

8. Rohstofflieferer gewährt Bonus über netto .... 2 300,00 | 2 500,00
    + Umsatzsteuer .... 345,00 | 375,00
9. Arztrechnung für den Inhaber wird durch Bank überwiesen . 240,00 | 280,00
10. Inhaber entnimmt Erzeugnisse für Privatzwecke .... 2 800,00 | 3 200,00
    + Umsatzsteuer .... 420,00 | 480,00
11. Kunde wird mit Verzugszinsen belastet .... 70,00 | 80,00
12. Nachlaß vom Rohstofflieferer wegen Mängelrüge, brutto .... 1 725,00 | 575,00
13. Banküberweisung der berechneten Verzugszinsen (Fall 11) .. 70,00 | 80,00
14. Banküberweisung der Fertigungslöhne lt. Lohnliste:

Bruttolöhne	Kindergeld	LSt/KSt/SolZ	Sozialvers.	Auszahlung	Arbeitgeberanteil
5 400,00	220,00	900,00	960,00	3 760,00	960,00

15. Banküberweisung für Gehälter lt. Gehaltsliste:

Brutto-gehälter	Kinder-geld	LSt/KSt/SolZ	Sozial-versicherung	Verrechneter Vorschuß	Auszahlung	Arbeitgeber-anteil
7 800,00	440,00	1 200,00	1 450,00	500,00	5 090,00	1 450,00

Abschlußangaben:

1. Abschreibungen auf: 0700 TA u. Maschinen .... 88 000,00 | 92 000,00
                       0800 Andere Anlagen, BGA .... 12 000,00 | 14 000,00
2. Den Kunden wurde insgesamt Skonto gewährt .... 1 725,00 | 2 300,00
   Konto 5001 muß noch berichtigt werden .... ? | ?
3. Unsere Skontoabzüge für Zahlungen an Rohstofflieferer
   betrugen .... 4 600,00 | 6 900,00
   Konto 6002 ist noch entsprechend zu berichtigen .... ? | ?
4. Schlußbestände lt. Inventur: Rohstoffe .... 135 000,00 | 125 000,00
                              Hilfsstoffe .... 22 000,00 | 26 000,00
                              Unfertige Erzeugnisse .... 24 000,00 | 27 000,00
                              Fertige Erzeugnisse .... 15 000,00 | 20 000,00
5. Im übrigen entsprechen die Buchbestände der Inventur.

149 Beim Vergleich gleichartiger Industriebetriebe (Betriebsvergleich) ist die

$$\text{Lohnquote in \%} = \frac{\text{Personalkosten} \cdot 100\ \%}{\text{Umsatzerlöse}}$$

besonders aussagefähig. Diese Kennzahl zeigt, wie hoch der Anteil der gesamten Personalkosten an den Umsatzerlösen ist und gibt Aufschluß über die Wirtschaftlichkeit des Leistungsprozesses der Industriebetriebe.

Industriebetriebe	A	B	C	D	E	F
Personalkosten in TDM	630	1 056	684	1 196	703	943
Umsatzerlöse in TDM	3 500	4 800	3 600	5 200	3 800	4 600

Ermitteln und beurteilen Sie die Lohnquoten im Betriebsvergleich.

150
1. Welche Bedeutung haben die Steuerklassen für den Arbeitnehmer?
2. Welche Zweige der Sozialversicherung unterscheidet man?
3. Warum bucht die Praxis Sondervergütungen an die Arbeitnehmer direkt auf den Lohn- und Gehaltskonten?
4. Nennen Sie Beispiele für steuerpflichtige und steuerfreie Sonderzuwendungen.
5. Nennen Sie Empfänger und Zahlungsfrist der einbehaltenen Abzüge.
6. Woraus setzen sich die gesamten Personalkosten des Betriebes zusammen?

2.5 Vermögenswirksame Leistungen

Nach dem 5. **Vermögensbildungsgesetz** haben Arbeitnehmer die Möglichkeit,

bis zu 936,00 DM jährlich (= 78,00 DM monatlich)

staatlich begünstigt zu sparen, wenn sie die Sparbeiträge über ihren Arbeitgeber auf eine bestimmte Zeit (7 Jahre Sperrfrist!)

vermögenswirksam

anlegen. Sie erhalten dann vom Staat eine **Sparzulage,** die **10 %** der vermögenswirksamen Geldleistungen beträgt.

Zu den begünstigten vermögenswirksamen Anlageformen zählen u.a.:

- **Bausparen aufgrund eines Bausparvertrages,**
- **Darlehensaufnahmen zum Bau oder Erwerb eines Wohngebäudes,**
- **Sparbeiträge zum Erwerb von Wertpapieren** (z.B. Aktien u.a.),
- **Erwerb von Kapitalanteilen des arbeitgebenden Unternehmens.**

Die Arbeitnehmer-Sparzulage wird nur den Arbeitnehmern gewährt, deren zu versteuerndes Einkommen als Ledige höchstens 27 000,00 DM und als Verheiratete 54 000,00 DM beträgt.[1]

Die Auszahlung der Arbeitnehmer-Sparzulage erfolgt durch das Wohnsitzfinanzamt im Rahmen einer Antragsveranlagung oder einer Veranlagung zur Einkommensteuer in einer Summe

am Ende der für die Anlageart vorgeschriebenen Sperrfrist.

Merke: **Die Arbeitnehmer-Sparzulage beträgt einheitlich 10 % der vermögenswirksam angelegten Geldleistungen. Sie wird erst am Ende der Sperrfrist ausgezahlt.**

Die vermögenswirksamen Geldleistungen werden entweder ganz vom Arbeitnehmer oder Arbeitgeber oder von beiden gemeinsam erbracht. Sie werden oft aufgrund eines Tarifvertrages oder einer Betriebsvereinbarung zusätzlich zum Arbeitsentgelt gewährt. In diesem Fall erhöhen sich die Lohn- und Gehaltskosten des Betriebes entsprechend. Für den Arbeitnehmer bedeutet die vermögenswirksame Leistung des Betriebes eine Erhöhung seines steuerpflichtigen Einkommens.

Der Arbeitgeberanteil zur Vermögensbildung wird in der Regel auf dem Konto

„6320 Sonstige tarifliche oder vertragliche Aufwendungen"

erfaßt. Er kann auch direkt auf den Konten „Löhne" oder „Gehälter" im Soll gebucht werden.

Die abzuführende vermögenswirksame Sparleistung wird gebucht auf der Habenseite des Kontos

„4860 Verbindlichkeiten aus vermögenswirksamen Leistungen (VL).

---

[1] ab 01.01.1996: 50 000,00 DM/100 000,00 DM bei der Bausparförderung

Beispiel: Der Angestellte Heinz Klein, verheiratet, keine Kinder, bezieht ein Monatsgehalt von 3 841,00 DM. Er hat einen Bausparvertrag abgeschlossen.
Laut Tarifvertrag erhält er vom Arbeitgeber zusätzlich zu seinem Gehalt 39,00 DM vermögenswirksame Leistung, die einschließlich seiner eigenen Sparleistung von 39,00 DM auf sein Konto bei der Bausparkasse überwiesen werden.

Gehaltsabrechnung

Tarifgehalt	3 841,00 DM
+ vermögenswirksame Leistung des Arbeitgebers	39,00 DM
steuer- und versicherungspflichtige Bruttobezüge	**3 880,00 DM**
− Lohn- und Kirchensteuer sowie SolZ	264,75 DM
− Sozialversicherungsanteil (12,9 % KV; G/P/L/M)	782,10 DM
	2 833,15 DM
− vermögenswirksame Sparleistung insgesamt	78,00 DM
Nettogehalt (= Auszahlung)	**2 755,15 DM**
Arbeitgeberanteil zur Sozialversicherung	782,10 DM

Buchungen:

			S	H
①	6300	Gehälter	3 841,00	
	6320	Sonstige tarifl. oder vertragl. Aufwendungen	39,00	
	an	4830 FB-Verbindlichkeiten		264,75
	an	4840 SV-Verbindlichkeiten		782,10
	an	4860 Verbindlichkeiten aus VL		78,00
	an	2800 Bank		2 755,15
②	6400	Arbeitgeberanteil zur Sozialversicherung	782,10	
	an	4840 SV-Verbindlichkeiten		782,10
③	Überweisung der Steuern, Sozialabgaben und der Sparleistung:			
	4830	FB-Verbindlichkeiten	264,75	
	4840	SV-Verbindlichkeiten	1 564,20	
	4860	Verbindlichkeiten aus VL	78,00	
	an	2800 Bank		1 906,95

Merke:
- Die vermögenswirksame Leistung des Arbeitgebers erhöht das Bruttoentgelt des Arbeitnehmers und ist steuer- und sozialversicherungspflichtig.
- Die gesamte Sparleistung wird vom Gehalt (Lohn) einbehalten und der Vermögensanlage des Arbeitnehmers zugeführt.

Aufgaben

151 Das Gehalt eines Angestellten, verheiratet, beträgt 3 800,00 DM zuzüglich 220,00 DM Kindergeld. Für einen Bausparvertrag spart er selbst monatlich 78,00 DM, die vom Arbeitgeber an die Bausparkasse überwiesen werden. Seine Abzüge für Lohn- und Kirchensteuer betragen 230,41 DM und für Sozialversicherung 777,18 DM.
Erstellen Sie die Gehaltsabrechnung und buchen Sie.

152 Ein Angestellter, verheiratet, mit einem Tarifgehalt von 3 850,00 DM zuzüglich 220,00 DM Kindergeld hat mit einer Bausparkasse einen vermögenswirksamen Sparvertrag mit einer monatlichen Sparleistung von 78,00 DM abgeschlossen. Aufgrund einer Betriebsvereinbarung beteiligt sich der Arbeitgeber mit 50 % (39,00 DM) an der vermögenswirksamen Leistung. Lohn- und Kirchensteuer 251,29 DM; Sozialversicherungsanteil 795,59 DM.
Erstellen Sie die Gehaltsabrechnung und buchen Sie.

153 Das Gehalt eines Angestellten, ledig, beträgt 3 450,00 DM. Lt. Arbeitsvertrag erhält er von seinem Arbeitgeber zusätzlich zu seinem Gehalt 78,00 DM vermögenswirksame Leistung, die zum Erwerb von Anteilen an einem Aktienfonds überwiesen werden. Lohn- und Kirchensteuer sowie SolZ 658,98 DM, Arbeitnehmeranteil zur Sozialversicherung 721,05 DM.
Erstellen Sie die Gehaltsabrechnung und buchen Sie.

3 Finanzbereich

3.1 Buchungen im Scheckverkehr

In jedem Unternehmen gehen täglich zahlreiche Schecks ein und aus. Man unterscheidet zwischen eigenen und Kundenschecks.

Eigene Schecks, die wir ausstellen und an die Lieferer in Zahlung geben, werden grundsätzlich erst gebucht, wenn uns die Bank lt. Kontoauszug belastet:

    4400 Verbindlichkeiten a. LL ... an 2800 Bank

Bei Kundenschecks ist es in kleineren Betrieben ebenfalls üblich, die erhaltenen Schecks erst zu buchen, wenn die Gutschrift der Hausbank vorliegt:

    2800 Bank .... an 2400 Forderungen a. LL

In größeren Industriebetrieben dagegen werden die eingehenden Schecks auf einem besonderen Konto erfaßt:

    2860 Kundenschecks.

Sendet uns der Kunde einen Scheck über 5 000,00 DM, buchen wir:

    2860 Kundenschecks .. an 2400 Forderungen a. LL ... 5 000,00

Bei der Gutschrift des Kundenschecks durch unsere Bank buchen wir:

    2800 Bank .... an 2860 Kundenschecks 5 000,00

Bilanzstichtag. Ein etwaiger Bestand an Kundenschecks zum Bilanzstichtag (Jahresabschluß) muß aktiviert werden:

    8010 Schlußbilanzkonto .... an 2860 Kundenschecks

Merke: Das Konto „2860 Kundenschecks" ist ein reines Durchgangskonto. Ein Scheckbestand zum Jahresabschluß ist zu aktivieren.

3.2 Buchungen im Wechselverkehr

3.2.1 Besitz- und Schuldwechsel

Beim Verkauf von Erzeugnissen auf Kredit entsteht für den Lieferer eine Forderung, für den Kunden dagegen eine Verbindlichkeit.

Besitzwechsel. Der Lieferer kann seine Buchforderung sicherer und beweglicher machen, indem er auf den Kunden einen Wechsel zieht, den dieser durch seine Unterschrift annimmt (akzeptiert). Das gleiche gilt, wenn der Kunde einen Wechsel, den er in Zahlung genommen hat, durch Indossament[1] an den Lieferer weitergibt. In beiden Fällen wird die Forderung des Lieferers (Konto 2400) in eine

    Wechselforderung = Besitzwechsel

umgewandelt. Die Wechselforderung wird durch den Besitz der Urkunde (des Wechsels) nachgewiesen. Das geschieht buchhalterisch auf dem Konto

    2450 Besitzwechsel

Wechselfunktionen. Mit dem Wechsel gewährt der Lieferer dem Kunden Kredit (z. B. Zahlung erst in 3 Monaten); ferner erhält er wegen der strengen Bestimmungen des Wechselgesetzes für seine Forderung eine Sicherheit. Außerdem kann er den Wechsel als Zahlungsmittel (z. B. durch Weitergabe an seinen Lieferer) verwenden oder bei seiner Bank diskontieren.

---

1   schriftliche Übertragungserklärung auf der Rückseite des Wechsels

Schuldwechsel. Durch sein Akzept ist der Kunde eine Wechselschuld eingegangen. Seine Verbindlichkeit gegenüber dem Lieferer (Konto 4400) wird daher in eine

Wechselverbindlichkeit = Schuldwechsel

umgewandelt. Dazu benötigt man das Konto

4500 Schuldwechsel.

Merke: **Besitzwechsel des Lieferers = Schuldwechsel des Kunden**

Wechselzinsen (Diskont) unterliegen wie alle Kreditzinsen nicht der Umsatzsteuer, da sie in der Regel gesondert – also als selbständige Kreditleistung – vereinbart werden (§ 4 Ziff. 8 a UStG i. V. m. Abschnitt 29 a UStR).[1]

Zusammenfassendes Beispiel zur Einführung:
1. Wir verkaufen an einen Kunden unsere Erzeugnisse im Wert von netto 2 000,00 DM + 300,00 DM Umsatzsteuer und vereinbaren zugleich
2. Zahlung durch Wechsel, fällig in 90 Tagen. Der Kunde schickt den von uns ausgestellten Wechsel mit seinem Akzept an uns zurück.
3. Für den Wechselkredit belasten wir den Kunden mit 10 % Diskont (= 2,5 % für 90 Tage):
   2,5 % von 2 300,00 DM . . . . 57,50 DM
4. Am Verfalltag wird der Wechsel bar eingelöst: 2 300,00 DM.

Der **Lieferer** bucht: **Besitzwechsel**	Der **Kunde** bucht: **Schuldwechsel**

① **Ausgangsrechnung:**
    2400 Ford. a. LL 2 300,00
    an 5000 Umsatzerlöse 2 000,00
    an 4800 Umsatzsteuer   300,00
	① **Eingangsrechnung:**
	    6000 Aufw. f. Rohst. 2 000,00
	    2600 Vorsteuer 300,00
	    an 4400 Verbindl. a. LL . . 2 300,00

② **Eingang des Akzeptes:**
    2450 Besitzwechsel
    an 2400 Forderungen a. LL . . 2 300,00
	② **Akzeptierung des Wechsels (Tratte):**
	    4400 Verbindlichkeiten a. LL
	    an 4500 Schuldwechsel 2 300,00

③ **Diskontbelastung des Kunden:**
    2400 Ford. a. LL
    an 5730 Diskonterträge 57,50
	③ **Diskontbelastung durch den Lieferer:**
	    7530 Diskontaufwendungen
	    an 4400 Verbindl. a. LL 57,50

④ **Einziehung des Wechsels, bar:**
    2880 Kasse
    an 2450 Besitzwechsel 2 300,00
	④ **Einlösung des Wechsels, bar:**
	    4500 Schuldwechsel
	    an 2880 Kasse 2 300,00

1. Führen Sie die obigen Buchungen „spiegelbildlich" auf den genannten Konten durch.
2. Erläutern Sie den Zusammenhang zwischen Forderungen a. LL und Besitzwechsel einerseits sowie zwischen Verbindlichkeiten a. LL und Schuldwechsel andererseits.

Merke: **Keine Umsatzsteuer auf Diskont bei selbständigen – vom Warengeschäft getrennt vereinbarten – Wechselgeschäften.**[1]

---
[1] **Beachten Sie:** Im Lehrbuch wird praxisgerecht das Wechselgeschäft als selbständige Kreditgewährung unterstellt. Somit entfällt die Umsatzsteuer auf den Diskont.

3.2.2 Verwendungsmöglichkeiten des Wechsels

Beispiel: Ein Kunde, an den wir aus einer Warenlieferung eine Forderung in Höhe von 6 900,00 DM haben, akzeptiert vereinbarungsgemäß drei von uns ausgestellte Wechsel:

    1. Wechsel: 2 300,00 DM,   2. Wechsel: 3 450,00 DM,   3. Wechsel: 1 150,00 DM.

Da die Wechsel 90 Tage später fällig sind als unsere Forderung, belasten wir den Kunden mit 10 % Diskont:

Lastschrift an Kunden: 10 % Diskont/90 Tage $\hat{=}$ 2,5 % v. 6 900,00 DM   172,50 DM

Buchung bei Eingang der drei Wechsel:	S	H
2450 Besitzwechsel	6 900,00	
an 2400 Forderungen a. LL		6 900,00
Buchung der Belastung des Kunden mit Diskont:	S	H
2400 Forderungen a. LL	172,50	
an 5730 Diskonterträge		172,50

Folgende <u>Verwendungsmöglichkeiten</u> gibt es für die Besitzwechsel:

• **Weitergabe von Wechseln an Lieferer zur Begleichung von Verbindlichkeiten**

Den ersten Wechsel über 2 300,00 DM geben wir an unseren Lieferer zum Ausgleich einer Rechnung weiter.

Buchung:		S	H
	4400 Verbindlichkeiten a. LL	2 300,00	
	an 2450 Besitzwechsel		2 300,00

Der Lieferer belastet uns mit 10 % Diskont, da der von uns weitergegebene Wechsel 90 Tage später fällig ist als unsere Verbindlichkeit.

Rechnung: Lastschrift des Lieferers:
    Diskont 10 %/90 Tage $\hat{=}$ 2,5 % von 2 300,00 DM .... 57,50 DM

$$\text{Tageszinsformel: Diskont} = \frac{K \cdot p \cdot t}{100 \cdot 360} = \frac{2300 \cdot 10 \cdot 90}{100 \cdot 360} = 57{,}50 \text{ DM}$$

Buchung:		S	H
	7530 Diskontaufwendungen	57,50	
	an 4400 Verbindlichkeiten a. LL		57,50

• **Diskontierung von Wechseln bei der Bank**

Den zweiten Wechsel über 3 450,00 DM reichen wir unserer Bank zur Diskontierung ein. Die Bank berechnet 8 % Diskont und 5,00 DM Spesen.

Rechnung:
	Wechselbetrag	3 450,00 DM
−	Diskont 8 %/90 Tage $\hat{=}$ 2 % von 3 450,00 DM	69,00 DM
−	Spesen	5,00 DM
	Bankgutschrift (= Barwert des Wechsels)	3 376,00 DM

Buchung:		S	H
	2800 Bank	3 376,00	
	7530 Diskontaufwendungen	69,00	
	6750 Kosten des Geldverkehrs	5,00	
	an 2450 Besitzwechsel		3 450,00

- **Einzug (Inkasso) des Wechsels am Verfalltag**

Den dritten Wechsel über 1150,00 DM übergeben wir kurz vor Verfall unserer Bank zum Einzug (Inkasso). Die Bank berechnet 15,00 DM Inkassospesen.

Rechnung: Wechselbetrag .... 1 150,00 DM
− Inkassospesen .... 15,00 DM
Bankgutschrift .... 1 135,00 DM

		S	H
Buchung:	2800 Bank 1 135,00		
	6750 Kosten des Geldverkehrs 15,00		
	an 2450 Besitzwechsel		1 150,00

Merke: Bankspesen sind Nebenkosten des Geldverkehrs (Konto 6750).

3.2.3   Wechselkopierbuch

Nebenbuch. Das Wechselkopierbuch, Nebenbuch der Buchführung, erfaßt die wesentlichen Daten aller eingehenden Besitzwechsel und − getrennt davon − unserer eigenen Akzepte (Schuldwechsel), insbesondere:

Verfalltag − Wechselbetrag − Zahlungsort − Name und Anschrift des Ausstellers − Name und Anschrift des Empfängers bei Weitergabe des Wechsels − Diskontierung − Besonderheiten (Notadresse, Prolongation, Protest) − Buchungshinweise u. a.

Aufgaben. Das Wechselkopierbuch dient sowohl der Erläuterung der Buchungen auf den Hauptbuchkonten „2450 Besitzwechsel" und „4500 Schuldwechsel" als auch der terminlichen Überwachung der Wechsel (Fälligkeitskontrolle).

Merke: Das Wechselkopierbuch ist ein Hilfsbuch (Nebenbuch) der Buchführung.

Aufgaben − Fragen

Bilden Sie zu den Aufgaben 154−156 die Buchungssätze. Buchen Sie auf Konten.

154
1. Unser Kunde begleicht AR 1507 mit Verrechnungsscheck 2 300,00
2. Der Scheck wird der Bank zum Inkasso gegeben, Bankgutschrift 2 300,00

155
1. Zieleinkauf von Rohstoffen lt. ER 1203: 4 000,00 DM + 600,00 DM USt 4 600,00
2. Der Lieferer (Fall 1) zieht zum Ausgleich von ER 1203 vereinbarungsgemäß einen Wechsel auf uns, den wir akzeptieren. Wechselbetrag 4 600,00
3. Der Lieferer (Fall 1) belastet uns mit Diskont 115,00
4. *Die Geschäftsfälle 1−3 sind aus der Sicht des Lieferers zu buchen.*

156
1. Ein Kunde gibt uns zum Ausgleich von AR 1567 vereinbarungsgemäß einen Wechsel in Zahlung, Wechselbetrag 5 750,00
2. Wir belasten den Kunden (Fall 1) mit Diskont 150,00
3. Vor Verfall übergeben wir den Wechsel (Fall 1) unserer Hausbank zum Einzug. Bankgutschrift erfolgt unter Abzug von 45,00 DM Inkassospesen 5 705,00
4. Diskontierung eines Wechsels bei der Bank, Wechselbetrag 6 600,00 DM abzüglich 66,00 DM Diskont und 14,00 DM Spesen. Bankgutschrift 6 520,00
5. Unsere Bank löst unser Akzept über 3 300,00 DM ein und berechnet uns 30,00 DM Spesen. Banklastschrift 3 330,00
6. a) Kunde übersendet an uns einen Besitzwechsel 10 000,00
   b) Wir belasten den Kunden mit Diskont: 10 %/100 Tage.
   c) Diskontierung des Wechsels bei unserer Hausbank, die 8 % Diskont für 90 Tage und 30,00 DM Spesen berechnet.

Anfangsbestände:

0700	TA u. Maschinen	270 000,00	2450	Besitzwechsel	10 500,00
0800	Andere Anlagen, BGA	45 000,00	2800	Bank	62 000,00
2000	Rohstoffe	60 000,00	2880	Kasse	15 500,00
2020	Hilfsstoffe	14 500,00	3000	Eigenkapital	460 000,00
2100	Unfertige Erzeugnisse	13 200,00	4400	Verbindlichkeiten a. LL	58 000,00
2200	Fertige Erzeugnisse	14 800,00	4500	Schuldwechsel	8 500,00
2400	Forderungen a. LL	21 000,00			

Kontenplan:

0700, 0800, 2000, 2020, 2100, 2200, 2400, 2450, 2600, 2800, 2880, 3000, 3001, 4400, 4500, 4800, 4830, 4840, 5000, 5001, 5200, 5420, 5730, 6000, 6002, 6020, 6021, 6140, 6200, 6400, 6520, 6750, 7530, 8010, 8020.

Geschäftsfälle:

	157	158
1. Banküberweisung der Fertigungslöhne, brutto	6 200,00	6 500,00
− Abzüge	1 200,00	1 300,00
Arbeitgeberanteil zur Sozialversicherung	400,00	500,00
2. Kunde sendet Wechsel zum Ausgleich von AR 810	4 600,00	5 750,00
3. Belastung des Kunden mit Diskont	50,00	150,00
4. Besitzwechsel wird an Lieferer zum Ausgleich von ER 577 weitergegeben	3 450,00	2 300,00
5. Lieferer belastet uns mit Diskont	100,00	50,00
6. Bank löst Schuldwechsel ein, Wechselbetrag	2 200,00	3 300,00
+ Spesen	40,00	50,00
7. Diskontierung eines Wechsels bei der Bank, Wechselbetrag	5 500,00	4 400,00
− Diskont	100,00	50,00
8. Inkasso eines Besitzwechsels durch die Bank, Wechselbetrag	2 500,00	3 500,00
− Spesen	50,00	70,00
9. Zieleinkauf von Hilfsstoffen (ER 579), netto	6 000,00	8 000,00
+ Umsatzsteuer	900,00	1 200,00
10. Bezugskosten hierauf bar, netto	300,00	400,00
+ Umsatzsteuer	45,00	60,00
11. Privatentnahme von Erzeugnissen, Herstellwert	600,00	800,00
12. AR 803−844 für eigene Erzeugnisse frei Haus, netto	85 000,00	92 000,00
13. Ausgangsfrachten hierauf bar, netto	2 800,00	2 900,00
14. Lieferertratte für ER 570 wird akzeptiert	2 000,00	4 000,00
15. Banküberweisung an Rohstofflieferer, Rechnungsbetrag	5 750,00	11 500,00
− 2 % Skonto (brutto)	115,00	230,00
16. Kunde erhält Gutschrift für zurückgesandte Erzeugnisse, brutto	2 875,00	3 450,00
17. Rohstofflieferer gewährt uns Bonus, brutto	575,00	1 150,00
18. Preisnachlaß an Kunden für AR 807 (Mängelrüge), netto	1 500,00	1 800,00

Abschlußangaben:

1. Abschreibung auf 0700: 10 000,00 DM; auf 0800: 3 000,00 DM.
2. Inventurbestände:

	157	158
Unfertige Erzeugnisse	27 000,00	38 000,00
Fertige Erzeugnisse	16 000,00	29 000,00
Rohstoffe	39 800,00	39 000,00
Hilfsstoffe	18 300,00	19 900,00

3.2.4 Wechselprotest und Wechselrückgriff

Protest mangels Zahlung. Löst der Bezogene oder die von ihm beauftragte Bank am Verfalltag den Wechsel nicht ein, muß der letzte Wechselinhaber Protest mangels Zahlung erheben lassen. Protestwechsel müssen aus Gründen der Bilanzklarheit von den einwandfreien Besitzwechseln getrennt und auf das Konto

2480 Protestwechsel

umgebucht werden. Die Protestkosten und sonstigen Auslagen werden in der Regel zu Lasten des Kontos „6750 Kosten des Geldverkehrs" gebucht.

Beispiel: Ein Wechsel von 6 000,00 DM geht mangels Zahlung zu Protest. Die Rechnung des Notars über die Protesterhebung wird durch Banküberweisung beglichen:

Protestkosten	30,00 DM
+ Umsatzsteuer	4,50 DM
Rechnungsbetrag	**34,50 DM**

Buchungen:

			S	H
①	2480	Protestwechsel	6 000,00	
	an	2450 Besitzwechsel		6 000,00
②	6750	Kosten des Geldverkehrs	30,00	
	2600	Vorsteuer	4,50	
	an	2800 Bank		34,50

Rückrechnung. Nach Protesterhebung und der Benachrichtigung aller Beteiligten durch den jeweiligen Vormann macht der letzte Wechselinhaber von seinem Rückgriffsrecht Gebrauch. Er stellt den Protestwechsel mit der Rückrechnung entweder seinem unmittelbaren Vormann (Reihenrückgriff) oder einem beliebigen Vormann oder dem Aussteller (Sprungrückgriff) zu. Nach dem Wechselgesetz können Protestkosten und Auslagen sowie $\frac{1}{3}$ % Provision vom Wechselbetrag und mindestens 6 % Zinsen gesondert in Rechnung gestellt werden. Diese Rückgriffskosten stellen Schadenersatz dar, der nicht umsatzsteuerbar ist.

Wechselbetrag	6 000,00 DM
+ Protestkosten, netto	30,00 DM
+ $\frac{1}{3}$ % Provision von 6 000,00 DM	20,00 DM
+ 6 % Zinsen für 10 Tage von 6 000,00 DM	10,00 DM
Gesamtbetrag der Rückrechnung	**6 060,00 DM**

Der letzte Wechselinhaber bucht als Aussteller der Rückrechnung:

		S	H
2400	Forderungen a. LL	6 060,00	
an	2480 Protestwechsel		6 000,00
an	5430 Sonstige Erträge (30,00 + 20,00)		50,00
an	5710 Zinserträge		10,00

Der Vormann bucht entsprechend bei Eingang der Rückrechnung:

		S	H
2480	Protestwechsel	6 000,00	
6750	Kosten des Geldverkehrs	50,00	
7510	Zinsaufwendungen	10,00	
an	4400 Verbindlichkeiten a. LL		6 060,00

Merke: Der Rückrechnungsbetrag ist beim letzten Wechselinhaber als Forderung, beim regreßpflichtigen Vormann als Verbindlichkeit zu buchen.

Aufgaben

159 a) *Bilden Sie die Buchungssätze und buchen Sie auf den entsprechenden Konten:*
1. Zielverkauf von eigenen Erzeugnissen lt. AR 1511. Warenwert 7000,00 DM + 1050,00 DM Umsatzsteuer.
2. Kunde akzeptiert Wechsel (Laufzeit 90 Tage) in Höhe des Rechnungsbetrages (Fall 1).
3. Wir belasten den Kunden (Fall 2) mit 8 % Diskont.
4. Weitergabe des Wechsels an die Bank zum Einzug bei Verfall. Die Bank berechnet 40,00 DM Spesen.

b) *Die Geschäftsfälle der Aufgabe 159 a) sind aus der Sicht des Kunden zu buchen.*

160
1. Kunde übergibt uns zum Ausgleich von AR 1204 einen Wechsel über 9200,00 DM.
2. Wir reichen den Wechsel unserer Bank zur Diskontierung ein. Die Bank berechnet: Diskont für 90 Tage (Diskontsatz 8 %) und 35,00 DM Spesen.
3. Wir belasten den Kunden mit allen von der Bank berechneten Abzugsposten.
4. Der Wechsel über 9200,00 DM geht am Verfalltag mangels Zahlung zu Protest. Die Bank belastet uns mit Protestkosten in Höhe von 50,00 DM zuzüglich Umsatzsteuer.

Bilden Sie die Buchungssätze.

161 Wir nehmen Rückgriff auf unseren Vormann (Aufgabe 160). Unsere Auslagen (Porto u. a.) betragen 10,00 DM. Die Verzugszinsen belaufen sich auf 25,00 DM.
1. *Erstellen Sie unter Berücksichtigung der Angaben in den Aufgaben 160/161 die Rückrechnung.*
2. *Wie lautet der Buchungssatz aufgrund der Rückrechnung?*
3. *Nennen Sie die entsprechende Buchung des Vormannes.*

162 *Buchen Sie die folgenden Geschäftsfälle aus der Sicht des letzten Wechselinhabers:*
1. Ein Kundenwechsel in Höhe von 6900,00 DM geht mangels Zahlung zu Protest.
2. Banküberweisung der Protestkosten von 25,00 DM + 3,75 DM Umsatzsteuer.
3. Belastung des unmittelbaren Vormannes aufgrund folgender Rückrechnung:

Wechselbetrag	6900,00 DM
+ Protestkosten	25,00 DM
+ Auslagen	12,20 DM
+ ⅓ % Provision von 6900,00 DM	23,00 DM
+ 8 % Zinsen für 10 Tage	15,33 DM
Rückrechnungsbetrag	**6975,53 DM**

4. Der Kunde (Vormann) überweist den Rückrechnungsbetrag auf das Bankkonto.

163 *Die Geschäftsfälle 3 und 4 der Aufgabe 162 sind aus der Sicht des regreßpflichtigen Vormannes zu buchen. Erläutern Sie: „Kein Regreß ohne Protest."*

164 *Buchen Sie für den letzten Wechselinhaber folgende Geschäftsfälle:*
1. Ein Kundenwechsel von 4600,00 DM geht zu Protest. Die Protestkosten von 20,00 DM + 3,00 DM USt werden durch die Bank überwiesen.
2. Neben Wechselbetrag und Protestkosten wird der Vormann mit 10,00 DM Auslagen, ⅓ % Provision und 8 % Zinsen für 10 Tage belastet. Die Rückrechnung ist zu erstellen.
3. Der Vormann wird mit dem Rückrechnungsbetrag (Fall 2) belastet.
4. Der Rückrechnungsbetrag wird durch die Bank überwiesen.

165 *Die Geschäftsfälle 3 und 4 der Aufgabe 164 sind beim regreßpflichtigen Vormann zu buchen. Unterscheiden Sie zwischen Reihen- und Sprungrückgriff.*

3.3 Anzahlungen an Lieferer und von Kunden

Bei Großaufträgen und Aufträgen mit Sonderanfertigungen werden in der Regel Anzahlungen (Vorauszahlungen) vereinbart. Dadurch entsteht eine Forderung auf Warenlieferung gegenüber dem Lieferer oder eine Schuld auf Lieferung der Ware gegenüber dem Kunden, je nachdem, ob es sich um eine geleistete (eigene) oder erhaltene Anzahlung handelt. Anzahlungen sind auf besonderen Konten zu erfassen:

- **2300** Geleistete Anzahlungen auf Vorräte[1] ▶ Anzahlungen an Lieferer
- **4300** Erhaltene Anzahlungen auf Bestellungen ▶ Anzahlungen von Kunden

Bestandskonten. Das Konto 2300 ist ein Aktivkonto, das Konto 4300 ein Passivkonto.

Umsatzbesteuerung von Anzahlungen. Sämtliche Anzahlungen sind — unabhängig von ihrer Höhe — der Umsatzsteuer zu unterwerfen. Für den Vorsteuerabzug ist allerdings eine Rechnung mit gesondertem Steuerausweis erforderlich.

Merke: Alle Anzahlungen sind umsatzsteuerpflichtig.

3.3.1 Geleistete Anzahlungen auf Vorräte[1]

Beispiel: Vertragsgemäß wurde am 01.07. auf eine **Rohstoffbestellung** über

80 000,00 DM Rohstoffe + 12 000,00 DM Umsatzsteuer = 92 000,00 DM

eine Anzahlung von 25 % durch Bankscheck geleistet. **Anzahlungsrechnung:**

20 000,00 DM Anzahlung + 3 000,00 DM Umsatzsteuer = 23 000,00 DM brutto

Für die am 31.07. erfolgte Lieferung liegt folgende **Rechnung** vor:

	Rohstoffwert	80 000,00 DM	
−	Anzahlung	20 000,00 DM	60 000,00 DM
+	15 % Umsatzsteuer		9 000,00 DM
	Rechnungsbetrag		**69 000,00 DM**

① **Buchung der geleisteten Anzahlung:**   S | H

    2300 Geleistete Anzahlungen a. V. 20 000,00
    2600 Vorsteuer 3 000,00
       an 2800 Bank 23 000,00

② **Buchung nach Eingang der Rechnung und der Lieferung:**

    6000 Aufwendungen für Rohstoffe 80 000,00
    2600 Vorsteuer (12 000,00 DM − 3 000,00 DM) 9 000,00
       an 2300 Geleistete Anzahlungen a. V. 20 000,00
       an 4400 Verbindlichkeiten a. LL 69 000,00

S	2300 Geleistete Anzahlungen a. V.		H	S	2800 Bank		H
①	20 000,00	②	20 000,00	①	23 000,00		

S	2600 Vorsteuer		H	S	4400 Verbindlichkeiten a. LL		H
①	3 000,00					②	69 000,00
②	9 000,00						

S	6000 Aufwendungen für Rohstoffe		H
②	80 000,00		

Wie lautet die Buchung für die Banküberweisung des Restbetrages von 69 000,00 DM?

Merke: Eine geleistete (eigene) Anzahlung stellt eine Forderung auf Warenlieferung dar.

---

1 Anzahlungen auf Sachanlagen sind auf dem Konto „0900 Geleistete Anzahlungen auf Sachanlagen" zu buchen.

3.3.2 Erhaltene Anzahlungen auf Bestellungen

Das vorstehende Beispiel wird nun aus der Sicht des Lieferers gebucht:

① Buchung nach Eingang der Anzahlung:

		S	H
2800	Bank	23 000,00	
	an 4300 Erhaltene Anzahlungen		20 000,00
	an 4800 Umsatzsteuer		3 000,00

② Buchung nach Ausgang der Rechnung und der Lieferung:

2400	Forderungen a. LL	69 000,00	
4300	Erhaltene Anzahlungen	20 000,00	
	an 5000 Umsatzerlöse für eigene Erzeugnisse		80 000,00
	an 4800 Umsatzsteuer (12 000,00 DM – 3 000,00 DM)		9 000,00

S	2800 Bank	H	S	4300 Erhaltene Anzahlungen	H
①	23 000,00		②	20 000,00 ①	20 000,00
S	2400 Forderungen a. LL	H	S	4800 Umsatzsteuer	H
②	69 000,00			①	3 000,00
				②	9 000,00
			S	5000 Umsatzerlöse für eigene Erzeugnisse	H
				②	80 000,00

Wie lautet die Buchung bei Eingang der Restzahlung von 69 000,00 DM auf dem Bankkonto?

Merke: Eine erhaltene Anzahlung stellt eine Schuld auf Warenlieferung dar.

Aufgaben

166 Bei einer Stahlbestellung über 24 000,00 DM + 3 600,00 DM USt leisten wir eine Anzahlung durch Banküberweisung in Höhe von 8 000,00 DM + 1 200,00 DM USt = 9 200,00 DM brutto.
Erstellen Sie die Rechnung nach Lieferung, und buchen Sie aufgrund der
a) *Anzahlungsrechnung und*
b) *Eingangsrechnung.*

167 *Die Aufgabe 166 ist aus der Sicht des Lieferers zu buchen. Bilden Sie die Buchungssätze.*

168 Für die Lieferung von Elektromotoren über 90 000,00 DM netto + USt zum 31.03.02 leisten wir bei Auftragserteilung am 10.12.01 10 % Anzahlung + USt durch Banküberweisung.
Bilden Sie die Buchungssätze, und buchen Sie auf den Konten a) die Anzahlung am 10.12.01, b) den Abschluß des Anzahlungskontos, c) die Eingangsrechnung und d) den Rechnungsausgleich.

169 *Die Aufgabe 168 ist aus der Sicht des Lieferers zu buchen.*
Bilden Sie die Buchungssätze, und buchen Sie auf den Konten.

170 *Wie lauten die Buchungen der Aufgabe 169 bei einer 30%igen Anzahlung gegen Anzahlungsrechnung? Eine entsprechende Anzahlungsrechnung liegt vor.*

Merke: Anzahlungen sind gesondert zu bilanzieren:
- eigene Anzahlungen → aktivieren
- erhaltene Anzahlungen → passivieren

3.4 Wertpapiere

Arten der Wertpapiere. Kapital der Unternehmung kann in Wertpapieren angelegt werden. Man unterscheidet Dividendenpapiere und Zinspapiere.

- **Dividendenpapiere** (Aktien, Investmentanteile) verbriefen Teilhaberrechte. Der Inhaber ist am Grundkapital (Aktienkapital) des Unternehmens bzw. Fondsvermögen der Investmentgesellschaft beteiligt. Er erhält jährlich einen entsprechenden Anteil am Gewinn in Form der Dividende oder Ausschüttung. Gleichzeitig ist er am Vermögenszuwachs beteiligt, allerdings auch an einem Vermögensverlust.
- **Zinspapiere** (festverzinsliche Wertpapiere) verbriefen Gläubigerrechte: Anleihen der öffentlichen Hand, Obligationen der Industrie, Hypothekenpfandbriefe u. a. Der Inhaber dieser Papiere erhält einen festen Zins, der jährlich ausgezahlt wird.

Beim Erwerb der Wertpapiere ist die Absicht entscheidend, ob die Wertpapiere im Anlagevermögen oder im Umlaufvermögen ausgewiesen werden:

Anlagevermögen. Aktien, die mit der Absicht erworben werden, auf ein anderes Unternehmen Einfluß zu gewinnen, sind im Anlagevermögen als Beteiligung (im Zweifel bei mindestens 20 % des Aktienkapitals) auszuweisen (§ 271 HGB). Ist der Erwerb von Aktien lediglich als langfristige Vermögensanlage gedacht, so rechnen diese wie auch alle übrigen Wertpapiere zu den Wertpapieren des Anlagevermögens.
Umlaufvermögen. Werden Wertpapiere zur vorübergehenden Anlage (als Liquiditätsreserve) erworben, handelt es sich um Wertpapiere des Umlaufvermögens.

Merke: **Ausweis der Wertpapiere in der Bilanz:**
- bei Beteiligungsabsicht → **1300 Beteiligungen**
- bei langfristiger Anlage → **1500 Wertpapiere des Anlagevermögens**
- bei kurzfristiger Anlage → **2700 Wertpapiere des Umlaufvermögens**

Anschaffungskosten. Beim Kauf sind die Wertpapiere mit ihren Anschaffungskosten zu aktivieren. Dazu rechnen auch die Nebenkosten:

Anschaffungskurs	Gebührentabelle	
+ Anschaffungsnebenkosten	Aktien	Industrieobligationen
Bankprovision →	1 % vom Kurswert	0,5 % vom Nennwert
Maklergebühr (Courtage) →	0,6 ‰ vom Kurswert	0,75 ‰ vom Nennwert
	1,06 % vom Kurswert	0,575 % vom Nennwert
= Anschaffungskosten		

3.4.1 An- und Verkauf von Aktien

Beispiel 1: Kauf von 40 Stück X-Aktien zur kurzfristigen Anlage zum

Stückkurs von 150,00 DM durch die Bank	6 000,00 DM
+ 1,06 % Nebenkosten	63,60 DM
Anschaffungskosten (Banklastschrift)	6 063,60 DM

Buchung: 2700 Wertpapiere des Umlaufvermögens an 2800 Bank 6 063,60

Gewinne und Verluste durch Verkauf von Wertpapieren des UV sind auf den Konten „5460 Erträge aus dem Abgang von Vermögensgegenständen" bzw. „7460 Verluste aus dem Abgang von Wertpapieren des UV" zu buchen. Verkaufskosten werden buchhalterisch nicht erfaßt.

Beispiel 2: Verkauf von 30 Stück X-Aktien durch die Bank zum

Stückkurs von 170,00 DM ...	5 100,00 DM	Erlös	5 045,94 DM
− 1,06 % Verkaufskosten	54,06 DM	− Buchwert	4 547,70 DM
Erlös (Bankgutschrift)	5 045,94 DM	**Ertrag**	498,24 DM

	S	H
Buchung: 2800 Bank 5 045,94		
an 2700 Wertpapiere des UV		4 547,70
an 5460 Erträge aus Vermögensabgängen		498,24

Merke: Gewinne und Verluste aus Wertpapierverkäufen werdern erfaßt auf:
  ▷ 5460 Erträge aus dem Abgang von Vermögensgegenständen
  ▷ 7460 Verluste aus dem Abgang von Wertpapieren des UV

3.4.2 Bewertung der Wertpapiere zum Jahresabschluß

Zum Jahresabschluß (Bilanzstichtag) muß der noch vorhandene Wertpapierbestand durch die Inventur erfaßt und zum Niederstwert gebucht werden (§ 253 [2, 3] HGB).

Das Niederstwertprinzip besagt, daß von den beiden Werten, nämlich Anschaffungskosten (AK) der Wertpapiere und Tageswert (TW) zum 31.12., jeweils der niedrigere als Schlußbestand einzusetzen ist. Die Anschaffungskosten dürfen somit nie überschritten werden. Damit wird aus Gründen der Vorsicht zum Schutz der Gläubiger sichergestellt, daß keine Gewinne (Buchgewinne) ausgewiesen werden, die noch nicht durch Verkauf entstanden (realisiert) sind. Verluste sind dagegen zu erfassen und abzuschreiben. Die Anschaffungsnebenkosten sind bei der Ermittlung des Schlußbestandes zum Niederstwert anteilig zu berücksichtigen.

Ermittlung des Niederstwertes für den Schlußbestand zum 31.12.:

Von den 40 Stück X-Aktien wurden 30 Stück verkauft. Es sind also noch 10 Stück am 31.12. lt. Inventur vorhanden. Der Anschaffungskurs dieser Aktien betrug 150,00 DM je Stück; der Tageskurs am 31.12. beträgt 140,00 DM je Stück.

Nach dem Niederstwertprinzip müssen die noch vorhandenen 10 Aktien somit zum niedrigeren Tageswert (TW) eingesetzt werden, wobei die Nebenkosten anteilig mit 1,06 % zu berücksichtigen sind. Der Buchwert (AK) dieser Aktien beträgt 1 515,90 DM.

10 Stück X-Aktien zu 140,00 DM ..	1 400,00	Buchwert	1 515,90 DM
+ 1,06 % anteilige Nebenkosten	14,84	− Niederstwert	1 414,84 DM
Schlußbestand zum Niederstwert .	1 414,84	Verlust	101,06 DM

Buchung des Schlußbestandes zum Niederstwert:
  8010 Schlußbilanzkonto .... an 2700 Wertpapiere d. UV 1 414,84

Nach Eintragung des Schlußbestandes stellt der dann noch verbleibende Saldo auf dem Wertpapierkonto den Kursverlust dar, der abzuschreiben ist.

Buchung des Kursverlustes:
  7420 Abschreibg. a. Wertpapiere d. UV an 2700 Wertpapiere d. UV 101,06

S	2700 Wertpapiere des Umlaufvermögens	H
2800: Kauf von 40 Stück 6 063,60	2800: Verkauf von 30 Stück	4 547,70
	8010: **Schlußbestand** 10 Stück ..	1 414,84
	7420: Kursverlust (Abschreibung)	101,06
6 063,60		6 063,60

Merke:
- Beim Kauf sind die Wertpapiere zu Anschaffungskosten zu aktivieren.
- Zum Bilanzstichtag sind Wertpapiere zum Niederstwert einzusetzen:
    AK > TW → Bewertung zum **Tageswert** (TW)
    AK < TW → Bewertung zu **Anschaffungskosten** (AK)
- Die Anschaffungskosten bilden die Höchstgrenze.
- Die Nebenkosten sind jeweils anteilig zu berücksichtigen.

Man unterscheidet zwischen strengem und gemildertem Niederstwertprinzip:

- **Wertpapiere des Umlaufvermögens** sind stets nach dem **strengen Niederstwertprinzip** zu bewerten. Das bedeutet, daß die zur kurzfristigen Anlage erworbenen Wertpapiere in der Jahresbilanz immer zum niedrigsten Wert auszuweisen sind (§ 253 [3] HGB).
- Für **Wertpapiere des Anlagevermögens** (Finanzanlagen) gilt das **gemilderte Niederstwertprinzip**, d.h., sie dürfen bei nur vorübergehender Kursminderung mit dem niedrigeren Wert angesetzt werden. Ist jedoch die Kursminderung von Dauer (§ 253 [2] HGB), so gilt das strenge Niederstwertprinzip.

Merke:
- Wertpapiere des Umlaufvermögens ➔ strenges Niederstwertprinzip
- Wertpapiere des Anlagevermögens ➔ gemildertes Niederstwertprinzip

3.4.3 Kauf und Verkauf festverzinslicher Wertpapiere

Beispiel 1: Kauf von 10 000,00 DM 6 %-Obligationen zu 99 % am 31.08.:

Kurswert (99 % von 10 000,00 DM)	9 900,00 DM
+ 0,575 % Nebenkosten (Bankprovision und Maklergebühr)	57,50 DM
Anschaffungskosten	**9 957,50 DM**
+ Stückzinsen (6 % von 10 000,00 DM für 8 Monate)	400,00 DM
Banklastschrift	**10 357,50 DM**

Buchung:
```
2700  Wertpapiere des UV ..................  9 957,50
7510  Zinsaufwendungen ...................    400,00
  an  2800  Bank .........................           10 357,50
```

Beispiel 2: Verkauf von 10 000,00 DM 6 %-Obligationen zu 98 % am 30.09.:

Kurswert (98 % von 10 000,00 DM Nennwert)	9 800,00 DM
− 0,575 % Verkaufskosten (Bankprovision und Maklergebühr)	57,50 DM
	9 742,50 DM
+ Stückzinsen (6 % von 10 000,00 DM für 9 Monate)	450,00 DM
Bankgutschrift	**10 192,50 DM**

Buchung:
```
2800  Bank ...............................  10 192,50
  an  2700  Wertpapiere des UV ...........            9 742,50
  an  5780  Erträge aus Wertpapieren des UV            450,00
```

Buchung des Kursverlustes:
```
7460  Verluste aus Abgang von Wertpapieren des UV ...  215,00
  an  2700  Wertpapiere des UV ........................           215,00
```

S	2700 Wertpapiere des Umlaufvermögens		H
2800: Kauf 9 957,50		2800: Verkauf	9 742,50
		7460: Kursverlust	215,00
9 957,50			9 957,50

Merke: Stückzinsen werden vom Nennwert (Nominalwert) berechnet.

3.4.4 Buchhalterische Behandlung der Dividende

Steuerabzug. Dividenden aus Aktien unterliegen sowohl der Körperschaftsteuer (30 %) als auch der Kapitalertragsteuer (25 %). Beide Steuern sind von der Aktiengesellschaft einzubehalten und an das Finanzamt abzuführen.

Beispiel:

Bruttodividende (erforderlicher Gewinn)	3 600,00 DM
− 30 % Körperschaftsteuer	1 080,00 DM
Zwischensumme	2 520,00 DM
− 25 % Kapitalertragsteuer	630,00 DM
Nettodividende (Auszahlung als Bankgutschrift)	**1 890,00 DM**

Bruttobuchung. Aus steuerlichen Gründen ist die Dividende beim Aktienbesitzer brutto auf dem Konto „5780 Erträge aus Wertpapieren des Umlaufvermögens" und die in Abzug gebrachte Körperschaft- und Kapitalertragsteuer auf dem Konto „3001 Privat" als Vorauszahlung auf seine eigene Einkommensteuer zu buchen.

Buchung: 2800 Bank 1 890,00
            3001 Privat 1 710,00
               an 5780 Erträge aus Wertpapieren des UV 3 600,00

Merke: Die Dividende unterliegt mit ihrem Bruttobetrag beim Empfänger der Einkommensteuer. Die in Abzug gebrachte Körperschaft- und Kapitalertragsteuer wird in voller Höhe auf die Einkommensteuer angerechnet.

Aufgaben – Fragen

171
1. Kauf von 600 X-Aktien zur kurzfristigen Anlage durch die Bank. Nennwert je Stück 100,00 DM. Stückkurs 200,00 DM, Kaufnebenkosten 1 272,00 DM.
2. Am Bilanzstichtag beträgt der Stückkurs a) 220,00 DM und b) 150,00 DM.

Buchen Sie die Anschaffung der Wertpapiere und den Abschluß des Wertpapierkontos. Begründen Sie auch Ihre Bewertungsentscheidung zum 31.12.

172 173

	172	173
1. Kauf von 20 Stück A-Aktien als kurzfristige Anlage		
Nennwert je 50,00 DM, Stückkurs	150,00	170,00
Nebenkosten lt. Bankabrechnung	31,80	36,04
2. Verkauf von 15 Stück A-Aktien zum Stückkurs von	160,00	140,00
Verkaufskosten lt. Bankabrechnung	25,44	22,26
3. a) Tagesstückkurs am Bilanzstichtag	160,00	180,00
b) Tagesstückkurs am Bilanzstichtag	130,00	160,00

Buchen Sie die Geschäftsfälle und den Abschluß des Kontos „2700 Wertpapiere des Umlaufvermögens". Begründen Sie die Bewertung des Schlußbestandes zum 31.12. und erläutern Sie die Erfolgsauswirkung.

174 Die Bruttodividende für die in Aufgabe 171 erworbenen Aktien beträgt 6 000,00 DM.
1. Ermitteln Sie die Nettodividende, die ausgezahlt wird (Bankgutschrift).
2. Buchen Sie die Dividendenabrechnung der Bank beim Empfänger der Dividende.

175
1. Kauf von 5 000,00 DM 6%-Obligationen zu 85 % = 4 250,00 DM am 31.03. zuzüglich 75,00 DM Stückzinsen; Kaufkosten lt. Bankabrechnung 28,75 DM.
2. Verkauf aller Obligationen (Fall 1) zu 90 % = 4 500,00 DM am 30.08. zuzüglich 200,00 DM Stückzinsen. Verkaufskosten 28,75 DM.

Buchen Sie auf den entsprechenden Konten und ermitteln Sie den Erfolg.

176
1. Kauf von nominal 5 000,00 DM 6%ige X-Anleihen zu 90 % zuzüglich 120,00 DM Stückzinsen zur langfristigen Anlage. Kaufkosten lt. Bankabrechnung 28,75 DM.
2. Zum Bilanzstichtag beträgt der Tageswert (Kurswert einschließlich anteiliger Nebenkosten) a) 4 529,00 DM; b) 4 729,00 DM; c) 4 229,00 DM.

Buchen Sie und begründen Sie jeweils Ihre Bewertungsentscheidung zum 31.12.

177
1. Unterscheiden Sie zwischen Dividenden- und Zinspapieren.
2. Zu welchem Wert sind Wertpapiere zum Zeitpunkt der Anschaffung zu bilanzieren?
3. Wann rechnen Wertpapiere a) zum Anlagevermögen, b) zum Umlaufvermögen?
4. Unterscheiden Sie zwischen strengem und gemildertem Niederstwertprinzip.
5. Weshalb dürfen bei der Bewertung die Anschaffungskosten nie überschritten werden?
6. Inwiefern ist das Niederstwertprinzip Ausdruck des kaufmännischen Prinzips der Vorsicht?

4 Buchhalterische Behandlung der Steuern

Hinsichtlich ihrer buchhalterischen Behandlung unterscheidet man bei den Steuern

- aktivierungspflichtige Steuern,
- Aufwandsteuern (Betriebssteuern),
- Personensteuern (Privatsteuern),
- Steuern als „durchlaufende Posten".

4.1 Aktivierungspflichtige Steuern

Anschaffungsnebenkosten. Bestimmte Steuern und Abgaben sind als <u>Anschaffungsnebenkosten</u> auf den entsprechenden Bestandskonten zu buchen (zu aktivieren):

- **Grunderwerbsteuer** bei Kauf von Grundstücken und Gebäuden (Steuersatz 3,5 %).[1]
- **Zölle** bei der Einfuhr von Erzeugnissen, Maschinen u. a. aus Nicht-EU-Staaten.

Beispiel: Kauf eines Grundstücks gegen Bankscheck für 100 000,00 DM. Die Grunderwerbsteuer über 3,5 % des Kaufpreises = 3 500,00 DM und die Notariats- und Grundbuchkosten sowie die Vermessungskosten über 3 000,00 DM werden durch die Bank überwiesen. Die Nebenkosten sind Teil der Anschaffungskosten (§ 255 HGB):

Anschaffungspreis des Grundstücks		100 000,00 DM
+ **Anschaffungsnebenkosten**		
3,5 % Grunderwerbsteuer	3 500,00 DM	
Notariats-, Grundbuch- und Vermessungskosten	3 000,00 DM	6 500,00 DM
Anschaffungskosten des Grundstücks		106 500,00 DM

Buchung: 0500 Unbebaute Grundstücke   an   2800 Bank 106 500,00

Merke: Grunderwerbsteuern und Zölle sind Anschaffungsnebenkosten (§ 255 [1] HGB).

4.2 Aufwandsteuern (Betriebssteuern)

Zu den Aufwandsteuern gehören alle Steuern, die Aufwand des Industriebetriebes darstellen und somit den <u>Gewinn mindern</u>. Im steuerlichen Sinne gelten sie als <u>Betriebsausgaben</u>. Sie gehen grundsätzlich in die Kalkulation als <u>Kostenbestandteil</u> ein. Man bezeichnet sie daher auch als <u>Kostensteuern</u>. Dazu rechnen u. a.:

Arten der Aufwandsteuern	Konto
• **Gewerbesteuer** (Gemeindesteuer)	
Gewerbekapitalsteuer	7000
Gewerbeertragsteuer	7700
• **Grundsteuer** (Gemeindesteuer)	7020
• **Kraftfahrzeugsteuer**	7030
• **Sonstige Betriebssteuern**	7090

Die Gewerbesteuer ist die bedeutendste Aufwandsteuer. Sie ist eine Gemeindesteuer. <u>Besteuerungsgrundlagen</u> sind

- Gewerbeertrag   und   • Gewerbekapital.

Aus dem Gewerbeertrag errechnet man mit Hilfe der Steuermeßzahl (einheitlich 5 %) den Steuermeßbetrag. Der Steuermeßbetrag vom Gewerbekapital ergibt sich durch Anwendung einer Steuermeßzahl von 2 ‰. Nach Berücksichtigung von <u>Freibeträgen</u> erhält man durch Addition der beiden Meßbeträge den <u>einheitlichen Steuermeßbetrag</u>, auf den der <u>Hebesatz</u> (z. B. 300 %) der jeweiligen Gemeinde anzuwenden ist. Das Ergebnis ist die Gewerbesteuer.

Gewerbesteuer = Einheitlicher Steuermeßbetrag · Hebesatz

Merke: Aufwandsteuern (Betriebssteuern) <u>mindern</u> den steuerpflichtigen Gewinn des Unternehmens. Sie gehen als Kosten in die <u>Kalkulation</u> der Erzeugnisse ein.

---

[1] Stand 1997

4.3 Personensteuern (Privatsteuern)

Wesen. Personensteuern betreffen die Person des Unternehmers und nicht das Unternehmen. Sie dürfen daher nicht als Aufwand bzw. abzugsfähige Betriebsausgabe behandelt werden. Personensteuern sind aus dem Gewinn zu zahlen.

Die wichtigsten Personensteuern	Konto
• Einkommensteuer sowie SolZ	3001
• Kirchensteuer	3001
• Körperschaftsteuer	7710

Die buchhalterische Behandlung der Personensteuern richtet sich nach der jeweiligen Rechtsform der Unternehmung.

Einzelunternehmen und Personengesellschaften (OHG, KG). Die Personensteuern (Einkommen-, Kirchensteuer) sind als Privatentnahme über das entsprechende

Privatkonto

zu buchen, sofern sie vom Betrieb für den Unternehmer oder Gesellschafter an das Finanzamt überwiesen werden. Aus Gründen der Klarheit können auch besondere Privatsteuerkonten als Unterkonten des Privatkontos eingerichtet werden.

Einkommensteuer. Steuerschuldner sind die Inhaber von Einzelunternehmen und Personengesellschaften. Einkommen ist der Gesamtbetrag der Einkünfte abzüglich Sonderausgaben (z. B. Beiträge zur Lebens- und Sozialversicherung u. a.). Haupteinkunftsart des Unternehmers ist der Gewinn bzw. Gewinnanteil. Hat der Unternehmer noch weitere Einkünfte (z. B. aus Vermietung und Verpachtung, aus Kapitalvermögen u. a.), zählen diese ebenfalls zum Einkommen. Die Höhe der Einkommensteuer ist abhängig von der Höhe des steuerpflichtigen Einkommens und von persönlichen Steuermerkmalen u. a. Während des Jahres sind festgesetzte Vorauszahlungen auf die Einkommensteuer zu leisten: 10.03., 10.06., 10.09. und 10.12.

Kirchensteuer. Sie beträgt je nach Bundesland 8 % bzw. 9 % der Einkommensteuer.

Kapitalgesellschaften (AG, GmbH) zahlen anstelle der Einkommensteuer Körperschaftsteuer. Da Kapitalgesellschaften keine Privatkonten führen können, muß diese Personensteuer zunächst als Aufwand auf dem Konto

7710 Körperschaftsteuer

gebucht werden.

Zur Ermittlung des körperschaftsteuerlichen Gewinns sind dem ausgewiesenen Jahresgewinn alle nicht abzugsfähigen Ausgaben wieder hinzuzurechnen, praktisch außerhalb der Buchführung. Dazu zählen vor allem die als Aufwand gebuchten Zahlungen für die Körperschaftsteuer sowie die sog. verdeckten Gewinnausschüttungen (z. B. unangemessen hohe Vorstandsbezüge, Vorteile bei Darlehensgewährungen an Vorstandsmitglieder).

Die Körperschaftsteuer beträgt für einbehaltene Gewinne 45 % des Gewinns. Der zur Ausschüttung vorgesehene Teil des Gewinns wird jedoch nur mit 30 % besteuert, da die Empfänger mit diesen Einkünften auch der Einkommensteuer im Anrechnungsverfahren unterliegen.

Merke:	Personensteuern dürfen den steuerpflichtigen Gewinn nicht mindern. Sie sind als nicht abzugsfähige Betriebsausgabe aus dem Gewinn zu zahlen.

4.4 Steuern als „durchlaufende Posten" (Durchlaufsteuern)

Die Unternehmen sind durch Gesetz verpflichtet, bestimmte Steuern von anderen Steuerpflichtigen im Auftrag des Finanzamtes einzuziehen und abzuführen. Diese Steuern stellen daher für die Unternehmen lediglich durchlaufende Posten dar und sind als „Sonstige Verbindlichkeiten" gegenüber dem Finanzamt auszuweisen:

Die wichtigsten Durchlaufsteuern	Konto
• Umsatzsteuer • Vom Arbeitnehmer einbehaltene Lohn- und Kirchensteuer sowie SolZ	2600 und 4800 4830

Die Umsatzsteuer ist die bedeutendste „Durchlaufsteuer". Folgende Umsätze unterliegen nach § 1 UStG der Umsatzsteuer:

- **Die Lieferungen und Leistungen** (z.B. Leistungen der freien Berufe, Reparaturen u.a.), die ein Unternehmer im Inland gegen Entgelt im Rahmen seines Unternehmens ausführt;
- **der Eigenverbrauch** (z.B. Entnahme von Gegenständen zu Privatzwecken und die private Nutzung von Betriebsgegenständen und -dienstleistungen);
- **die Einfuhr** von Gegenständen aus Nicht-EU-Staaten;
- **der innergemeinschaftliche Erwerb** im Inland gegen Entgelt: z.B. Ware aus EU-Land.

Zu den Durchlaufsteuern zählen auch alle Verbrauchsteuern (Mineralölsteuer, Tabaksteuer, Kaffeesteuer u.a.), die als Kosten in die Verkaufspreise einkalkuliert werden. Sie werden auf dem Konto „7080 Verbrauchsteuern" erfaßt.

Merke: Durchlaufsteuern sind Steuern, die der Betrieb im Auftrag des Finanzamtes einzuziehen und an das Finanzamt abzuführen hat.

4.5 Steuernachzahlungen und Steuerrückerstattungen

Rückerstattungen und Nachzahlungen von Betriebssteuern werden wie folgt erfaßt:

▷ **5490 Periodenfremde Erträge**   ▷ **6990 Periodenfremde Aufwendungen**

Beispiel: Aufgrund einer Betriebsprüfung müssen wir für die vergangenen 4 Jahre 10 000,00 DM Gewerbesteuer nachzahlen. Dieser Betrag wird durch die Bank überwiesen.

Buchung: 6990 Periodenfremde Aufwendungen ...... an 2800 Bank 10 000,00

Beispiel: Für zuviel gezahlte Gewerbesteuer werden 2 000,00 DM durch Banküberweisung erstattet.

Buchung: 2800 Bank .... an 5490 Periodenfremde Erträge 2 000,00

Merke:
- Nur Aufwandsteuern mindern den Gewinn des Unternehmens.
- Nachzahlungen und Rückerstattungen von Aufwandsteuern sind als periodenfremder Aufwand bzw. Ertrag zu erfassen.
- Steuerberatungskosten werden grundsätzlich auf dem Konto „6770 Rechts- und Beratungskosten" erfaßt, Ausnahme: Private Steuern.
- Säumnis- und Verspätungszuschläge werden wie die betreffende Steuer gebucht.
- Steuerstrafen sind als Privatentnahme zu behandeln.

Aufgaben – Fragen

178 *Bilden Sie die Buchungssätze für folgende Zahlungen (Bank):*

1. Einbehaltene Lohn- und
 Kirchensteuer sowie SolZ 20 000,00
2. Einkommensteuer 22 000,00
3. Grunderwerbsteuer (Betrieb) . 14 000,00
4. Grundsteuer (Betrieb) 8 000,00
5. Private Nutzung (Telefon) 2 000,00
6. Rechnung des Steuerberaters:
 Erstellen der Steuerbilanz 20 700,00
 Einkommensteuererklärung .. 2 300,00
7. Zinsen für nicht fristgerechte
 Zahlung der Grundsteuer 100,00
8. Betriebsprüfung: Nachzahlung
 von Gewerbeertragsteuern ... 12 000,00
9. Umsatzsteuervorauszahlung .. 29 800,00
10. Gewerbekapitalsteuer 6 000,00
11. Gewerbeertragsteuer 4 000,00
12. Erbschaftsteuer des Inhabers . 5 000,00
13. Kfz-Steuer (Betrieb) 3 600,00
 (privat) 500,00
14. Schenkungsteuer (Inhaber) .. 2 500,00
15. Rückerstattung v. Gewerbest. . 6 000,00
 Vorsteuerguthaben 8 000,00
 Einkommensteuer 9 000,00

179

Buchen Sie zum 31.12.	Soll	Haben
2600 Vorsteuer	243 500,00	1 600,00
4800 Umsatzsteuer	1 300,00	202 800,00

180 Die Instandhaltungsaufwendungen des Geschäftsjahres betragen insgesamt 78 000,00 DM. 1,5 % davon entfallen auf Reparaturen im Privathaus des Inhabers.
Erstellen Sie den Buchungsbeleg. Begründen Sie Ihre Buchung zum 31.12.

181
1. *Buchen Sie den Eingang der Honorarrechnung des Steuerberaters für:*
 a) Erstellen der Einkommensteuererklärung 1 600,00
 + Umsatzsteuer 240,00 1 840,00
 b) Erstellen der Gewerbesteuererklärung 800,00
 c) Erstellen der Steuerbilanz (Jahresabschluß) 2 600,00
                                                       3 400,00
 + Umsatzsteuer 510,00 3 910,00
                                                              5 750,00
2. *Buchen Sie den Rechnungsausgleich (Fall 1) durch Banküberweisung.*

182 *Bilden Sie die Buchungssätze:*
1. Die Erbschaftsteuer des Geschäftsinhabers in Höhe von 4 800,00 DM wurde wie folgt gebucht: 7090 Sonstige betriebliche Steuern an 2800 Bank.
2. Der Buchhalter hat die Einkommensteuervorauszahlung des Geschäftsinhabers über das Konto 7090 gebucht: 12 800,00 DM.
3. Aufgrund einer Betriebsprüfung müssen für die letzten 3 Geschäftsjahre nachgezahlt werden (Banküberweisung): a) Einkommensteuer 12 800,00 DM, b) Gewerbeertragsteuer 16 448,00 DM.

183
1. Geschäftsinhaber zahlt Säumniszuschläge für a) Einkommensteuer und b) Grundsteuer (Banküberweisung).
2. Geschäftsinhaber zahlt durch Bank Steuerstrafe: 5 000,00 DM.
3. Bankgutschrift für Gewerbesteuerrückerstattung des Vorjahres: 2 500,00 DM.

184
1. *Nennen Sie Beispiele für a) aktivierungspflichtige Steuern, b) Betriebssteuern, c) Personensteuern, d) Durchlaufsteuern. Welche sind a) erfolgswirksam, b) erfolgsneutral?*
2. *Welche Umsätze unterliegen gemäß § 1 UStG der Umsatzsteuer? Welche Voraussetzungen müssen nach § 1 UStG erfüllt sein, damit Lieferungen und sonstige Leistungen steuerbar sind?*
3. *Welche Besteuerungsgrundlagen sind für die Ermittlung der Gewerbesteuer maßgebend?*

185

Anfangsbestände:

0500	Grundstücke	150 000,00	2650	Forderungen an Mitarbeiter	15 000,00
0530	Gebäude	510 000,00	2800	Bankguthaben	205 000,00
0700	TA u. Maschinen	78 000,00	3000	Eigenkapital	900 000,00
0800	Andere Anlagen, BGA	95 000,00	4250	Darlehensschulden	410 000,00
2000	Rohstoffe	265 000,00	4400	Verbindlichkeiten a. LL	150 000,00
2100	Unfertige Erzeugnisse	40 000,00	4800	Umsatzsteuer	4 300,00
2200	Fertige Erzeugnisse	10 000,00	4830	FB-Verbindlichkeiten	800,00
2400	Forderungen a. LL	98 000,00	4840	SV-Verbindlichkeiten	900,00

Kontenplan:
0500, 0530, 0700, 0800, 2000, 2100, 2200, 2400, 2450, 2600, 2650, 2800, 3000, 3001, 4250, 4400, 4800, 4830, 4840, 5000, 5200, 5420, 5710, 5730, 6000, 6300, 6400, 6520, 6700, 6770, 7000, 7020, 7030, 7510, 7700, 8010, 8020.

Geschäftsfälle:

1. Banküberweisung der Lohn-/Kirchensteuer einschl. SolZ 800,00
   Sozialversicherungsbeiträge 900,00
   Umsatzsteuer-Zahllast 4 300,00   6 000,00
2. Banküberweisung der Lagerraummiete 6 500,00
3. Rohstoffeinkäufe auf Ziel lt. ER 44–67 .... 50 000,00
   + Umsatzsteuer 7 500,00
4. Banküberweisung der Gehälter lt. Gehaltsliste:

Brutto-gehälter	LSt/KSt/ SolZ	Sozial-versicherung	Verrechneter Vorschuß	Netto-auszahlung	Arbeitgeber-anteil
15 800,00	3 500,00	3 450,00	1 500,00	7 350,00	3 450,00

5. Banküberweisung der Gewerbekapitalsteuer 3 500,00
   Gewerbeertragsteuer 4 800,00
   Grundsteuer 1 800,00   10 100,00
6. Ein Angestellter erhält einen Vorschuß durch Bankscheck 2 500,00
7. Banküberweisung der Einkommensteuer 22 500,00
   Erbschaftsteuer 1 500,00
   Kraftfahrzeugsteuer 2 400,00   26 400,00
8. Verkäufe von eigenen Erzeugnissen auf Ziel lt. AR 56–98 .... 170 800,00
   + Umsatzsteuer 25 620,00
9. Banküberweisung an Steuerberater für Erstellung
   der Umsatz- und Gewerbesteuererklärung 8 000,00
   + Umsatzsteuer 1 200,00   9 200,00
10. Bank belastet uns mit Darlehenszinsen 12 800,00
11. Entnahme von Erzeugnissen für Privatzwecke, netto 1 500,00
12. Belastung eines Kunden mit Verzugszinsen 85,00
13. Unsere Banküberweisung für Wohnungsmiete des Inhabers 1 500,00
14. Kauf eines Grundstücks gegen Bankscheck 50 000,00
15. Banküberweisung der Grunderwerbsteuer (Fall 14) .... ?
16. Banküberweisung für Einkommensteuererklärung 5 750,00
17. Unser Kunde akzeptiert vereinbarungsgemäß Wechsel zu AR 97 .... 11 500,00
    Belastung des Kunden mit Diskont 345,00

Abschlußangaben:
1. Abschreibungen auf 0530: 2 400,00; auf 0700: 4 800,00; auf 0800: 3 200,00.
2. Rohstoffschlußbestand lt. Inventur 240 000,00
3. Inventurbestände: Unfertige Erzeugnisse: 5 000,00; Fertige Erzeugnisse: 50 000,00.

5 Sachanlagenbereich[1]
5.1 Anlagenbuchhaltung (Anlagenkartei)

Sachanlagen. Das Anlagevermögen eines Industriebetriebes umfaßt alle Vermögensgegenstände, die dazu bestimmt sind, langfristig (dauernd) dem Unternehmen zu dienen (§ 247 [2] HGB). Dazu zählen nach § 266 HGB vor allem die Sachanlagen:[1]

- Grundstücke und Gebäude
- Technische Anlagen und Maschinen
- Betriebs- und Geschäftsausstattung
- Fuhrpark

Finanzanlagen. Außer den Sachanlagen gehören auch Finanzanlagen zum Anlagevermögen, wie z.B. Kapitalbeteiligungen an anderen Unternehmen oder Wertpapiere, die als langfristige Anlage angeschafft wurden.

Immaterielle Vermögensgegenstände, wie z.B. der käuflich erworbene Geschäfts- oder Firmenwert, sind im Anlagevermögen meist von untergeordneter Bedeutung.

Zweck der Anlagenbuchhaltung. Die Anlagekonten des Hauptbuches werden als Sammelkonten geführt. Sie enthalten z.B. die Anlagegruppen: Grundstücke, Gebäude, Technische Anlagen und Maschinen, Fuhrpark, Betriebs- und Geschäftsausstattung u.a. Diese Anlagegruppen setzen sich aus zahlreichen Einzelgegenständen und -werten zusammen. Um bei der Vielfalt der Anlagegegenstände die Abschreibungen im Rahmen der Inventur zum Bilanzstichtag richtig ermitteln zu können, ist eine Anlagenbuchführung als Nebenbuchhaltung erforderlich (siehe auch S. 12).

Anlagenkarte. Für jeden einzelnen Anlagegegenstand ist daher eine besondere Anlagenkarte zu führen, die auf der Vorderseite alle wichtigen Daten (vgl. Muster) ausweist. Die Rückseite enthält meist technische Angaben über den entsprechenden Anlagegegenstand.

Anlagenkartei. Alle Anlagenkarten bilden zusammen die Anlagenkartei, in der sie nach den Sachkonten der Klasse 0 entsprechend geordnet sind.

Muster einer Anlagenkarteikarte

Inventar-Nr.: 418	Bezeichnung der Anlage: Verpackungsautomat	Baujahr: 19..				
Anlagen-Kto.: 0760	Kostenstelle: Vertrieb	Anschaffungsdatum: 19..-01-08				
Lieferant: Schneider GmbH in: München		Bestellnummer: 3 648 Garantie: 2 Jahre				
Voraussichtl. Nutzungsdauer: 10 Jahre		Voraussichtl. Schrottwert:				
Anschaffungskosten: 98 000,00 DM		Versicherungswert: 100 000,00 DM				
Jahr	Abschreibungen (degressiv)			Reparaturen		
	%satz	Betrag	Buchwert	Tag	Art	DM
19..-12-31	30 %	29 400,00	68 600,00			

Merke: Die Anlagenkartei erläutert und ergänzt als Nebenbuchhaltung die einzelnen Anlagekonten des Hauptbuches.

---
[1] Siehe auch **Bilanz gemäß § 266 HGB** auf **Seite 241** sowie **im Anhang** des Lehrbuches.

5.2 Anschaffung von Anlagegütern

Anschaffungskosten. Gegenstände des Anlagevermögens sind zum Zeitpunkt der Beschaffung mit ihren Anschaffungskosten auf dem entsprechenden Anlagekonto zu aktivieren (§ 253 [1] HGB). Zu den Anschaffungskosten zählen alle Aufwendungen, die geleistet werden, um das Anlagegut zu erwerben und in einen betriebsbereiten Zustand zu versetzen (§ 255 [1] HGB):

> Anschaffungspreis
> + Anschaffungsnebenkosten
> − Anschaffungskostenminderungen
> Anschaffungskosten

Der Anschaffungspreis ist der Nettopreis des Anlagegutes. Die in Rechnung gestellte Vorsteuer ist zu verrechnen und zählt deshalb nicht zu den Anschaffungskosten.

Anschaffungsnebenkosten sind alle Ausgaben und Aufwendungen, die bei Anschaffung des Anlagegutes neben dem Kaufpreis gleichzeitig oder auch nachträglich anfallen. Sie sind als wichtiger Bestandteil der Anschaffungskosten zu aktivieren:

- Kosten der Überführung und Zulassung beim Kauf eines Kraftfahrzeugs; Transport-, Fundamentierungs- und Montagekosten bei Maschinen u. a.
- Kosten der Vermittlung und Beurkundung sowie die Grunderwerbsteuer als auch Vermessungskosten beim Erwerb von Grundstücken und Gebäuden.

Handels- und Steuerrecht schreiben die **Aktivierung der Nebenkosten** vor, um sie über die Abschreibungen als Aufwand auf die gesamte Nutzungsdauer des Anlagegutes zu verteilen. **Die Erfolgsrechnungen** der einzelnen Nutzungsjahre werden somit **gleichmäßig belastet,** Gewinnverschiebungen treten nicht ein (siehe auch S. 203).

Anschaffungskostenminderungen sind alle Preisnachlässe, die beim Erwerb des Anlagegutes sofort oder nachträglich gewährt werden, wie Rabatte, Boni und Skonti.

Beispiel: 1. Kauf eines Verpackungsautomaten auf Ziel zum Nettopreis von 94 000,00 DM zuzüglich Transport- und Montagekosten in Höhe von netto 6 000,00 DM. Die Umsatzsteuer beträgt lt. Rechnungen 15 000,00 DM.
2. Rechnungsausgleich mit 2 % Skontoabzug durch Banküberweisung.

Ermittlung der Anschaffungskosten des Verpackungsautomaten:

Anschaffungspreis		94 000,00 DM
+ Nebenkosten		6 000,00 DM
		100 000,00 DM
− 2 % Skonto		2 000,00 DM
aktivierungspflichtige Anschaffungskosten		**98 000,00 DM**

① **Buchung bei Anschaffung des Verpackungsautomaten lt. Eingangsrechnung:**

```
0700 Technische Anlagen und Maschinen .   100 000,00
2600 Vorsteuer .......................    15 000,00
     an  4400 Verbindlichkeiten a. LL .............    115 000,00
```

② **Buchung beim Rechnungsausgleich:**

```
4400 Verbindlichkeiten a. LL ............   115 000,00
     an  0700 TA u. Maschinen (Nettoskonto) ......      2 000,00
     an  2600 Vorsteuer (Steuerberichtigung) ......        300,00
     an  2800 Bank ..........................        112 700,00
```

Beachten Sie: Beim Erwerb von Anlagegütern ist der Skonto auf der Habenseite des entsprechenden Anlagekontos als Minderung der Anschaffungskosten zu buchen.

S	0700 TA u. Maschinen	H	S	4400 Verbindlichkeiten a.LL	H
①	100 000,00 | ②	2 000,00	②	115 000,00 | ①	115 000,00
S	2600 Vorsteuer	H	S	2800 Bank	H
①	15 000,00 | ②	300,00		| ②	112 700,00

Bemessungsgrundlage für die Abschreibungen (Absetzung für Abnutzung: AfA) bilden die aktivierungspflichtigen <u>Anschaffungskosten</u> des Anlagegutes.

Merke:
- Anlagegüter sind bei Erwerb mit den Anschaffungskosten zu bewerten.
- Finanzierungskosten gehören nicht zu den Anschaffungskosten.
- Nachlässe mindern die Anschaffungskosten des Anlagegutes und sind deshalb unmittelbar auf dem entsprechenden Anlagekonto zu buchen.
- Die Anschaffungskosten bilden die Bemessungsgrundlage für die AfA.

Aufgaben – Fragen

186 Kauf einer Verpackungsmaschine zum Nettopreis von 50 000,00 DM + USt; Transportkosten 2 500,00 DM + USt; Montagekosten 4 500,00 DM + USt.
1. Ermitteln Sie die Anschaffungskosten des Anlagegutes.
2. Buchen Sie die vorstehenden Eingangsrechnungen auf den entsprechenden Konten.

187 Auf den Nettopreis der Verpackungsmaschine (Aufgabe 186) erhalten wir nachträglich wegen eines versteckten Mangels einen Nachlaß von 10 %.
1. Ermitteln Sie die aktivierungspflichtigen Anschaffungskosten.
2. Buchen Sie den Preisnachlaß.
3. Buchen Sie die Zahlungen (Banküberweisung).

188 Die „Fahrzeughandelsgesellschaft mbH" stellt uns für den Kauf eines Lastwagens in Rechnung (ER 1 412): Nettopreis 84 500,00 DM, Spezialaufbau 9 500,00 DM, Sonderlackierung mit Werbeaufschrift 3 100,00 DM, Anhängerkupplung 1 400,00 DM, Überführungskosten 1 200,00 DM, Zulassungskosten 300,00 DM, zuzüglich Umsatzsteuer vom Gesamtbetrag.
Die Kraftfahrzeugsteuer über 800,00 DM und die Haftpflichtversicherung mit 1 800,00 DM werden von uns durch Banküberweisung bezahlt.
Die erste Tankfüllung wird bar bezahlt: 300,00 DM netto + USt.
1. Begründen Sie, welche und warum Anschaffungsnebenkosten zu aktivieren sind.
2. Ermitteln Sie die Anschaffungskosten des Lastwagens.
3. Buchen Sie die Geschäftsfälle auf den entsprechenden Konten.

189 Die Eingangsrechnung (ER 1 412) der Aufgabe 188 wird unter Abzug von 2 % Skonto von uns durch Banküberweisung beglichen.
1. Ermitteln Sie die Anschaffungskosten und buchen Sie den Rechnungsausgleich.
2. Begründen Sie die Buchungsweise der Nachlässe beim Erwerb von Anlagegütern.

190 Beim Kauf eines Betriebsgrundstückes zum Preis von 250 000,00 DM fallen weitere Kosten an: 3,5 % Grunderwerbsteuer vom Kaufpreis, Vermessungskosten 3 800,00 DM + USt, Maklergebühr 10 000,00 DM + USt, Notariatskosten 2 600,00 DM + USt, Kosten für die Eintragung in das Grundbuch des zuständigen Amtsgerichts 450,00 DM. Für ein Entwässerungsgutachten wurden in Rechnung gestellt 1 500,00 DM + USt. Für den Anschluß an den städtischen Kanal schickt uns die Tiefbaufirma eine Rechnung über 8 000,00 DM + USt.
Für das laufende Quartal werden für das Grundstück an die Gemeinde überwiesen: Grundsteuer 750,00 DM, Kanalbenutzungsgebühren 120,00 DM.
1. Entscheiden Sie, welche Kosten aktivierungspflichtige Anschaffungsnebenkosten sind.
2. Ermitteln Sie die Anschaffungskosten des Grundstücks und buchen Sie entsprechend.

5.3 Eigene Herstellung von Anlagegütern

Eigenleistung. Im Industriebetrieb werden auch oft Anlagegegenstände erstellt, die nicht für den Verkauf bestimmt sind, sondern innerbetrieblichen Zwecken dienen. So erstellt der Betrieb bei Bedarf mit eigenen Arbeitskräften und Materialien Anlagegüter zur eigenen Nutzung, wie Transportvorrichtungen und andere maschinelle Anlagen, technische Umbauten von Anlagen, Einbauten. Auch werterhöhende Reparaturen werden häufig mit eigenen Arbeitskräften durchgeführt. Diese „innerbetrieblichen Leistungen" werden auch als „Eigenleistung" bezeichnet.

Beispiel: Ein Industriebetrieb erstellt mit eigenen Arbeitskräften und Materialien ein Fließband zur eigenen Nutzung. Der Herstellungsaufwand beträgt 63 500,00 DM.

Buchung der Eigenleistung als Vermögenszugang und Ertrag. Das selbsterstellte Fließband stellt eine erhebliche Werterhöhung des Anlagevermögens dar. Deshalb ist diese Eigenleistung als Vermögenszugang auf dem Konto

0700 Technische Anlagen und Maschinen

zum Herstellwert (Herstellungskosten: siehe Seite 203) zu aktivieren. Zum Ausgleich der Aufwendungen (Kosten) für die Herstellung des Fließbandes, die auf den entsprechenden Aufwandskonten der Klassen 6 und 7 gebucht worden sind, muß die Eigenleistung als Ertrag gebucht werden. Das geschieht auf dem Ertragskonto

5300 Aktivierte Eigenleistungen.

1. Buchungen bei Anfall des Herstellungsaufwands:

      Verschiedene Aufwandskonten Kl. 6 und 7   an   Kl. 0 und 2 .... 63 500,00

2. Buchung bei Aktivierung der Eigenleistung:

      0700 TA u. Maschinen   an   5300 Aktivierte Eigenleistungen 63 500,00

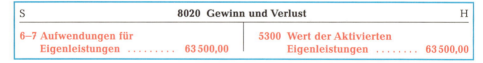

Abschluß. Das Konto „5300 Aktivierte Eigenleistungen" ist als Ertragskonto über das Konto „8020 Gewinn und Verlust" abzuschließen:

Abschlußbuchung: 5300 Aktivierte Eigenleistungen an 8020 Gewinn u. Verlust 63 500,00

S	8020 Gewinn und Verlust	H
6–7 Aufwendungen für Eigenleistungen 63 500,00		5300 Wert der Aktivierten Eigenleistungen 63 500,00

Abschreibung. Die aktivierten Eigenleistungen werden über die Abschreibungen als Aufwand verrechnet. Bemessungsgrundlage für die Abschreibungen (AfA) sind die Herstellungskosten (siehe S. 203) der selbsterstellten Anlagegüter.

Merke:
- Innerbetriebliche Leistungen sind alle Leistungen, die im eigenen Betrieb erstellt und genutzt werden.
- Eigenleistungen sind mit ihren Herstellungskosten zu aktivieren, sofern sie eine Werterhöhung des Anlagegegenstandes bedeuten.
- Die Abschreibung erfolgt nach der betriebsgewöhnlichen Nutzungsdauer.

Aufgaben – Fragen

191 Eine Maschinenfabrik erstellt mit eigenen Arbeitskräften und Material eine Lagerhalle für den eigenen Betrieb. Die Herstellungskosten betragen insgesamt 84 800,00 DM.
1. Nennen und begründen Sie den Buchungssatz für die Aktivierung der Eigenleistung.
2. Wie wirkt sich die Aktivierung der Eigenleistung auf Vermögen und den Gewinn aus?
3. Buchen Sie die lineare Abschreibung (Nutzungsdauer: 25 Jahre) für das erste Jahr.

192 Eine Büromöbelfabrik stattet neue Büroräume im Betrieb mit 10 Schränken aus eigener Fertigung aus. Lt. Angaben der Betriebsbuchhaltung betragen die Herstellungskosten je Schrank 930,00 DM. Der Nettoverkaufspreis beträgt 1 240,00 DM.
1. Mit welchem Wert sind die Büromöbel zu aktivieren?
2. Begründen Sie die Notwendigkeit der Aktivierung und buchen Sie entsprechend.
3. Nutzungsdauer 10 Jahre. Degressive AfA 30 %. Buchen Sie zum 31.12.

193

Anfangsbestände:
TA u. Maschinen 280 000,00, Andere Anlagen, BGA 174 000,00, Kasse 4 600,00, Bank 39 400,00, Rohstoffe 180 600,00, Hilfsstoffe 82 400,00, Unfertige Erzeugnisse 14 000,00, Fertige Erzeugnisse 32 000,00, Forderungen a. LL 133 200,00, Eigenkapital 600 000,00, Darlehensschulden 270 000,00, Verbindlichkeiten a. LL 70 200,00.

Kontenplan:
0700, 0800, 2000, 2020, 2100, 2200, 2400, 2600, 2800, 2880, 3000, 3001, 4250, 4400, 4800, 4830, 4840, 5000, 5001, 5200, 5300, 5420, 5710, 6000, 6002, 6020, 6200, 6400, 6520, 7510, 8010, 8020.

Geschäftsfälle:
1. Geschäftsinhaber entnimmt Erzeugnisse für Privatzwecke 1 500,00
   + Umsatzsteuer 225,00   1 725,00
2. Banküberweisung an Rohstofflieferer, Rechnungsbetrag 5 750,00
   abzüglich 2 % Skonto (brutto) 115,00   5 635,00
3. Belastung des Kunden mit Verzugszinsen 50,00
4. Eingangsrechnung: Kauf einer Fertigungsmaschine 82 400,00
   berechnete Verpackung 480,00
   Transportkosten 1 320,00   84 200,00
   + Umsatzsteuer 12 630,00
5. Eingangsrechnung über Montagekosten (Fall 4), brutto 1 610,00
6. Banküberweisung der Fertigungslöhne, brutto 12 600,00
   Abzüge 4 200,00   8 400,00
   Arbeitgeberanteil, noch nicht abgeführt 1 200,00
7. Banküberweisung von Kunden zum Ausgleich v. AR 837–839
   Rechnungsbeträge 23 000,00
   abzüglich 2 % Skonto (brutto) 460,00   22 540,00
8. Aktivierung einer selbsterstellten maschinellen Anlage
   für die eigene Fertigung; Herstellungsaufwand 23 000,00
9. Lastschrift der Bank für Zinsen 2 950,00
10. AR 867–882 für eigene Erzeugnisse ab Werk, Rechnungsbetrag . 174 800,00

Abschlußangaben:
1. Abschreibungen: 0700: 6 800,00 DM; 0800: 4 400,00 DM;
2. Inventurbestände: Rohstoffe 117 700,00 DM; Hilfsstoffe 51 200,00 DM;
   Unfertige Erzeugnisse 16 000,00 DM; Fertige Erzeugnisse 48 000,00 DM.

5.4 Anzahlungen auf Anlagen und Anlagen im Bau

Anzahlungen auf Anlagegüter werden auf dem Konto
0900 Geleistete Anzahlungen auf Sachanlagen
gebucht und im Anlagevermögen der Bilanz gesondert ausgewiesen. Alle Anzahlungen sind umsatzsteuerpflichtig. Die Anzahlungsrechnung muß die Höhe der Anzahlung und die Umsatzsteuer ausweisen (siehe auch S. 154).

Beispiel: Auf eine am 10.12.01 bestellte CNC-Drehmaschine, Lieferungstermin 15.03.02, Kaufpreis 450 000,00 DM netto + USt, leisten wir ein Drittel Anzahlung durch Banküberweisung. Die **Anzahlungsrechnung** lautet:

150 000,00 DM Anzahlung + 22 500,00 DM USt = 172 500,00 DM

		S	H
Buchung: 0900 Geleistete Anzahlungen auf Sachanlagen		150 000,00	
2600 Vorsteuer		22 500,00	
an 2800 Bank			172 500,00

Nennen Sie den Buchungssatz für den Abschluß des Kontos 0900.

Anzahlungen auf im Bau befindliche Anlagen werden ebenfalls auf einem Anlagekonto erfaßt:
0950 Anlagen im Bau.
Nach Fertigstellung wird die Anlage auf das betreffende Anlagekonto umgebucht. Erst von diesem Zeitpunkt an kann die Abschreibung für das Anlagegut berechnet werden. Im Bau befindliche Anlagen sind ebenfalls gesondert im Anlagevermögen der Bilanz auszuweisen (siehe auch S. 241 und im Anhang).

Nennen Sie den Abschlußbuchungssatz für das Konto 0950 zum 31.12.

> **Merke:** **Anzahlungen auf Sachanlagen und Anlagen im Bau sind im Anlagevermögen der Bilanz gesondert auszuweisen, weil sie noch nicht der Abschreibung unterliegen.**

Aufgaben

194 Für die im obigen Beispiel genannte CNC-Drehmaschine erhalten wir nach Lieferung der Maschine am 20.03.02 die Rechnung:
450 000,00 DM netto + 67 500,00 DM USt = 517 500,00 DM.
Nach Verrechnung der von uns geleisteten Anzahlung in Höhe von brutto 172 500,00 DM überweisen wir den Restbetrag durch die Bank.
1. *Buchen Sie die Eingangsrechnung.*
2. *Nennen Sie den Buchungssatz zur Verrechnung der Bruttoanzahlung.*
3. *Nennen Sie den Buchungssatz für die Restüberweisung.*
4. *Buchen Sie auf den Konten 0700, 0900, 2600, 2800 und 4400.*

195 Auf eine in Auftrag gegebene automatische Lackieranlage zum Preis von 400 000,00 DM netto + USt wird von uns am 20.12.01 eine Anzahlung von 25 % gegen Anzahlungsrechnung geleistet (Bank). Restzahlung erfolgt nach Lieferung am 22.03.02.
Buchen Sie 1. zum 20.12.01, 2. zum 31.12.01, 3. zum 22.03.02.

196 Ein Industriebetrieb läßt über einen Generalunternehmer ein Lagergebäude zum Festpreis von 800 000,00 DM + USt erstellen. Entsprechend dem Baufortschritt werden am 02.12. 100 000,00 DM + USt und am 27.12. 200 000,00 DM + USt gezahlt (Bank).
1. *Buchen Sie die Abschlagszahlungen.* 2. *Buchen Sie zum Jahresabschluß (31.12.).*

197 Nach Fertigstellung des Gebäudes im folgenden Jahr überweisen wir den Restbetrag + USt (Aufgabe 196).
Buchen Sie 1. die Restzahlung und 2. die endgültige Aktivierung des Lagergebäudes.

5.5 Abschreibungen auf Anlagegüter

5.5.1 Planmäßige und außerplanmäßige Abschreibungen

Wesen der Abschreibung. Abschreibungen erfassen die Wertminderungen der Anlagegüter, die durch Nutzung, technischen Fortschritt, wirtschaftliche Entwertung oder durch außergewöhnliche Ereignisse verursacht werden. In der Jahreserfolgsrechnung stellen die Abschreibungen Aufwand dar; sie vermindern somit den steuerpflichtigen Gewinn und damit auch zugleich die gewinnabhängigen Steuern: Einkommen- bzw. Körperschaftsteuer, Gewerbesteuer.

Für die Bewertung (Abschreibung) der Anlagegüter ist zu unterscheiden zwischen

- abnutzbaren und nicht abnutzbaren Anlagegütern sowie
- planmäßiger und außerplanmäßiger Abschreibung.

Abnutzbare Anlagegüter	Nicht abnutzbare Anlagegüter
– Gebäude – Technische Anlagen und Maschinen – Fahrzeuge – Betriebs- und Geschäftsausstattung	– Grundstücke – Wertpapiere des Anlagevermögens – Beteiligungen an Unternehmen – Langfristige Forderungen
Nutzung ist zeitlich begrenzt.	Nutzung ist zeitlich nicht begrenzt.

Planmäßige Abschreibung (AfA). Abnutzbare Anlagegüter sind nach § 253 (2) HGB planmäßig, d. h. nach ihrer betriebsgewöhnlichen Nutzungsdauer abzuschreiben. Die Anschaffungs-/Herstellungskosten werden je nach Abschreibungsmethode

- linear, - degressiv   oder   - nach Leistungseinheiten

auf die Nutzungsjahre verteilt. Die planmäßige Abschreibung, die der steuerlichen **AfA** (Absetzung für Abnutzung) entspricht, wird gebucht auf dem Konto

6520 Abschreibungen auf Sachanlagen.

Die Anlagenkarte (vgl. S. 165) bildet den „Plan" und weist alle wichtigen Daten des abnutzbaren Anlagegutes aus: Anschaffungskosten, Herstellungskosten (z. B. bei Gebäuden), Zeitpunkt der Anschaffung oder Herstellung, Nutzungsdauer, Abschreibungsmethode, AfA-Satz in %, Restbuchwert je Nutzungsjahr u. a. Grundlage für die Ermittlung der Nutzungsdauer sind die AfA-Tabellen der Finanzverwaltung (vgl. S. 177).

Beginn der planmäßigen Abschreibung. Bei abnutzbaren Anlagegütern beginnt die AfA grundsätzlich im Monat der Anschaffung oder Herstellung (= **zeitanteilige AfA**). Für bewegliche abnutzbare Anlagegüter besteht jedoch folgende **Vereinfachungsregel:** Für die in der ersten Hälfte des Jahres angeschafften oder hergestellten beweglichen Anlagegüter gilt der volle Jahres-AfA-Satz, in der zweiten Jahreshälfte die halbe Jahres-AfA.

Außerplanmäßige Abschreibungen müssen bei abnutzbaren Anlagegütern im Falle einer außergewöhnlichen und dauernden Wertminderung neben der planmäßigen Abschreibung vorgenommen werden. Werden beispielsweise Kühlcontainer wegen Aufgabe der Erzeugnisgruppe „Tiefkühlkost" nicht mehr benötigt, muß nach § 253 (2) HGB eine zusätzliche außerplanmäßige Abschreibung erfolgen. Nicht abnutzbare Anlagegegenstände unterliegen keiner zeitlichen Nutzungsbegrenzung und können deshalb auch nur außerplanmäßig abgeschrieben werden, wenn eine Wertminderung eintritt. Außerplanmäßige Abschreibungen werden erfaßt auf Konto

6550 Außerplanmäßige Abschreibungen auf Sachanlagen.

Merke:
- Abnutzbare Anlagegüter werden planmäßig nach ihrer Nutzungsdauer abgeschrieben. Daneben müssen außerplanmäßige Abschreibungen für außergewöhnliche und dauernde Wertminderungen vorgenommen werden.
- Nicht abnutzbare Anlagen können nur außerplanmäßig abgeschrieben werden.

Abnutzbare Anlagegüter. Nach den handelsrechtlichen (§ 253 [2] HGB) und steuerrechtlichen Vorschriften (§§ 6-7 EStG) sind abnutzbare Anlagegüter mit ihren fortgeführten Anschaffungskosten (Herstellungskosten) in das Inventar und die Schlußbilanz aufzunehmen, also zu den Anschaffungskosten (Herstellungskosten) abzüglich planmäßiger und gegebenenfalls außerplanmäßiger Abschreibungen.

Beispiel: Eine Maschine, deren Anschaffungskosten 100 000,00 DM betragen, hat eine Nutzungsdauer von 5 Jahren und wird linear mit 20 000,00 DM abgeschrieben. Zum 31.12. des 2. Jahres bietet der Maschinenhersteller ein verbessertes Modell zu einem niedrigeren Preis an. Dadurch sinkt der Wert der Maschine auf 45 000,00 DM.

Neben der planmäßigen AfA muß nun wegen der zusätzlich eingetretenen dauernden Wertminderung auch noch eine außerplanmäßige Abschreibung auf den niedrigeren Wert von 45 000,00 DM vorgenommen werden (= „Niederstwertprinzip"). Der Rest von 45 000,00 DM ist dann in der Restnutzungsdauer von 3 Jahren abzuschreiben: 45 000,00 DM : 3 = 15 000,00 DM.

Anschaffungskosten	100 000,00 DM
− planmäßige AfA zum 31.12. des 1. Nutzungsjahres	20 000,00 DM
fortgeführte Anschaffungskosten zum 31.12. d. 1. Nj.	80 000,00 DM
− planmäßige AfA zum 31.12. d. 2. Nj.	**20 000,00 DM**
− außerplanmäßige Abschreibung zum 31.12. d. 2. Nj.	**15 000,00 DM**
fortgeführte Anschaffungskosten zum 31.12. d. 2. Nj.	45 000,00 DM
− planmäßige AfA zum 31.12. d. 3. Nj.	15 000,00 DM
fortgeführte Anschaffungskosten zum 31.12. d. 3. Nj.	30 000,00 DM

Buchung:
```
                                              S         H
6520 Abschreibungen auf Sachanlagen ......  20 000,00
6550 Außerplanmäßige Abschreibungen .....  15 000,00
    an  0700 TA u. Maschinen ....................   35 000,00
```

Nicht abnutzbare Anlagegüter dürfen höchstens zu Anschaffungskosten angesetzt werden. Ist der Wert jedoch am Bilanzstichtag nachhaltig niedriger, so muß das Anlagegut mit dem niedrigeren Tageswert (Niederstwertprinzip!) angesetzt werden (§ 253 [2] HGB). Das bedingt eine außerplanmäßige Abschreibung.

Beispiel: Bei einem Betriebsgrundstück, das mit 250 000,00 DM Anschaffungskosten zu Buch steht, tritt durch Straßenverlegung eine dauernde Wertminderung ein. Der Tageswert beträgt zum 31.12. 100 000,00 DM.

Anschaffungskosten des Grundstücks	250 000,00 DM
− außerplanmäßige Abschreibung	150 000,00 DM
Wertansatz zum 31.12.	100 000,00 DM

Buchung: 6550 Außerplanmäßige Abschreibungen an 0500 Grundstücke .. 150 000,00

Merke:
- Wertansätze für abnutzbare Anlagegüter in der Jahresbilanz:

Anschaffungskosten	Herstellungskosten
− Abschreibungen	− Abschreibungen
= fortgeführte Anschaffungskosten	= fortgeführte Herstellungskosten

- Nicht abnutzbare Anlagegüter sind höchstens zu Anschaffungskosten in der Schlußbilanz zu bewerten.
- Bei allen Anlagegütern dürfen auch bei einer nur vorübergehenden Wertminderung außerplanmäßige Abschreibungen vorgenommen werden. Bei einer voraussichtlich dauernden Wertminderung sind sie jedoch zwingend erforderlich (Strenges Niederstwertprinzip).

5.5.2 Methoden der planmäßigen Abschreibung

Die Berechnung der planmäßigen Abschreibung erfolgt nach folgenden Methoden:

▷ linear ▷ degressiv ▷ nach Leistungseinheiten

5.5.2.1 Lineare (gleichbleibende) Abschreibung

Die Abschreibung erfolgt stets in einem gleichbleibenden Prozentsatz von den Anschaffungs- oder Herstellungskosten des Anlagegutes. Die Anschaffungskosten (Herstellungskosten) werden somit „planmäßig" in gleichen Beträgen auf die Nutzungsjahre verteilt. Deshalb ist das Anlagegut bei linearer Abschreibung am Ende der Nutzungsdauer voll abgeschrieben. Bei linearer Abschreibung wird also eine gleichmäßige Nutzung und Wertminderung des Anlagegegenstandes unterstellt.

Beispiel: Betragen die Anschaffungskosten einer Maschine 50 000,00 DM und die Nutzungsdauer 10 Jahre, so ist der jährliche Abschreibungsbetrag 5 000,00 DM und der AfA-Satz 10 %:

$$\text{AfA-Betrag} = \frac{\text{Anschaffungskosten}}{\text{Nutzungsdauer}} \qquad \text{AfA-Satz \%} = \frac{100\ \%}{\text{Nutzungsdauer}}$$

Steuerrechtlich ist die lineare Abschreibung bei allen beweglichen und unbeweglichen abnutzbaren Anlagegütern erlaubt. Daneben dürfen außerplanmäßige Abschreibungen für dauernde Wertminderungen vorgenommen werden.

5.5.2.2 Degressive Abschreibung (Buchwert-AfA)

Die Abschreibung wird nur im ersten Jahr von den Anschaffungskosten des Anlagegutes berechnet, in den folgenden Jahren dagegen mit einem gleichbleibenden Prozentsatz vom jeweiligen Restbuchwert (daher: Buchwert-AfA). Da der Buchwert von Jahr zu Jahr kleiner wird, ergeben sich fallende Abschreibungsbeträge. Am Ende der Nutzungsdauer bleibt ein Restwert. Diese Buchwertabschreibung nennt man auch geometrisch-degressive Abschreibung.[1]

Der degressive AfA-Satz muß höher sein als bei linearer Abschreibung, um nach Ablauf der Nutzungsdauer einen möglichst niedrigen Restwert zu erzielen. Dieser Restwert ist im letzten Nutzungsjahr mit der laufenden Jahres- AfA abzuschreiben.

Steuerrechtlich ist die degressive AfA grundsätzlich nur bei beweglichen abnutzbaren Anlagegütern möglich. Der AfA-Satz bei degressiver Abschreibung darf das Dreifache des linearen AfA-Satzes betragen, wobei aber 30 % nicht überschritten werden dürfen (§ 7 [2] EStG).

Vorteile der Buchwert-AfA. Die degressive Abschreibung führt in den ersten Jahren der Nutzung des Anlagegutes zu wesentlich höheren Abschreibungsbeträgen als die lineare Abschreibung (vgl. nachfolgende Tabelle). Außergewöhnliche Wertminderungen, bedingt durch wirtschaftliche und technische Entwicklungen, werden somit stärker berücksichtigt. Der höhere Abschreibungsaufwand bewirkt zudem eine stärkere Minderung des steuerpflichtigen Gewinns. Die geringeren Steuerzahlungen erhöhen zugleich die Liquidität des Unternehmens. Die degressive Abschreibungsmethode wird daher in der Praxis bevorzugt.

Merke:
- Lineare AfA = Abschreibung vom Anschaffungswert
- Degressive AfA = Abschreibung vom Buchwert (Buchwert-AfA)

---

1 Die arithmetisch-degressive (digitale) Abschreibung ist steuerrechtlich nicht mehr zulässig.

Der Wechsel von der degressiven zur linearen AfA ist steuerrechtlich erlaubt, jedoch nicht umgekehrt (§ 7 [3] EStG). Er ist aus folgenden Gründen zu empfehlen:
- Das Anlagegut ist am Ende der Nutzungsdauer voll abgeschrieben (kein Restwert).
- Der lineare Abschreibungsbetrag ist vom Zeitpunkt des Wechsels an höher als bei degressiver Abschreibung (Steuervorteil).

Der günstigste Zeitpunkt des Wechsels ist gegeben, wenn der AfA-Betrag bei linearer Abschreibung größer ist als bei fortgeführter degressiver Abschreibung. Das ist z. B. bei Anlagegütern mit einer Nutzungsdauer von 10 Jahren im 8. Jahr der Fall. Der Restbuchwert wird dann in gleichen Beträgen auf die verbleibenden Jahre verteilt:

$$\text{Abschreibungsbetrag} = \frac{\text{Restbuchwert zum Zeitpunkt des Wechsels}}{\text{Restnutzungsjahre}}$$

Beispiel: Anschaffungskosten einer Maschine 50 000,00 DM, Nutzungsdauer nach AfA-Tabelle 10 Jahre. Das Anlagegut kann somit linear mit 10 %, degressiv mit dem steuerlichen Höchstsatz von 30 % abgeschrieben werden.

Die nachstehende Übersicht macht folgendes deutlich:
1. Die lineare AfA erreicht nach Ablauf der zehnjährigen Nutzungsdauer den Nullwert. Die degressive Buchwert-AfA endet dagegen mit einem Restwert von 1 412,00 DM.
2. Deshalb empfiehlt sich im 8. Nutzungsjahr der Übergang von der degressiven zur linearen AfA: Linearer AfA-Betrag > degressiver AfA-Betrag:

Degressiver AfA-Betrag = 30 % von 4 117,00 DM Buchwert = 1 235,00 DM
Linearer AfA-Betrag = 4 117,00 DM Buchwert : 3 (Restjahre) = 1 372,00 DM

	Lineare AfA 10 %	Degressive AfA 30 %	Übergang degressiv → linear
Anschaffungskosten AfA: 1. Jahr	50 000,00 5 000,00	50 000,00 15 000,00	**Berechnung:** $i = n - \frac{100}{p} + 1$
Buchwert AfA: 2. Jahr	45 000,00 5 000,00	35 000,00 10 500,00	i = Übergangsjahr
Buchwert AfA: 3. Jahr	40 000,00 5 000,00	24 500,00 7 350,00	n = Nutzungsdauer p = AfA-Satz
Buchwert AfA: 4. Jahr	35 000,00 5 000,00	17 150,00 5 145,00	
Buchwert AfA: 5. Jahr	30 000,00 5 000,00	12 005,00 3 602,00	$i = 10 - \frac{100}{30} + 1$ $i = 7\,^2/_3$
Buchwert AfA: 6. Jahr	25 000,00 5 000,00	8 403,00 2 521,00	aufgerundet: $\underline{\underline{i = 8}}$
Buchwert AfA: 7. Jahr	20 000,00 5 000,00	5 882,00 1 765,00	**Lineare AfA**
Buchwert AfA: 8. Jahr	15 000,00 5 000,00	4 117,00 **1 235,00**	→ 4 117,00 **1 372,00**
Buchwert AfA: 9. Jahr	10 000,00 5 000,00	2 882,00 865,00	2 745,00 **1 372,00**
Buchwert AfA: 10. Jahr	5 000,00 5 000,00	2 017,00 605,00	1 373,00 **1 373,00**
Buchwert	0,00	1 412,00	0,00

Merke:
- Die lineare AfA ist steuerlich bei allen abnutzbaren Anlagegütern zulässig, die degressive AfA grundsätzlich nur bei beweglichen abnutzbaren Anlagegütern.
- Der Übergang von der degressiven zur linearen AfA ist steuerrechtlich erlaubt, nicht aber umgekehrt.

5.5.2.3 Abschreibung nach Leistungseinheiten (Leistungs-AfA)

Die Abschreibung kann bei Anlagegütern, deren Leistung in der Regel erheblich schwankt und deren Verschleiß dementsprechend wesentliche Unterschiede aufweist, auch nach Maßgabe der Inanspruchnahme oder Leistung (km, Stunden u. a.) vorgenommen werden. Diese <u>steuerrechtlich zulässige</u> AfA-Methode kommt der technischen Abnutzung am nächsten.

Beispiel: Betragen die Anschaffungskosten eines LKWs 80 000,00 DM und die voraussichtliche Gesamtleistung 200 000 km, so ergibt sich daraus ein Abschreibungsbetrag je Leistungseinheit (km) von: 80 000 : 200 000 = 0,40 DM/km.

Den Jahresabschreibungsbetrag erhält man, indem man die jährliche Fahrtleistung, <u>nachzuweisen durch Fahrtenbuch</u>, mit dem AfA-Betrag von 0,40 DM je km multipliziert:

1. **Jahr:** 40 000 km · 0,40 DM = **16 000,00 DM** AfA
2. **Jahr:** 60 000 km · 0,40 DM = **24 000,00 DM** AfA
3. **Jahr:** 35 000 km · 0,40 DM = **14 000,00 DM** AfA
4. **Jahr:** 65 000 km · 0,40 DM = **26 000,00 DM** AfA

Merke: Bei Anwendung der Leistungs-AfA ist die jährliche Leistung nachzuweisen.

5.5.3 Geringwertige Wirtschaftsgüter (GWG)

Wahlrecht. Nach § 6 (2) EStG kann man bei <u>beweglichen</u> Anlagegütern mit <u>Anschaffungskosten bis 800,00 DM</u> zwischen der

- **Vollabschreibung im Jahr der Anschaffung** und der
- **Abschreibung nach der Nutzungsdauer**

wählen. Diese „geringwertigen" Wirtschaftsgüter (GWG) müssen jedoch auch <u>selbständig nutzbar</u> und <u>bewertbar</u> sowie <u>abnutzbar</u> sein. Einbauteile oder Bestandteile eines Aggregates sind somit keine geringwertigen Wirtschaftsgüter im steuerlichen Sinne, wie z. B. die Eingabetastatur einer EDV-Anlage.

Buchhalterische Behandlung. Geringwertige Wirtschaftsgüter werden zum Zeitpunkt ihrer Anschaffung zunächst auf einem besonderen Anlagekonto

0890 Geringwertige Wirtschaftsgüter

erfaßt. Bei Aufstellung des Jahresabschlusses muß man sich dann für eine der beiden Abschreibungsmöglichkeiten entscheiden. Das hängt natürlich in erster Linie von der Gewinnsituation (Steuerspareffekt!) des Unternehmens ab.

Beispiel: Kauf einer Schreibmaschine gegen Bankscheck: 600,00 DM + 90,00 DM USt.

① **Buchung bei Anschaffung:** | S | H
  0890 Geringwertige Wirtschaftsgüter 600,00
  2600 Vorsteuer 90,00
     an 2800 Bank .... | 690,00

② **Buchung zum Jahresabschluß** (Vollabschreibung): | S | H
  6540 Abschreibungen auf GWG 600,00
     an 0890 Geringwertige Wirtschaftsgüter .... | 600,00

Beachten Sie: Geringwertige Wirtschaftsgüter mit Anschaffungskosten <u>bis 100,00 DM</u> können zum Zeitpunkt des Erwerbs <u>sofort als Aufwand</u> gebucht werden.

Merke: Geringwertige Wirtschaftsgüter sind auf dem Sonderkonto „0890 GWG" zu erfassen. Steuerrechtlich bestehen zwei Abschreibungsmöglichkeiten (Wahlrecht).

Aufgaben – Fragen

198 Anschaffungskosten einer Maschine 220 000,00 DM. Nutzungsdauer 10 Jahre.
1. Stellen Sie in einer tabellarischen Übersicht a) die lineare Abschreibung, b) die degressive Abschreibung mit dem steuerrechtlich zulässigen Höchstsatz vergleichend gegenüber.
2. Nennen Sie die Vorteile a) der linearen und b) der degressiven Abschreibung.

199 Die Abschreibungsmethoden der Aufgabe 198 sind als Abschreibungskurven in einem Koordinatenkreuz (Abszisse: Nutzungsjahre; Ordinate: AfA-Beträge) darzustellen.
Erläutern Sie den Verlauf der Abschreibungskurven.

200 Die Anschaffungskosten eines LKWs betragen 150 000,00 DM. Die Gesamtleistung wird auf 250 000 km geschätzt.
1. Nennen Sie die Voraussetzung für die steuerliche Anerkennung der Abschreibung nach Leistungseinheiten (Leistungs-AfA) und ermitteln Sie die AfA für: 1. Nutzungsjahr: 48 000 km, 2. Jahr: 84 000 km, 3. Jahr: 62 000 km, 4. Jahr: 56 000 km.
2. Stellen Sie den Verlauf der Leistungs-AfA grafisch in einem Koordinatenkreuz dar.
3. Was spricht betriebswirtschaftlich für und gegen eine AfA nach Maßgabe der Leistung?

201 Ein LKW wurde am 01.05. für 120 000,00 DM angeschafft. Er hat eine Nutzungsdauer von 5 Jahren und wird linear abgeschrieben.
1. Ermitteln Sie a) die zeitanteilige AfA und b) die AfA nach der Vereinfachungsregel.
2. Wie hoch sind jeweils die fortgeführten Anschaffungskosten in den Fällen a) und b)?

202 Ein PKW wurde am 01.12. für 48 000,00 DM angeschafft. Er wird bei einer Nutzungsdauer von 4 Jahren linear abgeschrieben.
1. Wie hoch ist a) die zeitanteilige AfA und b) die AfA nach der Vereinfachungsregel?
2. Ermitteln Sie zu 1. a) und b) jeweils die fortgeführten Anschaffungskosten zum 31.12.
3. Gilt die Vereinfachungsregel für alle abnutzbaren Anlagegüter?

203 Eine Maschine mit einer Nutzungsdauer von 5 Jahren, die linear abgeschrieben wurde, hatte zum 31.12. des 2. Nutzungsjahres noch einen Restbuchwert (fortgeführte Anschaffungskosten) von 60 000,00 DM. Zum Jahresende wird gleichzeitig bekannt, daß in den nächsten Monaten ein verbessertes Nachfolgemodell zu einem wesentlich günstigeren Preis angeboten wird. Dadurch sinkt der Wert der Maschine auf 45 000,00 DM zum 31.12.
1. Wie hoch waren die Anschaffungskosten und die bisherigen Abschreibungen?
2. Was empfehlen Sie dem Unternehmen? 3. Ermitteln Sie für die Restnutzungsdauer die AfA je Jahr.

204 Eine Maschine mit Anschaffungskosten von 150 000,00 DM und einer Nutzungsdauer von 10 Jahren soll unter Beachtung der steuerlichen Höchstgrenzen abgeschrieben werden.
1. Welche Abschreibungsmethode empfehlen Sie dem Unternehmen? Begründen Sie.
2. Erstellen Sie den Abschreibungsplan für die Nutzungsdauer der Maschine.
3. Ist ein Wechsel von einer AfA-Methode zu einer anderen steuerrechtlich möglich?
4. Welche Gründe sprechen für einen Wechsel von der degressiven zur linearen AfA?
5. In welchem Jahr sollte Ihrer Meinung nach ein Wechsel vorgenommen werden?
6. Führen Sie den Wechsel in den Abschreibungsmethoden rechnerisch durch.

205 Kauf eines Schreibtisches gegen Bankscheck am 15.02.: 780,00 DM + USt.
Buchen Sie 1. am 15.02. und 2. zum 31.12. (Wahlrecht!).

206 Barkauf einer Heftmaschine am 18.06.: 98,00 DM + USt. Buchen und begründen Sie.

207 Kauf einer Hängeregistratur am 20.05.: 770,00 DM netto + 45,00 DM Versandspesen + 122,25 DM Umsatzsteuer. Der Rechnungsbetrag wird abzüglich 2 % Skonto durch die Bank überwiesen. Ermitteln Sie 1. die Anschaffungskosten und 2. buchen Sie a) die Anschaffung, b) den Rechnungsausgleich, c) zum 31.12. die AfA (Wahlrecht!).

Auszug aus der AfA-Tabelle für nichtbranchengebundene Anlagegüter			**208**
Anlagegegenstand	**Nutzungsdauer (Jahre)**	**Lineare AfA %**	
Geschäftsgebäude	25–40	4–2,5	
PKW, LKW	4	25	
Sonstige Fahrzeuge (Stapler)	5	20	
Waagen	20	5	
Klimaanlagen	8	12	
Einrichtungen für Lager	10	10	
Büromöbel	10	10	
Büromaschinen, Computer u. a.	5	20	

1. Bei welchen Anlagegütern würden Sie eine degressive Buchwertabschreibung empfehlen?
2. Ermitteln Sie jeweils den steuerrechtlich höchstmöglichen degressiven AfA-Satz in %.

209 Ein Industriebetrieb hat vor vier Jahren ein Grundstück erworben und seitdem zu Anschaffungskosten von 150 000,00 DM bilanziert. Zum 31.12. des laufenden Jahres ist der Tageswert (Verkehrswert) des Grundstücks a) auf 180 000,00 DM gestiegen, b) auf 50 000,00 DM wegen Wegfalls der Verkehrsverbindung gefallen.
1. Begründen Sie Ihre Bewertung.   2. Nennen Sie gegebenenfalls auch die Buchung.

210 Eine Maschine, Anschaffungskosten 180 000,00 DM, hat eine Nutzungsdauer von 10 Jahren.
1. Erstellen Sie den tabellarischen Abschreibungsplan für die gesamte Nutzungsdauer bei höchstzulässiger degressiver Abschreibung. (Beträge sind zu runden.)
2. In welchem Jahr ist ein Übergang zur linearen AfA zu empfehlen?

211 Eine Maschine, Anschaffungskosten 500 000,00 DM, wurde bei einer 10jährigen Nutzungsdauer linear abgeschrieben. Die Maschine ist zum Schluß des 8. Nutzungsjahres nicht mehr verwendbar. Sie hat nur noch einen Wert von 20 000,00 DM und soll bald veräußert werden.
1. Ermitteln Sie aufgrund der planmäßigen Abschreibungen den Buchwert zum 31.12.08.
2. Wie hoch ist die außerplanmäßige Wertminderung zum gleichen Zeitpunkt?
3. Buchen Sie die planmäßige und außerplanmäßige Abschreibung zum 31.12.08.

212 Ein Industriebetrieb schließt im Geschäftsjahr 19.. mit einem Gesamtverlust von 80 000,00 DM ab. Geringwertige Wirtschaftsgüter wurden im laufenden Geschäftsjahr für insgesamt 25 000,00 DM angeschafft und über Konto „0890 GWG" gebucht.
1. Begründen Sie Ihre Entscheidung hinsichtlich der Bewertung der GWG zum 31.12.
2. Erklären Sie die Voraussetzungen für die steuerrechtliche Anerkennung als GWG.

213
1. Nennen Sie Beispiele für a) abnutzbare und b) nicht abnutzbare Anlagegüter.
2. Unterscheiden Sie zwischen a) planmäßiger und b) außerplanmäßiger Abschreibung.
3. Nennen Sie die Methoden der planmäßigen Abschreibung.
4. Welche Abschreibungsmethode kommt der tatsächlichen Abnutzung des Anlagegegenstandes am nächsten?
5. Bei welchen Anlagegütern ist steuerrechtlich die degressive Abschreibung erlaubt?

214
1. Bei welchen Anlagegütern sind neben der planmäßigen Abschreibung auch außerplanmäßige Abschreibungen vorzunehmen?
2. Zu welchem Höchstwert sind a) abnutzbare und b) nicht abnutzbare Anlagegüter zum Jahresabschluß in das Inventar und die Schlußbilanz einzustellen?
3. Weshalb wird in der Praxis die degressive Buchwert-AfA bevorzugt angewandt?
4. Nennen Sie wesentliche Unterschiede zwischen linearer und degressiver Abschreibung.
5. Warum können nicht abnutzbare Anlagegüter nicht planmäßig abgeschrieben werden?
6. Wodurch entstehen stille Reserven im Anlagevermögen?

215

Kontenplan und vorläufige Saldenbilanz	Soll	Haben
0500 Grundstücke	230 000,00	–
0530 Gebäude	630 000,00	–
0800 Andere Anlagen, Betriebs- und Geschäftsausstattung	320 000,00	–
0890 Geringwertige Wirtschaftsgüter	4 800,00	–
2000 Rohstoffe	109 400,00	–
2400 Forderungen a. LL	120 000,00	–
2600 Vorsteuer	35 600,00	–
2800 Bank	130 600,00	–
3000 Eigenkapital	–	750 000,00
3001 Privat	88 800,00	–
4250 Hypothekenschulden	–	482 300,00
4400 Verbindlichkeiten a. LL	–	192 700,00
4800 Umsatzsteuer	–	47 800,00
5000 Umsatzerlöse für eigene Erzeugnisse	–	1 775 800,00
5001 Erlösberichtigungen	16 200,00	–
5400 Mieterträge	–	33 000,00
5420 Steuerpflichtiger Eigenverbrauch	–	14 200,00
5710 Zinserträge	–	5 600,00
6000 Aufwendungen für Rohstoffe	1 210 400,00	–
6001 Bezugskosten	30 600,00	–
6002 Nachlässe	–	28 600,00
6520 Abschreibungen auf Sachanlagen	–	–
6540 Abschreibungen auf geringwertige Wirtschaftsgüter	–	–
6550 Außerplanmäßige Abschreibungen auf Sachanlagen	–	–
6930 Verluste aus Schadensfällen	10 800,00	–
7510 Zinsaufwendungen	37 800,00	–
7800 Diverse Aufwendungen	355 000,00	–
Abschlußkonten: 8010 und 8020.	3 330 000,00	3 330 000,00

Abschlußangaben zum Bilanzstichtag (31.12.):

1. Ein PC, Buchwert 1500,00 DM, wurde am 30.12. durch Brand zerstört.
2. Planmäßige Abschreibungen:
   Gebäude: .... 2,5 % der Herstellungskosten in Höhe von 680 000,00 DM.
   Andere Anlagen, BGA: ..... 20 % der Anschaffungskosten in Höhe von 512 500,00 DM.
3. Die geringwertigen Wirtschaftsgüter sind voll abzuschreiben.
4. Ein unbebautes Grundstück, das mit 120 000,00 DM Anschaffungskosten zu Buch steht, hat nach einem Gutachten nur noch einen Wert von 60 000,00 DM.
5. Steuerberichtigung wegen Lieferskonti 30,00 DM und Kundenskonti 45,00 DM.
6. Reparaturen im Haus des Unternehmers durch eigenen Betrieb: netto 2 000,00 DM.
7. Rohstoffschlußbestand lt. Inventur: 250 000,00 DM.
8. Im übrigen: Buchwerte = Inventurwerte.

216
1. *Kann man durch Abschreibungen Steuern sparen? Begründen Sie.*
2. *Warum machen viele Unternehmen von dem Wahlrecht Gebrauch, geringwertige Wirtschaftsgüter bereits im Jahr ihrer Anschaffung voll abzuschreiben?*
3. *Wann gilt im steuerlichen Sinne ein Wirtschaftsgut als „geringwertig"?*
4. *Ist ein Wechsel zwischen den Abschreibungsmethoden möglich?*
5. *Kann man durch Abschreibungen Ersatzinvestitionen finanzieren? Begründen Sie.*

5.6 Ausscheiden von Anlagegütern

Der Abgag von Anlagegütern durch Verkauf oder Entnahme stellt einen steuerpflichtigen Umsatz dar. Grundlage für die Berechnung der Umsatzsteuer ist im Falle des Verkaufs der Nettoverkaufspreis, im Falle der Entnahme der Teilwert (§ 6 [1] EStG), der dem Tageswert (Wiederbeschaffungswert) entspricht. Verkäufe und Entnahmen von Grundstücken und Gebäuden sind umsatzsteuerfrei, da der Erwerber hierfür bereits eine andere Verkehrsteuer, nämlich Grunderwerbsteuer (3,5 %), zu zahlen hat.

Erfolgsauswirkung. Der Buchwert des ausscheidenden Anlagegutes stimmt nur selten mit dem erzielten Nettoverkaufspreis oder mit dem Tageswert überein. In der Regel sind Nettoverkaufspreis und Tageswert entweder höher oder niedriger als der Buchwert. Im ersten Fall entsteht für das Unternehmen ein Ertrag, der auf dem Konto

5460 Erträge aus Vermögensabgang

auszuweisen ist, im zweiten Fall dagegen ein Aufwand, zu erfassen auf dem Konto

6960 Verluste aus Vermögensabgang.

Ermittlung des Buchwertes. Anlagegüter scheiden in der Regel während des Geschäftsjahres aus. In diesem Fall ist die Abschreibung noch zeitanteilig vorzunehmen, und zwar bis auf den vollen vorhergehenden Monat. Nur so sind Buchwert und damit die Erfolgsauswirkung aus dem Anlagenabgang genau zu ermitteln.

Beispiel: Eine Maschine, die zum 01.01. eines Geschäftsjahres noch einen Buchwert von 24 000,00 DM hat und jährlich mit 12 000,00 DM linear abgeschrieben wird, soll am 07.08. des gleichen Jahres verkauft werden.

Wie hoch ist der Buchwert der Maschine zum Zeitpunkt des Ausscheidens?

Buchwert der Maschine zum 01.01.	24 000,00 DM
− Abschreibung für 7 Monate (7/12 von 12 000,00 DM)	7 000,00 DM
Buchwert zum 07.08.	**17 000,00 DM**

Buchung der zeitanteiligen Abschreibung:

6520 Abschreibungen auf Sachanlagen an 0700 TA u. Maschinen 7 000,00

S 0700 Techn. Anlagen u. Maschinen H		S 6520 Abschreibungen a. Sachanlagen H	
01.01. 24 000,00	6520 7 000,00	0700 7 000,00	
	Buchwert 17 000,00		

Merke: Scheidet ein Anlagegut **während** des Geschäftsjahres durch Verkauf oder Entnahme aus, muß es noch **zeitanteilig** abgeschrieben werden.

5.6.1 Verkauf von Anlagegütern

Umsatzsteuer- und EDV-gerechtes Buchen ist gegeben, wenn umsatzsteuerpflichtige Erlöse sowie der Eigenverbrauch kontenmäßig gesondert erfaßt und zugleich durch die EDV-Anlage gespeichert werden. Der Verkauf eines Anlagegutes ist deshalb über das Zwischenkonto

„5410 Erlöse aus Anlagenabgängen"

zu buchen. Da die Erlöskonten in der EDV meist mit der Programmfunktion „Umsatzsteuerautomatik" ausgestattet sind, wird die Umsatzsteuer nach Eingabe des Bruttobetrages automatisch errechnet und umgebucht sowie der Nettoerlös dem Nettoumsatzspeicher zugeführt. So lassen sich die steuerpflichtigen Umsätze schnell überprüfen (§ 22 UStG) und die Umsatzsteuervoranmeldung automatisch erstellen.

Beispiel: Die o. g. Maschine, deren Buchwert zum Zeitpunkt des Ausscheidens aus dem Betrieb 17 000,00 DM beträgt, wird gegen Bankscheck verkauft, und zwar für:

1. netto 17 000,00 DM + 2 550,00 DM USt = 19 550,00 DM ➔ **Nettoverkaufspreis = Buchwert**

Nettoverkaufspreis	17 000,00 DM
− Buchwert	17 000,00 DM
Ertrag/Aufwand aus Anlagenabgang	− DM

① **Buchung des Erlöses:**

	S	H
2800 Bank 19 550,00		
an 5410 Erlöse aus Anlagenabgängen		17 000,00
an 4800 Umsatzsteuer		2 550,00

② **Buchung des Buchwertabganges nach Erstellung der USt-Voranmeldung**[1]:

5410 Erlöse aus Anlagenabgängen   an   0700 TA u. Maschinen 17 000,00

S	0700 Techn. Anlagen u. Maschinen	H		S	5410 Erlöse aus Anlagenabgängen	H
01.01.	24 000,00	AfA	7 000,00	②	17 000,00	① 17 000,00
		②	17 000,00			
S		2800 Bank	H	S	4800 Umsatzsteuer	H
①	19 550,00					① 2 550,00

2. netto 22 000,00 DM + 3 300,00 DM USt = 25 300,00 DM ➔ **Nettoverkaufspreis > Buchwert.**

Nettoverkaufspreis	22 000,00 DM
− Buchwert	17 000,00 DM
Ertrag aus Anlagenabgang	5 000,00 DM

① **Buchung des Erlöses:**

	S	H
2800 Bank 25 300,00		
an 5410 Erlöse aus Anlagenabgängen		22 000,00
an 4800 Umsatzsteuer		3 300,00

② **Buchung des Buchwertabganges**[1]:

5410 Erlöse aus Anlagenabgängen   an   0700 TA u. Maschinen 17 000,00

③ **Buchung des Ertrags aus dem Anlagenabgang**[1]:

5410 Erlöse aus Anlagenabgängen   an   5460 Erträge aus Vermögensabgang   5 000,00

S	0700 Techn. Anlagen u. Maschinen	H		S	5410 Erlöse aus Anlagenabgängen	H
01.01.	24 000,00	AfA	7 000,00	②	17 000,00	① 22 000,00
		②	17 000,00	③	5 000,00	
S		2800 Bank	H	S	5460 Erträge aus Vermögensabgang	H
①	25 300,00					③ 5 000,00
				S	4800 Umsatzsteuer	H
						① 3 300,00

Die Buchungen ② und ③ können auch zusammengefaßt werden.

---

1 In der **EDV-Fibu** wird diese Buchung wegen der monatlichen **Umsatzsteuer-Voranmeldung** und der **Umsatzsteuer-Jahresverprobung** auf einem **Gegenkonto** (Neutralisierungskonto) **zum Konto 5410** vorgenommen.

3. netto 15 000,00 DM + 2 250,00 DM USt = 17 250,00 DM → Nettoverkaufspreis < Buchwert.

	Nettoverkaufspreis	15 000,00 DM
−	Buchwert	17 000,00 DM
	Verlust aus Anlagenabgang	2 000,00 DM

① 2800 Bank 17 250,00
    an 5410 Erlöse aus Anlagenabgängen 15 000,00
    an 4800 Umsatzsteuer 2 250,00
② 5410 Erlöse aus Anlagenabgängen[1] 15 000,00
   6960 Verluste aus Vermögensabgang 2 000,00
    an 0700 Technische Anlagen und Maschinen . 17 000,00

S	0700 Techn. Anlagen u. Maschinen	H			S	5410 Erlöse aus Anlagenabgängen	H
01.01.	24 000,00	AfA	7 000,00		②	15 000,00	①	15 000,00
		②	17 000,00		S	6960 Verluste aus Vermögensabgang	H
S	2800 Bank	H			②	2 000,00	
①	17 250,00				S	4800 Umsatzsteuer	H
							①	2 250,00

5.6.2 Entnahme von Anlagegütern

Eigenverbrauch. Wird ein Anlagegut in das Privatvermögen übernommen, liegt umsatzsteuerpflichtiger Eigenverbrauch vor (siehe auch S. 70 f.). Die Entnahme ist zum Tageswert (Teilwert) anzusetzen und unterliegt mit diesem Wert der Umsatzsteuer. Zum Zwecke der Umsatzsteuerverprobung erfolgt die Buchung über Konto

5420 Steuerpflichtiger Eigenverbrauch.

Beispiel: Ein betriebseigener PKW wird am 10.01. privat entnommen. Der Buchwert beträgt 2 000,00 DM, der Tageswert 3 000,00 DM. 15 % USt von 3 000,00 DM = 450,00 DM.

	Entnahme zum Tageswert	3 000,00 DM
−	Buchwert	2 000,00 DM
	Ertrag aus Anlagenabgang	1 000,00 DM

① 3001 Privatentnahmen 3 450,00
    an 5420 Steuerpflichtiger Eigenverbrauch ... 3 000,00
    an 4800 Umsatzsteuer 450,00
② 5420 Steuerpflichtiger Eigenverbrauch[1] 3 000,00
    an 0840 Fuhrpark 2 000,00
    an 5460 Erträge aus Vermögensabgang 1 000,00

S	0840 Fuhrpark	H		S	5420 Stpfl. Eigenverbrauch	H
01.01.	2 000,00	②	2 000,00	②	3 000,00	①	3 000,00
S	3001 Privatentnahmen	H		S	5460 Erträge aus Vermögensabgang	H
①	3 450,00					②	1 000,00
				S	4800 Umsatzsteuer	H
						①	450,00

Merke: Bei Verkauf und Entnahme von Anlagegütern ist der steuerpflichtige Umsatz (Erlös, Eigenverbrauch) buchhalterisch gesondert zu erfassen (§ 22 [2] UStG).

---
1 In der **EDV-Fibu** wird diese Buchung wegen der monatlichen **Umsatzsteuer-Voranmeldung** und der **Umsatzsteuer-Jahresverprobung** auf einem **Gegenkonto** (Neutralisierungskonto) **zum Konto 5410 bzw. 5420** vorgenommen.

5.6.3 Inzahlungnahme von Anlagegütern

Bei Anschaffung eines neuen Anlagegutes wird oft ein gebrauchtes in Zahlung gegeben. Es ist buchhalterisch klarer, zunächst den Kauf des neuen Anlagegegenstandes als Verbindlichkeit zu buchen. Die Gutschrift über das in Zahlung gegebene Anlagegut wird dann über das Konto „4400 Verbindlichkeiten a.LL" gebucht. Der Saldo des Kontos „4400 Verbindlichkeiten a.LL" weist den zu zahlenden Restkaufpreis aus.

Beispiel: Kauf eines neuen Kleintransporters: 50 000,00 DM + USt. Ein gebrauchter PKW, der noch mit 1,00 DM zu Buch steht, wird mit 2 000,00 DM netto + USt in Zahlung gegeben.

EINGANGSRECHNUNG

```
  Kleintransporter ..........................   50 000,00 DM
+ Umsatzsteuer ............................     7 500,00 DM
                                                57 500,00 DM
– Gutschrift für PKW, netto ..........  2 000,00 DM
  + Umsatzsteuer ..................    300,00 DM   2 300,00 DM
  Restbetrag ..............................      55 200,00 DM
```

① **Buchung der Anschaffung:**   S   H

```
0840 Fuhrpark .........................   50 000,00
2600 Vorsteuer .........................   7 500,00
     an   4400 Verbindlichkeiten a.LL ..............   57 500,00
```

② **Buchung des Rechnungsausgleichs:**   S   H

```
4400 Verbindlichkeiten a.LL ..............   57 500,00
     an  5410  Erlöse aus Anlagenabgängen ..........   2 000,00
     an  4800  Umsatzsteuer .......................     300,00
     an  2800  Bank ..............................   55 200,00
```

③ **Buchung des Buchwertabgangs und des Ertrags:**[1]   S   H

```
5410 Erlöse aus Anlagenabgängen ..........   2 000,00
     an  0840  Fuhrpark ..........................       1,00
     an  5460  Erträge aus Vermögensabgang ........   1 999,00
```

S	0840 Fuhrpark	H	S	4400 Verbindlichkeiten a.LL	H
AB	1,00	③ 1,00	②	57 500,00	① 57 500,00
①	50 000,00		S	5410 Erlöse aus Anlagenabgängen	H
S	2600 Vorsteuer	H	③	2 000,00	② 2 000,00
①	7 500,00		S	4800 Umsatzsteuer	H
S	5460 Erträge aus Vermögensabgang	H			② 300,00
		③ 1 999,00	S	2800 Bank	H
					② 55 200,00

Merke: Gutschriften für Inzahlungnahmen über „Verbindlichkeiten a.LL" verrechnen.

Aufgaben – Fragen

217 Ein LKW, der zum Zeitpunkt des Ausscheidens einen Buchwert von 20 000,00 DM hat, wird gegen Bankscheck verkauft für
a) 20 000,00 DM + USt,   b) 25 000,00 DM + USt,   c) 18 000,00 DM + USt.
1. Ermitteln Sie die Erfolgsauswirkung in den Fällen a), b) und c).
2. Wie hoch ist der jeweils gesondert auszuweisende steuerpflichtige Umsatz?
3. Nennen Sie die Buchungssätze und buchen Sie auf den Konten 0840, 2800, 4800, 5410, 5460, 6960.
4. Inwiefern ist es vorteilhaft, den umsatzsteuerpflichtigen Erlös gesondert zu erfassen?

---
[1] siehe Fußnote auf S. 180

218 Eine Maschine, Anschaffungskosten 300 000,00 DM, Nutzungsdauer 10 Jahre, wurde linear abgeschrieben. Sie wird am 08.11. des 9. Nutzungsjahres gegen Bankscheck verkauft, und zwar a) zum Buchwert + USt, b) 50 % über Buchwert + USt, c) 20 % unter Buchwert + USt.
1. Ermitteln Sie die zeitanteilige Abschreibung und den Buchwert der Maschine zum Zeitpunkt ihres Ausscheidens aus dem Betriebsvermögen.
2. Buchen Sie die zeitanteilige Abschreibung.
3. Nennen Sie in den Fällen a), b) und c) jeweils die auszuweisenden steuerpflichtigen Erlöse.
4. Wie lauten die Buchungen in den Fällen a), b) und c)?

219 Eine nicht mehr benötigte Maschine wird am 12.10.19.. gegen Bankscheck verkauft. Nettopreis 45 000,00 DM + Umsatzsteuer.
Der Buchwert der Maschine betrug am 01.01. des gleichen Jahres 48 000,00 DM. Sie wurde linear mit jährlich 10 % = 24 000,00 DM abgeschrieben.
1. Wie hoch waren die Anschaffungskosten der Maschine?
2. Ermitteln Sie den Buchwert der Maschine. Buchen Sie die zeitanteilige Abschreibung.
3. Ermitteln Sie die Erfolgsauswirkung. Nennen Sie die Buchungen.

220 Die in Aufgabe 219 genannte Maschine wird zunächst auf Ziel verkauft. Der Kunde überweist allerdings noch innerhalb der Skontofrist den Rechnungsbetrag abzüglich 2 % Skonto.
Buchen Sie   1. den Zielverkauf,   2. den Rechnungsausgleich und   3. die Erfolgsauswirkung.

221 Der Geschäftsinhaber schenkt seinem Sohn einen PC, der zum Betriebsvermögen gehört und zum Zeitpunkt der Entnahme mit 1,00 DM zu Buch steht. Der Tageswert beträgt 300,00 DM.
1. Begründen Sie die Umsatzsteuerpflicht.
2. Erstellen Sie den Entnahmebeleg.
3. Nennen Sie die Buchungssätze und buchen Sie auf den Konten 0860, 3001, 4800, 5420, 5460.

222 Ein betriebseigener PKW wird am 10.05. zum Tageswert in das Privatvermögen übernommen. Zum 01.01. betrug der Buchwert 24 000,00 DM. Jährliche AfA: 12 000,00 DM.
1. Ermitteln Sie rechnerisch und buchmäßig den Buchwert des PKWs zum 10.05.
2. Die Entnahme erfolgt zu folgenden Tageswerten: a) Buchwert = Tageswert, b) 30 000,00 DM, c) 15 000,00 DM. Wie lauten die Buchungen?
3. Nennen Sie die verschiedenen Arten des umsatzsteuerpflichtigen Eigenverbrauchs.

223 Ein Industriebetrieb kauft am 10.08. eine neue Telefonanlage zu netto 30 000,00 DM + USt. Eine auf 1,00 DM Erinnerungswert abgeschriebene Telefonanlage wird mit 400,00 DM netto + USt in Zahlung gegeben. Restzahlung durch Banküberweisung.
1. Erstellen Sie die Rechnung.
2. Buchen Sie die Neuanschaffung.
3. Buchen Sie den Rechnungsausgleich.
4. Nennen Sie die Buchungen für den Buchwertabgang und die Erfassung des Erfolgs.

224 Anschaffung einer neuen EDV-Anlage: 200 000,00 DM + USt. Eine gebrauchte EDV-Anlage, die noch mit 15 000,00 DM zu Buch steht, wird mit 20 000,00 DM netto + USt in Zahlung gegeben. Restzahlung erfolgt durch Banküberweisung.
1. Erstellen Sie die Rechnung und erläutern Sie die Erfolgsauswirkung.
2. Nennen Sie die Buchungssätze und buchen Sie auf den entsprechenden Konten.

225 Die in Aufgabe 224 genannte EDV-Anlage wird mit 5 000,00 DM netto in Zahlung gegeben. Erläutern Sie die Erfolgsauswirkung und nennen Sie die Buchungssätze.

226
1. Begründen Sie, warum das Umsatzsteuergesetz (§ 22 Abs. 2 UStG) buchhalterisch den vollen Ausweis sowohl der steuerpflichtigen Umsätze als auch des Eigenverbrauchs verlangt.
2. Zu welchem Wert sind Entnahmen von Vermögensgegenständen aus dem Betriebsvermögen anzusetzen?
3. Erläutern Sie am Beispiel eines Anlagenverkaufs den Begriff „Stille Reserve".

E Jahresabschluß
1 Jahresabschlußarbeiten im Überblick

Gliederung des Jahresabschlusses. Nach den handelsrechtlichen Vorschriften ist für den Schluß des Geschäftsjahres der Jahresabschluß aufzustellen. Bei Einzelunternehmen und Personengesellschaften (OHG: Offene Handelsgesellschaft, KG: Kommanditgesellschaft) besteht der Jahresabschluß lediglich aus der Bilanz und Gewinn- und Verlustrechnung (§ 242 HGB). Kapitalgesellschaften (GmbH: Gesellschaft mit beschränkter Haftung, AG: Aktiengesellschaft, KG a. A.: Kommanditgesellschaft auf Aktien) haben den Jahresabschluß um einen Anhang zu erweitern, der mit der Bilanz und Gewinn- und Verlustrechnung eine Einheit bildet (§ 264 HGB):

- **Die Schlußbilanz** ist eine Zeitpunktrechnung. Sie weist die Höhe des Vermögens, des Eigen- und Fremdkapitals zum Bilanzstichtag (31.12.) aus und soll somit unter Beachtung der Grundsätze ordnungsmäßiger Buchführung ein den tatsächlichen Verhältnissen entsprechendes Bild der Vermögens- und Finanzlage des Unternehmens vermitteln. Die Bilanzgliederung sollte deshalb auch § 266 HGB (siehe S. 240 und Anhang des Lehrbuches) entsprechen, die zwar nur für Kapitalgesellschaften verbindlich vorgeschrieben ist, jedoch auch von Personenunternehmen beachtet werden sollte.

- **Die Gewinn- und Verlustrechnung** ist dagegen eine Zeitraumrechnung. Sie weist alle Aufwendungen und Erträge des Geschäftsjahres aus und gewährt damit Einblick in die Quellen des Jahreserfolges. Personenunternehmen erstellen die GuV-Rechnung in Kontoform. Kapitalgesellschaften müssen die zu veröffentlichende GuV-Rechnung in Staffelform gemäß § 275 HGB (siehe S. 244 f. und Anhang) aufstellen.

- **Der Anhang** hat die Aufgabe, bestimmte Einzelposten der Bilanz und GuV-Rechnung der Kapitalgesellschaft näher zu erläutern. Als Erläuterungsbericht nimmt er z.B. Stellung zur Methode und Höhe der Abschreibungen auf das Anlagevermögen (siehe S. 171).

Aufgaben des Jahresabschlusses. Der Jahresabschluß dient vor allem der
- **Rechenschaftslegung und Information** sowie als
- **Grundlage der Gewinnverteilung** und der
- **Steuerermittlung.**

Vorarbeiten zur Aufstellung des Jahresabschlusses. Die Erstellung des Jahresabschlusses ist eine umfassende und schwierige Aufgabe. Sie bedarf einer sorgfältigen Planung (Sachplan, Terminplan, Arbeitsplan) und Organisation, denn die Salden der Bestands- und Erfolgskonten können nicht ohne Prüfung und Inventur in die Schlußbilanz und GuV-Rechnung übernommen werden. Die wichtigsten Jahresabschlußarbeiten sind:

- **Zeitraumrichtige Erfassung und Abgrenzung der Aufwendungen und Erträge,** damit der Erfolg des Geschäftsjahres periodengerecht ausgewiesen wird.
- **Inventur der Vermögensteile und Schulden vor Abschluß der Konten.** So sind beispielsweise noch Abschreibungen auf Anlagegüter und zweifelhafte Forderungen vorzunehmen und Bestandsveränderungen zu buchen. Inventurdifferenzen (z. B. Kassenfehlbetrag, Wertminderungen im Vorratsvermögen) müssen buchmäßig noch berücksichtigt werden. Schulden sind mit ihrem Höchstwert (z.B. Währungsverbindlichkeiten) zu ermitteln.
- **Abschluß der Unterkonten über die entsprechenden Hauptkonten.** Bezugskosten, Nachlässe, Erlösberichtigungen, Vorsteuer/Umsatzsteuer u. a. sind entsprechend umzubuchen.
- **Erstellung einer Hauptabschlußübersicht** (s. S. 231 f.) als Probeabschluß.
- **Ordnungsmäßige Gliederung der Bilanz und Gewinn- und Verlustrechnung.**

Merke: Der Jahresabschluß soll Anteilseignern und Gläubigern Einblick in die Vermögens-, Finanz- und Ertragslage eines Unternehmens gewähren.

2 Zeitliche Abgrenzung der Aufwendungen/Erträge

Notwendigkeit der periodengerechten Erfolgsermittlung. Bisher haben wir Aufwendungen und Erträge dann gebucht, wenn sie gezahlt wurden. Würde man die Dezembermiete, die erst im Januar des neuen Geschäftsjahres von uns überwiesen wird, auch erst im neuen Jahr als Aufwand buchen, würde der Erfolg sowohl des alten als auch des neuen Geschäftsjahres falsch ausgewiesen. Will man den Jahreserfolg zeitraumrichtig ermitteln, ist es erforderlich, daß man die Aufwendungen und Erträge dem Geschäftsjahr zuordnet, zu dem sie wirtschaftlich gehören, und zwar

unabhängig vom Zeitpunkt ihrer Ausgabe bzw. Einnahme.

Nur so kann ein periodengerechter und vergleichbarer Jahreserfolg ermittelt werden.

> **Merke:** „Aufwendungen und Erträge des Geschäftsjahres sind unabhängig von den Zeitpunkten der entsprechenden Zahlungen im Jahresabschluß zu berücksichtigen" (§ 252 Abs. 1 Zi. 5 HGB).

2.1 Sonstige Forderungen und Sonstige Verbindlichkeiten

Aufwendungen und Erträge, die wirtschaftlich das alte Geschäftsjahr betreffen, die aber erst im neuen Jahr zu Ausgaben bzw. Einnahmen führen, sind zum 31.12. zu erfassen als

- Sonstige Verbindlichkeiten (Konto 4890) bzw.
- Sonstige Forderungen (Konto 2690).

Beispiel 1: Die Lagermiete für Dezember überweisen wir erst im Januar: 1500,00 DM.

Die Dezembermiete ist Aufwand des alten Jahres, der erst im neuen Jahr zu einer Ausgabe führt. Aus Gründen einer periodengerechten Erfolgsermittlung ist sie noch in der Erfolgsrechnung des alten Jahres zu erfassen und zugleich als „Sonstige Verbindlichkeit" gegenüber dem Vermieter in der Schlußbilanz auszuweisen.

Buchungen zum 31.12. des alten Jahres

①	6700 Mietaufwendungen	an	4890	Sonstige Verbindlichkeiten	1 500,00
②	8020 GuV-Konto	an	6700	Mietaufwendungen	1 500,00
③	4890 Sonstige Verbindlichkeiten	an	8010	Schlußbilanzkonto	1 500,00

S	6700 Mietaufwendungen	H		S	4890 Sonstige Verbindlichkeiten	H
①	1 500,00 ②	1 500,00		③	1 500,00 ①	1 500,00
S	8020 GuV-Konto	H		S	8010 Schlußbilanzkonto	H
②	1 500,00				③	1 500,00

Buchungen im neuen Jahr

Nach Eröffnung des Kontos „4890 Sonstige Verbindlichkeiten" ist die Mietausgabe zu buchen:

①	8000 Eröffnungsbilanzkonto	an	4890	Sonstige Verbindlichkeiten	1 500,00
②	4890 Sonstige Verbindlichkeiten	an	2800	Bank	1 500,00

S	2800 Bank	H		S	4890 Sonstige Verbindlichkeiten	H
...	50 000,00 ②	1 500,00		②	1 500,00 8000 ①	1 500,00

> **Merke:** Aufwendungen des alten Jahres, die erst im neuen Jahr zu Ausgaben führen, sind auf dem Konto „4890 Sonstige Verbindlichkeiten" zu erfassen. Buchung:
> ▷ Aufwandskonto an Sonstige Verbindlichkeiten

Beispiel 2: Unser Mieter überweist die Dezembermiete erst im Januar n. J.: 800,00 DM.

Die Dezembermiete stellt in diesem Fall einen Ertrag des alten Geschäftsjahres dar, der erst im neuen Jahr zu einer Einnahme führt. Der Mietertrag ist deshalb der Erfolgsrechnung des alten Jahres zuzurechnen und zugleich als „Sonstige Forderung" zu erfassen.

Buchungen zum 31.12. des alten Geschäftsjahres

① 2690 Sonstige Forderungen ..... an 5400 Mieterträge 800,00
② 5400 Mieterträge .... an 8020 GuV-Konto 800,00
③ 8010 Schlußbilanzkonto .... an 2690 Sonstige Forderungen 800,00

S	2690 Sonstige Forderungen	H	S	5400 Mieterträge	H
①	800,00	③ 800,00	②	800,00	① 800,00

S	8010 Schlußbilanzkonto	H	S	8020 GuV-Konto	H
③	800,00				② 800,00

Buchung im Januar des neuen Jahres

Mieteingang: **2800 Bank** .. an **2690 Sonst. Forder.** 800,00

S	2690 Sonstige Forderungen	H	S	2800 Bank	H
8000	800,00	2800 800,00	2690	800,00	

Merke: Erträge des alten Jahres, die erst im neuen Jahr zu Einnahmen führen, werden auf dem Konto „2690 Sonstige Forderungen" gebucht. Buchung:
▷ **Sonstige Forderungen** an **Ertragskonto**

Beispiel 3: Wir haben einem Kunden am 01.09.01 ein Darlehen in Höhe von 10 000,00 DM zu 6 % Zinsen gewährt. Die halbjährlich zu zahlenden Darlehenszinsen sind nachträglich fällig, erstmals am 01.03.02: 300,00 DM.

Von der am 01.03. des neuen Jahres fälligen Zinszahlung sind ertragsmäßig 200,00 DM dem alten und 100,00 DM dem neuen Geschäftsjahr zuzurechnen.

Buchung zum 31.12.: 2690 Sonstige Forderungen an **5710 Zinserträge** 200,00

S	2690 Sonstige Forderungen	H	S	5710 Zinserträge	H
5710	200,00	8010 200,00	8020	200,00	2690 200,00

S	8010 Schlußbilanzkonto	H	S	8020 GuV-Konto	H
2690	200,00				5710 200,00

Buchung im neuen Jahr: Am 01.03.02 ist der gesamte Zinsbetrag als Einnahme zu buchen:

2800 Bank .... 300,00 an **2690 Sonstige Forderungen** (Zinsertrag des alten J.) **200,00**
an **5710 Zinserträge** (Ertragsanteil des neuen Jahres) **100,00**

S	2690 Sonstige Forderungen	H	S	2800 Bank	H
8000	200,00	2800 200,00	2690/5710	300,00	

S	5710 Zinserträge	H
		2800 100,00

Buchen Sie das 3. Beispiel aus der Sicht des Kunden.

Merke: Aufwendungen und Erträge, die teils das alte und teils das neue Geschäftsjahr betreffen, sind den einzelnen Geschäftsjahren entsprechend zuzuordnen.

Aufgaben – Fragen

227

Bilden Sie für nachstehende Geschäftsfälle die Buchungssätze
a) beim Jahresabschluß zum 31.12.,
b) nach Eröffnung der Konten im neuen Jahr für den Geldeingang und Geldausgang.

1. Die Dezembermiete für die Geschäftsräume wird von uns erst im Monat Januar beglichen 800,00
2. Ein Mieter in unserem Geschäftshaus zahlt die Miete für Dezember erst im Januar 650,00
3. Eine Rechnung für Büromaterial steht am Jahresende noch aus 300,00
   + Umsatzsteuer[1] 45,00
4. Die vierteljährlichen Zinsen (November–Januar) für ein Darlehen werden von uns erst Ende Januar gezahlt 450,00
5. Unser Darlehensschuldner hat die lt. Vertrag zu zahlenden Jahreszinsen (Darlehensjahr: 01.04.–31.03.) am 31.03. des folgenden Jahres zu zahlen 2 400,00
6. Unser Darlehensschuldner zahlt uns für das Halbjahr 01.07.–31.12. die Zinsen erst im Januar 350,00
7. Der Handelskammerbeitrag für das letzte Vierteljahr Oktober–Dezember wird erst im Monat Januar gezahlt 620,00
8. Für die Lohnwoche vom 28.12. bis 03.01. sind 4 500,00 DM Fertigungslöhne zu zahlen (Zahltag 03.01.). Hiervon entfallen auf die Zeit vom 28.12.–31.12. .... 2 500,00
   Im neuen Jahr werden durch die Bank ausgezahlt 3 800,00
9. Die Zinsgutschrift der Bank für die Zeit vom 01.10. bis 31.12. steht noch aus und wird erst im Januar eingehen 315,00
10. Die Provision unseres Handelsvertreters für Dezember wird erst im Januar überwiesen, netto 760,00
    + Umsatzsteuer 114,00
    Die Provisionsabrechnung (Beleg) ist am 29.12. erstellt worden.[2]

228

Bilden Sie für nachstehende Geschäftsfälle jeweils die Buchungssätze
a) zum Bilanzstichtag (31.12.),
b) bei Zahlungseingang bzw. Zahlungsausgang (Bank) im neuen Jahr.

1. Die Miete für einen von uns gemieteten Lagerraum beträgt monatlich 500,00 DM. Bei Erstellung des Jahresabschlusses wird festgestellt, daß die Dezembermiete erst im Januar überwiesen wurde.
2. Die Stromabrechnung für den Monat Dezember liegt zum 31.12. noch nicht vor. Wir erhalten die Rechnung Mitte Januar über 8 200,00 DM zuzüglich Umsatzsteuer[1].
3. Wir erhalten am 31. März die Darlehenszinsen für die Monate Oktober bis März durch Banküberweisung: 600,00 DM.
4. Die Garagenmiete für die Monate November, Dezember und Januar in Höhe von 240,00 DM wird von uns lt. Vertrag nachträglich am 05.02. des nächsten Jahres gezahlt.
5. Wir überweisen jeweils zum 01.03. und 01.09. nachträglich für 6 Monate Hypothekenzinsen in Höhe von 2 400,00 DM.
6. Für einen Wartungsvertrag, der für unsere Büromaschinen abgeschlossen worden ist, zahlen wir vierteljährlich nachträglich 400,00 DM zuzüglich Umsatzsteuer. Die Rechnung für das letzte Jahresquartal liegt zum 31.12. noch nicht vor.

---

1 Die Vorsteuer darf noch nicht verrechnet werden, da zum 31.12. noch keine Rechnung vorliegt.
2 Der Vorsteuerabzug ist möglich, da die Leistung erbracht und die Abrechnung (Rechnung) vorliegt.

2.2 Aktive und Passive Rechnungsabgrenzungsposten

Auf den Konten „4890 Sonstige Verbindlichkeiten" und „2690 Sonstige Forderungen" haben wir Aufwendungen und Erträge des alten Geschäftsjahres erfaßt, die erst im neuen Jahr zu Ausgaben und Einnahmen werden. Es handelt sich dabei um echte Verbindlichkeiten und Forderungen, die durch eine Zahlung im neuen Jahr beglichen werden.

Werden dagegen bereits Zahlungen im alten Jahr für Aufwendungen und Erträge des neuen Jahres geleistet, sind die Aufwands- und Ertragskonten zum Jahresabschluß mit Hilfe folgender Konten zu berichtigen:

2900 Aktive Rechnungsabgrenzung (ARA)
4900 Passive Rechnungsabgrenzung (PRA)

Aktive Rechnungsabgrenzung. Hierunter fallen Aufwendungen, die bereits im abzuschließenden Geschäftsjahr im voraus bezahlt und gebucht wurden, aber entweder nur zum Teil oder auch ganz wirtschaftlich dem neuen Geschäftsjahr zuzurechnen sind, wie z. B. von uns geleistete Vorauszahlungen für Versicherungen, Zinsen, Mieten u.a. Zum Bilanzstichtag sind die betreffenden Aufwandskonten durch eine „Aktive Rechnungsabgrenzung (ARA)" zu berichtigen. Sie stellt praktisch eine Leistungsforderung dar. So begründet z. B. unsere Mietvorauszahlung einen Anspruch auf Nutzung der gemieteten Räume im neuen Jahr.

Passive Rechnungsabgrenzung. Hierunter gehören Erträge, die im abzuschließenden Geschäftsjahr bereits als Einnahme gebucht worden sind, aber mit einem Teil oder auch ganz als Ertrag dem neuen Geschäftsjahr zuzuordnen sind, wie z. B. im voraus erhaltene Miete, Pacht, Zinsen u. a. Zum Jahresabschluß sind die betreffenden Ertragskonten durch Vornahme einer entsprechenden „Passiven Rechnungsabgrenzung (PRA)" zu korrigieren. Die PRA stellen Leistungsverbindlichkeiten dar. Eine an uns geleistete Zinsvorauszahlung begründet z. B. unsere Verpflichtung auf weitere Überlassung des gewährten Darlehens im neuen Jahr.

Transitorische Posten. Mit Hilfe der aktiven und passiven Rechnungsabgrenzungsposten werden die im alten Geschäftsjahr im voraus gezahlten Aufwendungen und vereinnahmten Erträge über die Schlußbilanz in die Erfolgsrechnung des neuen Geschäftsjahres übertragen. Man nennt sie deshalb auch „transitorische Posten" (lat. transire = hinübergehen).

Periodengerechte Erfolgsermittlung. Die Rechnungsabgrenzungsposten dienen ebenso wie die Sonstigen Forderungen und Sonstigen Verbindlichkeiten der zeitraumrichtigen Abgrenzung der Aufwendungen und Erträge, damit das Gesamtergebnis einer Unternehmung periodengerecht zum Jahresabschluß ermittelt werden kann.

> **Merke:** Nach § 250 HGB dürfen als Rechnungsabgrenzungsposten nur ausgewiesen werden:
> - auf der Aktivseite Ausgaben vor dem Abschlußstichtag, soweit sie Aufwand für eine bestimmte Zeit nach diesem Tag darstellen:
>   → Aktive Rechnungsabgrenzung (ARA)
> - auf der Passivseite Einnahmen vor dem Abschlußstichtag, soweit sie Ertrag für eine bestimmte Zeit nach diesem Tag darstellen:
>   → Passive Rechnungsabgrenzung (PRA)

Beispiel 1: Am 01.12. haben wir einen Lagerraum für eine Monatsmiete von 500,00 DM gemietet. Lt. Vertrag zahlen wir die Miete vierteljährlich mit 1500,00 DM im voraus.

Buchung unserer Mietvorauszahlung am 01.12.
6700 Mietaufwendungen .. an 2800 Bank 1 500,00

Der gesamte Mietaufwand in Höhe von 1 500,00 DM ist zum 31.12. periodengerecht abzugrenzen: 500,00 DM entfallen auf den Monat Dezember des Abschlußjahres, 1000,00 DM auf Januar und Februar des neuen Jahres. Das Konto „6700 Mietaufwendungen" ist daher im Haben um 1000,00 DM mit Hilfe des Kontos „2900 Aktive Rechnungsabgrenzung" zu entlasten bzw. zu berichtigen. Durch die Vorauszahlung der Miete ist ein Anspruch auf Überlassung des Lagerraumes im neuen Jahr entstanden, also eine Leistungsforderung, die auf der Aktivseite der Bilanz als „Aktive Rechnungsabgrenzung" (ARA) auszuweisen ist.

Buchungen zum 31.12. des Abschlußjahres
① 2900 Aktive Rechnungsabgr. .... an 6700 Mietaufwendungen 1 000,00
(für die Abgrenzung und Überführung des Mietaufwandes in das neue Jahr)
② 8020 GuV-Konto .... an 6700 Mietaufwendungen 500,00
③ 8010 Schlußbilanzkonto .... an 2900 Aktive Rechnungsabgr. .. 1 000,00

S	6700 Mietaufwendungen	H		S	2900 ARA	H
2800	1 500,00	2900	1 000,00	6700	1 000,00	8010 1 000,00
		8020	500,00			

S	8020 GuV-Konto	H		S	8010 Schlußbilanzkonto	H
6700	500,00			ARA	1 000,00	

Buchungen zum 01.01. des Folgejahres
Nach Eröffnung ist das Konto „2900 ARA" über das betreffende Aufwandskonto aufzulösen.
① 2900 Aktive Rechnungsabgr. .... an 8000 Eröffnungsbilanzkonto .. 1 000,00
② 6700 Mietaufwendungen .... an 2900 Aktive Rechnungsabgr. .. 1 000,00

Das Konto „6700 Mietaufwendungen" weist nun die Miete für Januar und Februar des neuen Jahres periodengerecht aus. Das Konto „2900 ARA" hat seine „transitorische" Aufgabe erfüllt:

S	2900 ARA	H		S	6700 Mietaufwendungen	H
8000	1 000,00	6700	1 000,00	2900	1 000,00	

Direkte Rechnungsabgrenzung. Ausgaben des laufenden Geschäftsjahres, die Aufwendungen des nächsten Jahres betreffen, können bereits direkt bei Zahlung entsprechend zeitlich abgegrenzt werden. Dadurch erübrigt sich zum Jahresabschluß eine besondere Überprüfung aller Ausgaben auf ihre periodengerechte Abgrenzung.

Buchung bei direkter Periodenabgrenzung am 01.12.
6700 Mietaufwendungen 500,00
2900 Aktive Rechnungsabgrenzung 1 000,00 an 2800 Bank 1 500,00

S	6700 Mietaufwendungen	H		S	2800 Bank	H
2800	500,00					6700/2900 1 500,00

S	2900 Aktive Rechnungsabgrenzung	H
2800	1 000,00	

Nennen Sie die Abschlußbuchungen.

Merke: Das Konto „2900 Aktive Rechnungsabgrenzung" (ARA) erfaßt zum Jahresabschluß alle Ausgaben des alten Geschäftsjahres, die Aufwand des nächsten Jahres sind.

Buchung: ▷ ARA an Aufwandskonto (bei Abgrenzung zum 31.12.)
▷ ARA an Bank (Kasse) (bei direkter Abgrenzung)

Beispiel 2: Von unserem Mieter haben wir am 01.12. die Vierteljahresmiete (Dezember–Februar) in Höhe von insgesamt 2400,00 DM im voraus erhalten.

Buchung der Mieteinnahme am 01.12.

  2800 Bank .... an **5400 Miererträge** ... 2400,00

Der gesamte Mietertrag in Höhe von 2400,00 DM ist zum 31.12. periodengerecht abzugrenzen: 800,00 DM entfallen auf das Abschlußjahr, 1600,00 DM dagegen auf das neue Geschäftsjahr. Das Konto „5400 Miererträge" muß daher auf seiner Sollseite um 1600,00 DM durch Bildung einer „Passiven Rechnungsabgrenzung" (PRA) berichtigt werden, da für uns eine Leistungsverbindlichkeit, d. h. eine Verpflichtung zur Überlassung der Räume im nächsten Geschäftsjahr besteht, die auf der Passivseite der Bilanz auszuweisen ist.

Buchungen zum 31.12. des Abschlußjahres

① **5400 Miererträge** .... an **4900 PRA** 1600,00
② **5400 Miererträge** .... an **8020 GuV-Konto** 800,00
③ **4900 PRA** .... an **8010 Schlußbilanzkonto** 1600,00

S 4900 Passive Rechnungsabgrenzung H		S 5400 Miererträge H	
8010 1600,00 | 5400 1600,00		4900 1600,00 | 2800 2400,00	
		8020 800,00 |	

S 8010 Schlußbilanzkonto H	S 8020 GuV-Konto H
| PRA 1600,00	| 5400 800,00

Buchungen zum 01.01. des Folgejahres

① **8000 Eröffnungsbilanzkonto** an **4900 PRA** 1600,00
② **4900 PRA** .... an **5400 Miererträge** 1600,00

Das Konto „4900 PRA" ist zu Beginn des neuen Jahres über das entsprechende Ertragskonto aufzulösen. Nach der Umbuchung des passiven Rechnungsabgrenzungspostens weist das Konto „5400 Miererträge" nun den periodengerechten Mietertrag für die Monate Januar und Februar des neuen Jahres aus:

S 5400 Miererträge H	S 4900 Passive Rechnungsabgrenzung H
| 4900 1600,00	5400 1600,00 | 8000 1600,00

Bei direkter Rechnungsabgrenzung ist am 01.12. zu buchen

  2800 Bank 2400,00
    an 5400 Miererträge 800,00
    an 4900 Passive Rechnungsabgrenzung 1600,00

Buchen Sie die direkte Periodenabgrenzung auf den genannten Konten.

Merke:
- Das Konto „4900 Passive Rechnungsabgrenzung" (PRA) erfaßt zum Bilanzstichtag alle Einnahmen des alten Jahres, die wirtschaftlich Erträge des nächsten Jahres sind.

  Buchung: ▷ **Ertragskonto** an **PRA** (bei Abgrenzung zum 31.12.)
      ▷ **Bank (Kasse)** an **PRA** (bei direkter Abgrenzung)

- Die Posten der Rechnungsabgrenzung werden zu Beginn des neuen Geschäftsjahres aufgelöst, indem sie auf das entsprechende Erfolgskonto umgebucht werden:

    ▷ **Aufwandskonto** an **ARA**
    ▷ **PRA** an **Ertragskonto**

Merke: Die zeitliche Abgrenzung der Aufwendungen und Erträge bezweckt eine periodengerechte Erfolgsermittlung. Man unterscheidet vier Fälle:

Geschäftsfall	Vorgang		Buchung zum 31.12.:
	im **alten** Jahr	im **neuen** Jahr	
Von uns noch zu zahlender Aufwand	**Aufwand**	Ausgabe	Aufwandskonto an Sonstige Verbindlichkeiten
Noch zu vereinnahmender Ertrag	**Ertrag**	Einnahme	Sonstige Forderungen an Ertragskonto
Von uns im voraus bezahlter Aufwand	Ausgabe	**Aufwand**	Aktive Rechnungsabgrenzung an Aufwandskonto
Im voraus vereinnahmter Ertrag	Einnahme	**Ertrag**	Ertragskonto an Passive Rechnungsabgrenzung

Aufgaben

a) Buchen Sie die folgenden Geschäftsfälle zunächst auf Konten.   **229**
b) Nehmen Sie danach die zeitliche Abgrenzung zum 31.12. vor.
c) Welche Buchungen ergeben sich im neuen Jahr?

		DM
1.	Die Feuerversicherungsprämie für das Gebäude wird am 1. Oktober für ein Jahr im voraus überwiesen	260,00
2.	Am 21. Dezember zahlen wir die Januarmiete für die Geschäftsräume im voraus durch Bankscheck	1 500,00
3.	Wir zahlen am 20. Dezember Hypothekenzinsen für das 1. Vierteljahr des neuen Jahres durch Bankscheck im voraus	660,00
4.	Ein Darlehensschuldner hat die Vierteljahreszinsen für Januar bis März des neuen Jahres am 20. Dezember durch Banküberweisung an uns gezahlt	330,00
5.	Am 1. November wird die Kfz-Versicherung November–April für den LKW durch Bank überwiesen	660,00
6.	Am 1. Dezember erhalten wir durch Banküberweisung im voraus Darlehenszinsen für ein Vierteljahr (01.12.–28.02.) in Höhe von	180,00
7.	Die Jahrespacht für einen Parkplatz überweisen wir am 1. Oktober im voraus durch Bank	2 400,00
8.	Die Kfz-Steuer für Betriebsfahrzeuge wird am 1. April für 1 Jahr im voraus an das Finanzamt durch Bank überwiesen	960,00
9.	Am 1. Oktober erhalten wir die Halbjahresmiete für einen Lagerraum durch Banküberweisung im voraus	3 600,00

Auszug aus der vorläufigen Summenbilanz zum 31.12.		Soll	Haben	**230**
2690	Sonstige Forderungen	4 500,00	–	
2900	Aktive Rechnungsabgrenzung	–	–	
4830/4840	Noch abzuführende Abgaben	–	–	
4890	Sonstige Verbindlichkeiten	–	5 500,00	
4900	Passive Rechnungsabgrenzung	–	–	
5400	Mieterträge	–	24 600,00	
5710	Zinserträge	–	6 400,00	
6200	Löhne	88 400,00	–	
6400	Arbeitgeberanteil zur Sozialversicherung	16 800,00	–	
6700	Mietaufwendungen	22 000,00	–	
6920	Beiträge zu Wirtschaftsverbänden	12 800,00	–	
7510	Zinsaufwendungen	11 600,00	–	

Zum 31.12.19.. (Bilanzstichtag) sind noch folgende zeitliche Abgrenzungen vorzunehmen:
1. Am 1. Dezember wurde die Miete für Lagerräume für die Monate Dezember bis Februar in Höhe von 1650,00 DM von uns bezahlt.
2. Am 1. Oktober zahlten wir Hypothekenzinsen 4500,00 DM halbjährlich im voraus.
3. Mieterträge für die Monate November bis Januar gingen am 1. November in Höhe von 2790,00 DM von unserem Mieter im Geschäftshaus ein.
4. Für die Lohnwoche vom 29.12. bis 04.01. sind an die Arbeiter 12100,00 DM Löhne zu zahlen, davon entfallen 3700,00 DM auf die Zeit vom 29. bis 31.12. Der Arbeitgeberanteil zur Sozialversicherung beträgt 1245,00 DM, davon entfallen 505,00 DM auf das alte Jahr. Zahltag 04.01.
5. Darlehenszinsen werden von unserem Kunden für die Zeit von Oktober bis Dezember in Höhe von 270,00 DM erst am 2. Januar beglichen.
6. Der Handelskammerbeitrag über 1420,00 DM wird erst im Januar bezahlt.

Bilden Sie die Buchungssätze für den Abschluß der Konten.

231

Auszug aus der vorläufigen Summenbilanz zum 31.12.	Soll	Haben
2600 Vorsteuer	134000,00	–
2690 Sonstige Forderungen	8800,00	–
2900 Aktive Rechnungsabgrenzung	–	–
4800 Umsatzsteuer	–	124600,00
4890 Sonstige Verbindlichkeiten	–	5700,00
4900 Passive Rechnungsabgrenzung	–	–
5400 Mieterträge	–	22800,00
5710 Zinserträge	–	1600,00
6150 Vertriebsprovisionen	12000,00	–
6700 Mietaufwendungen	26400,00	–
6810 Zeitungen und Fachliteratur	2100,00	–
6900 Versicherungsbeiträge	16200,00	–
6920 Beiträge zu Wirtschaftsverbänden	12600,00	–
7030 Kraftfahrzeugsteuer	7600,00	–
7510 Zinsaufwendungen	14700,00	–

Zum 31.12.19.. (Bilanzstichtag) sind noch folgende zeitliche Abgrenzungen vorzunehmen:
1. Die Feuerversicherungsprämie (Gebäude) für das kommende Kalenderjahr wurde am 27. Dezember durch Banküberweisung beglichen: 850,00 DM.
2. Die Bezugskosten für eine Fachzeitschrift wurden am 28. Dezember mit 260,00 DM netto im voraus für das folgende Geschäftsjahr bezahlt.
3. Die Kraftfahrzeugsteuer für den LKW wurde am 1. Dezember für 1 Jahr im voraus durch Banküberweisung mit 660,00 DM beglichen.
4. Der Handelskammerbeitrag für das letzte Quartal beträgt 750,00 DM.
5. Vertreterprovision für Dezember über 1700,00 DM netto wird von uns erst im Januar bei Rechnungserteilung überwiesen.
6. Die Dezember-Lagermiete über 2850,00 DM überweisen wir erst Anfang Januar.
7. Unser Mieter begleicht die Miete für Büroräume in unserem Gebäude für Dezember in Höhe von 1850,00 DM erst im neuen Jahr.
8. Am 28. Dezember gingen 1900,00 DM Vierteljahresmiete in unserem Betrieb für das neue Kalenderjahr auf unserem Bankkonto ein.
9. Wir haben die fälligen Darlehenszinsen von 450,00 DM für die Zeit vom 01.10. bis 31.12. am Jahresende noch nicht erhalten.
10. Hypothekenzinsen in Höhe von 12000,00 DM für das Halbjahr 01.07. bis 31.12. werden von uns erst im Januar beglichen.

Bilden Sie die Buchungssätze für den Abschluß dieser Konten.

Kontenplan und vorläufige Saldenbilanz	Soll	Haben
0500 Unbebaute Grundstücke	280 000,00	–
0510 Bebaute Grundstücke	200 000,00	–
0530 Betriebsgebäude	780 000,00	–
0700 Technische Anlagen und Maschinen	675 000,00	–
0800 Andere Anlagen, Betriebs- und Geschäftsausstattung	280 000,00	–
0890 Geringwertige Wirtschaftsgüter	6 000,00	–
2000 Rohstoffe	70 600,00	–
2200 Fertige Erzeugnisse	85 000,00	–
2400 Forderungen a. LL	182 000,00	–
2600 Vorsteuer	86 000,00	–
2690 Sonstige Forderungen	2 000,00	–
2800 Bank	165 000,00	–
2880 Kasse	8 000,00	–
3000 Eigenkapital	–	1 300 000,00
3001 Privat	62 000,00	–
4250 Hypothekenschulden	–	680 000,00
4400 Verbindlichkeiten a. LL	–	145 000,00
4800 Umsatzsteuer	–	93 000,00
4890 Sonstige Verbindlichkeiten	–	85 200,00
5000 Umsatzerlöse für eigene Erzeugnisse	–	1 350 000,00
5001 Erlösberichtigungen	12 000,00	–
5200 Bestandsveränderungen	–	–
5400 Mieterträge	–	22 600,00
5420 Steuerpflichtiger Eigenverbrauch	–	25 500,00
5430 Sonstige betriebliche Erträge	–	14 800,00
6000 Aufwendungen für Rohstoffe	420 000,00	–
6001 Bezugskosten	3 000,00	–
6002 Nachlässe	–	18 500,00
6900 Versicherungsbeiträge	22 000,00	–
7510 Zinsaufwendungen	36 000,00	–
7800 Diverse Aufwendungen	360 000,00	–
Zusätzliche Konten: 2900, 6520, 6540, 6550, 8010 und 8020.	3 734 600,00	3 734 600,00

Abschlußangaben zum Bilanzstichtag (31.12.):

1. Die Anschaffung einer Frankiermaschine, Anschaffungskosten 800,00 DM, wurde irrtümlich über das Konto „0700 TA und Maschinen" gebucht.
2. Die Steuerberichtigungen sind noch zu ermitteln und zu buchen:
   a) Liefererskonti, brutto: 920,00 DM; b) Kundenskonti, brutto: 1 380,00 DM.
3. Die Gutschriftsanzeige unseres Rohstofflieferers ist noch zu buchen: 989,00 DM brutto.
4. Ein Kunde erhält noch eine Bonus-Gutschriftsanzeige über 1 725,00 DM brutto.
5. Kassenüberschuß lt. Inventur 300,00 DM.
6. Die Dezembermiete unseres Mieters über 1 500,00 DM steht zum 31.12. noch aus.
7. Die Feuerversicherungsprämie wurde am 01.10. mit 2 400,00 DM für 1 Jahr überwiesen.
8. Zum 31.12. fällige Hypothekenzinsen werden im Januar n. J. überwiesen: 19 000,00 DM.
9. Entnahme von Erzeugnissen für Privatzwecke, netto: 1 500,00 DM.
10. Planmäßige Abschreibungen: Gebäude: 2 % von 900 000,00 DM Herstellungskosten. Maschinen: 30 % degressiv; BGA: 10 % von 320 000,00 DM Anschaffungskosten.
11. Außerplanmäßige Abschreibungen:
    a) Vollabschreibung der GWG; b) Das mit 280 000,00 DM bilanzierte unbebaute Grundstück hat lt. Gutachten nur noch einen Wert von 220 000,00 DM.
12. Schlußbestände lt. Inventur: Rohstoffe 60 000,00 DM; Fertige Erzeugnisse 120 000,00 DM. Im übrigen entsprechen die Buchwerte der Inventur.

Ermitteln Sie die Rentabilität des Eigenkapitals.

2.3 Rückstellungen

Ungewisse Verbindlichkeiten für Aufwendungen. Aus Gründen einer periodengerechten Erfolgsermittlung sind zum Bilanzstichtag auch solche Aufwendungen zu erfassen, deren Höhe und/oder Fälligkeit noch nicht bekannt sind, die jedoch wirtschaftlich dem Abschlußjahr zugerechnet werden müssen. Für diese Art von Aufwendungen sind dann die Beträge zu schätzen und als Verbindlichkeiten in Form von Rückstellungen auf der Passivseite der Bilanz auszuweisen. Die Ungewißheit über Höhe und/oder Fälligkeit der Verbindlichkeiten unterscheidet die Rückstellungen von den genau bestimmbaren „Sonstigen Verbindlichkeiten".

Passivierungspflicht. Nach § 249 (1) HGB müssen Rückstellungen gebildet werden für

- **ungewisse Verbindlichkeiten** (z. B. zu erwartende Steuernachzahlungen, Prozeßkosten, Garantieverpflichtungen, Pensionsverpflichtungen, Provisionsverbindlichkeiten, Inanspruchnahme aus Bürgschaften und dem Wechselobligo u. a.),
- **drohende Verluste aus schwebenden Geschäften** (z. B. erheblicher Preisrückgang bereits gekaufter, jedoch noch nicht gelieferter Rohstoffe),
- **unterlassene Instandhaltungsaufwendungen,** die im folgenden Geschäftsjahr **innerhalb von drei Monaten** nachgeholt werden,
- **Gewährleistungen ohne rechtliche Verpflichtungen** (Kulanzgewährleistungen).

Passivierungswahlrecht. Rückstellungen dürfen außerdem noch gebildet werden für

- **unterlassene Instandhaltungsaufwendungen,** die **nach drei Monaten,** aber noch innerhalb des folgenden Geschäftsjahres nachgeholt werden (§ 249 [1] Satz 3 HGB),
- **bestimmte Aufwendungen, die dem abgelaufenen Geschäftsjahr zuzuordnen sind** (§ 249 [2] HGB). Diese „Aufwandsrückstellungen" sind z. B. möglich für Großreparaturen, Werbekampagnen, Messen, Betriebsverlegungen u. a.

Bilanzausweis. Da Rückstellungen Schulden sind, zählen sie in der Bilanz auch zum Fremdkapital. Rückstellungen sind nach § 266 HGB in der Bilanz auszuweisen als

- **Pensionsrückstellungen,** • **Steuerrückstellungen,** • **Sonstige Rückstellungen.**

Bei Bildung der Rückstellung wird zunächst das betreffende Aufwandskonto im Soll mit dem geschätzten periodengerechten Betrag belastet. Die Gegenbuchung wird auf dem entsprechenden Rückstellungskonto im Haben vorgenommen.

Buchung: **Aufwandskonto**   an   **Rückstellungskonto**

Auswirkung auf den Jahreserfolg. Da Rückstellungen für Aufwendungen gebildet werden, vermindert sich der auszuschüttende Gewinn und damit zugleich auch die zu zahlende Ertragsteuer, wie z.B. die Einkommensteuer. Die Bildung von Rückstellungen hat deshalb positive Auswirkungen auf die flüssigen (liquiden) Mittel und somit auch auf die Liquidität des Unternehmens.

Auflösung von Rückstellungen. Rückstellungen sind aufzulösen, wenn sie ihren Zweck erfüllt haben. Da Rückstellungen auf Schätzungen beruhen, sind drei Fälle denkbar:

- Die Rückstellung entspricht der Zahlung.
- Die Rückstellung ist größer als die Zahlung. Es ergibt sich ein Ertrag, zu erfassen auf Konto
  „**5480 Erträge aus der Auflösung von Rückstellungen**".
- Die Rückstellung ist kleiner als die Zahlung. Es entsteht ein Aufwand, zu erfassen auf Konto
  „**6990 Periodenfremde Aufwendungen**".

Beispiel: Zum Bilanzstichtag wird mit einer Gewerbeertragsteuernachzahlung für das Abschlußjahr in Höhe von 4 500,00 DM gerechnet.

Buchung bei Bildung der Rückstellung zum 31.12.:
① 7700 Gewerbeertragsteuer .. an 3800 Steuerrückstellungen 4 500,00

Abschlußbuchungen:
② 8020 GuV-Konto .... an 7700 Gewerbeertragsteuer 4 500,00
③ 3800 Steuerrückstellungen .. an 8010 Schlußbilanzkonto .. 4 500,00

S	7700 Gewerbeertragsteuer		H	S	3800 Steuerrückstellungen		H
①	4 500,00	② GuV 4 500,00		③	SBK 4 500,00	①	4 500,00
S	8020 GuV-Konto		H	S	8010 Schlußbilanzkonto		H
②	4 500,00					③	4 500,00

Beispiel: Die Gewerbesteuer wird im Juni nächsten Jahres überwiesen (Bank):
1. 4 500,00 DM, 2. 4 000,00 DM, 3. 5 100,00 DM.

Zu Beginn des Geschäftsjahres wird das <u>Rückstellungskonto eröffnet</u>:
8000 Eröffnungsbilanzkonto (EBK) an 3800 Steuerrückstellungen 4 500,00

Buchung im Fall 1:   Rückstellung = Zahlung: 4 500,00 DM

3800 Steuerrückstellungen .... an 2800 Bank 4 500,00

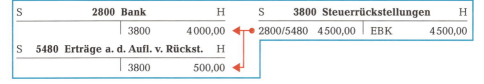

Buchung im Fall 2:   Rückstellung > Zahlung: 4 000,00 DM

3800 Steuerrückstellungen 4 500,00
   an 2800 Bank 4 000,00
   an 5480 Erträge a. d. Auflösung v. Rückstellungen 500,00

S	2800 Bank		H	S	3800 Steuerrückstellungen		H
		3800	4 000,00	2800/5480	4 500,00	EBK	4 500,00
S	5480 Erträge a. d. Aufl. v. Rückst.		H				
		3800	500,00				

Buchung im Fall 3:   Rückstellung < Zahlung: 5 100,00 DM

3800 Steuerrückstellungen 4 500,00
6990 Periodenfremde Aufwendungen 600,00
   an 2800 Bank 5 100,00

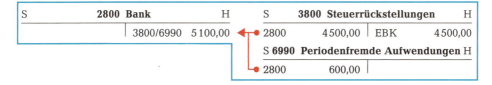

Drohende Verluste aus schwebenden Geschäften. Im allgemeinen werden schwebende Rechtsgeschäfte – z. B. Kaufverträge, die noch von keinem Vertragspartner erfüllt sind, da Lieferung und Zahlung noch ausstehen – buchhalterisch überhaupt nicht erfaßt. Ist aber bereits bei Bilanzaufstellung erkennbar, daß dem Betrieb aus den Verträgen Verluste erwachsen (drohen), so muß aus Gründen kaufmännischer Vorsicht eine Rückstellung in Höhe des zu erwartenden Verlustes gebildet werden.

Beispiel: Am 28.11. haben wir einen Kaufvertrag über die Lieferung von 500 Stück Spanplatten (furniert) zu 80,00 DM netto je Stück abgeschlossen. Der Gesamtnettopreis beträgt daher 40 000,00 DM. Liefertermin: 15.02. n. J. fix.

Bis zum Bilanzstichtag ist der Wiederbeschaffungswert (Tagespreis) der Spanplatten nachhaltig auf 70,00 DM netto je Stück gesunken.

Rückstellung. Da wir als Besteller an den vereinbarten Preis von 80,00 DM je Spanplatte gebunden sind und im nächsten Jahr nur mit dem niedrigeren Wiederbeschaffungspreis von 70,00 DM je Stück kalkuliert werden kann, droht uns ein Verlust von 5 000,00 DM (500 · 10,00 DM), für den eine Rückstellung gebildet werden muß. Auf diese Weise wird der Verlust in dem Jahr erfaßt, in dem er verursacht wurde:

Buchung der Rückstellung zum 31.12.:

  6000 Aufwendungen für Rohstoffe 5 000,00
    an 3900 Sonstige Rückstellungen 5 000,00

Nennen Sie jeweils die Abschluß- und Eröffnungsbuchung für das Konto 3900.

Buchung nach Rechnungseingang am 15.02. des folgenden Jahres:

  ① 6000 Aufwendungen für Rohstoffe 40 000,00
    2600 Vorsteuer 6 000,00
    an 4400 Verbindlichkeiten a. LL 46 000,00
  ② 3900 Sonstige Rückstellungen 5 000,00
    an 6000 Aufwendungen für Rohstoffe 5 000,00

S	6000 Aufwendungen für Rohstoffe	H	S	3900 Sonstige Rückstellungen		H
①	40 000,00	② 5 000,00	②	5 000,00	8000	5 000,00

S	2600 Vorsteuer	H	S	4400 Verbindlichkeiten a. LL	H
①	6 000,00				① 46 000,00

Nach Übertragung des Rückstellungsbetrages auf das Konto „Aufwendungen für Rohstoffe" stehen die eingekauften Spanplatten mit dem niedrigeren Tageswert von 35 000,00 DM zu Buch. Die Buchungen ① und ② können auch zusammengefaßt werden:

  3900 Sonstige Rückstellungen 5 000,00
  6000 Aufwendungen für Rohstoffe 35 000,00
  2600 Vorsteuer 6 000,00
    an 4400 Verbindlichkeiten a. LL 46 000,00

Merke:
- Rückstellungen sind Verbindlichkeiten für Aufwendungen, die am Bilanzstichtag zwar ihrem Grunde nach feststehen, aber nicht in ihrer Höhe und/oder Fälligkeit. Sie dienen der periodengerechten Ermittlung des Jahreserfolgs.
- Rückstellungen sind nur in Höhe des Betrages anzusetzen, der nach vernünftiger kaufmännischer Beurteilung notwendig ist (§ 253 [1] HGB).
- Die Bildung von Rückstellungen mindert den Gewinn und damit auch die zu zahlenden Ertragsteuern (Einkommen-, Körperschaft-, Gewerbeertragsteuer).
  Buchung: ▷ Aufwandskonto an Rückstellungen

Aufgaben – Fragen

233 Für einen laufenden Prozeß werden voraussichtlich 6 400,00 DM Gerichtskosten entstehen.
1. Buchen Sie zum Bilanzstichtag (31.12.).
2. Am 06.03. n. J. bezahlen wir durch Banküberweisung a) 6 400,00 DM; b) 5 000,00 DM; c) 7 500,00 DM. Wie lauten die Buchungen?

234 Ein Industriebetrieb gewährt seinen Kunden auf alle Erzeugnisse 1 Jahr Garantie. In den vergangenen Rechnungsperioden machten unsere Gewährleistungsverpflichtungen etwa 1,5 % des Nettojahresumsatzes aus. Im Abschlußjahr beträgt der Nettoumsatz 25 Millionen.
Berechnen Sie die zu erwartenden Gewährleistungsverpflichtungen und buchen Sie zum 31.12.

235 Eine Dachreparatur konnte im Dezember nicht mehr durchgeführt werden und mußte deshalb bis Mitte Januar aufgeschoben werden. Kostenvoranschlag: 5 800,00 DM netto.
1. Buchen Sie aufgrund des Sachverhalts zum 31.12.
2. Nennen Sie die Abschlußbuchungen.
3. Wie wirkt sich die Bildung der Rückstellung auf den steuerlichen Gewinn aus?
4. Nennen Sie für das Konto „Rückstellungen" die Eröffnungsbuchung zum 01.01.
5. Wie ist zu buchen, wenn im neuen Jahr nach Durchführung der Reparatur folgende Rechnungen durch Bank beglichen werden:
   a) 5 800,00 DM + USt;   b) 6 400,00 DM + USt;   c) 5 400,00 DM + USt?

236 Bildung einer Gewerbeertragsteuerrückstellung über 8 600,00 DM. Banküberweisung der Gewerbeertragsteuer im März n. J.:   a) 8 600,00 DM;   b) 7 200,00 DM;   c) 9 000,00 DM.
Buchen Sie 1. die Bildung und 2. die Auflösung der Gewerbeertragsteuerrückstellung.

237
1. Am Jahresende werden der Pensionsrückstellung für unsere Belegschaftsmitglieder 120 000,00 DM zugeführt.
2. Pensionsrückstellungen in Höhe von 7 600,00 DM werden wegen Kündigung von Belegschaftsmitgliedern aufgelöst.

Wie lauten die Buchungen?

238 Die Fertigbau-GmbH bestellt am 02.12. 1500 t Zement XR 304 zu 120,00 DM je t + USt. Lieferungstermin 15.02. n. J. Am Bilanzstichtag (31.12.) beträgt der Tagespreis 110,00 DM je t.
1. Begründen Sie, daß es sich hierbei um ein schwebendes Geschäft handelt.
2. In welchem Fall sind schwebende Geschäfte im Jahresabschluß zu berücksichtigen?
3. Buchen Sie a) zum 31.12. und b) nach Eingang der Rechnung im Februar n. J.

239 Zum Bilanzstichtag rechnen wir mit Steuerberatungskosten in Höhe von 3 200,00 DM netto. Im April n. J. erhalten wir die Rechnung des Steuerberaters über a) 3 500,00 DM + USt und b) 2 900,00 DM + USt.
1. Buchen Sie zum Bilanzstichtag und geben Sie auch die Abschlußbuchungen an.
2. Nennen Sie die Eröffnungsbuchung für das Rückstellungskonto.
3. Wie lautet jeweils die Buchung nach Rechnungseingang?

240
1. Erläutern Sie den Begriff „Rückstellungen".
2. Was haben Rückstellungen und Sonstige Verbindlichkeiten gemeinsam?
3. Worin unterscheiden sich Rückstellungen von Sonstigen Verbindlichkeiten?
4. Für welche Zwecke müssen nach § 249 (1) HGB zum Bilanzstichtag Rückstellungen gebildet werden (sog. Passivierungspflicht für Rückstellungen)?
5. Für welche Sachverhalte besteht dagegen ein Passivierungswahlrecht?
6. Kann man durch Rückstellungen den Gewinn und die Steuern beeinflussen? Begründen Sie.
7. Hat die Bildung von Rückstellungen Einfluß auf die Liquidität des Unternehmens?
8. Inwiefern können Rückstellungen „stille" Reserven enthalten? Begründen Sie.

241

Zum 31.12. weisen die Konten folgende Salden aus:	Soll	Haben
0500 Grundstücke und Gebäude	530 000,00	–
0800 Andere Anlagen, Betriebs- u. Geschäftsausstattung	120 000,00	–
2000 Rohstoffe	180 000,00	–
2400 Forderungen a.LL	110 000,00	–
2600 Vorsteuer	15 000,00	–
2650 Forderungen an Mitarbeiter	3 000,00	–
2690 Sonstige Forderungen	2 500,00	–
2800 Bankguthaben	140 000,00	–
2900 Aktive Rechnungsabgrenzung	–	–
3000 Eigenkapital	–	400 000,00
3001 Privat	42 000,00	–
3800 Steuerrückstellungen	–	–
3900 Sonstige Rückstellungen	–	–
4250 Hypothekenschulden	–	250 000,00
4400 Verbindlichkeiten a.LL	–	60 000,00
4800 Umsatzsteuer	–	96 400,00
4830 Verbindlichkeiten gegenüber Finanzbehörden	–	–
4840 Verbindlichkeiten gegenüber Sozialversicherung	–	–
4890 Sonstige Verbindlichkeiten	–	14 500,00
4900 Passive Rechnungsabgrenzung	–	–
5000 Umsatzerlöse für eigene Erzeugnisse	–	1 224 000,00
5400 Mieterträge	–	22 000,00
5420 Steuerpflichtiger Eigenverbrauch	–	18 000,00
5710 Zinserträge	–	8 600,00
6000 Aufwendungen für Rohstoffe	700 000,00	–
6160 Fremdinstandhaltung	16 400,00	–
6300 Gehälter	139 000,00	–
6400 Arbeitgeberanteil zur Sozialversicherung	35 000,00	–
6700 Mietaufwendungen	19 500,00	–
7000/7700 Gewerbesteuer	14 400,00	–
7510 Zinsaufwendungen	26 700,00	–
Sonstige Konten: 2200, 5200, 6520, 8010 und 8020.	2 093 500,00	2 093 500,00

Abschlußangaben. *Buchen Sie zum 31.12.:*

1. Gehaltszahlung für Dezember ist noch zu buchen (Banküberweisung):
   Bruttogehälter 18 000,00
   Lohn- und Kirchensteuer sowie Solidaritätszuschlag 4 200,00
   Sozialabgaben der Arbeitnehmer 4 500,00
   Verrechnung eines Gehaltsvorschusses 800,00   8 500,00
2. Arbeitgeberanteil zur Sozialversicherung 4 500,00
3. Private Entnahme von Erzeugnissen, netto 2 500,00
4. Die Lagermiete für Dezember wird von uns erst Anfang Januar gezahlt .. 1 200,00
5. Für die Gewerbeertragsteuerabschlußzahlung rechnen wir mit 10 800,00
6. Am 01.12. wurden von uns die Vierteljahreszinsen (01.12.–28.02.) im voraus gezahlt und gebucht 9 000,00
7. Ein Mieter hatte uns die Vierteljahresmiete am 01.11. im voraus gezahlt ... 2 400,00
8. Für eine im Januar durchzuführende Dachreparatur lautet der Kostenvoranschlag 32 000,00
9. Die Zinsgutschrift der Bank geht erst am 03.01. n. J. ein 4 500,00
10. Privatwagen des Geschäftsinhabers wird durch den Betrieb repariert, netto 1 300,00
11. Schlußbestände lt. Inventur: Fertige Erzeugnisse 20 000,00 DM, Rohstoffe 160 000,00 DM
12. Abschreibung auf Gebäude: 8 200,00 DM; auf Andere Anlagen, BGA: 18 000,00 DM.

3 Bewertung der Vermögensteile und Schulden
3.1 Maßgeblichkeit der handelsrechtlichen Bewertung

Auswirkung der Bewertung. Zum Jahresabschluß sind alle Vermögensteile und Schulden zu bewerten. Die Bewertung, d. h. die Bestimmung des Wertansatzes für den einzelnen Vermögens- und Schuldposten, kann sich in entscheidendem Maße auf den Jahresgewinn (Jahresverlust) auswirken. Ein Mehr oder Weniger im Wertansatz hat ein gleiches Mehr oder Weniger an Gewinn (Verlust) zur Folge.

Beispiel: Der zu Beginn des Geschäftsjahres erworbene Verpackungsautomat (Anschaffungskosten 300 000,00 DM, Nutzungsdauer 10 Jahre) kann sowohl a) linear mit 10 % oder auch b) degressiv mit 30 % abgeschrieben werden. Ohne Berücksichtigung der Fälle a) und b) beträgt der Gewinn des Unternehmens 200 000,00 DM. *Bestimmen Sie in den Fällen a) und b) jeweils den Wertansatz für die Schlußbilanz und erläutern Sie die Auswirkung auf den genannten Gewinn.*

Bewertungsvorschriften. Falsche Bewertungen (z. B. überhöhte, zu niedrige oder unterlassene Abschreibungen und Rückstellungen) führen zu einer falschen Darstellung der Vermögens-, Schulden- und Erfolgslage des Unternehmens, vor der insbesondere die Gläubiger des Unternehmens geschützt werden müssen. Der Gesetzgeber hat deshalb Bewertungsvorschriften erlassen, die willkürliche Über- und Unterbewertungen der Vermögensteile und Schulden unterbinden. Es gibt handels- und steuerrechtliche Bewertungsvorschriften. Sie haben unterschiedliche Zielsetzungen.

- **Die handelsrechtliche Bewertung** richtet sich nach dem **Handelsgesetzbuch (§§ 252–256 HGB)**. Die handelsrechtlichen Bewertungsvorschriften gelten für alle Unternehmen, gleich welcher Rechtsform. Sie dienen der Kapitalerhaltung und damit auch dem Schutz der Gläubiger. Vermögen, Schulden und Erfolg des Unternehmens sind deshalb zum Jahresabschluß vorsichtig zu ermitteln. Das Prinzip der Vorsicht ist oberster Bewertungsgrundsatz.
- **Die steuerrechtliche Bewertung** richtet sich nach **§§ 5–7 Einkommensteuergesetz**. Sie soll die Ermittlung des Gewinns nach einheitlichen Grundsätzen sicherstellen und damit eine „gerechte" Besteuerung ermöglichen. So weisen z. B. die amtlichen AfA-Tabellen einheitlich die Nutzungsdauer der verschiedenen Anlagegüter aus.

Grundsatz der Maßgeblichkeit. Die nach den handelsrechtlichen Bewertungsvorschriften aufgestellte Bilanz heißt „Handelsbilanz". Die in der Handelsbilanz ausgewiesenen Werte für die Vermögensteile und Schulden sind zugleich verbindlich für die dem Finanzamt einzureichende „Steuerbilanz", sofern die steuerlichen Vorschriften keine andere Bewertung zwingend vorschreiben. Man spricht deshalb auch vom „Grundsatz der Maßgeblichkeit der Handelsbilanz für die Steuerbilanz".

Beispiele: 1. Die o. g. Maschine wurde in der Handelsbilanz linear mit 30 000,00 DM abgeschrieben. Somit beträgt der Wertansatz 270 000,00 DM. Da das Steuerrecht keine andere Abschreibung vorschreibt, muß der Wertansatz der Handelsbilanz in die Steuerbilanz übernommen werden (Maßgeblichkeitsgrundsatz).
2. In der Handelsbilanz wurde die Maschine linear abgeschrieben. Um den steuerlichen Gewinn zu mindern, wurde die Maschine in der Steuerbilanz degressiv mit 90 000,00 DM abgeschrieben. Der Wertansatz in der Steuerbilanz muß korrigiert werden, da ein Verstoß gegen den Maßgeblichkeitsgrundsatz vorliegt.

Die Handelsbilanz ist grundsätzlich für den zu versteuernden Gewinn maßgebend. Dieser Grundsatz der Maßgeblichkeit der handelsrechtlichen Bewertungsvorschriften für die Steuerbilanz ergibt sich aus § 5 (1) Einkommensteuergesetz.

> **§ 5 (1) EStG: Gewinn bei Vollkaufleuten und bei bestimmten anderen Gewerbetreibenden:**
> „Bei Gewerbetreibenden, die aufgrund gesetzlicher Vorschriften verpflichtet sind, Bücher zu führen und regelmäßig Abschlüsse zu machen oder die ohne eine solche Verpflichtung Bücher führen und regelmäßig Abschlüsse machen, ist für den Schluß des Wirtschaftsjahres das Betriebsvermögen anzusetzen, das nach den handelsrechtlichen Grundsätzen ordnungsmäßiger Buchführung auszuweisen ist."

Die Steuerbilanz darf von der Handelsbilanz nur insoweit abweichen, als das Steuerrecht ausdrücklich einen anderen Wertansatz (z. B. eine längere Nutzungsdauer für die AfA eines Anlagegutes) vorschreibt. Kann das Unternehmen nach dem Steuerrecht verschiedene Wertansätze wählen (z. B. lineare oder degressive AfA), so ist es an den Wertansatz der Handelsbilanz auch für die Steuerbilanz gebunden.

Getrennte Bilanzen. Unternehmen, die ihren Jahresabschluß veröffentlichen müssen, wie z. B. alle Kapitalgesellschaften, haben sowohl eine Handelsbilanz als auch eine davon getrennte – durch Hinzurechnungen und Kürzungen aus der Handelsbilanz abgeleitete – Steuerbilanz zu erstellen.

Einheitsbilanz. Unternehmen, die nicht der Publizitätspflicht unterliegen, wie grundsätzlich alle Einzelunternehmen und Personengesellschaften, stellen in der Regel nur eine Bilanz auf, die zugleich Handels- und Steuerbilanz ist. Das bedeutet, daß bereits bei den Jahresabschlußarbeiten die steuerrechtlichen Bewertungsmöglichkeiten berücksichtigt werden.

> **Merke:**
> - Bewertung bedeutet Bestimmung des Wertansatzes für die einzelnen Vermögensteile und Schulden in der Jahresschlußbilanz.
> - Die Bewertung beeinflußt das im Jahresabschluß auszuweisende Vermögen, die Schulden und den Jahreserfolg.
> - Handels- und steuerrechtliche Bewertungsvorschriften haben unterschiedliche Zielsetzungen.
> - Es gilt der „Grundsatz der Maßgeblichkeit der Handelsbilanz für die Steuerbilanz", solange das Steuerrecht keine andere Bewertung vorschreibt.

Aufgaben – Fragen

242 Die Metall-AG hat zu Beginn des Geschäftsjahres 01 eine CNC-Drehmaschine erworben: Anschaffungskosten 400 000,00 DM, Nutzungsdauer 10 Jahre. Wegen des technischen Fortschritts wird die Maschine degressiv mit 40 % in der Handels- und Steuerbilanz abgeschrieben.
1. Begründen Sie, inwieweit es sich in der vorliegenden Bewertungsentscheidung für die Steuerbilanz um eine Durchbrechung des Maßgeblichkeitsprinzips handelt.
2. Ermitteln Sie den Wertansatz zum 31.12.01 für die a) Handelsbilanz und b) Steuerbilanz.

243 Die Chemiewerke GmbH hat im Geschäftsjahr 01 geringwertige Wirtschaftsgüter für insgesamt 35 000,00 DM erworben, die im zu veröffentlichenden handelsrechtlichen Jahresabschluß aktiviert und nach der Nutzungsdauer abgeschrieben werden. Um den steuerpflichtigen Gewinn zu mindern, wurden die geringwertigen Wirtschaftsgüter in der beim Finanzamt eingereichten Steuerbilanz voll abgeschrieben.
1. Welches Bilanzierungwahlrecht besteht steuerlich bei geringwertigen Wirtschaftsgütern?
2. Nehmen Sie kritisch Stellung zu der vorliegenden Bewertung in beiden Bilanzen.
3. Erläutern Sie die unterschiedliche Zielsetzung der handels- und steuerrechtlichen Bewertung.
4. Begründen Sie, inwiefern durch eine vorsichtige Bewertung in der Handelsbilanz dem Gläubigerschutz Rechnung getragen wird.
5. Nennen Sie mögliche Abweichungen zwischen Handels- und Steuerbilanz.
6. Welche Vor- und Nachteile hat jeweils eine a) niedrige und b) hohe Abschreibung?

3.2 Allgemeine Bewertungsgrundsätze nach § 252 HGB

Die allgemeinen Bewertungsgrundsätze (Prinzipien) sind für alle Kaufleute verbindlich in § 252 Abs. 1 HGB geregelt:

1. Grundsatz der Bilanzidentität (Bilanzgleichheit)

Der Grundsatz der Bilanzidentität verlangt, daß die Positionen der **Schlußbilanz** eines Geschäftsjahres **wertmäßig** mit den Positionen der **Eröffnungsbilanz** des folgenden Geschäftsjahres völlig **übereinstimmen,** also identisch sein müssen. Die Schlußbilanz ist **gleichzeitig** die Eröffnungsbilanz des Folgejahres.

Der Grundsatz der Bilanzidentität soll verhindern, daß beim Übergang auf das neue Geschäftsjahr nachträglich Wertveränderungen vorgenommen werden.

2. Grundsatz der Unternehmensfortführung (Going-concern-Prinzip)

Bei der Bewertung ist grundsätzlich von der Fortführung der Unternehmenstätigkeit auszugehen. Die einzelnen Vermögensgegenstände dürfen **nicht mit ihren Liquidationswerten** (Einzelveräußerungspreis im Falle einer freiwilligen Auflösung des Unternehmens) in die Jahresbilanz eingesetzt werden, sondern nur zu dem Wert, der sich aus der angenommenen Unternehmensfortführung ergibt. Das sind z. B. bei abnutzbaren Anlagegütern die Anschaffungskosten abzüglich Abschreibungen.

Eine Abweichung vom „Going-concern-Prinzip" ist nur im Falle einer Liquidation (freiwillige Auflösung) oder eines Konkurses (zwangsweise Auflösung) eines Unternehmens möglich.

3. Grundsatz der Einzelbewertung

Grundsätzlich sind alle Vermögensgegenstände und Schulden **einzeln** zu bewerten. Allerdings sind Bewertungsvereinfachungsverfahren aus Gründen der Wirtschaftlichkeit gesetzlich zugelassen, wie z. B. eine Gruppen- oder Sammelbewertung der Rohstoffbestände nach Durchschnittswerten (§ 240 [4] HGB) u. a.

4. Grundsatz der Stichtagsbezogenheit (Stichtagsprinzip)

Die Bewertung der einzelnen Vermögensgegenstände und Schulden hat sich nach den Verhältnissen am Abschlußstichtag zu richten. Dabei sind alle Sachverhalte, die am Bilanzstichtag (31.12.01) objektiv bestanden, zu berücksichtigen, auch wenn sie nach diesem Zeitpunkt, jedoch noch **vor** dem Tag der Bilanzaufstellung (28.01.02) bekannt werden (sog. wertaufhellende Tatsachen).

Beispiel: Am 31.12.01 besteht eine Forderung gegenüber einem Kunden in Höhe von 11 500,00 DM. Am 12.01.02, also noch vor Bilanzaufstellung (28.01.02), erfahren wir, daß der Kunde bereits am 26.12.01 durch Konkurs völlig zahlungsunfähig war.

Die erlangte bessere Erkenntnis über den Wert der Forderung zum Bilanzstichtag muß bei der Bewertung berücksichtigt werden. Die Forderung ist zum 31.12.01 abzuschreiben, da sie objektiv uneinbringlich war.

Vorgänge, die sich **nach** dem Bilanzstichtag ereignen und Tatsachen geschaffen haben, die am Bilanzstichtag objektiv noch nicht gegeben waren, dürfen bei der Bewertung zu diesem Zeitpunkt nicht berücksichtigt werden.

Beispiel: Am 31.12.01 besteht gegenüber einem Kunden eine Forderung über 17 250,00 DM. Wertmindernde Tatsachen waren zu diesem Zeitpunkt nicht gegeben. Am 15.01.02, also noch vor Bilanzaufstellung (28.01.02), brennt das Warenlager des Kunden ab. Mangels ausreichender Versicherungsleistung kommt es zum Konkurs und damit zum Totalausfall der Forderung.

Die durch Brand eingetretene Zahlungsunfähigkeit des Kunden ist ein Vorgang im neuen Geschäftsjahr. Eine Abschreibung der Forderung darf deshalb zum 31.12.01 nicht vorgenommen werden.

5. Grundsatz der Vorsicht (Vorsichtsprinzip)

Der Kaufmann muß **vorsichtig** bewerten, indem er alle vorhersehbaren Risiken und Verluste, die bis zum Abschlußstichtag entstanden sind oder drohen, berücksichtigt. Das bedeutet, daß er die Vermögensgegenstände eher zu niedrig als zu hoch (Niederstwertprinzip) und die Schulden eher zu hoch als zu niedrig (Höchstwertprinzip) ansetzt.

Gewinne dürfen nur dann ausgewiesen werden, wenn sie durch Umsatz tatsächlich entstanden, also realisiert sind (Realisationsprinzip).

Das Vorsichtsprinzip soll überhöhte Gewinnausschüttungen verhindern und trägt deshalb zur Erhaltung des Eigenkapitals und damit der Haftungssubstanz gegenüber den Gläubigern (Gläubigerschutz) bei.

6. Grundsatz der Periodenabgrenzung

Nach dem Grundsatz der Periodenabgrenzung sind Aufwendungen und Erträge dem Geschäftsjahr zuzuweisen, in dem sie **wirtschaftlich verursacht** wurden, ohne Rücksicht auf den Zeitpunkt der Ausgabe und Einnahme.

Die zeitliche Abgrenzung der Aufwendungen und Erträge in der Form der „Aktiven und Passiven Rechnungsabgrenzung" sowie „Sonstigen Forderungen und Sonstigen Verbindlichkeiten" sowie „Rückstellungen" soll eine periodengerechte Erfolgsermittlung ermöglichen.

7. Grundsatz der Bewertungsstetigkeit

Der Grundsatz der Bewertungsstetigkeit besagt, daß die einmal gewählten **Bewertungs- und Abschreibungsmethoden** grundsätzlich **beizubehalten** sind.

Die Bewertungsstetigkeit, auch **materielle Bilanzkontinuität** genannt, soll insbesondere einen willkürlichen Wechsel der Bewertungs- und Abschreibungsmethoden für dasselbe oder gleichwertige Wirtschaftsgüter verhindern, damit die Vergleichbarkeit der Jahresabschlüsse sichergestellt ist.

Zu berücksichtigen ist aber auch die **formale Bilanzkontinuität,** also eine einheitliche Bezeichnung und Gliederung der Posten des Jahresabschlusses in der Bilanz (§ 266 HGB) und Gewinn- und Verlustrechnung (§ 275 HGB).

Merke:
1. Die allgemeinen Bewertungsgrundsätze nach § 252 Abs. 1 HGB gelten für alle Kaufleute und Unternehmensformen:
   - **Einzelunternehmen,**
   - **Personengesellschaften (OHG, KG),**
   - **Kapitalgesellschaften (GmbH, AG) und**
   - **Genossenschaften.**
2. Von den allgemeinen Bewertungsgrundsätzen darf nur in begründeten Ausnahmefällen abgewichen werden (§ 252 Abs. 2 HGB).

Aufgaben – Fragen

244
1. Welche Bedeutung hat das Stichtagsprinzip für die Bewertung der Vermögensgegenstände und Schulden?
2. Welchen Einfluß haben „werterhellende Tatsachen" auf die Bewertung?
3. Unterscheiden Sie zwischen dem Grundsatz der Bilanzidentität und Bilanzkontinuität.
4. Zum 31.12.01 wurde für Prozeßkosten eines schwebenden Prozesses eine Rückstellung in Höhe von 12 000,00 DM gebildet. Noch vor Bilanzaufstellung am 10.03.02 geht der Prozeß wider Erwarten zu unseren Gunsten aus. Beurteilen Sie den Tatbestand.
5. Am 31.12.01 mußte eine Forderung wegen Uneinbringlichkeit abgeschrieben werden. Vor Bilanzaufstellung am 25.02.02 wird der Schuldner durch eine Erbschaft wieder zahlungsfähig. Wie ist die Forderung zum Bilanzstichtag zu bewerten?

3.3 Wertmaßstäbe

Für die Bewertung sind insbesondere folgende Wertmaßstäbe von Bedeutung:

- **Anschaffungskosten** ● **Herstellungskosten** ● **Fortgeführte AK/HK** ● **Tageswert**

Anschaffungskosten sind nach § 255 (1) HGB „die Aufwendungen, die geleistet werden, um einen Vermögensgegenstand zu erwerben und in einen betriebsbereiten Zustand zu versetzen, soweit sie einzeln zugeordnet werden können":

Anschaffungspreis	⟷ Netto-Kaufpreis
+ Nebenkosten	⟷ Bezugskosten, Zölle, Fundament, Montage, Zulassung, Grunderwerbsteuer, Notar, Makler
+ nachträgliche Anschaffungskosten	⟷ Erschließung, Straßenbau, Umbau, Ausbau, Zubehörteile für Anlagen u. a.
− Anschaffungskostenminderungen	⟷ Rabatte, Skonti, Gutschriften, erhaltene Zuschüsse u. a.
= **Anschaffungskosten (AK)**	⟷ **Aktivierung:** handels- und steuerrechtlich
Zinsen zur Anschaffungsfinanzierung sind keine Anschaffungsnebenkosten!	

Herstellungskosten für im eigenen Betrieb erstellte Vermögensgegenstände (z. B. Erzeugnisse, selbsterstellte Anlagen, werterhöhende Großreparaturen) umfassen nach § 255 (2), (3) HGB mindestens die Einzelkosten der Herstellung. Die Gemeinkosten (keine Vertriebsgemeinkosten!) dürfen in die Herstellungskosten einbezogen werden. Den Unterschied zwischen handels- und steuerrechtlichen Herstellungskosten (Abschnitt 33 EStR) zeigt die folgende Gegenüberstellung:

	Handelsrechtliche HK		Steuerrechtliche HK
Pflicht	Fertigungsmaterial (FM) + Fertigungslöhne (FL) + Sondereinzelkosten der Fertigung = **Mindest-Herstellungskosten**	**Pflicht**	Fertigungsmaterial (FM) + Fertigungslöhne (FL) + Sondereinzelkosten der Fertigung + Materialgemeinkosten (MGK) + Fertigungsgemeinkosten (FGK) = **Mindest-Herstellungskosten**
Wahlrecht	+ Materialgemeinkosten (MGK) + Fertigungsgemeinkosten (FGK) + Verwaltungsgemeinkosten (VwGK) = **Höchste Herstellungskosten**	**Wahlrecht**	+ Verwaltungsgemeinkosten (VwGK) = **Höchste Herstellungskosten**

Fortgeführte Anschaffungs-/Herstellungskosten ergeben sich als Wertansatz für alle abnutzbaren Anlagegüter unter Berücksichtigung der Abschreibungen:

> Anschaffungskosten/Herstellungskosten
> − planmäßige Abschreibungen
> = fortgeführte Anschaffungskosten/Herstellungskosten

Tageswert, auch Zeitwert oder Wiederbeschaffungswert genannt, ist der (all-)gemeine Wert, der sich aus dem Börsen- und Marktpreis ergibt. Falls ein Börsen- oder Marktpreis nicht festzustellen ist, gilt ein geschätzter Wert. Der Tageswert ist also lediglich als Vergleichswert anzuwenden bzw. anzusetzen.

Teilwert ist ein steuerlicher Wertbegriff, der sich kaum berechnen läßt:

> „Teilwert ist der Betrag, den ein Erwerber des ganzen Betriebes im Rahmen des Gesamtkaufpreises für das einzelne Wirtschaftsgut ansetzen würde; dabei ist davon auszugehen, daß er den Betrieb fortführt" (§ 6 [1] Ziffer 1 EStG).

Dem Teilwert entsprechen hilfsweise die o. g. Wertmaßstäbe.

Merke: Die Anschaffungs-/Herstellungskosten dürfen nie überschritten werden.

Aufgaben – Fragen

245 Ein Industriebetrieb hat am 12.01.01 eine automatische Verpackungsanlage erworben. Der Listenpreis beträgt 350 000,00 DM. Die Lieferfirma gewährt hierauf einen Sonderrabatt von 10 %.
Außerdem werden von der Lieferfirma in Rechnung gestellt:
Transportkosten 3 000,00 DM, Fundamentierungskosten 5 500,00 DM, Montagekosten 1 500,00 DM, zuzüglich Umsatzsteuer.
Der Rechnungsbetrag wurde mit 2 % Skonto durch Banküberweisung beglichen.
Zur Teilfinanzierung der Anlage wurde ein Darlehen aufgenommen: 150 000,00 DM. Zinsen für das laufende Geschäftsjahr wurden mit 13 500,00 DM unserem Bankkonto belastet.
1. Erstellen Sie die Rechnung der Lieferfirma.
2. Buchen Sie den Eingang der Rechnung.
3. Ermitteln Sie die Anschaffungskosten der Verpackungsanlage.
4. Nennen Sie den Buchungssatz für den Rechnungsausgleich.
5. Die Verpackungsanlage hat eine Nutzungsdauer von 10 Jahren. Ermitteln Sie den Abschreibungsbetrag a) bei linearer und b) bei höchstmöglicher degressiver Abschreibung.
6. Ermitteln Sie für die Verpackungsanlage den Wertansatz in der Jahresbilanz zum 31.12.01 in den Fällen 5 a) und 5 b).
7. Welche Auswirkung hat jeweils die Bewertung in den Fällen 5 a) und 5 b) auf den Gewinn des Unternehmens?
8. Für welchen Wertansatz würden Sie sich entscheiden, wenn das Unternehmen a) mit Verlust und b) mit Gewinn abschließt? Begründen Sie.

246 Die Kosten- und Leistungsrechnung stellt für die Bewertung des Schlußbestandes an Fertigen Erzeugnissen folgende Zahlen zur Verfügung:

Fertigungsmaterial	50 000,00 DM
Fertigungslöhne	200 000,00 DM
Sondereinzelkosten der Fertigung (Lizenzgebühren)	15 000,00 DM
Materialgemeinkosten	10 000,00 DM
Fertigungsgemeinkosten	80 000,00 DM
Verwaltungsgemeinkosten	30 000,00 DM
Vertriebsgemeinkosten	25 000,00 DM

1. Ermitteln Sie den Wertansatz für den Inventurbestand der Erzeugnisse zum 31.12.01
   a) bei handels- und steuerrechtlich zulässiger höchstmöglicher Bewertung,
   b) bei handelsrechtlich zulässiger niedrigster Bewertung,
   c) bei steuerlich möglicher niedrigster Bewertung.
2. Erläutern Sie jeweils die Gewinnauswirkung in den Fällen 1 a), b) und c).

247 Die Metall GmbH hat eine CNC-Maschine, Anschaffungskosten 300 000,00 DM, in ihrer Handelsbilanz linear mit 10 % abgeschrieben. In der dem Finanzamt eingereichten Steuerbilanz wurde die Maschine mit 30 % degressiv abgeschrieben.
1. Ermitteln Sie jeweils den Wertansatz für die Handels- und Steuerbilanz.
2. Begründen Sie, warum das Finanzamt den niedrigeren Wertansatz in der Steuerbilanz nicht anerkennt, obwohl er steuerrechtlich zulässig ist.

248 Ein Industriebetrieb hat am 28.12.01 Rohstoffe im Wert von 150 000,00 DM zuzüglich USt erworben. Der Rechnungsbetrag wurde nach dem Bilanzstichtag (31.12.01) am 10.01.02 unter Abzug von 2 % Skonto überwiesen.
Ermitteln und begründen Sie den Wertansatz für die Rohstoffe in der Jahresbilanz zum 31.12.01.

249 Ein Industriebetrieb hat zum 31.12.01 für einen noch schwebenden Prozeß eine Rückstellung in Höhe von 15 000,00 DM gebildet. Noch vor Bilanzaufstellung kommt der Prozeß zum Abschluß. Der Prozeßgegner hat alle Kosten zu tragen.
Begründen Sie, warum in der Jahresbilanz zum 31.12.01 keine Rückstellung gebildet werden darf.

250 Die Kosten- und Leistungsrechnung der Furnierwerke GmbH liefert für die Bewertung einer selbsterstellten maschinellen Anlage die folgenden Daten für entstandene Einzelkosten:

    Fertigungsmaterial lt. Materialentnahmescheine ...   85 000,00 DM
    Fertigungslöhne lt. Lohnzettel ....   125 000,00 DM
    TÜV-Abnahmegebühr ....   5 800,00 DM

Die Zuschlagssätze für die entstandenen Gemeinkosten betragen:

    Materialgemeinkosten ....   20 %
    Fertigungsgemeinkosten .... 200 %
    Verwaltungsgemeinkosten ....   10 %

1. *Ermitteln Sie die Bewertungsobergrenze der Herstellungskosten nach § 255 HGB.*
2. *Berechnen Sie die Bewertungsuntergrenze der Herstellungskosten nach Steuerrecht.*
3. *Wie lautet die Buchung zur Aktivierung der selbsterstellten Anlage?*
4. *Mit welchen Herstellungskosten würden Sie die Anlage in der Handelsbilanz ansetzen, und zwar*
   a) bei hohem Gewinn und
   b) bei hohem Verlust?
   Begründen Sie jeweils Ihre Bewertungsentscheidung.
5. *Die Unternehmensleitung hat sich für die niedrigsten Herstellungskosten entschieden. Welche Konsequenz hat das für die zu erstellende Steuerbilanz?*

251 Kauf eines bebauten Grundstücks für 800 000,00 DM zu Beginn des Geschäftsjahres. Der Grundstücksanteil beträgt 200 000,00 DM.

Die Grunderwerbsteuer beträgt 3,5 %. Im übrigen fallen noch folgende Kosten an:

Maklergebühr 24 000,00 DM + USt; Notariatskosten 5 000,00 DM + USt und Grundbuchkosten in Höhe von 3 000,00 DM.

Zur Finanzierung wurde eine Hypothek von 500 000,00 DM aufgenommen. Der Restbetrag wurde einschließlich einer Zinsvorauszahlung von 250 000,00 DM durch Banküberweisung beglichen.

1. *Ermitteln Sie jeweils die Anschaffungskosten*
   a) des Grundstücks und
   b) des Gebäudes.
2. *Wie lauten die Buchungen?*
3. *Das Geschäftsgebäude hat eine Nutzungsdauer von 40 Jahren. Ermitteln und buchen Sie die AfA zum 31.12.*

252 Kauf einer CNC-Fräsmaschine ab Werk. Auf den Listenpreis von 400 000,00 DM erhält das Unternehmen einen Sonderrabatt von 5 %. Die Transport- und Verpackungskosten werden mit 4 500,00 DM berechnet. Nutzungsdauer 10 Jahre.

Die Fundamentierungs- und Montagekosten in Höhe von 5 500,00 DM + USt werden ebenfalls von der Lieferfirma in Rechnung gestellt.

14 Tage nach Eingang und Buchung der Rechnung wird der Rechnungsbetrag abzüglich 2 % Skonto an die Lieferfirma überwiesen.

1. *Erstellen Sie die Rechnung der Lieferfirma.*
2. *Buchen Sie den Eingang der Rechnung.*
3. *Berechnen Sie die Anschaffungskosten der Maschine.*
4. *Buchen Sie den Rechnungsausgleich durch Banküberweisung.*
5. *Wie hoch ist die AfA zum 31.12.01*
   a) zeitanteilig und
   b) nach der Vereinfachungsregel,
   wenn die Fräsmaschine am 01.04.01 angeschafft wurde?

3.4 Besondere Bewertungsprinzipien[1]

Das Prinzip der Vorsicht ist der wichtigste handelsrechtliche Bewertungsgrundsatz, der insbesondere der Kapitalerhaltung des Unternehmens und damit dem Gläubigerschutz dient. Vorsichtige Bewertung bedeutet, daß bei Vermögensteilen stets der niedrigere und bei Schulden stets der höhere Wert anzusetzen ist, wenn zum Bilanzstichtag mehrere Wertansätze zur Verfügung stehen. Darüber hinaus sollen alle vorhersehbaren Risiken und Verluste erfaßt werden.

Konkrete Anwendung des Vorsichtsprinzips. Das Prinzip der Vorsicht (§ 252 [1] Ziffer 4 HGB) findet seine konkrete Anwendung in den folgenden Bewertungsprinzipien:

- Anschaffungswertprinzip,
- Niederstwertprinzip und
- Höchstwertprinzip.

Anschaffungswertprinzip: Die Anschaffungskosten dürfen nicht überschritten werden!

Bei der Bewertung der Vermögensgegenstände zum Bilanzstichtag dürfen nach § 253 (1) HGB die Anschaffungs- oder Herstellungskosten nicht überschritten werden. Durch diese Bewertungsobergrenze wird sichergestellt, daß nur die am Abschlußstichtag durch Verkauf oder Zahlung realisierten (entstandenen) Gewinne ausgewiesen werden.

Beispiel: Der Wert eines zu 250 000,00 DM erworbenen Grundstücks ist inzwischen auf 300 000,00 DM gestiegen.

Solange das Grundstück nicht zu dem höheren Wert verkauft ist, spricht man von einer stillen Reserve oder einem nicht realisierten Gewinn. Aus Gründen kaufmännischer Vorsicht sind nicht realisierte Gewinne noch keine Gewinne und dürfen deshalb auch nicht ausgewiesen (und somit auch nicht ausgeschüttet) werden. Das Grundstück darf höchstens mit 250 000,00 DM Anschaffungskosten in die Bilanz eingesetzt werden.

Niederstwertprinzip für Gegenstände des Anlage- und Umlaufvermögens

Am Bilanzstichtag ist von zwei möglichen Wertansätzen – Tageswert (Börsen- oder Marktpreis) und Anschaffungskosten – grundsätzlich der niedrigere anzusetzen (§ 253 [2, 3] HGB).

Beispiel: Der Wert eines für 220 000,00 DM erworbenen Grundstücks ist wegen einer Straßenverlegung auf 100 000,00 DM gesunken.

Auch wenn das Grundstück noch nicht zu dem niedrigeren Wert verkauft ist, muß der Wert wegen der dauerhaften Wertminderung (§ 253 [2] HGB) um 120 000,00 DM auf 100 000,00 DM herabgesetzt werden. Das Niederstwertprinzip führt somit zum Ausweis eines noch nicht realisierten Verlustes. Denn: Nicht realisierte Verluste sind aus Gründen kaufmännischer Vorsicht Verluste und müssen deshalb wie Verluste behandelt werden.

Man unterscheidet zwischen strengem und gemildertem Niederstwertprinzip:

Strenges Niederstwertprinzip bedeutet, daß von den zwei möglichen Wertansätzen stets der niedrigere Wert angesetzt werden muß (§ 253 [2, 3] HGB). Das gilt uneingeschränkt für alle Gegenstände des Umlaufvermögens und des nicht abnutzbaren Anlagevermögens. In Erfüllung des strengen Niederstwertprinzips sind abnutzbare Anlagegüter planmäßig abzuschreiben. Außerdem müssen alle Anlagegüter im Falle einer dauernden Wertminderung auch außerplanmäßig abgeschrieben werden (Abschreibungspflicht).

Das **gemilderte Niederstwertprinzip** besagt, daß beispielsweise bei allen Anlagegütern der niedrigere Wert auch bei vorübergehender Wertminderung angesetzt werden darf. Dieses Wahlrecht gilt bei Kapitalgesellschaften nur für das Finanzanlagevermögen.

---

[1] § 252 HGB enthält die allgemeinen Bewertungsgrundsätze (siehe S. 201/202 und Anhang).

Höchstwertprinzip für die Bewertung der Schulden

Schulden sind zu ihrem Höchstwert zu passivieren. Am Abschlußstichtag muß von zwei möglichen Werten jeweils der höhere in die Bilanz eingesetzt werden (§ 253 [1] HGB).

Beispiel: Import von Handelswaren am 20.12., Zahlungsziel 4 Wochen, Rechnungsbetrag 10 000 Dollar, Kurs am 20.12. 1,60 DM je $. Zum Bilanzstichtag am 31.12. beträgt der Kurs 1,80 DM je $.

Buchung zum 20.12.: 6080 Wareneingang an 4400 Verbindlichk. a. LL 16 000,00

Buchung zum 31.12.: 6080 Wareneingang an 4400 Verbindlichk. a. LL 2 000,00

Das Höchstwertprinzip führt somit wie das Niederstwertprinzip zum Ausweis eines nicht realisierten Verlustes. Eine Kurssenkung auf beispielsweise 1,50 DM darf in keinem Fall berücksichtigt werden, da dann wegen fehlender Zahlung ein nicht realisierter Gewinn von 1 000,00 DM ausgewiesen würde.

Imparitätsprinzip. Anschaffungs-, Niederst- und Höchstwertprinzip bewirken, daß zwar nicht realisierte Verluste ausgewiesen werden, nicht aber nicht realisierte Gewinne. Dieses Prinzip der ungleichen Behandlung von nicht realisierten Gewinnen und Verlusten bezeichnet man auch als Imparitätsprinzip. Es ist Ausdruck kaufmännischer Vorsicht als dem obersten Bewertungsgrundsatz.

Merke:
- Das Imparitätsprinzip ist Ausdruck kaufmännischer Vorsicht:
  ▷ Nicht realisierte Gewinne dürfen nicht ausgewiesen werden!
  ▷ Nicht realisierte Verluste müssen ausgewiesen werden!
- Das Imparitäts- bzw. Vorsichtsprinzip findet seine konkrete Anwendung im Anschaffungs-, Niederst- und Höchstwertprinzip.

Beibehaltung von Wertansätzen und Wertaufholung. Handelsrechtlich darf bei allen Gegenständen des Anlage- und Umlaufvermögens ein niedriger Wert beibehalten werden, auch wenn die Gründe dafür nicht mehr bestehen (§ 253 [5] HGB). Eine Wertaufholung ist aber möglich, d. h., der letzte Wertansatz darf überschritten werden, höchstens jedoch bis zu den (fortgeführten) Anschaffungskosten. Dieses Wahlrecht besteht für alle Einzelunternehmen und Personengesellschaften. Es gilt auch grundsätzlich für Kapitalgesellschaften, sofern der niedrigere Wert in der Steuer- und Handelsbilanz beibehalten wird (§ 280 [2] HGB).

Beispiel: Ein Unternehmen kauft am 15.07.01 zur kurzfristigen Anlage Aktien zum Stückkurs von 200,00 DM. Am 31.12.01 beträgt der Tagesstückkurs 180,00 DM. Bilanzansatz zum 31.12.01 nach dem strengen Niederstwertprinzip: 180,00 DM. Bis zum 31.12.02 steigt der Stückkurs auf 230,00 DM.

Mögliche Wertansätze zum 31.12.02 bei einem Tageskurs von 230,00 DM:
1. Beibehaltung des niedrigen Wertansatzes .... 180,00 DM
2. Wertaufholung bis zu den Anschaffungskosten .... 200,00 DM
3. Ansatz eines Zwischenwertes .... 180,00/200,00 DM

Eine Wertaufholung wird durch eine Zuschreibung (Aktivierung) vorgenommen. Dadurch werden stille Reserven aufgelöst. Im Beispiel darf der Wertansatz von 180,00 DM um 20,00 DM auf 200,00 DM erhöht werden:

Buchung der Zuschreibung: Wertpapiere an Sonstige betriebliche Erträge 20,00

Merke: Bei allen Vermögensgegenständen darf ein niedriger Wertansatz grundsätzlich beibehalten werden, auch wenn die Gründe dafür nicht mehr bestehen (§ 253 [5] HGB). Eine Wertaufholung ist grundsätzlich möglich, allerdings nur bis zu den (fortgeführten) Anschaffungskosten.

3.5 Bewertung des Anlagevermögens

Im Hinblick auf die Bewertung des Anlagevermögens unterscheidet man zwischen

- abnutzbaren Wirtschaftsgütern des Anlagevermögens und
- nicht abnutzbaren Wirtschaftsgütern des Anlagevermögens.

3.5.1 Bewertung der abnutzbaren Anlagegüter[1]

Planmäßige Abschreibung. Abnutzbare Anlagegüter (z.B. Gebäude, Maschinen u.a.) sind in ihrer Nutzung zeitlich begrenzt. Sie sind deshalb nach § 253 (2) HGB planmäßig abzuschreiben, d.h. entweder linear bzw. degressiv nach ihrer Nutzungsdauer oder nach der beanspruchten Leistung (z.B. km). Zum Bilanzstichtag sind sie grundsätzlich mit den fortgeführten Anschaffungs- bzw. Herstellungskosten anzusetzen.

Beispiel: Anschaffung einer CNC-Drehmaschine am 10.01.01. Die Anschaffungskosten betragen 400 000,00 DM. Die Nutzungsdauer wird mit 10 Jahren angesetzt. Die Maschine soll linear mit 40 000,00 DM jährlich planmäßig abgeschrieben werden.

```
  Anschaffungskosten ........................      400 000,00 DM
- planmäßige Abschreibung ....................       40 000,00 DM
= fortgeführte Anschaffungskosten zum 31.12.01 ...  360 000,00 DM
```

Wie hoch sind die fortgeführten Anschaffungskosten bei degressiver Abschreibung?

Außerplanmäßige Abschreibung. Außerordentliche und dauerhafte Wertminderungen (z.B. durch Schadensfall oder technischen Fortschritt) bedingen eine außerplanmäßige Abschreibung des abnutzbaren Anlagegutes auf den niedrigeren Tageswert. Nach § 253 (2) HGB besteht Abschreibungspflicht (strenges Niederstwertprinzip). Vorübergehende Wertminderungen dürfen berücksichtigt werden (gemildertes Niederstwertprinzip: siehe S. 206 unten).

Beispiel: Die fortgeführten Anschaffungskosten der o.g. Maschine betragen am Ende des 6. Nutzungsjahres 160 000,00 DM. Durch Produktionsumstellung kann diese Maschine nicht mehr genutzt werden. Der Tageswert beträgt 60 000,00 DM.

```
  fortgeführte Anschaffungskosten zum 31.12.06 ...  160 000,00 DM
- Tageswert zum 31.12.06 .....................       60 000,00 DM
= außerplanmäßige Abschreibung ...............      100 000,00 DM
```

Nennen Sie den Buchungssatz für die planmäßige und außerplanmäßige Abschreibung.

3.5.2 Bewertung der nicht abnutzbaren Anlagegüter[1]

Anschaffungskosten. Nicht abnutzbare Anlagegüter (z.B. Grundstücke, Finanzanlagen, wie Beteiligungen, Wertpapiere, die als Daueranlage angeschafft wurden u.a.) sind zum Abschlußstichtag höchstens mit den Anschaffungskosten anzusetzen.

Niedrigerer Tageswert. Im Falle einer dauerhaften Wertminderung muß jedoch nach § 253 (2) HGB eine außerplanmäßige Abschreibung auf den niedrigeren Tageswert vorgenommen werden (strenges Niederstwertprinzip). Siehe auch gemildertes Niederstwertprinzip auf S. 206.

Beispiel: Die Metallbau GmbH hat im Geschäftsjahr 01 ein Aktienpaket zum Kurswert von 250 000,00 DM erworben. Die Aktien, die noch mit ihren Anschaffungskosten bilanziert sind, haben am 31.12.02 nur noch einen Kurswert von 200 000,00 DM.

```
  Anschaffungskosten der Aktien ..............      250 000,00 DM
- Tageswert zum 31.12.02 .....................      200 000,00 DM
= außerplanmäßige Abschreibung ...............       50 000,00 DM
```

Buchung: 7400 Abschreibungen a. Finanzanlagen an 1500 Wertpapiere d. AV 50 000,00

---
1 siehe auch S. 173 f.

Wertaufholung. Sollte in Zukunft, z.B. im Geschäftsjahr 04, der Kurswert auf 260 000,00 DM steigen, kann eine Zuschreibung (Wertaufholung) höchstens bis zu den Anschaffungskosten, also in Höhe von 50 000,00 DM, erfolgen.
Nennen Sie den Buchungssatz (siehe S. 207).

Merke:
- **Nur abnutzbare Anlagegüter unterliegen einer planmäßigen Abschreibung. Die fortgeführten Anschaffungskosten/Herstellungskosten bilden den Wertansatz.**
- **Die Anschaffungskosten stellen in der Regel den Wertansatz eines nicht abnutzbaren Anlagegutes dar.**
- **Alle Anlagegüter müssen bei einer voraussichtlich dauernden Wertminderung außerplanmäßig auf den niedrigeren Tageswert abgeschrieben werden.**
- **Anlagegüter dürfen nach § 253 (2) HGB auch bei einer nur vorübergehenden Wertminderung auf den niedrigeren Tageswert abgeschrieben werden (gemildertes Niederstwertprinzip). Dieses Abschreibungswahlrecht gilt für Kapitalgesellschaften nach § 279 (1) HGB nur für das Finanzanlagevermögen.**
- **Eine Wertaufholung (Zuschreibung) ist bei Wegfall der Wertminderung grundsätzlich möglich, jedoch höchstens bis zu den (fortgeführten) Anschaffungskosten.**

Aufgaben – Fragen

253 Die Textilwerke GmbH hat im Geschäftsjahr 01 ein Aktienpaket zur langfristigen Anlage zum Kurswert von 150 000,00 DM erworben.
a) Am 31.12.01 beträgt der Kurswert 120 000,00 DM.
b) Am 31.12.02 ist der Kurswert wiederum auf 140 000,00 DM gestiegen.
c) Am 31.12.03 beträgt der Kurswert 200 000,00 DM.
Ermitteln und begründen Sie die Wertansätze in den Fällen a), b) und c).

254 Im Geschäftsjahr 01 hat die Textilwerke GmbH zur Erweiterung ein Baugrundstück zum Kaufpreis von 600 000,00 DM erworben. Grunderwerbsteuer 3,5 %; Notariatskosten 5 000,00 DM + USt; Maklergebühr 18 000,00 DM + USt; Kanalanschlußgebühr 12 000,00 DM; Grundbuchkosten 2 800,00 DM. Alle Zahlungen erfolgen durch Banküberweisungen.
Im Laufe des folgenden Geschäftsjahres ergibt ein Gutachten, daß das Grundstück wegen eines sumpfigen Unterbodens nur unter beträchtlichem Aufwand bebaut werden kann. Die Wertminderung des Grundstücks beträgt lt. Gutachten 80 000,00 DM.
1. Ermitteln Sie die Anschaffungskosten des Grundstücks.
2. Nennen Sie die Buchungen zur Bilanzierung des Grundstücks.
3. Begründen Sie Ihre Bewertungsentscheidung zum 31.12.02 und nennen Sie die Buchung.

255 Die Textilwerke GmbH hat im Februar des Geschäftsjahres 01 eine neue EDV-Anlage für 200 000,00 DM angeschafft. Lineare Abschreibung bei einer Nutzungsdauer von 5 Jahren.
Zum Schluß des 3. Geschäftsjahres ist die EDV-Anlage als wirtschaftlich und technisch überholt anzusehen, da die Lieferfirma ein verbessertes Nachfolgemodell zu einem erheblich günstigeren Preis anbietet. Der Tageswert der EDV-Anlage beträgt nur noch 20 000,00 DM.
Ermitteln und begründen Sie jeweils den Wertansatz zum a) 31.12.01, b) 31.12.02. und c) 31.12.03.

256 Die Textilwerke GmbH hat am 01.07.01 einen computergesteuerten Stoffschneideautomaten in Betrieb genommen. Die Anschaffungskosten betrugen 350 000,00 DM.
1. Ermitteln Sie die Wertansätze der neuen Anlage für die ersten drei Geschäftsjahre a) bei linearer und b) bei degressiver Abschreibung. Die Nutzungsdauer beträgt 10 Jahre.
2. Welche Vorteile hat die degressive Abschreibungsmethode?
3. Ist ein Wechsel von der degressiven zur linearen Abschreibung möglich? Begründen Sie.

3.6 Bewertung des Umlaufvermögens

Zum Umlaufvermögen zählen nach § 266 HGB (siehe Bilanzgliederung im Anhang des Lehrbuches) die folgenden Vermögensgruppen:

> I. Vorräte
> II. Forderungen und sonstige Vermögensgegenstände
> III. Wertpapiere
> IV. Scheck-, Kassenbestand, Bank- und Postbankguthaben

Strenges Niederstwertprinzip. Für die Bewertung der Wirtschaftsgüter des Umlaufvermögens gilt das strenge Niederstwertprinzip. Sie dürfen höchstens mit ihren Anschaffungskosten (AK) oder Herstellungskosten (HK) angesetzt werden. Liegt jedoch der Wert am Bilanzstichtag darunter, muß dieser niedrigere Tageswert (TW) nach § 253 (3) HGB in das Inventar und die Schlußbilanz eingesetzt werden.

Zusätzliche Abschreibungen dürfen handelsrechtlich noch außerdem vorgenommen werden, wenn eine weitere Wertminderung in nächster Zukunft zu erwarten ist (§ 253 [3] HGB).

Beibehaltungswahlrecht. Ein niedrigerer Wertansatz kann handels- und steuerrechtlich grundsätzlich auch dann beibehalten werden, wenn die Gründe für die Wertminderung nicht mehr bestehen. In diesem Fall wird eine stille Reserve gebildet. Eine Wertaufholung ist aber auch möglich, höchstens jedoch bis zu den Anschaffungs- oder Herstellungskosten.

Merke:
- Strenges Niederstwertprinzip bedeutet, daß von zwei am Bilanzstichtag möglichen Wertansätzen, dem Tageswert (TW) und den Anschaffungskosten (AK) oder Herstellungskosten (HK), stets der niedrigere Wert in das Inventar und die Schlußbilanz einzusetzen ist:

  ▷ AK/HK > TW ➔ Bewertung zum TW
  ▷ AK/HK < TW ➔ Bewertung zu AK/HK

- Die Anschaffungs- oder Herstellungskosten bilden stets die absolute Wertobergrenze.
- Der niedrigere Wertansatz darf auch beibehalten werden, wenn der Wert steigt (Wahlrecht).

3.6.1 Bewertung der Vorräte

Zum Vorratsvermögen eines Industriebetriebes, das im Umlaufvermögen an erster Stelle auszuweisen ist, zählen folgende Bestände:

> 1. Roh-, Hilfs- und Betriebsstoffe
> 2. Unfertige Erzeugnisse
> 3. Fertige Erzeugnisse
> 4. Handelswaren

Inventur. Zum Bilanzstichtag sind die Gegenstände des Vorratsvermögens körperlich (mengenmäßig) zu erfassen und zu bewerten. An Stelle dieser Stichtagsinventur kann die Bestandsaufnahme auch in Form einer permanenten oder verlegten Inventur (siehe auch S. 13 f.) durchgeführt werden.

Ausgangswert für die Bewertung bilden

▷ bei Roh-, Hilfs- und Betriebsstoffen sowie Handelswaren die .. ➔ **Anschaffungskosten**
▷ bei unfertigen und fertigen Erzeugnissen die .... ➔ **Herstellungskosten**

Einzelbewertung. Nach diesem Bewertungsgrundsatz sind Vermögensteile und Schulden zum Bilanzstichtag grundsätzlich einzeln zu bewerten (§ 252 [1] HGB).

Sammel- oder Gruppenbewertung. Wenn Roh-, Hilfs- und Betriebsstoffe sowie Handelswaren zu unterschiedlichen Preisen und zu verschiedenen Zeitpunkten angeschafft wurden, ist eine Einzelbewertung kaum möglich. Zum Bilanzstichtag läßt sich nämlich nicht genau feststellen, aus welcher Lieferung der jeweilige Schlußbestand stammt und zu welchem Preis dieser Bestand eingekauft wurde. Der Gesetzgeber erlaubt deshalb bei gleichartigen Artikeln eine Sammel- oder Gruppenbewertung in Form einer Durchschnitts- oder Verbrauchsfolgebewertung (§§ 240 [4], 256 HGB).

3.6.1.1 Durchschnittsbewertung nach § 240 (4) HGB

Jährliche Durchschnittswertermittlung. Am Ende des Geschäftsjahres werden die Anschaffungskosten aus Anfangsbestand und Zugängen durch die Gesamtmenge dividiert. Das Ergebnis sind die durchschnittlichen Anschaffungskosten, mit denen der Endbestand zu bewerten ist, sofern der Tageswert der betreffenden Handelsware am Bilanzstichtag nicht niedriger ist (strenges Niederstwertprinzip).

Beispiel:	Menge	Anschaffungskosten je Einheit	Gesamtwert
01.01. Anfangsbestand	1 000	5,00 DM	5 000,00 DM
10.01. Zugang	2 000	6,00 DM	12 000,00 DM
15.07. Zugang	4 000	6,50 DM	26 000,00 DM
20.12. Zugang	600	7,00 DM	4 200,00 DM
	7 600		47 200,00 DM

Bewertung. Die durchschnittlichen Anschaffungskosten betragen 6,21 DM (47 200 : 7 600). Bei einem Tageswert zum 31.12. von 7,20 DM und einem Schlußbestand von 2 000 Einheiten ergibt sich nach dem strengen Niederstwertprinzip folgender Bilanzansatz:

Inventurmenge	·	Wert je Einheit	=	Bilanzansatz
2 000	·	6,21	=	12 420,00 DM

Wie lautet der Bilanzansatz bei einem Tageswert (31.12.) von 5,80 DM/Stück?

Die permanente Durchschnittswertermittlung ist im Ergebnis genauer. Hierbei ermittelt man die durchschnittlichen Anschaffungskosten laufend (permanent) nach jedem Lagerzugang und -abgang an Hand der Lagerkartei. Die Abgänge werden jeweils zum neuesten Durchschnittswert abgesetzt. Nach der letzten Lagerbestandsveränderung erhält man zum Bilanzstichtag die durchschnittlichen Anschaffungskosten des Endbestandes, die mit dem Tageswert zum 31.12. (Niederstwertprinzip!) verglichen werden.

Anfangsbestand	01.01.	1 000 Einheiten zu 5,00 DM	=	5 000,00 DM
+ Zugang	10.01.	2 000 Einheiten zu 6,00 DM	=	12 000,00 DM
= Bestand	11.01.	3 000 Einheiten zu 5,67 DM	=	17 000,00 DM
− Abgang	13.06.	1 800 Einheiten zu 5,67 DM	=	10 206,00 DM
= Bestand	14.06.	1 200 Einheiten zu 5,66 DM	=	6 794,00 DM
+ Zugang	15.07.	4 000 Einheiten zu 6,50 DM	=	26 000,00 DM
= Bestand	16.07.	5 200 Einheiten zu 6,31 DM	=	32 794,00 DM
− Abgang	17.09.	3 800 Einheiten zu 6,31 DM	=	23 978,00 DM
= Bestand	18.09.	1 400 Einheiten zu 6,30 DM	=	8 816,00 DM
+ Zugang	20.12.	600 Einheiten zu 7,00 DM	=	4 200,00 DM
Schlußbestand	31.12.	**2 000** Einheiten zu 6,51 DM	=	**13 016,00 DM**

3.6.1.2 Verbrauchsfolgebewertung nach § 256 HGB

Die zeitliche Reihenfolge der Zu- und Abgänge bildet hierbei die Grundlage für die Bewertung von gleichartigen Vorräten bei schwankenden Anschaffungskosten. Man unterscheidet zwischen Fifo-Methode und Lifo-Methode.

Fifo-Methode. Hierbei wird unterstellt, daß die zuerst erworbenen oder hergestellten Güter auch zuerst verbraucht oder verkauft werden: first in – first out. Der Endbestand lt. Inventur stammt daher stets aus den letzten Zugängen und ist deshalb auch mit deren Preisen zu bewerten.

Beispiel:	Menge	Anschaffungskosten je Einheit
Anfangsbestand 01.01.	1 000	5,00 DM
Zugang 10.01.	2 000	6,00 DM
Zugang 15.07.	4 000	6,50 DM
Zugang 20.12.	600	7,00 DM

Bewertung: Beträgt der Endbestand 2 000 Einheiten, so ist wie folgt zu bewerten:

```
  600 Einheiten zu 7,00 DM   =    4 200,00 DM
1 400 Einheiten zu 6,50 DM   =    9 100,00 DM
2 000 Einheiten Endbestand   =   13 300,00 DM Bilanzansatz nach fifo
```

Lifo-Methode. Bei diesem Sammelbewertungsverfahren geht man von der Annahme aus, daß die zuletzt erworbenen oder hergestellten Güter als erste verbraucht oder verkauft werden: last in – first out. Der Schlußbestand lt. Inventur setzt sich daher stets aus dem Anfangsbestand sowie den ersten Zugängen zusammen und ist deshalb auch mit diesen Preisen zu bewerten.

Die Bewertung nach obigem Beispiel wird wie folgt vorgenommen:

```
1 000 Einheiten zu 5,00 DM   =    5 000,00 DM
1 000 Einheiten zu 6,00 DM   =    6 000,00 DM
2 000 Einheiten Endbestand   =   11 000,00 DM Bilanzansatz nach lifo
```

Bei steigenden Preisen führt die Lifo-Methode somit zu einer möglichst niedrigen Bewertung des Endbestandes am Bilanzstichtag. Sollte der Tageswert am Abschlußstichtag jedoch noch niedriger sein, so muß dieser Wert nach dem Niederstwertprinzip angesetzt werden. Bei fallenden Preisen ist das Lifo-Verfahren nicht anwendbar.

Handelsrechtlich sind nach § 256 HGB alle aufgezeigten Sammelbewertungsverfahren zulässig, sofern ihre Ergebnisse nicht gegen das Niederstwertprinzip verstoßen. In allen Fällen ist aber der Tageswert am Bilanzstichtag vergleichend hinzuzuziehen. Das einfachste Verfahren ist mit Abstand die Durchschnittsmethode. Deshalb wird dieses Sammelbewertungsverfahren überwiegend in der Praxis angewandt.

Steuerrechtlich zulässig ist die Durchschnittsbewertung und – seit 1990 – auch die Lifo-Methode. Gemäß § 6 (1) EStG darf für den Wertansatz gleichartiger Wirtschaftsgüter des Vorratsvermögens unterstellt werden, daß die zuletzt angeschafften oder hergestellten Wirtschaftsgüter zuerst veräußert oder verbraucht worden sind.

Merke:
- Die Sammelbewertungsverfahren vereinfachen die Bewertung gleichartiger Güter, die zu unterschiedlichen Preisen und Zeitpunkten angeschafft wurden.
- Die Ergebnisse müssen jedoch mit dem Tageswert am Bilanzstichtag verglichen werden. Von beiden Werten ist dann der niedrigere anzusetzen (strenges Niederstwertprinzip).

Aufgaben – Fragen

257 Die Maschinenfabrik J. Badicke, Leverkusen, hat am Abschlußstichtag noch Fertigteile (Elektromotoren) auf Lager. Der mengenmäßige Bestand beträgt lt. körperlicher Inventur 280 Stück. Die Anschaffungskosten betrugen 350,00 DM je Stück.
a) Zum Bilanzstichtag beträgt der Tageswert 380,00 DM je Stück.
b) Zum Bilanzstichtag beträgt der Tageswert 270,00 DM je Stück.
1. Begründen Sie Ihre Bewertungsentscheidung und ermitteln Sie den Bilanzansatz für die Fertigteile. Wie lautet die Buchung?
2. Erklären Sie die Auswirkung auf den Erfolg.

258 Der Lagerbestand einer bestimmten Handelsware beträgt in einem Industriebetrieb lt. Inventur 300 Stück, die für 40,00 DM je Stück angeschafft wurden. Zum Bilanzstichtag beträgt der Wiederbeschaffungswert 50,00 DM je Stück. Der Buchhalter bewertet diesen Bestand mit 300 · 50 = 15 000,00 DM Bilanzansatz.
1. Nehmen Sie zu dieser Bewertungsentscheidung des Buchhalters Stellung und erklären Sie die Auswirkung auf die Erfolgsrechnung.
2. Ermitteln Sie gegebenenfalls den neuen Bilanzansatz, begründen und buchen Sie.

259 Ein Industrieunternehmen, das sich mit der Fertigung von Haushaltsmaschinen befaßt, hat zum Bilanzstichtag lt. Inventur noch einen Bestand von 2 500 Elektromotoren auf Lager. Diese Elektromotoren, die in Küchenmaschinen eingebaut werden, wurden während des Geschäftsjahres erworben, jedoch nicht – nach Lieferungen getrennt – gelagert. Zum Bilanzstichtag ist somit nicht feststellbar, aus welchen Lieferungen die Elektromotoren stammen und zu welchen Preisen sie angeschafft wurden.
1. Unterscheiden Sie zwischen Einzel- und Sammelbewertung.
2. Begründen Sie, warum im vorliegenden Fall eine Sammelbewertung rechtlich möglich ist.
3. Schlagen Sie ein sowohl handels- als auch steuerrechtlich zulässiges Sammelbewertungsverfahren vor.

260 Der Leiter des Rechnungswesens (Aufgabe 259) stellt Ihnen folgende Unterlagen für eine Sammelbewertung der Elektromotoren zum Bilanzstichtag zur Verfügung:
Anfangsbestand zum 01.01.   2 000 Stück zu je 45,00 DM Anschaffungskosten
Zugänge   10.02.   3 000 Stück zu je 50,00 DM Anschaffungskosten
               10.08.   2 000 Stück zu je 55,00 DM Anschaffungskosten
               10.10.   1 500 Stück zu je 58,00 DM Anschaffungskosten
1. Ermitteln Sie zum Bilanzstichtag die durchschnittlichen jährlichen Anschaffungskosten je Stück (gewogener Durchschnittspreis).
2. Errechnen Sie den zulässigen Bilanzansatz für den Schlußbestand von 2 500 Stück,
   a) wenn die durchschnittlichen Anschaffungskosten dem Tageswert am Bilanzstichtag (31.12.) entsprechen,
   b) wenn der Tageswert 70,00 DM je Stück beträgt,
   c) wenn der Tageswert zum Abschlußstichtag bei 50,00 DM liegt.

261 Führen Sie nun auf Grund der Angaben in den Aufgaben 259 und 260 eine permanente Durchschnittsrechnung durch. Folgende Abgänge liegen vor:
20.01.: 1000 Stück   15.07.: 500 Stück   10.09.: 3 500 Stück   15.12.: 1 000 Stück

262 Wie ist auf Grund der Angaben der Aufgaben 259 und 260 zu bewerten
a) nach dem Fifo-Verfahren und b) nach der Lifo-Methode?

263
1. Inwiefern ist das Niederstwertprinzip Ausdruck kaufmännischer Vorsicht?
2. Welchen Vorteil hat der jeweils niedrigstmögliche Wertansatz?
3. Begründen Sie, weshalb die Anschaffungs- bzw. Herstellungskosten eines Wirtschaftsgutes stets die Bewertungsobergrenze (Höchstwert!) bilden.
4. Unterscheiden Sie zwischen a) Stichtagsinventur, b) permanenter Inventur und c) verlegter (vor- bzw. nachverlegter) Inventur. Vgl. auch S. 13.

264

Kontenplan und vorläufige Saldenbilanz	Soll	Haben
0700 Technische Anlagen und Maschinen	1 260 000,00	–
0800 Andere Anlagen, BGA	340 000,00	–
0890 Geringwertige Wirtschaftsgüter	8 600,00	–
2000 Rohstoffe	95 000,00	–
2100 Unfertige Erzeugnisse	78 300,00	–
2200 Fertige Erzeugnisse	41 000,00	–
2400 Forderungen a. LL	171 000,00	–
2600 Vorsteuer	85 800,00	–
2800 Bank	348 500,00	–
2880 Kasse	7 400,00	–
3000 Eigenkapital	–	900 000,00
3001 Privat	88 700,00	–
3900 Sonstige Rückstellungen	–	10 000,00
4250 Darlehensschulden	–	380 000,00
4400 Verbindlichkeiten a. LL	–	170 000,00
4800 Umsatzsteuer	–	50 000,00
4890 Sonstige Verbindlichkeiten	–	110 000,00
5000 Umsatzerlöse für eigene Erzeugnisse	–	1 976 000,00
5710 Zinserträge	–	4 000,00
6000 Aufwendungen für Rohstoffe	626 000,00	–
6160 Fremdinstandhaltung	8 000,00	–
6700 Mietaufwendungen	145 300,00	–
6770 Rechts- und Beratungskosten	14 000,00	–
6940 Sonstige Aufwendungen	16 000,00	–
7510 Zinsaufwendungen	46 400,00	–
7800 Diverse Aufwendungen	220 000,00	–
Weitere Konten: 2900, 4900, 5200, 5420, 6520, 6540, 6550, 8010, 8020.	3 600 000,00	3 600 000,00

Abschlußangaben zum Bilanzstichtag:

1. Außerplanmäßige Abschreibungen: a) Vollabschreibung der GWG; b) Eine EDV-Anlage, Buchwert 8 500,00 DM, hat nur noch einen Wert von 500,00 DM.
2. Planmäßige Abschreibungen: TA und Maschinen: 30 % degressiv
   BGA: 20 % linear von 500 000,00 DM Anschaffungskosten.
3. Generalüberholung der Heizung im Privathaus des Unternehmers durch den eigenen Betrieb: 1 200,00 DM netto.
4. Bildung einer Prozeßkostenrückstellung in Höhe von 32 800,00 DM und einer Rückstellung für unterlassene Instandhaltungen über 68 000,00 DM.
5. Die Dezembermiete für die Werkshalle wird von uns Anfang n. J. mit 15 000,00 DM gezahlt.
6. Ein Kunde hatte uns für einen kurzfristigen Kredit die Halbjahreszinsen in Höhe von 600,00 DM am 01.11. im voraus überwiesen.
7. Kassenfehlbetrag lt. Inventur 400,00 DM.
8. Am 01.10. zahlten wir 17 100,00 DM Halbjahres-Darlehenszinsen im voraus.
9. Der Tageswert des Inventurbestandes der Rohstoffe beträgt 92 000,00 DM. Die durchschnittlichen Anschaffungskosten betragen 80 000,00 DM.
10. Inventurbestand an unfertigen Erzeugnissen: 30 000,00 DM;
    fertigen Erzeugnissen: 50 000,00 DM.

Erstellen Sie den Jahresabschluß.

3.6.2 Bewertung der Forderungen
3.6.2.1 Einführung

Bewertung zum Jahresabschluß. Zum Schluß des Geschäftsjahres sind die „Forderungen aus Lieferungen und Leistungen" hinsichtlich ihrer Güte (Bonität) zu überprüfen und zu bewerten. Dabei unterscheidet man drei Gruppen:

1. **einwandfreie** Forderungen
2. **zweifelhafte** Forderungen
3. **uneinbringliche** Forderungen

Einwandfrei sind Forderungen, wenn mit ihrem Zahlungseingang in voller Höhe gerechnet werden kann.

Zweifelhaft ist eine Forderung, wenn der Zahlungseingang unsicher ist, also ein vollständiger oder teilweiser Forderungsausfall zu erwarten ist. Das ist beispielsweise der Fall, wenn der Kunde trotz Mahnung nicht gezahlt hat oder über sein Vermögen ein Vergleichs- oder Konkursverfahren beantragt oder eröffnet worden ist. Zweifelhafte Forderungen werden auch als „Dubiose" bezeichnet.

Uneinbringlich ist eine Forderung, wenn der Forderungsausfall endgültig feststeht. Das ist beispielsweise der Fall, wenn das Konkursverfahren mangels Masse eingestellt oder fruchtlos gepfändet worden ist oder bei Verjährung der Forderung.

Die Bewertung der Forderungen (§ 253 [3] HGB) entspricht dieser Einteilung:

- **einwandfreie** Forderungen sind mit dem Nennbetrag anzusetzen,
- **zweifelhafte** Forderungen sind mit ihrem wahrscheinlichen Wert zu bilanzieren,
- **uneinbringliche** Forderungen sind voll abzuschreiben.

Bewertungsverfahren. Für die Bewertung von Forderungen zum Bilanzstichtag gibt es drei Möglichkeiten:

1. **Einzelbewertung** für das spezielle Ausfallrisiko (z.B. Konkurs)
2. **Pauschalbewertung** für das allgemeine Ausfallrisiko
3. **Einzel- und Pauschalbewertung** (gemischtes Bewertungsverfahren)

Abschreibung vom Nettowert der Forderung. Die Bewertung von Forderungen a. LL bedingt oft auch Abschreibungen auf Forderungen. Dabei ist zu beachten, daß die Abschreibung wegen eines zu erwartenden oder bereits eingetretenen Forderungsverlustes stets nur vom Nettowert der Forderung vorgenommen und somit als Aufwand gebucht werden kann. Die in der Forderung enthaltene Umsatzsteuer wird bei Ausfall der Forderung vom Finanzamt in entsprechender Höhe erstattet. Sie darf deshalb auch erst dann berichtigt werden, wenn der Ausfall (Verlust) der Forderung endgültig feststeht und somit „das vereinbarte Entgelt für eine steuerpflichtige Lieferung oder sonstige Leistung uneinbringlich geworden ist" (§ 17 [2] Ziffer 1 UStG), wie beispielsweise nach Abschluß eines Konkursverfahrens über das Vermögen eines Kunden.

Merke:
- Die Abschreibung wegen eines zu erwartenden oder bereits eingetretenen Forderungsausfalls darf nur vom Nettowert der Forderung erfolgen.
- Bei Abschreibungen auf Forderungen darf die Umsatzsteuer grundsätzlich erst berichtigt werden, wenn der Ausfall der Forderung endgültig feststeht.

3.6.2.2 Einzelbewertung von Forderungen

Spezielles Ausfallrisiko. Zum Jahresende werden alle Forderungen aus Lieferungen und Leistungen einzeln auf ihre Bonität oder Einbringlichkeit überprüft. Die Einzelbewertung (§ 152 [1] Ziffer 3 HGB) berücksichtigt das individuelle Ausfallrisiko beim Kunden, wie z. B. die Eröffnung des Konkurs- oder Vergleichsverfahrens.

Aus Gründen der Klarheit in der Buchführung werden zunächst die im Rahmen der Einzelbewertung ermittelten zweifelhaften Forderungen von den einwandfreien (vollwertigen) Forderungen buchhalterisch getrennt. Das geschieht durch Umbuchung der gefährdeten Einzelforderungen auf das Konto

2470 Zweifelhafte Forderungen.

3.6.2.2.1 Direkte Abschreibung von uneinbringlichen Forderungen

Beispiel 1: Über das Vermögen unseres Kunden Anton Pleite wurde am 10.12. das Konkursverfahren eröffnet. Unsere Forderung beträgt 2 300,00 DM (2 000,00 DM netto + 300,00 DM USt). Vor Aufstellung der Bilanz zum 31.12.19.. erfahren wir, daß das Konkursverfahren mangels Masse eingestellt wurde.

Die gefährdete Forderung wird zunächst kontenmäßig gesondert erfaßt:

① **Buchung:** 2470 Zweifelhafte Forderungen   an   2400 Forderungen a. LL .   2 300,00

Werden zweifelhafte Forderungen teilweise oder vollständig **uneinbringlich,** wird der Nettobetrag des entsprechenden Forderungsausfalls direkt abgeschrieben:

6951 Abschreibungen auf Forderungen wegen Uneinbringlichkeit.[1]

Gleichzeitig ist die Umsatzsteuer im Soll des Kontos „4800 USt" zu berichtigen, da durch den Forderungsausfall eine Rückforderung an das Finanzamt entsteht.[1]

② **Buchung:** 6951 Abschreibungen auf Forderungen[1] 2 000,00
              4800 Umsatzsteuer   300,00
                 an   2470 Zweifelhafte Forderungen 2 300,00

S	2470 Zweifelhafte Forderungen	H	S	6951 Abschreibungen a. Forderungen	H
①	2 300,00	② 2 300,00	②	2 000,00	
S	2400 Forderungen a. LL	H	S	4800 Umsatzsteuer	H
...	115 000,00	① 2 300,00	②	300,00	

Beispiel 2: Auf eine im vorigen Jahr als uneinbringlich abgeschriebene Forderung erhalten wir am 30.12. unerwartet 345,00 DM (300,00 DM netto + 45,00 DM USt) durch Banküberweisung. Damit lebt die Umsatzsteuer wieder auf.

Buchung: 2800 Bank   345,00
             an   5490 Periodenfremde Erträge   300,00
             an   4800 Umsatzsteuer   45,00

Merke:
- Uneinbringliche Forderungen sind direkt (6951 an 2470) abzuschreiben. Gleichzeitig ist die Umsatzsteuer auf Konto 4800 im Soll zu berichtigen.
- Bei Zahlungseingang einer abgeschriebenen Forderung lebt die Umsatzsteuer wieder auf.

---

1 In der **EDV-Fibu** ist das Konto 6951 stets ein **automatisches Konto.** Nach Eingabe des Bruttobetrages wird die anteilige Umsatzsteuer automatisch herausgerechnet und gebucht **(Umsatzsteuerverprobung!).**

3.6.2.2.2 Einzelwertberichtigung (EWB) zweifelhafter Forderungen

Indirekte Abschreibung. Ist zum Bilanzstichtag bei einer Forderung ein Verlust zu erwarten, so muß in Höhe des vermuteten (geschätzten) Ausfalls eine entsprechende Abschreibung vorgenommen werden. Diese Abschreibung erfolgt aus Gründen der Klarheit und Übersichtlichkeit in der Buchführung in der Regel nicht direkt über das Konto „Zweifelhafte Forderungen", sondern indirekt über ein Wertberichtigungskonto:

3670 Einzelwertberichtigungen zu Forderungen (EWB).

Das Wertberichtigungskonto, auch „Delkredere" genannt, ist ein Passivkonto. Die Zuführung zu der EWB, also die Bildung der EWB, erfolgt über das Aufwandskonto

6952 Einstellung in EWB.

Beispiel: Unser Kunde Kurz hat am 13.12.01 das Konkursverfahren beantragt. Unsere Forderung beträgt 11 500,00 DM (= 10 000,00 DM netto + 1 500,00 DM USt). Zum 31.12.01 wird der Verlust auf 80 % von 10 000,00 DM (= 8 000,00 DM) geschätzt.

① **Umbuchung der zweifelhaft gewordenen Forderung zum 13.12.01:**
   2470 Zweifelhafte Forderungen   an   2400 Forderungen a. LL ...   11 500,00

② **Indirekte Abschreibung des vermuteten Forderungsverlustes zum 31.12.01:**
   6952 Einstellung in EWB ......   an   3670 EWB zu Forderungen   8 000,00

S	2400 Forderungen a. LL		H	S	2470 Zweifelhafte Forderungen	H
...	230 000,00	2470 ①	11 500,00	2400 ①	11 500,00	SBK	11 500,00
		SBK	218 500,00				

S	6952 Einstellung in EWB	H	S	3670 EWB zu Forderungen	H
3670 ②	8 000,00	GuV 8 000,00	SBK 8 000,00	6952 ②	8 000,00

S	8010 Schlußbilanzkonto	H
2400 Forderungen a. LL 218 500,00	3670 EWB zu Forderungen 8 000,00	
2470 Zweifelhafte Forderungen 11 500,00		

Nennen Sie den Abschlußbuchungssatz für die Bestandskonten 2400, 2470 und 3670.

Vorteile der indirekten Abschreibung. Der Bestand der zweifelhaften Forderungen wird zum Bilanzstichtag in voller Höhe ausgewiesen und stimmt mit dem Rechtsanspruch, dem Kontostand im Hauptbuch und im Kontokorrentbuch (Kundenkonten) überein, während die „Wertberichtigungen" zu den zweifelhaften Forderungen insgesamt die Höhe des zu erwartenden Verlustes ausweisen. Die indirekte Abschreibung auf Forderungen zum Bilanzstichtag entspricht somit dem Grundsatz der Klarheit. Zudem bewirkt sie eine bessere Abstimmung der Kundenkonten mit den Sachkonten „Forderungen a. LL" und „Zweifelhafte Forderungen".

Beachten Sie: In den zu veröffentlichenden Bilanzen der Kapitalgesellschaften dürfen zweifelhafte Forderungen und Wertberichtigungen nicht ausgewiesen werden. Sie sind vorab aktivisch mit den Forderungen a. LL zu verrechnen (siehe Bilanz nach § 266 HGB im Anhang).

Merke: Zum Bilanzstichtag werden zweifelhafte Forderungen in Höhe des vermuteten Ausfalls indirekt in Form einer Einzelwertberichtigung (EWB) abgeschrieben.

Direkte Abschreibung des tatsächlichen Forderungsausfalls. Zu Beginn des neuen Jahres werden die Konten 2470 und 3670 über „8000 EBK" eröffnet:

▶ 2470 Zweifelhafte Ford. ...   an   8000 EBK 11 500,00
▶ 8000 EBK ....   an   3670 EWB zu Ford.   8 000,00

Der sich im neuen Jahr ergebende tatsächliche Ausfall der zweifelhaften Forderung wird direkt abgeschrieben über das Konto
6951 Abschreibungen auf Forderungen wegen Uneinbringlichkeit,
obwohl für diese Forderung bereits eine Wertberichtigung besteht. Auf diese Weise werden alle umsatzsteuermindernden Forderungsausfälle lediglich auf dem Konto 6951 erfaßt, das, versehen mit einer Umsatzsteuerautomatik, wiederum eine EDV-gerechte Umsatzsteuerverprobung ermöglicht. Die für die zweifelhafte Forderung gebildete Einzelwertberichtigung bleibt deshalb bis zum Jahresende unberührt.

Beispiel: Nach Abschluß des Konkursverfahrens gegen unseren Kunden Kurz überweist der Konkursverwalter 2300,00 DM. Die Restforderung in Höhe von 9200,00 DM (11500,00 DM − 2300,00 DM) ist endgültig verloren. Die darin enthaltene Umsatzsteuer über 1200,00 DM wird berichtigt.

Buchung:
2800	Bank	2300,00
6951	Abschreibungen auf Forderungen	8000,00
4800	Umsatzsteuer	1200,00
an 2470	Zweifelhafte Forderungen	11500,00

S 2470 Zweifelhafte Forderungen H	S 2800 Bank H
... 11500,00 | Diverse 11500,00	2470 2300,00 |

S 3670 EWB zu Forderungen H	S 6951 Abschreibungen a. Forderungen H
| EBK 8000,00	2470 8000,00 |

	S 4800 Umsatzsteuer H
	2470 1200,00 |

Anpassung der Einzelwertberichtigung. Die bisherige EWB (8000,00 DM) wird zum 31.12. jeweils der aktuellen EWB zweifelhafter Forderungen angepaßt.

Beispiele: EWB zum 31.12.: ① 5000,00 DM, ② 9000,00 DM

① **Neue EWB < bisherige EWB:** In Höhe des Differenzbetrages (8000,00 DM − 5000,00 DM = 3000,00 DM) erfolgt eine **Herabsetzung der EWB.**

Buchung:
3670	EWB zu Forderungen	3000,00
an 5450	Erträge aus der Herabsetzung von Wertberichtigungen auf Forderungen	3000,00

S 5450 Erträge a. WB-Herabsetzung H	S 3670 EWB zu Forderungen H
GuV 3000,00 | 3670 3000,00	5450 3000,00 | EBK 8000,00
	SBK 5000,00 |

② **Neue EWB > bisherige EWB:** In Höhe des Differenzbetrages (9000,00 DM − 8000,00 DM = 1000,00 DM) erfolgt eine **Erhöhung der EWB.**

Buchung: 6952 Einstellung in EWB .... an 3670 EWB zu Forderungen .. 1000,00

S 6952 Einstellung in EWB H	S 3670 EWB zu Forderungen H
3670 1000,00 | GuV 1000,00	SBK 9000,00 | EBK 8000,00
	| 6952 1000,00

Merke:
- Endgültige Ausfälle zweifelhafter Forderungen werden direkt abgeschrieben. Die hierfür gebildete EWB bleibt bis zum Jahresende unberührt.
- Zum 31.12. ist die EWB dem aktuellen Abschreibungsbedarf anzupassen.

Aufgaben – Fragen

265 Der Kunde Mathias Schneider hat am 08.11. beim zuständigen Amtsgericht das Konkursverfahren beantragt. Unsere Forderung beträgt einschließlich Umsatzsteuer 5750,00 DM.
Am 20.11. erfahren wir, daß die Konkurseröffnung mangels Masse abgelehnt wurde.
Das Konto „2400 Forderungen a. LL" weist einen Bestand von 230000,00 DM aus, das Konto „4800 Umsatzsteuer" 18500,00 DM.
1. Buchen Sie auf den entsprechenden Konten a) zum 08.11. und b) zum 20.11.
2. Begründen Sie die Notwendigkeit einer buchhalterischen Trennung der zweifelhaften von den einwandfreien Forderungen.
3. Warum darf die Abschreibung nur vom Nettowert der Forderung vorgenommen werden?

266 Der Kunde H. Moog hat am 2. Dezember das Vergleichsverfahren beantragt. Unsere Forderung: 1150,00 DM. Der Vergleich kommt am 28. Dezember zustande. Die Vergleichsquote beträgt 50 % = 575,00 DM. Die Bankgutschrift erfolgt noch zum 29. Dezember. *Buchen Sie 1. zum 02.12. und 2. zum 29.12.*

267 Der Kunde Dirk Krämer hat am 10.11. das Vergleichsverfahren beantragt. Unsere Forderung beträgt einschließlich Umsatzsteuer 4600,00 DM.
Beim letzten Vergleichstermin am 15.12. ergab sich eine Vergleichsquote von a) 50 % und b) 70 %. Die Zahlung erfolgte zum gleichen Zeitpunkt durch Banküberweisung.
Bestand auf Konto 2400: 253000,00 DM, auf Konto 4800: 18200,00 DM.
1. Buchen Sie auf den erforderlichen Konten zum 10.11.
2. Wie lauten die Buchungen zum 15.12. a) bei 50 % und b) bei 70 % Vergleichsquote?
3. Warum werden uneinbringliche Forderungen direkt abgeschrieben?
4. Inwiefern ergibt sich in den Fällen 2 a) und 2 b) ein Kürzungsanspruch und damit eine Korrektur der Umsatzsteuer?

268 Im vergangenen Jahr war eine uneinbringlich gewordene Forderung von 3450,00 DM direkt in voller Höhe abgeschrieben worden. Unerwartet erhalten wir am 15.05. des laufenden Jahres 1725,00 DM einschließlich USt auf unser Bankkonto überwiesen.
1. Buchen Sie.   2. Begründen Sie die Auswirkung des Falles auf die Umsatzsteuer.

269 Über das Vermögen unseres Kunden M. Ohnesorg wird am 15.12. das Konkursverfahren eröffnet. Unsere Forderung beträgt 4600,00 DM (4000,00 DM netto + 600,00 DM USt). Zum Bilanzstichtag wird mit einem Ausfall von 70 % der Forderung gerechnet. Das Konto „2400 Forderungen a. LL" weist einen Bestand von 345000,00 DM aus.
1. Wie lauten die Buchungen a) zum 15.12. und b) zum 31.12.?
2. Schließen Sie die Bestandskonten über das Schlußbilanzkonto ab und erläutern Sie den Aussagewert dieser Bilanzposten.
3. Wie wäre zum 31.12. bei einem EWB-Anfangsbestand von a) 0,00 DM, b) 3500,00 DM und c) 1000,00 DM zu buchen?
4. Vergleichen Sie die Aussagefähigkeit der <u>Kundenkonten</u> bei direkter und bei indirekter Abschreibung der zweifelhaften Forderungen.
5. Warum darf im vorliegenden Fall zum 31.12. noch keine Umsatzsteuerkorrektur erfolgen?

270 Die Bestandskonten der Aufgabe 269 sind mit ihren Beständen zum 01.01.19.. zu eröffnen. Das Konto „4800 Umsatzsteuer" weist einen Bestand von 15600,00 DM aus.
Am 15.02. des laufenden Geschäftsjahres werden uns nach Abschluß des Konkursverfahrens folgende Beträge einschließlich Umsatzsteuer auf unser Bankkonto überwiesen:
        a) 1840,00 DM;   b) 920,00 DM.
1. Ermitteln Sie rechnerisch jeweils die Umsatzsteuerkorrektur.
2. Buchen Sie auf den entsprechenden Konten die Fälle a) und b).
3. Bei der Bewertung der Forderungen zum Bilanzstichtag gilt – wie bei allen Wirtschaftsgütern – der Grundsatz der Einzelbewertung. Begründen Sie das.

3.6.2.3 Pauschalwertberichtigung (PWB) der Forderungen

Allgemeines Ausfallrisiko. Bei großem Kundenstamm ist eine Einzelbewertung aller Forderungen zum Bilanzstichtag zu zeitaufwendig. Erfahrungsgemäß ist aber auch bei den einwandfreien Forderungen im Laufe des Geschäftsjahres mit Ausfällen zu rechnen. Kunden von an sich guter Bonität können durch nicht vorhergesehene Ereignisse in Zahlungsschwierigkeiten geraten. Ein Abschwächen der Konjunktur kann bei bisher zahlungsfähigen Kunden ebenfalls zu einem Liquiditätsengpaß führen. Diesem nicht vorhersehbaren allgemeinen Ausfall- bzw. Kreditrisiko trägt man vorsorglich durch eine Pauschalabschreibung der Forderungen Rechnung.

Berechnung der Pauschalabschreibung. Aufgrund der betrieblichen Erfahrungen (Forderungsausfälle der letzten 3–5 Jahre) wird ein Prozentsatz ermittelt und auf den Bestand der Forderungen (Nettowert) angewandt. Dieser Pauschalsatz muß rechnerisch nachweisbar sein. Ohne Nachweis ist steuerlich ein Pauschalsatz von 1 % erlaubt.

Indirekte Abschreibung. Die Pauschalabschreibung wird aus Gründen der Klarheit nicht direkt im Haben des Kontos „2400 Forderungen a.LL" gebucht, sondern indirekt im Haben eines besonderen Wertberichtigungs- oder Korrekturkontos. Der Abschreibungsbetrag wird zunächst im Soll des Aufwandskontos

6953 Einstellung in Pauschalwertberichtigung

gebucht. Die entsprechende Habenbuchung erscheint auf dem Passivkonto

3680 Pauschalwertberichtigung zu Forderungen (PWB).

Zum Jahresabschluß wird das Konto 6953 zum GuV-Konto, das Konto 3680 zum Schlußbilanzkonto abgeschlossen. Im Schlußbilanzkonto bildet somit die auf der Passivseite der Bilanz ausgewiesene „Pauschalwertberichtigung zu Forderungen" einen Korrekturposten zum Posten „Forderungen a.LL" auf der Aktivseite der Bilanz.

Beispiel:

	Gesamtbetrag der Forderungen zum 31.12.01, brutto	230 000,00 DM
–	Umsatzsteueranteil	30 000,00 DM
	Nettoforderungen, die der Pauschalbewertung unterliegen	200 000,00 DM
	Hierauf 3 % Pauschalabschreibung	**6 000,00 DM**

Buchungen zum 31.12.:

① 6953 Einstellung in PWB .... an 3680 PWB zu Forderungen 6 000,00
② 8020 GuV-Konto .... an 6953 Einstellung in PWB 6 000,00
③ 8010 Schlußbilanzkonto .... an 2400 Forderungen a.LL 230 000,00
④ 3680 PWB zu Forderungen .... an 8010 Schlußbilanzkonto 6 000,00

S	6953 Einstellung in PWB	H	S	8020 GuV	H
①	6 000,00 | ② 6 000,00		②	6 000,00 |	

S	2400 Forderungen a.LL	H	S	3680 PWB zu Forderungen	H
...	230 000,00 | ③ 230 000,00		④	6 000,00 | ① 6 000,00	

S	8010 Schlußbilanzkonto		H
2400 Forderungen a.LL ... 230 000,00		3680 PWB zu Forderungen ..	6 000,00

Aussagewert der Bilanz. Das Schlußbilanzkonto weist nun im Soll den Gesamtbetrag der Forderungen aus Lieferungen und Leistungen aus, im Haben dagegen den vermuteten Forderungsausfall in Höhe der Pauschalwertberichtigung. In Bilanzen von Kapitalgesellschaften, die veröffentlicht werden sollen, muß die Pauschalwertberichtigung jedoch vorher von den Forderungen aktivisch abgesetzt werden → siehe Bilanz (§ 266 HGB) im Anhang.

Buchungen während des Geschäftsjahres. Bei Ausfall einer Forderung während des Geschäftsjahres wird die Pauschalwertberichtigung nicht in Anspruch genommen. Der Ausfall wird direkt über das Konto 6951 (mit Steuerberichtigung) gebucht.

Beispiel:	Im März des neuen Geschäftsjahres wird ein Kunde zahlungsunfähig. Unsere Forderung in Höhe von 1035,00 DM (900,00 + 135,00) ist uneinbringlich.

Buchung:	6951 Abschreibungen auf Forderungen	900,00	
	4800 Umsatzsteuer	135,00	
	an 2400 Forderungen a.LL		1035,00

Anpassung zum Bilanzstichtag. Die Pauschalwertberichtigung ist zum Jahresabschluß stets dem neuen Forderungsbestand anzupassen. Sie muß entweder herauf- oder herabgesetzt werden. Eine Aufstockung bedeutet eine zusätzliche Neubildung in Höhe des Unterschiedsbetrages zwischen dem Bestand der PWB und dem zu bildenden neuen Wert der Pauschalwertberichtigung. Eine Herabsetzung bedingt eine entsprechende Auflösung der PWB über das Konto

„**5450 Erträge aus der Auflösung oder Herabsetzung der PWB**".

Beispiel:	Die PWB hat im obigen Beispiel am 31.12.02 einen Bestand von 6000,00 DM. Aufgrund des relativ geringen Forderungsausfalls im letzten Jahr setzen wir den Pauschalsatz von 3 % auf 2 % herab. Zwei Fälle sind möglich:

- **Forderungsbestand zum 31.12.: netto 350 000,00 DM; Pauschalsatz 2 %**

	2 % von 350 000,00 DM Forderungsbestand zum 31.12.02	7 000,00 DM
−	Bestand der PWB des Vorjahres	6 000,00 DM
	Heraufsetzung der PWB zum 31.12.02	1 000,00 DM

Buchung:	6953 Einstellung in PWB .. an 3680 PWB zu Forderungen ...	1 000,00

S	3680 PWB zu Forderungen	H
SBK	7 000,00	EBK	6 000,00
		6953	1 000,00
	7 000,00		7 000,00

- **Forderungsbestand am 31.12.: netto 200 000,00 DM; Pauschalsatz 2 %**

	2 % von 200 000,00 DM Forderungsbestand zum 31.12.02	4 000,00 DM
−	Bestand der PWB des Vorjahres	6 000,00 DM
	Auflösung der PWB zum 31.12.02	2 000,00 DM

Buchung:	3680 PWB an 5450 Erträge aus der Herabsetzung der PWB	2 000,00

S	3680 PWB zu Forderungen	H
5450	2 000,00	EBK	6 000,00
SBK	4 000,00		
	6 000,00		6 000,00

Merke:	• Die Pauschalwertberichtigung berücksichtigt lediglich das allgemeine Ausfallrisiko bei Forderungen.
	• Während des Geschäftsjahres werden alle Forderungsausfälle zu Lasten des Kontos „6951 Abschreibungen auf Ford. wegen Uneinbringlichkeit" gebucht.
	• Zum Bilanzstichtag ist die Pauschalwertberichtigung lediglich dem neuen Forderungsbestand durch Aufstockung oder Herabsetzung anzupassen.

3.6.2.4 Kombination von Einzel- und Pauschalbewertung

In den meisten Unternehmen werden die Forderungen zum Bilanzstichtag sowohl einzeln als auch pauschal bewertet und berichtigt. Bestimmte zweifelhafte Forderungen, bei denen am Abschlußtag ein spezielles Ausfallrisiko (z. B. wegen eines noch nicht abgeschlossenen Konkursverfahrens) besteht, bedürfen einer Einzelbewertung durch Bildung einer Einzelwertberichtigung. Für die einwandfreien Forderungen wird wegen des allgemeinen Ausfallrisikos eine Pauschalwertberichtigung gebildet.

Zur Ermittlung der Pauschalwertberichtigung müssen die zweifelhaften Forderungen, die der Einzelbewertung unterliegen, zunächst vom Gesamtbetrag der Forderungen abgezogen werden.

Beispiel: Der Forderungsbestand eines Industrieunternehmens beträgt zum Bilanzstichtag (31.12.) 345 000,00 DM. Bei Inventur der Forderungen wird noch festgestellt, daß über das Vermögen des Kunden Werner Theuer bereits am 13.12. das Konkursverfahren eröffnet worden ist. Unsere Forderung: 23 000,00 DM.

Vor Erstellung des Jahresabschlusses teilt uns der Konkursverwalter mit, daß mit einer Konkursquote von 20 % zu rechnen ist. Im übrigen unterliegen die einwandfreien Forderungen einer Pauschalwertberichtigung von 2 %.

Anfangsbestände: EWB 12 000,00 DM; PWB 7 500,00 DM.

- **Berechnung und Buchung der Pauschalwertberichtigung:**

Gesamtbetrag der Forderungen, brutto	345 000,00
− Zweifelhafte Forderungen (Einzelbewertung) Werner Theuer	23 000,00
Forderungen, die der Pauschalbewertung unterliegen, brutto ...	322 000,00
− Umsatzsteueranteil	42 000,00
Forderungen, die der Pauschalbewertung unterliegen, **netto**	280 000,00
Hierauf Pauschalwertberichtigung von 2 %	**5 600,00**

Buchung: 3680 PWB zu Forderungen 1 900,00
an 5450 Erträge aus der Herabsetzung v. Wertb. a. F. 1 900,00

- **Berechnung und Buchung der Einzelwertberichtigung:**

Mutmaßlicher Ausfall = 80 % von 20 000,00 DM netto, also **16 000,00 DM.**

① 2470 Zweifelhafte Forderungen ...... an 2400 Forderungen a. LL 23 000,00
② 6952 Einstellung in EWB .... an 3670 EWB zu Forderungen . 4 000,00

S	8010 Schlußbilanzkonto	H
2400 Forderungen a. LL ..... 322 000,00 ◄──►	3680 PWB	5 600,00
2470 Zweifelhafte Forderungen 23 000,00 ◄──►	3670 EWB	16 000,00

Merke:
- Die Pauschalwertberichtigung berücksichtigt das allgemeine Ausfallrisiko.
- Die Einzelwertberichtigung berücksichtigt das besondere Ausfallrisiko.

Kapitalgesellschaften. In der zu veröffentlichenden Jahresbilanz einer Kapitalgesellschaft dürfen nach § 266 HGB (siehe Bilanzgliederung S. 241 und im Anhang) keine Wertberichtigungsposten und zweifelhaften Forderungen ausgewiesen werden. Diese Posten sind vorab mit den „Forderungen a. LL" zu verrechnen. In diesem Fall würde die Bilanz dann folgendes Aussehen haben:

Aktiva	Bilanz der X-AG	Passiva
Forderungen a. LL 323 400,00		

Aufgaben – Fragen

271 Die Netto-Forderungsbestände der letzten 5 Jahre betragen insgesamt 1506000,00 DM, die entsprechenden Forderungsverluste 45180,00 DM netto.
1. Ermitteln Sie den Prozentsatz für eine Pauschalwertberichtigung der Forderungen.
2. Bilden und buchen Sie die Pauschalwertberichtigung zum 31.12. des laufenden Jahres bei einem Forderungsbestand von 690000,00 DM und einem Anfangsbestand der PWB von
 a) 15000,00 DM und b) 25000,00 DM.

272 Zum 31.12. betragen die Forderungen a.LL insgesamt 322000,00 DM. Die Forderung an den Kunden B. Trug in Höhe von 28750,00 DM gilt wegen eines beantragten Vergleichsverfahrens als zweifelhaft. Wir rechnen mit einem Ausfall von 50 % unserer Forderung.
Auf den Restbestand der Forderungen ist eine Pauschalwertberichtigung von 3 % zu bilden. Der Bestand auf dem Konto „3680 PWB zu Forderungen" beträgt a) 4000,00 DM und b) 10650,00 DM. Das Konto „3670 EWB z. F." weist einen Bestand von 7000,00 DM aus.
Führen Sie die notwendigen Berechnungen und Buchungen zum 31.12. durch.

273 Nach Abschluß des Vergleichsverfahrens (Aufgabe 272) gehen im nächsten Jahr auf unser Bankkonto ein: a) 14375,00 DM, b) 17250,00 DM und c) 11500,00 DM.
Auf die restlichen Forderungen wird verzichtet. *Wie lauten die Buchungen zu a), b) und c)?*

274

Auszug aus der Saldenbilanz	Soll	Haben
2400 Forderungen a.LL	512900,00	–
2470 Zweifelhafte Forderungen	–	–
3670 Einzelwertberichtigung zu Forderungen	–	6000,00
3680 Pauschalwertberichtigung zu Forderungen	–	24000,00
3800 Steuerrückstellungen	–	–
3900 Sonstige Rückstellungen	–	35000,00
4800 Umsatzsteuer	–	45000,00
4890 Sonstige Verbindlichkeiten	–	26000,00
5450 Erträge aus der Auflösung oder Herabsetzung von Wertberichtigungen auf Forderungen	–	5000,00
5480 Erträge aus der Auflösung von Rückstellungen	–	–
5490 Periodenfremde Erträge	–	–
6700 Miete	33000,00	–
6951 Abschreibungen auf Forderungen	14000,00	–
6952 Einstellung in Einzelwertberichtigung	–	–
7700 Gewerbeertragsteuer	22000,00	–
8010 Schlußbilanzkonto	–	–
8020 Gewinn- und Verlustkonto	–	–

Zum Jahresschluß sind noch folgende Sachverhalte zu berücksichtigen:
1. Totalausfall unserer Forderung an den Kunden Bach: 2300,00 DM.
2. Im Rahmen der Einzelbewertung sind folgende Forderungen wegen eines speziellen Ausfallrisikos als zweifelhaft anzusehen:
 Forderung an den Kunden W. Rüger: 18400,00 DM; geschätzter Ausfall: 40 %
 Forderung an den Kunden R. Abel: 13800,00 DM; geschätzter Ausfall: 50 %
3. Eine Rückstellung für Prozeßkosten in Höhe von 8600,00 DM hat sich erübrigt.
4. Auf eine Forderung, die zu Beginn des Geschäftsjahres wegen Uneinbringlichkeit völlig abgeschrieben wurde, gehen unerwartet 2070,00 DM auf unser Bankkonto ein.
5. Die Dezembermiete für einen Lagerraum wird von uns erst Anfang Januar des nächsten Jahres überwiesen: 3000,00 DM.
6. Für die Gewerbeertragsteuerabschlußzahlung schätzen wir den Betrag auf 24000,00 DM.
7. Auf den verbleibenden Forderungsbestand ist eine PWB in Höhe von 3 % zu bilden.
Bilden Sie die Buchungssätze, buchen Sie auf den genannten Konten und schließen Sie diese ab.

3.7 Bewertung der Schulden

Höchstwertprinzip. Verbindlichkeiten sind zum Bilanzstichtag gemäß § 253 [1] HGB zu ihrem Höchstwert, d.h. mit ihrem

höheren Rückzahlungsbetrag

in die Bilanz einzusetzen, sofern überhaupt eine Wahlmöglichkeit zwischen einem niedrigeren und höheren Wert besteht. Das ist z. B. der Fall bei

- Währungsverbindlichkeiten   und   • Hypotheken.

Bei Währungsverbindlichkeiten (Valutaverbindlichkeiten) ist zunächst der Tages-Wechselkurs am Bilanzstichtag festzustellen. Ist dieser gesunken, so darf nicht der niedrigere Kurs eingesetzt werden (nicht realisierter Gewinn!). Ist der Wechselkurs dagegen gestiegen, so muß aus Gründen kaufmännischer Vorsicht die Verbindlichkeit zum höheren Wert in der Bilanz ausgewiesen werden (Höchstwertprinzip!).

Beispiel: Wir haben am 18.12. aus den USA Rohstoffe mit einem Zahlungsziel von 4 Wochen importiert. Die Rechnung lautet über 5 000 Dollar. Zum 18.12. betrug der Wechselkurs 1,70 DM/Dollar. Der Rechnungsbetrag der Eingangsrechnung von 8 500,00 DM (5000 · 1,70) wurde gebucht:

      6000 Aufwend. f. Rohstoffe .. an **4400 Verbindlichkeiten a. LL** .. 8 500,00

Bei der Bewertung der Währungsverbindlichkeit sind drei Fälle möglich:

- **Am Bilanzstichtag entspricht der Tageskurs dem Anschaffungskurs von 1,70 DM/Dollar.**

Die Auslandsschuld ist zum Anschaffungskurs zu passivieren:

Bilanzansatz = 5 000 Dollar · 1,70 DM = 8 500,00 DM

- **Am Bilanzstichtag ist der Kurs auf 1,80 DM/Dollar gestiegen.**

Nach dem strengen Höchstwertprinzip müssen Verbindlichkeiten zum Abschlußstichtag mit ihrem höheren Rückzahlungsbetrag bewertet und in die Schlußbilanz eingesetzt werden:

Bilanzansatz = 5 000 Dollar · 1,80 DM = 9 000,00 DM

Damit wird bereits zum Bilanzstichtag ein Verlust von 500,00 DM ausgewiesen.

Buchung: 6000 Aufwendungen für Rohstoffe   an   4400 Verbindlichkeiten a. LL . 500,00

Nach dieser Buchung erscheint die Währungsverbindlichkeit mit ihrem höheren Tageswert von 9 000,00 DM in der Bilanz.

- **Am Bilanzstichtag ist der Kurs auf 1,50 DM/Dollar gesunken.**

Die Währungsverbindlichkeit darf nun nicht mit dem niedrigeren Wert von 7 500,00 DM (5000 Dollar zu 1,50 DM) angesetzt werden, da sonst ein Gewinn von 1000,00 DM ausgewiesen würde, der durch Bezahlung der Rechnung noch nicht entstanden (realisiert) ist. Nicht realisierte Gewinne dürfen nicht ausgewiesen werden! Aus Gründen der Vorsicht muß die Verbindlichkeit zum höheren ursprünglichen Anschaffungswert von 8 500,00 DM passiviert werden.

Merke:
- Zum Bilanzstichtag sind Verbindlichkeiten zum höheren Rückzahlungsbetrag in die Bilanz einzusetzen (Höchstwertprinzip):

    Tageskurs zum 31.12. > Anschaffungskurs ➔ Ansatz zum Tageskurs
    Tageskurs zum 31.12. < Anschaffungskurs ➔ Ansatz zum Anschaffungskurs

- Das Höchstwertprinzip ist Ausdruck kaufmännischer Vorsicht.

Bei Hypothekenschulden ist der Rückzahlungsbetrag (= 100 %) meist höher als der vereinnahmte Betrag. Der Unterschiedsbetrag, das sogenannte Abgeld, auch Damnum oder Disagio genannt, darf nach § 250 (3) HGB unter die Rechnungsabgrenzungsposten der Aktivseite (ARA) aufgenommen werden (Aktivierungsrecht). Das Disagio ist dann allerdings durch planmäßige Abschreibungen auf die gesamte Laufzeit der Hypothek zu verteilen. Steuerrechtlich muß das Damnum aus Gründen einer periodengerechten Ermittlung des steuerpflichtigen Gewinns aktiviert und gleichmäßig abgeschrieben werden (Aktivierungspflicht).

Beispiel: Zur Finanzierung einer Lagerhalle haben wir bei der Bank eine Hypothek von 500 000,00 DM aufgenommen, die zu 96 % = 480 000,00 DM ausgezahlt wurde. Das Disagio von 20 000,00 DM ist als Zinsaufwand auf die zehnjährige Laufzeit der Hypothek planmäßig zu verteilen (abzuschreiben), also jährlich 2 000,00 DM.

① **Buchung bei Aufnahme der Hypothek:**   S | H

    2800 Bank 480 000,00
    2900 ARA 20 000,00
        an 4250 Hypothekenschulden . . . .   500 000,00 (Rückzahlungsbetrag)

② **Buchung zum 31.12.:**
    7590 Sonstige zinsähnliche Aufwendungen   an   2900 ARA 2 000,00

Anleihen (Industrieobligationen) werden von bedeutenden Industrieunternehmen meist in Form von Teilschuldverschreibungen ausgegeben. Um einen Kaufanreiz zu schaffen, erfolgt die Ausgabe oft unter pari (Nennwert = 100 %), also mit einem Disagio. Zuweilen verpflichten sich die Industriebetriebe, diese Anleihen nach Ablauf einer bestimmten Zeit mit einem höheren Wert (über pari), also mit einem Aufgeld oder Agio, zurückzuzahlen. Der Unterschiedsbetrag zwischen dem höheren Rückzahlungswert und dem niedrigeren Ausgabebetrag der Anleihe (Disagio + Rückzahlungsagio) ist dann aktiv abzugrenzen (ARA) und ebenfalls planmäßig abzuschreiben.

Beispiel: Ein Industriebetrieb gibt zur Finanzierung notwendiger Erweiterungsinvestitionen eine Anleihe mit einem Nennwert von 10 Millionen DM aus. Ausgabekurs 96 % = 9 600 000,00 DM; Rückzahlungskurs 102 % = 10 200 000,00 DM. Rückzahlung nach 10 Jahren.

① **Buchung bei Ausgabe der Anleihe:**   S | H

    2800 Bank 9 600 000,00
    2900 ARA 600 000,00
        an 4100 Anleiheschulden . . . .   10 200 000,00 (Rückzahlungsbetrag)

② **Buchung zum 31.12.:**
Planmäßige Abschreibung des Disagios und Rückzahlungsagios:
600 000 : 10 = 60 000,00 DM jährlich.

    7590 Sonstige zinsähnliche Aufwendungen   an   2900 ARA 60 000,00

Merke: Bei Hypotheken- und Anleiheschulden werden Abgeld (Damnum bzw. Disagio) und Aufgeld (Rückzahlungsagio) unter der ARA gesondert erfaßt und durch planmäßige Abschreibungen (Konto 7590) auf die entsprechende Laufzeit verteilt.

Die übrigen Verbindlichkeiten, wie

- Verbindlichkeiten a. LL,
- sonstige Verbindlichkeiten,
- Schuldwechsel,
- Bankschulden u. a.,

werden in der Schlußbilanz mit ihrem Nennwert (Nominalwert) angesetzt.

Aufgaben – Fragen

275 Die Elektrowerke GmbH bezieht aus den USA Mikrochips. Rechnungseingang am 18.12. über 15 000 Dollar zum Tageskurs von 1,60 DM. Zahlungsziel vier Wochen.
1. *Wie lautet die Buchung bei Rechnungseingang?*
2. *Wie ist die Auslandsverbindlichkeit zum 31.12. zu bewerten, wenn der Kurs a) 1,60 DM, b) 1,80 DM, c) 1,50 DM beträgt? Begründen Sie Ihre Bewertung.*

276 Die Metallbau GmbH importiert Fertigteile aus der Schweiz zum Rechnungsbetrag von 25 000 sfrs. Zahlungsziel vier Wochen. Rechnungseingang 22.12. Kurs 117,00 DM je 100 sfrs.
1. *Buchen Sie den Rechnungseingang am 22.12.*
2. *Bewerten Sie die Fertigteile zum 31.12. zum Kurs von a) 115,00 DM; b) 120,00 DM.*

277 Ein Industriebetrieb hat am 02.01. eine Hypothek in Höhe von 300 000,00 DM aufgenommen. Laufzeit 10 Jahre. Dem Bankkonto wurde der Auszahlungsbetrag von 282 000,00 DM gutgeschrieben. 8 % Zinsen, jeweils zum 30.06. und 31.12., zuzüglich Tilgung.
1. *Buchen Sie bei Aufnahme der Hypothek.*
2. *Buchen Sie die halbjährlichen Zahlungen für Zinsen und Tilgung.* 3. *Buchen Sie zum 31.12.*

278 Im Konto „4400 Verbindlichkeiten a. LL" ist eine Verbindlichkeit von 20 000 Dollar zum Kurs von 1,80 DM enthalten. Am Bilanzstichtag beträgt der Kurs a) 1,90 DM; b) 1,60 DM.
1. *Ermitteln und begründen Sie den Bilanzansatz zum 31.12.* 2. *Wie lautet die Buchung?*

279 Wir haben am 10.01. eine Hypothek von 900 000,00 DM zu 98 % für einen Neubau aufgenommen. Laufzeit der Hypothek 20 Jahre.
1. *Buchen Sie a) bei Aufnahme der Hypothek und b) zum 31.12.*
2. *Begründen Sie, weshalb steuerlich das Damnum gleichmäßig auf die Laufzeit verteilt wird.*

280 Ein Industriebetrieb gibt zu Beginn des Geschäftsjahres eine Anleihe im Nennwert von 20 Millionen aus. Ausgabekurs 97 %, Rückzahlungskurs 101 %; Rückzahlung nach 10 Jahren.
1. *Ermitteln Sie das Disagio und Rückzahlungsagio.*
2. *Zu welchem Betrag muß die Anleiheschuld passiviert werden?*
3. *Buchen Sie a) bei Ausgabe der Anleihe und b) zum 31.12.*

281 Eine Dachreparatur konnte im Dezember nicht mehr durchgeführt werden und mußte deshalb bis Mitte Januar aufgeschoben werden. Kostenvoranschlag: 5 800,00 DM netto.
1. *Buchen Sie zum 31.12.* 2. *Wie ist zu buchen, wenn im neuen Jahr nach Durchführung der Reparatur folgende Rechnungen durch Bank beglichen werden: a) 5 800,00 DM + USt; b) 6 400,00 DM + USt; c) 5 400,00 DM + USt?*

282 Bildung einer Rückstellung für die Gewerbeertragsteuer über 18 600,00 DM. Banküberweisung der Gewerbeertragsteuer im März n. J.: a) 18 600,00 DM; b) 17 200,00 DM; c) 19 000,00 DM. *Buchen Sie die Bildung und Auflösung der Gewerbeertragsteuerrückstellung.*

283 *Nennen Sie die Buchung:* a) Am Jahresende werden der Pensionsrückstellung für unsere Belegschaftsmitglieder 150 000,00 DM zugeführt. b) Pensionsrückstellungen in Höhe von 17 600,00 DM werden wegen Kündigung von Belegschaftsmitgliedern aufgelöst.

284 Wir bestellen am 02.12. 6000 kg Rohstoffe zu 30,00 DM/kg. Liefertermin 10.02. n. J. Der Wiederbeschaffungswert am 31.12. beträgt 20,00 DM.
1. *Erklären Sie, inwiefern es sich hierbei um ein „schwebendes" Geschäft handelt.*
2. *In welchem Fall müssen schwebende Geschäfte bilanzmäßig berücksichtigt werden?*
3. *Buchen Sie a) zum 31.12. und b) nach Erhalt der Rohstoffe im neuen Jahr.*

285 1. *Nennen Sie Verbindlichkeiten, die zum Nennwert zu passivieren sind.*
2. *Bei welchen Schulden ergibt sich oft ein Bilanzansatz zum höheren Rückzahlungswert?*
3. *Welcher Zusammenhang besteht zwischen Höchstwert- und Niederstwertprinzip?*

3.8 Diverse Aufgaben und Fragen zur Bewertung der Wirtschaftsgüter

286 Zum 31.12.01 beträgt der Forderungsbestand insgesamt 402 500,00 DM. Darin ist eine Forderung an die Illiquid GmbH in Höhe von 34 500,00 DM enthalten, über deren Vermögen am 28.12. das Konkursverfahren eröffnet worden ist. Vor Bilanzaufstellung am 12.02.02 teilt uns der Konkursverwalter mit, daß mit einem Verlust von 80 % zu rechnen sei. Im übrigen ist mit einem allgemeinen Ausfallrisiko von 4 % zu rechnen. Bestände zum 31.12.01: 3670 EWB z. F.: 15 000,00 DM; 3680 PWB z. F.: 12 000,00 DM.
Führen Sie die Bewertung der Forderungen durch und buchen Sie zum 31.12.01.

287 Auf eine im Geschäftsjahr 01 voll abgeschriebene Forderung gehen am 05.01.02, also noch vor der Aufstellung der Bilanz zum 31.12.01, unerwartet 5 750,00 DM ein. *Wie bewerten Sie diesen Fall im Jahresabschluß zum 31.12.01? Nennen Sie gegebenenfalls die Buchung.*

288 Die Textil GmbH exportiert am 15.11.01 Waren in die USA. Abrechnung erfolgt auf Dollarbasis. Dem Kunden werden 200 000,00 Dollar in Rechnung gestellt, zahlbar am 15.01.02. Am Tag der Rechnungsstellung beträgt der Dollarkurs 1,55 DM.
1. *Wie hoch sind die Anschaffungskosten der Forderung? Buchen Sie.*
2. *Mit welchem Wert muß die Forderung zum 31.12.01 angesetzt werden, wenn der Dollarkurs a) 1,70 DM und b) 1,50 DM beträgt? Begründen Sie Ihre Bewertung und nennen Sie, sofern erforderlich, die entsprechende Buchung zum 31.12.*

289 Kauf eines Betriebsgrundstücks für 300 000,00 DM. Die Grunderwerbsteuer beträgt 3,5 %. Der Makler stellt 9 000,00 DM + USt in Rechnung. Für ein Entwässerungsgutachten für das Grundstück wurden 2 000,00 DM + USt gezahlt. Der Anschluß des Grundstücks an den Kanal verursachte Kosten in Höhe von 3 000,00 DM + USt. Der Notar berechnet 1 500,00 DM + USt. Die Grundbuchkosten belaufen sich auf 450,00 DM. Alle Zahlungen erfolgen durch Banküberweisung.
Zur Finanzierung des Grundstücks mußte bei der Sparkasse eine Hypothek über 200 000,00 DM bei 100%iger Auszahlung und 10 % Zinsen aufgenommen werden. Die Zinsen sind halbjährlich im voraus zu zahlen.
1. *Ermitteln Sie die Anschaffungskosten des Grundstücks.*
2. *Begründen Sie, welche Kosten im vorliegenden Fall nicht zu den Anschaffungskosten gehören.*
3. *Buchen Sie die Anschaffung des Grundstücks aufgrund der vorliegenden Rechnungen.*
4. *Nennen Sie den Buchungssatz zur Aufnahme der Hypothek.*
5. *Buchen Sie die Hypothekenzinsen bei Zahlung am 01.10. Wie ist zum 31.12. zu buchen?*

290 Das in Aufgabe 289 genannte Grundstück hat zum Abschlußstichtag des folgenden Geschäftsjahres einen Verkehrswert von 380 000,00 DM.
1. *Nennen Sie den Wertansatz zum 31.12.*
2. *Begründen Sie Ihre Bewertungsentscheidung unter Berücksichtigung der Ihnen bekannten Bewertungsprinzipien.*

291 Es wird unterstellt, daß das in Aufgabe 289 genannte Grundstück nach fünf Jahren wegen Wegfalls der Hauptverkehrsanbindung nur noch einen Wert von 220 000,00 DM hat.
1. *Nennen Sie den Wertansatz für die Jahresbilanz.*
2. *Begründen Sie ausführlich Ihre Bewertung.*
3. *Nennen Sie den Buchungssatz.*
4. *Erläutern Sie die Auswirkung auf den Jahreserfolg.*

292 In der Elektronik GmbH beträgt der Inventurbestand 5 800 Einbauchips. Eine Einzelbewertung war nicht möglich *(Nennen Sie Gründe.)*. Die Anschaffungskosten wurden aufgrund einer Durchschnittsrechnung ermittelt und betragen 156,00 DM je Stück.
Der Tageswert zum 31.12.01 beträgt a) 150,00 DM und b) 162,00 DM.
Begründen Sie den Wertansatz zum 31.12.01.

293 Ein Textilverarbeitungsbetrieb hat einen Posten Stoffe am 04.12. für 15 000,00 DM netto ab Werk gekauft. An den Spediteur wurden für Transport und Versicherung 680,00 DM netto gezahlt. Bei Bezahlung der Ware wurden 2 % Skonto abgezogen.
1. Ermitteln Sie die Anschaffungskosten.
2. Wie ist die Ware zum 31.12. zu bewerten, wenn am Bilanzstichtag der Wiederbeschaffungswert a) 15 800,00 DM und b) 14 000,00 DM beträgt?
3. Begründen Sie jeweils Ihre Bewertungsentscheidung zu 2. a) und 2. b) und nennen Sie die Auswirkung auf den Jahreserfolg.

294 Im Konto „4400 Verbindlichkeiten a. LL" ist eine Währungsverbindlichkeit von 20 000 Dollar zum Anschaffungskurs von 1,70 DM enthalten. Am Bilanzstichtag beträgt der Kurs
        a) 1,55 DM   und   b) 1,85 DM.
1. Ermitteln Sie den Bilanzansatz zu a) und b).
2. Begründen Sie Ihre Bewertungsentscheidung auch im Hinblick auf den Jahreserfolg.
3. Wie lautet die Buchung zum 31.12.?

295 Ein Industriebetrieb hat zur kurzfristigen Anlage 50 Aktien zum Stückkurs von 150,00 DM erworben. Die Bank berechnet insgesamt für Nebenkosten (Maklergebühr, Bankprovision) 1,06 % vom Kurswert.
Zum 31.12. des Anschaffungsjahres beträgt der Stückkurs a) 160,00 DM und b) 120,00 DM.
1. Ermitteln Sie die Anschaffungskosten.
2. Begründen Sie den Wertansatz zum 31.12. des Anschaffungsjahres zu a) und b).
3. Welche Wertansätze sind möglich, wenn der Kurs zum Bilanzstichtag des folgenden Jahres a) 140,00 DM und b) 170,00 DM beträgt?
4. Begründen Sie buchhalterisch, daß durch Wertaufholungen stille Reserven aufgelöst werden.

296 Die Textilwerke GmbH hat in der Handelsbilanz zum 31.12. eine im Vorjahr zu 100 000,00 DM Anschaffungskosten erworbene Maschine mit 10 % linear abgeschrieben.
In der dem Finanzamt eingereichten Steuerbilanz wurde die gleiche Maschine mit dem steuerlichen Höchstsatz degressiv abgeschrieben.
1. Nennen Sie den Wertansatz für die Handels- und Steuerbilanz.
2. Begründen Sie, warum das Finanzamt den niedrigeren Wertansatz in der Steuerbilanz nicht anerkennt, obwohl er steuerlich zulässig ist.

297 Die Elektrowerke Schneider haben zum 31.12. noch 80 Elektromotoren zum durchschnittlichen Anschaffungswert von 190,00 DM auf Lager.
Die Wiederbeschaffungskosten betragen am Bilanzstichtag a) 210,00 DM und b) 160,00 DM.
Begründen Sie den Wertansatz a) und b) und erläutern Sie die Erfolgsauswirkung.

298 Ein Industriebetrieb hat am 15.01. eine Förderanlage erworben. Der Listenpreis beträgt 80 000,00 DM netto. Die Lieferfirma gewährt hierauf 10 % Rabatt.
In Rechnung gestellt werden ferner: Transportkosten 2 000,00 DM, Fundamentierungskosten 2 500,00 DM, Montagekosten 3 500,00 DM, zuzüglich Umsatzsteuer.
Der Rechnungsbetrag wurde mit 2 % Skonto durch Banküberweisung beglichen.
Zur Finanzierung der Anlage wurde ein Darlehen von 60 000,00 DM aufgenommen. Die Zinsen für das laufende Geschäftsjahr wurden mit 5 600,00 DM im voraus überwiesen.
1. Ermitteln Sie die Anschaffungskosten der Förderanlage.
2. a) Erstellen Sie die Rechnung der Lieferfirma. b) Buchen Sie den Eingang der Rechnung.
3. Nennen Sie die Buchung für den Rechnungsausgleich.
4. Die Förderanlage hat eine Nutzungsdauer von 10 Jahren. Ermitteln Sie a) den niedrigsten und b) den höchstmöglichen Abschreibungsbetrag zum 31.12.
5. Nennen Sie den Wertansatz für die Fälle 4 a) und 4 b).
6. Für welchen Wertansatz würden Sie sich entscheiden, wenn das Unternehmen a) mit Verlust und b) mit hohem Gewinn abschließt? Begründen Sie.

299 Der Wert einer Maschine mit Anschaffungskosten von 200 000,00 DM, die linear über 10 Jahre abgeschrieben wird, sinkt im Jahr 04 infolge des technischen Fortschritts zusätzlich um 20 % der Anschaffungskosten.
1. Begründen Sie Ihre Bewertungsentscheidung.
2. Ermitteln Sie die fortgeführten Anschaffungskosten zum 31.12.04.
3. Nennen Sie den Buchungssatz zum 31.12.
4. Ermitteln Sie die Abschreibung für die Restnutzungsdauer.

300 Eine GmbH hat in ihrer dem Handelsregister eingereichten Handelsbilanz die im Abschlußjahr mit Anschaffungskosten von 40 000,00 DM erworbenen geringwertigen Wirtschaftsgüter aktiviert und mit 20 % linear abgeschrieben. In der dem Finanzamt eingereichten Steuerbilanz wurde von der Möglichkeit der Vollabschreibung der geringwertigen Wirtschaftsgüter Gebrauch gemacht.
1. Welche Überlegungen standen im Vordergrund?
2. Begründen Sie die Entscheidung der Finanzverwaltung im vorliegenden Fall.

301 Die fortgeführten Anschaffungskosten einer Maschine betragen zum 31.12.19.. 24 000,00 DM. Der Wert (Teilwert) der Maschine ist infolge Preissteigerung auf 30 000,00 DM gestiegen. Der Buchhalter möchte daher eine Zuschreibung in Höhe von 6 000,00 DM vornehmen, die zu einem Wertansatz von 30 000,00 DM führt.
Beraten Sie den Buchhalter und begründen Sie Ihre Auffassung.

302 Rohstoffe wurden am 20.12.19.. zu 5 000,00 DM netto zuzüglich Bezugskosten netto 300,00 DM angeschafft. Beim Rechnungsausgleich wurden 2 % Skonto abgezogen. Die Rohstoffe sind am 31.12. noch am Lager.
1. Ermitteln Sie die Anschaffungskosten.
2. Wie sind die Rohstoffe zum 31.12. zu bewerten, wenn der Tageswert   a) 6 000,00 DM und   b) 4 600,00 DM beträgt? Begründen Sie Ihre Entscheidung.

303 Die in Aufgabe 302 genannten Rohstoffe wurden in der Bilanz zum 31.12.19.. nach dem strengen Niederstwertprinzip mit 4 600,00 DM bewertet. Es wird unterstellt, daß die Rohstoffe auch noch zum 31.12. des folgenden Jahres vorhanden sind und der Tageswert nunmehr 5 100,00 DM beträgt.
1. Nennen Sie die möglichen Wertansätze zum 31.12. des letzten Jahres, wenn der Steuerpflichtige   a) niedrigste und   b) höchste Bewertung wünscht.
2. Erklären Sie an diesem Beispiel das Recht auf Wertbeibehaltung und Wertaufholung.
3. Erläutern Sie die Auswirkungen auf den Gewinn.

304 Ein Industriebetrieb hat ein Grundstück erworben. Anschaffungskosten 150 000,00 DM. Am Bilanzstichtag beträgt der Tageswert (Teilwert)   a) 180 000,00 DM und   b) 100 000,00 DM. Im Fall b) handelt es sich um eine Wertminderung, die auf ein Bauverbot für das Grundstück zurückzuführen ist.
1. Ermitteln und begründen Sie für die beiden Fälle den jeweiligen Wertansatz.
2. Welche Möglichkeiten der Bilanzierung des Grundstücks bestehen, wenn nach vier Jahren das Bauverbot aufgehoben wird?

305 Im Geschäftsjahr 19.. wurde eine Beteiligung an einer Aktiengesellschaft für 10 Millionen DM erworben. Zum 31.12. des gleichen Jahres ist der Wert geringfügig auf 9,7 Millionen DM gesunken. Die Unternehmensleitung erwartet für das nächste Jahr wieder eine Wertsteigerung.
1. Welche Möglichkeiten der Bewertung bestehen nach § 253 (2) HGB?
2. Begründen Sie Ihre Bewertungsentscheidung für die Beteiligung, wenn das Unternehmen   a) mit Gewinn und   b) mit Verlust abschließt.

306 Ermitteln Sie die Herstellungskosten für den Bestand an fertigen Erzeugnissen zum 31.12.19..
1. bei handels- und steuerrechtlich zulässiger höchster Bewertung,
2. bei a) handels- und b) steuerrechtlich zulässiger niedrigster Bewertung.

Fertigungsmaterial	10 000,00 DM
Materialgemeinkosten	2 000,00 DM
Fertigungslöhne	15 000,00 DM
Fertigungsgemeinkosten	45 000,00 DM
Sondereinzelkosten der Fertigung	2 000,00 DM
Verwaltungsgemeinkosten	8 000,00 DM
Vertriebsgemeinkosten	6 000,00 DM

307 In der Maschinenbau GmbH wird ein Fließband für die eigene Fertigung erstellt. Die technische Abnahme erfolgt durch den TÜV, der 4 000,00 DM netto in Rechnung stellt. Das Fließband wird am 18.10. in Betrieb genommen. Nutzungsdauer 10 Jahre. Die Kalkulation stellt folgende Zahlen zur Verfügung:

Fertigungsmaterial	60 000,00 DM
Materialgemeinkosten	7 200,00 DM
Fertigungslöhne	80 000,00 DM
Fertigungsgemeinkosten	160 000,00 DM
Verwaltungsgemeinkosten	5 000,00 DM

1. Ermitteln Sie unter Berücksichtigung aller Angaben die handelsrechtlichen Herstellungskosten a) bei niedrigster und b) bei höchster Bewertung.
2. Berechnen Sie die steuerlichen HK a) bei niedrigster und b) bei höchster Bewertung.
3. Das Unternehmen entscheidet sich für den niedrigsten Wertansatz in der Handelsbilanz. Erläutern Sie die Konsequenzen für die Steuerbilanz und begründen Sie diese.
4. Wie lautet die Buchung zur Aktivierung der selbsterstellten Anlage?
5. Welche Auswirkung hat die Aktivierung von Eigenleistungen auf den Gewinn?
6. Der Buchhalter möchte in der Handelsbilanz linear abschreiben, in der Steuerbilanz jedoch die höchstmögliche Abschreibung vornehmen. Beraten Sie den Buchhalter.
7. Ermitteln Sie a) den Abschreibungsbetrag bei linearer Abschreibung zum 31.12.01 und b) die fortgeführten Herstellungskosten für die Handelsbilanz.
8. Am Ende des 4. Nutzungsjahres wird das Fließband wegen Produktionsumstellung nicht mehr benötigt. Zum 31.12.04 ist deshalb eine zusätzliche Wertminderung von 40 % der Herstellungskosten zu berücksichtigen. Ermitteln Sie den Wertansatz zum 31.12.04.

308 Ein Industriebetrieb hat am 15.11. d. J. 300 t Rohstoffe T 401 zu 700,00 DM/t zur Lieferung am 28.02. n. J. fix bestellt. Zum 31.12. d. J. ist der Preis auf 550,00 DM/t nachhaltig gefallen.
1. Begründen Sie Ihren Vorschlag an den Buchhalter für den Jahresabschluß zum 31.12. d. J.
2. Wie lautet gegebenenfalls die erforderliche Buchung zum 31.12. d. J.?
3. Wie buchen Sie nach Eingang der Rohstoffe am 28.02. n. J.?
4. Wie würden Sie den Fall behandeln, wenn der Preis am 31.12. d. J. 1 000,00 DM/t beträgt?

309 1. Nennen Sie die Zielsetzung a) der Handelsbilanz und b) der Steuerbilanz.
2. Was beinhaltet der „Grundsatz der Maßgeblichkeit der Handelsbilanz für die Steuerbilanz"?
3. Welche Unternehmen stellen sowohl eine Handels- als auch eine Steuerbilanz auf?
4. Erläutern Sie den Zusammenhang zwischen dem Prinzip der Vorsicht und dem Anschaffungswert-, Niederstwert-, Höchstwert- und Imparitätsprinzip.
5. Unterscheiden Sie zwischen strengem und gemildertem Niederstwertprinzip.
6. Nennen Sie Ausnahmen des Grundsatzes der Einzelbewertung.
7. Nennen Sie mögliche Abweichungen in der Handels- und Steuerbilanz.

4 Abschluß in der Hauptabschlußübersicht

Vor dem endgültigen Abschluß aller Konten macht man in der Praxis meist einen Probeabschluß in Form einer tabellarischen

Hauptabschlußübersicht,

die auch als Abschlußtabelle oder Betriebsübersicht bezeichnet wird. Das geschieht, um

- die rechnerische Richtigkeit der im Geschäftsjahr vorgenommenen Buchungen zu überprüfen (Buchungsfehler),
- eine zusammenfassende Übersicht über alle Daten der Bestands- und Erfolgskonten als Informations- und Entscheidungsgrundlage für die Unternehmensleitung zu gewinnen,
- den Jahresabschluß vorzubereiten. Viele vorbereitende Abschlußbuchungen bedürfen grundsätzlicher Vorüberlegungen (Bewertungsfragen) und damit der Entscheidung der Geschäftsleitung, z. B. über die Höhe der Abschreibungen, die Bildung von Rückstellungen, die Bewertung von Forderungen u. a. Es ist daher sinnvoll, den Jahresabschluß zunächst außerhalb der Buchführung tabellarisch vorzunehmen.

Die Hauptabschlußübersicht des Industriebetriebes umfaßt in der Regel 6 Spalten:[1]

1. Summenbilanz

Sie bildet den Ausgangspunkt und damit die Grundlage für die zu erstellende Hauptabschlußübersicht. Die Summenbilanz übernimmt deshalb alle im Geschäftsjahr geführten Bestands- und Erfolgskonten einzeln mit den Summen ihrer Soll- und Habenseite, die sich aus der Buchung der Anfangsbestände und aller Geschäftsfälle ergeben haben. Im Sinne der Bilanzgleichung muß die Summenbilanz im Endergebnis auf beiden Seiten die gleichen Summen aufweisen (Probebilanz!); sie ist damit Beleg für die rechnerische Richtigkeit der Buchungen. In der Summenbilanz sind bereits wichtige Umschlagszahlen auf den Sachkonten zu erkennen, z. B. Umfang der entstandenen und ausgeglichenen Forderungen und Verbindlichkeiten, die Bewegungen auf den Finanzkonten u. a. m.

2. Saldenbilanz I

Aus den Zahlen der Summenbilanz werden für die einzelnen Konten die Salden ermittelt und in die Saldenbilanz I eingetragen. Im Gegensatz zum Konto muß der Saldo in der Saldenbilanz jeweils auf der größeren Seite erscheinen. Sind die Salden richtig errechnet, so müssen Soll- und Habenseite auch in der Saldenbilanz summengleich sein.

3. Umbuchungen

Diese Spalte nimmt die vorbereitenden Abschlußbuchungen auf:

- Abschreibungen auf Anlagen und Umlaufvermögen
- Bestandsveränderungen an Roh-, Hilfs- und Betriebsstoffen u. a.
- Bestandsveränderungen an unfertigen und fertigen Erzeugnissen
- Zeitliche Abgrenzungen
- Ausgleich von Bestandsdifferenzen zwischen Buchbestand und Istbestand lt. Inventur
- Bildung von Rückstellungen
- Bewertungskorrekturen
- Abschluß der Unterkonten über die entsprechenden Hauptkonten, z. B. Privat, Bezugskosten, Erlösberichtigungen, Nachlässe
- Verrechnung der Konten „Vorsteuer" und „Umsatzsteuer"

Die Buchungen werden in der Umbuchungsspalte nach den Regeln der Doppik durchgeführt. Es empfiehlt sich jedoch, eine gesonderte Umbuchungsliste als Beleg anzufertigen, die alle Angaben und Daten ausweist.

---

[1] Der „Summenbilanz" können noch zusätzlich die Spalten **„Eröffnungsbilanz"** und **„Umsatzbilanz"** vorgeschaltet werden, aus deren Addition sich dann die **„Summenbilanz"** ergibt (= achtspaltige Hauptabschlußübersicht).

Hauptabschlußübersicht (Betriebsübersicht)

Kto.-Nr.	Sachkonten der Firma Jörg Breuer	Summenbilanz S	Summenbilanz H	Saldenbilanz I S	Saldenbilanz I H	Umbuchungen S	Umbuchungen H	Saldenbilanz II S	Saldenbilanz II H	Schlußbilanz Aktiva	Schlußbilanz Passiva	Gewinn und Verlust Aufw.	Gewinn und Verlust Erträge
0700	TA u. Maschinen	250000	–	250000	–	–	50000	200000	–	200000	–	–	–
0800	Andere Anlagen, BGA	80000	–	80000	–	–	16000	64000	–	64000	–	–	–
2000	Rohstoffe	70000	–	70000	–	20000	–	90000	–	90000	–	–	–
2100	Unfertige Erzeugnisse	10000	–	10000	–	38000	–	48000	–	48000	–	–	–
2200	Fertige Erzeugnisse	45000	–	45000	–	–	26000	19000	–	19000	–	–	–
2400	Forderungen a. LL	910000	780000	130000	–	–	–	130000	–	130000	–	–	–
2600	Vorsteuer	35000	30000	5000	–	–	5000	–	–	–	–	–	–
2800	Bank	780000	660000	120000	–	–	–	120000	–	120000	–	–	–
2880	Kasse	60000	40000	20000	–	–	2000	18000	–	18000	–	–	–
2900	ARA	25000	25000	–	–	8000	–	8000	–	8000	–	–	–
3000	Eigenkapital	–	520000	–	520000	36000	–	–	484000	–	484000	–	–
3001	Privat	36000	–	36000	–	–	36000	–	–	–	–	–	–
4400	Verbindlichkeiten a. LL	330000	400000	–	70000	–	–	–	70000	–	70000	–	–
4800	Umsatzsteuer	80000	95000	–	15000	5000	–	–	10000	–	10000	–	–
5000	Umsatzerlöse	–	876000	–	876000	25000	–	–	851000	–	–	–	851000
5001	Erlösberichtigungen	25000	–	25000	–	–	25000	–	–	–	–	–	–
5200	Bestandsveränderungen	–	–	–	–	26000	38000	–	12000	–	–	–	12000
5410	Provisionserträge	–	25000	–	25000	–	–	–	25000	–	–	–	25000
6000	Aufwendg. f. Rohstoffe	280000	–	280000	–	5000	20000	265000	–	–	–	265000	–
6001	Bezugskosten	5000	–	5000	–	–	5000	–	–	–	–	–	–
62..	Personalkosten	250000	–	250000	–	–	–	250000	–	–	–	250000	–
6520	AfA auf Sachanlagen	–	–	–	–	66000	–	66000	–	–	–	66000	–
6570	Umlaufvermögen	–	–	–	–	–	–	–	–	–	–	–	–
6700	Mietaufwendungen	180000	–	180000	–	2000	8000	172000	–	–	–	172000	–
		3451000	3451000	1506000	1506000	231000	231000	1452000	1452000	697000	564000	755000	888000
											133000	133000	
										697000	697000	888000	888000

Schlußbestand an Rohstoffen lt. Inventur ..... 90000,00 DM
− Anfangsbestand an Rohstoffen .... 70000,00 DM
Mehrbestand an Rohstoffen .... 20000,00 DM
Umbuchung: 2000 an 6000 .... 20000,00 DM

Unternehmungsgewinn:
Eigenkapital zum 01.01. .. 520000,00 DM
− Privatentnahmen .... 36000,00 DM
                              484000,00 DM
+ Unternehmungsgewinn . 133000,00 DM
Eigenkapital zum 31.12. .. 617000,00 DM

4. Saldenbilanz II

Aus der Saldenbilanz I und der Umbuchungsspalte ergeben sich nunmehr die endgültigen Salden in der Saldenbilanz II. Aus ihr werden die Erfolgsrechnung und die Schlußbilanz entwickelt.

5. Schlußbilanz = Inventurbilanz

Sie übernimmt aus der Saldenbilanz II die Salden aller Bestandskonten und weist somit die endgültigen Bilanzansätze aus, die der Inventur und Bewertung entsprechen. Aktiva und Passiva sind in der Regel nicht summengleich. Der Saldo bedeutet Gewinn oder Verlust, je nachdem, welche Seite überwiegt. Dieser Saldo muß dem Saldo der Spalte 6 „Gewinn- und Verlustrechnung" entsprechen.

6. Gewinn und Verlust = Unternehmungsergebnis

Diese Spalte weist durch die Gegenüberstellung aller Aufwendungen und Erträge als Saldo den Gewinn oder Verlust (Jahresergebnis) der Unternehmung aus.

Beispiel: In der Umbuchungsspalte der nebenstehenden Hauptabschlußübersicht wurden aufgrund der folgenden **Abschlußangaben lt. Inventur** die nachstehenden **Umbuchungen** (vorbereitenden Abschlußbuchungen) vorgenommen:

- Abschreibungen auf 0700: 20 % = 50 000,00 DM; auf 0800: 20 % = 16 000,00 DM:

Buchung: 6520 Abschreibungen auf Sachanlagen 66 000,00
           an 0700 Technische Anlagen und Maschinen ... 50 000,00
           an 0800 Andere Anlagen, BGA 16 000,00

- Mehrbestand an Rohstoffen lt. Inventur: 20 000,00 DM:

Buchung: 2000 Rohstoffe .... an 6000 Aufwendungen f. Rohst. 20 000,00

- Mehrbestand an unfertigen Erzeugnissen lt. Inventur: 38 000,00 DM:

Buchung: 2100 Unfertige Erzeugnisse .. an 5200 Bestandsveränderungen 38 000,00

- Minderbestand an fertigen Erzeugnissen lt. Inventur: 26 000,00 DM:

Buchung: 5200 Bestandsveränderungen an 2200 Fertige Erzeugnisse 26 000,00

- Kassenfehlbetrag lt. Inventur: 2 000,00 DM:

Buchung: 6570 Abschreib. auf UV ..... an 2880 Kasse 2 000,00

- Konto 6700 enthält unsere Mietvorauszahlung für Januar n. J.: 8 000,00 DM:

Buchung: 2900 ARA .... an 6700 Mietaufwendungen 8 000,00

- Abschluß der Unterkonten bzw. Umbuchungen:

  ① 3000 Eigenkapital .... an 3001 Privat 36 000,00
  ② 5000 Umsatzerlöse für eig. Erz. .... an 5001 Erlösberichtigungen .. 25 000,00
  ③ 4800 Umsatzsteuer .... an 2600 Vorsteuer 5 000,00
  ④ 6000 Aufwendungen für Rohstoffe . an 6001 Bezugskosten 5 000,00

Kontenmäßiger Abschluß. Auf der Grundlage der Hauptabschlußübersicht werden zunächst die Umbuchungen auf den entsprechenden Konten vorgenommen. Sodann erfolgt der eigentliche kontenmäßige Abschluß der Bestands- und Erfolgskonten zum Gewinn- und Verlust- bzw. Schlußbilanzkonto.

Merke:
- Die Hauptabschlußübersicht (Betriebsübersicht) dient vor allem der Vorbereitung des kontenmäßigen Jahresabschlusses eines Unternehmens.
- Die Hauptabschlußübersicht vermittelt in tabellarischer Form eine Gesamtübersicht der Daten aller Bestands- und Erfolgskonten.

Aufgaben

310 Stellen Sie aus nachfolgenden Summenbilanzen Hauptabschlußübersichten auf.
311

310		Konten	311	
Soll	Haben		Soll	Haben
50 000,00	–	0510 Bebaute Grundstücke	50 000,00	–
250 000,00	–	0530 Betriebsgebäude	280 000,00	–
120 000,00	–	0700 TA und Maschinen ...	90 000,00	–
60 000,00	–	0800 Andere Anlagen, BGA	45 000,00	–
23 500,00	–	2000 Rohstoffe	21 300,00	–
8 500,00	–	2020 Hilfsstoffe	6 400,00	–
11 500,00	–	2100 Unfertige Erzeugnisse	9 500,00	–
20 000,00	–	2200 Fertige Erzeugnisse ..	18 000,00	–
220 000,00	198 500,00	2400 Forderungen a. LL ...	195 000,00	172 600,00
23 400,00	22 700,00	2600 Vorsteuer	19 700,00	18 200,00
330 000,00	305 600,00	2800 Bank	290 000,00	261 400,00
154 200,00	148 500,00	2880 Kasse	132 100,00	127 800,00
–	–	2900 ARA	–	–
–	450 000,00	3000 Eigenkapital	–	420 800,00
18 500,00	–	3001 Privat	16 500,00	–
–	–	3900 Sonst. Rückstellungen	–	–
105 000,00	121 400,00	4400 Verbindlichkeiten a. LL	87 000,00	104 500,00
58 600,00	63 500,00	4800 Umsatzsteuer	55 300,00	58 900,00
–	693 000,00	5000 Umsatzerlöse	–	626 800,00
21 500,00	–	5001 Erlösberichtigungen ..	12 000,00	–
–	–	5200 Bestandsveränderung.	–	–
–	9 400,00	5410 Sonstige Erträge	–	8 900,00
118 500,00	–	6000 Aufw. für Rohstoffe ...	109 000,00	–
3 000,00	–	6001 Bezugskosten	2 000,00	–
56 500,00	–	6020 Aufw. für Hilfsstoffe ..	51 600,00	–
146 000,00	–	6200 Löhne	138 000,00	–
190 000,00	–	6300 Gehälter	150 000,00	–
–	–	6520 Abschr. a. Sachanlagen	–	–
17 200,00	–	6770 Rechts- u. Beratungsko.	15 500,00	–
6 200,00	–	6900 Versicherungsbeiträge	5 100,00	–
500,00	–	6940 Sonst. Aufwendungen	900,00	–
–	–	6960 Verluste aus V-Abgang	–	–
2 012 600,00	2 012 600,00		1 799 900,00	1 799 900,00

Abschlußangaben lt. Inventur für die Aufgaben 310 und 311:
1. Mehrbestand an unfertigen Erzeugnissen lt. Inventur 35 000,00
   Minderbestand an fertigen Erzeugnissen lt. Inventur 8 000,00
2. Mehrbestand an Rohstoffen lt. Inventur 25 000,00
   Minderbestand an Hilfsstoffen lt. Inventur 5 000,00
3. Bildung einer Rückstellung für Prozeßkosten 3 500,00
4. Konto 6900 enthält Vorauszahlungen der Versicherungsprämie f. neues Jahr 1 200,00
5. Kassenfehlbetrag lt. Inventur 500,00
6. Planmäßige Abschreibung: 0530: 5 000,00 (5 600,00); 0700: 24 000,00 (18 000,00);
                    0800: 6 000,00 (4 500,00).
7. Alle übrigen Buchbestände stimmen mit der Inventur überein.

5 Jahresabschluß der Personengesellschaften
5.1 Abschluß der Offenen Handelsgesellschaft (OHG)

Unbeschränkte Haftung. Die Gesellschafter der OHG haften voll in unbeschränkter Höhe, also nicht nur mit ihren Kapitaleinlagen, sondern auch mit ihrem Privatvermögen. Jeder Gesellschafter hat sein Eigenkapital- und Privatkonto.

Gewinn- und Verlustverteilung. Die Verteilung des Gesamtgewinns der OHG ist entweder von den Gesellschaftern vertraglich geregelt (Gesellschaftsstatut) oder richtet sich nach den gesetzlichen Vorschriften (§ 121 HGB). Danach erhalten die Gesellschafter ihre Kapitaleinlagen zu 4 % verzinst, der Rest des Gewinns wird nach Köpfen verteilt. Der Verlust wird von allen Gesellschaftern zu gleichen Teilen getragen. Für ihre Arbeitsleistung erhalten die geschäftsführenden Gesellschafter der OHG vorab entsprechende Gewinnanteile.

Beispiel: In einer OHG betragen die Kapitalanteile der Gesellschafter A 240 000,00 DM und B 360 000,00 DM. Das Privatkonto A weist 68 000,00 DM, Privatkonto B 70 000,00 DM Entnahmen aus. Der Gesamtgewinn von 200 000,00 DM wird wie folgt verteilt:

Gesellschafter B erhält für die Geschäftsführung vorab 72 000,00 DM. Die Kapitaleinlagen werden mit 8 % verzinst. Der Restgewinn wird nach Köpfen verteilt.

Gesell-schafter	Kapital 01.01.	Arbeits-anteil	Kapital-verzinsung	Rest-gewinn	Gesamt-gewinn	Privat-entnahme	Kapital 31.12.
A	240 000,00	–	19 200,00	40 000,00	59 200,00	68 000,00	231 200,00
B	360 000,00	72 000,00	28 800,00	40 000,00	140 800,00	70 000,00	430 800,00
	600 000,00	72 000,00	48 000,00	80 000,00	200 000,00	138 000,00	662 000,00

Buchungen. Die Gewinnanteile werden den Kapitalkonten der Gesellschafter auf der Grundlage einer Gewinnverteilungstabelle (Beleg!) gutgeschrieben. Im Falle eines Verlustes sind die Kapitalkonten entsprechend zu belasten. Die Privatkonten werden über die zugehörigen Kapitalkonten abgeschlossen. *Nennen Sie die Abschlußbuchungssätze ①, ② und ③.*

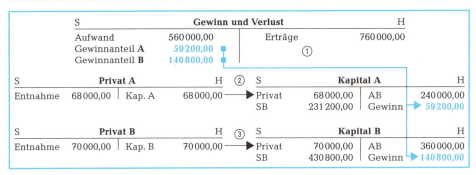

Merke:
- Die OHG führt für jeden Gesellschafter ein Kapital- und Privatkonto.
- Gewinn- und Verlustanteile werden deshalb unmittelbar auf dem Kapitalkonto des Gesellschafters gebucht.

---

312 Der Jahresgewinn einer OHG in Höhe von 220 000,00 DM soll nach § 121 HGB auf zwei Gesellschafter mit den Kapitalanteilen A 200 000,00 DM und B 300 000,00 DM verteilt werden. Die Privatentnahmen von A betragen 48 000,00 DM und von B 50 000,00 DM.
1. Erstellen Sie eine Gewinnverteilungstabelle mit Kapitalentwicklung und buchen Sie.
2. Nehmen Sie kritisch Stellung zur gesetzlichen Regelung der Gewinnverteilung.

313

Saldenbilanz der Marc Gruppe OHG	Soll	Haben
0700 Technische Anlagen und Maschinen	620 000,00	–
0800 Andere Anlagen, Betriebs- und Geschäftsausstattung	360 000,00	–
2000 Rohstoffe	280 000,00	–
2200 Fertige Erzeugnisse	15 000,00	–
2400 Forderungen a. LL	288 000,00	–
2600 Vorsteuer	83 000,00	–
2690 Sonstige Forderungen	2 000,00	–
2800 Bank	228 000,00	–
3000 Kapital M. Gruppe	–	400 000,00
3001 Privat M. Gruppe	83 000,00	–
3010 Kapital S. Krüger	–	200 000,00
3011 Privat S. Krüger	79 000,00	–
3900 Sonstige Rückstellungen	–	15 500,00
4250 Darlehensschulden	–	444 000,00
4400 Verbindlichkeiten a. LL	–	215 000,00
4800 Umsatzsteuer	–	80 000,00
4890 Sonstige Verbindlichkeiten	–	17 500,00
5000 Umsatzerlöse für eigene Erzeugnisse	–	1 511 000,00
5001 Erlösberichtigungen	8 000,00	–
5480 Erträge aus der Auflösung von Rückstellungen	–	5 000,00
5710 Zinserträge	–	6 000,00
6000 Aufwendungen für Rohstoffe	460 000,00	–
6001 Bezugskosten	10 000,00	–
6002 Nachlässe	–	6 000,00
6700 Mietaufwendungen	120 000,00	–
6930 Verluste aus Schadensfällen	19 000,00	–
7510 Zinsaufwendungen	25 000,00	–
7800 Diverse Aufwendungen	220 000,00	–
Weitere Konten: 5200, 6520, 8010, 8020.	2 900 000,00	2 900 000,00

Abschlußangaben zum 31.12.:

1. Planmäßige Abschreibungen: Maschinen: 180 000,00 DM; BGA: 80 000,00 DM.
2. Eine Maschine (11 500,00 DM Buchwert) erleidet Totalschaden. Schrottwert: 0,00 DM.
3. Eine im Vorjahr gebildete Garantierückstellung über 5 000,00 DM erübrigt sich.
4. Kunde erhält Gutschrift für Bonus, Gutschriftsanzeige: 3 000,00 DM + USt.
5. Steuerberichtigungen: Liefererskonti: 450,00 DM; Kundenskonti: 380,00 DM.
6. Darlehenszinsen in Höhe von 12 000,00 DM werden von uns halbjährlich nachträglich jeweils zum 31.03. und 30.09. gezahlt. Letzte Zahlung erfolgte am 30.09.
7. Brandschaden im Rohstofflager 15 000,00 DM (kein Versicherungsanspruch).
8. Für einen drohenden Verlust aus einem schwebenden Geschäft (Kaufvertrag über die Lieferung von Rohstoffen) ist eine Rückstellung über 25 000,00 DM zu bilden.
9. Die Dezembermiete für die Werkshalle wird von uns am 02.01. überwiesen: 8 000,00 DM.
10. Die Zinsgutschrift der Bank über 4 500,00 DM erfolgt erst am 06.01. n. J.
11. Rohstoffschlußbestand: Anschaffungskosten: 180 000,00 DM; Tageswert: 195 000,00 DM. Bewertung nach dem Niederstwertprinzip.
12. Inventurbestand an fertigen Erzeugnissen: 25 000,00 DM.
13. Gewinnverteilung: Der Gesellschafter Gruppe erhält vorab eine Arbeitsvergütung von 120 000,00 DM. Im übrigen: 8 % Kapitalverzinsung und der Restgewinn im Verhältnis 3 : 1.

1. Ermitteln Sie die Rendite der Kapitalanteile der Gesellschafter.
2. Erstellen Sie für die OHG die Bilanz gemäß § 266 HGB.

5.2 Abschluß der Kommanditgesellschaft (KG)

Die unterschiedliche Haftung der Gesellschafter unterscheidet die KG von der OHG:

- **Der Vollhafter (Komplementär)** haftet wie der OHG-Gesellschafter unbeschränkt mit seinem Betriebs- und Privatvermögen (§ 161 HGB).
- **Der Teilhafter (Kommanditist)** haftet nur beschränkt in Höhe der vertraglich festgesetzten und im Handelsregister eingetragenen Kapitaleinlage. Der Kommanditist verfügt deshalb über kein Privatkonto (§§ 161, 171 HGB).

Die Gewinn- und Verlustverteilung ist auch bei der KG entweder vertraglich geregelt oder richtet sich nach den gesetzlichen Vorschriften (§§ 167-169 HGB). Danach erhalten die Vollhafter wie auch die Teilhafter zunächst ihre Kapitaleinlage zu 4 % verzinst. Der Restgewinn wird in einem „angemessenen Verhältnis" der Kapitalteile, also unter Berücksichtigung der Einlagenhöhe, der Mitarbeit im Unternehmen und der persönlichen Haftung, verteilt. Am Verlust sind die Gesellschafter ebenfalls in angemessenem Verhältnis zu beteiligen.

Beispiel: In einer KG betragen die Kapitaleinlagen des Komplementärs A 500 000,00 DM und des Kommanditisten B 200 000,00 DM. Das Privatkonto A weist Entnahmen in Höhe von 80 000,00 DM aus. Der Gesamtgewinn beträgt zum 31.12. 240 000,00 DM.

Vertragliche Gewinnverteilung: Der Komplementär erhält aus dem Jahresgewinn für seine Arbeitsleistung vorab 60 000,00 DM. Die Kapitaleinlagen werden mit 4 % verzinst, der Restgewinn wird im Verhältnis 3 : 1 verteilt.

Gesell-schafter	Kapital 01.01.	Arbeits-anteil	Kapital-verzinsung	Rest-gewinn	Gesamt-gewinn	Privat-entnahme	Kapital 31.12.
A	500 000,00	60 000,00	20 000,00	114 000,00	194 000,00	80 000,00	614 000,00
B	200 000,00	–	8 000,00	38 000,00	46 000,00	–	200 000,00
	700 000,00	60 000,00	28 000,00	152 000,00	240 000,00	80 000,00	814 000,00

Buchungen. Die unterschiedlichen Haftungsverhältnisse der Gesellschafter der KG bedingen auch unterschiedliche Buchungen. Beim Komplementär ergeben sich die gleichen Buchungen wie beim OHG-Gesellschafter. Der Gewinnanteil des Kommanditisten darf jedoch wegen der festen Kapitaleinlage nicht seinem Kapitalkonto gutgeschrieben werden, sondern muß als „Sonstige Verbindlichkeit" auf dem Konto „4870 Verbindlichkeiten gegenüber Gesellschaftern" gebucht werden. Ein Verlustanteil ist als „Sonstige Forderung" der KG an den Kommanditisten zu buchen (2690 an 8020), damit das Kommanditkapitalkonto das vereinbarte Haftungskapital unverändert ausweist.

Buchung: 8020 Gewinn und Verlust 240 000,00
   an 3000 Kapital Vollhafter A 194 000,00
   an 4870 Verbindl. gegenüber Gesellschaftern ... 46 000,00

Aktiva	Bilanz der A-KG		Passiva
		01.01.	31.12.
Anlagevermögen	Kapital Vollhafter A	500 000,00	614 000,00
Umlaufvermögen	Kapital Teilhafter B	200 000,00	200 000,00
	Sonstige Verbindlichk.	–	46 000,00

Merke: Gewinnanteile der Kommanditisten sind „Sonstige Verbindlichkeiten".

314 Die Schulz KG besteht aus dem Vollhafter H. Schulz (400 000,00 DM Kapitalanteil) und dem Teilhafter R. Schneider (200 000,00 DM Kommanditkapital). Das Privatkonto Schulz weist 70 000,00 DM Entnahmen zum 31.12. aus. Der Gesamtgewinn beträgt 180 000,00 DM. Für die Geschäftsführung erhält Schulz monatlich 5 500,00 DM. Jeder Gesellschafter erhält vorab 8 %. Der Restgewinn ist im Verhältnis 4 : 1 zu verteilen. *Erstellen Sie die Gewinnverteilungstabelle mit Kapitalentwicklung und buchen Sie. Beurteilen Sie auch den Erfolg der KG.*

315

Saldenbilanz der Paul von Raupach KG zum 31.12.	Soll	Haben
0500 Unbebaute Grundstücke	130 000,00	–
0510 Bebaute Grundstücke	50 000,00	–
0530 Betriebsgebäude	800 000,00	–
0700 Technische Anlagen und Maschinen	780 000,00	–
0800 Andere Anlagen, Betriebs- und Geschäftsausstattung	260 000,00	–
2000 Rohstoffe	260 000,00	–
2002 Nachlässe	–	8 000,00
2200 Fertige Erzeugnisse	60 000,00	–
2400 Forderungen a. LL	299 000,00	–
2600 Vorsteuer	95 000,00	–
2690 Sonstige Forderungen	16 000,00	–
2800 Bank	193 000,00	–
2880 Kasse	5 000,00	–
3000 Kapital Vollhafter Paul von Raupach	–	900 000,00
3001 Privat P. von Raupach	70 000,00	–
3070 Kapital Teilhafter M. Breuer	–	300 000,00
3680 Pauschalwertberichtigung zu Forderungen	–	6 000,00
3900 Sonstige Rückstellungen	–	5 000,00
4250 Hypothekenschulden	–	650 000,00
4400 Verbindlichkeiten a. LL	–	307 000,00
4800 Umsatzsteuer	–	35 000,00
4870 Verbindlichkeiten gegenüber Gesellschaftern	–	–
4890 Sonstige Verbindlichkeiten	–	95 000,00
5000 Umsatzerlöse für eigene Erzeugnisse	–	1 675 000,00
5001 Erlösberichtigungen	15 000,00	–
5400 Mieterträge	–	14 000,00
5420 Steuerpflichtiger Eigenverbrauch P. von Raupach	–	5 000,00
6160 Fremdinstandhaltung	10 000,00	–
6900 Versicherungsbeiträge	15 000,00	–
6951 Abschreibungen auf Forderungen	8 000,00	–
6960 Verluste aus dem Abgang von Vermögensgegenständen	16 000,00	–
7510 Zinsaufwendungen	28 000,00	–
7800 Diverse Aufwendungen	890 000,00	–
Weitere Konten: 2900, 4900, 5200, 6520, 6550, 6953, 8010, 8020.	4 000 000,00	4 000 000,00

Abschlußangaben zum 31.12.:
Beachten Sie: Materialeinkäufe wurden auf Bestandskonten der Klasse 2 erfaßt.
1. Planmäßige AfA: Gebäude: 18 000,00 DM; Maschinen: 90 000,00 DM; BGA: 30 000,00 DM.
2. Dauernde Wertminderung des unbebauten Grundstücks: 25 000,00 DM.
3. Eigenverbrauch des Vollhafters, netto: 2 500,00 DM Erzeugnisse, 1 500,00 DM Telefon.
4. Eine Forderung über 4 600,00 DM brutto wird uneinbringlich.
5. Maschinenreparatur erfolgt erst im März n.J. Geschätzte Kosten: 15 600,00 DM.
6. Verrechnung des Mietwertes: Privatwohnung Raupach i. Geschäftsgebäude: 900,00 DM.
7. Ein Mieter hatte die Lagerraummiete für Dezember bis Februar n.J. am 01.12. mit 2 700,00 DM im voraus an die KG überwiesen.
8. Die Kfz-Versicherungen wurden am 01.10. für 1 Jahr im voraus gezahlt: 2 400,00 DM.
9. Gutschrift für Lieferboni steht zum 31.12. noch aus: 5 000,00 DM netto.
10. Hypothekenzinsen in Höhe von 12 000,00 DM werden halbjährlich nachträglich jeweils zum 31.03. und 30.09. gezahlt. Letzte Zahlung erfolgte am 30.09.
11. Kassenfehlbetrag lt. Inventur 450,00 DM.
12. Die PWB ist auf 5 % des Forderungsbestandes zu bemessen.
13. Rohstoffschlußbestand: Anschaffungskosten: 115 000,00 DM; Tageswert: 100 000,00 DM.
14. Schlußbestand an fertigen Erzeugnissen lt. Inventur: 90 000,00 DM.
15. Gewinnverteilung: Der geschäftsführende Gesellschafter Paul von Raupach erhält vorab eine Arbeitsvergütung von 120 000,00 DM. Im übrigen ist der Gewinn im Verhältnis 4 : 1 zu verteilen. *Ermitteln Sie die Rendite der Kapitalanteile der Gesellschafter.*

6 Jahresabschluß der Kapitalgesellschaften
6.1 Publizitäts- und Prüfungspflicht

Der **Jahresabschluß der Kapitalgesellschaften** (GmbH, AG, KGaA) besteht aus drei Teilen, die nach § 264 HGB eine Einheit bilden (→ Faltblatt im Anhang):

- **Bilanz** (§ 266 HGB) • **Gewinn- und Verlustrechnung** (§ 275 HGB) • **Anhang** (§ 284 HGB)

> Der **Anhang** ist gleichwertiger Bestandteil des Jahresabschlusses und soll die Bilanz und die Gewinn- und Verlustrechnung in den einzelnen Positionen näher erläutern. Die Bewertungs- und Abschreibungsmethoden sind dabei ebenso darzustellen wie die Beteiligungen an anderen Unternehmen, die Verbindlichkeiten mit einer Restlaufzeit von über fünf Jahren, die Bezüge der Geschäftsführer und Mitglieder des Vorstandes sowie des Aufsichtsrates, die Zahl der Arbeitnehmer u. a. m.
>
> **Lagebericht.** Außer dem Jahresabschluß ist für das Abschlußjahr auch noch ein Lagebericht gemäß § 289 HGB zu erstellen. Der Lagebericht ist kein Bestandteil des Jahresabschlusses. Er soll lediglich zusätzliche Informationen über den Geschäftsverlauf im Abschlußjahr und die wirtschaftliche und finanzielle Lage der Gesellschaft am Bilanzstichtag darstellen, wie z. B. Höhe des Absatzes im Inland und Ausland, Personalentwicklung, Liquiditätslage u. a. Außerdem muß die voraussichtliche Entwicklung des Unternehmens erörtert werden.

Größenordnung der Kapitalgesellschaften. Kapitalgesellschaften sind grundsätzlich verpflichtet, den Jahresabschluß und den Lagebericht zu veröffentlichen und vorher durch unabhängige Abschlußprüfer prüfen zu lassen. Zum Schutz kleiner und mittelständischer Unternehmen vor Konkurrenzeinblick sowie zur Vermeidung von Kosten richten sich jedoch Art und Umfang der Veröffentlichung sowie die Prüfungspflicht nach der Größe der Kapitalgesellschaft. Man unterscheidet:

- **kleine,** • **mittelgroße** und • **große Kapitalgesellschaften.**

Für die Zuordnung der Unternehmen zu einer Größenklasse müssen zwei der drei Größenmerkmale an zwei aufeinanderfolgenden Bilanzstichtagen zutreffen:[1]

Merkmale	kleines Unternehmen	mittleres Unternehmen	großes Unternehmen
① **Bilanzsumme** (DM)	bis 5 310 000	bis 21 240 000	über 21 240 000
② **Umsatz** (DM)	bis 10 620 000	bis 42 480 000	über 42 480 000
③ **Beschäftigte**	bis 50	bis 250	über 250

Veröffentlichung und Prüfung des Jahresabschlusses und des Lageberichts ergeben sich aus der nachfolgenden Tabelle. Sie zeigt, was und an welcher Stelle (HR: Einreichung beim Handelsregister; BA: Vollständige Veröffentlichung im Bundesanzeiger) offenzulegen ist und ob eine Prüfungspflicht besteht.

Kapital-gesellschaften	Offenlegung (§ 325 HGB)					Prüfung (§ 316 HGB)
	Jahresabschluß			Lagebericht	Publizität	
	Bilanz	GuV	Anhang			
kleine	x	—	x	—	HR[2]	—
mittelgroße	x	x	x	x	HR[2]	x
große	x	x	x	x	HR + BA	x

1 AG mit börsengängigen Aktien gilt stets als große Kapitalgesellschaft (§ 267 [3] HGB).
2 Im Bundesanzeiger wird lediglich auf die erfolgte Einreichung beim HR hingewiesen.

6.2 Gliederung der Bilanz nach § 266 HGB

Kapitalgesellschaften haben die Jahresbilanz, die veröffentlicht wird, nach § 266 HGB zu gliedern. Zum Schutz kleiner und mittelgroßer Unternehmen richtet sich jedoch der Umfang der Gliederung nach der Größe der Kapitalgesellschaft.

- **Große Kapitalgesellschaften** müssen ihre Bilanzen unter Berücksichtigung des in § 266 Abs. 2 und 3 HGB ausgewiesenen **vollständigen Gliederungsschemas** aufstellen und veröffentlichen (siehe nebenstehende Seite und im Anhang auf der Rückseite des Kontenrahmens). Die Bilanz wird hierbei in ihren Einzelpositionen sehr detailliert dargestellt und ermöglicht somit einen tiefen Einblick in die Vermögens- und Finanzlage eines Unternehmens.
- **Kleine Kapitalgesellschaften** brauchen nur eine verkürzte Bilanz (siehe unten) zu veröffentlichen, in der die mit Buchstaben und römischen Zahlen bezeichneten Posten des vollständigen Gliederungsschemas aufgeführt sind (§ 266 [1] HGB). Durch die starke Straffung der Bilanzpositionen sind diese Bilanzen natürlich für Außenstehende nur von geringem Aussagewert.
- **Mittelgroße Kapitalgesellschaften** müssen ihre Bilanzen zwar **nach dem vollständigen Gliederungsschema erstellen,** brauchen sie aber nur in der für kleine Kapitalgesellschaften vorgeschriebenen **Kurzform** zu **veröffentlichen.** Sie müssen dann allerdings wahlweise in der Bilanz oder im Anhang bestimmte Posten zusätzlich gesondert angeben, wie z. B. Gebäude, Technische Anlagen und Maschinen, Beteiligungen, Verbindlichkeiten gegenüber Kreditinstituten u. a. m. (§ 327 HGB).

Aktiva	Bilanzschema kleiner Kapitalgesellschaften	Passiva

A. Anlagevermögen
  I. Immaterielle Vermögensgegenstände
  II. Sachanlagen
  III. Finanzanlagen
B. Umlaufvermögen
  I. Vorräte
  II. Forderungen und sonstige Vermögensgegenstände
  III. Wertpapiere
  IV. Flüssige Mittel
C. Rechnungsabgrenzungsposten
		A. Eigenkapital
		  I. Gezeichnetes Kapital
		  II. Kapitalrücklage
		  III. Gewinnrücklagen
		  IV. Gewinn-/Verlustvortrag
		  V. Jahresüberschuß/Jahresfehlbetrag
		B. Rückstellungen
		C. Verbindlichkeiten
		D. Rechnungsabgrenzungsposten

Zur Erhöhung der Bilanzklarheit ist bei Bilanzen, die veröffentlicht werden, zusätzlich noch folgendes zu beachten:

- Zu jedem Bilanzposten ist der entsprechende Vorjahresbetrag anzugeben.
- In der Bilanz oder im Anhang ist die Entwicklung des Anlagevermögens durch einen Anlagenspiegel darzustellen (siehe Seite 244).
- In der Bilanz muß der Betrag der Forderungen mit einer Restlaufzeit von über einem Jahr sowie der Verbindlichkeiten mit einer Restlaufzeit von unter einem Jahr angegeben werden. Das verschafft Außenstehenden mehr Einblick in die Liquiditätslage des Unternehmens.
- Unter der Bilanz oder im Anhang sind Eventualverbindlichkeiten aus weitergegebenen Wechseln sowie aus Bürgschaftsverpflichtungen und aus Gewährleistungsverträgen anzugeben. Sie dürfen in einem Betrag angegeben werden (§ 251 HGB)[1].

Merke:	Art und Umfang der Veröffentlichung, Prüfungspflicht sowie **Gliederung** der **Bilanz richten sich nach der Größe** der Kapitalgesellschaft.

---

[1] Auch Bilanzen nicht offenlegungspflichtiger Unternehmen müssen diesen Vermerk nach § 251 HGB enthalten.

Gliederung der Jahresbilanz
nach § 266 Abs. 2 und 3 Handelsgesetzbuch

Aktiva Passiva

A. Anlagevermögen
  I. **Immaterielle Vermögensgegenstände**
     1. Konzessionen, gewerbliche Schutzrechte und ähnliche Rechte und Werte sowie Lizenzen an solchen Rechten und Werten
     2. Geschäfts- oder Firmenwert
     3. geleistete Anzahlungen
  II. **Sachanlagen**
     1. Grundstücke, grundstücksgleiche Rechte und Bauten einschließlich der Bauten auf fremden Grundstücken
     2. technische Anlagen und Maschinen
     3. andere Anlagen, Betriebs- und Geschäftsausstattung
     4. geleistete Anzahlungen und Anlagen im Bau
  III. **Finanzanlagen**
     1. Anteile an verbundenen Unternehmen
     2. Ausleihungen an verbundene Unternehmen
     3. Beteiligungen
     4. Ausleihungen an Unternehmen, mit denen ein Beteiligungsverhältnis besteht
     5. Wertpapiere des Anlagevermögens
     6. sonstige Ausleihungen

B. Umlaufvermögen
  I. **Vorräte**
     1. Roh-, Hilfs- und Betriebsstoffe
     2. unfertige Erzeugnisse
     3. fertige Erzeugnisse und Waren
     4. geleistete Anzahlungen
  II. **Forderungen und sonstige Vermögensgegenstände**
     1. Forderungen aus Lieferungen und Leistungen
     2. Forderungen gegen verbundene Unternehmen
     3. Forderungen gegen Unternehmen, mit denen ein Beteiligungsverhältnis besteht
     4. sonstige Vermögensgegenstände
  III. **Wertpapiere**
     1. Anteile an verbundenen Unternehmen
     2. eigene Anteile
     3. sonstige Wertpapiere
  IV. **Schecks, Kassenbestand, Bundesbank- und Postbankguthaben, Guthaben bei Kreditinstituten**

C. Rechnungsabgrenzungsposten

A. Eigenkapital
  I. **Gezeichnetes Kapital**
  II. **Kapitalrücklage**
  III. **Gewinnrücklagen**
     1. gesetzliche Rücklage
     2. Rücklage für eigene Anteile
     3. satzungsmäßige Rücklagen
     4. andere Gewinnrücklagen
  IV. **Gewinnvortrag/Verlustvortrag**
  V. **Jahresüberschuß/Jahresfehlbetrag**

B. Rückstellungen
  1. Rückstellungen für Pensionen und ähnliche Verpflichtungen
  2. Steuerrückstellungen
  3. sonstige Rückstellungen

C. Verbindlichkeiten
  1. Anleihen, davon konvertibel
  2. Verbindlichkeiten gegenüber Kreditinstituten
  3. erhaltene Anzahlungen auf Bestellungen
  4. Verbindlichkeiten aus Lieferungen und Leistungen
  5. Verbindlichkeiten aus der Annahme gezogener Wechsel und der Ausstellung eigener Wechsel
  6. Verbindlichkeiten gegenüber verbundenen Unternehmen
  7. Verbindlichkeiten gegenüber Unternehmen, mit denen ein Beteiligungsverhältnis besteht
  8. sonstige Verbindlichkeiten, davon aus Steuern davon im Rahmen der sozialen Sicherheit

D. Rechnungsabgrenzungsposten

6.3 Ausweis des Eigenkapitals in der Bilanz

Zusammenfassung der Eigenkapitalposten. Alle Posten des Eigenkapitals einer Kapitalgesellschaft werden in der Bilanz unter Einbeziehung des Jahresgewinns oder eines Jahresverlustes sowie eines Gewinn- oder Verlustvortrages zu einer Gruppe „A. Eigenkapital" übersichtlich zusammengefaßt.

Beispiel: Darstellung des Eigenkapitals in der Bilanz der X-GmbH für das
Berichtsjahr: Gewinnvortrag und Jahresüberschuß (Jahresgewinn)
Vorjahr: Verlustvortrag und Jahresfehlbetrag (Jahresverlust)

Bilanz X-GmbH   Passiva

A. Eigenkapital	Berichtsjahr		Vorjahr	
I. Gezeichnetes Kapital	800 000,00		800 000,00	
II. Kapitalrücklage	100 000,00		100 000,00	
III. Gewinnrücklage	250 000,00		250 000,00	
IV. Gewinn-/Verlustvortrag	50 000,00		20 000,00	
V. Jahresüberschuß/-fehlbetrag	300 000,00	1 500 000,00	130 000,00	1 000 000,00

Gezeichnetes Kapital ist das im Handelsregister eingetragene Kapital, auf das die Haftung der Gesellschafter beschränkt ist. Bei der GmbH stellt das Stammkapital (mindestens 50 000,00 DM), bei der AG das Grundkapital (mindestens 100 000,00 DM) das „Gezeichnete Kapital" dar. Es ist stets zum Nennwert auszuweisen. Ausstehende Einlagen auf das gezeichnete Kapital werden in der Regel auf der Aktivseite vor dem Anlagevermögen als Forderung des Unternehmens an die Gesellschafter und somit als Korrekturposten zum „Gezeichneten Kapital" ausgewiesen. Sie dürfen nach § 272 (1) HGB auch auf der Passivseite offen vom „Gezeichneten Kapital" abgesetzt werden.

Beispiel: Bilanzausweis der „Ausstehenden Einlagen" (Regelfall)

Aktiva	Bilanz der Y-GmbH	Passiva
A. Ausstehende Einlagen auf das gezeichnete Kapital .... 400 000,00[1]	A. Eigenkapital	
B. Anlagevermögen	I. Gezeichnetes Kapital ... 2 000 000,00	

> **Der Gewinn-/Verlustvortrag** ist der Gewinn- bzw. Verlustrest des Vorjahres.
>
> **Der Jahresüberschuß/Jahresfehlbetrag** ist das in der Gewinn- und Verlustrechnung ermittelte Ergebnis des Geschäftsjahres, das in die Jahresbilanz einzustellen ist, sofern die Bilanz vor Verwendung des Jahresergebnisses (Gewinnverwendung bzw. Verlustdeckung) aufgestellt wird, was bei der GmbH die Regel ist.[2]
>
> **Rücklagen sind getrennt ausgewiesenes Eigenkapital,** die es in der Regel nur bei Kapitalgesellschaften wegen des konstanten „Gezeichneten Kapitals" gibt. Nach § 272 Abs. 2 und 3 HGB unterscheidet man Kapital- und Gewinnrücklagen.
>
> **Kapitalrücklagen** entstehen durch ein Aufgeld (Agio), das bei der Ausgabe von Anteilen (Stammanteile, Aktien) über den Nennwert erzielt wird oder durch Zuzahlungen von Gesellschaftern für die Gewährung einer Vorzugsdividende.

Beispiel: Eine Aktiengesellschaft erhöht ihr „Gezeichnetes Kapital" durch Ausgabe junger Aktien: Nennwert 10 000 000,00 DM, Ausgabekurs 150 % = 15 000 000,00 DM (Bank). Das Agio ist der Kapitalrücklage zuzuführen.

Buchung: Bank .... 15 000 000,00 an **Gezeichnetes Kapital** 10 000 000,00
an **Kapitalrücklage** 5 000 000,00

---

[1] Davon bereits eingeforderte Beträge sind in ( ) zu vermerken. [2] Die Bilanz kann auch nach teilweiser oder vollständiger Verwendung des Jahresergebnisses gemäß § 268 (1) HGB aufgestellt werden (siehe S. 252).

Gewinnrücklagen werden aus dem bereits versteuerten Jahresgewinn (45 % Körperschaftsteuer) durch Einbehaltung bzw. Nichtausschüttung von Gewinnanteilen gebildet (§ 272 [3] HGB). Man unterscheidet vor allem zwischen gesetzlichen, satzungsmäßigen und anderen (freien) Gewinnrücklagen:

> **Gesetzliche Rücklagen** müssen Aktiengesellschaften zur Deckung von Verlusten bilden. Nach § 150 AktG sind jährlich 5 % des um einen Verlustvortrag geminderten Jahresüberschusses in die gesetzliche Rücklage einzustellen, bis die gesetzliche Rücklage und die Kapitalrücklage zusammen mindestens 10 % oder den in der Satzung bestimmten höheren Anteil des Grundkapitals erreichen. Solange die gesetzliche und die Kapitalrücklage die Mindesthöhe nicht übersteigen, müssen ein Gewinnvortrag aus dem Vorjahr und freie Rücklagen zur Verlustdeckung herangezogen werden. Bei der GmbH gibt es keine gesetzlich vorgeschriebenen, sondern nur freie (freiwillige) Rücklagen.
>
> **Satzungsmäßige oder auf Gesellschaftsvertrag beruhende Rücklagen.**
>
> **Andere Gewinnrücklagen (Freie Rücklagen).** Über die gesetzliche Verpflichtung hinaus können bei Aktiengesellschaften bis zur Hälfte des Jahresüberschusses in die andere (freie) Gewinnrücklage eingestellt werden (§ 58 AktG). Freie Rücklagen können für beliebige Zwecke verwendet werden, z. B. zur Finanzierung von Ersatz- und Erweiterungsinvestitionen. Da Rücklagen aus nicht ausgeschütteten Gewinnen gebildet werden, dienen sie zugleich der Selbstfinanzierung des Unternehmens und ganz allgemein der Stärkung der Eigenkapitalbasis der Unternehmen.

Beispiel: In einer Aktiengesellschaft werden aus dem Jahresüberschuß u. a. 60 000,00 DM der gesetzlichen und 140 000,00 DM der freien Rücklage zugeführt.

Buchung (vereinfacht): Gewinn- und Verlustkonto 200 000,00
                 an **Gesetzliche Rücklage** 60 000,00
                 an **Andere Gewinnrücklagen** 140 000,00

Offene Rücklagen. Kapital- und Gewinnrücklagen werden in der Bilanz offen als gesonderte Eigenkapitalposten ausgewiesen. Man spricht von „offenen" Rücklagen.

Stille Rücklagen (stille Reserven) sind im Gegensatz zu den offenen Rücklagen aus der Bilanz nicht zu ersehen. Sie entstehen in der Regel durch Unterbewertung der Vermögenswerte (z. B. durch überhöhte Abschreibungen) oder durch Überbewertung von Rückstellungen. Stille Reserven sind auch stets in den Erinnerungswerten von 1,00 DM enthalten. Die gesetzlichen Bewertungsvorschriften engen allerdings den Spielraum zur Bildung stiller Reserven ein. Die Vollabschreibung geringwertiger Wirtschaftsgüter im Jahr ihrer Anschaffung oder Herstellung ist z. B. eine gesetzlich erlaubte Möglichkeit zur Bildung von stillen Reserven. Da Wirtschaftsgüter höchstens zu ihren Anschaffungs- bzw. Herstellungskosten aktiviert werden dürfen, entstehen zwangsläufig stille Reserven, wenn die Preise am Markt (Tageswert) steigen. Beträgt z. B. der Wiederbeschaffungspreis eines Grundstücks 80,00 DM je m^2, das 1950 mit 10,00 DM je m^2 angeschafft und bilanziert worden ist, so ist die stille Reserve 70,00 DM je m^2. Auch Währungsverbindlichkeiten enthalten oft stille Reserven.

Merke:
- **Kapitalgesellschaften** müssen das „Gezeichnete Kapital" stets zum Nennwert ausweisen. Gewinne, Verluste und Rücklagen sind deshalb in der Bilanz gesondert auszuweisen.
- **Kapitalrücklagen** entstehen durch Zuzahlungen der Gesellschafter oder Aktionäre, Gewinnrücklagen dagegen aus dem bereits versteuerten Gewinn.
- **Stille Rücklagen (Reserven)** entstehen in der Regel durch Unterbewertung von Aktivposten und Überbewertung bestimmter Passivposten. Die Bildung stiller Reserven läßt den Gewinn und das Eigenkapital geringer erscheinen, als es der Wirklichkeit am Bilanzstichtag entspricht.
- **Rücklagen** stärken die Eigenkapitalbasis des Unternehmens.

6.4 Darstellung der Anlagenentwicklung im Anlagenspiegel

Anlagenspiegel. Kapitalgesellschaften müssen die Entwicklung der einzelnen Posten des Anlagevermögens in der Bilanz oder im Anhang darstellen (§ 268 [2] HGB). Im Anlagenspiegel (Anlagengitter) ist von den ursprünglichen Anschaffungs- und Herstellungskosten (AK/HK) auszugehen und folgendes auszuweisen:

> **Anfangsbestand zu Anschaffungs- und Herstellungskosten am 01.01.**
> + **Zugänge** zu AK/HK im Abschlußjahr (Investitionen)
> − **Abgänge** zu AK/HK im Abschlußjahr
> ± **Umbuchungen** zu AK/HK im Abschlußjahr (z. B. bei Anlagen im Bau)
> + **Zuschreibungen** (werterhöhende Korrekturen) im Abschlußjahr
> − **Gesamte (= kumulierte) Abschreibungen,** die aus Gründen der Klarheit in Abschreibungen der Vorjahre und des lfd. Geschäftsjahres unterteilt werden.
> = **Buchwert in der Schlußbilanz des Abschlußjahres am 31.12.**

Anlage-vermögen	Bestand zu AK/HK am 01.01.	Zu-gänge	Ab-gänge	Umbu-chungen	Zu-schrei-bungen	Abschreibungen			Buchwert am 31.12.
						In Vor-jahren	Im Ab-schluß-jahr	Ins-gesamt	
Maschinen	200 000,00	10 000,00	2 000,00	–	5 000,00	85 000,00	22 000,00	107 000,00	106 000,00

Merke: Der Anlagenspiegel zeigt die **Entwicklung** der einzelnen Posten des Anlagevermögens und gewährt Einblick in die **Abschreibungs- und Investitionspolitik** des Unternehmens. Er ist in der **Bilanz oder im Anhang** auszuweisen.

6.5 Gliederung der Gewinn- und Verlustrechnung nach § 275 HGB

Staffelform. Nur mittelgroße und große Kapitalgesellschaften müssen ihre Gewinn- und Verlustrechnung veröffentlichen, und zwar nach § 275 HGB in Staffelform. Wie bei der Bilanz ist auch hier zu jedem Posten der Vorjahresbetrag anzugeben. Die Staffelform ermöglicht auch dem Buchführungslaien einen schnellen Überblick über Entstehung und Zusammensetzung des Jahresergebnisses.

Für ein Industrieunternehmen ergibt sich aus dem nebenstehenden Gliederungsschema des § 275 (2) HGB folgender kurzgefaßter Aufbau der Erfolgsrechnung:

1	Umsatzerlöse
2	± Bestandsveränderungen
3	+ Aktivierte Eigenleistungen
4	+ sonstige betriebliche Erträge
5	− Materialaufwand
	= **Rohergebnis**
6– 8	− übrige betriebliche Aufwendungen
9–11	+ Erträge aus dem Finanzbereich
12–13	− Aufwendungen aus dem Finanzbereich
14	= **Ergebnis der gewöhnlichen Geschäftstätigkeit**
15	+ außerordentliche Erträge
16	− außerordentliche Aufwendungen
17	± **außerordentliches Ergebnis**
18–19	− Personen- und Betriebssteuern
20	= **Jahresüberschuß/Jahresfehlbetrag**

Erleichterung für Mittelbetriebe. Mittelgroße Kapitalgesellschaften dürfen in der zu veröffentlichenden Erfolgsrechnung die Posten 1 bis 5 als Rohergebnis zusammenfassen. Damit bleibt der Konkurrenz die Umsatzhöhe verborgen.

Gliederung der Gewinn- und Verlustrechnung in Staffelform (§ 275 [2] HGB)

1. Umsatzerlöse
2. Erhöhung oder Verminderung des Bestandes an fertigen und unfertigen Erzeugnissen
3. Andere aktivierte Eigenleistungen (z. B. selbsterstellte Anlagen)
4. Sonstige betriebliche Erträge (z. B. Mieterträge, Buchgewinne u. a.)
5. Materialaufwand
   a) Aufwendungen für Roh-, Hilfs- und Betriebsstoffe und für bezogene Waren
   b) Aufwendungen für bezogene Leistungen
6. Personalaufwand
   a) Löhne und Gehälter
   b) Soziale Abgaben und Aufwendungen für Altersversorgung und für Unterstützung
7. Abschreibungen
   a) auf immaterielle Anlagewerte und Sachanlagen
   b) auf Vermögensgegenstände des Umlaufvermögens, soweit diese die in der Kapitalgesellschaft üblichen Abschreibungen überschreiten
8. Sonstige betriebliche Aufwendungen (z. B. Raumkosten, Buchverluste u. a.)
9. Erträge aus Beteiligungen[1]
10. Erträge aus anderen Wertpapieren und Ausleihungen des Finanzanlagevermögens[1]
11. Sonstige Zinsen und ähnliche Erträge[1]
12. Abschreibungen auf Finanzanlagen und auf Wertpapiere des Umlaufvermögens
13. Zinsen und ähnliche Aufwendungen[1]

14. Ergebnis der gewöhnlichen Geschäftstätigkeit (= Saldo aus 1–13)

15. Außerordentliche Erträge
16. Außerordentliche Aufwendungen

17. Außerordentliches Ergebnis (= Saldo)

18. Steuern vom Einkommen und vom Ertrag (Körperschaft-, Gewerbeertragsteuer)
19. Sonstige Steuern (z. B. Gewerbekapital-, Grund-, Kfz-Steuer u. a.)

20. Jahresüberschuß/Jahresfehlbetrag

Erläuterungen (siehe auch Rückseite des Kontenrahmens):

Die Posten 1–4 stellen betriebsgewöhnliche Erträge und die Posten 5–8 betriebsgewöhnliche Aufwendungen der Kapitalgesellschaft dar.

Die Posten 4/8 sind Sammelposten für alle nicht im Gliederungsschema gesondert auszuweisenden Erträge und Aufwendungen aus der gewöhnlichen Geschäftstätigkeit (siehe nebenstehende Beispiele).

Die Posten 9–13 sind Erträge und Aufwendungen des Finanzbereiches.

Die Posten 15–16 erfassen lediglich ungewöhnliche (seltene) Aufwendungen (z. B. Verluste aus sehr großen Schadensfällen und Enteignungen, Verlust aus dem Verkauf eines Teilbetriebs u. a.) und Erträge (z. B. Steuererlaß, Gewinne aus dem Verkauf eines Teilbetriebs, Erträge aus Gläubigerverzicht u. a.).

Zwei Möglichkeiten der Gliederung. Dem nebenstehenden Gliederungsschema liegt das Gesamtkostenverfahren zugrunde, bei dem der gesamten Leistung die gesamten Kosten gegenübergestellt werden. Die Gewinn- und Verlustrechnung kann nach § 275 (3) HGB auch nach dem Umsatzkostenverfahren gegliedert werden, das den Umsatzerlösen die Umsatzkosten gegenüberstellt. Die Erfolgsrechnung nach dem Umsatzkostenverfahren setzt eine Kostenstellenrechnung voraus (S. 347 f., Anhang).

Merke: Große und mittelgroße Kapitalgesellschaften müssen die Gewinn- und Verlustrechnung in Staffelform veröffentlichen. Mittelbetriebe dürfen dabei die Posten 1 bis 5 als Rohergebnis (§ 276 HGB) zusammenfassen.

---

[1] In der Vorspalte ist jeweils anzugeben: ... davon aus (an) verbundene(n) Unternehmen ...

6.6 Jahresabschluß der Gesellschaft mit beschränkter Haftung

Die Aufstellung des Jahresabschlusses und des Lageberichtes erfolgt durch die Geschäftsführer der Gesellschaft mit beschränkter Haftung. Die Aufstellungsfrist beträgt für große und mittelgroße Unternehmen drei Monate, für kleine sechs Monate nach Ablauf des Geschäftsjahres (§ 264 [1] HGB).

Prüfung durch Abschlußprüfer. Jahresabschluß und Lagebericht großer und mittelgroßer Gesellschaften müssen unverzüglich nach ihrer Aufstellung durch besondere Abschlußprüfer (Wirtschaftsprüfer, vereidigte Buchprüfer) geprüft werden. Für kleine Unternehmen besteht keine Prüfungspflicht (siehe auch Seite 239).

Prüfung durch Aufsichtsrat. Hat die Gesellschaft einen Aufsichtsrat, so muß dieser zunächst noch den Jahresabschluß, den Lagebericht sowie den Prüfungsbericht der Abschlußprüfer prüfen und über das Ergebnis der Prüfung einen Bericht erstellen. Die Geschäftsführer haben sodann alle Unterlagen den Gesellschaftern zur Beschlußfassung (Feststellung) vorzulegen (§ 42 a [1] GmbHG).

Beschlußfassung durch die Gesellschafter. Die Gesellschafter haben nun spätestens bis zum Ablauf von acht Monaten oder, wenn es sich um eine kleine Gesellschaft handelt, bis zum Ablauf von elf Monaten über die

- Feststellung des Jahresabschlusses und die
- Verwendung des Ergebnisses

in der Gesellschafterversammlung zu beschließen (§ 42 a [2] GmbHG).

Offenlegung. Nach der Feststellung des Jahresabschlusses haben die Geschäftsführer folgende Unterlagen zum Handelsregister einzureichen (§ 325 HGB):

- Jahresabschluß
- Bestätigungsvermerk der Abschlußprüfer
- Lagebericht
- Bericht des Aufsichtsrates
- Vorschlag über die Verwendung des Ergebnisses
- Beschluß über die Ergebnisverwendung

Kleine Gesellschaften müssen lediglich die Bilanz und den Anhang einschließlich Vorschlag und Beschluß über die Verwendung des Ergebnisses zum Handelsregister einreichen. Während große Gesellschaften außerdem alle Unterlagen im Bundesanzeiger bekanntzumachen haben, müssen kleine und mittelgroße Unternehmen lediglich im Bundesanzeiger bekanntgeben, bei welchem Handelsregister die Unterlagen eingereicht wurden (§§ 325 f. HGB).

Darstellung der Ergebnisverwendung. In der Regel wird der Jahresabschluß vor Verwendung des Ergebnisses aufgestellt. Bilanz und Gewinn- und Verlustrechnung weisen deshalb einen Jahresüberschuß oder einen Jahresfehlbetrag als Ergebnis des Geschäftsjahres aus. Die Verwendung des Gewinns, also die Einstellung eines bestimmten Betrages in die Gewinnrücklage oder die Ausschüttung einer Dividende an die Gesellschafter, aber auch die Deckung des Verlustes durch entsprechende Auflösung von Rücklagen kann in folgender Weise dargestellt und als Ergebnisverwendungsbeschluß veröffentlicht werden (§ 325 [1] HGB):

	Jahresüberschuß/Jahresfehlbetrag
(±)	Gewinnvortrag/Verlustvortrag aus dem Vorjahr
(+)	Entnahmen aus der Kapitalrücklage
(+)	Entnahmen aus Gewinnrücklagen
(−)	Einstellungen in Gewinnrücklagen
(−)	Gewinnausschüttung (Dividende)
=	Gewinnvortrag/Verlustvortrag

Die erforderlichen Buchungen erfolgen nach Aufstellung des Jahresabschlusses.

Beispiel: Die X-GmbH (S. 242) weist zum 31.12. in der <u>Schußbilanz</u> folgende Zahlen aus:

A. Eigenkapital	Berichtsjahr	
I. Gezeichnetes Kapital	800 000,00	
II. Kapitalrücklage	100 000,00	
III. Gewinnrücklage	250 000,00	
IV. Gewinnvortrag	50 000,00	
V. Jahresüberschuß	300 000,00	1 500 000,00

Im neuen Jahr soll auf Beschluß der Gesellschafterversammlung der <u>Gewinn wie folgt verwendet</u> werden:
1. 180 000,00 DM werden der Gewinnrücklage zugeführt.
2. Die Gesellschafter erhalten 20 % Gewinn[1] auf ihren Stammanteil unter Abzug von 25 % Kapitalertragsteuer (KESt):

Ausschüttung (20 % von 800 000,00)	160 000,00
− 25 % Kapitalertragsteuer	40 000,00
Netto-Ausschüttung	120 000,00

Darstellung der Gewinnverwendung:	DM	DM
Jahresüberschuß	300 000,00	
+ Gewinnvortrag	50 000,00	**350 000,00**
− Einstellung in die Gewinnrücklage		180 000,00
− Gewinnausschüttung (Dividende)		160 000,00
Gewinnvortrag auf neue Rechnung		**10 000,00**

Buchungen:

① Eröffnung der Konten „3400 Jahresüberschuß" und „3320 Gewinnvortrag":
   8000 Eröffnungsbilanzkonto   an   3400 Jahresüberschuß 300 000,00
   8000 Eröffnungsbilanzkonto   an   3320 Gewinnvortrag 50 000,00

② Übernahme des Jahresüberschusses und des Gewinnvortrags aus dem Vorjahr auf das Zwischenkonto „3300 Ergebnisverwendung":
   3400 Jahresüberschuß .....   an   3300 Ergebnisverwendung ...   300 000,00
   3320 Gewinnvortrag ......   an   3300 Ergebnisverwendung ...   50 000,00

③ Einstellung in die Gewinnrücklage:
   3300 Ergebnisverwendung   an   3240 Gewinnrücklagen 180 000,00

④ Ausschüttung der Dividende und Einbehaltung der Kapitalertragsteuer:
   3300 Ergebnisverwendung 160 000,00
       an 4830 Sonst. Verbindlichk. gg. Finanzbehörden 40 000,00
       an 4870 Verbindlichkeiten gegenüber Gesellschaftern 120 000,00

⑤ Übernahme des Gewinnrestes auf das Gewinnvortragskonto:
   3300 Ergebnisverwendung   an   3320 Gewinnvortrag 10 000,00

Die Buchungen ③ bis ⑤ können auch zusammengefaßt werden. Das <u>Gewinnvortragskonto</u> ist als <u>Bestandskonto</u> zum 31.12. des laufenden Geschäftsjahres über das Schlußbilanzkonto abzuschließen und unter „A. Eigenkapital" auszuweisen. Nach der Gewinnverwendung <u>setzt sich das bilanzielle Eigenkapital wie folgt zusammen:</u>

Gezeichnetes Kapital	800 000,00
+ Kapitalrücklage	100 000,00
+ Gewinnrücklage	430 000,00
+ Gewinnvortrag	10 000,00
Eigenkapital	**1 340 000,00**

Merke: Die <u>Geschäftsführer erstellen</u> den Jahresabschluß der GmbH. Die <u>Gesellschafter der GmbH beschließen</u> die <u>Feststellung des Jahresabschlusses</u> und die <u>Verwendung des Ergebnisses</u> (Jahresüberschuß/Jahresfehlbetrag).

---
[1] zum besseren Verständnis ohne Einbeziehung der Körperschaftsteuer (30 %)

Aufgaben – Fragen

316 Die Metallbau GmbH weist zum 31.12. des Berichtsjahres und des Vorjahres folgende zusammengefaßte Bilanzposten aus:

Bilanzposten zum 31.12.	Berichtsjahr	Vorjahr
Sachanlagen	850 000,00	680 000,00
Finanzanlagen	150 000,00	120 000,00
Vorräte an Rohstoffen, Erzeugnissen u. a.	1 640 000,00	1 720 000,00
Forderungen a. LL	360 000,00	280 000,00
davon mit einer Restlaufzeit über ein Jahr	(20 000,00)	(10 000,00)
Wertpapiere	45 000,00	–
Bankguthaben	215 000,00	240 000,00
Kasse	30 000,00	40 000,00
Aktive Rechnungsabgrenzung	10 000,00	20 000,00
Gezeichnetes Kapital	1 200 000,00	1 000 000,00
Gewinnrücklage	450 000,00	250 000,00
Gewinnvortrag aus dem Vorjahr	10 000,00	20 000,00
Rückstellungen	45 000,00	60 000,00
Verbindlichkeiten gegenüber Kreditinstituten	675 000,00	800 000,00
davon mit einer Restlaufzeit bis zu einem Jahr	(80 000,00)	(70 000,00)
Verbindlichkeiten a. LL	570 000,00	680 000,00
davon mit einer Restlaufzeit bis zu einem Jahr	(570 000,00)	(680 000,00)
Passive Rechnungsabgrenzung	20 000,00	10 000,00

1. Ermitteln Sie den Jahresüberschuß als Saldo zwischen Aktiv- und Passivseite und weisen Sie ihn in der Bilanz entsprechend aus.
2. Erstellen Sie für das mittelgroße Unternehmen (150 Beschäftigte, 8,1 Mio. DM Umsatz) eine ordnungsgemäß gegliederte Jahresbilanz für das Berichtsjahr (vgl. S. 239, 241).
3. Warum müssen Rücklagen in der Bilanz einer Kapitalgesellschaft gesondert ausgewiesen werden?
4. Wie hoch ist das Mindeststammkapital einer GmbH?
5. Unter welcher Bezeichnung und zu welchem Wert ist das Stammkapital in der Bilanz der GmbH auszuweisen?
6. Worauf führen Sie die Veränderung in den Positionen „Gezeichnetes Kapital" und „Gewinnrücklage" zurück?
7. Beurteilen Sie die Veränderungen in der Finanzierung des Unternehmens mit Eigen- und Fremdkapital im Berichtsjahr.
8. Welche Veränderungen erscheinen Ihnen auf der Aktivseite von Bedeutung?

317 Die Sachanlagen der Metallbau GmbH (Aufgabe 316) wiesen zum 31.12. des Vorjahres Anschaffungs- und Herstellungskosten in Höhe von 1 280 000,00 DM aus. Die gesamten Abschreibungen betrugen zum gleichen Zeitpunkt 600 000,00 DM.
Für das Abschlußjahr sind Zugänge (Investitionen) von 400 000,00 DM Anschaffungskosten, Abgänge von 50 000,00 DM und Abschreibungen von 180 000,00 DM zu berücksichtigen.
Zuschreibungen und Umbuchungen liegen nicht vor.

1. Erstellen Sie für das Sachanlagevermögen einen Anlagenspiegel nach dem Muster auf S. 244.
2. Welche Unternehmen müssen einen Anlagenspiegel erstellen?
3. Wo kann der Anlagenspiegel ausgewiesen werden?
4. Worin sehen Sie die besondere Bedeutung des Anlagenspiegels?
5. Wieviel % der Anlageinvestitionen (Zugänge) wurden durch Abgänge und Abschreibungen im Abschlußjahr finanziert?

318 Die Buchwerte des Finanzanlagevermögens der Metallbau GmbH für das Berichts- und Vorjahr sind der Aufgabe 316 zu entnehmen. Bis zum 31.12. des Vorjahres wurden Gesamtabschreibungen in Höhe von 10 000,00 DM vorgenommen. Im Abschlußjahr waren keine Abschreibungen erforderlich. Allerdings sind Neuanschaffungen von 35 000,00 DM und Abgänge von 5 000,00 DM zu berücksichtigen.

1. *Ermitteln Sie den Anschaffungswert der Finanzanlagen zum 31.12. des Vorjahres.*
2. *Stellen Sie die Entwicklung der Finanzanlagen in einem Anlagenspiegel dar.*
3. *Was ist im einzelnen im Finanzanlagevermögen eines Unternehmens auszuweisen?*
4. *Unterscheiden Sie zwischen Wertpapieren des Anlage- und Umlaufvermögens.*

319 Die Metallbau GmbH (Aufgabe 316) stellt aus ihrer Erfolgsrechnung folgende zusammengefaßte Aufwands- und Ertragsposten für das Abschlußjahr zur Verfügung:

Umsatzerlöse	8 150 000,00
Mehrbestand an Erzeugnissen	20 000,00
Sonstige betriebliche Erträge	30 000,00
Materialaufwand	5 750 000,00
Personalkosten	820 000,00
Abschreibungen auf Sachanlagen	180 000,00
Sonstige betriebliche Aufwendungen	850 000,00
Zinserträge	5 000,00
Zinsaufwendungen	75 000,00
außerordentliche Erträge	80 000,00
außerordentliche Aufwendungen	50 000,00
Steuern vom Einkommen und Ertrag	144 000,00
Sonstige Steuern	86 000,00

1. *Erstellen Sie die Gewinn- und Verlustrechnung in Staffelform gemäß § 275 (2) HGB (siehe S. 245 und Anhang).*
2. *Stellen Sie die Erfolgsrechnung in der* Kurzfassung der Staffelform *(vgl. S. 244) dar und ermitteln Sie* a) *die betriebsgewöhnlichen Erträge,*
    b) *das Rohergebnis,*
    c) *das Ergebnis der gewöhnlichen Geschäftstätigkeit,*
    d) *das außerordentliche Ergebnis und*
    e) *das Jahresergebnis (Jahresüberschuß/Jahresfehlbetrag).*
3. *Worin liegen die Vorteile der Gewinn- und Verlustrechnung in Staffelform?*
4. *Warum erlaubt der Gesetzgeber mittleren Unternehmen, in der zu veröffentlichenden Gewinn- und Verlustrechnung lediglich das „Rohergebnis" auszuweisen?*
5. *Das Gewinn- und Verlustkonto der Metallbau GmbH weist als Ergebnis des Abschlußjahres einen Jahresüberschuß in Höhe von 330 000,00 DM aus, der zunächst auf das Konto „3400 Jahresüberschuß" zu übertragen ist. Wie lautet dann der Buchungssatz?*
6. *Das Konto „3400 Jahresüberschuß" wird zum Schlußbilanzkonto abgeschlossen. Nennen Sie den Abschlußbuchungssatz.*

320 Die Gesellschafterversammlung der Metallbau GmbH beschließt mit Mehrheit die Feststellung des Jahresabschlusses sowie die folgende Verwendung des Jahresgewinns in Höhe von 330 000,00 DM und des Gewinnvortrages aus dem Vorjahr von 10 000,00 DM:

    a) 140 000,00 DM Einstellung in die Gewinnrücklage,
    b) 15 % Gewinnausschüttung auf das Stammkapital von 1 200 000,00 DM,
    c) Vortrag des Restgewinns und
    d) Darstellung der Gewinnverwendung im Anhang des Jahresabschlusses.

1. *Stellen Sie die Verwendung des Ergebnisses dar.*
2. *Statt gesondert im Anhang darf die Ergebnisverwendung auch bereits in der zu veröffentlichenden Bilanz (§ 268 [1] HGB) dargestellt werden. Was spricht für und was gegen die einzelne Möglichkeit der Ergebnisdarstellung?*

321 Auf Beschluß der Gesellschafterversammlung der Metallbau GmbH werden 180 000,00 DM Gewinn an die Gesellschafter ausgeschüttet. Die Kapitalertragsteuer beträgt 25 %.
1. Ermitteln Sie die Netto-Ausschüttung.
2. Welcher buchhalterische Zusammenhang besteht zwischen Kapitalertrag- und Lohnsteuer?
3. Ermitteln Sie die Rentabilität, indem Sie den Jahresgewinn von 330 000,00 DM
   a) auf das Nominalkapital (1 200 000,00 DM Gezeichnetes Kapital) und
   b) auf das Eigenkapital von 1 660 000,00 DM zu Beginn des Abschlußjahres beziehen.
4. Beurteilen Sie die Rentabilität des Eigenkapitals.

322 1. Aufgrund der Angaben in den Aufgaben 320 und 321 sind folgende Buchungen im Rahmen der Gewinnverwendung vorzunehmen:
   a) Eröffnung der Konten „3240 Gewinnrücklage", „3320 Gewinnvortrag" und „3400 Jahresüberschuß" durch Übernahme der Beträge aus der Schlußbilanz des Vorjahres (= Eröffnungsbilanz).
   b) Umbuchung des Gewinnvortrages und des Jahresüberschusses auf das Konto „3300 Ergebnisverwendung".
   c) Einstellung in die Gewinnrücklage.
   d) Gewinnausschüttung unter Einbehaltung der Kapitalertragsteuer.
   e) Abschluß des Ergebnisverwendungskontos über das Konto „3320 Gewinnvortrag".
   f) Abschluß des Kontos „3320 Gewinnvortrag" am Ende des laufenden Geschäftsjahres.
   g) Banküberweisung der Netto-Dividende an die Gesellschafter.
2. Ermitteln Sie nach Durchführung der Buchungen das Eigenkapital der Metallbau GmbH in der neuen Zusammensetzung.

323 Am Ende des laufenden Geschäftsjahres weist die Metallbau GmbH in ihrer Schlußbilanz und Gewinn- und Verlustrechnung einen Jahresfehlbetrag von 190 000,00 DM aus. Auf Beschluß der Gesellschafterversammlung soll der Verlust durch den Gewinnvortrag des Vorjahres und durch Auflösung der Gewinnrücklage in Höhe von 150 000,00 DM zum großen Teil gedeckt werden.
1. Stellen Sie die Verwendung des Ergebnisses rechnerisch-tabellarisch dar.
2. Eröffnen Sie die Konten „3240 Gewinnrücklage", „3320 Gewinnvortrag" und „3400 Jahresfehlbetrag".
3. Nennen Sie die Buchung für die Übernahme
   a) des Gewinnvortrages und
   b) des Jahresverlustes auf das Konto „3300 Ergebnisverwendung".
4. Wie lauten die Buchungen aufgrund der Ergebnisverwendungsrechnung?
5. Schließen Sie das Ergebnisverwendungskonto über „3320 Gewinn-/Verlustvortrag" ab.
6. Ermitteln Sie nach Durchführung der Buchungen das Eigenkapital der Metallbau GmbH in der neuen Zusammensetzung.

324 Die Gesellschafterversammlung der Metallbau GmbH hat zur Stärkung der Eigenkapitalbasis eine Kapitalerhöhung von nominal 300 000,00 DM beschlossen. Zum Ausgleich der im Unternehmen vorhandenen offenen und stillen Rücklagen soll der Stammanteil mit einem Aufgeld (Agio) von 50 % = 150 000,00 DM ausgegeben werden. Ein Gesellschafter der Unternehmung übernimmt im Einvernehmen mit den übrigen Gesellschaftern den Anteil gegen Bankscheck.
1. Wodurch ist die Kapitalerhöhung offenzulegen?
2. Wieviel % beträgt die nominale Kapitalerhöhung?
3. In welche Rücklage ist das Aufgeld einzustellen?
4. Nennen Sie den Buchungssatz nach erfolgter Durchführung der Kapitalerhöhung.
5. Worin unterscheiden sich Kapital- und Gewinnrücklagen?
6. Unterscheiden Sie zwischen offenen und stillen Rücklagen.
7. Worin unterscheiden sich Rücklagen und Rückstellungen?

Saldenbilanz der Maschinenbau GmbH		Soll	Haben	**325**
0700	Technische Anlagen und Maschinen	680 000,00	—	
0800	Andere Anlagen, BGA	280 000,00	—	
1500	Wertpapiere des Anlagevermögens	40 000,00	—	
2000	Rohstoffe	240 000,00	—	
2200	Fertige Erzeugnisse	120 000,00	—	
2400	Forderungen aus Lieferungen und Leistungen	360 000,00	—	
2600	Vorsteuer	75 000,00	—	
2800	Bank	280 000,00	—	
2880	Kasse	27 000,00	—	
3000	Gezeichnetes Kapital	—	1 000 000,00	
3240	Gewinnrücklagen	—	150 000,00	
3320	Gewinnvortrag	—	10 000,00	
3900	Sonstige Rückstellungen	—	58 000,00	
4250	Darlehensschulden	—	180 000,00	
4400	Verbindlichkeiten aus Lieferungen und Leistungen	—	160 000,00	
4800	Umsatzsteuer	—	59 000,00	
4890	Sonstige Verbindlichkeiten	—	38 000,00	
5000	Umsatzerlöse für eigene Erzeugnisse	—	1 896 000,00	
5430	Sonstige betriebliche Erträge	—	8 000,00	
5710	Zinserträge	—	2 000,00	
5800	Außerordentliche Erträge	—	32 000,00	
6000	Aufwendungen für Rohstoffe	770 000,00	—	
62-64	Personalaufwendungen	360 000,00	—	
6700	Mietaufwendungen	160 000,00	—	
6770	Rechts- und Beratungskosten	15 000,00	—	
6900	Versicherungsbeiträge	20 000,00	—	
7000	Gewerbesteuer	60 000,00	—	
7510	Zinsaufwendungen	22 000,00	—	
7600	Außerordentliche Aufwendungen	24 000,00	—	
7710	Körperschaftsteuer	60 000,00	—	
Weitere Konten: 2900, 3400, 5200, 5480, 6520, 6950, 8010, 8020.		3 593 000,00	3 593 000,00	

Abschlußangaben zum 31.12:
1. Planmäßige Abschreibungen: TA u. Maschinen: 136 000,00 DM; BGA: 38 000,00 DM.
2. Der Tageswert der Wertpapiere des Anlagevermögens beträgt 48 000,00 DM.
3. Von einer Forderung über 1 150,00 DM gehen nur 575,00 DM auf unserem Bankkonto ein. Der Rest ist uneinbringlich.
4. Kfz-Versicherungen über 4 800,00 DM wurden am 01.10. für ein Jahr im voraus gezahlt.
5. Die Geschäftsmiete für Dezember wird erst am 02.01. n. J. überwiesen: 9 875,00 DM.
6. Kassenmehrbetrag lt. Inventur: 150,00 DM.
7. Eine Rückstellung für unterlassene Instandhaltung ist aufzulösen: 3 200,00 DM.
8. Bildung einer Prozeßkostenrückstellung in Höhe von 18 400,00 DM.
9. Bestand an Erzeugnissen: Herstellungskosten: 150 000,00 DM; Tageswert: 170 000,00 DM.
10. Bestand an Rohstoffen: Anschaffungskosten: 240 000,00 DM; Tageswert: 230 000,00 DM.

Aufgaben:
1. Führen Sie den Abschluß durch. Übertragen Sie den Saldo des GuV-Kontos auf das Konto „3400 Jahresüberschuß". Das Konto 3400 wird danach zum Schlußbilanzkonto abgeschlossen.
2. Erstellen Sie eine nach § 266 HGB ordnungsgemäß gegliederte Jahresbilanz.
3. Erstellen Sie die GuV-Rechnung in Staffelform gemäß § 275 HGB. Nicht gesondert ausgewiesene Aufwandsposten sind als „Sonstige betriebliche Aufwendungen" zusammenzufassen.
4. Stellen Sie rechnerisch die Gewinnverwendung dar: Rücklagenzuführung 100 000,00 DM, 15 % Dividende. Nennen Sie die Buchungen für die Gewinnverwendung im Folgejahr.

6.7 Jahresabschluß der Aktiengesellschaft

Die Aufstellung des Jahresabschlusses erfolgt durch den Vorstand der AG in den ersten drei Monaten des neuen Geschäftsjahres (sechs Monate bei kleiner AG).

Ermittlung des Bilanzgewinns/Bilanzverlustes. Während bei der GmbH (siehe S. 246 u. 247) die Schlußbilanz meist vor Verwendung des Jahresergebnisses aufgestellt wird, wird bei Aktiengesellschaften in der Regel bereits bei Aufstellung der Bilanz ein Teil des Jahresüberschusses den Gewinnrücklagen zugeführt oder ein Jahresfehlbetrag durch Auflösung von Rücklagen gedeckt. Bei einer solchen teilweisen Verwendung des Jahresergebnisses vor Bilanzerstellung tritt dann in der Schlußbilanz an die Stelle der Posten „Jahresüberschuß/Jahresfehlbetrag" und „Gewinnvortrag/Verlustvortrag" der Posten „Bilanzgewinn/Bilanzverlust" (§ 268 [1] HGB). Der Bilanzgewinn ist der Gewinn, den der Vorstand der Hauptversammlung zur Ausschüttung vorschlägt.

Jahresüberschuß/Jahresfehlbetrag	A. Eigenkapital (Bilanzausweis)
± Gewinn-/Verlustvortrag des Vorjahres	I. Gezeichnetes Kapital
+ Entnahme aus Rücklagen	II. Gesetzliche Rücklage
− Einstellung in Gewinnrücklagen	III. Andere Gewinnrücklagen
= Bilanzgewinn/Bilanzverlust ⟶	IV. **Bilanzgewinn/Bilanzverlust**

Beispiel: Die Maschinenbau AG (2 000 000,00 DM Gezeichnetes Kapital; 200 000,00 DM Gesetzliche Rücklage; 40 000,00 DM andere Gewinnrücklagen; 20 000,00 DM Gewinnvortrag) weist zum 31.12. in ihrer Gewinn- und Verlustrechnung einen Jahresüberschuß von 380 000,00 DM aus. Vor Bilanzerstellung sollen 160 000,00 DM der anderen (freien) Gewinnrücklage zugeführt werden.

Ermitteln Sie selbst den Bilanzgewinn.

Buchungen:

8020 GuV-Konto	an	3400 Jahresüberschuß	380 000,00
3400 Jahresüberschuß	an	3300 Ergebnisverwendung .	380 000,00
3320 Gewinnvortrag	an	3300 Ergebnisverwendung .	20 000,00
3300 Ergebnisverwendung	an	3240 And. Gewinnrücklagen	160 000,00
3300 Ergebnisverwendung	an	3350 Bilanzgewinn	240 000,00
3350 Bilanzgewinn	an	8010 Schlußbilanzkonto	240 000,00

Buchen Sie auf Konten und ermitteln Sie das Eigenkapital vor und nach Bilanzerstellung.

Die Verwendung des Bilanzgewinns ist Aufgabe der Hauptversammlung. Sie beschließt über die an die Aktionäre auszuschüttende Dividende und/oder weitere in Gewinnrücklagen einzustellende Beträge sowie den Gewinnvortrag auf neue Rechnung. Die Verteilungsbuchungen entsprechen der GmbH (siehe Seite 247).

Bilanzgewinn
− Dividende an Aktionäre[1]
− Einstellung in Gewinnrücklagen
= Gewinnvortrag

Die Prüfung des Jahresabschlusses erfolgt durch unabhängige Abschlußprüfer, und zwar wie bei der GmbH nur bei großen und mittelgroßen Gesellschaften.

Die Feststellung (Billigung) des Jahresabschlusses und des Vorschlages zur Verwendung des Bilanzgewinns obliegt dem Aufsichtsrat (§§ 170 f. AktG).

Offenlegung. Jahresabschluß, Lagebericht und Ergebnisverwendungsvorschlag werden zum Handelsregister eingereicht und nur bei großen Gesellschaften im Bundesanzeiger veröffentlicht.

> **Merke:**
> - Der Bilanzgewinn ist der zur Ausschüttung vorgeschlagene Gewinn.
> - Der Vorstand ermittelt, die Hauptversammlung verwendet den Bilanzgewinn.

---

[1] Mitglieder des Vorstandes und Aufsichtsrates sind nur selten am Jahresgewinn (§§ 86, 113 AktG) beteiligt. Ihre Tantiemen werden meist in den Personalkosten oder sonstigen Aufwendungen gewinnmindernd erfaßt.

Aufgaben – Fragen

326 Eine neu gegründete Aktiengesellschaft hat ein voll eingezahltes Aktienkapital von 4 000 000,00 DM. Zum 31.12. des Gründungsjahres weist das Gewinn- und Verlustkonto einen Jahresüberschuß von 600 000,00 DM aus.
Vor Aufstellung der Bilanz werden auf Veranlassung des Vorstandes der gesetzlichen Rücklage der jährliche Mindestbetrag (siehe Seite 243) und der anderen (freien) Gewinnrücklage 200 000,00 DM zugeführt.
1. *Ermitteln Sie den Bilanzgewinn zum 31.12.*
2. *Stellen Sie die Posten der Gruppe „A. Eigenkapital" in der Bilanz zum 31.12. in der vorgeschriebenen Reihenfolge zusammen.*
3. *Wie lauten die Buchungen für die Zuführungen zu der „Gesetzlichen Rücklage" und der „Anderen Gewinnrücklage" sowie den Bilanzgewinn?*
4. *Wie lautet die Buchung für die Übernahme des Bilanzgewinns in das Schlußbilanzkonto?*
5. *Buchen Sie die Fälle 3 und 4 auf folgenden Konten: Gewinn- und Verlustkonto, Ergebnisverwendungskonto, Gesetzliche Rücklage, Andere Gewinnrücklage, Bilanzgewinn, Schlußbilanzkonto.*

327 Die Hauptversammlung der in Aufgabe 326 genannten Aktiengesellschaft beschließt im auf das Abschlußjahr folgenden Geschäftsjahr die Verwendung des Bilanzgewinns:
        a) 8 % Dividende auf das Aktienkapital,
        b) 40 000,00 DM Zuführung in die Gesetzliche Rücklage.
        c) Der Restgewinn ist auf neue Rechnung vorzutragen.
1. *Ermitteln Sie den Gewinnvortrag.*
2. *Ermitteln Sie a) die Bruttodividende, b) die einzubehaltende Kapitalertragsteuer (KESt) und c) die Netto-Dividende.*
3. *Nennen Sie den Buchungssatz für die Eröffnung des Kontos „Bilanzgewinn" und die Übernahme des Bilanzgewinns auf das „Ergebnisverwendungskonto".*
4. *Wie lauten die Buchungssätze für die o. g. Verwendung des Bilanzgewinns? Buchen Sie auf folgenden Konten: Eröffnungsbilanzkonto, Bilanzgewinn, Ergebnisverwendungskonto, Gesetzliche Rücklage, Verbindlichkeiten aus Steuern, Verbindlichkeiten gegenüber Gesellschaftern, Gewinnvortrag.*
5. *Wie lauten die Buchungen für die Auszahlung der Dividende und die Überweisung der Kapitalertragsteuer an das Finanzamt (Bank)?*
6. *Ermitteln Sie nach Durchführung der Buchungen das bilanzielle Eigenkapital.*

328 Eine AG hat ein Grundkapital von 10 000 000,00 DM. Die gesetzliche Rücklage beträgt 1 110 000,00 DM, die andere Gewinnrücklage 100 000,00 DM und der Gewinnvortrag 10 000,00 DM. Das Anlagevermögen beträgt zum Bilanzstichtag insgesamt 6 000 000,00 DM, das Umlaufvermögen 9 500 000,00 DM. Verbindlichkeiten mit einer Laufzeit von über 5 Jahren betragen 1 780 000,00 DM, die kurzfristigen Verbindlichkeiten 900 000,00 DM. Aus dem Jahresüberschuß werden bei Bilanzaufstellung 390 000,00 DM der anderen Gewinnrücklage zugeführt.
1. *Ermitteln Sie den Jahresüberschuß, den Bilanzgewinn und den Stand der Rücklagen.*
2. *Erstellen Sie eine ordnungsmäßig gegliederte Bilanz gemäß § 266 HGB.*
3. *Ermitteln Sie den Gewinnvortrag, wenn im neuen Jahr auf Beschluß der Hauptversammlung 12 % Dividende aus dem Bilanzgewinn auszuschütten sind.*
4. *Führen Sie die Buchungen wie in Aufgabe 327 durch.*
5. *Ermitteln Sie das bilanzielle Eigenkapital nach Durchführung der Gewinnverwendung.*

329 Die in Aufgabe 328 genannte Aktiengesellschaft weist in ihrer Gewinn- und Verlustrechnung zum 31.12. des Folgejahres einen Jahresfehlbetrag in Höhe von 100 000,00 DM aus, der bei Bilanzerstellung durch Entnahme von 70 000,00 DM aus der gesetzlichen Rücklage und dem Gewinnvortrag von 20 000,00 DM teilweise gedeckt wird.
1. *Ermitteln Sie den Bilanzverlust und danach das bilanzielle Eigenkapital.*
2. *Nennen Sie die Buchungssätze.*
3. *Worin unterscheiden sich offene und stille Rücklagen?*

F Beleggeschäftsgang 2 – computergestützt

330 In der **Finanzbuchhaltung** der **Büromöbelwerke Werner Peters**, Stauffenbergallee 22–30, 01099 Dresden, werden folgende <u>Bücher</u> geführt:

- **Grundbuch** (Journal) für die laufenden Buchungen, die vorbereitenden Abschlußbuchungen und die Abschlußbuchungen.
- **Hauptbuch** für die Sachkonten: Bestandskonten, Erfolgskonten, Abschlußkonten.
- **Kontokorrentbuch** für die Personenkonten: Kundenkonten, Liefererkonten.
- **Bilanzbuch** für die Aufnahme des ordnungsmäßig gegliederten Jahresabschlusses: Jahresbilanz und Gewinn- und Verlustrechnung mit Unterschrift.

Bankverbindung: Sparkasse Dresden (BLZ 850 551 42), Konto-Nr. 218 305 081
Deutsche Bank AG Dresden (BLZ 870 700 00), Konto-Nr. 81 234

Die Sachkonten weisen zum 26.12... folgende Salden aus:

Kontenplan und vorläufige Saldenbilanz	Soll	Haben
0700 Technische Anlagen und Maschinen	912 280,00	–
0800 Betriebs- und Geschäftsausstattung	230 000,00	–
2000 Rohstoffe	85 000,00	–
2020 Hilfsstoffe	12 000,00	–
2100 Unfertige Erzeugnisse	25 000,00	–
2200 Fertige Erzeugnisse	30 000,00	–
2400 Forderungen a. LL	115 000,00	–
2600 Vorsteuer	29 400,00	–
2650 Forderungen an Mitarbeiter	5 800,00	–
2800 Bank	221 600,00	–
2880 Kasse	4 520,00	–
2900 Aktive Rechnungsabgrenzung	–	–
3000 Eigenkapital	–	720 000,00
3001 Privat	93 400,00	–
3900 Sonstige Rückstellungen	–	45 400,00
4250 Darlehensschulden	–	283 200,00
4400 Verbindlichkeiten a. LL	–	155 020,00
4800 Umsatzsteuer	–	205 080,00
4830 FB-Verbindlichkeiten	–	–
4840 SV-Verbindlichkeiten	–	–
4890 Sonstige Verbindlichkeiten	–	45 600,00
5000 Umsatzerlöse für eigene Erzeugnisse	–	1 385 000,00
5001 Erlösberichtigungen	22 600,00	–
5200 Bestandsveränderungen	–	–
5420 Steuerpflichtiger Eigenverbrauch	–	4 800,00
6000 Aufwendungen für Rohstoffe	364 800,00	–
6001 Bezugskosten	12 400,00	–
6002 Nachlässe	–	8 700,00
6020 Aufwendungen für Hilfsstoffe	78 000,00	–
6160 Fremdinstandsetzung	16 600,00	–
6300 Gehälter	242 400,00	–
6400 Soziale Aufwendungen	44 600,00	–
6520 Abschreibungen auf Sachanlagen	–	–
6700 Mietaufwendungen	260 000,00	–
6750 Kosten des Geldverkehrs	300,00	–
6800 Büromaterial	5 500,00	–
6820 Postgebühren	9 600,00	–
7510 Zinsaufwendungen	32 000,00	–
Abschlußkonten: 8010 SBK und 8020 GuV	2 852 800,00	2 852 800,00

Die Personenkonten weisen zum 26.12... im einzelnen die untenstehenden offenen Posten (= unbezahlte Rechnungen) und Salden aus:

Kundenkonten (Debitoren)		Offene Posten – Kunden			
Konto	Kunden	Datum	Rechnungs-Nr.	Betrag	Salden
10001	Karlsmann AG Sandstraße 4–10 70199 Stuttgart	10.12... 16.12... 18.12...	1298 1305 1313	14 375,00 805,00 7 820,00	23 000,00
10002	Gruppe OHG Amselweg 14 76149 Karlsruhe	21.12... 23.12...	1315[1] 1317[1]	11 500,00 40 250,00	51 750,00
10003	Heinrichs OHG Hohe Straße 44–46 21073 Hamburg	21.12... 23.12...	1316[1] 1318[1]	5 750,00 11 500,00	17 250,00
10004	Hilgendorf KG Kölner Straße 50–54 51379 Leverkusen	12.12... 21.12...	1301 1314	2 300,00 11 500,00	13 800,00
10005	Busch OHG Nibelungenring 10–12 04279 Leipzig	10.12... 17.12...	1299 1312	2 070,00 7 130,00	9 200,00
Saldensumme der Kundenkonten (Abstimmung mit Konto 2400)					115 000,00

[1] Den Firmen Gruppe und Heinrichs werden 2 % Skonto gewährt.

Liefererkonten (Kreditoren)		Offene Posten – Lieferer			
Konto	Lieferer	Datum	Rechnungs-Nr.	Betrag	Salden
60001	Chromstahl GmbH Hüttenstraße 2–16 45143 Essen	23.12...	4567	28 750,00	28 750,00
60002	Chem. Werke GmbH Grüner Weg 44–50 51375 Leverkusen	09.12... 21.12...	5500 5567	20 700,00 19 550,00	40 250,00
60003	Schneider KG Neue Landstraße 10–16 30655 Hannover	15.12...	8765	36 800,00	36 800,00
60004	Holzwerke GmbH Postfach 1215 01662 Meißen	20.12... 23.12...	7654[1] 7660[1]	17 250,00 31 970,00	49 220,00
60005	Jutta Kolberg Feldstraße 48 01109 Dresden	—	—	—	—
Saldensumme der Liefererkonten (Abstimmung mit Konto 4400)					155 020,00

[1] Rechnungen der Holzwerke GmbH werden mit 2 % Skonto beglichen.

Beleggeschäftsfälle:
Die Belege auf den folgenden Seiten stellen die Geschäftsfälle der Büromöbelwerke Werner Peters vom 27.12... bis zum 31.12... dar. Die **Materialeinkäufe** werden **direkt als Aufwand** gebucht (Just-in-Time-Verfahren).

Abschlußangaben:
1. **Abschreibungen** auf
   - Technische Anlagen und Maschinen .... 85 000,00 DM
   - Betriebs- und Geschäftsausstattung .... 35 000,00 DM

2. **Bestandsveränderungen lt. Inventur:**
   - Mehrbestand an Rohstoffen .... 25 000,00 DM
   - Minderbestand an Hilfsstoffen .... 2 000,00 DM
   - Minderbestand an unfertigen Erzeugnissen .... 5 000,00 DM
   - Mehrbestand an fertigen Erzeugnissen .... 25 000,00 DM

3. **Zeitliche Abgrenzungen:**
   - Die Geschäftsmiete für Januar n. J. in Höhe von 20 000,00 DM wurde bereits am 23.12... von den Büromöbelwerken überwiesen.
   - Die Darlehenszinsen für das zweite Halbjahr in Höhe von 12 000,00 DM werden erst Anfang Januar n. J. bezahlt.
   - Die Furnierpresse muß im Januar n. J. dringend überholt werden. Der Kostenvoranschlag beträgt 15 000,00 DM.

4. Im übrigen entsprechen die Buchwerte der Inventur zum 31.12...

Aufgaben:

1. *Führen Sie die Vorkontierung der Belege zunächst nach folgendem Erfassungsschema durch. Das erleichtert die EDV-mäßige Eingabe der Buchungsdaten:*

Soll-Konto	Beleg-Nummer	Beleg-Datum	Haben-Konto	Betrag	Steuerart V bzw. M	%-Satz	OP-Nr.	B-Text

2. *Installieren Sie das entsprechende Finanzbuchhaltungsprogramm (z. B. KHK, IBM u. a.) auf die Festplatte.*

3. *Geben Sie die Stammdaten ein, und buchen Sie die Salden der Sach- und Personenkonten über das Hilfs- bzw. Gegenkonto „8050 Saldenvorträge".*

4. *Geben Sie nun die Buchungsdaten der Aufgabe 1 in den Computer ein.*

5. *Erstellen Sie das Journal, die Bilanz und die Gewinn- und Verlustrechnung.*

6. *Ermitteln und beurteilen Sie die Rendite des Eigenkapitals, indem Sie vom Jahresgewinn für die Tätigkeit des Unternehmers Werner Peters zunächst einen Unternehmerlohn von 120 000,00 DM abziehen und danach den Restgewinn zum Anfangseigenkapital ins Verhältnis setzen.*

Belegbuchung 1:

```
                    EBERHARD ZACK                    QUITTUNG
                 Bezirks-Schornsteinfegermeister
                        01127 Dresden                RECHNUNG
                 Heidestr. 84 – Telefon (0 51) 5 28 09

         Firma/Herrn/Frau   Büromöbelwerke Werner Peters

         Rauchgasanalyse  ................................................      35,00
         Reinigung der Zentralheizung  ..............................     115,00
         ...................................................................
         ...................................................................
                                                         Gebucht:
         Dresden  27. Dez.                    Nettobetrag             150,00
         Betrag erhalten:                     + 15 % Umsatzsteuer      22,50
                    Zack                      Bruttobetrag            172,50
         ------------------------
         Bezirks-Schornsteinfegermeister

         Anlage: Bescheinigung über das Messergebnis
         Bankkonto: Deutsche Bank, Dresden        Konto-Nr. 104 000 700 (BLZ 870 700 00)
```

Fachgerechte Reinigung spart Heizkosten.

Belegbuchung 2:

```
         Deutsche Post AG 01307 Dresden
         82531081    1037         ..-12-29

                  *780,00 DM

         Postwertzeichen ohne Zuschlag
```

Belegbuchung 3:

Büromöbelwerke Werner Peters

Stauffenbergallee 22 – 30
01099 Dresden
Telefon (0 51) 44 01-0
Telefax (0 51) 44 10 12

Büromöbelwerke Peters, Postfach 10 15 26, 01097 Dresden

Büroausstattungsgroßhandel
Heinrichs OHG
Hohe Straße 44 - 46

21073 Hamburg

Bitte bei Zahlung angeben:		
Rechnung-Nr.:	Kunden-Nr.:	Datum
1 319	10 003	..-12-27

Rechnung

Wir danken für Ihren Auftrag und berechnen Ihnen wie folgt:

Menge	Bezeichnung	Einzelpreis	Betrag in DM
15	Schreibtisch ST 4 501	750,00	11.250,00
15	Anstelltisch ST 4 502	280,00	4.200,00
10	Aktenschrank SL 4 432	450,00	4.500,00
	Warenwert		19.950,00
	Umsatzsteuer 15 %		2.992,50
	Rechnungsbetrag		22.942,50

Sparkasse Dresden Nr. 218 305 081 (BLZ 850 551 42)
Deutsche Bank AG, Dresden Nr. 81 234 (BLZ 870 700 00)

Gerichtsstand: Dresden
Eigentumsvorbehalt gem. § 455 BGB

Belegbuchung 4:

Vereinigte Holzwerke GmbH
Meißen

Holzwerke GmbH · Postfach 12 15 · 01662 Meißen

Büromöbelwerke
Werner Peters
Postfach 10 15 26

01097 Dresden

Ihre Bestellung Nr./ Tag/Zeich.	Unsere Auftrags-Nr./Zeich.	Zeit der Leistung/ Liefertag	Datum
..-12-23	RS 4 500 y	..-12-26	..-12-27

Rechnung Nr.
7 668

Wir sandten für Ihre Rechnung und auf Ihre Gefahr:

Artikel-Nr.	Gegenstand	Menge und Einheit	Preis je Einheit DM	Betrag DM
SP 521	Spanplatten, natur	150	80,00	12.000,00
SP 522	Spanplatten, Nussbaum	120	160,00	19.200,00
SP 528	Spanplatten, weiß	200	50,00	10.000,00
	Warenwert			41.200,00
	+ 15 % Umsatzsteuer			6.180,00
				47.380,00

Konto	Soll	Haben
Gebucht:		

Zahlungsbedingungen : 10 Tage 2 % Skonto
30 Tage rein netto

Telex	Telefon	Telefax	Geschäftszeit	Bankkonto
Holzwerke	(0 53) 28 69 29	(0 53) 28 69 31	08:30-17:00 Uhr	Volksbank Meißen 60 345 (BLZ 850 950 04)

Kontoauszug zu Belegbuchung 5:

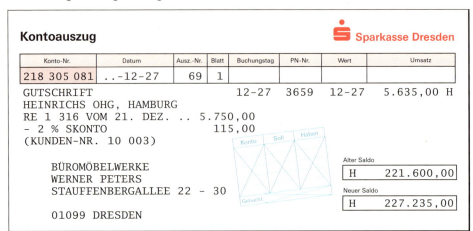

Belegbuchung 6:

Belegbuchung 7:

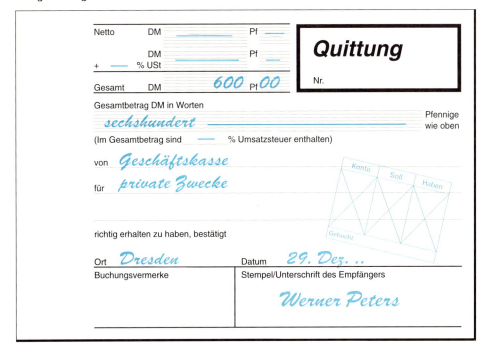

Belegbuchung 8:

Büromöbelwerke Werner Peters

Stauffenbergallee 22 – 30
01099 Dresden
Telefon (0 51) 44 01-0
Telefax (0 51) 44 10 12

Büromöbelwerke Peters, Postfach 10 15 26, 01097 Dresden

Büroausstattungsgroßhandel
Heinrichs OHG
Hohe Straße 44 - 46

21073 Hamburg

Ihre Nachricht vom	Unser Zeichen	Rechnung-Nr.:	Kunden-Nr.:	Datum
..-12-27	B/K	1 318	10 003	..-12-30

Ihre Mängelrüge

Sehr geehrte Damen und Herren,

auf die von Ihnen zu Recht beanstandete Lieferung vom 23. Dez. ..
(Rechnung-Nr. 1 318) erhalten Sie nachträglich einen

```
        Preisnachlass von netto .............  800,00 DM
      + 15 % Umsatzsteuer .................  120,00 DM
                                             920,00 DM
                                             =========
```

Wir bitten um gleich lautende Buchung.

Mit freundlichen Grüßen

Büromöbelwerke
Werner Peters

ppa. *W. Leyhausen*

Konto	Soll	Haben
Gebucht:		

Sparkasse Dresden Nr. 218 305 081 (BLZ 850 551 42)
Deutsche Bank AG, Dresden Nr. 81 234 (BLZ 870 700 00)

Gerichtsstand: Dresden
Eigentumsvorbehalt gem. § 455 BGB

Belegbuchung 9:

Artikel/ Leistungs-Nr.	Art der Lieferung oder Leistung	Datum ..-12-22 Menge	für DEZEMBER .. Einzelbetrag (DM)	Gesamtbetrag (DM)	USt-Satz v.H.
10110	TELEFONANSCHLUSS			24,60	15
17110	TARIFEINHEITEN 21. NOV. - 20. DEZ.	6902	0,1043	719,87	15
11191	STANDARDTELEFONE			10,53	15

Deutsche Telekom Rechnung

Fernmeldeamt 11   Postfach 9854   01139 DRESDEN

1017218-049   03...   1,00
510000044010

Herrn/Frau/Firma
BÜROMÖBELWERKE
WERNER PETERS
STAUFFENBERGALLEE 22 - 30
12   01099 DRESDEN

Nettobetrag (DM) 755,00
Umsatzsteuer (DM) 113,25
Rechnungsbetrag (DM) 868,25
Übertrag aus vorangegangener Rechnung (DM)
Zu zahlender Betrag (DM) 868,25

Hausanschrift ADOLFSTRASSE 30   01139 DRESDEN
Telekontakte Telefon: 051/3802-1   Fax: 051/380231
Kundennummer
Fernmeldekonto 0510000044010   Bitte immer angeben

Belegbuchung 10:

Durchschrift für den Auftraggeber

Sparkasse Dresden   Datum ..-12-27   *Werner Peters*
Unterschrift für nachstehenden Auftrag

Empfänger
Chemische Werke GmbH, 51375 Leverkusen

Konto-Nr. des Empfängers: 218 435 717
Bankleitzahl: 375 514 40

bei (Kreditinstitut)
Sparkasse Leverkusen

Betrag: DM, Pf
20.700,00--------------

Verwendungszweck (nur für Empfänger)
Rechnung-Nr. 5 500 vom 9. Dez. ..
Kunden-Nr. 60 002

Auftraggeber
Büromöbelwerke Werner Peters, 01099 Dresden

Konto-Nr. des Auftraggebers
218 305 081

Belegbuchung 11:

Durchschrift für den Auftraggeber			
Sparkasse Dresden	S	..-12-28 Datum	*Werner Peters* Unterschrift für nachstehenden Auftrag

Empfänger
Dr. med. M. Heiler, 01309 Dresden

Konto-Nr. des Empfängers		Bankleitzahl
121 245 416		870 700 00

bei (Kreditinstitut)
Deutsche Bank, Dresden

Betrag: DM, Pf
450,00-----------------

Verwendungszweck (nur für Empfänger)
Behandlung meiner Tochter Ulrike

Rechnung vom 18. Dez. ..

Auftraggeber
Werner Peters, 01099 Dresden

Konto-Nr. des Auftraggebers
218 305 081

Kontoauszug zu den Belegbuchungen 9-11:

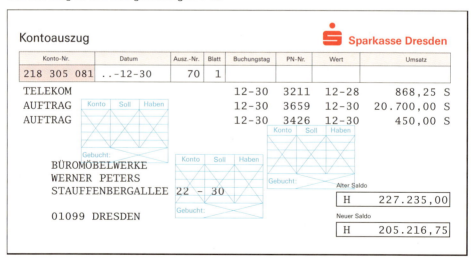

Belegbuchung 12:

Chemische Werke GmbH

Chemische Werke GmbH, Grüner Weg 44 - 50, 51375 Leverkusen

Büromöbelwerke
Werner Peters
Stauffenbergallee 22 - 30

01099 Dresden

Eingang: ..-12-28

Auftrag vom	Rechnungsdatum	Rechnungsnummer	Kundennummer
..-12-20	..-12-27	5 582	14 009

Artikelbezeichnung	Menge	Einzelpreis DM	Betrag DM
Kleber KZ 4 000	20	220,00	4.400,00
Farbe FL 3 800	15	80,00	1.200,00
			5.600,00
		+ 15 % USt	840,00
		Rechnungsbetrag	6.440,00
			========

Telefon
(02 171) 5 35 14

Telefax
(02 171) 44 12 44

Sparkasse Leverkusen
Konto-Nr.: 218 435 717
(BLZ 375 514 40)

Eigentumsvorbehalt gem.
§ 455 BGB
Zahlungsbedingungen
(siehe Rückseite)

Belegbuchung 13:

Belegbuchung 14:

Belegbuchungen 15 und 16:

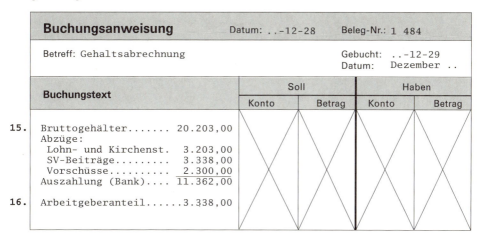

Kontoauszug zu den Belegbuchungen 15–18 (siehe Fußnote):

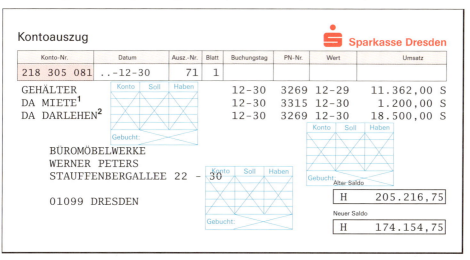

---

1 Belegbuchung 17: DA = Dauerauftrag für die Wohnungsmiete des Geschäftsinhabers
2 Belegbuchung 18: DA = Dauerauftrag für Darlehenstilgung

Belegbuchung 19:

Büromöbelwerke Werner Peters

Stauffenbergallee 22 – 30
01099 Dresden
Telefon (0 51) 44 01-0
Telefax (0 51) 44 10 12

Büromöbelwerke Peters, Postfach 10 15 26, 01097 Dresden

Möbelgroßhandel
Hilgendorf KG
Kölner Str. 50 - 54

51379 Leverkusen

Bitte bei Zahlung angeben:
Rechnung-Nr.:	Kunden-Nr.:	Datum
1 320	10 004	..-12-29

Rechnung

Wir danken für Ihren Auftrag und berechnen Ihnen wie folgt:

Menge	Bezeichnung	Einzelpreis	Betrag in DM
2	Chefzimmer SL 405	18.200,00	36.400,00
4	Konferenztisch KS 380	2.400,00	9.600,00
16	Stuhl St 602	450,00	7.200,00

Warenwert   53.200,00
Umsatzsteuer 15 %   7.980,00
Rechnungsbetrag   61.180,00
=========

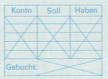

Sparkasse Dresden Nr. 218 305 081 (BLZ 850 551 42)
Deutsche Bank AG, Dresden Nr. 81 234 (BLZ 870 700 00)

Gerichtsstand: Dresden
Eigentumsvorbehalt gem. § 455 BGB

Belegbuchung 20:

```
Durchschrift für den Auftraggeber
Sparkasse Dresden              ..-12-30        Werner Peters
                               Datum           Unterschrift für nachstehenden Auftrag

Empfänger
Vereinigte Holzwerke GmbH, 01662 Meißen

Konto-Nr. des Empfängers                    Bankleitzahl
60 345                                      850 950 04

bei (Kreditinstitut)
Volksbank Meißen
                                        Betrag: DM, Pf
                                        16.905,00----------

Verwendungszweck (nur für Empfänger)
Rechnung-Nr. 7 654 vom 20. Dez. ..         17.250,00
abzüglich 2 % Skonto                          345,00
Kunden-Nr. 60 004

Auftraggeber
Büromöbelwerke W. Peters, 01099 Dresden

Konto-Nr. des Auftraggebers
218 305 081
```

Belegbuchung 21:

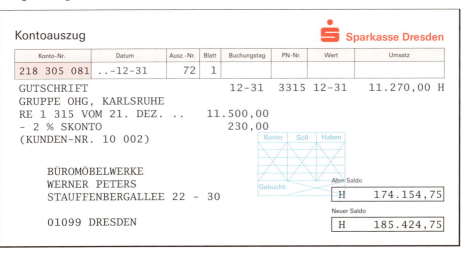

Belegbuchung 22:

```
                           850 551 42
  Zahlschein              ┌─┐
  Einzahler-Quittung      Sparkasse Dresden
  
  ┌ Empfänger ──────────────────────────────────────────────┐
  │ Büromöbelwerke Werner Peters                            │
  │ ┌ Konto-Nr. des Auftraggebers ┐    ┌ Bankleitzahl ──┐   │
  │ │ 218 305 081                 │    │ 850 551 42     │   │
  │ └─────────────────────────────┘    └────────────────┘   │
  │ bei (Kreditinstitut)                                    │
  │ Sparkasse Dresden                                       │
  │                                    ┌ Betrag: DM, Pf ─┐  │
  │                                    │ 1.500,00------- │  │
  │                                    └─────────────────┘  │
  │ Verwendungszweck (nur für Empfänger)                    │
  │ Einzahlung aus der Geschäftskasse                       │
  │                                                         │
  │ Auftraggeber/Einzahler: Name                            │
  │ Werner Peters, 01099 Dresden                            │
  └─────────────────────────────────────────────────────────┘
       (Empfangsbestätigung der annehmenden Kasse)
                          ..-12-31         1.500,00
                      Sparkasse Dresden    Stephan
     (Bei maschineller Buchung ist für die Quittung der Maschinendruck maßgebend)
```

Kontoauszug zu den Belegbuchungen 20, 22 und 23 (siehe Fußnote):

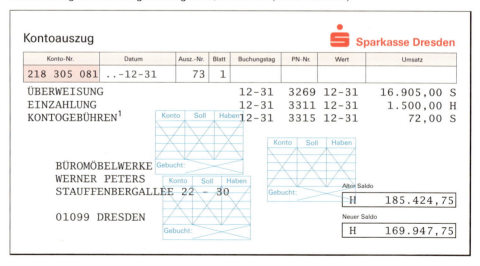

---

1 Belegbuchung 23

Belegbuchung 24:

Buchungsanweisung	Datum: ..-12-31	Beleg-Nr.:
Betreff: Abschreibungen auf Sachanlagen lt. Anlagenkartei		

Buchungstext	Soll Konto	Soll Betrag	Haben Konto	Haben Betrag
Abschreibungen auf SA .... - TA und Maschinen .... - BGA				

Belegbuchungen 25-33:

Buchungsanweisung	Datum: ..-12-31	Beleg-Nr.:
Betreff: Umbuchungen		

	Buchungstext	Soll Konto	Soll Betrag	Haben Konto	Haben Betrag
25.	2600 Vorsteuerübertragung				
26.	3001 Privatentnahmen				
27.	5001 Erlösberichtigungen				
28.	6001 Bezugskosten f. Rohstoffe..				
29.	6002 Nachlässe f. Rohstoffe				
30.	2000 Mehrbestand an Rohstoffen..				
31.	2020 Minderbestand an Hilfsst...				
32.	2100 Minderbestand an unf. Erz..				
33.	2200 Mehrbestand an fert. Erz...				

Belegbuchungen 34-36:

Buchungsanweisung	Datum: ..-12-31	Beleg-Nr.:
Betreff: Zeitliche Abgrenzungen		

	Buchungstext	Soll Konto	Soll Betrag	Haben Konto	Haben Betrag
34.	Rückstellung für Reparatur der Furnierpresse lt. Kostenvoranschlag: 15.000,00 DM				
35.	Unsere Mietvorauszahlung für Januar n. J.: 20.000,00 DM ...				
36.	Fällige Darlehenszinsen werden im Januar n. J. gezahlt: 12.000,00 DM				

G   Auswertung des Jahresabschlusses

Aus dem Jahresabschluß lassen sich wertvolle Erkenntnisse über die Vermögens-, Finanz- und Erfolgslage des Unternehmens gewinnen, wenn man die Abschlußzahlen entsprechend auswertet. Ein Vergleich mit den Jahresabschlüssen der Vorjahre (Zeitvergleich) gibt außerdem Auskunft über die betriebseigene Entwicklung. Wie das Unternehmen innerhalb seiner Branche zu beurteilen ist, zeigt ein Vergleich mit den Zahlen branchengleicher Unternehmen (Betriebsvergleich).

Die betriebswirtschaftliche Auswertung des Jahresabschlusses umfaßt die

- **Aufbereitung (Analyse)** und die
- **Beurteilung (Kritik)** des Zahlenmaterials.

Allgemein spricht man auch von „Bilanzanalyse und Bilanzkritik".

1   Auswertung der Bilanz

1.1   Aufbereitung der Bilanz (Bilanzanalyse)

Umgliederung der Bilanzposten. Die Bilanzen müssen zunächst für eine kritische Beurteilung entsprechend aufbereitet werden. Die zahlreichen Bilanzposten sind daher nach bestimmten Gesichtspunkten umzugliedern und gruppenmäßig zusammenzufassen. Die Vermögensseite umfaßt die beiden Hauptgruppen „Anlagevermögen" und „Umlaufvermögen", die Kapitalseite „Eigenkapital" und „Fremdkapital". Das Umlaufvermögen ist nach der Flüssigkeit in die Gruppen „Vorräte", „Forderungen" und „Flüssige Mittel" zu gliedern. Die Positionen des Fremdkapitals sind nach der Fälligkeit in „Langfristiges Fremdkapital" und „Kurzfristiges Fremdkapital" zu ordnen. Wertberichtigungen sind vorab mit dem entsprechenden Aktivposten zu saldieren. Aktive Rechnungsabgrenzungssammelposten werden den Forderungen, passive Rechnungsabgrenzungsposten den kurzfristigen Verbindlichkeiten zugeordnet.

Die Bilanzstruktur ist das Ergebnis der Aufbereitung der Bilanzposten. Sie läßt bereits deutlich den Vermögens- und Kapitalaufbau des Unternehmens erkennen:

Vermögen	Bilanzstruktur		Kapital
I. Anlagevermögen		I. Eigenkapital	
II. Umlaufvermögen	1. Vorräte		
	2. Forderungen	II. Fremdkapital	1. langfristig
	3. Flüssige Mittel		2. kurzfristig
Wie ist das Kapital angelegt?		*Woher stammt das Kapital?*	

Zur besseren Vergleichbarkeit und Überschaubarkeit stellt man die Bilanzstruktur nicht nur in absoluten Zahlen, sondern auch in Prozentzahlen dar, wobei die Bilanzsumme die Basis (≙ 100 %) bildet. Damit wird auf einen Blick erkennbar, welches Gewicht die einzelnen Hauptgruppen innerhalb des Gesamtvermögens (Aktiva) und Gesamtkapitals (Passiva) haben. Vermögens- und Kapitalaufbau werden dadurch noch anschaulicher dargestellt.

Merke: Die aufbereiteten Bilanzen eines Unternehmens zeigen deutlich
- die Finanzierung ▷ Eigenkapital : Fremdkapital
- den Vermögensaufbau ▷ Anlagevermögen : Umlaufvermögen
- die Anlagendeckung ▷ Eigenkapital : Anlagevermögen
- die Zahlungsfähigkeit ▷ flüssige Mittel : kurzfristige Verbindlichkeiten

Beispiel: Die Chemiewerke GmbH hat ihre Bilanzen unter Berücksichtigung einer <u>teilweisen Verwendung des Jahresgewinns</u> (Zuführung zu den Gewinnrücklagen) aufgestellt:

Jahresüberschuß − Einstellung in die Gewinnrücklage = Bilanzgewinn

Da der <u>Bilanzgewinn</u> auf Beschluß der Gesellschafterversammlung kurzfristig in voller Höhe als <u>Dividende</u> ausgeschüttet werden soll, ist er im Rahmen der Bilanzaufbereitung den <u>kurzfristigen Verbindlichkeiten</u> zuzuordnen. Die <u>Rückstellungen</u> sind <u>je zur Hälfte</u> als <u>kurz- und langfristig</u> zu behandeln.

Die bereits teilweise aufbereiteten **Bilanzen der Chemiewerke GmbH** lauten:

Aktiva	Berichtsjahr TDM	Vorjahr TDM	Passiva	Berichtsjahr TDM	Vorjahr TDM
Sachanlagen	1 660,00	1 420,00	Gezeichnetes Kapital	1 400,00	1 000,00
Finanzanlagen	260,00	200,00	Gewinnrücklagen	400,00	260,00
Vorräte	1 200,00	1 550,00	Bilanzgewinn	110,00	30,00
Forderungen a. LL	600,00	310,00	Rückstellungen	80,00	60,00
Flüssige Mittel	280,00	120,00	langfr. Verbindl.	1 600,00	1 230,00
			kurzfr. Verbindl.	410,00	1 020,00
	4 000,00	3 600,00		4 000,00	3 600,00

Die Aufbereitung der Bilanzen wird nach folgendem Schema vorgenommen:

AKTIVA	Berichtsjahr TDM	%	Vorjahr TDM	%	Zu- oder Abnahme TDM
Sachanlagen	1 660,00	41,5	1 420,00	39,4	+ 240,00
Finanzanlagen	260,00	6,5	200,00	5,6	+ 60,00
Anlagevermögen	**1 920,00**	**48,0**	**1 620,00**	**45,0**	**+ 300,00**
Vorräte	1 200,00	30,0	1 550,00	43,0	− 350,00
Forderungen a. LL	600,00	15,0	310,00	8,6	+ 290,00
Flüssige Mittel	280,00	7,0	120,00	3,4	+ 160,00
Umlaufvermögen	**2 080,00**	**52,0**	**1 980,00**	**55,0**	**+ 100,00**
Gesamtvermögen	4 000,00	100,0	3 600,00	100,0	+ 400,00

PASSIVA	Berichtsjahr TDM	%	Vorjahr TDM	%	Zu- oder Abnahme TDM
Gezeichnetes Kapital	1 400,00	35,0	1 000,00	27,7	+ 400,00
Gewinnrücklagen	400,00	10,0	260,00	7,3	+ 140,00
Eigenkapital	**1 800,00**	**45,0**	**1 260,00**	**35,0**	**+ 540,00**
langfr. Rückstellungen	40,00	1,0	30,00	0,8	+ 10,00
langfr. Verbindlichkeiten	1 600,00	40,0	1 230,00	34,2	+ 370,00
Langfristiges Fremdkapital	**1 640,00**	**41,0**	**1 260,00**	**35,0**	**+ 380,00**
kurzfr. Rückstellungen	40,00	1,0	30,00	0,8	+ 10,00
kurzfr. Verbindlichkeiten	520,00	13,0	1 050,00	29,2	− 530,00
Kurzfristiges Fremdkapital	**560,00**	**14,0**	**1 080,00**	**30,0**	**− 520,00**
Gesamtkapital	4 000,00	100,0	3 600,00	100,0	+ 400,00

1.2 Beurteilung der Bilanz (Bilanzkritik)

Die aufbereiteten Bilanzen enthalten bereits die wichtigsten Kennzahlen und Angaben zur Beurteilung der

- Kapitalausstattung,
- Anlagenfinanzierung,
- Zahlungsfähigkeit und des
- Vermögensaufbaues

des Unternehmens. Mit Hilfe dieser Kennzahlen lassen sich Lage und Entwicklung des Unternehmens beurteilen.

1.2.1 Beurteilung der Kapitalausstattung (Finanzierung)

Grad der Unabhängigkeit. Bei der Beurteilung der Finanzierung oder Kapitalausstattung geht es vor allem um die Frage, ob das Unternehmen überwiegend mit eigenen oder fremden Mitteln arbeitet. Dabei ist wichtig zu wissen, daß das Eigenkapital zwei Aufgaben zu erfüllen hat, nämlich zum einen die Haftungs- oder Garantiefunktion gegenüber den Gläubigern und zum anderen die Finanzierungsfunktion, also die fristgerechte Finanzierung von Vermögensteilen, die langfristig im Unternehmen gebunden sind (→ Anlagendeckung). Der Anteil des Eigenkapitals am Gesamtkapital wird daher auch weitgehend von der Anlagenintensität des Unternehmens bestimmt. Sehr anlagenintensive Unternehmen (z. B. Schwerindustrie, Bergbau u. a.) benötigen eine höhere Eigenkapitalausstattung als Unternehmen der verarbeitenden Industrie. Eine allgemeingültige Regel über das Verhältnis zwischen Eigen- und Fremdkapitalanteil kann es daher nicht geben (z. B. 1 : 1-Regel). Grundlegend kann aber gesagt werden, daß die wirtschaftliche und finanzielle Stabilität des Unternehmens um so größer ist, je höher der Eigenkapitalanteil ist. Hohes Eigenkapital macht das Unternehmen unabhängiger gegenüber Gläubigern und sicherer in Krisenzeiten. Der Anteil des Eigenkapitals am Gesamtkapital drückt somit den Grad der finanziellen Unabhängigkeit aus und ist zugleich Maßstab für die Kreditwürdigkeit und Krisenfestigkeit des Unternehmens.

Der Grad der Verschuldung des Unternehmens kommt durch den Anteil des Fremdkapitals am Gesamtkapital zum Ausdruck. Zu hohes Fremdkapital bedeutet eine erhebliche Einengung der Selbständigkeit des Unternehmens, da mit jeder weiteren Kreditaufnahme stets der Nachweis der Kreditverwendung und ständige Kontrollen durch Gläubiger verbunden sind. Für die Beurteilung der Finanzierung ist vor allem auch die Zusammensetzung des Fremdkapitals von Bedeutung. Ein relativ hohes kurzfristiges Fremdkapital bedingt eine kurzfristige Bereitstellung von entsprechend hohen flüssigen Mitteln und führt daher zu einer besonderen Belastung der Liquidität (Zahlungsfähigkeit) des Unternehmens. Denn unabhängig von der Ertragslage des Unternehmens sind die fälligen Tilgungs- und Zinszahlungen zu leisten.

Grad der Selbstfinanzierung. Gewinnrücklagen werden bei Kapitalgesellschaften aus einbehaltenen (nicht ausgeschütteten) Gewinnen (Gewinnthesaurierung) gebildet. Sie dienen vor allem der Selbstfinanzierung von Investitionen oder ganz allgemein der Stärkung der Eigenkapitalbasis. Setzt man die Gewinnrücklagen ins Verhältnis zum Gesamtkapital, kann man daraus den Grad der Selbstfinanzierung des Unternehmens ermitteln.

Merke:
- Je größer das Eigenkapital im Verhältnis zum Fremdkapital ist, desto solider und krisenfester ist die Finanzierung und desto geringer ist die Abhängigkeit von den Gläubigern.
- Die Höhe des Eigenkapitals ist abhängig von der Anlagenintensität.

Kennzahlen der Finanzierung (Kapitalstruktur)		B	V
① **Grad der finanziellen Unabhängigkeit** = $\dfrac{\text{Eigenkapital} \cdot 100\ \%}{\text{Gesamtkapital}}$		45 %	35 %
② **Grad der Verschuldung** = $\dfrac{\text{Fremdkapital} \cdot 100\ \%}{\text{Gesamtkapital}}$		55 %	65 %
③ **Anteil des langfristigen Fremdkapitals** = $\dfrac{\text{lgfr. Fremdkapital} \cdot 100\ \%}{\text{Gesamtkapital}}$		41 %	35 %
④ **Anteil des kurzfristigen Fremdkapitals** = $\dfrac{\text{kfr. Fremdkapital} \cdot 100\ \%}{\text{Gesamtkapital}}$		14 %	30 %
⑤ **Grad der Selbstfinanzierung** = $\dfrac{\text{Gewinnrücklagen} \cdot 100\ \%}{\text{Gesamtkapital}}$		10 %	7 %

Der Grad der finanziellen Unabhängigkeit des Unternehmens ①, also der Anteil des Eigenkapitals am Gesamtkapital, hat sich im Berichtsjahr (B) gegenüber dem Vorjahr (V) sowohl absolut als auch relativ (von 35 % auf 45 %) bedeutend verbessert. Die Stärkung der Eigenkapitalbasis der Chemiewerke GmbH ist einerseits auf eine Erhöhung des „Gezeichneten Kapitals" (Stammkapital) von nominal 400 000,00 DM als auch auf Gewinnzuführung in die Rücklagen in Höhe von 140 000,00 DM (siehe GuV-Rechnung S. 287) zurückzuführen. Die Unternehmensleitung sowie die Gesellschafter sind bemüht, die Kapitalstruktur entscheidend zu verbessern.

Der Grad der Verschuldung ② ist im Zusammenhang mit der Kennzahl ① entsprechend von 65 % auf 55 % zurückgegangen. Der im Vorjahr noch sehr hohe Anteil der kurzfristigen Fremdmittel ④ konnte erheblich von absolut 1 080 000,00 DM auf 560 000,00 DM bzw. relativ von 30 % auf nunmehr 14 % abgebaut werden. Hier zeigt sich ganz deutlich die positive Auswirkung der Erhöhung der eigenen Mittel. Die Absicht der Unternehmensleitung, die im Vorjahr noch recht angespannte Liquiditätslage durch Abbau der kurzfristigen Verbindlichkeiten zu verbessern, wird erkennbar. Das bestätigt auch die Kennzahl ③. Der Anteil des langfristigen Fremdkapitals ist zu Lasten des kurzfristigen Fremdkapitals erfreulicherweise von 35 % auf 41 % gestiegen. Offensichtlich steht der Rückgang der kurzfristigen Fremdmittel auch im Zusammenhang mit einer Umschuldung (Umwandlung kurzfristiger in langfristige Schulden).

Der Grad der Selbstfinanzierung ⑤ hat sich von 7 % auf 10 % verbessert. Es ist lobenswert, daß das Unternehmen durch Einbehaltung von wesentlichen Teilen des Gewinns, also durch Bildung von Gewinnrücklagen, zur Selbstfinanzierung und damit zur Stärkung der Eigenkapitalbasis beiträgt. Das entspricht auch offensichtlich den Vorstellungen der Gesellschafter der Chemiewerke GmbH, denn der auszuschüttende Bilanzgewinn ist recht bescheiden.

Zusammenfassend kann die Finanzierung der Chemiewerke GmbH im Berichtsjahr durchaus als solide und krisenfest beurteilt werden. Besonders positiv ist herauszustellen, daß die Unternehmensleitung im Berichtsjahr entscheidende Maßnahmen zur Verbesserung der Kapitalstruktur durchgeführt hat. Die Abhängigkeit gegenüber den Gläubigern des Unternehmens ist dadurch erfreulicherweise erheblich geringer geworden. Der Abbau der kurzfristigen Fremdmittel kann im Hinblick auf die Liquidität als besonders positiv bezeichnet werden. Daß die Gläubiger Vertrauen in das Unternehmen haben, beweist die Tatsache, daß im Berichtsjahr die langfristigen Verbindlichkeiten absolut und relativ zu Lasten der kurzfristigen Fremdmittel zugenommen haben.

1.2.2 Beurteilung der Anlagenfinanzierung (Investierung)

Die Deckung (Finanzierung) des Anlagevermögens durch Eigenkapital (Deckungsgrad I) und durch das gesamte langfristige Kapital, also durch Eigen- und langfristiges Fremdkapital (Deckungsgrad II), ist zugleich ein wichtiger Maßstab zur Beurteilung der Kapitalausstattung und damit der finanziellen Stabilität des Unternehmens.

- Deckungsgrad I $= \dfrac{\text{Eigenkapital} \cdot 100\,\%}{\text{Anlagevermögen}}$
- Deckungsgrad II $= \dfrac{\text{Langfristiges Kapital (EK + lgfr. FK)} \cdot 100\,\%}{\text{Anlagevermögen}}$

Goldene Bilanzregel. Das Anlagevermögen stellt in jedem Unternehmen langfristig gebundenes Vermögen dar. Es muß daher auch durch entsprechend langfristiges Kapital (Eigenkapital, Hypotheken, Darlehen u. a.) finanziert werden. Damit wird sichergestellt, daß im Falle einer Krise keine Anlagegüter veräußert werden müssen, um den Tilgungsverpflichtungen termingerecht nachzukommen. Den Grundsatz der Fristengleichheit bezeichnet man auch als „Goldene Bilanzregel" oder „Goldene Bankregel".

Deckungsgrad I. Die sicherste Deckung des Anlagevermögens ist natürlich das Kapital, das von den Gläubigern nicht zurückgefordert werden kann. Das ist zweifellos das Eigenkapital. Die Anlagendeckung ist daher als sehr gut zu beurteilen, wenn das Eigenkapital das Anlagevermögen voll deckt. Ausgezeichnet ist die Deckung, wenn das Eigenkapital darüber hinaus auch noch den „eisernen Bestand" des Vorratsvermögens finanziert. In der Praxis gibt es aber nur wenige Industriezweige, in denen das Anlagevermögen ganz durch Eigenkapital finanziert ist (z. B. Elektroindustrie).

Deckungsgrad II. Reicht das Eigenkapital zur Finanzierung des Anlagevermögens nicht aus, so darf zusätzlich nur langfristiges Fremdkapital herangezogen werden (Goldene Bilanzregel!). Der Quotient der Anlagendeckung II muß dann mindestens 100 % betragen, wenn eine volle Deckung durch langfristiges Kapital gegeben sein soll. Je mehr dieser Mindestwert überschritten wird, um so größer ist die finanzielle Stabilität des Unternehmens. In diesem Fall finanzieren die langfristigen Mittel dann noch einen Teil des Umlaufvermögens. In jedem Fall müßte noch der eiserne Bestand des Vorratsvermögens langfristig finanziert sein.

Merke:
- Die Anlagendeckung ist zugleich Maßstab zur Beurteilung der Finanzierung (Kapitalausstattung) des Unternehmens.
- Das Anlagevermögen und der eiserne Bestand des Vorratsvermögens sollten stets durch entsprechend langfristiges Kapital gedeckt (finanziert) sein.

Kennzahlen der Anlagendeckung (Investierung)	Berichtsjahr	Vorjahr
Deckungsgrad I $= \dfrac{\text{Eigenkapital} \cdot 100\,\%}{\text{Anlagevermögen}}$	94 %	78 %
Deckungsgrad II $= \dfrac{\text{Langfristiges Kapital} \cdot 100\,\%}{\text{Anlagevermögen}}$	179 %	156 %

Die Anlagendeckung durch Eigenkapital hat sich im Berichtsjahr grundlegend durch die erwähnte Erhöhung des Eigenkapitals von 78 % auf 94 % verbessert. Diese

Verbesserung muß noch höher bewertet werden, da das Anlagevermögen im Berichtsjahr zugleich durch erhebliche Investitionen (300 TDM) zugenommen hat. Das Unternehmen strebt eine volle Anlagendeckung durch eigene Mittel an, um die finanzielle Stabilität für die Zukunft abzusichern.

Die Anlagendeckung durch langfristiges Kapital (Deckungsgrad II) war schon im Vorjahr sehr günstig. Die erhebliche Steigerung im Berichtsjahr von 156 % auf 179 % ist auf die Zunahme der eigenen und auch der langfristigen Fremdmittel zurückzuführen. Diese Überdeckung (56 % bzw. 79 %) bedeutet, daß auch der größte Teil des Umlaufvermögens langfristig finanziert ist.

Zusammenfassend kann gesagt werden, daß die oben als gut beurteilte Finanzierung des Unternehmens durch die Anlagendeckung bestätigt wird.

Vermögens-Deckungsrechnung. Die Anlagendeckung kann in Staffelform zu einer Deckungsrechnung des gesamten Vermögens ausgebaut werden:

Vermögens-Deckungsrechnung in TDM	Berichtsjahr	Vorjahr	+/−
Eigenkapital (EK)	1 800	1 260	+ 540
− Anlagevermögen	1 920	1 620	+ 300
= Über- oder Unterdeckung durch EK	− 120	− 360	+ 240
+ langfristiges Fremdkapital	1 640	1 260	+ 380
= langfristiges Kapital zur Finanzierung des Umlaufvermögens	1 520	900	+ 620
− **Umlaufvermögen**	2 080	1 980	+ 100
= **kurzfristiges Fremdkapital zur Finanzierung des Umlaufvermögens**	560	1 080	− 520

Die Deckungsrechnung zeigt die Finanzierung der Vermögensteile besonders deutlich. Das langfristige Kapital hat sich zu Lasten des kurzfristigen Fremdkapitals erhöht, was sich auf die Liquidität des Unternehmens günstig auswirkt.

1.2.3 Beurteilung des Vermögensaufbaues (Konstitution)

Die Zusammensetzung (Struktur) des Vermögens, das Verhältnis zwischen Anlage- und Umlaufvermögen, wird entscheidend durch die Branche und den Grad der Mechanisierung und Automatisierung bestimmt. So sind z. B. Unternehmen der Grundstoff- und Schwerindustrie (Bergbau, Hüttenwerke u. a.) mit einem Anlagenanteil von 60–70 % besonders anlagenintensiv, im Gegensatz zu Betrieben der Elektroindustrie und des Maschinenbaus mit 25–35 %.

Anlagenintensität. Anlagen binden langfristig Kapital und verursachen erhebliche fixe (feste) Kosten, wie Abschreibungen, Instandhaltungen, Zinsen des investierten Kapitals u. a., die unabhängig von der Beschäftigungs- und Ertragslage des Unternehmens anfallen. Diese fixen Kosten zwingen das Unternehmen, dauernd um volle Auslastung der Kapazität und Absatzsteigerung bestrebt zu sein, damit die festen Kosten des Anlagevermögens auf eine möglichst große Anzahl von Erzeugnissen verteilt und deshalb je Erzeugnis (Stückkosten) möglichst niedrig gehalten werden. Es ist daher verständlich, daß eine hohe Anlagenquote auch die Anpassungsfähigkeit eines Unternehmens an Konjunkturschwankungen sowie Veränderungen in der Nachfrage vermindert. Je geringer die Anlagenquote ist, um so elastischer kann sich ein Unternehmen den veränderten Marktverhältnissen anpassen. Die Anlagenintensität ist daher zugleich ein Maßstab für die Anpassungsfähigkeit oder Flexibilität eines Unternehmens.

Das Umlaufvermögen setzt sich aus Vorräten, Forderungen und flüssigen Mitteln zusammen. An Hand der Entwicklung der hierfür ermittelten Quoten am Gesamtvermögen lassen sich wertvolle Erkenntnisse über die Absatzlage des Unternehmens gewinnen, wenn man sie mit den Umsatzerlösen vergleicht. Ein erhöhter Bestand an Forderungen bedeutet Absatzsteigerung, wenn zugleich die Umsatzerlöse entsprechend gestiegen sind. Eine Veränderung der Vorratsquote kann daher auch nur im Zusammenhang mit den Umsatzerlösen betrachtet werden.

Merke:
- **Die Konstitution (AV : UV) wird weitgehend von der Branche und dem Grad der Mechanisierung und Automatisierung bestimmt.**
- **Die Anlagenintensität ist zugleich Maßstab für die Anpassungsfähigkeit und Flexibilität des Unternehmens.**
- **Vorrats- und Forderungsquoten geben Aufschluß über die Absatzlage des Unternehmens. Ein Vergleich mit den Umsatzerlösen ist notwendig.**

Kennzahlen der Konstitution (Vermögensstruktur)		B	V
① **Anlagenintensität**	= $\dfrac{AV \cdot 100\,\%}{\text{Gesamtvermögen}}$	48 %	45 %
② **Anteil des Umlaufvermögens**	= $\dfrac{UV \cdot 100\,\%}{\text{Gesamtvermögen}}$	52 %	55 %
③ **Ausnutzungsgrad der Sachanlagen**	= $\dfrac{\text{Gesamtleistung}}{\text{Sachanlagen}}$	5,1	3,9
④ **Vorratsquote**	= $\dfrac{\text{Vorräte} \cdot 100\,\%}{\text{Gesamtvermögen}}$	30 %	43 %
⑤ **Forderungsquote**	= $\dfrac{\text{Forderungen} \cdot 100\,\%}{\text{Gesamtvermögen}}$	15 %	8,6 %
⑥ **Anteil der flüssigen Mittel**	= $\dfrac{\text{Flüssige Mittel} \cdot 100\,\%}{\text{Gesamtvermögen}}$	7 %	3,4 %

Angaben lt. GuV-Rechnung:		Berichtsjahr	Vorjahr
Umsatzerlöse	(vgl. S. 287)	8 200 TDM	5 500 TDM
Gesamtleistung	(vgl. S. 287)	8 480 TDM	5 520 TDM

Die Anlagenintensität ① hat im Berichtsjahr absolut um 240 TDM (Sachanlagen) und relativ von 45 % auf 48 % zugenommen. Die Investitionen im Sachanlagenbereich deuten auf eine Kapazitätserweiterung hin, zumal die Gesamtleistung des Unternehmens ebenfalls beträchtlich von 5 520 TDM auf 8 480 TDM gestiegen ist.

Der Ausnutzungsgrad der Sachanlagen ③ macht deutlich, daß die Kapazität des Unternehmens im Berichtsjahr besser ausgelastet ist. Hat das Unternehmen im Vorjahr mit 1 TDM Sachanlagen nur 3,9 TDM Gesamtleistung erzielt, so beträgt im Berichtsjahr die Gesamtleistung 5,1 TDM je 1 TDM Sachanlagen.

Die Vorratsquote ④ ist sowohl absolut als auch relativ zurückgegangen. Ein Blick auf die Umsatzerlöse läßt erkennen, daß der Abbau der Vorräte im Zusammenhang mit einer beträchtlichen Absatzsteigerung der Erzeugnisse steht. Die Umschlagszahlen (vgl. S. 288) machen das besonders deutlich.

Die Quote der Forderungen ⑤ **und der flüssigen Mittel** ⑥ zeigt ebenfalls, daß sich das Unternehmen in einer außerordentlich guten Absatzlage befindet.

Zusammenfassend kann festgestellt werden, daß sich die Vermögensstruktur im Berichtsjahr entscheidend verbessert hat. Die höhere Auslastung der Kapazität muß sich zwangsläufig günstig auf die Kostenstruktur (fixe Kosten) auswirken.

1.2.4 Beurteilung der Zahlungsfähigkeit (Liquidität)

Liquidität ist die Zahlungsfähigkeit eines Unternehmens, die sich aus dem Verhältnis der flüssigen (liquiden) Mittel zu den fälligen Verbindlichkeiten ermitteln läßt. Es ist zu prüfen, ob die liquiden Mittel ausreichen, das kurzfristig fällige Fremdkapital zu decken. Denn Zahlungsunfähigkeit (Illiquidität) führt meist zum Konkurs.

Stichtagsliquidität. Der externe Bilanzkritiker kann lediglich die Stichtagsliquidität ermitteln, d. h. die Zahlungsfähigkeit des Unternehmens zum Bilanzstichtag. Diese hat allerdings nur begrenzten Aussagewert, da wichtige Daten der Liquiditätsberechnung aus den Abschlußzahlen nicht hervorgehen, wie Fälligkeiten der Verbindlichkeiten und Forderungen, Kreditzusagen der Banken, laufende Ausgaben für Personalkosten, Mieten, Steuern u. v. m. So kann sich die Liquiditätslage schon kurz nach dem Bilanzstichtag schlagartig verändern. Außerdem muß beachtet werden, daß Bilanzen in der Praxis erst weit nach dem Bilanzstichtag aufgestellt werden und deshalb lediglich eine „historische" Analyse der Liquiditätslage zulassen. Das Unternehmen selbst wird daher die Liquidität nicht stichtagsbezogen (statisch) auf Grund der Bilanz, sondern kurz- oder mittelfristig (dynamisch) an Hand eines Finanz- oder Liquiditätsplans ermitteln, der auf zahlreichen Einzelplänen basiert, die den zu erwartenden Einnahmen- und Ausgabenstrom einschließlich geplanter Investitionen ausweisen. Wenn auch die bilanzmäßige Liquiditätsermittlung aus den genannten Gründen ungenau sein muß, so lassen sich aus einem Vergleich der Bilanzzahlen (Zeitvergleich) doch entsprechende Schlußfolgerungen über die Liquiditätspolitik des Unternehmens ziehen.

Die Liquiditätskennzahlen berücksichtigen den Grad der Liquidität. Die Liquidität I (1. Grades), auch Barliquidität genannt, setzt die flüssigen Mittel (Kasse, Bank- und Postbankguthaben, diskontfähige Besitzwechsel, börsenfähige Wertpapiere des Umlaufvermögens) ins Verhältnis zu den kurzfristigen Fremdmitteln. Die Liquidität II, auch einzugsbedingte Liquidität genannt, berücksichtigt zusätzlich die Forderungen. Die umsatzbedingte Liquidität III setzt schließlich das gesamte Umlaufvermögen zum kurzfristigen Fremdkapital in Beziehung. Nach einer Erfahrungsregel sollte mindestens die Liquidität II eine volle Deckung des kurzfristigen Fremdkapitals bringen. Die Liquidität III müßte nach einer amerikanischen Faustregel mindestens zu einer zweifachen Deckung (200 %) führen.

Merke:
- Liquidität bedeutet, daß die flüssigen Mittel ausreichen, die fälligen kurzfristigen Verbindlichkeiten zu decken.
- Die bilanzmäßigen Liquiditätskennzahlen sind nur unter Vorbehalt als Maßstab der Zahlungsfähigkeit des Unternehmens zu betrachten.

Liquiditätskennzahlen	B	V
Liquidität I $= \dfrac{\text{flüssige Mittel} \cdot 100\,\%}{\text{kurzfristiges Fremdkapital}}$	50 %	11 %
Liquidität II $= \dfrac{(\text{flüssige Mittel} + \text{Forderungen}) \cdot 100\,\%}{\text{kurzfristiges Fremdkapital}}$	157 %	40 %
Liquidität III $= \dfrac{\text{Umlaufvermögen} \cdot 100\,\%}{\text{kurzfristiges Fremdkapital}}$	371 %	183 %

Die Liquiditätslage des Unternehmens hat sich im Berichtsjahr gegenüber dem Vorjahr in allen drei Stufen ganz entscheidend verbessert. Im Vorjahr reichte die einzugsbedingte Liquidität II nicht aus, die kurzfristigen Verbindlichkeiten zu decken. Die auf den ersten Blick etwas angespannte Liquidität im Vorjahr kann aber unter Berücksichtigung der erheblichen Überdeckung durch das gesamte Umlaufvermögen (Liquidität III) noch als ausreichend bezeichnet werden. Die Verbesserung der Zahlungsfähigkeit ist auf die durchgeführte Kapitalerhöhung sowie Umschuldung und vor allem auf die erhebliche Absatzsteigerung zurückzuführen. Der Bestand an sofort flüssigen Mitteln ist recht hoch. Zur Vermeidung einer unwirtschaftlichen Überliquidität müßte die Unternehmensleitung rechtzeitig entsprechende Überlegungen anstellen, wie z. B. Abbau der Fremdmittel, Investitionen u. a. Die dadurch eingesparten Zinsen müßten sich günstig auf die Rentabilität des Unternehmens auswirken.

Die Liquiditätsstufen lassen sich auch anschaulich in Staffelform darstellen:

Liquiditäts-Staffelrechnung in TDM	Berichtsjahr	Vorjahr
Flüssige Mittel	280	120
− **Kurzfristiges Fremdkapital**	560	1 080
= **Unterdeckung (1. Stufe)**	− 280	− 960
+ **Forderungen**	600	310
= **Über- bzw. Unterdeckung (2. Stufe)**	320	− 650
+ **Vorräte**	1 200	1 550
= **Überdeckung (3. Stufe)**	1 520	900

Zusammenfassende Beurteilung. Die Kennzahlen der Bilanzstruktur der Chemiewerke GmbH zeigen im Hinblick auf die Finanzierung, Anlagendeckung, Konstitution und Liquidität im Vergleich zum Vorjahr (Zeitvergleich) eine sehr positive Entwicklung. Die entscheidenden Verbesserungen wurden offensichtlich durch die Kapitalerhöhung und Gewinnthesaurierung sowie den Abbau der kurzfristigen Fremdmittel eingeleitet. Hinzu kommt, daß sich das Unternehmen im konjunkturellen Aufwind befindet. Die Unternehmensleitung ist offensichtlich bestrebt, die finanzielle Stabilität in dieser Phase noch weiter zu festigen.

Aufgaben – Fragen

331
1. Welche Möglichkeiten hat der Unternehmer, die Finanzierung zu verbessern?
2. Ein Unternehmer hat einen sehr großen Teil des Anlagevermögens mit einem kurzfristigen Bankkredit finanziert. Wie beurteilen Sie das?
3. Wodurch wird die Vermögensstruktur (AV : UV) bestimmt?
4. Welche Gefahr liegt in einem a) zu geringen und b) zu großen Anlagevermögen?
5. Welche Gefahr liegt in einem a) zu geringen und b) zu hohen Umlaufvermögen?

332
1. Welche Möglichkeiten hat der Unternehmer, die Liquidität zu verbessern?
2. Der Bestand an sofort greifbaren flüssigen Mitteln ist im Verhältnis zu hoch. Was empfehlen Sie dem Unternehmer?
3. Vermittelt die Bilanz ein eindeutiges Bild der Zahlungsfähigkeit?
4. Beurteilen Sie die folgenden Bilanzstrukturen:

Bilanz	
Anlagevermögen 40 %	Eigenkapital 50 %
Umlaufvermögen 60 %	Fremdkapital 50 %

Bilanz	
Anlagevermögen 40 %	Eigenkapital 30 %
Umlaufvermögen 60 %	langfristiges Fremdkapital 10 %
	kurzfristiges Fremdkapital 60 %

333

Aktiva	Berichtsjahr TDM	Vorjahr TDM	Passiva	Berichtsjahr TDM	Vorjahr TDM
TA u. Maschinen	960	710	Eigenkapital 01.01.	1 160	1 030
Fuhrpark	130	160	− Entnahmen	80	60
And. Anlagen, BGA	610	390		1 080	970
Vorräte	1 200	1 850	+ Einlagen	400	—
Forderungen a. LL	820	370		1 480	970
Kasse	20	15	+ Gewinn	320	190
Bank	260	105	Eigenkapital 31.12.	1 800	1 160
			Rückstellungen	80	60
			Darlehen	1 600	1 230
			Verbindlichkeiten a. LL	520	1 150
	4 000	3 600		4 000	3 600

Anmerkungen: Der Jahresgewinn soll nicht entnommen werden. Die Rückstellungen sind je zur Hälfte lang- und kurzfristig. Die Gesamtleistung (Umsatzerlöse ± Bestandsveränderungen + aktivierte Eigenleistungen) betrug lt. GuV im Berichtsjahr 7 800 TDM, im Vorjahr 5 800 TDM.

1. Bereiten Sie die obenstehenden Bilanzen der Metallwerke Günter Heider entsprechend dem Aufbereitungsschema auf S. 273 auf.
2. Ermitteln und beurteilen Sie die Kennzahlen a) der Finanzierung, b) der Anlagendeckung, c) der Liquidität und d) der Vermögensstruktur.
3. Worauf führen Sie die hohen Vorräte im Vorjahr zurück?
4. Fassen Sie in einem Kurzbericht das Ergebnis Ihrer Auswertung zusammen.

334

Die teilweise aufbereiteten Bilanzen der Textilveredlungsgesellschaft mbH lauten:

Aktiva	Berichtsjahr TDM	Vorjahr TDM	Passiva	Berichtsjahr TDM	Vorjahr TDM
Sachanlagen	4 350	3 550	Gezeichnetes Kapital	3 500	2 500
Finanzanlagen	650	500	Gewinnrücklage	1 450	650
Vorräte	2 800	3 875	Bilanzgewinn	325	75
Forderungen a. LL	1 500	775	Rückstellungen	200	150
Flüssige Mittel	700	300	langfr. Verbindlichkeiten	3 500	2 575
			kurzfr. Verbindlichkeiten	1 025	3 050
	10 000	9 000		10 000	9 000

Angaben lt. GuV-Rechnung (vgl. S. 297)	Berichtsjahr	Vorjahr
Gesamtleistung	21 700 TDM	13 500 TDM
Jahresgewinn	1 125 TDM	475 TDM
− Einstellung in die Gewinnrücklage	800 TDM	400 TDM
= Bilanzgewinn	325 TDM	75 TDM

Anmerkungen zur Bilanzaufbereitung: Die Rückstellungen sind je zur Hälfte kurz- und langfristig. Der Bilanzgewinn wird jeweils im März n. J. voll ausgeschüttet.

1. Bereiten Sie die Bilanzen entsprechend dem Aufbereitungsschema auf Seite 273 auf und stellen Sie jeweils die Veränderungen der Vermögens- und Kapitalposten fest.
2. Errechnen Sie für die Vergleichsjahre jeweils die Kennzahlen
   a) der Finanzierung, b) der Anlagendeckung, c) der Konstitution, d) der Liquidität.
3. Führen Sie die Vermögens-Deckungsrechnung und die Liquiditätsrechnung auch in Staffelform durch.
4. Beurteilen Sie die Entwicklung der Textilveredlungsgesellschaft mbH an Hand der Kennzahlen in den beiden Vergleichsjahren und versuchen Sie, die Ursachen der Veränderungen offenzulegen. Stellen Sie sich bei der Beurteilung stets folgende Fragen:
   - Wie ist die Entwicklung in absoluten und relativen Zahlen?
   - Worauf ist die positive oder negative Entwicklung zurückzuführen?
   - Welche weiteren Maßnahmen zur Verbesserung der Finanzierung, Anlagendeckung, Vermögensstruktur und Liquidität würden Sie der Unternehmensleitung empfehlen?

2 Bewegungsbilanz als Instrument zur Aufdeckung der Finanzierungs- und Investitionsvorgänge

Beständebilanz. Die Schlußbilanz zeigt die Bestände an Vermögen und Kapital zum Bilanzstichtag. Man bezeichnet sie deshalb auch als Beständebilanz.

Bewegungsbilanz. Die Bestände der Schlußbilanz sagen jedoch nichts über die Finanzierungsvorgänge während des Geschäftsjahres aus, d. h. woher die finanziellen Mittel stammen, die dem Unternehmen im Abrechnungszeitraum zugeflossen sind (Mittelherkunft), und wofür diese Mittel im gleichen Zeitraum verwendet worden sind (Mittelverwendung). Herkunft und Verbleib der Finanzierungsmittel im Geschäftsjahr werden erst dadurch offengelegt, daß man zwei aufeinanderfolgende Bilanzen miteinander vergleicht und die Veränderungen (Bewegungen) in den Bilanzpositionen (+ bzw. –) ermittelt. Diese Aufgabe übernimmt die Bewegungsbilanz.

Aus einem Vergleich der Vermögens- und Kapitalposten zweier aufeinanderfolgender Jahresbilanzen stellen wir vier typische Veränderungen auf der Aktiv- und Passivseite fest. Bei einer Zunahme eines Aktivpostens (z. B. TA u. Maschinen) und bei einer Abnahme eines Passivpostens (z. B. Darlehensschulden) handelt es sich um eine Verwendung von finanziellen Mitteln (Mittelverwendung). Dagegen bedeuten eine Abnahme eines Aktivpostens (z. B. Forderungen a. LL) und eine Zunahme eines Passivpostens (z. B. Eigen- oder Fremdkapital) Zuflüsse von Finanzierungsmitteln (Mittelherkunft). Stellt man nun diese vier Veränderungen nach Mittelherkunft und Mittelverbleib gegenüber, erhält man die Bewegungsbilanz. Sie gewährt Einblick in den Umfang und die Art der Zu- und Abflüsse der Finanzierungsmittel während des Geschäftsjahres.

Mittelverwendung	Bewegungsbilanz	Mittelherkunft
• Erhöhung von Aktivposten • Minderung von Passivposten		• Minderung von Aktivposten • Erhöhung von Passivposten
Wohin sind die Mittel geflossen?		**Woher** stammen die Mittel?

Die aufbereiteten Bilanzen enthalten bereits die Veränderungen (+ bzw. –) der Vermögens- und Kapitalposten des Berichtsjahres gegenüber dem Vorjahr (vgl. S. 273). Daraus läßt sich die Bewegungsbilanz nach obigem Grundschema schnell erstellen:

Mittelverwendung			Bewegungsbilanz	Mittelherkunft		
I. Zunahme der Aktiva				**I. Zunahme der Passiva**		
1. Investitionen im AV				1. Eigenkapital		
Sachanlagen	240			Gezeichnetes Kapital	400	
Finanzanlagen	60	300		Rücklagen	140	540
2. Zugänge im UV				2. Fremdkapital		
Forderungen a. LL	290			langfristiges FK		380
Flüssige Mittel	160	450				
II. Abnahme der Passiva				**II. Abnahme der Aktiva**		
Rückzahlung kurzfr. FK		520		Vorräte		350
		1270				1270

Beurteilung. Die Bewegungsbilanz macht deutlich, daß der Chemiewerke GmbH im Berichtsjahr insgesamt 1270 TDM Finanzierungsmittel zur Verfügung standen. Diese stammen vor allem aus der Kapitalerhöhung in Höhe von 400 TDM und der Einbehaltung von Gewinn im Betrag von 140 TDM. Weitere Mittel in Höhe von 380 TDM flossen dem Unternehmen durch Erhöhung des langfristigen Fremdkapitals zu. Durch den Abbau (Verkauf) der Vorräte wurden darüber hinaus 350 TDM an Mitteln freigesetzt. Die Finanzierungsmittel wurden im Bereich des Anlage- und Umlaufvermögens investiert. Vor allem dienten die finanziellen Mittel dem Abbau des kurzfristigen Fremdkapitals in Höhe von 520 TDM.

Merke: Die Bewegungsbilanz legt Herkunft und Verbleib der Finanzierungsmittel eines Geschäftsjahres offen. Sie ist damit ein Instrument zur Beurteilung der Finanzierungsvorgänge und der Liquiditätspolitik eines Unternehmens.

Finanzierung aus Abschreibungen. Abschreibungen werden als Kostenbestandteil in die Verkaufspreise der Erzeugnisse einkalkuliert. Sie fließen deshalb über die Erlöse wieder in das Unternehmen zurück und stehen somit zur Finanzierung von Ersatz- und Neuinvestitionen zur Verfügung. Die Bewegungsbilanz wird aussagefähiger, wenn man den Anlagenzugängen die Abschreibungen und Abgänge gegenüberstellt. Dadurch wird auf einen Blick erkennbar, in welcher Höhe die Abschreibungen und Anlagenabgänge zur Finanzierung der Anlageninvestitionen beigetragen haben.

Der Anlagenspiegel der Chemiewerke GmbH weist für das Berichtsjahr u. a. aus:

Anlagevermögen	Zugänge	Abgänge	Abschreibungen
Sachanlagen	510	20	250
Finanzanlagen	70	—	10
Gesamtsumme	580	20	260

Unter Berücksichtigung der Bruttozugänge von 580 TDM (Aktivmehrung) und der Abschreibungen und Abgänge von insgesamt 280 TDM (Aktivminderung) ergibt sich die folgende noch aussagefähigere Bewegungsbilanz:

Mittelverwendung		Bewegungsbilanz	Mittelherkunft	
I. Investitionen im AV			I. Finanzierung aus	
1. Sachanlagen 510			1. Abgängen 20	
2. Finanzanlagen 70	580		2. Abschreibungen 260	280
II. Zugänge im UV			II. Eigenkapitalmehrung	540
1. Forderungen a. LL 290			III. Langfristiges FK	380
2. Flüssige Mittel 160	450		IV. Mittelfreisetzung durch	
III. Tilgung von FK			Abbau der Vorräte	350
Kurzfristige Verbindl. ...	520			
	1 550			1 550

Investitionsfinanzierung aus Abschreibungen. Die Bewegungsbilanz läßt erkennen, daß 48 % der Anlageninvestitionen durch Abschreibungen und Abgänge finanziert wurden. Bezieht man die Abschreibungen auf die Nettozugänge, ergeben sich 46 %.

Anlagenzugänge	580 TDM
− Abgänge	20 TDM
= Nettozugänge (Nettoinvestitionen)	560 TDM
Abschreibungen	260 TDM
Abschreibungen in Prozent der Nettozugänge	46 %

Merke: Die Abschreibungen auf das Anlagevermögen stellen ein bedeutendes Mittel der Finanzierung von Anlageninvestitionen dar.

Aufgaben – Fragen

335

Aktiva	Berichts-jahr	Vorjahr	Passiva	Berichts-jahr	Vorjahr
	TDM	TDM		TDM	TDM
I. Anlagevermögen			I. Eigenkapital	3 000	1 600
1. TA u. Maschinen	1 480	1 000	II. Fremdkapital		
2. Fuhrpark	280	100	1. Darlehen	1 530	1 200
3. And. Anl., BGA	500	200	2. Verbindlich-		
II. Umlaufvermögen			keiten a. LL	450	900
1. Vorräte	1 400	1 650	3. Schuldwechsel	20	300
2. Forderg. a. LL	800	600			
3. Besitzwechsel	100	150			
4. Kasse	20	10			
5. Postbankguth.	30	40			
6. Bankguthaben	390	250			
	5 000	4 000		5 000	4 000

1. Bereiten Sie die Bilanzen der Möbelfabrik Peter Möbs entsprechend dem Aufbereitungsschema auf Seite 273 auf und stellen Sie jeweils die Veränderungen der Vermögens- und Kapitalposten fest. Die Besitzwechsel sind diskontfähig.
2. Ermitteln Sie die Kennzahlen zur Beurteilung der
   a) Finanzierung, b) Anlagendeckung, c) Liquidität, d) Vermögensstruktur.
3. Beurteilen Sie die Entwicklung des Unternehmens in den Vergleichsjahren aufgrund der Kennzahlen und versuchen Sie, die Ursachen der Veränderungen offenzulegen. Stellen Sie sich dabei stets folgende Fragen:
   - Wie ist die Entwicklung in absoluten und relativen Zahlen?
   - Worauf könnte die positive oder negative Entwicklung zurückzuführen sein?
   - Welche weiteren Maßnahmen zur Verbesserung der Finanzierung, Anlagendeckung, Liquidität und Vermögensstruktur würden Sie der Unternehmensleitung empfehlen?

336
1. Erstellen Sie für die Möbelfabrik Peter Möbs (Aufgabe 335) anhand der Veränderungsspalte im Aufbereitungsschema eine Bewegungsbilanz.
2. Erläutern Sie die Mittelherkunft und Mittelverwendung im Berichtsjahr.

337
1. Entwickeln Sie aus den Zahlen der aufbereiteten Bilanzen der Metallwerke Günter Heider (Aufgabe 333) eine Bewegungsbilanz für das Berichtsjahr.
2. Erläutern Sie anhand der Zahlen der Bewegungsbilanz die Finanzierungs- und Investitionsvorgänge des Unternehmens im Berichtsjahr.

338 Der Anlagenspiegel (Auszug) der Textilveredlungsgesellschaft mbH (Aufgabe 334) weist für das Berichtsjahr u. a. folgende Zahlen aus:

Anlagevermögen	Zugänge	Abgänge	Abschreibungen
Sachanlagen	1 800	120	880
Finanzanlagen	170	—	20
Gesamt	1 970	120	900

1. Errechnen Sie die Nettozugänge (Nettoinvestitionen) im Anlagevermögen.
2. Stellen Sie den Nettozugängen die Abschreibungen gegenüber und ermitteln Sie den prozentualen Anteil der Abschreibungen zur Finanzierung der Nettoinvestitionen.
3. Wie beurteilen Sie im vorliegenden Fall die Investitionsfinanzierung durch Abschreibungen?
4. Begründen Sie, inwiefern der Abschreibungsrückfluß ein bedeutendes Mittel der Finanzierung des Unternehmens darstellt.

339
1. Erstellen Sie für die Textilveredlungsgesellschaft mbH eine Bewegungsbilanz anhand der Zahlen der aufbereiteten Bilanzen (Aufgabe 334) und des Anlagenspiegels (Aufgabe 338).
2. Beurteilen Sie anhand der Bewegungsbilanz die Finanzierungsvorgänge (Mittelherkunft und Mittelverwendung) während des Berichtsjahres. Stellen Sie sich dazu folgende Fragen:
- Wie hoch war der Gesamtzufluß der Mittel im Berichtsjahr?
- Aus welchen Quellen stammen vor allem die finanziellen Mittel?
- Nennen Sie die Höhe der Mittel aus der Selbstfinanzierung (Abschreibungen, Anlagenabgänge, Gewinnzuführung in die Rücklagen), Eigenfinanzierung (Erhöhung des Gezeichneten Kapitals), der Fremdfinanzierung und der Mittelfreisetzung durch Abbau des Umlaufvermögens (Umfinanzierung).
- Wie hoch waren die Investitionen im Anlagenbereich und im Bereich des Umlaufvermögens? In welcher Höhe wurden Fremdmittel abgebaut?

340
Die bereits teilweise aufbereiteten Bilanzen der Maschinenbau AG lauten:

Aktiva	Berichts-jahr	Vorjahr	Passiva	Berichts-jahr	Vorjahr
	TDM	TDM		TDM	TDM
Anlagevermögen			**Eigenkapital**		
Sachanlagen	4 190	3 977	Gezeichnetes Kapital	2 000	2 000
Finanzanlagen	162	153	Gesetzliche Rücklage	400	400
Umlaufvermögen			Andere Gewinnrückl.	880	980
Vorräte			Bilanzgewinn	230	410
Roh-, Hilfsstoffe	2 270	1 920	**Rückstellungen**		
Unfertige Erzeugn...	1 780	1 810	Pensionsrückstellg. .	970	790
Fertige Erzeugnisse .	1 208	391	Sonst. Rückstellungen	580	610
Forderungen a. LL ..	1 355	1 570	**Langfristige Verbindl.**	1 320	1 360
Sonst. Forderungen .	100	280	**Kurzfristige Verbindl.**		
Flüssige Mittel	110	102	Verbindlichk. a. LL ..	1 760	1 580
ARA	15	17	Schuldwechsel	1 040	810
			Bankschulden	1 060	450
			Sonstige Verbindl. ..	940	810
			PRA	10	20
	11 190	10 220		11 190	10 220

Anmerkungen zur Aufbereitung der Bilanzen: Pensionsrückstellungen gelten als langfristig. Sonstige Rückstellungen sind je zur Hälfte als lang- und kurzfristig anzusehen. Im Vorjahr wurde eine Dividende von 15 %, im Berichtsjahr von 11 % vom Aktienkapital ausgeschüttet.

Angaben lt. GuV-Rechnung (vgl. S. 297)	Berichtsjahr	Vorjahr
Umsatzerlöse	17 210 TDM	18 720 TDM
+ Bestandsmehrung an Erzeugnissen	787 TDM	10 TDM
= Gesamtleistung	17 997 TDM	18 730 TDM
Jahresüberschuß	20 TDM	320 TDM
+ Gewinnvortrag	110 TDM	90 TDM
	130 TDM	410 TDM
+ Entnahmen aus Rücklagen	100 TDM	—
= Bilanzgewinn	230 TDM	410 TDM

1. Bereiten Sie die Bilanzen für das Berichtsjahr und das Vorjahr unter Berücksichtigung der vorstehenden Angaben auf.
2. Errechnen Sie gleichzeitig die Veränderungen im Aufbereitungsschema.
3. Ermitteln Sie die Kennziffern für die Beurteilung der
   a) Finanzierung,
   b) Anlagendeckung einschließlich Deckungsrechnung in Staffelform,
   c) Konstitution,
   d) Liquidität einschließlich der Liquiditäts-Staffelrechnung.
4. Wie beurteilen Sie die Kapitalausstattung in beiden Jahren?
5. Wie beurteilen Sie die Zusammensetzung des Fremdkapitals, d. h. das Verhältnis zwischen langfristigen und kurzfristigen Fremdmitteln? Welche Schlußfolgerungen ziehen Sie daraus?
6. Worauf führen Sie die absolute Abnahme des Eigenkapitals zurück?
7. Was kann über die Liquidität an den beiden Bilanzstichtagen gesagt werden?
8. Worauf führen Sie die Erhöhung der Vorräte im Berichtsjahr zurück? Beachten Sie in diesem Zusammenhang auch die Angaben zur Gewinn- und Verlustrechnung.
9. Wie beurteilen Sie die Anlagendeckung in beiden Jahren? Kann die Kapitalausstattung des Unternehmens unter Berücksichtigung der Anlagendeckung anders beurteilt werden?
10. Würden Sie eine Änderung der Kapitalausstattung für sinnvoll halten? Begründen Sie Ihre Meinung und machen Sie Verbesserungsvorschläge.
11. Halten Sie eine Dividendenausschüttung im Berichtsjahr in Höhe von 11 % vom wirtschaftlichen Standpunkt aus gerechtfertigt? Schauen Sie sich in diesem Zusammenhang die Angaben zur Gewinn- und Verlustrechnung an, d. h. die Entwicklung vom Jahresgewinn zum Bilanzgewinn im Berichtsjahr.
12. Worauf führen Sie unter Beachtung der Angaben zur Erfolgsrechnung die negative Entwicklung vom Vorjahr zum Berichtsjahr vor allem zurück?
13. Fassen Sie in einem kurzen Bericht das Ergebnis Ihrer Auswertung zusammen und beurteilen Sie Lage und Entwicklung des Unternehmens. Machen Sie Vorschläge, wie die Kapitalausstattung und damit die Liquidität des Unternehmens entscheidend verbessert werden können.

341 **Das Sachanlagevermögen** der Maschinenbau AG entwickelte sich in den Vergleichsjahren wie folgt:

Sachanlagenentwicklung:	Berichtsjahr	Vorjahr
Bestand 01.01. zum Buchwert	3 977 TDM	4 120 TDM
+ Zugänge	613 TDM	325 TDM
	4 590 TDM	4 445 TDM
− Abgänge	10 TDM	—
	4 580 TDM	4 445 TDM
− Abschreibungen	390 TDM	468 TDM
Bestand 31.12. zum Buchwert	4 190 TDM	3 977 TDM

1. Ermitteln Sie die Nettozugänge bzw. Nettoinvestitionen des Sachanlagevermögens.
2. Beurteilen Sie die Finanzierung der Nettoinvestitionen aus Abschreibungen. Errechnen Sie die Abschreibungen in Prozent der Nettozugänge.

342 1. Erstellen Sie aufgrund der aufbereiteten Bilanzen und der Angaben über die Entwicklung des Sachanlagevermögens eine Bewegungsbilanz.
2. Erklären und begründen Sie an Hand der Bewegungsbilanz, daß Ihre oben in Aufgabe 340 gemachten Aussagen über die Finanzierung und die Liquidität des Unternehmens durch die Mittelherkunfts- und Mittelverwendungsrechnung bestätigt werden.

3 Auswertung der Erfolgsrechnung

Notwendigkeit. Zur Beurteilung der Lage und Entwicklung eines Unternehmens reichen die Bilanzen allein nicht aus. Sie weisen zwar auch die Höhe des Erfolges aus, erklären aber nicht das Zustandekommen des Erfolges. Das ist Aufgabe der Gewinn- und Verlustrechnung. Eine Bilanzkritik kann deshalb nur dann vollständig und aussagefähig sein, wenn sie die Zahlen der Erfolgsrechnung in die betriebswirtschaftliche Auswertung einbezieht. Nur so lassen sich Kennzahlen bilden, die Aufschluß über die Wirtschaftlichkeit des betrieblichen Leistungsprozesses und die Rentabilität des Kapitaleinsatzes geben. Im Rahmen der Erfolgsanalyse geht es daher vor allem um die Beantwortung folgender Fragen:

- *Hat der Betrieb im Vergleichszeitraum wirtschaftlich gearbeitet?*
- *Hat sich der Einsatz des Kapitals gelohnt (Rentabilität)?*

Die Staffelform der Gewinn- und Verlustrechnung zeigt übersichtlich die Entstehung des Jahresergebnisses, wenn man wichtige Zwischenergebnisse ermittelt, wie

- Gesamtleistung,
- Ergebnis der gewöhnlichen Geschäftstätigkeit,
- a. o. Ergebnis,
- Jahresüberschuß/Jahresfehlbetrag und den
- Bilanzgewinn/Bilanzverlust.

Grundlage für die in den folgenden Abschnitten dargestellten Kennziffern der Erfolgsanalyse sind die Bilanzen (vgl. Seite 273) und die Gewinn- und Verlustrechnungen unseres Ausgangsbeispiels. Die folgenden Erfolgsrechnungen wurden in einigen Positionen zusammengefaßt:

Erfolgsrechnung der Chemiewerke GmbH	Berichtsjahr		Vorjahr	
	TDM	TDM	TDM	TDM
1. Umsatzerlöse		8200		5500
2. + Bestandserhöhung an Erzeugnissen		280		20
3. **Gesamtleistung (betriebliche Erträge)**		**8480**		**5520**
4. Sonstige Erträge		+ 25		+ 23
5. Materialaufwand	5168		3036	
6. Personalaufwand	2550		1892	
7. Abschreibungen	260		170	
8. Sonstige Aufwendungen	120	− 8098	120	− 5218
9. Zinserträge	12		4	
10. Zinsaufwendungen	130	− 118	180	− 176
11. **Ergebnis der gewöhnlichen Geschäftstätigkeit**		**289**		**149**
12. a. o. Erträge	50		30	
13. a. o. Aufwendungen	− 60		40	− 10
14. **a. o. Ergebnis**		− 10		
15. Steuern		− 29		− 19
16. **Jahresüberschuß**		**250**		**120**
17. Einstellung in andere Gewinnrücklage		140		90
18. **Bilanzgewinn**		**110**		**30**

Durchschnittsbestände. Aus bestimmten Posten der Bilanz und Gewinn- und Verlustrechnung lassen sich Umschlagskennzahlen der Roh-, Hilfs- und Betriebsstoffe, der Forderungen a. LL und des Kapitals sowie Rentabilitätskennziffern für das Eigen- und Gesamtkapital ermitteln. Um Zufallsschwankungen auszuschalten, rechnet man mit dem jeweiligen Mittelwert aus Anfangs- und Endbestand eines Jahres:

$$\text{Durchschnittsbestand (Material, Forderungen a. LL, Eigen-/Gesamtkapital)} = \frac{\text{Anfangsbestand} + \text{Schlußbestand}}{2}$$

3.1 Umschlagskennzahlen

Maßstab der Wirtschaftlichkeit. Umschlagskennziffern sind ein Maßstab zur Beurteilung und Kontrolle der Wirtschaftlichkeit des Betriebsprozesses, also des Verhältnisses der Kosten zu den Leistungen: Sie werden ermittelt, indem man bestimmte Posten der Bilanz (Materialbestände, Forderungen a. LL, Kapital) zum Materialaufwand bzw. zu den Umsatzerlösen in Beziehung setzt.

3.1.1 Lagerumschlag der Materialbestände

Die Lagerumschlagshäufigkeit der Materialbestände errechnet sich aus dem Verhältnis von Materialaufwendungen zum Durchschnittsbestand der Roh-, Hilfs- und Betriebsstoffe. Sie gibt an, wie oft in einem Jahr der durchschnittliche Lagerbestand umgesetzt, d. h. verbraucht und ersetzt wurde:

$$\text{Lagerumschlagshäufigkeit} = \frac{\text{Materialaufwendungen}}{\text{Lagerbestand an Stoffen}}$$

Die durchschnittliche Lagerdauer ergibt sich, indem man das Jahr mit 360 Tagen ansetzt und durch die Umschlagshäufigkeit dividiert:

$$\text{Durchschnittliche Lagerdauer} = \frac{360}{\text{Lagerumschlagshäufigkeit}}$$

Beispiel: Chemiewerke GmbH	Berichtsjahr	Vorjahr
Roh- und Hilfsstoffe, Fertigteile	110 TDM	740 TDM
Fertige Erzeugnisse	1 090 TDM	810 TDM
Vorratsvermögen lt. Bilanz	1 200 TDM	1 550 TDM
Materialeinsatz lt. GuV-Rechnung	5 168 TDM	3 036 TDM
Durchschn. Lagerbestand an Stoffen ..	$\frac{110 + 740}{2} = 425$ TDM	$\frac{740 + 20^1}{2} = 380$ TDM
Lagerumschlagshäufigkeit	$\frac{5168}{425} = 12\text{mal}$	$\frac{3036}{380} = 8\text{mal}$
Durchschnittliche Lagerdauer	$\frac{360}{12} = 30$ Tage	$\frac{360}{8} = 45$ Tage

Lagerumschlagshäufigkeit und -dauer haben sich im Berichtsjahr ganz entscheidend verbessert. Die hohe Umschlagshäufigkeit trägt dazu bei, daß der Kapitaleinsatz geringer wird, da in kürzeren Abständen (30 statt 45 Tage) immer wieder Kapital zurückfließt. Dadurch werden Zinsen und Lagerkosten geringer, was sich positiv auf die Wirtschaftlichkeit, den Gewinn und die Rentabilität auswirkt.

> Merke: **Je höher die Umschlagshäufigkeit des Lagerbestandes ist, desto**
> - **kürzer ist die Lagerdauer,**
> - **geringer sind der Kapitaleinsatz und das Lagerrisiko,**
> - **geringer sind die Kosten für die Lagerhaltung (Zinsen, Schwund, Verwaltungskosten),**
> - **höher ist die Wirtschaftlichkeit und**
> - **höher ist letztlich der Gewinn und damit die Rentabilität.**

---

[1] 20 = Bestand vom 01.01. des Vorjahres.

3.1.2 Umschlag der Forderungen

Die Kennzahlen des Forderungsumschlags sind zugleich ein Maßstab zur Beurteilung der Liquidität eines Unternehmens:

$$\text{Umschlagshäufigkeit der Forderungen} = \frac{\text{Umsatzerlöse}}{\text{Forderungsbestand}}$$

Daraus ergibt sich die Laufzeit der Forderungen, d. h. die von den Kunden durchschnittlich in Anspruch genommene Kreditdauer (Zahlungsziel):

$$\text{Durchschnittliche Kreditdauer} = \frac{360}{\text{Umschlagshäufigkeit der Forderungen}}$$

Beispiel: Chemiewerke GmbH	Berichtsjahr	Vorjahr
Forderungen a. LL lt. Bilanz	600 TDM	310 TDM
Durchschnittlicher Forderungsbestand	$\frac{600 + 310}{2} = 455$ TDM	$\frac{310 + 790^1}{2} = 550$ TDM
Umsatzerlöse lt. GuV	8 200 TDM	5 500 TDM
Umschlagshäufigkeit	8 200 : 455 = 18mal	5 500 : 550 = 10mal
Durchschnittliche Kreditdauer	360 : 18 = 20 Tage	360 : 10 = 36 Tage

Im Berichtsjahr nahmen die Kunden durchschnittlich ein Zahlungsziel von 20 Tagen gegenüber 36 Tagen im Vorjahr in Anspruch. Unterstellt man ein übliches Zahlungsziel von 30 Tagen, so wird dieses im Berichtsjahr von der Mehrzahl der Kunden weit unterschritten (Skonto!). Der hohe Forderungsumschlag hat sich günstig auf die Liquidität ausgewirkt.

> **Merke:** **Je rascher der Forderungsumschlag, desto**
> - **kürzer ist die durchschnittliche Kreditdauer,**
> - **besser ist die eigene Liquidität,**
> - **geringer sind Zinsbelastung und Wagnis (Kosten),**
> - **höher sind Wirtschaftlichkeit und Rentabilität.**

3.1.3 Kapitalumschlag

Zur Ermittlung der Kapitalumschlagshäufigkeit wird der Umsatz mit dem Eigen- oder Gesamtkapital (Eigen- und Fremdkapital) in Beziehung gesetzt:

$$\text{Umschlagshäufigkeit des Eigenkapitals} = \frac{\text{Umsatzerlöse}}{\text{Eigenkapital}}$$

$$\text{Umschlagshäufigkeit des Gesamtkapitals} = \frac{\text{Umsatzerlöse}}{\text{Gesamtkapital}}$$

$$\text{Durchschnittliche Kapitalumschlagsdauer} = \frac{360}{\text{Kapitalumschlagshäufigkeit}}$$

Die Kapitalumschlagshäufigkeit gibt an, wie oft das eingesetzte Kapital über die Umsatzerlöse zurückgeflossen ist. Je rascher der Umschlagsprozeß vor sich geht, desto geringer ist der erforderliche Kapitaleinsatz, da in kürzeren Abständen immer wieder Kapital vom Markt zurückfließt. Bei hoher Kapitalumschlagshäufigkeit kann man deshalb mit einem verhältnismäßig niedrigen Kapitaleinsatz zu einer entsprechend hohen Rendite und infolge des raschen Kapitalrückflusses zu einer günstigen Liquidität gelangen.

---
1 790 = Bestand am 01.01. des Vorjahres

Beispiel: Chemiewerke GmbH	Berichtsjahr	Vorjahr
Eigenkapital am 01.01. .... Eigenkapital am 31.12.	1 260 TDM 1 800 TDM	1 170 TDM[1] 1 260 TDM
Durchschnittliches Eigenkapital	3 060 : 2 = 1 530 TDM	2 430 : 2 = 1 215 TDM
Umsatzerlöse lt. GuV	8 200 TDM	5 500 TDM
EK-Umschlagshäufigkeit	8 200 : 1 530 = 5,4	5 500 : 1 215 = 4,5
EK-Umschlagsdauer	360 : 5,4 = 66 Tage	360 : 4,5 = 80 Tage
Gesamtkapital 01.01. .... Gesamtkapital 31.12.	3 600 TDM 4 000 TDM	3 500 TDM 3 600 TDM
Durchschnittliches Gesamtkapital	7 600 : 2 = 3 800 TDM	7 100 : 2 = 3 550 TDM
GK-Umschlagshäufigkeit	8 200 : 3 800 = 2,2	5 500 : 3 550 = 1,6
GK-Umschlagsdauer	360 : 2,2 = 164 Tage	360 : 1,6 = 225 Tage

Die Kapitalumschlagsziffern der Chemiewerke GmbH kennzeichnen ebenfalls die positive Entwicklung des Unternehmens im Berichtsjahr.

Merke: **Je höher die Kapitalumschlagshäufigkeit ist,** desto
- rascher fließt das Kapital über die Erlöse zurück,
- geringer ist der erforderliche Kapitaleinsatz,
- höher ist die Rentabilität,
- günstiger ist die Liquidität des Unternehmens.

3.2 Kennzahlen der Rentabilität

Maßstab der Ertragskraft. Der Gewinn ist das Hauptziel jeder unternehmerischen Tätigkeit. Die absolute Höhe des Jahresgewinns allein ist allerdings ohne Aussagekraft. Erst wenn man den Gewinn zum durchschnittlich eingesetzten Kapital oder zum Umsatz in Beziehung setzt, erhält man Auskunft darüber, ob sich der Einsatz des Kapitals gelohnt hat. Die Rentabilität, also das Verhältnis des Gewinns zum Eigenkapital, Gesamtkapital oder Umsatz, ist ein wichtiger Maßstab zur Beurteilung der Ertragskraft eines Unternehmens. Man unterscheidet deshalb:
- Rentabilität des Eigenkapitals (Unternehmer-Rentabilität)
- Rentabilität des Gesamtkapitals (Unternehmungs-Rentabilität)
- Umsatzrentabilität (Umsatzverdienstrate)

Bereinigter Jahresgewinn. Aus Gründen einer besseren Vergleichbarkeit muß der Jahresüberschuß vorab um Posten bereinigt werden, die den Charakter der Einmaligkeit haben. Das sind die außerordentlichen Aufwendungen und Erträge. Der so ermittelte bereinigte Jahresgewinn wird zum durchschnittlich eingesetzten Kapital (Mittelwert aus Anfangs- und Schlußkapital) in Beziehung gesetzt.

```
  Jahresüberschuß
+ a. o. Aufwendungen
− a. o. Erträge
= Bereinigter Jahresgewinn
```

Unternehmerlohn. Bei Einzelunternehmen und Personengesellschaften müßte der Jahresgewinn noch um den Unternehmerlohn für die mitarbeitenden Inhaber gekürzt werden. Nur dann ist ein Vergleich mit einer Kapitalgesellschaft (z. B. GmbH) der gleichen Branche möglich, in der die Gehälter der geschäftsführenden Gesellschafter als Aufwand (Betriebsausgabe) erfolgswirksam gebucht werden.

---

1 1170 = Bestand vom 01.01. des Vorjahres

3.2.1 Rentabilität des Eigenkapitals (Unternehmer-Rentabilität)

Sie wird ermittelt, indem man den bereinigten Jahresgewinn zum durchschnittlich eingesetzten Eigenkapital in Beziehung setzt:

$$\text{Eigenkapital-Rentabilität} = \frac{\text{Bereinigter Jahresgewinn} \cdot 100\,\%}{\text{Eigenkapital}}$$

Die Gewinn- und Verlustrechnungen der Chemiewerke GmbH (vgl. S. 287) weisen in der Position 12 a. o. Erträge und in der Position 13 a. o. Aufwendungen aus, die entsprechend zu berücksichtigen sind.

Beispiel: Chemiewerke GmbH	Berichtsjahr		Vorjahr	
Jahresüberschuß lt. GuV	250		120	
+ a. o. Aufwendungen	60	310	40	160
− a. o. Erträge		50		30
= Bereinigter Jahresgewinn		260		130
Durchschnittliches Eigenkapital (vgl. S. 290)	1 530		1 215	
Eigenkapital-Rentabilität	$\frac{260 \cdot 100\,\%}{1\,530} = 17\,\%$		$\frac{130 \cdot 100\,\%}{1\,215} = 10,7\,\%$	
− Landesübl. Verzinsung (unterstellt)	8 %		8,0 %	
= Risikoprämie	9 %		2,7 %	

Risikoprämie. Vergleicht man die Eigenkapital-Rentabilität mit dem landesüblichen Zinssatz für langfristig angelegte Gelder, so stellt der Überschuß der Eigenkapitalverzinsung die Prämie für das Risiko (Unternehmerwagnis) dar:

   Eigenkapital-Rentabilität
− Zinssatz für langfristige Kapitalanlage
= Risikoprämie (Unternehmerwagnisprämie)

Merke: Die Eigenkapitalrentabilität sollte über die landesübliche Verzinsung hinaus zumindest auch das Unternehmerrisiko (Risikoprämie) abdecken.

Die Eigenkapitalrentabilität der Chemiewerke GmbH hat sich von 10,7 % auf 17 %, die Wagnisprämie von 2,7 % auf 9 Prozent verbessert. Unterstellt man eine branchenübliche Risikoprämie von 7 % in dem betreffenden Wirtschaftszweig, so kann die Entwicklung der Chemiewerke GmbH nur als positiv beurteilt werden.

3.2.2 Rentabilität des Gesamtkapitals (Unternehmungs-Rentabilität)

Das Gesamtkapital der Unternehmung wird in Beziehung gesetzt zum Gewinn zuzüglich der als Aufwand gebuchten Zinsen für das Fremdkapital. Das Gesamtkapital „erwirtschaftet" nämlich nicht nur einen Gewinn auf das investierte Eigenkapital, sondern darüber hinaus auch die Zinsen für das Fremdkapital:

$$\text{Gesamtkapital-Rentabilität} = \frac{(\text{Bereinigter Jahresgewinn} + \text{Zinsen}) \cdot 100\,\%}{\text{Gesamtkapital}}$$

Beispiel: Chemiewerke GmbH	Berichtsjahr		Vorjahr	
Durchschn. Gesamtkapital (vgl. S. 290)	3 800		3 550	
Bereinigter Jahresgewinn	260		130	
+ Zinsen lt. GuV	130	390	180	310
Gesamtkapital-Rentabilität	$\frac{390 \cdot 100\,\%}{3\,800} = 10,3\,\%$		$\frac{310 \cdot 100\,\%}{3\,550} = 8,7\,\%$	

Steigerung der Eigenkapitalrendite durch zusätzliches Fremdkapital. Die Rentabilität des Gesamtkapitals wird ermittelt, um festzustellen, ob es sich lohnt, zusätzliches Fremdkapital für bestimmte Investitionen aufzunehmen. Solange der zu zahlende Fremdkapitalzins unter der Gesamtkapital-Rentabilität liegt, erhöht sich die Eigenkapitalverzinsung durch die Aufnahme zusätzlichen Fremdkapitals. In diesem Fall wirkt das zusätzliche Fremdkapital zugleich als „Hebel" zur Steigerung der Eigenkapital-Rentabilität (Hebelwirkung):

Beispiel: Die Gesamtkapital-Rentabilität eines Unternehmens soll 12 % betragen, der Fremdkapitalzins 8 %.

Das Gesamtkapital setzt sich wie folgt zusammen:

Eigenkapital .... 600 000,00 DM
Fremdkapital .... 400 000,00 DM
Gesamtkapital .... 1 000 000,00 DM

Aus den Angaben ist die Eigenkapital-Rentabilität zu ermitteln:

   Ertrag (Verzinsung) des Gesamtkapitals ... 120 000,00 DM (12 % v. 1 000 000)
− Zinsen für das Fremdkapital .... 32 000,00 DM (8 % v. 400 000)
= Ertrag (Verzinsung) des Eigenkapitals ..... 88 000,00 DM (= 14,7 %)

$$\text{Eigenkapital-Rentabilität} = \frac{88\,000 \cdot 100\,\%}{600\,000} = \underline{14{,}7\,\%}$$

Werden nun bei konstanter Gesamtkapital-Rentabilität zusätzlich 200 000,00 DM Fremdkapital aufgenommen, erhöht sich die Eigenkapital-Rentabilität wie folgt:

   Ertrag (Verzinsung) des Gesamtkapitals ... 144 000,00 DM (12 % v. 1 200 000)
− Zinsen für das Fremdkapital .... 48 000,00 DM (8 % v. 600 000)
= Ertrag (Verzinsung) des Eigenkapitals ..... 96 000,00 DM (= 16 %)

$$\text{Eigenkapital-Rentabilität} = \frac{96\,000 \cdot 100\,\%}{600\,000} = \underline{16\,\%}$$

Merke: **Die Rentabilität des Eigenkapitals wird grundsätzlich durch Aufnahme zusätzlichen Fremdkapitals erhöht, solange die zu zahlenden Zinsen für das Fremdkapital unter der Gesamtkapital-Rentabilität liegen (Hebelwirkung).**

Im Beispiel der Chemiewerke GmbH ergab sich eine Gesamtkapitalrendite von 10,3 % im Berichtsjahr. Das bedeutet, daß der Fremdkapitalzins in keinem Fall diesen Satz überschreiten darf. Unterstellt man im vorliegenden Fall einen Fremdkapitalzins von 8 %, so ist das Ergebnis als durchaus günstig zu bezeichnen.

3.2.3 Umsatzrentabilität (Umsatzverdienstrate)

Diese Kennzahl zeigt, wieviel Prozent der Umsatzerlöse dem Unternehmen als Gewinn für Investitionszwecke und Gewinnausschüttung zugeflossen sind; oder: wieviel DM je 100 DM Umsatzerlöse verdient wurden (Umsatzverdienstrate):

$$\text{Umsatz-Rentabilität} = \frac{\text{Bereinigter Jahresgewinn} \cdot 100\,\%}{\text{Umsatzerlöse}}$$

Die Umsatzverdienstrate wird noch aussagefähiger, wenn man den reinen Betriebsgewinn zu den Umsatzerlösen in Beziehung setzt.

Beispiel: Chemiewerke GmbH	Berichtsjahr	Vorjahr
Umsatz-Rentabilität	$\frac{260 \cdot 100\,\%}{8\,200} = \underline{3{,}2\,\%}$	$\frac{130 \cdot 100\,\%}{5\,500} = \underline{2{,}4\,\%}$

Im Berichtsjahr wurden 3,20 DM gegenüber 2,40 DM je 100 DM Umsatz verdient. Das bedeutet eine erhebliche Steigerung der Ertragskraft des Unternehmens.

3.3 Cash-flow-Analyse

Meßziffer für die Selbstfinanzierungskraft des Unternehmens ist der Cash-flow (Kassenzufluß bzw. Kassenüberschuß), eine Kennzahl, die aus den USA stammt und Eingang in die deutsche Bilanzanalyse gefunden hat. Sie gibt an, welche im Geschäftsjahr selbsterwirtschafteten Mittel dem Unternehmen zur Verfügung stehen für die

▷ Finanzierung von Investitionen,   ▷ Schuldentilgung   und   ▷ Gewinnausschüttung.

Zum Cash-flow zählen deshalb der Jahresüberschuß und alle nicht auszahlungswirksamen Aufwendungen des Geschäftsjahres, wie z. B. die Abschreibungen auf Anlagen und die Zuführungen zu langfristigen Rückstellungen, vor allem Pensionsrückstellungen. Letztere stellen zwar juristisch Fremdkapital, wirtschaftlich jedoch eigenkapitalähnliche Mittel dar, da sie dem Unternehmen langfristig und zinslos zur Verfügung stehen.

> Jahresüberschuß
> \+ Abschreibungen auf Anlagen
> \+ Zuführungen zu langfristigen Rückstellungen
> = Cash-flow

Aussagefähigkeit. Der Cash-flow läßt erkennen, in welchem Umfang sich ein Unternehmen aus eigener Kraft finanziert. Aus Höhe und Entwicklung des Cash-flow können Rückschlüsse auf die Ertragskraft, Selbstfinanzierungskraft, Kreditwürdigkeit und Expansionsfähigkeit gezogen werden. Der Cash-flow ist deshalb aussagefähiger als die rein gewinnorientierten Rentabilitätskennziffern.

Cash-flow-Kennzahlen. Sehr aussagefähig ist der Cash-flow, wenn man ihn zu den Umsatzerlösen in Beziehung setzt. In diesem Fall wird erkennbar, wieviel Prozent der Umsatzerlöse frei für Investitionszwecke, Kredittilgung und Dividendenausschüttung zur Verfügung stehen. Darüber hinaus kann der Cash-flow auf das Nominalkapital, Eigen-, Fremd- oder Gesamtkapital bezogen werden.

$$\text{Cash-flow-Umsatzverdienstrate} = \frac{\text{Cash-flow} \cdot 100\,\%}{\text{Umsatzerlöse}}$$

Beispiel: Chemiewerke GmbH	Berichtsjahr	Vorjahr
Jahresüberschuß lt. GuV (vgl. S. 287)	250	120
+ Abschreibungen auf Anlagen	260	170
= Cash-flow	510	290
Umsatzerlöse lt. GuV	8 200	5 500
Cash-flow-Umsatzverdienstrate	$\frac{510 \cdot 100\,\%}{8\,200} = \underline{6{,}2\,\%}$	$\frac{290 \cdot 100\,\%}{5\,500} = \underline{5{,}3\,\%}$

Im Berichtsjahr stehen somit der Chemiewerke GmbH 6,2 % der Umsatzerlöse gegenüber 5,3 % im Vorjahr an selbsterwirtschafteten Finanzierungsmitteln frei zur Verfügung. Oder: 6,20 DM bzw. 5,30 DM je 100 DM Umsatz. Das ist auf den gestiegenen Gewinn und die höheren Abschreibungen zurückzuführen.

Merke: Die Cash-flow-Umsatzverdienstrate gibt an, wieviel Prozent der Umsatzerlöse dem Unternehmen zur Investitionsfinanzierung, Schuldentilgung und Dividendenzahlung frei zur Verfügung stehen. Sie ist Maßstab für die Ertrags- und Selbstfinanzierungskraft des Unternehmens.

3.4 Erfolgs- und Kostenstruktur

Die **Erfolgs- und Kostenstruktur** eines Unternehmens kann im Rahmen einer externen Bilanzkritik nur annähernd aufgrund der zur Verfügung stehenden (veröffentlichten) Gewinn- und Verlustrechnung analysiert werden. Die Erfolgsrechnungen lassen zwar die Gesamtleistung des Betriebes (Betriebserträge) erkennen, nicht aber die genauen Kosten (Betriebsaufwendungen).

Das Betriebsergebnis kann schätzungsweise ermittelt werden, indem man vom Jahresüberschuß die neutralen Ertragsposten abzieht und die als neutral unterstellten Aufwendungen hinzurechnet. Das so ermittelte Betriebsergebnis wird mit dem Jahresergebnis entsprechend verrechnet, um das neutrale Ergebnis des Unternehmens zu erhalten.

Beispiel: Grundlage für die Ermittlung des Betriebsergebnisses der Chemiewerke GmbH sind die Gewinn- und Verlustrechnungen auf Seite 287. Die „Sonstigen Aufwendungen" (Position 8) gelten als betriebsbedingt. Von der Position 14 „Steuern" entfallen auf das Berichtsjahr 15 TDM und auf das Vorjahr 10 TDM auf Ertragsteuern (Körperschaftsteuer).

Betriebsergebnisermittlung	Berichtsjahr		Vorjahr	
Jahresüberschuß		250		120
− **Neutrale Erträge:** (Positionen 4, 9, 12)		87		57
		163		63
+ **Neutrale Aufwendungen:**				
Position 13: a. o. Aufwendungen	60		40	
Position 14: Steuern	15	75	10	50
Betriebsgewinn		238		113

Daraus ergibt sich die Erfolgsstruktur des Unternehmens:

Erfolgsstruktur	Berichtsjahr		Vorjahr	
	TDM	%	TDM	%
Jahresüberschuß	250	100,0	120	100,0
− **Betriebsgewinn**	238	95,2	113	94,2
= **Neutraler Gewinn**	12	4,8	7	5,8

Die Erfolgsstrukturanalyse der Chemiewerke GmbH zeigt deutlich, daß der Jahresüberschuß in beiden Jahren in erster Linie auf den Erfolg der eigentlichen Leistungserstellung und Leistungsverwertung, also Produktion und Absatz der Erzeugnisse, zurückzuführen ist. Im Berichtsjahr besteht der Jahresgewinn zu 95,2 % und im Vergleichsjahr zu 94,2 % allein aus betrieblichem Gewinn. Der neutrale Gewinn ist von untergeordneter Bedeutung. Die Erfolgsstruktur der Chemiewerke GmbH kann daher als außerordentlich günstig beurteilt werden.

Merke: Die Erfolgsstrukturanalyse zeigt die **Zusammensetzung** des Jahreserfolges.

Kostenstruktur. Berechnet man den prozentualen Anteil der wichtigsten Kostenartengruppen (Materialkosten, Personalkosten, Abschreibungen, Zinsen, Betriebssteuern, Sonstige betriebliche Aufwendungen) an den Gesamtkosten, wird die Kostenstruktur oder die jeweilige Kostenartenintensität besonders erkennbar. Im Beispiel der Chemiewerke GmbH wird unterstellt, daß die Zinsaufwendungen in voller Höhe betriebsnotwendig sind. Unter Berücksichtigung der obigen Angaben ergibt sich folgende Kostenstruktur:

Kostenartenstruktur/-intensität	Berichtsjahr		Vorjahr	
	TDM	%	TDM	%
Materialkosten	5 168	62,7	3 036	56,1
Personalkosten	2 550	30,9	1 892	35,0
Abschreibungen	260	3,2	170	3,2
Betriebssteuern	14	0,2	9	0,2
Zinsaufwendungen	130	1,6	180	3,3
Sonstige betriebliche Aufwendungen	120	1,4	120	2,2
Gesamtkosten	**8 242**	**100,0**	**5 407**	**100,0**
Gesamtleistung lt. GuV	**8 480**	**100,0**	**5 520**	**100,0**
− Gesamtkosten	**8 242**	**97,2**	**5 407**	**98,0**
= Betriebsgewinn	**238**	**2,8**	**113**	**2,0**

Es handelt sich um einen <u>materialintensiven</u> Industriebetrieb. Die absolute Steigerung der Materialkosten steht im Zusammenhang mit der Absatzerhöhung. Die relative Veränderung von 56 % im Vorjahr auf nahezu 63 % im Berichtsjahr ist sehr wahrscheinlich auf Materialpreiserhöhung zurückzuführen. Nach Angaben der Geschäftsleitung ist die Beschäftigtenzahl von 80 auf 100 Arbeitnehmer gestiegen. Die absolute <u>Steigerung der Personalkosten</u> ist darauf zurückzuführen. Aufschlußreich ist in diesem Zusammenhang die Frage, ob auch die <u>Arbeitsproduktivität</u> der Belegschaftsmitglieder gestiegen ist:

$$\text{Arbeitsproduktivität} = \frac{\text{Gesamtleistung}}{\text{Beschäftigtenzahl}}$$

Arbeitsproduktivität	Berichtsjahr	Vorjahr
Gesamtleistung	8 480 TDM	5 520 TDM
Beschäftigtenzahl	100	80
Arbeitsproduktivität je Beschäftigten	8 480 : 100 = 84,8 TDM	5 520 : 80 = 69 TDM

Die Arbeitsproduktivität ist im Berichtsjahr beachtlich um 15,8 TDM je Arbeitnehmer gestiegen, was offensichtlich auch auf <u>Rationalisierungsmaßnahmen</u> (vgl. Anlageinvestitionen) zurückzuführen ist. Die Erhöhung der Abschreibungen ist die Folge der Anlagenzugänge. Erfreulich ist der Rückgang der Zinsbelastung. Der Anteil der Gesamtkosten an der Gesamtleistung ist relativ zurückgegangen, entsprechend hat sich das Betriebsergebnis verbessert. Insgesamt zeigt die Erfolgsanalyse einen positiven Trend.

Aufgaben – Fragen

343

Die Jahresabschlüsse eines Industriebetriebes weisen folgende Zahlen aus:

Materialbestände (Rohstoffe u. a.)	1. Jahr	2. Jahr	3. Jahr
Anfangsbestand	80 000,00	120 000,00	140 000,00
Schlußbestand	120 000,00	140 000,00	100 000,00
Materialaufwand (Materialverbrauch)	800 000,00	1 170 000,00	1 440 000,00

1. Berechnen Sie jeweils a) den Durchschnittsbestand und b) die Lagerumschlagshäufigkeit und Lagerdauer. Beurteilen Sie die Entwicklung in den Vergleichsjahren.
2. Begründen Sie, inwiefern die Lagerumschlagshäufigkeit Kapitalbedarf, Kosten, Risiko, Wirtschaftlichkeit und damit die Rentabilität des Unternehmens beeinflußt.

344 Die Jahresabschlüsse eines Industriebetriebes weisen folgende Zahlen aus:

Forderungen	1. Jahr	2. Jahr	3. Jahr
Anfangsbestand	450 000,00	580 000,00	800 000,00
Schlußbestand	580 000,00	800 000,00	1 200 000,00
Umsatzerlöse	5 150 000,00	8 280 000,00	12 000 000,00

1. Berechnen Sie für die einzelnen Jahre a) den durchschnittlichen Forderungsbestand, b) die Umschlagshäufigkeit der Forderungen, c) die durchschnittliche Laufzeit (Kreditdauer) der Außenstände.
2. Begründen und erklären Sie den Zusammenhang zwischen der Umschlagshäufigkeit der Außenstände und der Liquidität, Wirtschaftlichkeit und Rentabilität.
3. Wie beurteilen Sie die Entwicklung? Welche Schlüsse ziehen Sie daraus?

345 Die Kapitalstruktur eines Industriebetriebes (Durchschnittswerte) lautet:

Kapital (Mittelwerte in TDM)	1. Jahr	2. Jahr	3. Jahr
Eigenkapital	2 000	2 500	2 500
Fremdkapital	1 000	1 500	600
Umsatzerlöse	15 000	16 400	13 200

1. Ermitteln Sie a) die Kapitalumschlagshäufigkeit des Eigen- und Gesamtkapitals und b) die Kapitalumschlagsdauer des Eigen- und Gesamtkapitals.
2. Welcher Zusammenhang besteht zwischen Kapitalumschlagshäufigkeit einerseits und Kapitaleinsatz, Liquidität und Rentabilität andererseits?
3. Wie beurteilen Sie die Entwicklung im Beispiel?

346 Den Jahresabschlüssen eines Industriebetriebes entnehmen wir folgende Zahlen:

Jahresabschlußzahlen (in TDM)	1. Jahr	2. Jahr	3. Jahr
Durchschn. Eigenkapital	2 500	3 000	4 000
Durchschn. Gesamtkapital	4 000	6 000	6 500
Jahresüberschuß	450	650	780
a. o. Aufwendungen	40	60	120
a. o. Erträge	30	70	80
Zinsaufwendungen	90	200	180
Umsatzerlöse	13 860	16 200	19 100

1. Ermitteln Sie den bereinigten Jahresgewinn.
2. Berechnen Sie die Rentabilität a) des Eigenkapitals, b) des Gesamtkapitals, c) des Umsatzes und beurteilen Sie die Entwicklung der Rentabilitätskennzahlen.
3. Welchen Einfluß haben Umschlagskennzahlen auf die Rentabilität?
4. Was versteht man unter der Hebelwirkung des Fremdkapitals?
5. Inwiefern kann es steuerlich günstiger sein, Anlageinvestitionen durch Aufnahme zusätzlichen Fremdkapitals zu finanzieren?

347

Jahresabschlußzahlen (in TDM)	1. Jahr	2. Jahr	3. Jahr
Jahresüberschuß	560	620	680
Abschreibungen auf Anlagen	150	180	200
Zuführungen zu Pensionsrückstellungen	10	20	30
Umsatzerlöse	8 400	9 300	10 500

1. Ermitteln Sie den Cash-flow und berechnen Sie die Cash-flow-Umsatzverdienstrate.
2. Inwiefern sind Cash-flow-Kennziffern aussagefähiger als Rentabilitätskennzahlen?
3. Nennen Sie Möglichkeiten der Selbstfinanzierung der Investitionen.
4. Worauf führen Sie die Erhöhung der Abschreibungen zurück?

348

Erfolgsrechnungen der Textilveredlungs-GmbH (vgl. S. 281)	Berichtsjahr		Vorjahr	
	TDM	TDM	TDM	TDM
1. Umsatzerlöse		21 000		13 000
2. Mehrbestand an Erzeugnissen	+	700	+	500
3. Sonstige Erträge	+	63	+	50
		21 763		13 550
4. Materialaufwand	12 916		7 525	
5. Personalaufwand	5 975		4 150	
6. Abschreibungen	900		600	
7. Sonstige Aufwendungen	200	− 19 991	135	− 12 410
8. Zinserträge	30		10	
9. Zinsaufwendungen	− 310	− 280	− 340	− 330
10. **Ergebnis der gew. Geschäftstätigkeit** ...		**1 492**		**810**
11. a. o. Erträge	125		75	
12. a. o. Aufwendungen	− 20	+ 105	− 130	− 55
13. Steuern		− 472		− 280
14. **Jahresüberschuß**		**1 125**		**475**
15. Einstellung in die Rücklage		800		400
16. **Bilanzgewinn**		**325**		**75**

Von der Position Steuern (13.) entfallen auf das Berichtsjahr 380 TDM und auf das Vorjahr 210 TDM Körperschaftsteuer. Beschäftigtenzahl: Berichtsjahr 140; Vorjahr 115.

1. Ermitteln Sie Kennzahlen des Kapitalumschlags, der Rentabilität und des Cash-flows.
2. Stellen Sie jeweils die Erfolgs- und Kostenstruktur dar.
3. Beurteilen Sie Lage und Entwicklung der Textilveredlungs-GmbH.

349

Erfolgsrechnungen der Maschinenbau AG (vgl. S. 285)	Berichtsjahr		Vorjahr	
	TDM	TDM	TDM	TDM
1. Umsatzerlöse		17 210		18 720
2. Mehrbestand an Erzeugnissen	+	787	+	10
3. Sonstige Erträge	+	120	+	30
		18 117		18 760
4. Materialaufwand	7 135		7 290	
5. Personalaufwand	7 217		6 982	
6. Abschreibungen	390		468	
7. Sonstige Aufwendungen	2 270		2 332	
8. Zinsaufwendungen	198	− 17 210	138	− 17 210
9. **Ergebnis der gew. Geschäftstätigkeit** ...		**907**		**1 550**
10. a. o. Erträge	40		50	
11. a. o. Aufwendungen	− 50	− 10	− 70	− 20
12. Steuern		− 877		− 1 210
13. **Jahresüberschuß**		**20**		**320**
14. Gewinnvortrag		110		90
		130		410
15. Entnahmen aus Rücklagen		100		—
16. **Bilanzgewinn**		**230**		**410**

Anmerkungen: Beschäftigtenzahl in beiden Jahren 560. Von den Steuern entfallen auf das Berichtsjahr 40 TDM und auf das Vorjahr 260 TDM Körperschaftsteuer.

Ermitteln und beurteilen Sie die Erfolgsstruktur und die Kostenintensität.

350 Dem Geschäftsbericht eines großen Chemieunternehmens entnehmen wir folgende Fünfjahresübersicht:

Zahlen in Millionen DM	1. Jahr	2. Jahr	3. Jahr	4. Jahr	5. Jahr
Vermögen					
Sachanlagen	2 390	2 270	2 373	2 559	2 608
Finanzanlagen	2 028	2 421	2 524	2 503	2 713
Anlagevermögen	4 418	4 691	4 897	5 062	**5 321**
Vorräte	860	818	861	1 365	1 212
Forderungen	1 270	1 156	1 528	1 727	1 481
Flüssige Mittel	569	599	686	678	413
Umlaufvermögen	2 699	2 573	3 075	3 770	**3 106**
Summe	7 117	7 264	7 972	8 832	**8 427**
Kapital					
Gezeichnetes Kapital	1 513	1 526	1 541	1 641	1 723
Rücklagen	1 809	1 836	1 929	1 991	2 081
Einbehaltener Gewinn	2	50	55	80	40
Eigenkapital	3 324	3 412	3 525	3 712	**3 844**
Rückstellungen	608	799	872	1 481	1 554
Langfristige Verbindlichkeiten ...	2 184	1 963	1 740	1 377	1 334
Kurzfristige Verbindlichkeiten ...	774	861	1 589	1 983	1 462
Bilanzgewinn (Dividende)	227	229	246	279	233
Fremdkapital	3 793	3 852	4 447	5 120	**4 583**
Summe	7 117	7 264	7 972	8 832	**8 427**
Umsatzerlöse	5 200	5 921	6 905	10 157	8 394
Jahresüberschuß	229	277	301	359	**273**
Sachanlageninvestitionen	315	385	620	784	**625**
Abschreibungen und Abgänge ...	525	505	517	597	**576**

1. Stellen Sie die Bilanzstruktur in Prozent für jedes Jahr dar. Die Rückstellungen sind je zur Hälfte lang- bzw. kurzfristig.
2. Beurteilen Sie im Rahmen der Fünfjahresübersicht die Entwicklung der Finanzierung, Investierung und Vermögensstruktur. Worauf führen Sie die einschneidenden Veränderungen zurück?
3. Beurteilen Sie die Finanzierung der Investitionen in Sachanlagen durch Abschreibungen und Abgänge.
4. Worauf führen Sie die im Verhältnis sehr hohen Finanzanlagen des zu beurteilenden Chemiekonzerns zurück?
5. Nehmen Sie Stellung zur Entwicklung der Umsatzerlöse im Vergleichszeitraum. Hat sich die Steigerung der Erlöse auf den Gewinn ausgewirkt? Ermitteln Sie hierzu die Umsatzrentabilität in den einzelnen Jahren.
6. Ermitteln Sie den Cash-flow für jedes Jahr und erläutern Sie die Entwicklung. Berechnen Sie auch die Cash-flow-Umsatzverdienstrate (ohne Zuführungen zu langfristigen Rückstellungen).
7. Wie beurteilen Sie den Grad der Selbstfinanzierung (Verhältnis der Rücklagen zum Gezeichneten Kapital)?
8. Berechnen Sie die Dividende in Prozent vom Aktienkapital.
9. Nennen Sie kurz- und langfristige Rückstellungen.
10. Inwiefern bezeichnet man Pensionsrückstellungen auch als eigenkapitalähnliche Mittel?
11. Erläutern Sie die Finanzierung aus Rückstellungsgegenwerten.

H Kosten- und Leistungsrechnung (KLR) im Industriebetrieb

1 Aufgaben und Grundbegriffe der KLR

1.1 Zweikreissystem des Industriekontenrahmens

Die beiden wichtigsten Zweige des industriellen Rechnungswesens sind
- ▶ Finanzbuchhaltung und ▶ Kosten- und Leistungsrechnung.

Sie bilden jeweils einen eigenen und in sich geschlossenen Rechnungskreis.

Die Finanzbuchhaltung (FB) im Rechnungskreis I **(RK I)** ist unternehmensbezogen und erfaßt deshalb alle Arten von Aufwendungen und Erträgen einer Rechnungsperiode. Sie ermittelt im Gewinn- und Verlustkonto durch Gegenüberstellung aller betrieblichen und nichtbetrieblichen Aufwendungen und Erträge das

Gesamtergebnis der Unternehmung.

- Erträge > Aufwendungen → Gesamtgewinn
- Erträge < Aufwendungen → Gesamtverlust

Die Kosten- und Leistungsrechnung im Rechnungskreis II **(RK II)** ist betriebsbezogen und befaßt sich nur mit den Aufwendungen und Erträgen, die im engen Zusammenhang mit den geplanten betrieblichen Tätigkeiten des Industriebetriebes, also

- Beschaffung, • Produktion, • Absatz,

stehen. Diese betrieblichen Aufwendungen – z.B. Materialaufwendungen, Personalaufwendungen, Abschreibungen, Mieten u.a. – werden „Kosten", die betrieblichen Erträge – z.B. Umsatzerlöse, Mehrbestand an Erzeugnissen, Eigenleistungen, Eigenverbrauch – „Leistungen" genannt. Die Gegenüberstellung der Kosten und Leistungen ergibt im RK II das Ergebnis der eigentlichen betrieblichen Tätigkeit, nämlich das

Betriebsergebnis.

- Leistungen > Kosten → Betriebsgewinn
- Leistungen < Kosten → Betriebsverlust

Kosten und Leistungen sind wichtige Grundlagen zur Beurteilung der Rentabilität und Wirtschaftlichkeit (vgl. S. 328).

Merke:
- Die Finanzbuchhaltung bildet den RK I und weist das Gesamtergebnis aus.
- Die Kosten- und Leistungsrechnung bildet den RK II. Sie erfaßt alle Kosten und Leistungen einer Rechnungsperiode und ermittelt das Betriebsergebnis.

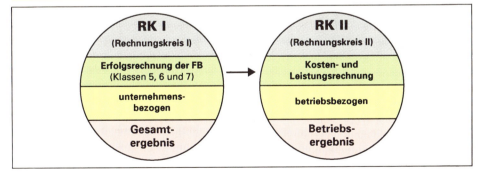

1.2 Aufgaben der Kosten- und Leistungsrechnung

Die Kosten- und Leistungsrechnung verfolgt nicht nur das Ziel, die Kosten und Leistungen einer Abrechnungsperiode (z.B. Monat oder Geschäftsjahr) vollständig zu erfassen und daraus das Betriebsergebnis zu ermitteln. Sie hat darüber hinaus folgende wichtige Aufgaben für den Industriebetrieb zu erfüllen:

1. **Ermittlung der Selbstkosten und Leistungen einer Abrechnungsperiode.** Durch die Erfassung aller Kosten und Leistungen einer Abrechnungsperiode außerhalb der Finanzbuchhaltung wird die Kosten- und Leistungsrechnung zu einem hervorragenden Instrument der kurzfristigen (z.B. monatlichen) betrieblichen Erfolgsermittlung.
2. **Ermittlung der Selbstkosten der Erzeugniseinheit.** Die Kostenrechnung ermittelt auch die Selbstkosten der Erzeugniseinheiten und schafft damit die Grundlage für die Verkaufspreise. Die Kenntnis der Selbstkosten gestattet dem Unternehmer die Entscheidung darüber, welcher Preis für ihn wirtschaftlich noch vertretbar ist.
3. **Kontrolle der Wirtschaftlichkeit (Controlling).** Es genügt aber nicht, lediglich die Selbstkosten zu ermitteln. Sie sollen vielmehr auch beeinflußt, d. h. gesenkt werden. Die Wirtschaftlichkeit der Leistungserstellung und -verwertung muß ständig gesteigert werden, wenn der Betrieb im Wettbewerb nicht unterliegen will. Die Entwicklung der Kosten und Leistungen ist daher dauernd zu kontrollieren. Die Überwachung der Wirtschaftlichkeit zählt heute zu den wichtigsten Aufgaben der Kosten- und Leistungsrechnung.
4. **Bewertung der unfertigen und fertigen Erzeugnisse in der Jahresbilanz.** Nach den handels- und steuerrechtlichen Vorschriften sind die Schlußbestände an unfertigen und fertigen Erzeugnissen höchstens zu Herstellungskosten in die Jahresbilanz einzusetzen. Die genauen Herstellungskosten können aber nur mit Hilfe einer ordnungsgemäßen Kostenrechnung ermittelt werden.
5. **Ermittlung von Deckungsbeiträgen auf der Basis der Teilkostenrechnung.** Ausgehend von erzielbaren Umsatzerlösen kann mit Hilfe der Teilkostenrechnung festgestellt werden, ob ein Erzeugnis einen ausreichenden Beitrag zur Deckung der fixen Kosten und zur Erzielung von Gewinn leistet (vgl. S. 393 f.).
6. **Grundlage für Planungen und Entscheidungen.** Die oben genannten Aufgaben der Kosten- und Leistungsrechnung dürfen nicht isoliert betrachtet werden. Sie bilden letztlich die Grundlage für die Vorhaben und Entscheidungen des Unternehmers. Sofern marktorientierte Entscheidungen zu treffen sind, steht der Unternehmensleitung in der Teilkostenrechnung (vgl. S. 393 f.) eine geeignete Grundlage zur Verfügung.

Zur Erfüllung dieser Aufgaben werden die Kosten
- nach **Kostenarten** erfaßt (Material, Löhne, Abschreibungen usw.),
- nach **Kostenstellen** aufgeteilt (Stellen der Kostenverursachung),
- den **Kostenträgern** zugerechnet (Erzeugnis, Serie, Auftrag).

Merke:
- **Die Kosten- und Leistungsrechnung (KLR) umfaßt drei Stufen:**
  1. **Kostenartenrechnung:** „**Welche** Kosten sind entstanden?"
  2. **Kostenstellenrechnung:** „**Wo** sind die Kosten entstanden?"
  3. **Kostenträgerrechnung:** „**Wer** hat die Kosten zu tragen?"
- **Vorstufe der KLR ist die Abgrenzungsrechnung.**

1.3 Grundbegriffe der Kosten- und Leistungsrechnung

1.3.1 Einnahmen und Ausgaben

Geldvermögen. In einem Industriebetrieb stellt die Summe des jederzeit verfügbaren Geldes, d. h. die Summe aus Kassenbestand, Guthaben bei Kreditinstituten und Postbankguthaben, den Zahlungsmittelbestand dar. Der Zahlungsmittelbestand ist Teil des Geldvermögens. Das Geldvermögen wird darüber hinaus durch kurzfristige Forderungen und Verbindlichkeiten beeinflußt:

	Zahlungsmittelbestand (Kasse, Bank- und Postbankguthaben)
+	kurzfristige Forderungen
–	kurzfristige Verbindlichkeiten
=	**Geldvermögen**

Wird dieses Geldvermögen durch Geschäftsfälle verändert, so sprechen wir von Einnahmen und Ausgaben.

Einnahmen. Alle Geschäftsfälle, die das Geldvermögen erhöhen, führen zu Einnahmen. So gehören z. B. Bar- und Zielverkäufe von Erzeugnissen zu einnahmewirksamen Vorgängen. Eine Kreditaufnahme bei einer Bank dagegen führt zwar zu einer Erhöhung des Zahlungsmittelbestandes, gleichzeitig erhöhen sich aber auch die Verbindlichkeiten; das Geldvermögen bleibt also gleich.

Ausgaben. Alle Geschäftsfälle, die das Geldvermögen vermindern, führen zu Ausgaben. Typische Ausgaben sind Bar- und Zielkäufe von Roh-, Hilfs- und Betriebsstoffen, nicht dagegen die Banküberweisung an einen Lieferer oder die teilweise Tilgung eines Bankkredits.

1.3.2 Erträge und Aufwendungen

Eigenkapital. Das Eigenkapital oder Reinvermögen eines Industriebetriebes ergibt sich vereinfacht nach folgender Rechnung:

	Anlagevermögen
+	Vorräte
+	**Geldvermögen**
–	langfristige Schulden
=	**Eigenkapital** (Reinvermögen)

Alle Geschäftsfälle, die das Eigenkapital verändern, führen zu Aufwendungen oder Erträgen.

Aufwendungen vermindern das Eigenkapital. Folgende Geschäftsfälle führen u. a. zu Aufwendungen:

- Ein Kaufmann zahlt für einen aufgenommenen Kredit Zinsen. Die Zinszahlung verringert das Geldvermögen und damit zugleich das Eigenkapital.
- Auf einen betrieblich genutzten PKW wird eine Abschreibung vorgenommen. Die Abschreibung vermindert das Anlagevermögen und damit zugleich das Eigenkapital.

Erträge erhöhen das Eigenkapital. Folgende Geschäftsfälle führen u. a. zu Erträgen:

- Ein Bankguthaben wird verzinst. Die Zinsgutschrift der Bank erhöht das Geldvermögen und damit zugleich das Eigenkapital.
- Ein Grundstück ist im Vorjahr aufgrund fehlender Verkehrsanbindung außerplanmäßig abgeschrieben worden. Nach einer Änderung des Flächennutzungsplanes steigt der Wert des Grundstücks im folgenden Jahr. Dies führt zu einer Zuschreibung, die das Anlagevermögen und damit zugleich das Eigenkapital erhöht.

1.3.3 Aufwendungen – Kosten

Situation: Das Unternehmen Schmolmann KG, Leverkusen, stellt als Zulieferer für Elektronik-Unternehmen Blechgehäuse in unterschiedlichen Größen und Ausführungen her. Für das abgelaufene Geschäftsjahr hat das Unternehmen das folgende vereinfachte Gewinn- und Verlustkonto aufgestellt. Es ist Grundlage für alle folgenden Betrachtungen.

Soll		Gewinn- und Verlustkonto	Haben
Aufwend. f. Rohstoffe	2 800 000	Umsatzerlöse f. eig. Erz.	10 520 000
Aufwend. f. Hilfsstoffe	795 000	Mehrbestand an Erzeugn.[1]	240 000
Aufwend. f. Betriebsstoffe	35 000	Mieterträge	140 000
Löhne	2 400 000	Erträge a. d. Herabsetzung	
Gehälter	500 000	von Rückstellungen	65 000
Soziale Abgaben	600 000	Zinserträge	50 000
Abschr. auf Sachanlagen	650 000		
Büromaterial	50 000		
Werbung	205 000		
Verluste aus Verm.-Abgang	100 000		
Betriebliche Steuern	190 000		
Verluste aus Wertpapierverk.	40 000		
Zinsaufwendungen	540 000		
Außerordentl. Aufwend.	260 000		
Jahresüberschuß	1 850 000		
	11 015 000		11 015 000

Auswertung: Aus dem GuV-Konto ist zu erkennen, daß sich die Summe aller Erträge auf 11 015 000,00 DM beläuft und daß der Jahresüberschuß 1 850 000,00 DM beträgt.

Aufwendungen. Die Höhe der Aufwendungen ergibt sich aus der Addition aller Aufwandsposten auf der Sollseite des GuV-Kontos. Vereinfacht lassen sich die Aufwendungen nach folgender Rechnung bestimmen:

Erträge	– Jahresüberschuß	= Aufwendungen
11 015 000,00 DM	– 1 850 000,00 DM	= 9 165 000,00 DM

Merke: **Unter Aufwendungen wird der gesamte Werteverzehr im Unternehmen an Gütern, Diensten und Abgaben während einer Abrechnungsperiode verstanden.**

Einteilung der Aufwendungen. Für die Zwecke der Kostenrechnung werden die Aufwendungen eingeteilt in

- betriebliche Aufwendungen = Kosten,
- neutrale Aufwendungen = Nichtkosten.

Kosten. Betriebliche Aufwendungen stehen in unmittelbarem Zusammenhang mit dem eigentlichen Betriebszweck. Sie erfassen den Verzehr an Gütern, Diensten und Abgaben, der im Rahmen der geplanten betrieblichen Leistungserstellung (= Beschaffung, Produktion) und Leistungsverwertung (= Absatz) anfällt. Diese Aufwendungen stellen nur einen Teil der gesamten Aufwendungen des GuV-Kontos dar; sie werden in der Regel als Kosten in die Kosten- und Leistungsrechnung (KLR) übernommen.

Kosten entstehen, wenn ein mengenmäßiger Verbrauch (z. B. kg, m, h) vorliegt, der zur geplanten Leistungserstellung und -verwertung getätigt wird und der in DM-Beträgen bewertet ist.

Typische Beispiele für Aufwendungen, die zugleich Kosten darstellen, sind Material- und Personalaufwendungen.

Merke: **Unter Kosten versteht man den Teil der Aufwendungen des GuV-Kontos, der im Rahmen der geplanten betrieblichen Leistungsprozesse anfällt.**

---
[1] vgl. Berechnung auf S. 355

Beispiel: Von den Aufwendungen des GuV-Kontos der Schmolmann KG, Leverkusen, können die folgenden grundsätzlich als <u>Kosten</u> in die KLR übernommen werden:

Aufwendungen für Rohstoffe	2 800 000 DM
Aufwendungen für Hilfsstoffe	795 000 DM
Aufwendungen für Betriebsstoffe	35 000 DM
Löhne	2 400 000 DM
Gehälter	500 000 DM
Soziale Abgaben	600 000 DM
Abschreibungen auf Sachanlagen	650 000 DM
Büromaterial	50 000 DM
Werbung	205 000 DM
Betriebliche Steuern	190 000 DM
Zinsaufwendungen	540 000 DM
Gesamtkosten des Betriebes	**8 765 000 DM**

Neutrale Aufwendungen. Außer den Kosten gibt es im Industriebetrieb in der Regel auch Aufwendungen, die in <u>keinem Zusammenhang mit der Beschaffung, der Produktion und dem Absatz</u> stehen oder dabei <u>unregelmäßig in außergewöhnlicher Höhe</u> anfallen. Sie werden als <u>neutrale Aufwendungen</u> bezeichnet und nicht oder nicht in der angefallenen Höhe in die Kosten- und Leistungsrechnung übernommen, da sie bei der Ermittlung des Betriebsergebnisses und der Selbstkosten der Erzeugnisse nicht berücksichtigt werden dürfen. <u>Neutrale Aufwendungen entstehen</u>

- bei der <u>Verfolgung betriebsfremder Ziele</u> (z.B. Verluste aus Wertpapierverkäufen)
- durch <u>Verluste aus dem Abgang von Vermögensgegenständen</u> und durch <u>Verluste aus Schadensfällen,</u>
- aus <u>betrieblichen periodenfremden Vorgängen</u> (z.B. Nachzahlung von Löhnen und betrieblichen Steuern),
- als <u>außerordentliche Aufwendungen aufgrund ungewöhnlicher und selten vorkommender Geschäftsfälle</u> (z.B. Verluste aus Enteignung oder aus dem Verkauf von Betriebsteilen).

Beispiel: Neutrale Aufwendungen dürfen nicht zu den Kosten gerechnet werden. Unter den Aufwendungen des GuV-Kontos der Schmolmann KG, Leverkusen, gelten die folgenden als **neutrale Aufwendungen:**

Verluste aus dem Abgang v. Vermögensgegenständen	100 000,00 DM
Verluste aus Wertpapierverkäufen	40 000,00 DM
Außerordentliche Aufwendungen	260 000,00 DM
Gesamte **neutrale Aufwendungen**	**400 000,00 DM**

Erläuterung: Verluste aus dem Abgang von Vermögensgegenständen lassen sich nicht vermeiden und werden auch im Zusammenhang mit betrieblichen Vorgängen verursacht. Ihnen fehlt aber die für Leistungsprozesse typische <u>Planmäßigkeit</u>, so daß sie nicht als Kosten in die Kostenrechnung eingebracht werden dürfen. Die Verluste aus Wertpapierverkäufen haben <u>betriebsfremden Charakter;</u> sie gehören damit nicht zu den Kosten. Die außerordentlichen Aufwendungen (z.B. aus dem Verkauf eines Teilbetriebes oder aus nichtversicherten Brandschäden) gelten grundsätzlich <u>als nicht kalkulierbar</u> und werden daher von der KLR ferngehalten.

Merke:
- Betriebsfremde, betriebliche periodenfremde und außerordentliche Aufwendungen sowie Verluste aus Vermögensabgängen und aus Schadensfällen gehören zu den neutralen Aufwendungen.
- Neutrale Aufwendungen dürfen grundsätzlich nicht in die Kosten- und Leistungsrechnung übernommen werden.

1.3.4 Erträge – Leistungen

Erträge. Alle erfolgswirksamen (eigenkapitalerhöhenden) Wertezuflüsse in das Unternehmen innerhalb einer Abrechnungsperiode (z.B. Jahr) stellen Erträge dar.

Beispiel: Das Gewinn- und Verlustkonto der Schmolmann KG, Leverkusen (vgl. S. 302), weist **Erträge** in Höhe von **11 015 000,00 DM** aus.

Merke: Unter Erträgen versteht man den gesamten erfolgswirksamen Wertezufluß in ein Unternehmen innerhalb einer Abrechnungsperiode.

Einteilung der Erträge. Für die Zwecke der KLR werden die Erträge eingeteilt in

- betriebliche Erträge = Leistungen und
- neutrale Erträge.

Leistungen (= betriebliche Erträge) sind das Ergebnis der geplanten betrieblichen Leistungserstellung und -verwertung. Zu den Leistungen eines Industriebetriebes zählen:

- **Absatzleistungen** = **Umsatzerlöse** aus dem Verkauf von eigenen Erzeugnissen und von Waren;
- **Lagerleistungen** = in der Abrechnungsperiode hergestellte **Mehrbestände** an Erzeugnissen, die also noch nicht abgesetzt worden sind;
- **Aktivierte Eigenleistungen** = **selbsterstellte Anlagen,** die im eigenen Betrieb Verwendung finden;
- **Eigenverbrauch** = Entnahme von Erzeugnissen für private Zwecke.

Merke:
- Leistungen sind das Ergebnis der geplanten betrieblichen Leistungserstellung und -verwertung.
- Zu den Leistungen des Industriebetriebes zählen: Absatzleistungen, Lagerleistungen, aktivierte Eigenleistungen sowie der Eigenverbrauch von Erzeugnissen.

Beispiel: Unter den Erträgen des Gewinn- und Verlustkontos der Schmolmann KG, Leverkusen, sind folgende Erträge **Leistungen:**

Umsatzerlöse	10 520 000,00 DM
Mehrbestand an Erzeugnissen	240 000,00 DM
Gesamtleistung des Betriebes	**10 760 000,00 DM**

Neutrale Erträge. Außer den Leistungen gibt es im Industriebetrieb auch Erträge, die in keinem Zusammenhang mit der Beschaffung, der Produktion und dem Absatz stehen oder dabei unregelmäßig in außergewöhnlicher Höhe anfallen. Sie werden als neutrale Erträge bezeichnet und von den Leistungen abgegrenzt. Neutrale Erträge sind in den Kontengruppen „54 Sonstige betriebliche Erträge", „55/56 Erträge aus Beteiligungen und Wertpapieren", „57 Sonstige Zinsen" und „58 Außerordentliche Erträge" enthalten. Sie entstehen also

- bei der Verfolgung betriebsfremder Ziele
  (z. B. Mieterträge, Zinserträge, Erträge aus Wertpapierverkäufen),
- durch Erträge aus dem Abgang von Vermögensgegenständen und durch Wertkorrekturen (z. B. Herabsetzung von Rückstellungen),
- aus zwar betrieblichen, aber periodenfremden Erträgen
  (z. B. Steuerrückerstattung für vergangene Geschäftsjahre),
- als außerordentliche Erträge aufgrund ungewöhnlicher und selten vorkommender Geschäftsvorgänge (z. B. Steuererlaß, Erträge aus Gläubigerverzicht).

Beispiel: Unter den Erträgen des Gewinn- und Verlustkontos der Schmolmann KG, Leverkusen, zählen die folgenden zu den **neutralen Erträgen:**

Mieterträge	140 000,00 DM
Erträge aus der Herabsetzung von Rückstellungen	65 000,00 DM
Zinserträge	50 000,00 DM
gesamte neutrale Erträge	**255 000,00 DM**

Erläuterung: Mieterträge und Zinserträge haben im Industriebetrieb betriebsfremden Charakter; sie gehören somit grundsätzlich nicht zu den Leistungen.

Rückstellungen werden aus betrieblichem Anlaß vorgenommen; sie schlagen sich somit als periodengerecht ermittelte Kosten nieder (z. B. Steuerrückstellung). Ein Ertrag aus der Herabsetzung oder Auflösung einer Rückstellung stellt demnach eine Wertkorrektur zu den vorher gebuchten Kosten dar; diese Wertkorrektur gehört nicht zu den Leistungen des Industriebetriebes.

Merke: Betriebsfremde, betriebliche periodenfremde und außerordentliche Erträge sowie Erträge aus Vermögensabgängen gehören zu den neutralen Erträgen. Sie werden nicht in die Kosten- und Leistungsrechnung übernommen.

Aufgaben – Fragen

351 Im Rechnungswesen unterscheidet man zwischen Ausgaben, Aufwendungen und Kosten.
Geben Sie je ein Beispiel an für
a) *Aufwendungen, die zugleich Kosten sind,*
b) *Ausgaben, die keine Aufwendungen sind,*
c) *Ausgaben, die zugleich Aufwendungen und Kosten sind.*

352 Im Rechnungswesen unterscheidet man ebenso zwischen Einnahmen, Erträgen und Leistungen.
Geben Sie je ein Beispiel an für
a) *Einnahmen, die zugleich Erträge sind,*
b) *Erträge, die nicht zugleich Leistungen sind,*
c) *Einnahmen, die zugleich Erträge und Leistungen sind.*

353 *Entscheiden Sie, ob folgende Fälle Einnahmen oder Ausgaben darstellen:*
1. Zieleinkauf von Rohstoffen
2. Zielverkauf von fertigen Erzeugnissen
3. Bank belastet uns mit Zinsen
4. Mieter überweist die Miete für ein von uns vermietetes Gebäude
5. Lohnzahlung durch Banküberweisung

354
1. *Nennen Sie die wichtigsten Aufgaben*
   a) *der Finanzbuchhaltung,*
   b) *der Kosten- und Leistungsrechnung.*
2. Die Aufwendungen und Erträge der FB können betrieblich oder neutral sein.
   a) *Nennen Sie die Unterschiede und die Auswirkungen auf die KLR.*
   b) *Geben Sie typische Beispiele mit den zugehörigen Konten für neutrale Aufwendungen und Erträge sowie für Kosten und Leistungen an.*
3. *Wie wird*
   a) *das Gesamtergebnis der Unternehmung,*
   b) *das eigentliche Betriebsergebnis errechnet?*

355 1. Die Gesamtleistung des Industriebetriebes besteht aus
   a) Absatzleistungen,   c) Aktivierten Eigenleistungen,
   b) Lagerleistungen,   d) Eigenverbrauch.
   Nennen Sie Beispiele zu a) bis d).
2. In der FB spricht man von Aufwendungen und Erträgen, in der KLR dagegen von Kosten und Leistungen.
   Welcher Zusammenhang besteht zwischen
   a) Aufwendungen und Kosten,
   b) Erträgen und Leistungen?
3. *Welche Geschäftsvorgänge führen zu neutralen Aufwendungen?*
4. *Warum gehört die Kreditaufnahme bei einem Kreditinstitut nicht zu den einnahmewirksamen Vorgängen im Industriebetrieb?*
5. Der Industriekontenrahmen trennt in den Kontenklassen die beiden Hauptbereiche des Rechnungswesens in den RK I (= FB) und in den RK II (= KLR).
   a) Ordnen Sie die Kontenklassen den jeweiligen Rechnungskreisen zu.
   b) Welche Gründe sprechen für eine strikte Trennung der beiden Rechnungskreise?

356 Prüfen Sie, ob folgende Aussagen richtig oder falsch sind:
1. Aufwendungen und Erträge sind Begriffe der Erfolgsrechnung der FB.
2. Aufwendungen sind zugleich auch immer Ausgaben des Unternehmens.
3. Einnahmen sind zugleich auch immer Erträge des Unternehmens.
4. Neutrale Aufwendungen entstehen bei der Verfolgung betriebsfremder Ziele.
5. Unter Aufwendungen versteht man den Werteverzehr im Unternehmen für betriebliche Zwecke.
6. Die Banküberweisung an einen Lieferer stellt eine Ausgabe dar.
7. Das Betriebsergebnis wird aus der Gegenüberstellung der neutralen Aufwendungen und der Leistungen ermittelt.
8. Das Gesamtergebnis der Unternehmung im RK I enthält sowohl das Betriebsergebnis als auch das Ergebnis aus neutralen Aufwendungen und Erträgen.
9. Ein Betriebsgewinn wird erwirtschaftet, wenn die Leistungen höher sind als die Kosten.

357 Ordnen Sie folgende Aufwands- und Ertragsarten den
   1. *neutralen Aufwendungen,*   3. *betrieblichen Aufwendungen,*
   2. *neutralen Erträgen,*   4. *betrieblichen Erträgen zu.*

a) Lohnzahlung durch Banküberweisung
b) Verlust aus Wertpapierverkauf
c) Aufwendungen für Rohstoffe
d) Abschreibung auf ein nicht betriebsnotwendiges Mietshaus
e) Brandschaden im Hilfsstofflager
f) Abschreibungen auf Sachanlagen
g) Instandhaltungsaufwendungen für Maschinen
h) Hoher Forderungsausfall durch den Konkurs eines Kunden
i) Mietzahlung für gemietetes Lagergebäude
j) Zinsaufwendungen
k) Soziale Abgaben
l) Mieterträge
m) Umsatzerlöse für eigene Erzeugnisse
n) Mehrbestand an unfertigen Erzeugnissen
o) Rückerstattung zuviel entrichteter Betriebssteuern für vergangene Geschäftsjahre durch das Finanzamt
p) Eigenverbrauch
q) Ertrag aus dem Abgang eines Vermögensgegenstandes
r) Selbsterstellte Maschine für die Verwendung im eigenen Betrieb
s) Erträge aus Beteiligungen
t) Erträge aus der Herabsetzung von Rückstellungen

2 Abgrenzungsrechnung

2.1 Unternehmensbezogene Abgrenzungen

2.1.1 Ergebnistabelle als Hilfsmittel der Abgrenzungsrechnung

Abgrenzung der neutralen Aufwendungen und Erträge von den Kosten und Leistungen. Eine wesentliche Aufgabe der KLR besteht darin, aus allen Aufwendungen und Erträgen des GuV-Kontos der FB diejenigen Aufwendungen und Erträge herauszufiltern, die neutral sind und deshalb nicht in die KLR übernommen werden dürfen. Zunächst sind also die neutralen Aufwendungen und Erträge von den Kosten und Leistungen abzugrenzen. Diese Abgrenzungsrechnung ist die Vorstufe der KLR und wird außerhalb der FB in Form der Ergebnistabelle durchgeführt.

Die Ergebnistabelle ist folgendermaßen aufgebaut:

(1) In ihrem linken Teil übernimmt sie alle Aufwands- und Ertragskonten mit ihren jeweiligen Salden aus den Kontenklassen 5, 6 und 7 der Finanzbuchhaltung. Damit wird in diesem Teil (= Gesamtergebnisrechnung der FB) der Inhalt des Gewinn- und Verlustkontos aus dem RK I wiedergegeben und das Gesamtergebnis der Unternehmung ausgewiesen.

(2) Der rechte Teil der Ergebnistabelle ist dem RK II (= Kosten- und Leistungsrechnung) vorbehalten. Er wird unterteilt in die Abgrenzungsrechnung und in die Betriebsergebnisrechnung. Die Abgrenzungsrechnung übernimmt aus der FB die neutralen Aufwendungen und Erträge und schließt mit dem Neutralen Ergebnis ab. Die Betriebsergebnisrechnung übernimmt alle Kosten und Leistungen und ermittelt daraus das Betriebsergebnis. Auf diese Weise lassen sich das Gesamtergebnis der FB sowie das Neutrale Ergebnis und das Betriebsergebnis der KLR in übersichtlicher Form darstellen. Ebenso ist es möglich, die Ergebnisse der beiden Rechnungskreise miteinander abzustimmen.

Ergebnistabelle						
Rechnungskreis I (= FB)			**Rechnungskreis II (= KLR)**			
Gesamtergebnisrechnung			Abgrenzungsrechnung		Betriebsergebnis-rechnung	
			Unternehmensbez. Abgr.			
Kontenkl. 5, 6, 7	Aufwendungen (Klassen 6, 7)	Erträge (Klasse 5)	Neutrale Aufwendungen	Neutrale Erträge	Kosten	Leistungen
Ab-stimmung:	Gesamtergebnis		= Neutrales Ergebnis (Abgrenzungsergebnis)		+ Betriebsergebnis	

Merke:
- Die Abgrenzungsrechnung stellt das Bindeglied zwischen Finanzbuchhaltung (FB) und Kosten- und Leistungsrechnung (KLR) dar.
- Das Gesamtergebnis der Unternehmung setzt sich aus dem „Neutralen Ergebnis" und dem „Betriebsergebnis" zusammen. Der Rechnungskreis II (RK II) zeigt diese Aufteilung des Gesamtergebnisses.

Beispiel: Aus dem GuV-Konto der Schmolmann KG ist eine Ergebnistabelle zur Ermittlung des Gesamt-, Neutralen und Betriebsergebnisses zu erstellen. Hierbei soll zunächst nur der betriebliche Aufwand und Ertrag vom neutralen abgegrenzt werden. Auf die Wertkorrektur der Kosten wird hier verzichtet (vgl. Abschnitt 2.3, S. 314 f.). Folgende Positionen des GuV-Kontos sollen jedoch daraufhin untersucht werden, ob sie für die KLR geeignet sind:

1. Die Mieterträge werden für ein vermietetes Lagergebäude erzielt.
2. Von den Abschreibungen entfallen 40 000,00 DM auf das vermietete Gebäude.
3. In der GuV-Position „Betriebliche Steuern" sind Grundsteuern enthalten; 10 000,00 DM Grundsteuern entfallen auf das vermietete Lagergebäude.

Soll	Gewinn- und Verlustkonto Schmolmann KG		Haben
6000 Aufwend. für Rohstoffe 2 800 000		5000 Umsatzerlöse für eig. Erz.	10 520 000
6020 Aufwend. für Hilfsstoffe 795 000		5202 Mehrbestand an fertigen Erzeugnissen	240 000
6030 Aufwend. für Betriebsstoffe 35 000		5400 Mieterträge	140 000
6200 Löhne 2 400 000		5480 Erträge a. d. Herabsetzung von Rückstellungen	65 000
6300 Gehälter 500 000		5710 Zinserträge	50 000
6400 Soziale Abgaben 600 000			
6520 Abschreibungen a. Sachanl. ... 650 000			
6800 Büromaterial 50 000			
6870 Werbung 205 000			
6960 Verluste a. Verm.-Abgang 100 000			
70/77 Betriebliche Steuern 190 000			
7460 Verluste a. Wertpapierverkauf . 40 000			
7510 Zinsaufwendungen 540 000			
7600 Außerordentl. Aufwend. 260 000			
Jahresüberschuß 1 850 000			
11 015 000			11 015 000

Ergebnistabelle

	Rechnungskreis I (= FB)	Rechnungskreis II (= KLR)			
	Gesamtergebnisrechnung	Abgrenzungsrechnung		Betriebsergebnis-rechnung	
		Unternehmensbez. Abgrenzungen			
Konto	Aufwen-dungen	Erträge	neutrale Aufwen-dungen	neutrale Erträge	Kosten	Leistungen
---	---	---	---	---	---	---
5000		10 520 000				10 520 000
5202		240 000				240 000
5400		140 000		140 000		
5480		65 000		65 000		
5710		50 000		50 000		
6000	2 800 000				2 800 000	
6020	795 000				795 000	
6030	35 000				35 000	
6200	2 400 000				2 400 000	
6300	500 000				500 000	
6400	600 000				600 000	
6520	650 000		40 000		610 000	
6800	50 000				50 000	
6870	205 000				205 000	
6960	100 000		100 000			
70/77	190 000		10 000		180 000	
7460	40 000		40 000			
7510	540 000				540 000	
7600	260 000		260 000			
	9 165 000	11 015 000	450 000	255 000	8 715 000	10 760 000
	1 850 000			**195 000**	**2 045 000**	
	11 015 000	11 015 000	450 000	450 000	10 760 000	10 760 000
	Gesamtergebnis		Neutrales Ergebnis		Betriebsergebnis	

Abstimmung der Ergebnisse:

1. **Gesamtergebnis im Rechnungskreis I** .... **1 850 000,00 DM**
2. Neutraler Verlust .... (−) 195 000,00 DM
3. Betriebsgewinn .... (+) 2 045 000,00 DM
4. **Gesamtergebnis im Rechnungskreis II** .... **1 850 000,00 DM**

2.1.2 Erläuterungen zur Ergebnistabelle

Übertragung der Salden. Nachdem die Salden aller Erfolgskonten – in der Reihenfolge ihrer Kontennummern – in die linken Spalten der Ergebnistabelle (Aufwendungen und Erträge der FB = RK I) übernommen und zum Gesamtergebnis zusammengefaßt worden sind, erfolgt die Übertragung dieser Salden in die Betriebsergebnisrechnung oder in die Abgrenzungsrechnung.

1. **In die Betriebsergebnisrechnung** werden die Salden aus dem RK I dann übertragen,
   - wenn es sich um Erträge handelt, die **Leistungen** darstellen, oder
   - wenn es sich um Aufwendungen handelt, die **Kosten** darstellen.

   So werden z. B. die Umsatzerlöse (Konto 5000) aus der Ertragsspalte im RK I in die Spalte „Leistungen" der Betriebsergebnisrechnung des RK II übertragen, ebenso der Mehrbestand an fertigen Erzeugnissen (Konto 5202). Die Salden der Konten 6000 bis 6400, 6800, 6870, 7510 werden aus der Aufwandsspalte im RK I in die Spalte „Kosten" der Betriebsergebnisrechnung übernommen.

2. **In die Abgrenzungsrechnung** werden die Salden aus dem RK I dann übertragen,
   - wenn es sich um neutrale Erträge oder neutrale Aufwendungen handelt.

   So gehen die Salden der Konten 5400, 5480, 5710 in die Ertragsspalte der Abgrenzungsrechnung über und werden somit von der Kosten- und Leistungsrechnung ferngehalten. Entsprechend ist bei den Aufwendungen zu verfahren: Die Konten 6960, 7460 und 7600 enthalten für die Kostenrechnung nicht geeignete (= unternehmensbezogene) Aufwendungen, die in die Aufwandsspalte der Abgrenzungsrechnung übertragen werden.

3. **Besondere Beachtung** verdienen das Konto **„6520 Abschreibungen auf Sachanlagen"** und die Kontengruppe **„70/77 Betriebliche Steuern"**: Von den bilanzmäßigen Abschreibungen in Höhe von 650 000,00 DM sind zunächst 40 000,00 DM als neutraler Aufwand in die Abgrenzungsrechnung einzustellen. Dieser Betrag hat mit den Abschreibungen auf das betrieblich genutzte Anlagevermögen nichts zu tun; er wird über den Filter „Unternehmensbezogene Abgrenzungen" von der Kosten- und Leistungsrechnung ferngehalten. In die Spalte „Kosten" der Betriebsergebnisrechnung ist nur der Restbetrag von 610 000,00 DM einzusetzen. Entsprechend ist bei der Kontengruppe 70/77 zu verfahren: Hier werden 10 000,00 DM Grundsteuer auf das vermietete Lagergebäude als neutraler Aufwand abgegrenzt; der Restbetrag von 180 000,00 DM gilt als Kosten.

4. **Ergebnisspaltung im Rechnungskreis II.** Während das **GuV-Konto** auf Seite 302 nur das **Gesamtergebnis** der Unternehmung (= Jahresüberschuß) in Höhe von **1 850 000,00 DM** ausweist, lassen sich aus der **Ergebnistabelle** auf Seite 308 zusätzlich die **Teilergebnisse**

   ▶ Neutrales Ergebnis (Neutraler Verlust) . –   195 000,00 DM
   ▶ Betriebsergebnis (Betriebsgewinn) . . . . + 2 045 000,00 DM

   ablesen. Die Ergebnistabelle macht damit in der Spalte „Betriebsergebnisrechnung" eine für die Unternehmensleitung wichtige Aussage über das Ergebnis aus der betrieblichen Tätigkeit. Im obigen Beispiel stammt der gesamte unternehmerische Erfolg aus der betrieblichen Tätigkeit. Die sonstigen Vorgänge, die nichts mit planvollen betrieblichen Geschäftsfällen zu tun haben, führen zu einem neutralen Verlust von 195 000,00 DM.

5. **Kosten und Leistungen.** Die Ergebnistabelle verdeutlicht, daß das Produktionsergebnis der Abrechnungsperiode (= Jahr) aus Absatzleistungen (= 10 520 000,00 DM) und Lagerleistungen (= 240 000,00 DM) besteht. Es wurde durch den Einsatz von insgesamt 8 715 000,00 DM Kosten erzielt.

Merke:
- Die Abgrenzungsrechnung filtert die neutralen Aufwendungen und Erträge aus den gesamten Aufwendungen und Erträgen der FB heraus und hält sie somit von der Kosten- und Leistungsrechnung fern.
- Die Ergebnistabelle zeigt im RK II nicht nur die Teilergebnisse „Neutrales Ergebnis" und „Betriebsergebnis"; sie macht auch eine Aussage über die Höhe der Kosten und Leistungen einer Periode.

Aufgaben – Fragen

358 In der Buchhaltung eines Industriebetriebes schließen die Erfolgskonten mit folgenden Salden ab:

	DM
Umsatzerlöse	800 000,00
Zinserträge	20 000,00
Mieterträge	45 000,00
Aufwendungen für Rohstoffe	270 000,00
Aufwendungen für Hilfsstoffe	50 000,00
Löhne	350 000,00
Gehälter	90 000,00
Soziale Abgaben	40 000,00
Zinsaufwendungen	10 000,00
Gewerbesteuer	25 000,00
Verluste aus dem Abgang von Vermögensgegenständen	9 000,00
Aufwendungen für Büromaterial	3 000,00

Aufgaben für die Erstellung der Ergebnistabelle:

1. Übernehmen Sie die Aufwendungen und Erträge der Finanzbuchhaltung in die Gesamtergebnisrechnung des Rechnungskreises I der Ergebnistabelle.
2. Führen Sie im Rechnungskreis II die Abgrenzungsrechnung durch, indem Sie die neutralen Aufwendungen und Erträge aus der Gesamtergebnisrechnung in die Abgrenzungsrechnung übertragen.
3. Die betrieblichen Aufwendungen und Erträge sind entsprechend als Kosten und Leistungen in die Betriebsergebnisrechnung einzubringen.

359 In der Buchhaltung eines Industriebetriebes schließen die Erfolgskonten mit folgenden Salden ab:

	DM
Umsatzerlöse	1 450 000,00
Erhöhung des Bestandes an fertigen Erzeugnissen	40 000,00
Diskonterträge	3 000,00
Mieterträge	8 000,00
Aufwendungen für Roh- und Betriebsstoffe	510 000,00
Löhne	620 000,00
Gehälter	175 000,00
Soziale Abgaben	95 000,00
Zinsaufwendungen	12 000,00
Betriebssteuern	34 000,00
Aufwendungen für Miete	15 000,00
Verluste aus dem Abgang von Anlagegegenständen	7 000,00

Aufgaben für die Erstellung der Ergebnistabelle:

1. Übernehmen Sie die Aufwendungen und Erträge der Finanzbuchhaltung in die Gesamtergebnisrechnung des Rechnungskreises I der Ergebnistabelle.
2. Führen Sie im Rechnungskreis II die Abgrenzungsrechnung durch, indem Sie die neutralen Aufwendungen und Erträge aus der Gesamtergebnisrechnung in die Abgrenzungsrechnung übertragen.
3. Die betrieblichen Aufwendungen und Erträge sind entsprechend als Kosten und Leistungen in die Betriebsergebnisrechnung einzubringen.
4. Errechnen Sie
   a) das Neutrale Ergebnis,
   b) das Betriebsergebnis,
   c) das Gesamtergebnis der Unternehmung.

Der Finanzbuchhaltung der Möbelfabrik Schneider OHG, die sich auf Regalfertigung spezialisiert hat, entnehmen wir für den Monat Juni 19.. folgende Aufwendungen und Erträge:

360
361

		360 TDM	361 TDM
5000	Umsatzerlöse für eigene Erzeugnisse	1 280	1 380
5202	Mehrbestand an fertigen Erzeugnissen	120	20
5400	Mieterträge	14	20
5460	Erträge aus dem Abgang von Vermögensgegenständen	56	45
5500	Erträge aus Wertpapieren	30	40
5710	Zinserträge	4	5
60	Aufwendungen für Roh- und Hilfsstoffe	330	380
6160	Fremdinstandhaltung	3	4
6200	Löhne	520	540
6300	Gehälter	130	150
6400	Soziale Abgaben	140	170
6520	Abschreibungen auf Sachanlagen	60	80
6850	Reisekosten	12	11
70/77	Gewerbesteuer	35	45
7030	Kraftfahrzeugsteuer	10	15
7460	Verluste aus Wertpapierverkäufen	16	40

Aufgaben für die Erstellung der Ergebnistabelle:
1. Übernehmen Sie die Aufwendungen und Erträge der Finanzbuchhaltung in die Gesamtergebnisrechnung des Rechnungskreises I der Ergebnistabelle.
2. Führen Sie im Rechnungskreis II die Abgrenzungsrechnung durch, indem Sie die neutralen Aufwendungen und Erträge aus der Gesamtergebnisrechnung in die Abgrenzungsrechnung übertragen.
3. Die betrieblichen Aufwendungen und Erträge sind entsprechend als Kosten und Leistungen in die Betriebsergebnisrechnung einzubringen. Hierbei ist zu beachten, daß von den Abschreibungen auf Sachanlagen 5 TDM auf vermietete Gebäude entfallen. Im Konto „70/77 Gewerbesteuer" sind 20 TDM Steuernachzahlungen für zurückliegende Perioden enthalten.
4. Errechnen Sie
    a) das Neutrale Ergebnis,
    b) das Betriebsergebnis,
    c) das Gesamtergebnis der Unternehmung.
5. Stimmen Sie das Gesamtergebnis des Rechnungskreises I mit dem Gesamtergebnis des Rechnungskreises II anhand des Schemas auf S. 308 ab.

362

1. Wozu dient die Abgrenzungsrechnung?
2. Erläutern Sie den Aufbau der Ergebnistabelle.
3. Welche Ergebnisse lassen sich aus der Ergebnistabelle ablesen?
4. Nennen Sie Beispiele für unternehmensbezogene Abgrenzungen.
5. Nennen Sie Beispiele für Kosten und Leistungen.

363 Die FB der Firma J. Wilhelm, Kleiderfabrikation, hat für das 1. Quartal 19.. folgende Aufwendungen und Erträge erfaßt:

		DM
5000	Umsatzerlöse für eigene Erzeugnisse	1 870 500,00
5100	Umsatzerlöse für Waren	200 000,00
5201	Mehrbestand an unfertigen Erzeugnissen	42 000,00
5300	Andere aktivierte Eigenleistungen	31 500,00
5400	Mieterträge	5 200,00
5460	Erträge aus dem Abgang von Vermögensgegenständen	1 900,00
5600	Erträge aus Finanzanlagen	8 200,00
5700	Zins-, Diskont- und Dividendenerträge	4 100,00
6000	Aufwendungen für Rohstoffe	300 000,00
6080	Aufwendungen für Waren	150 000,00
6200	Löhne	798 000,00
6300	Gehälter	401 000,00
6400	Soziale Abgaben	185 100,00
6510	Abschreibungen auf Wertpapiere des Anlagevermögens	31 200,00
6520	Abschreibungen auf Sachanlagen	92 500,00
6700	Aufwendungen für Mieten und Pachten	4 900,00
6870	Aufwendungen für Werbung	12 200,00
6960	Verluste aus dem Abgang von Vermögensgegenständen	55 600,00
70/77	Gewerbesteuer	22 400,00

1. Erstellen Sie die Ergebnistabelle entsprechend der Aufgabenstellung in der Aufgabe 360.
2. Beurteilen Sie die Erfolgslage des Unternehmens.

364 Die FB der Fabrik für Bauelemente H. Schnell weist für das 1. Quartal 19.. folgende Aufwendungen und Erträge aus:

		DM
5000	Umsatzerlöse für eigene Erzeugnisse	1 381 500,00
5202	Minderbestand an fertigen Erzeugnissen	14 200,00
5300	Andere aktivierte Eigenleistungen	13 700,00
5400	Mieterträge	16 300,00
5460	Erträge aus dem Abgang von Vermögensgegenständen	24 800,00
5600	Erträge aus Finanzanlagen	22 500,00
5710	Zinserträge	7 800,00
5780	Erträge aus Wertpapieren des Umlaufvermögens	8 200,00
6000	Aufwendungen für Rohstoffe	225 000,00
6150	Provisionen für Handelsvertreter	28 500,00
6160	Instandhaltungsaufwendungen	39 600,00
6200	Fertigungs- und Hilfslöhne	375 000,00
6300	Gehälter	410 000,00
6400	Soziale Abgaben (gesetzliche)	165 000,00
6420	Beiträge zur Berufsgenossenschaft	13 200,00
6440	Aufwendungen für Altersversorgung	28 400,00
6520	Abschreibungen auf Sachanlagen	42 800,00
6700	Aufwendungen für Mieten und Pachten	21 200,00
6870	Aufwendungen für Werbung	36 100,00
6960	Verluste aus dem Abgang von Vermögensgegenständen	2 200,00
70/77	Gewerbesteuer	33 900,00
7030	Kfz-Steuer (Betrieb)	8 400,00
7400	Abschreibungen auf Finanzanlagen	5 200,00

1. Erstellen Sie die Ergebnistabelle.
2. Beurteilen Sie die Erfolgssituation des Unternehmens.

2.2 Kostenrechnerische Korrekturen

Betriebliche Aufwendungen, die als Kosten ungeeignet sind. In der Finanzbuchhaltung kommen Aufwendungen vor, die zwar durch betriebliche Vorgänge veranlaßt sind, deren Höhe oder Berechnungsmethode (z.B. degressive Abschreibung in der FB) jedoch nicht den Anforderungen der Kosten- und Leistungsrechnung (z.B. gleichmäßige Belastung der Abrechnungsperioden mit Abschreibungen) entsprechen. In diesen Fällen werden die betrieblichen Aufwendungen nicht als Kosten in die Betriebsergebnisrechnung übernommen. Vielmehr werden für diese Aufwendungen in der Kostenrechnung verursachungsgerechte Kosten berechnet (z.B. lineare Abschreibungsbeträge anstelle der degressiven) und dort als kalkulatorische Kosten (vgl. S. 315) eingesetzt.

Folgende Aufwendungen der Finanzbuchhaltung sind korrekturbedürftig:

Korrekturbedürftige Aufwendungen der FB	Kalkulatorische Kosten der KLR
• Bilanzmäßige Abschreibungen	• Kalkulatorische Abschreibungen
• Fremdkapitalzinsen	• Kalkulatorische Zinsen
• Eingetretene Einzelwagnisse	• Kalkulatorische Wagnisse
• Anschaffungspreise für Material	• Verrechnungspreise

Ergebnis aus kostenrechnerischen Korrekturen. Die Abgrenzungsrechnung übernimmt – **zusätzlich** zu den neutralen Aufwendungen und Erträgen – in einer besonderen Spalte „Kostenrechnerische Korrekturen"
die korrekturbedürftigen betrieblichen Aufwendungen aus der Finanzbuchhaltung und stellt diesen tatsächlichen Aufwendungen die in der KLR ermittelten kalkulatorischen Kosten als Erträge gegenüber (vgl. hierzu Ausführungen auf S. 316 f.). Die Differenz stellt das zweite Teilergebnis der Abgrenzungsrechnung dar, das sog.

„Ergebnis aus kostenrechnerischen Korrekturen".

Ergebnistabelle							
Rechnungskreis I (= FB)			**Rechnungskreis II (= KLR)**				
Gesamtergebnisrechnung			Abgrenzungsrechnung				Betr.-Erg.-Rechn.
			Untern.-bezogene Abgrenzungen		Kostenrechn. Korrekturen			
Kto.	Aufw.	Erträge	neutrale Aufw.	neutrale Erträge	betriebl. Aufw.	Verrechn. Kosten	Kosten	Leistung.
	−	+	−	+	−	+	−	+
			Ergebnis aus unternehmensbezog. Abgrenzungen		Ergebnis aus kostenrechn. Korrekturen			
	Gesamtergebnis		=	Neutrales Ergebnis			+ Betriebsergebnis	

Merke:
- Die Abgrenzungsrechnung im RK II umfaßt die beiden Teilbereiche:
  ▷ „Unternehmensbezogene Abgrenzungen". Dieser Teilbereich schließt mit dem „Ergebnis aus unternehmensbezogenen Abgrenzungen" ab.
  ▷ „Kostenrechnerische Korrekturen". Dieser Bereich schließt mit dem „Ergebnis aus kostenrechnerischen Korrekturen" ab.
- Die beiden Teilergebnisse werden zum Neutralen Ergebnis zusammengefaßt.

2.3 Kostenrechnerische Korrekturen durch Kalkulatorische Kosten

2.3.1 Aufgaben und Arten der Kalkulatorischen Kosten

Grundkosten. Viele Aufwendungen der FB können unverändert als Kosten in die Betriebsergebnisrechnung der Ergebnistabelle übernommen werden. In diesen Fällen spricht man von aufwandsgleichen Kosten oder Grundkosten (z.B. Löhne, Gehälter).

Anderskosten. Es gibt aber auch Aufwendungen in der FB, die kalkulatorisch ungeeignet sind und deshalb in der KLR mit einem anderen Wert angesetzt werden. Dazu rechnen die kalkulatorischen Abschreibungen und die kalkulatorischen Wagnisse. Kosten dieser Art heißen Anderskosten; sie sind aufwandsungleiche Kosten.

Zusatzkosten. Es gibt Kosten, denen kein Aufwand in der FB zugrunde liegt (= aufwandslose Kosten = Zusatzkosten). Sie werden in der FB nicht erfaßt, da mit ihnen keine Geldausgaben verbunden sind, stellen jedoch leistungsbedingten Werteverzehr dar und werden deshalb in der KLR zusätzlich berücksichtigt. Dazu zählen der kalkulatorische Unternehmerlohn bei Einzelunternehmungen und Personengesellschaften und die kalkulatorischen Zinsen auf das betriebsnotwendige Eigenkapital.

Aufwendungen im Sinne der Finanzbuchhaltung (FB)		
Unternehmensbezogene Aufwendungen = Nicht-Kosten	Betriebl. Aufwendungen = Grundkosten	Zusatzkosten = Nicht-Aufwand
	Anderskosten	
Kosten im Sinne der Kosten- und Leistungsrechnung (KLR)		

Merke:
- Grundkosten = aufwandsgleiche Kosten
- Anderskosten = aufwandsungleiche Kosten
- Zusatzkosten = aufwandslose Kosten
- Anderskosten und Zusatzkosten sind kalkulatorische Kosten.

Zweck der kalkulatorischen Kosten. Die genannten kalkulatorischen Kostenarten sorgen dafür, daß nur der Werteverzehr in die KLR eingebracht wird, der durch die Leistungserstellung und -verwertung tatsächlich entstanden ist, auch wenn er in der Gesamtergebnisrechnung der FB nicht oder in anderer Höhe angesetzt ist. Dadurch wird die Kosten- und Leistungsrechnung genauer, zudem können Schwankungen der Kosten ausgeschaltet werden, und ein Kostenvergleich mit einzelnen Abrechnungsperioden oder branchengleichen Betrieben ist möglich.

Merke: Kalkulatorische Kosten bezwecken eine höhere Genauigkeit und bessere Vergleichbarkeit der Kosten- und Leistungsrechnungen.

Auswirkung der kalkulatorischen Kosten auf das Betriebsergebnis. Die kalkulatorischen Kosten werden im Soll (−) der Betriebsergebnisrechnung erfaßt. Sie bilden zusammen mit den Grundkosten die Grundlage der Angebotskalkulation (vgl. S. 381 f.). Beim Verkauf der Erzeugnisse fließen sie — einschließlich der Grundkosten — über die Umsatzerlöse in das Unternehmen zurück, sofern die Umsatzerlöse die gesamten Selbstkosten (einschließlich der kalkulatorischen Kosten) decken. In diesem Fall wirken sich die kalkulatorischen Kosten nicht auf das Betriebsergebnis aus.

Merke: Die kalkulatorischen Kosten beeinflussen bei vollem Kostenersatz durch die Umsatzerlöse nicht das Betriebsergebnis.

2.3.2 Kalkulatorische Abschreibungen

Bilanzmäßige Abschreibungen. In der Ergebnistabelle auf Seite 308 wurden die bilanzmäßigen Abschreibungen in Höhe von 610 000,00 DM als Kosten angesetzt. Das ist grundsätzlich korrekt, da dieser Aufwand betriebsbedingt ist. Es ist allerdings zu fragen, ob dieser Aufwand dem tatsächlichen Werteverzehr der Anlagen entspricht und damit verursachungsgerechte Kosten wiedergibt. Da bilanzmäßige Abschreibungen in der Regel nach steuerlichen Grundsätzen oder gewinnpolitischen Zweckmäßigkeiten vorgenommen werden (z. B. degressive Abschreibung mit hohem Anfangsbetrag und fallenden Folgebeträgen), eignen sie sich nicht für die Kostenrechnung, in der u. a. die gleichmäßige Belastung jeder Abrechnungsperiode mit Kosten angestrebt wird (Kostenvergleich!); dies wäre nur über die lineare Abschreibung möglich.

Kalkulatorische Abschreibungen als Anderskosten. In der Regel sind also die bilanzmäßigen Abschreibungen für die Kostenrechnung ungeeignet und werden dort mit einem anderen Betrag eingesetzt. Folgende Gründe sprechen im einzelnen für den unterschiedlichen Wertansatz von bilanzmäßigen und kalkulatorischen Abschreibungen:

- **Bilanzmäßig** abgeschrieben werden **alle** Wirtschaftsgüter des Anlagevermögens, unabhängig davon, ob sie dem eigentlichen Betriebszweck dienen oder nicht.
  Kalkulatorisch abgeschrieben werden dagegen **nur** solche **Anlagegüter, die betriebsnotwendig sind.** Als betriebsnotwendig gelten alle Anlagen, die laufend dem Betriebszweck und der Leistungserstellung und -verwertung dienen.
- **Bilanzabschreibungen** werden auf der Grundlage der Anschaffungs- oder Herstellungskosten des Anlagegutes vorgenommen.
  Kalkulatorische Abschreibungen werden dagegen von den gestiegenen Wiederbeschaffungskosten des Anlagegutes berechnet. Die Einbeziehung der kalkulatorischen Abschreibungen in den Verkaufspreis der Erzeugnisse bezweckt, daß der Betrieb eines Tages in die Lage versetzt wird, über die in den Erlösen zurückgeflossenen Abschreibungsbeträge neue Anlagen zu beschaffen.
- **Bilanzmäßig** kann ein Anlagegut in der Finanzbuchhaltung nur bis zum Erinnerungswert von 1,00 DM abgeschrieben werden.
  Kalkulatorische Abschreibungen werden dagegen so lange fortgesetzt, wie das betreffende Anlagegut noch im Betrieb verwendet wird, also unabhängig davon, ob es bilanziell bereits abgeschrieben ist oder nicht.
- Unterschiede zwischen der bilanzmäßigen und der kalkulatorischen Abschreibung bestehen auch in der Anwendung der **Abschreibungsmethoden:**
  In der Finanzbuchhaltung wird man aus steuerlichen Gründen die Anlagegüter meist degressiv abschreiben, um in den ersten Jahren der Nutzung möglichst viel abzuschreiben und damit den steuerlichen Gewinn niedrig zu halten.
  In der Kosten- und Leistungsrechnung dagegen soll möglichst die tatsächliche Wertminderung der Anlagegüter durch die kalkulatorische Abschreibung berücksichtigt werden. Außerdem ist es hinsichtlich des Kostenvergleichs notwendig, in den Abrechnungsperioden gleiche Abschreibungsbeträge zu verrechnen. Kalkulatorisch wird daher in der Regel linear abgeschrieben.

Merke:
- **Kalkulatorische Abschreibungen stellen Kosten dar, die die tatsächliche Wertminderung der Anlagen erfassen und in der Selbstkosten- und Betriebsergebnisrechnung verrechnet werden. Sofern sie über die Marktpreise abgegolten werden, beeinflussen sie das Gesamtergebnis positiv.**
- **Bilanzmäßige Abschreibungen stellen Aufwand in der Gesamtergebnisrechnung der Finanzbuchhaltung dar und werden meist nach steuerlichen Gesichtspunkten bemessen. Sie beeinflussen die Wertansätze des Anlagevermögens in der Bilanz.**

Beispiel: In der Schmolmann KG, Leverkusen, werden die kalkulatorischen Abschreibungen linear aufgrund folgender Zahlen berechnet:

Sachanlagen	Wiederbesch.-Kosten	Abschreibg.-Satz	Abschr.-Betrag
Gebäude	2 500 000,00 DM	4 %	100 000,00 DM
Maschinen	4 000 000,00 DM	10 %	400 000,00 DM
And. Anlagen	800 000,00 DM	20 %	160 000,00 DM
			660 000,00 DM

Erfassung der kalkulatorischen und bilanzmäßigen Abschreibung im RK II. Die kalkulatorische Abschreibung wird mit 660 000,00 DM in die Spalte „Kosten" der Betriebsergebnisrechnung eingesetzt und durch die

Buchung: „Kosten an Verrechnete Kosten"

in der Spalte „Verrechnete Kosten" des Abgrenzungsbereichs „Kostenrechnerische Korrekturen" erfolgswirksam „gegengebucht". Aus der Aufwandsspalte des Rechnungskreises I wird die bilanzmäßige Abschreibung (650 000,00 DM) – nach Abfilterung der unternehmensbezogenen Abschreibung von 40 000,00 DM für das vermietete Gebäude – mit 610 000,00 DM in die Spalte „Aufwendungen" des Abgrenzungsbereichs „Kostenrechnerische Korrekturen" übertragen. Hier stehen sich nun bilanzmäßige und kalkulatorische Abschreibung gegenüber. Beide Zahlen können zum Ergebnis aus kostenrechnerischen Korrekturen verrechnet werden. In diesem Fall ergibt sich ein Ertrag aus kostenrechnerischen Korrekturen in Höhe von 50 000,00 DM.

Ergebnistabelle

	Rechnungskr. I (= FB)		Rechnungskreis II (= KLR)						
	Gesamtergebnisrechnung		Abgrenzungsrechnung				Betr.-Erg.-Rechn.		
			Untern.-bezogene Abgrenzungen		Kostenrechnerische Korrekturen				
Konto	Aufwendungen	Erträge	Aufwendungen	Erträge	Aufwendungen lt. FB	Verrechn. Kosten lt. KLR	Kosten	Leistungen	
5000		660 000[1]						660 000[1]	
6520	650 000		40 000		610 000	660 000	660 000		
	650 000	660 000	40 000	0	610 000	660 000	660 000	660 000	
	10 000					**40 000**	**50 000**		0
	660 000	660 000	40 000	40 000	660 000	660 000	660 000	660 000	

Auf das Gesamtergebnis im RK I wirken sich die über die Umsatzerlöse „verdienten" kalkulatorischen Abschreibungen mit einem Gewinn von 10 000,00 DM aus.

Die Abgrenzungsrechnung im RK II weist einen Gewinn von 10 000,00 DM aus, der sich aus 40 000,00 DM Verlust aus „Unternehmensbezogenen Abgrenzungen" und 50 000,00 DM Gewinn aus „Kostenrechnerischen Korrekturen" zusammensetzt.

Das Betriebsergebnis wird durch die kalkulatorischen Abschreibungen nicht beeinflußt, sofern diese Abschreibungen über die Umsatzerlöse voll erstattet werden. Es stehen sich hier also Kosten und Leistungen in gleicher Höhe gegenüber.

---

[1] über die Umsatzerlöse zurückgeflossene kalkulatorische Abschreibungen

Abschreibungskreislauf. Ein wesentliches Unternehmensziel muß die Erhaltung der Vermögenssubstanz sein; insbesondere geht es hierbei um die Erhaltung der im Anlagevermögen ruhenden Leistungsfähigkeit. Dies wird durch die Ersatzbeschaffung (= Reinvestition) verbrauchter Anlagen erreicht. Die Finanzierung solcher Anlagen hat grundsätzlich aus „verdienten" Kosten ohne Zuführung von Eigenkapital zu erfolgen. Um dies zu erreichen, bedarf es des Ansatzes von Abschreibungen

- in der Finanzbuchhaltung als **Aufwand,** um zu verhindern, daß in der Gewinn- und Verlustrechnung ein zu hoher Gewinn ausgewiesen und möglicherweise ausgeschüttet wird (= Substanzausschüttung),
- in der Kosten- und Leistungsrechnung als **Kosten,** um den Werteverzehr der Anlagen zu erfassen und in die Preisberechnung einzubeziehen. In der Regel müssen dem Unternehmen im Preis für die Erzeugnisse alle Kosten zurückerstattet werden. In den Umsatzerlösen fließen dem Unternehmen also auch die Abschreibungsbeträge (= Abschreibungsgegenwerte) zurück und stehen in Form flüssiger Mittel für die Erneuerung von Anlagen zur Verfügung.

So ergibt sich – unter der Voraussetzung, daß die kalkulatorischen Abschreibungen vom Markt vergütet werden – folgender

Aufgabe: Erläutern Sie den Abschreibungskreislauf ① bis ⑥ anhand eines Zahlenbeispiels.

Finanzierung aus Abschreibungsgegenwerten. Die obige Darstellung macht bereits deutlich, daß kein Unternehmen auf Abschreibungen als wesentliches Mittel der Finanzierung (= Innenfinanzierung) verzichten kann.

Bei der Finanzierungswirkung der Abschreibung lassen sich drei Fälle unterscheiden:

- **Bilanzmäßige Abschreibungen und kalkulatorische Abschreibungen stimmen überein.** In diesem Fall findet eine Vermögensumschichtung vom Anlagevermögen zum Umlaufvermögen statt. Auf Dauer wird die Substanz nur nominell erhalten.
- **Bilanzmäßige Abschreibungen sind höher als kalkulatorische Abschreibungen.** In diesem Fall führt der gebuchte Mehraufwand zu einer verdeckten Finanzierung aus dem Gewinn.
- **Bilanzmäßige Abschreibungen sind niedriger als kalkulatorische Abschreibungen.** In diesem Fall führt der erzielte Mehrerlös zu einer offenen Finanzierung aus dem Gewinn.

Merke: Die mit den Umsatzerlösen in das Unternehmen zurückfließenden kalkulatorischen Abschreibungen stehen als flüssige Finanzierungsmittel zur Verfügung. Sie werden durch die als Aufwand gebuchten bilanzmäßigen Abschreibungen vor der Ausschüttung bewahrt.

2.3.3 Kalkulatorische Zinsen

Zinsen vom betriebsnotwendigen Kapital. In der Ergebnistabelle auf Seite 308 hat die Schmolmann KG die in der Finanzbuchhaltung gebuchten Fremdkapitalzinsen in Höhe von 540 000,00 DM als Kosten in die Kosten- und Leistungsrechnung übernommen. Das ist grundsätzlich richtig, da die Fremdkapitalzinsen einen betrieblichen Aufwand darstellen. Es stellt sich aber die Frage nach der Zweckmäßigkeit dieses Kostenansatzes. Herr Schmolmann wird danach streben, daß ihm in den Umsatzerlösen auch eine angemessene Verzinsung des eingesetzten Eigenkapitals zufließt. Um das zu erreichen, werden in der Kostenrechnung Zinsen für das gesamte bei der Leistungserstellung und -verwertung erforderliche Kapital angesetzt. Dadurch werden alle Industriebetriebe in der Selbstkosten- und Betriebsergebnisrechnung gleichgestellt, unabhängig davon, in welchem Verhältnis sie mit Eigen- und Fremdkapital ausgestattet sind. Außerdem wird die Kostenrechnung von zufälligen Schwankungen befreit, die durch die Änderungen der Zinssätze für aufgenommene Kredite entstehen.

Betriebsnotwendiges Kapital. In der Kosten- und Leistungsrechnung werden somit an Stelle der tatsächlich gezahlten Zinsen kalkulatorische Zinsen angesetzt und verrechnet. Sie werden auf der Grundlage des betriebsnotwendigen Kapitals ermittelt. Der kalkulatorische Zinssatz richtet sich meist nach dem im betreffenden Zeitraum üblichen Zinssatz für langfristige Darlehen.

Beispiel: Die Schmolmann KG ermittelt auf der Grundlage ihrer Bilanz das folgende betriebsnotwendige Kapital, das sie mit 9 %/Jahr kalkulatorisch verzinsen will:

Anlagevermögen (nach kalkulatorischen Restwerten, ohne vermietete Gebäude)	4 500 000,00 DM
+ Umlaufvermögen (nach kalkulatorischen Mittelwerten, ohne Wertpapiere)	7 400 000,00 DM
Betriebsnotwendiges Vermögen	11 900 000,00 DM
− Abzugskapital (Lieferantenkredite ohne Skontierung, Rückstellungen)	400 000,00 DM
= **Betriebsnotwendiges Kapital**	**11 500 000,00 DM**

Die **kalkulatorischen Zinsen** für das Jahr betragen dann:
11 500 000,00 DM · 0,09 = ... **1 035 000,00 DM**

Zum betriebsnotwendigen Anlagevermögen zählen nur solche Anlagegüter, die dauernd dem eigentlichen Betriebszweck dienen. Sie dürfen nicht mit den Bilanz- oder Buchwerten, sondern nur mit den kalkulatorischen Restwerten (= Anschaffungskosten − kalkulatorische Abschreibungen) angesetzt werden. Nicht betriebsnotwendige Anlagen, wie z. B. vermietete Gebäude, stillgelegte Anlagen u. a., bleiben außer Ansatz. Reserveanlagen (z. B. Reservemaschinen) gehören stets zum betriebsnotwendigen Anlagevermögen, da sie für die Aufrechterhaltung der Betriebsbereitschaft erforderlich sind.

Das betriebsnotwendige Umlaufvermögen ist nach Ausgliederung der nicht betriebsbedingten Posten (z. B. Wertpapierbestände) mit den Beträgen anzusetzen, die während des Abrechnungszeitraumes durchschnittlich im Umlaufvermögen gebunden sind (sog. kalkulatorische Mittelwerte).

Das Abzugskapital besteht aus Kapitalposten, die dem Unternehmen zinslos zur Verfügung stehen, wie z. B. Anzahlungen von Kunden, sonstige Verbindlichkeiten, Rückstellungen, Lieferantenkredite, sofern keine Skontierungsmöglichkeit hierfür besteht.

Erfassung der kalkulatorischen Zinsen in der KLR. Die kalkulatorischen Zinsen werden mit 1 035 000,00 DM (vgl. Beispiel S. 318) in die Spalte „Kosten" der Betriebsergebnisrechnung eingesetzt und in der Spalte „Verrechnete Kosten" der „Kostenrechnerischen Korrekturen" gegengebucht. Aus dem RK I werden die dort als Aufwand gebuchten Fremdkapitalzinsen (vgl. S. 308) mit 540 000,00 DM in die Spalte „Aufwendungen lt. FB" der „Kostenrechnerischen Korrekturen" übertragen. Hier stehen sich Fremdkapitalzinsen und kalkulatorische Zinsen gegenüber und können zum „Ergebnis aus kostenrechnerischen Korrekturen" verrechnet werden. In diesem Fall ergibt sich ein neutraler Gewinn von 495 000,00 DM. Er stimmt mit dem in der FB ausgewiesenen Gewinn bei vollem Kostenersatz durch die Umsatzerlöse überein.

Ergebnistabelle

Rechnungskreis I (= FB)			Rechnungskreis II (= KLR)				
Gesamtergebnisrechnung			Abgrenzungsrechnung			Betr.-Erg.-Rechn.	
			Unterneh.-bezogene Abgrenz.	Kostenrechnerische Korrekturen			
Kto.	Aufwendungen	Erträge		Aufwdg. lt. FB	Verrechn. Kosten lt. KLR	Kosten	Leistungen
5000 7510	540 000	1 035 000[1]		540 000	1 035 000	1 035 000	1 035 000[1]
	540 000 **495 000**	1 035 000		540 000 **495 000**	1 035 000	1 035 000	1 035 000 0
	1 035 000	1 035 000		1 035 000	1 035 000	1 035 000	1 035 000

Merke:
- Kalkulatorische Zinsen stellen Kosten für die Nutzung des betriebsnotwendigen Kapitals dar. Ihre Verrechnung ermöglicht eine gleichmäßige Belastung der Abrechnungsperioden mit Zinskosten. In den Umsatzerlösen werden die Zinsen dem Unternehmen vergütet.
- Die gezahlten Fremdkapitalzinsen stellen Aufwand in der Finanzbuchhaltung dar. In der Abgrenzungsrechnung werden sie den verrechneten kalkulatorischen Zinsen gegenübergestellt.

Aufgabe

365

Ein Industriebetrieb verfügt über folgende betriebsnotwendige Vermögenswerte:
Anlagevermögen: Gebäude 750 000,00
  Maschinelle Anlagen 220 000,00
  Betriebs- und Geschäftsausstattung . . 170 000,00
  Fuhrpark 260 000,00
Umlaufvermögen: Vorräte 530 000,00
  Kundenforderungen 280 000,00
  Zahlungsmittel 190 000,00
Das Abzugskapital besteht aus Lieferantenkrediten in Höhe von 200 000,00 DM.
Der kalkulatorische Zinssatz wird mit 9 % angesetzt.
Die tatsächlich gezahlten Fremdkapitalzinsen betragen im Geschäftsjahr 135 000,00 DM.
1. Ermitteln Sie das betriebsnotwendige Kapital sowie die jährlichen und monatlichen kalkulatorischen Zinsen.
2. Erstellen Sie die Ergebnistabelle.

---

1 über die Umsatzerlöse erstattete kalkulatorische Zinsen

2.3.4 Kalkulatorischer Unternehmerlohn

Kalkulatorischer Unternehmerlohn als Kostenbestandteil in der Betriebsergebnisrechnung. In Kapitalgesellschaften beziehen die Vorstandsmitglieder (AG) und die Geschäftsführer (GmbH) Gehälter, die als Aufwand in der FB gebucht werden und als Kosten in die KLR dieser Unternehmungsformen eingehen. In Einzelunternehmungen und Personengesellschaften (OHG, KG) dagegen erhalten die mitarbeitenden Inhaber oder Gesellschafter keine Gehälter. Ihre Arbeitsleistung wird durch den Unternehmungsgewinn abgegolten. Ein angemessener Gewinn kann aber nur dann erzielt werden, wenn zuvor für die Arbeitskraft des Unternehmers ein entsprechender Betrag als Kosten (= Unternehmerlohn) angesetzt und in die Preise für die Erzeugnisse einkalkuliert wird. Nur dann können in den Umsatzerlösen die entsprechenden Finanzmittel in das Unternehmen zurückfließen.

Kostenvergleich. Durch die Einrechnung des Unternehmerlohnes in die Kosten wird erreicht, daß Kapitalgesellschaften sowie Personengesellschaften/Einzelunternehmungen in der Selbstkosten- und Betriebsergebnisrechnung gleichgestellt sind.

Die Höhe des kalkulatorischen Unternehmerlohns richtet sich nach dem Gehalt eines leitenden Angestellten in vergleichbarer Position.

Zusatzkosten. Der kalkulatorische Unternehmerlohn wird als Kostenbestandteil in die Kosten- und Leistungsrechnung eingebracht; er darf aber nicht – wie z.B. die Gehälter leitender Angestellter – in der Finanzbuchhaltung gebucht werden, da er nicht zu Aufwendungen und Ausgaben führt. Kosten mit dieser Eigenschaft heißen Zusatzkosten (vgl. S. 314).

> **Merke:**
> - Bei Einzelunternehmungen und Personengesellschaften wird für die mitarbeitenden Inhaber ein angemessener Unternehmerlohn in die Selbstkosten- und Betriebsergebnisrechnung einbezogen.
> - Hinsichtlich der Personalkosten sind diese Unternehmungsformen damit den Kapitalgesellschaften gleichgestellt.

Beispiel: In der Schmolmann KG wird die Mitarbeit der Eigentümer mit einem Betrag von jährlich 300 000,00 DM als Kosten in der KLR angesetzt.

Nachfolgend wird gezeigt, wie dieser Betrag in die Ergebnistabelle einzubringen ist. Zur Vereinfachung der Darstellung sind nur Unternehmerlohn (300 000,00 DM) und Umsatzerlöse (10 520 000,00 DM) berücksichtigt.

Ergebnistabelle

			Rechnungskreis II (= KLR)			
Rechnungskreis I (= FB)						
Gesamtergebnisrechnung			Abgrenzungsrechnung		Betr.-Erg.-Rech.	
			Unterneh.-bezogene Abgrenz.	Kostenrechnerische Korrekturen		
Kto.	Aufwendungen	Erträge	Aufwdg. lt. FB	Verrechn. Kosten lt. KLR	Kosten	Leistungen
5000 U.-lohn	–	10 520 000		300 000 ↔ 300 000		10 520 000
		10 520 000	0	**300 000**	300 000 10 220 000	10 520 000
					10 520 000	10 520 000

Darstellung des kalkulatorischen Unternehmerlohns in der Ergebnistabelle. Der kalkulatorische Unternehmerlohn (300 000,00 DM) wird zunächst in die Spalte „Kosten" der Betriebsergebnisrechnung eingesetzt. Er bildet (zusammen mit den übrigen Kosten) die Grundlage der Preiskalkulation. Im Normalfall wird er also in den Umsatzerlösen (10 520 000,00 DM Ertrag im RK I/Leistung im RK II) enthalten sein und in den Finanzmitteln dem Unternehmen zufließen.

Anschließend ist der Unternehmerlohn als Ertrag in die Spalte „Verrechnete Kosten" des Abgrenzungsbereichs „Kostenrechnerische Korrekturen" einzusetzen. Diese Verrechnung des kalkulatorischen Unternehmerlohns in der Ergebnistabelle entspricht damit praktisch der

Buchung: „Kosten" an Verrechnete Kosten".

Durch dieses Vorgehen ist eine Abstimmung der Teilergebnisse im RK II mit dem Gesamtergebnis im RK I möglich.

Merke:
- Der kalkulatorische Unternehmerlohn stellt einen echten Kostenbestandteil in der KLR dar, dem kein Aufwand und keine Ausgabe in der FB gegenüberstehen.
- Er wird in die Spalte „Kosten" der Betriebsergebnisrechnung der Ergebnistabelle eingesetzt und in der Spalte „Verrechnete Kosten" als kostenrechnerische Korrektur (= Ertrag) „gegengebucht".

Ergebnisauswirkungen. Sofern über den Markt (Umsatzerlöse) der gesamte Unternehmerlohn erstattet wird, hat seine Berücksichtigung unter den Kosten keinen Einfluß auf das Betriebsergebnis.

Im Ergebnis aus kostenrechnerischen Korrekturen bewirkt der Unternehmerlohn durch seine Buchung in der Spalte „Verrechnete Kosten" eine Ertragserhöhung.

Auf das Gesamtergebnis im RK I wirkt der in den Umsatzerlösen enthaltene Unternehmerlohn gewinnerhöhend, da ihm hier kein entsprechender Aufwand gegenübersteht.

Merke:
- Bei vollem Kostenersatz über die Umsatzerlöse hat der kalkulatorische Unternehmerlohn keinen Einfluß auf die Höhe des Betriebsergebnisses.
- Gesamtergebnis und Abgrenzungsergebnis werden durch ihn gewinnerhöhend beeinflußt.

Aufgaben

366 In der Ergebnistabelle der Schmolmann KG auf Seite 308 ist der Unternehmerlohn nicht berücksichtigt worden.
Wie würden sich die Teilergebnisse ändern, wenn ein Unternehmerlohn von 300 000,00 DM eingesetzt wird und sich die Umsatzerlöse nicht verändern sollen?

367 Die Schmolmann KG rechnet damit, daß der angesetzte Unternehmerlohn (300 000,00 DM) nur zu 70 % über die Umsatzerlöse in das Unternehmen fließen wird.
Welche Auswirkungen ergeben sich hieraus auf das Betriebsergebnis, das Ergebnis aus kostenrechnerischen Korrekturen und das Gesamtergebnis?

368 *Welche Auswirkungen auf das Gesamtergebnis, das Ergebnis aus kostenrechnerischen Korrekturen und das Betriebsergebnis hätte es, wenn der Unternehmerlohn zwar als Kosten angesetzt, aber vom Markt überhaupt nicht vergütet würde?*

2.3.5 Kalkulatorische Wagnisse

Arten. Jede unternehmerische und betriebliche Tätigkeit ist mit Wagnissen oder Risiken verbunden und kann daher zu Verlusten führen. Diese Wagnisverluste lassen sich in ihrer Höhe und in ihrem zeitlichen Eintreten nicht vorhersehen. Man unterscheidet zwischen dem allgemeinen Unternehmerwagnis und den Einzelwagnissen.

Das allgemeine Unternehmerwagnis betrifft Verluste, die das Unternehmen als Ganzes gefährden. Dazu zählen Wagnisverluste, die sich insbesondere aus der gesamtwirtschaftlichen Entwicklung ergeben, wie z. B. Beschäftigungsrückgang, plötzliche Nachfrageverschiebung, technischer Fortschritt. Das allgemeine Unternehmerrisiko ist kein Kostenbestandteil. Es wird im Gewinn abgegolten.

Einzelwagnisse stehen dagegen im unmittelbaren Zusammenhang mit der Beschaffung, der Produktion und dem Absatz der Erzeugnisse. Da sie voraussehbar und aufgrund von Erfahrungswerten berechenbar sind, haben sie grundsätzlich Kostencharakter.

Zu den Einzelwagnissen zählen:

- **Anlagewagnis:** Verluste an Anlagegütern durch besondere Schadensfälle (Brand), Gefahr des vorzeitigen Ausfalls von Anlagen, z. B. durch technischen Fortschritt.
- **Beständewagnis:** Verluste an Vorräten durch Schwund, Verderb, Diebstahl, Veralten oder Preissenkungen.
- **Gewährleistungswagnis:** Garantieleistungen, z. B. kostenlose Ersatzlieferung, Preisnachlaß wegen Mängelrüge.
- **Vertriebswagnis:** Ausfälle und Währungsverluste bei Kundenforderungen.
- **Fertigungswagnis:** Mehrkosten aufgrund von Material-, Arbeits- und Konstruktionsfehlern, Ausschuß, Nacharbeit. Das Fertigungswagnis wird häufig auch Mehrkostenwagnis genannt.
- **Entwicklungswagnis:** Verluste, die sich aus fehlgeschlagenen Entwicklungsarbeiten im Rahmen des Fertigungsprogramms ergeben.

Eingetretene Wagnisverluste. Die tatsächlichen Wagnisverluste fallen zeitlich unregelmäßig und in unterschiedlicher Höhe an und sind damit für die Kostenrechnung ungeeignet. Sie werden als Aufwand in der Gesamtergebnisrechnung der Finanzbuchhaltung erfaßt (z. B. Konto „6930 Verluste aus Schadensfällen").

Kalkulatorische Wagnisse. An Stelle der tatsächlich eingetretenen Wagnisverluste werden in der Kosten- und Leistungsrechnung kalkulatorische Wagniszuschläge für die betreffenden Einzelrisiken ermittelt und verrechnet. Die Verrechnung von konstanten kalkulatorischen Wagniszuschlägen führt zu einer gleichmäßigen und anteiligen Belastung der Abrechnungsperioden mit Wagnisverlusten und eliminiert somit die Zufallseinflüsse aus der Selbstkosten- und Betriebsergebnisrechnung.

Fremdversicherungen. Soweit die Einzelwagnisse bereits durch den Abschluß von entsprechenden Versicherungen gedeckt sind, dürfen keine kalkulatorischen Wagniszuschläge verrechnet werden. In diesem Fall sind die Versicherungsprämien als Kosten zu berücksichtigen.

Merke:
- Die Verrechnung von konstanten kalkulatorischen Wagniszuschlägen trägt dazu bei, daß die Selbstkosten- und Betriebsergebnisrechnungen von Zufallsschwankungen befreit werden.
- Das allgemeine Unternehmerwagnis darf kalkulatorisch nicht erfaßt werden.
- Die durch Fremdversicherungen abgedeckten Einzelwagnisse gehen als Grundkosten in die Kosten- und Leistungsrechnung ein.

Berechnungsgrundlagen für Wagnisse. Je nach Wagnisart ist die Berechnungsgrundlage unterschiedlich:

Wagnis	Berechnungsgrundlage
• Anlagewagnis	• Anschaffungskosten
• Beständewagnis	• Einstandspreise der Materialien
• Gewährleistungswagnis	• Umsatz zu Selbstkosten
• Vertriebswagnis	• Umsatz zu Selbstkosten
• Fertigungswagnis	• Herstellkosten
• Entwicklungswagnis	• Entwicklungskosten

Die Höhe der kalkulatorischen Wagniszuschläge richtet sich nach entsprechenden Erfahrungswerten. Aus den betreffenden Wagnisverlusten der letzten 5 Jahre wird ein <u>Durchschnittswert in Prozent</u> ermittelt.

Beispiel: Im Unternehmen Schmolmann KG betrug der Verlust an Vorräten durch Schwund, Verderb u. a. in den letzten 5 Jahren durchschnittlich 87 500,00 DM. Für den gleichen Zeitraum wurden durchschnittliche Einstandspreise von 3 500 000,00 DM ermittelt.

$$\text{Kalkulatorischer Beständewagniszuschlag} = \frac{\text{Verlust} \cdot 100\,\%}{\text{Einstandspreise}}$$

$$= \frac{87\,500 \cdot 100\,\%}{3\,500\,000} = \underline{\underline{2{,}5\,\%}}$$

Das bedeutet, daß auf die gekauften Vorräte 2,5 % Wagniskosten zu verrechnen sind.

Beispiel: Die Einstandspreise im Monat März betrugen 300 000,00 DM. Der kalkulatorische Wagniszuschlag ist auf 2,5 % festgesetzt.

$$\text{Kalkulatorischer Wagniszuschlag} = 300\,000\ \text{DM} \cdot 0{,}025 = \underline{\underline{7\,500{,}00\ \text{DM}}}$$

Dieser Betrag wird in der Ergebnistabelle unter der Spalte „Kosten" der Betriebsergebnisrechnung erfaßt und in der Spalte „Kostenrechnerische Korrekturen" der Abgrenzungsrechnung gegengebucht. Hier stehen ihm die tatsächlichen Wagnisverluste aus der FB gegenüber (z. B. Konten 6000, 6020, 6030, 6040, 6570, 6930, 6950).

Aufgabe – Fragen

Wie hoch sind: **369**
a) das jährliche Wagnis in Prozent,
b) der Wagniszuschlag für das 6. Geschäftsjahr auf Grund der eingetretenen Wagnisse der letzten 5 Jahre?

	eingetretene Risiken	Umsatz zu Selbstkosten
1. Jahr	15 000,00	1 200 000,00
2. Jahr	28 000,00	1 400 000,00
3. Jahr	27 000,00	1 500 000,00
4. Jahr	17 500,00	1 250 000,00
5. Jahr	37 400,00	1 700 000,00

1. Aus welchen Gründen werden kalkulatorische Wagnisse verrechnet? **370**
2. Stellen kalkulatorische Wagniskosten Anders- oder Zusatzkosten dar?
3. Unterscheiden Sie zwischen Unternehmerrisiko und Einzelwagnis.

2.3.6 Kalkulatorische Miete

Mietwert für die betriebseigenen Gebäude. An Stelle der tatsächlich anfallenden Gebäude- und Grundstücksaufwendungen (Abschreibungen auf Gebäude, Hypothekenzinsen, Grundsteuern) könnte eine kalkulatorische Miete für die eigengenutzten betriebsnotwendigen Räume ermittelt und in der Betriebsergebnisrechnung erfaßt werden. In diesem Fall müßten jedoch alle tatsächlich entstandenen Gebäudeaufwendungen dem verrechneten kalkulatorischen Mietwert gegenübergestellt werden. Da wesentliche Teile der Gebäude- und Grundstücksaufwendungen durch die kalkulatorischen Abschreibungen und die kalkulatorischen Zinsen in der Kosten- und Leistungsrechnung bereits berücksichtigt werden, entfällt in den meisten Industriebetrieben die Verrechnung einer besonderen kalkulatorischen Miete für die betriebseigenen Gebäude.

Mietwert privat genutzter Räume im Geschäftsgebäude. Sofern der Geschäftsinhaber Räume des betriebseigenen Gebäudes für private Zwecke (z. B. als Wohnung) nutzt, darf der Mietwert in der Kostenrechnung nur in Höhe der betrieblichen Nutzung angesetzt werden. Der Mietwert der privat genutzten Räume ist zu buchen:

3001 Privat an 5400 Mieterträge.

Die kalkulatorische Miete sollte als fester Kostenbestandteil verrechnet werden, wenn ein Einzelunternehmer oder Personengesellschafter dem Betrieb unentgeltlich Räume zur Verfügung stellt, die zu seinem Privatvermögen gehören. In diesem Fall ist die ortsübliche Miete als kalkulatorischer Mietwert anzusetzen.

Die kalkulatorische Miete stellt Zusatzkosten dar, die in der gleichen Weise verrechnet werden wie der kalkulatorische Unternehmerlohn.

> **Merke:**
> - Für die Nutzung der betriebseigenen Gebäude wird in der Regel kein kalkulatorischer Mietwert verrechnet.
> - Der Mietwert für betrieblich genutzte Privaträume ist als Kostenbestandteil zu verrechnen.

Aufgaben – Fragen

371 Auf einen LKW mit Anschaffungskosten von 120000,00 DM werden aus steuerlichen Gründen 20 % bilanzmäßig abgeschrieben. Die verbrauchsbedingte kalkulatorische Abschreibung beträgt 15 % von den Wiederbeschaffungskosten in Höhe von 140000,00 DM.
Stellen Sie den Vorgang in einer Ergebnistabelle dar.

372 Die in der Finanzbuchhaltung für das Jahr 19.. erfaßten Fremdkapitalzinsen betragen 72000,00 DM. Die kalkulatorischen Zinsen werden in der Kosten- und Leistungsrechnung mit 90000,00 DM verrechnet.
1. Um wieviel DM übersteigen die monatlichen Zusatzkosten, die durch die Verrechnung der kalkulatorischen Zinsen entstehen, die monatlichen Fremdkapitalzinsen?
2. Welche Zinsen beeinflussen in welcher Höhe
  a) das Gesamtergebnis der Unternehmung,
  b) das Betriebsergebnis,
  c) das Neutrale Ergebnis?

373 *Erläutern Sie in einer Niederschrift, warum kalkulatorische Kosten Einfluß auf das Gesamtergebnis der Unternehmung ausüben.*

374 *Aus welchen Gründen ist es notwendig, für die Abschreibungen auf Sachanlagen in der FB und in der KLR unterschiedliche Wertansätze zu wählen?*

2.4 Kostenrechnerische Korrekturen durch Verrechnungspreise

Materialkosten. Der Verbrauch an Roh-, Hilfs- und Betriebsstoffen muß in der KLR zunächst mengenmäßig festgestellt und anschließend bewertet werden. Die Materialkosten sind somit das Produkt aus Verbrauchsmenge und Wert je Mengeneinheit.

Bewertung der Verbrauchsmenge. Der mengenmäßige Verbrauch an Material wird entweder auf Grund von Materialentnahmescheinen oder durch Inventur ermittelt. Die Bewertung der so festgestellten Verbrauchsmengen kann in der KLR entweder zu Anschaffungskosten oder zu Verrechnungspreisen erfolgen.

Bewertung zu Anschaffungskosten. Die Bewertung zu Anschaffungskosten hat den Vorteil, daß die tatsächlichen Materialkosten in die Kostenrechnung eingehen. Nachteilig ist aber, daß die Anschaffungspreise der Rohstoffe im Zeitablauf starken Schwankungen am Markt unterliegen können. Dadurch werden die Materialkosten für gleiche Verbrauchsmengen in den einzelnen Abrechnungsperioden unterschiedlich hoch angesetzt, so daß Kostenvergleiche nicht ohne weiteres durchführbar sind.

Bewertung zu Verrechnungspreisen. In der Kostenrechnung wird der Materialverbrauch meist mit gleichbleibenden Verrechnungspreisen bewertet. Verrechnungspreise sind in der Regel Durchschnittspreise, die aus den Anschaffungskosten der vergangenen Rechnungsperioden ermittelt werden. Sie müssen in gewissen Zeitabständen überprüft und gegebenenfalls der neuen Marktlage angepaßt werden.

Kostenrechnerische Korrektur. Die Verrechnung des Materialverbrauchs in der KLR zu konstanten Verrechnungspreisen gleicht der Verrechnung kalkulatorischer Kosten. Im Rahmen der Abgrenzungsrechnung „Kostenrechnerische Korrekturen" werden den in der FB gebuchten Materialaufwendungen (bewertet zu Anschaffungskosten) die in der KLR angesetzten Materialkosten zum Verrechnungspreis gegenübergestellt. Aus dem Unterschied beider Beträge ergibt sich entweder ein Aufwand (−) oder Ertrag (+) aus kostenrechnerischen Korrekturen.

Beispiel: In der KLR bewertet die Schmolmann KG den Materialeinsatz (Bleche) zum Verrechnungspreis von durchschnittlich 210,00 DM je 100 kg.
Im Jahr 01 betrug der Verbrauch 1400 t. Die Anschaffungskosten machten durchschnittlich 200,00 DM je 100 kg aus.
Bewertung zu Anschaffungskosten in der FB: 200,00 DM · 14 000 = 2 800 000,00 DM
Bewertung zum Verrechnungspreis in der KLR: 210,00 DM · 14 000 = 2 940 000,00 DM[1]

Rechnungskreis I (= FB)			Rechnungskreis II (= KLR)				
Gesamtergebnisrechnung			Abgrenzungsrechnung			Betr.-Erg.-Rechn.	
			Untern.-bez. Abgrenzungen	Kostenrechnerische Korrekturen			
Kto.	Aufwendungen	Erträge		Aufwendungen	Verrechn. Kosten	Kosten	Leistungen
5000 6000	2 800 000	2 940 000		2 800 000	2 940 000	2 940 000[1]	2 940 000
	2 800 000 140 000	2 940 000		2 800 000 140 000	2 940 000	2 940 000	2 940 000
	2 940 000	2 940 000		2 940 000	2 940 000		

Merke: In der KLR wird der Materialverbrauch oft mit festen Verrechnungspreisen bewertet, um Preisschwankungen im Kostenvergleich auszuschalten.

---

[1] Diese Kosten werden im folgenden zur Ausschaltung von Preisschwankungen in der KLR verwendet.

2.5 Erstellung und Auswertung der Ergebnistabelle

Beispiel: Um die Kosten und Leistungen vollständig und periodengerecht zu erfassen, erstellt die Schmolmann KG auf der Basis des Gewinn- und Verlustkontos von Seite 302 unter Einbeziehung der kalkulatorischen Kosten und des Verrechnungspreises für Rohstoffe (vgl. S. 315 bis 325) folgende Ergebnistabelle.

Ergebnistabelle								
Rechnungskr. I (= FB)		**Rechnungskreis II (= KLR)**						
Gesamtergebnisrechnung		Abgrenzungsrechnung				Betr.-Erg.-Rechn.		
		Unternehmensbez. Abgrenzungen		Kostenrechnerische Korrekturen				
Konto	Aufwendungen	Erträge	neutraler Aufwand	neutraler Ertrag	Aufwand lt. FB	Verrechn. Kosten	Kosten	Leistungen
5000		10 520 000						10 520 000
5202		240 000						240 000
5400		140 000		140 000				
5480		65 000		65 000				
5710		50 000		50 000				
6000	2 800 000				2 800 000	2 940 000	2 940 000	
6020	795 000						795 000	
6030	35 000						35 000	
6200	2 400 000						2 400 000	
6300	500 000						500 000	
6400	600 000						600 000	
6520	650 000		40 000		610 000	660 000	660 000	
6800	50 000						50 000	
6870	205 000						205 000	
6960	100 000		100 000					
70/77	190 000		10 000				180 000	
7460	40 000		40 000					
7510	540 000				540 000	1 035 000	1 035 000	
7600	260 000		260 000					
U.-lohn							300 000	300 000
	9 165 000	11 015 000	450 000	255 000	3 950 000	4 935 000	9 700 000	10 760 000
	1 850 000			**195 000**	**985 000**		**1 060 000**	
	11 015 000	11 015 000	450 000	450 000	4 935 000	4 935 000	10 760 000	10 760 000
			Ergebnis a. untern.-bez. Abgrenzungen || Ergebnis a. kostenrechn. Korrekturen				
	Gesamtergebnis =		**Neutrales Ergebnis**			**+ Betriebsergebnis**		

Abstimmung der Ergebnisse:

1. Gesamtergebnis im Rechnungskreis I	**1 850 000,00 DM**
2. Verlust aus unternehmensbez. Abgrenzungen .. (−)	195 000,00 DM
3. Gewinn aus kostenrechnerischen Korrekturen . (+)	985 000,00 DM
4. Betriebsgewinn .... (+)	1 060 000,00 DM
5. Gesamtergebnis im Rechnungskreis II	**1 850 000,00 DM**

2.5.1 Vorgehensweise bei der Erstellung der Ergebnistabelle

1. Nach der Übernahme der Salden aller Ertrags- und Aufwandskonten aus der FB in die Gesamtergebnisrechnung der Ergebnistabelle wird das Gesamtergebnis durch Saldierung ermittelt; im Beispiel beträgt der <u>Unternehmungsgewinn</u> 1 850 000,00 DM.
2. Die Erträge werden – soweit sie <u>Leistungen</u> darstellen (Konten 5000, 5202) – aus der Gesamtergebnisrechnung in die Spalte „Leistungen" der Betriebsergebnisrechnung übertragen; die <u>nicht betrieblichen (neutralen) Erträge</u> (Konten 5400, 5480, 5710) werden durch Eintragung in die Spalte „Erträge aus unternehmensbez. Abgrenzungen" von der KLR ferngehalten.
3. Folgende Aufwendungen der FB werden als <u>Grundkosten</u> in die Spalte „Kosten" der Betriebsergebnisrechnung übertragen: 6020, 6030, 6200, 6300, 6400, 6800, 6870.
4. Folgende Aufwendungen der FB sind als neutral <u>von der KLR fernzuhalten</u>: Konten 6960, 7460, 7600; sie werden in die Spalte „Unternehmensbez. Aufwendungen" überführt.
5. Beim Konto „6520 Abschreibungen" ist der auf das vermietete Gebäude entfallende Betrag unternehmensbezogen abzugrenzen. Der Restbetrag wird – wie auch die Salden der Konten 6000, 7510 – durch Eintragung in die Spalte „Aufwendungen" der „Kostenrechnerischen Korrekturen" von der KLR ferngehalten. Diesen Aufwendungen stehen die kalkulatorischen Wertansätze als „Verrechnete Kosten" gegenüber.
6. Der Unternehmerlohn stellt einen rein kalkulatorischen Wertansatz dar, der zur vollständigen Erfassung der Kosten in die Ergebnistabelle eingebracht wird.

2.5.2 Auswertung der Ergebnistabelle

Gesamtergebnis, Neutrales Ergebnis, Betriebsergebnis. Die <u>Teilergebnisse im RK II</u> (= Neutrales Ergebnis, Betriebsergebnis) zeigen dem Unternehmer die <u>Zusammensetzung des im RK I ausgewiesenen Gesamtergebnisses</u> in Höhe von 1 850 000,00 DM: Dem <u>Verlust</u> aus unternehmensbezogenen Abgrenzungen (195 000,00 DM) steht ein <u>Gewinn</u> aus kostenrechnerischen Korrekturen (985 000,00 DM) gegenüber. Der <u>Neutrale Gewinn</u> beträgt somit 790 000,00 DM und hat einen Anteil von 42,7 % am Gesamtgewinn. Der überwiegende Teil des Gesamtgewinnes (1 060 000,00 DM <u>Betriebsgewinn</u>) ist aus der geplanten betrieblichen Tätigkeit erzielt worden.

Das Ergebnis aus kostenrechnerischen Korrekturen besagt, daß die Schmolmann KG – insbesondere in den Posten „Zinsen" und „Unternehmerlohn" – <u>hohe kalkulatorische Wertansätze</u> zugrunde gelegt hat, die sich im Ergebnis aus kostenrechnerischen Korrekturen als <u>Ertrag</u> niederschlagen und hier zu einem entsprechend <u>hohen Überschuß über die Aufwendungen</u> der FB führen. Dieser Überschuß wird auch – so zeigt es das Gesamtergebnis – <u>voll als Gewinn verwirklicht</u>.

Das Betriebsergebnis erreicht eine <u>angemessene Höhe.</u> Es muß hierbei folgendes bedacht werden: Das Unternehmen Schmolmann KG hat es geschafft, über die Umsatzerlöse <u>alle Kosten</u> – einschließlich der <u>gesamten kalkulatorischen Kosten</u> – zu „verdienen" und noch einen Überschuß von 1 060 000,00 DM zu erwirtschaften. Da der Unternehmerlohn und die Verzinsung des Eigenkapitals in den Kosten bereits berücksichtigt wurden, kann dieser Überschuß zur <u>Abdeckung des allgemeinen Unternehmerrisikos</u> und zur <u>Finanzierung zukünftiger Investitionen</u> verwendet werden. Zudem zeigt dieser „Restgewinn", daß es dem Unternehmen bei seiner Kostensituation gelungen ist, <u>erfolgreich auf dem Markt</u> zu bestehen.

Ein negatives Betriebsergebnis (= Betriebsverlust) würde unter diesen Bedingungen lediglich besagen, daß <u>vorrangig</u> die kalkulatorischen Kosten nicht mehr in voller Höhe erwirtschaftet werden können; das Gesamtergebnis würde dadurch niedriger als im obigen Beispiel ausfallen; das Abgrenzungsergebnis bliebe unverändert.

Rentabilität und Wirtschaftlichkeit. Der ausgewiesene Gesamtgewinn kann zur Bestimmung der Rentabilität, d. h. zur Bestimmung der Ertragskraft des Unternehmens (= Eigenkapitalrentabilität, Umsatzrentabilität, vgl. S. 291 f.), und zur Berechnung der Wirtschaftlichkeit herangezogen werden.

Beispiel: Für die Mitarbeit im Unternehmen Schmolmann KG setzen die Gesellschafter einen Unternehmerlohn von jährlich 300 000,00 DM an. Das durchschnittlich über das Jahr im Unternehmen gebundene Eigenkapital soll 10 350 000,00 DM betragen. *Wie hoch ist die Verzinsung des eingesetzten Eigenkapitals?*

$$
\begin{aligned}
&\text{Gesamtgewinn} \ldots\ldots\ldots\ldots\ldots\ldots\ldots\ldots\ldots\ 1\,850\,000{,}00\ \text{DM} \\
-&\text{Unternehmerlohn} \ldots\ldots\ldots\ldots\ldots\ldots\ldots\ \ \ \ 300\,000{,}00\ \text{DM} \\
&\textbf{Restgewinn}\ (\text{zur Verzinsung des Eigenkapitals}) \ldots\ldots\ 1\,550\,000{,}00\ \text{DM}
\end{aligned}
$$

$$\text{Eigenkapitalrentabilität} = \frac{\text{Restgewinn} \cdot 100\,\%}{\text{Eigenkapital}} = \frac{1\,550\,000 \cdot 100\,\%}{10\,350\,000} = \underline{\underline{14{,}97\,\%}}$$

Im Vergleich zu einer langfristigen Geldanlage (ca. 6 %–8 %) ist die errechnete Verzinsung des Eigenkapitals sehr gut.

Beispiel: Anhand der Kennzahl der Wirtschaftlichkeit soll festgestellt werden, ob die Schmolmann KG mit den eingesetzten Mitteln sparsam umgegangen ist, ob also der Ertrag (= Leistungen) in einem günstigen Verhältnis zum Aufwand (= Kosten) steht.

$$\text{Wirtschaftlichkeit} = \frac{\text{Leistungen}}{\text{Kosten}} = \frac{10\,760\,000}{9\,700\,000} = \underline{\underline{1{,}11}}$$

Die Wirtschaftlichkeitszahl 1,11 besagt, daß das Unternehmen Schmolmann für je 1,00 DM Kosten Leistungen von 1,11 DM geschaffen hat. Ob dies ein angemessenes Verhältnis ist, kann nur im Vergleich mehrerer Jahre oder im Vergleich mit ähnlich produzierenden Unternehmen mit entsprechender Kostenstruktur festgestellt werden.

Aufgaben – Fragen

375 Auf einen LKW mit Anschaffungskosten von 120 000,00 DM werden aus steuerlichen Gründen 20 % bilanzmäßig abgeschrieben. Die verbrauchsbedingte kalkulatorische Abschreibung beträgt 15 % von den Wiederbeschaffungskosten in Höhe von 140 000,00 DM. Sie wird über die Umsatzerlöse voll erstattet. *Stellen Sie den Vorgang in einer Ergebnistabelle dar.*

376 Die in der Finanzbuchhaltung für das Jahr 19.. erfaßten Fremdkapitalzinsen betragen 72 000,00 DM. Die kalkulatorischen Zinsen werden in der Kosten- und Leistungsrechnung mit 90 000,00 DM verrechnet und über die Umsatzerlöse voll erstattet.

1. *Um wieviel DM übersteigen die monatlichen Zusatzkosten, die durch die Verrechnung der kalkulatorischen Zinsen entstehen, die monatlichen Fremdkapitalzinsen?*
2. *Welche Zinsen beeinflussen in welcher Höhe a) das Gesamtergebnis der Unternehmung, b) das Betriebsergebnis, c) das Neutrale Ergebnis?*

377 Der kalkulatorische Unternehmerlohn wird in einem Industriebetrieb (Einzelunternehmung) mit monatlich 12 000,00 DM angesetzt und verrechnet. Kostenersatz über die Umsatzerlöse findet statt.

1. *Zeigen Sie in der Ergebnistabelle die Auswirkungen auf a) das Gesamtergebnis der Unternehmung, b) das Betriebsergebnis, c) das Neutrale Ergebnis.*
2. *Erläutern Sie in einer kurzen Niederschrift, daß der kalkulatorische Unternehmerlohn Zusatzkosten darstellt und damit Einfluß auf das Gesamtergebnis der Unternehmung nimmt.*

378

1. Klären Sie folgenden vermeintlichen Widerspruch auf:
   „Der erzielte Gewinn soll Arbeitsentgelt, Kapitalverzinsung und Risikoprämie für den Unternehmer enthalten. Andererseits verrechnet der Unternehmer auch noch Kosten für kalkulatorische Zinsen und kalkulatorischen Unternehmerlohn."
2. Erläutern Sie, was unter nomineller und substantieller Kapitalerhaltung zu verstehen ist.

379

Ermitteln Sie die kalkulatorischen Wagniszuschläge für die laufende Abrechnungsperiode:

a) Beständewagnis: 2 % vom Rohstoffverbrauch 800 000,00 DM
b) Entwicklungswagnis: 3 % von 300 000,00 DM Entwicklungskosten
c) Gewährleistungswagnis: 3 % der Umsatzerlöse von 4 200 000,00 DM
d) Fertigungswagnis: 1 % der Herstellkosten in Höhe von 3 100 000,00 DM

380
381

Die FB der Betonwarenfabrik K. Barth, Stuttgart, hat für den Monat September folgende Aufwendungen und Erträge erfaßt:	380 TDM	381 TDM
5000 Umsatzerlöse für eigene Erzeugnisse	1 885	1 940
5100 Umsatzerlöse für Waren	40	30
5200 Mehrbestand an Erzeugnissen	12	8
5300 Andere aktivierte Eigenleistungen	8	5
5460 Erträge aus dem Abgang von Anlagegegenständen	4	9
5500 Erträge aus Beteiligungen	6	3
60 Aufwendungen für Roh-, Hilfs- und Betriebsstoffe	650	680
6100 Aufwendungen für bezogene Leistungen	25	20
6200 Löhne	720	710
6300 Gehälter	120	130
6400 Soziale Abgaben	160	170
6520 Abschreibungen auf Sachanlagen	180	190
6930 Schadensfälle	7	12
7460 Verluste aus dem Abgang von Wertpapieren	3	4
7510 Zinsaufwendungen	25	30
Angaben aus der KLR:		
1. Die kalkulatorischen Abschreibungen betragen monatlich	140	130
2. Die kalkulatorischen Zinsen sind noch für den Monat September zu ermitteln und zu verrechnen: Betriebsnotwendiges Kapital	6 000	7 000
Kalkulatorischer Zinssatz (jährlich)	8 %	7 %
3. Der kalkulatorische Unternehmerlohn beträgt monatlich	6	5
4. Kalkulatorische Wagniskosten je Monat	12	10
5. Kalkulatorischer Mietwert für betrieblich genutzte Privaträume	2	1

Ermitteln Sie mit Hilfe der Ergebnistabelle die einzelnen Ergebnisse in den Rechnungskreisen I und II und stimmen Sie diese ab.

382

Ein Unternehmen hat aufgrund der angespannten Wirtschaftslage im abgelaufenen Jahr seine Erzeugnisse unter Selbstkosten verkauft. Folgende Angaben aus der Finanzbuchhaltung und der Kosten- und Leistungsrechnung liegen vor:

Umsatzerlöse	949 800,00
Kosten (ohne Abschreibungen und Zinsen)	864 700,00
Bilanzmäßige Abschreibungen	27 600,00
Gezahlte Fremdkapitalzinsen	32 700,00
Kalkulatorische Abschreibungen	75 000,00
Kalkulatorische Zinsen	46 800,00

1. Erstellen Sie die Ergebnistabelle.
2. Begründen Sie, warum trotz eines Betriebsverlustes ein Unternehmungsgewinn entsteht.

383 Die Gewinn- und Verlustrechnung eines Industrieunternehmens weist folgende Beträge aus:
384

		383	384
5000	Umsatzerlöse für eigene Erzeugnisse	775 000,00	883 000,00
5202	Mehrbestand an fertigen Erzeugnissen	25 900,00	32 100,00
5300	Andere aktivierte Eigenleistungen	32 500,00	37 600,00
5400	Mieterträge	14 200,00	15 100,00
5460	Erträge a. d. Abgang v. Gegenständen d. Umlaufvermögens	41 600,00	57 300,00
5490	Periodenfremde Erträge	18 700,00	21 400,00
5500	Erträge aus Beteiligungen	11 250,00	9 800,00
5710	Zinserträge	13 250,00	14 130,00
60	Aufwendungen für Roh-, Hilfs- und Betriebsstoffe	135 600,00	143 100,00
6160	Fremdinstandhaltung	19 200,00	21 200,00
6200	Löhne	194 700,00	211 200,00
6300	Gehälter	111 800,00	114 300,00
6400	Soziale Abgaben	44 300,00	51 600,00
6520	Abschreibungen auf Sachanlagen	88 900,00	91 500,00
6900	Versicherungsbeiträge	8 100,00	7 200,00
6930	Verluste aus Schadensfällen	2 400,00	2 750,00
6950	Abschreibungen auf Forderungen	15 800,00	18 600,00
6960	Verluste aus dem Abgang von Vermögensgegenständen	7 500,00	8 900,00
70/77	Betriebssteuern	21 300,00	24 100,00
7510	Zinsaufwendungen	1 250,00	1 890,00

Für die Aufstellung der Ergebnistabelle sind folgende Angaben zu berücksichtigen:
1. In den Abschreibungen auf Sachanlagen sind 10 000,00 DM Abschreibungen auf ein vermietetes Gebäude enthalten.
2. In den Betriebssteuern ist die Grundsteuer auf das vermietete Gebäude mit 1 500,00 DM enthalten.
3. Der Materialverbrauch wird wegen der schwankenden Anschaffungskosten zu festen Verrechnungspreisen angesetzt. Der so bewertete Verbrauch von Roh-, Hilfs- und Betriebsstoffen beträgt .... 120 000,00 | 130 000,00
4. Der kalkulatorische Unternehmerlohn beträgt .... 62 000,00 | 65 000,00
5. Die kalkulatorischen Zinsen
   für das betriebsnotwendige Kapital betragen .... 18 300,00 | 19 700,00
6. Für Garantieverpflichtungen
   werden als kalkulatorische Wagniszuschläge in Ansatz gebracht 14 800,00 | 15 600,00
7. Die kalkulatorischen Abschreibungen auf Sachanlagen betragen 72 500,00 | 75 600,00
8. Die kalkulator. Abschreibungen auf Forderungen betragen ..... 5 000,00 | 6 000,00

a) Ermitteln Sie in der Ergebnistabelle das Gesamtergebnis der Unternehmung, das Neutrale Ergebnis und das Betriebsergebnis und erläutern Sie die Teilergebnisse.
b) Werten Sie die Ergebnistabelle mit Hilfe folgender Angabe aus:
durchschnittlich eingesetztes Eigenkapital 2 100 000,00 DM.

---

385 Die Buchhaltung eines Industrieunternehmens schließt mit folgenden Aufwendungen und
386 Erträgen ab:

		385	386
5000	Umsatzerlöse für eigene Erzeugnisse	980 000,00	1 150 000,00
5100	Umsatzerlöse für Handelswaren	50 000,00	220 000,00
5400	Mieterträge	9 800,00	7 100,00
5460	Erträge a. d. Abgang v. Gegenständen d. Umlaufvermögens	42 000,00	53 000,00
5710	Zinserträge	4 500,00	5 100,00
60	Aufwendungen für Roh-, Hilfs- und Betriebsstoffe	150 000,00	195 000,00
6080	Aufwendungen für Waren	30 000,00	170 000,00

6200	Löhne	210 000,00	235 000,00
6300	Gehälter	185 000,00	195 000,00
6400	Soziale Abgaben	75 000,00	98 000,00
6520	Abschreibungen auf Sachanlagen	180 000,00	193 000,00
6700	Miet- und Pachtaufwendungen	4 300,00	5 600,00
6950	Abschreibungen auf Forderungen	70 000,00	85 000,00
6960	Verluste aus dem Abgang von Vermögensgegenständen	22 000,00	31 000,00
7510	Zinsaufwendungen	33 500,00	34 900,00

Die Ergebnistabelle ist aufgrund folgender Angaben aufzustellen:
1. In den Löhnen sind Lohnnachzahlungen für zurückliegende Perioden in Höhe von 20 000,00 DM enthalten.
2. Die Abschreibungen auf Anlagen enthalten 10 000,00 DM Abschreibungen auf ein vermietetes Gebäude.

3. Die kalkulatorischen Abschreibungen auf Sachanlagen betragen	150 000,00	160 000,00
4. Der kalkulatorische Unternehmerlohn beträgt	35 000,00	36 000,00
5. Als kalkulatorische Zinsen sind zu verrechnen	58 000,00	70 000,00
6. Die kalkulatorischen Abschreibungen auf Forderungen betragen	16 000,00	25 000,00

a) Führen Sie die Erfolgsrechnung, die Abgrenzungsrechnung und die Betriebsergebnisrechnung in der Ergebnistabelle durch und erläutern Sie die Teilergebnisse.
b) Werten Sie die Ergebnistabelle aus: durchschnittlich gebundenes Eigenkapital 1 950 000,00 DM.

387
388

Die Gewinn- und Verlustrechnung eines Industrieunternehmens enthält für den Abrechnungsmonat Oktober folgende Aufwendungen und Erträge:

		387	388
5000	Umsatzerlöse für eigene Erzeugnisse	670 000,00	731 000,00
5202	Mehrbestand an fertigen Erzeugnissen	32 000,00	34 100,00
5300	Aktivierte Eigenleistungen (zu Herstellkosten)	35 000,00	37 500,00
5420	Eigenverbrauch an Erzeugnissen	2 200,00	2 400,00
5460	Erträge a. d. Abgang v. Gegenständen d. Umlaufvermögens	22 500,00	24 600,00
5500	Erträge aus Beteiligungen	7 100,00	6 800,00
5710	Zinserträge	3 100,00	3 300,00
60	Aufwendungen für Roh-, Hilfs- und Betriebsstoffe	185 500,00	189 600,00
6160	Fremdinstandhaltung	1 850,00	2 150,00
6200	Löhne	138 600,00	142 500,00
6300	Gehälter	159 800,00	163 600,00
6400	Soziale Abgaben	27 400,00	28 100,00
6520	Abschreibungen auf Sachanlagen	61 000,00	63 000,00
6700	Miet- und Pachtaufwendungen	10 500,00	11 700,00
6800	Büromaterial	4 700,00	5 300,00
6920	Beiträge	900,00	1 100,00
6950	Abschreibungen auf Forderungen (pauschal)	45 000,00	51 000,00
6960	Verluste a. d. Abgang v. Gegenständen d. Anlagevermögens	16 200,00	17 100,00
70/77	Betriebliche Steuern	21 400,00	23 900,00
7510	Zinsaufwendungen	2 300,00	2 200,00

Die Ergebnistabelle ist unter Beachtung folgender Vorgänge aufzustellen:
1. Unter den Gehältern sind Nachzahlungen für vergangene Perioden in Höhe von 30 000,00 DM enthalten.

2. Die kalkulatorischen Abschreibungen auf Sachanlagen betragen	45 000,00	52 000,00
3. Der kalkulatorische Unternehmerlohn beträgt	24 500,00	26 200,00
4. Die kalkulatorischen Zinsen für das betriebsnotwendige Kapital betragen	31 500,00	32 600,00

a) Erstellen Sie die Ergebnistabelle und erläutern Sie die Teilergebnisse.
b) Werten Sie die Ergebnistabelle aus: durchschnittlich gebundenes Eigenkapital 11 500 000,00 DM.

389 Die Möbelfabrik Schneider OHG stellt in einem Zweigbetrieb ausschließlich Schreibtische für ein Versandhaus her. Für diesen Zweigbetrieb wird die Betriebsabrechnung getrennt durchgeführt. Zum Ende des Geschäftsjahres 19.. liegen folgende Aufwendungen und Erträge vor:

5000	Umsatzerlöse für eigene Erzeugnisse	1 280 000,00
5202	Mehrbestand an fertigen Erzeugnissen	120 000,00
5400	Mieterträge	24 000,00
5460	Erträge aus dem Abgang von Vermögensgegenständen	56 000,00
5490	Periodenfremde Erträge	30 000,00
6000	Aufwendungen für Rohstoffe	280 000,00
6020	Aufwendungen für Hilfsstoffe	30 000,00
6030	Aufwendungen für Betriebsstoffe	10 000,00
6160	Fremdinstandhaltung	17 000,00
6200	Löhne	380 000,00
6300	Gehälter	260 000,00
6400	Arbeitgeberanteil zur Sozialversicherung	140 000,00
6520	Abschreibungen auf Sachanlagen	60 000,00
66	Sonstige Personalaufwendungen	10 000,00
6850	Reisekosten	12 000,00
6930	Verluste aus Schadensfällen	6 000,00
70/77	Betriebliche Steuern	45 000,00
7510	Zinsaufwendungen	10 000,00

Für die Aufstellung der Ergebnistabelle sind folgende Angaben zu berücksichtigen:
1. Unter der Position „Gebäude" in der Bilanz befindet sich ein vermietetes (zum Betriebsvermögen gehörendes) Wohnhaus. Die Aufwendungen und Erträge hierfür wurden über die Finanzbuchhaltung abgewickelt und sind daher in der GuV-Rechnung enthalten. Im einzelnen handelt es sich um folgende Posten:

Abschreibungen	10 000,00
Grundsteuer	5 000,00
Hausmeisterlohn	35 000,00
Arbeitgeberanteil zur Sozialversicherung	8 000,00
Malerarbeiten (vgl. Fremdinstandhaltung)	5 000,00

2. In der Position „Sonstige Personalaufwendungen" sind Nachzahlungen für das vergangene Geschäftsjahr enthalten ... 4 000,00
3. Die kalkulatorischen Zinsen sind aufgrund folgender Angaben zu berechnen:

Anlagevermögen (nach kalkulatorischen Restwerten) insgesamt	630 000,00
Kalkulatorischer Restwert des vermieteten Wohnhauses	100 000,00
Umlaufvermögen (zu Mittelwerten)	310 000,00
In den Verbindlichkeiten a. LL sind zinslose Kredite enthalten	40 000,00

Der Zinssatz für das betriebsnotwendige Kapital beträgt 7,5 %.
4. Den kalkulatorischen Abschreibungen sind folgende Angaben zugrunde zu legen:
Nutzungsdauer: Gebäude 25 Jahre, übriges Anlagevermögen 10 Jahre,

Wiederbeschaffungskosten: Gebäude	500 000,00
Maschinen	350 000,00
Andere Sachanlagen	50 000,00

5. Der kalkulatorische Unternehmerlohn wird angesetzt mit ... 90 000,00

a) Erstellen Sie die Ergebnistabelle und erläutern Sie die Teilergebnisse.
b) Werten Sie die Ergebnistabelle aus. Legen Sie hierfür folgende Angabe zugrunde: durchschnittlich gebundenes Eigenkapital 520 000,00 DM.

3 Kostenartenrechnung

3.1 Aufgaben der Kostenartenrechnung

Die Kostenartenrechnung bildet die erste Stufe der Kosten- und Leistungsrechnung. Sie ist die Grundlage sowohl für die Vollkostenrechnung (vgl. Abschn. 4, S. 346 f.) als auch für die Teilkostenrechnung (vgl. Abschn. 5, S. 393 f.). Ihre Aufgabe besteht darin, die für die jeweiligen Zwecke der Kostenrechnung, z. B.

> Vorkalkulation, Nachkalkulation, Kostenkontrolle, Ergebnisermittlung, marktorientierte Entscheidungen,

erforderlichen Kosten zur Verfügung zu stellen.

Aufbereitung der Kosten. Eine wesentliche Quelle zur Gewinnung von Kosten bildet das Zahlenmaterial der FB, das aufgrund der Buchung nach dem Kontenrahmen eindeutig bestimmten Aufwands- oder Ertragsarten zugeordnet ist. Nach Abgrenzung der neutralen Aufwendungen und Erträge werden die betrieblichen Aufwendungen – einschließlich der kalkulatorischen Kosten – als Kosten und die betrieblichen Erträge als Leistungen in die Kostenartenrechnung übernommen und dort aufbereitet. Die Aufbereitung der Kosten ist erforderlich, weil die Gruppierung der Aufwandsarten in der FB nur für den Jahresabschluß (= GuV-Rechnung) sinnvoll ist, nicht aber für die Zielsetzungen der Kostenrechnung. Sind Kostenkontrollen durchzuführen, Kalkulationen aufzustellen oder marktorientierte Entscheidungen zu treffen, dann müssen die Kostenarten zuvor umgruppiert werden.

> **Merke:** In der Kostenartenrechnung werden alle Kosten eines Zeitabschnitts in zweckmäßiger Gliederung erfaßt. Ausgangsmaterial sind die in der Ergebnistabelle einer Abrechnungsperiode vollständig erfaßten Kosten.

3.2 Gliederung der Kostenarten in der Kostenrechnung

Die Gruppierung der Kostenarten in der Kostenrechnung kann unter folgenden Gesichtspunkten erfolgen:

Gliederungskriterium	Unterteilung	Beschreibung
Verbrauchsart	Materialkosten	Roh-, Hilfs-, Betriebsstoffe
	Personalkosten	Löhne, Gehälter, Soziale Abgaben
	Abschreibungen	Abschreibungen auf Anlagen, Forderungen
	Dienstleistungskosten	Versicherungsprämien, Transportkosten, Rechts- und Beratungskosten
	Zwangsabgaben	Steuern, Gebühren, Zölle
Zurechnung zu Kostenträgern (= Auftrag, Serie, Leistungseinheit, vgl. Abschn. 5, S. 393)	Einzelkosten	direkte Zurechnung auf Kostenträger, z. B. Material
	Sondereinzelkosten	Modell-, Transportkosten
	Gemeinkosten	keine direkte Zurechnung auf Kostenträger, z. B. Abschreibungen
Verhalten bei Beschäftigungsänderungen (vgl. Abschn. 3.3, S. 334)	variable Kosten	reagieren auf Beschäftigungsänderungen
	fixe Kosten	keine Reaktion bei Änderung der Beschäftigung
	Mischkosten	enthalten sowohl variable als auch fixe Kostenbestandteile

3.3 Abhängigkeit der Kosten von der Beschäftigung

Beschäftigung. Unter Beschäftigung verstehen wir das Leistungsvermögen – ausgedrückt in den Produktionszahlen – je Zeiteinheit (z.B. Monat oder Jahr), das ein jedes Unternehmen aufgrund seines Betriebsmittelbestandes hat (= Kapazität). Jede Produktionsanlage besitzt eine technische Kapazität, auf die sie konstruktionsmäßig ausgelegt ist, und eine wirtschaftliche Kapazität, die die kostengünstigste Auslastung angibt. In der Regel wird das Unternehmen die wirtschaftliche Kapazität anstreben und nicht die technische Kapazität.

Als Beschäftigungsgrad (= Kapazitätsausnutzungsgrad) wird das Verhältnis aus tatsächlicher Ausnutzung der Kapazität und der technischen Kapazität bezeichnet:

$$\text{Beschäftigungsgrad} = \frac{\text{tatsächliche Produktion}}{\text{technische Maximalproduktion}}$$

Situation: Die Schmolmann KG rechnet aufgrund der guten Auftragslage im nächsten Jahr mit einer Zunahme der Absatzmenge. Im abgelaufenen Geschäftsjahr wurden insgesamt 200 000 Gehäuse unterschiedlicher Größe und Form hergestellt. 193 966 Gehäuse wurden abgesetzt. Hierbei konnten die Arbeitskräfte und die technischen Anlagen zu 80 % ausgelastet werden. Eine größere Produktionsmenge ist also ohne zusätzliche Investitionen und Neueinstellung von Arbeitskräften produzierbar.

Die Schmolmann KG plant, die Produktion im nächsten Jahr auf insgesamt 225 000 Gehäuse zu erhöhen.

Ist diese Produktion im Rahmen der bestehenden technischen Anlagen zu realisieren? Wie hoch werden die Kosten dieser Produktion sein?

Die technische Maximalkapazität beträgt im obigen Beispiel bei einer tatsächlichen Produktion von 200 000 Gehäusen und einem Beschäftigungsgrad von 80 %:

200 000 Gehäuse : 0,8 = **250 000 Gehäuse maximale Produktion/Jahr**

Die geplante Produktion von 225 000 Gehäusen läßt sich also mit den vorhandenen Arbeitskräften und technischen Anlagen durchführen; diese Produktion würde den Beschäftigungsgrad wie folgt erhöhen:

$$\text{Beschäftigungsgrad für } 225\,000 \text{ Gehäuse} = \frac{225\,000 \text{ Gehäuse}}{250\,000 \text{ Gehäuse}} = \mathbf{90\,\%}$$

Kostenplanung auf der Grundlage von Durchschnittskosten. Die Frage nach den Kosten der erhöhten Produktion im nächsten Geschäftsjahr läßt sich vereinfacht auf der Grundlage der Durchschnittskosten beantworten:

1. Die Produktion von 200 000 Gehäusen verursachte Kosten von insgesamt 9 700 000 DM (vgl. Ergebnistabelle S. 326); das sind pro Gehäuse:

$$\text{Stückkosten} = \frac{9\,700\,000 \text{ DM}}{200\,000 \text{ Gehäuse}} = \mathbf{48{,}50 \text{ DM}}.$$

2. Die Kosten der geplanten Produktion von 225 000 Gehäusen betragen:
Kosten für 225 000 Gehäuse = 48,50 DM/Stück · 225 000 = **10 912 500 DM.**

Verhalten der Kosten bei Beschäftigungsänderung. Die obige Rechnung führt zu einem fehlerhaften Ergebnis: Zwar werden die Kosten im kommenden Jahr wegen der steigenden Beschäftigung höher ausfallen müssen als im abgelaufenen Jahr; es ist aber zu prüfen, ob sich alle Kosten bei dieser Beschäftigungsänderung proportional – also im gleichen Verhältnis wie die Beschäftigung – verändern, wie es in der obigen Rechnung unterstellt worden ist.

Verhalten der fixen Kosten. Am Beispiel der kalkulatorischen Abschreibung kann leicht eingesehen werden, daß sich diese Kostenart bei Änderung der Beschäftigung nicht verändert: In der Schmolmann KG wird sich im kommenden Jahr trotz der Produktionserhöhung der Bestand an technischen Anlagen nicht verändern, so daß kein Anlaß besteht, die kalkulatorischen Abschreibungen zu erhöhen. Ebensowenig werden sich die übrigen kalkulatorischen Kosten verändern. Kosten, die von Beschäftigungsänderungen unbeeinflußt bleiben, heißen fixe Kosten (= K_f).

Verhalten der variablen Kosten. Andere Kostenarten verändern sich bei Beschäftigungsänderungen entweder proportional oder sogar progressiv. Typische Beispiele hierfür sind die Roh- und Hilfsstoffe: Der Materialeinsatz kann als proportional zur Produktionsmenge angesehen werden. Kosten, die sich bei Änderung des Beschäftigungsgrades ebenfalls ändern, heißen variable Kosten (= K_v).

Verhalten der Mischkosten. Eine Reihe von Kostenarten enthält sowohl fixe als auch variable Kostenanteile. Dies ist z.B. der Fall, wenn — wie beim Energieverbrauch — zusätzlich zu einer festen Grundgebühr verbrauchsabhängige Kosten anfallen. Kosten dieser Art heißen Mischkosten; sie sind in fixe u. variable Kosten aufzuteilen.

Merke: Kosten können nur dann zuverlässig geplant werden, wenn vorher alle Kostenarten auf ihre variablen und fixen Kostenanteile untersucht worden sind.

Kostenfunktionen. Die Gesamtkosten einer bestimmten Produktionsmenge (= Beschäftigung) setzen sich in der Regel aus variablen und fixen Kosten zusammen. Wird die Beschäftigung verändert, so verändern sich auch die Kosten. Welches Ausmaß diese Kostenänderung annimmt, hängt davon ab, wie hoch der Anteil der variablen und der fixen Kosten an den Gesamtkosten ist. Diese Abhängigkeit der Kosten von der Beschäftigung läßt sich in Form der linearen Kostenfunktion wie folgt beschreiben (x = Symbol für Produktionsmenge, K = Symbol für Gesamtkosten):

$$K(x) = K_v + K_f$$

Mit Hilfe dieser Rechenvorschrift lassen sich die Kosten für unterschiedliche Produktionsmengen bestimmen.

Beispiel: Ein Unternehmer ermittelt für die Produktion eines bestimmten Gutes die Abhängigkeit der Kosten von der Beschäftigung nach der Gleichung:

$$K(x) = 150 \cdot x + 100\,000$$

Wie hoch sind die Kosten bei einer Produktionsmenge von 20 000 Stück?

Durch die Funktionsvorschrift wird die Kostensituation wie folgt beschrieben: Für die Produktion sind 100 000 Geldeinheiten fixe Kosten aufzuwenden, die unabhängig von der Beschäftigung als Kosten der Betriebsbereitschaft anfallen. Zusätzlich entstehen variable Kosten in Höhe von 150 Geldeinheiten für jedes produzierte Stück.

$$K(20\,000) = 150 \cdot 20\,000 + 100\,000 = 3\,100\,000$$

Aufgabe

390 Bei der Fertigung eines Drehteils fallen monatlich 220 000,00 DM fixe Kosten an. Zusätzlich entstehen proportionale Kosten von 3,20 DM je Stück.
1. Geben Sie die Kostenfunktion an.
2. Berechnen Sie die Selbstkosten für eine Produktion von 50 000 Stück monatlich.
3. Der Unternehmer möchte erreichen, daß die Durchschnittskosten auf 7,00 DM je Stück gesenkt werden. Die technische Kapazität der Drehmaschine beträgt 70 000 Stück/Monat. Wieviel Stück müßten monatlich gefertigt werden?

3.3.1 Kostenverläufe bei variablen Kosten

Zu den variablen Kosten, die sich bei Beschäftigungsänderungen in einem bestimmten Verhältnis verändern, gehören vor allem die Rohstoffaufwendungen (= Materialkosten). Variable Kosten können sich proportional, progressiv oder degressiv zur Beschäftigungsänderung verhalten.

Variable Kosten als proportionale Kosten

Beispiel: Bei der Herstellung eines Gehäuses wird u. a. eine Platine im Wert von 10,00 DM verwendet. Bei unterschiedlichen Produktionsmengen ergeben sich folgende Materialkosten:

Produktionsmenge in Stück	Proportionale Kosten in DM	
	insgesamt	je Stück
0	0	0
100	1 000,00	10,00
200	2 000,00	10,00
300	3 000,00	10,00
400	4 000,00	10,00
500	5 000,00	10,00
600	6 000,00	10,00

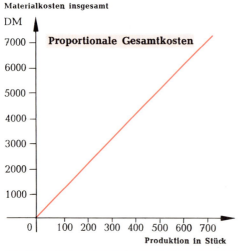

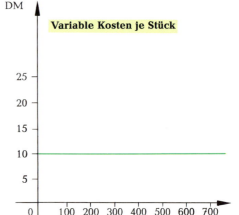

Merke: Die Materialkosten nehmen mit steigender Produktionsmenge insgesamt proportional zu. Sie verringern sich im gleichen Verhältnis, wie die Produktion zurückgeht.

Merke: Die auf ein Stück umgerechneten Materialkosten bleiben bei schwankender Beschäftigung konstant.

Neben dem Fertigungsmaterial sind auch die Hilfsstoffe und z. T. die Fertigungslöhne proportionale Kosten.

Variable Kosten als progressive Kosten

Ein progressiver Kostenverlauf liegt dann vor, wenn die prozentuale Kostenänderung größer ist als die prozentuale Änderung der Beschäftigung, z. B. bewirkt eine 5%ige Beschäftigungszunahme eine 10%ige Kostenzunahme. Solche Situationen können eintreten, wenn Maschinen im Bereich ihrer Maximalkapazität genutzt werden, was zu erhöhten Reparaturkosten und zu vermehrtem Ausschuß führt, oder wenn bei den Fertigungslöhnen Überstunden- und Feiertagszuschläge gezahlt werden.

Beispiel: Auf einer Stanze werden Gehäuseaussparungen gestanzt. Bei einer wirtschaftlichen Kapazität von 75 % beträgt der Ausschuß 2 %. Um 1000 Gehäuse herzustellen, sind also 1020 Rohlinge einzusetzen. Bei einem Einkaufspreis von 10,00 DM je Rohling beträgt der Materialeinsatz 10 200,00 DM. Würde man den Beschäftigungsgrad steigern, so würde der Materialeinsatz nach folgender Tabelle überproportional zunehmen:

Beschäftigungs-grad in %	Ausschuß in %	Materialeinsatz		
		in Stück	in DM ges.	in DM/Stück
75	2	1 020	10 200,00	10,20
80	4	1 040	10 400,00	10,40
85	7	1 070	10 700,00	10,70
90	11	1 110	11 100,00	11,10
95	16	1 160	11 600,00	11,60
100	22	1 220	12 200,00	12,20

In der folgenden Grafik ist die Abhängigkeit des Materialeinsatzes vom Beschäftigungsgrad dargestellt.

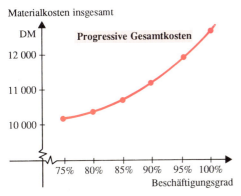

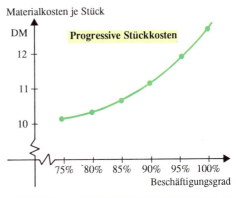

Merke: Die Materialkosten nehmen mit steigendem Beschäftigungsgrad überproportional zu. Sie verringern sich entsprechend überproportional bei rückläufiger Produktion.

Merke: Die auf ein fehlerfreies Stück umgerechneten Materialkosten verhalten sich bei schwankender Beschäftigung progressiv.

Aufgabe

391

Es gibt auch Vorgänge, die zu degressiven Kosten führen: Mit steigenden Bestellmengen für Rohstoffe (= steigende Beschäftigung) nehmen die Mengenrabatte zu, also die Einstandspreise ab.

Verdeutlichen Sie sich den Zusammenhang zwischen Bestellmengen und Einstandspreisen an einem selbstgewählten Beispiel.

3.3.2 Kostenverläufe bei fixen Kosten

Kosten der Betriebsbereitschaft. Alle Kosten, die von Abrechnungsperiode zu Abrechnungsperiode in annähernd gleicher Höhe <u>unabhängig von der Produktionsmenge</u> anfallen, heißen <u>fixe Kosten</u> oder <u>Kosten der Betriebsbereitschaft</u>.

Beispiel: Das Blech für ein Gehäuse wird auf einer Stanze ausgestanzt. Die monatlichen Abschreibungen dieser Maschine betragen 1000,00 DM. Dieser Betrag soll gleichmäßig auf die in einem Monat hergestellte Stückzahl verteilt werden.

Produktionsmenge in Stück	Fixe Kosten in DM	
	insgesamt	je Stück
0	1 000,00	0
100	1 000,00	10,00
200	1 000,00	5,00
300	1 000,00	3,33
400	1 000,00	2,50
500	1 000,00	2,00
600	1 000,00	1,67
.	.	.

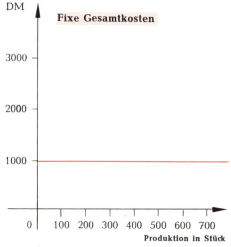
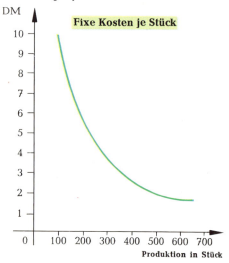

Merke:	Die Abschreibungen verändern sich mit steigender oder sinkender Produktion nicht. Sie treten in jeder Abrechnungsperiode unverändert auf.	Merke:	Die auf ein Stück umgerechneten Abschreibungen verringern sich mit steigender Produktion und erhöhen sich bei rückläufiger Produktion.

Außer Abschreibungen gelten z. B. Gehälter, Steuern, Beiträge, Miete als fixe Kosten.

3.3.3 Kostenverläufe bei Mischkosten

Beispiel: Die für die Bearbeitung des Rohmaterials eingesetzte Stanze hat eine Stromaufnahme von 12 kWh. Der Strompreis beträgt 0,30 DM je kWh zuzüglich einer monatlichen Grundgebühr von 150,00 DM. Bei unterschiedlichen Laufzeiten (= Beschäftigung) je Monat ergeben sich folgende Kosten:

Lauf-stunden je Monat	Fixe Kosten in DM		Variable Kosten in DM		Mischkosten	
	gesamt	je Std.	gesamt	je Std.	gesamt	je Std.
100	150,00	1,50	360,00	3,60	510,00	5,10
110	150,00	1,36	396,00	3,60	546,00	4,96
120	150,00	1,25	432,00	3,60	582,00	4,85
130	150,00	1,15	468,00	3,60	618,00	4,75
140	150,00	1,07	504,00	3,60	654,00	4,67
150	150,00	1,00	540,00	3,60	690,00	4,60
160	150,00	0,94	576,00	3,60	726,00	4,54
170	150,00	0,88	612,00	3,60	762,00	4,48
.	.	.	.	.	.	.
.	.	.	.	.	.	.

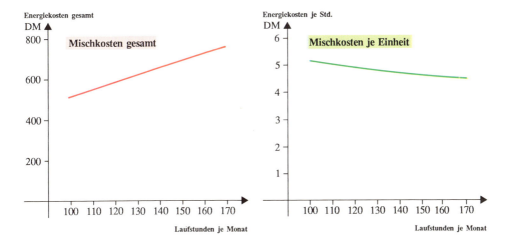

Merke: Die Energiekosten nehmen mit steigender Produktion insgesamt proportional zu. Sie zeigen ein Verhalten wie die proportionalen Gesamtkosten (vgl. S. 336).

Merke: Die auf eine Einheit (Stunde) umgerechneten Energiekosten verringern sich mit steigender Produktion (Stromverbrauch). Sie zeigen ein Verhalten wie die fixen Kosten je Stück.

Die für die Maschine aufzuwendenden <u>Energiekosten</u> enthalten sowohl <u>fixe</u> als auch <u>variable</u> Kostenanteile: Die Grundgebühr fällt in jedem Monat in gleicher Höhe an; sie stellt den Fixkostenanteil dar. Der Stromverbrauch der Maschine variiert mit der Laufzeit; die verbrauchsbedingten Stromkosten sind also variabel.

Merke: Ein Teil der Kostenarten enthält zugleich fixe <u>und</u> variable Kostenanteile.

Aufgaben – Fragen

392
1. Unterscheiden Sie variable und fixe Kosten voneinander.
2. Warum ist es richtig, das Gehalt eines Meisters im Produktionsbetrieb als fixe Kosten zu betrachten?
3. Ordnen Sie folgende Kostenarten den variablen und/oder fixen Kosten zu: Kalkulatorische Abschreibungen, Gewerbesteuer, soziale Abgaben, Stromkosten, Entwicklungskosten, Transportkosten, Werbekosten, Sondereinzelkosten des Vertriebs.
4. Begründen Sie, warum Lohnkosten nicht eindeutig zu den variablen Kosten zu rechnen sind.
5. Wie verhalten sich die Durchschnittskosten $k = \frac{K(x)}{x}$ der Kostenfunktion $K(x) = 40 \cdot x + 50\,000$ bei Beschäftigungszunahme von 1000 Stück auf 1500 Stück?

393 Das Fertigungsmaterial soll in der Kostenrechnung zum festen Verrechnungspreis angesetzt werden. Der Verrechnungspreis ist als gewogener Durchschnittspreis aus folgenden Lieferungen des vergangenen Quartals zu bestimmen:

Lieferdatum	Liefermenge in kg	Einstandspreis je kg
15.01.19..	12 500	80,00 DM
23.01.19..	8 500	76,00 DM
18.02.19..	10 000	82,00 DM
05.03.19..	7 000	85,00 DM

394 In einem Möbelwerk werden Tischplatten hergestellt. Zur Fertigung einer Tischplatte benötigt man 1 m² Spanplatten zum Einstandspreis von 75,00 DM. In drei aufeinanderfolgenden Monaten werden unterschiedlich viele Platten hergestellt:

Monat	Beschäftigung in Stück
März	4 000
April	5 200
Mai	4 800

Bestimmen Sie die Kosten des eingesetzten Fertigungsmaterials und stellen Sie die Abhängigkeit der Materialkosten von der Stückzahl grafisch dar.

395
1. Aus welchem Grund können die fixen Kosten nicht direkt auf das einzelne Erzeugnis umgerechnet werden?
2. Warum gehören die Sondereinzelkosten nicht eindeutig zu den variablen Kosten?
3. Erklären Sie das unterschiedliche Verhalten der Mischkosten bei Beschäftigungsänderungen: Die gesamten Mischkosten verhalten sich variabel, während sich die auf eine Einheit umgerechneten Mischkosten wie fixe Stückkosten verhalten.
4. Ein Betrieb mit hohem Anteil der variablen Kosten an den Gesamtkosten kann sich einer veränderten Beschäftigung leicht anpassen. Begründen Sie diese Aussage.
5. Warum wird ein Industriebetrieb mit hohem Anteil der fixen Kosten an den Gesamtkosten darauf achten, daß stets mit guter Auslastung der Anlagen gearbeitet wird?
6. Aus welchem Grund wird ein moderner Industriebetrieb einen relativ hohen Anteil fixer Kosten an den Gesamtkosten haben?
7. Begründen Sie, warum Wartungskosten, Gewerbesteuer, Telefongebühren typische Mischkosten sind.

396 Die Abschreibungen betragen in einem Industriebetrieb monatlich 36 000,00 DM. Die Verteilung auf die Kostenträger soll so vorgenommen werden, daß auf jedes produzierte Stück der gleiche Kostenanteil entfällt:

Monat	Beschäftigung in Stück
August	32 000
September	30 000
Oktober	38 000

Bestimmen Sie den auf ein Stück entfallenden Abschreibungsbetrag und stellen Sie die Abhängigkeit der Abschreibung von der Beschäftigung grafisch dar.

397 Ein Büromaschinenhersteller rechnet bei der Produktion der Schreibmaschine Typ „Standard" mit fixen Kosten in Höhe von 120 000,00 DM je Abrechnungsperiode. Die proportionalen Kosten belaufen sich auf 220,00 DM je Schreibmaschine.
1. Errechnen Sie die Gesamt- und Stückkosten für die Produktionsmengen 500, 800, 1000, 1200 und 1500.
2. Stellen Sie die Ergebnisse tabellarisch nach folgendem Muster dar.
3. Stellen Sie die Ergebnisse grafisch dar.

Produktions-menge	Fixe Kosten in DM		Proport. Kosten in DM		Gesamt-kosten	Stück-kosten
	gesamt	je Stück	gesamt	je Stück		

398 In einem Industriebetrieb mit Serienproduktion wird für eine bestimmte Serie mit fixen Kosten in Höhe von 42 000,00 DM und mit proportionalen Kosten nach folgender Tabelle gerechnet:

Beschäftigung in Stück	Proportionale Kosten in DM
10 000	55 000,00
12 000	62 400,00
14 000	70 000,00
16 000	80 000,00
18 000	95 400,00
20 000	116 000,00

1. Errechnen Sie die Gesamt- und Stückkosten für die einzelnen Produktionsmengen.
2. Stellen Sie die Gesamt- und Stückkosten jeweils in einem grafischen Bild dar, und schildern Sie in einer kurzen Niederschrift den Verlauf beider Kurven.

399 Ein Unternehmer kalkuliert mit variablen Kosten je Stück von 35,00 DM und fixen Kosten von insgesamt 65 000,00 DM/Periode.
Wieviel Stück muß er in einer Periode mindestens produzieren, um bei einem Verkaufspreis von 61,00 DM/Stück keinen Verlust zu erleiden?

3.3.4 Kostenplanung bei linearem Kostenverlauf

Beispiel: Zur Beantwortung der Frage nach den geplanten Kosten für die erhöhte Produktionsmenge (vgl. Beispiel S. 334) wird aus den Zahlen der Ergebnistabelle von Seite 326 folgende Übersicht über die variablen und fixen Kosten erstellt. Die Aufteilung der Mischkosten erfolgt aufgrund von Schätzungen. Alle variablen Kosten sollen proportionale Kosten sein. Die fixen Kosten verändern sich bis zur Erreichung der Maximalkapazität nicht.

Kostenart	Kostenbetrag	Mischkosten variabel/fix	Variable Kosten	Fixe Kosten
Rohstoffaufw.	2 940 000,00		2 940 000,00	
Hilfsstoffaufw.	795 000,00		795 000,00	
Betr.-Stoffaufw.	35 000,00		35 000,00	
Löhne	2 400 000,00	60 %/40 %	1 440 000,00	960 000,00
Gehälter	500 000,00			500 000,00
Arbeitgeberanteil	600 000,00	30 %/70 %	180 000,00	420 000,00
Abschreibungen	660 000,00			660 000,00
Büromaterial	50 000,00	40 %/60 %	20 000,00	30 000,00
Werbung	205 000,00	40 %/60 %	82 000,00	123 000,00
Betr. Steuern	180 000,00	60 %/40 %	108 000,00	72 000,00
Kalk. Zinsen	1 035 000,00			1 035 000,00
Unternehmerlohn	300 000,00			300 000,00
insgesamt	9 700 000,00	—	5 600 000,00	4 100 000,00

Variable Stückkosten. Bei einer Produktion von 200 000 Gehäusen entstehen 5 600 000,00 DM variable Kosten. Auf 1 Stück umgerechnet sind das

$$\frac{5\,600\,000,00 \text{ DM}}{200\,000 \text{ Stück}} = 28,00 \text{ DM variable Kosten je Gehäuse}$$

Die Gesamtkosten für die geplante Produktion von 225 000 Stück belaufen sich dann auf:

Variable Kosten (K_v) 225 000 Stück · 28,00 DM/Stück ..	6 300 000,00 DM
+ Fixe Kosten (K_f)	4 100 000,00 DM
= **Gesamtkosten (K_g)** der geplanten Produktion	**10 400 000,00 DM**

Kostenfunktion. Die Lösung ist einfacher mit Hilfe der Kostenfunktion $K(x) = K_v + K_f$ (vgl. S. 335) zu finden, wobei an die Stelle von x beliebige Mengen gesetzt werden können. Für das obige Beispiel ergibt sich die folgende Kostenfunktion:

$$K(x) = 28 \cdot x + 4\,100\,000$$

Hieraus lassen sich die Kosten für die Produktion von 225 000 Gehäusen berechnen:

$$K(225\,000) = 28 \cdot 225\,000 + 4\,100\,000 = \mathbf{10\,400\,000}$$

Gegenüber der Kostenprognose von Seite 334 (= 10 912 500,00 DM) ergibt sich ein um 512 500,00 DM deutlich geringerer Kostenbetrag, der auf den beschäftigungsunabhängigen Kostenanteil (= fixe Kosten) zurückzuführen ist.

Merke:
- Eine genaue Kostenplanung in Abhängigkeit von der Beschäftigung setzt die Aufteilung der einzelnen Kostenarten in ihre variablen und fixen Kostenanteile voraus.
- Diese Aufteilung ermöglicht die Aufstellung von Kostenfunktionen zur schnellen Berechnung von Gesamtkosten für alternative Produktionsmengen.

Beispiel: Um die Aussagefähigkeit der Rechnung zu erhöhen, sollen die Kostenfunktion K(x) und die Umsatzfunktion E(x) grafisch dargestellt werden.

Die Kostenfunktion lautet **K(x) = 28 · x + 4 100 000** (vgl. S. 342). Für die Aufstellung der Umsatzfunktion verwendet die Schmolmann KG den Durchschnittspreis, der sich aus den Umsatzerlösen (= 10 520 000,00 DM) und der Absatzmenge (= 193 966 Stück) ergibt. Der Durchschnittspreis beträgt hiernach ca. 54,25 DM; also lautet die Umsatzfunktion **E(x) = 54,25 · x**.

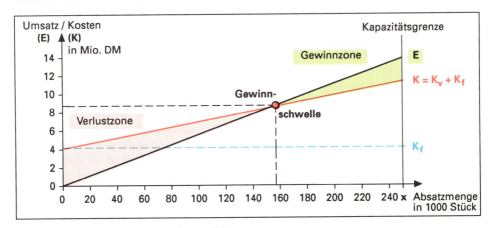

Erläuterung zur Grafik:

Verlauf der Kostenfunktion. Für den Fall, daß kein Absatz erzielt wird, fallen dennoch die fixen Kosten in Höhe von 4 100 000,00 DM an (diese Kosten verändern sich über den gesamten Absatzbereich nicht). Die Kostenfunktion beginnt also an der Stelle x = 0 mit dem Wert 4 100 000. Für jedes abgesetzte Gehäuse beträgt der Kostenzuwachs 28,00 DM variable Kosten (= Steigung der Kostenfunktion). Die Kostenfunktion verläuft also linear bis zur Kapazitätsgrenze (= 250 000 Gehäuse) mit der Steigung 28.

Verlauf der Umsatzfunktion. Der Durchschnittspreis von 54,25 DM je Gehäuse wird als konstant über den gesamten Absatzbereich angenommen. Die Umsatzfunktion beginnt also bei einer Absatzmenge von x = 0 mit E = 0. Jedes verkaufte Gehäuse bringt einen Erlöszuwachs von 54,25 DM (= Steigung der Umsatzfunktion). Die Umsatzfunktion verläuft also linear vom Ursprung bis zur Kapazitätsgrenze mit der Steigung 54,25.

Gewinnschwelle (= Break-even-Point). Der Schnittpunkt von Kosten- und Umsatzfunktion markiert diejenige Absatzmenge (ca. 156 190 Stück), bei der Kosten und Umsatz gleich hoch sind; bei dieser Absatzmenge wird also kein Gewinn erzielt.

Verlustzone. Ist die Absatzmenge geringer als 156 190 Stück, so decken die Umsatzerlöse nicht die Kosten; es entstehen Verluste.

Gewinnzone. Steigt die Absatzmenge über 156 190 Stück, so werden mehr Umsatzerlöse erzielt als Kosten entstehen; das Unternehmen arbeitet mit Gewinn.

Kapazitätsgrenze. Mit zunehmender Absatzmenge verbessert sich das Betriebsergebnis. Das wird aus dem sich vergrößernden Abstand zwischen Umsatz- und Kostenfunktion deutlich. An der Kapazitätsgrenze ist der Abstand zwischen Umsatz- und Kostenfunktion – und damit der Betriebsgewinn – am größten.

Merke:
- Die **Gewinnschwelle** wird bei derjenigen Absatzmenge erreicht, bei der Umsatzerlöse = Gesamtkosten sind.
- Die **Verlustzone** liegt im Bereich Umsatzerlöse < Gesamtkosten.
- Die **Gewinnzone** liegt im Bereich Umsatzerlöse > Gesamtkosten.
- Der Betriebsgewinn ist bei linearem Verlauf der Kosten- und Umsatzfunktion an der Kapazitätsgrenze am größten.

Aufgaben – Fragen

400 Für die Ersatzinvestition einer Maschine liegen zwei Angebote vor. Die angebotenen Maschinen weisen unterschiedliche Kapazitäten und Kostenverläufe auf:

	Variable Kosten/Stück	Fixe Kosten/Monat	Maximalkapazität
Maschine I	41,00 DM	4 400,00 DM	200 Stück
Maschine II	54,00 DM	2 450,00 DM	250 Stück

1. Ab welcher Monatsproduktion wird sich der Unternehmer für die Maschine II entscheiden?
2. Wieviel Prozent beträgt der Beschäftigungsgrad beider Maschinen bei dieser Menge?

401 Eine Maschinenanlage mit einer Maximalkapazität von jährlich 50 000 Mengeneinheiten verursacht fixe Kosten in Höhe von 400 000,00 DM/Jahr. Die variablen Kosten belaufen sich auf 40,00 DM je Mengeneinheit. Das auf der Maschinenanlage hergestellte Gut kann zu einem Stückpreis von 55,00 DM verkauft werden.
Für das nächste Jahr rechnet der Unternehmer mit einer Auslastung der Anlage von 80 %.
Er kann einen zusätzlichen Auftrag über 5 000 Mengeneinheiten erhalten, wenn er bereit ist, den Preis auf 45,00 DM je Mengeneinheit zu reduzieren. Durch den Zusatzauftrag würden sich die fixen Kosten nicht verändern.
1. Berechnen Sie die Gesamtkosten, die Umsatzerlöse und den Gewinn ohne den Zusatzauftrag.
2. Weisen Sie nach, daß es für den Unternehmer günstiger ist, den Zusatzauftrag anzunehmen.

402 Aufgrund einer Marktanalyse ergibt sich, daß ein Unternehmer den Absatz eines Elektrogerätes deutlich erhöhen kann, wenn er den Preis geringfügig senkt. Den größeren Absatz kann er aber nur realisieren, wenn er eine Kapazitätserweiterung vornimmt. Dafür hat er zwei Alternativen:
Modernisierung und Erweiterung der bisherigen Werkstattfertigung oder Umstellung der Produktion auf die Fließfertigung. Die Entscheidung soll aufgrund folgender Daten getroffen werden:

	Variable Kosten	Fixe Kosten
Werkstattfertigung	540,00 DM je Stück	4 000,00 DM/Monat
Fließfertigung	480,00 DM je Stück	16 000,00 DM/Monat

Ab welcher Menge lohnt sich die Umstellung auf die Fließfertigung?

403 Die Unternehmung Bottmer KG hat sich auf die Herstellung von Gartenmöbeln spezialisiert. Sie stellt in einer räumlich abgesonderten Werkstatt Gartenstühle des Typs „Markant" aus Stahlrohr her. Folgende Angaben liegen aus der Betriebsbuchhaltung und aus der Fertigungsplanung vor:

a) Für Roh-, Hilfs- und Betriebsstoffe sind aufgrund der Konstruktionszeichnung und der Stückliste für je 1 Stuhl aufzuwenden:
3,20 m Rechteckrohr, 40 x 20 mm, Verrechnungspreis 1,50 DM je m,
3,70 m Rundrohr, 20 mm Durchmesser, Verrechnungspreis 1,20 DM je m.
Sitzfläche und Rückenlehne werden als Kunststoff-Fertigteile bezogen; Sitzfläche und Lehne kosten komplett für einen Stuhl im Einkauf 5,20 DM.
Lack: 0,050 kg Grundierung für einen Stuhl zum Kilopreis von 3,00 DM,
0,050 kg Weißlack für einen Stuhl zum Kilopreis von 4,00 DM.

b) Aufgrund des Arbeitsplanes liegen die Arbeitsgänge mit den jeweiligen Arbeitszeiten zur Herstellung eines Stuhles fest:

I Trennen nach Schablone	2,0 Min.	V Entfetten	0,5 Min.
II Biegen nach Schablone	1,5 Min.	VI Lackieren	2,0 Min.
III Entgraten	0,5 Min.	VII Montieren	0,5 Min.
IV Hartlöten	4,0 Min.	VIII Verpacken	1,0 Min.

Die Arbeitsstunde – mit Nebenkosten – wird mit 40,00 DM kalkuliert.

c) Zusätzlich zum Materialeinsatz und den Lohnkosten sollen folgende Kosten in der Kalkulation berücksichtigt werden:
Abschreibung auf Gebäude und Maschinen
(bezogen auf die Werkstatt) je Monat .... 3 000,00 DM,
Zinsen für das durchschnittlich eingesetzte Kapital je Monat .... 1 000,00 DM,
anteilige Kosten für Verwaltung und Vertrieb je Monat .... 500,00 DM.
In der Werkstatt können monatlich maximal 2 500 Stühle hergestellt werden.
1. Bestimmen Sie die Kostenfunktion für diese Produktion.
2. Stellen Sie die Funktion bis zur Maximalkapazität grafisch dar.
3. Berechnen Sie die Gesamt- und Durchschnittskosten bei einem Beschäftigungsgrad von 80 %.

404 In der Kostenrechnungsabteilung einer Unternehmung werden die im Monat November angefallenen Produktionszahlen für elektronische Bohrmaschinen zusammengestellt:

    Fertigungsmaterial (Rohstoffaufwendungen) .... 120 000,00 DM
    Fertigungslöhne .... 280 000,00 DM
    Gehälter für Meister und Vorarbeiter .... 90 000,00 DM
    Soziale Abgaben .... 112 000,00 DM
    Energiekosten .... 25 000,00 DM
    Wartungskosten .... 8 000,00 DM
    Kalkulatorische Zinsen .... 12 000,00 DM
    Kalkulatorische Abschreibungen .... 55 000,00 DM

1. Entscheiden Sie, welche Kosten eindeutig variabel oder fix sind und bei welchen Kosten keine eindeutige Zuordnung getroffen werden kann.
2. Für die Kosten, die Sie nicht eindeutig zuordnen können, soll gelten, daß sie zu 40 % fix und zu 60 % variabel sind. Stellen Sie unter dieser Bedingung fest, wie hoch die gesamten variablen und fixen Kosten der Produktion sind.
3. Die Monatsproduktion betrug 4 060 Stück, das entsprach einem Beschäftigungsgrad von 75 %.
Wie hoch sind die Durchschnittskosten?
Wie lautet die Kostenfunktion?
4. Für den kommenden Monat rechnet das Unternehmen mit einem Rückgang der Beschäftigung auf 60 %.
Wie hoch sind dann die Durchschnittskosten?
Welche Schlußfolgerungen ziehen Sie aus dieser Situation hinsichtlich der Preisgestaltung?

405 In einem Zweigwerk produziert die Möbelbau AG Küchentische in Massenproduktion. Bei der Entscheidung über eine Reinvestition verbrauchter Anlagen stehen zwei neue Anlagen zur Wahl:

	Anlage A	Anlage B
fixe Kosten/Monat	24 000,00 DM	82 000,00 DM
variable Kosten je Stück	185,00 DM	160,00 DM

1. Stellen Sie die Kostenfunktionen auf.
2. Bestimmen Sie die Produktionsbereiche, in denen die Maschinenanlage A bzw. die Anlage B kostengünstiger arbeitet.
3. Die Geschäftsleitung rechnet für das Jahr der Ersatzinvestition mit einem Absatz von 2 200 Stück und in den darauffolgenden Jahren mit Absatzsteigerungen um jeweils 10 %.
Für welche der Maschinenanlagen sollte sich die Geschäftsleitung entscheiden?

4 Vollkostenrechnung im Mehrproduktunternehmen

4.1 Zurechnung der Kosten auf die Kostenträger

Ermittlung der Selbstkosten. Nach der Erfassung aller Kosten in der Ergebnistabelle (vgl. S. 326) besteht eine wesentliche Aufgabe der Vollkostenrechnung darin, alle Kosten verursachungsgerecht auf die Leistungseinheiten zu verteilen; auf diese Weise werden die Selbstkosten der Leistungseinheit ermittelt.

Kostenträger. Die Leistungseinheiten im Industriebetrieb sind in der Regel die fertigen und unfertigen Erzeugnisse, aber auch ein einzelner Auftrag oder eine Serie kann Leistungseinheit sein. In der KLR heißen diese Leistungseinheiten „Kostenträger": Ihnen werden alle Kosten „aufgebürdet", die sie verursacht haben, so daß

- für die Kostenträger kostendeckende Preise kalkuliert werden (Selbstkosten), und
- durch den Verkauf der Kostenträger alle Kosten in Form von Umsatzerlösen wieder in das Unternehmen zurückfließen.

Die Kostenträger werden in Abhängigkeit vom Fertigungsverfahren festgelegt:

Fertigungsverfahren	Kostenträger	Beispiele
Einzelfertigung (= Fertigung eines Erzeugnisses in einer Einheit)	ein einzelnes Erzeugnis	Großmaschinen, Brücken, Gebäude, Schiffe
Serienfertigung (= Fertigung unterschiedlicher Erzeugnisse in mehreren Einheiten)	begrenzte Menge der Serie	Elektrogeräte, Möbel, Fahrzeuge
Sortenfertigung (= Fertigung sehr ähnlicher Erzeugnisse in mehreren Einheiten)	begrenzte Menge der Sorte	Bleche, Ziegel, Bier, Bekleidung, Werkzeuge
Massenfertigung (= Fertigung eines Erzeugnisses in hoher Stückzahl)	Menge des im Zeitabschnitt hergestellten Produktes	Elektrizität, Papier, Stahl

Die Zurechnung der Kosten zu den Kostenträgern erfolgt in Abhängigkeit von den Fertigungsverfahren nach entsprechenden Kalkulationsmethoden:

Bei Einzelfertigung stellt die Zurechnung kein Problem dar: Alle Kosten – mit Ausnahme der Verwaltungskosten – lassen sich eindeutig einem Erzeugnis (= Projekt) zuordnen.

Bei der Massenfertigung wird die Summe der Kosten einer Abrechnungsperiode durch die Stückzahl der hergestellten Erzeugnisse dieses Zeitabschnitts dividiert, um die Selbstkosten der Leistungseinheit zu erhalten (Divisionskalkulation, vgl. Abschn. 4.8, S. 391).

Bei der Sortenfertigung werden Produkte aus dem gleichen Ausgangsmaterial, aber in unterschiedlicher Form und Größe hergestellt. Das hierbei vorherrschende Verfahren zur Ermittlung der Selbstkosten ist die Äquivalenzzifferkalkulation (vgl. Abschn. 4.7, S. 389).

Bei der Serienfertigung werden auf den gleichen Produktionsanlagen – teils parallel – unterschiedliche Produkte hergestellt, die jeweils unterschiedliche Kosten verursachen und die Produktionsstufen in unterschiedlichem Umfang beanspruchen. Nur ein Teil der Kosten (= Einzelkosten) läßt sich direkt einem bestimmten Kostenträger zuordnen, während bei den sog. Gemeinkosten nur die indirekte Zuordnung über die Kostenstellen möglich ist. Hierfür ist die Zuschlagskalkulation das geeignete Kalkulationsverfahren.

4.2 Kostenstellenrechnung in Betrieben mit Serienfertigung

Die Kostenstellenrechnung bildet die zweite Stufe der Kosten- und Leistungsrechnung im Mehrproduktunternehmen mit Serienfertigung.

Einzelkosten. Die Kostenstellenrechnung ist deshalb notwendig, weil nicht alle Kosten direkt einem bestimmten Kostenträger zugewiesen werden können. Dies ist nur für die sog. Einzelkosten (vgl. S. 333) der Fall. Zu den Einzelkosten im Industriebetrieb gehören:

Einzelkosten	Zurechnungsgrundlagen (Belege)
Fertigungsmaterial	Materialentnahmescheine, Stücklisten, Konstruktionsunterlagen
Fertigungslöhne	Auftragszettel, Laufzettel, Lohnlisten
Sondereinzelkosten	Auftragszettel, Rechnungen

Gemeinkosten lassen sich nicht direkt auf Kostenträger zurechnen. Sie fallen für alle Erzeugnisse oder Abteilungen des Unternehmens an. Zu ihnen gehören:

- Hilfs- und Betriebsstoffe
- Hilfslöhne
- Gehälter
- Soziale Abgaben
- Steuern, Gebühren
- Mietaufwand
- Bürokosten
- Kalkulatorische Kosten

Merke: Die verursachungsgerechte Verteilung der Kosten auf Abteilungen und Kostenträger zur Durchführung der Kalkulation und der Kostenkontrolle setzt die Gliederung der Kostenarten in Einzel- und Gemeinkosten voraus.

Aufgaben. Die Kostenstellenrechnung hat folgende Aufgaben zu erfüllen:

- Sie übernimmt die Kostenarten aus der Ergebnistabelle und weist die Gemeinkosten nach Belegen oder Verteilungsschlüsseln anteilig und verursachungsgerecht den Stellen im Unternehmen (z.B. Betriebsabteilungen) zu, in denen sie entstanden sind (= Kostenstellen im Betriebsabrechnungsbogen [BAB], vgl. S. 350).
- Sie berechnet für jeden Kostenbereich aus den ermittelten Gemeinkosten auf der Grundlage geeigneter Zuschlagsgrößen Zuschlagsprozentsätze, die für die anteilige Zuweisung der Gemeinkosten zu den Kostenträgern erforderlich sind.
- Sie ermöglicht im Zeitvergleich oder im Vergleich mit „normierten" Kosten die Kostenkontrolle in den einzelnen Betriebsabteilungen.

Merke: Die Kostenstellenrechnung hat die Aufgaben,
- die Gemeinkosten verursachungsgerecht auf die Kostenstellen zu verteilen,
- für jeden Kostenbereich Zuschlagsprozentsätze zu ermitteln,
- den Kostenverbrauch in den Kostenstellen zu überwachen.

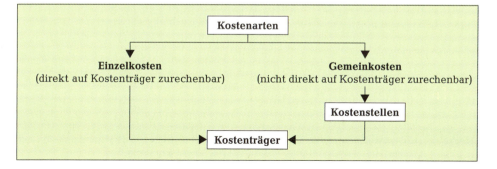

4.2.1 Gliederung des Betriebes in Kostenstellen

Kostenbereiche nach Funktionen. Die Gliederung des Gesamtbetriebes in vier Kostenbereiche, die sich aus den Funktionen des Betriebes ableiten, ist die Grundlage für die Einrichtung von Kostenstellen.

Kostenbereiche nach Funktionen:	I. Materialbereich	III. Verwaltungsbereich
	II. Fertigungsbereich	IV. Vertriebsbereich

Kostenstellen nach Tätigkeiten. Für kleine Industriebetriebe genügt die Bildung einer Kostenstelle für jeden Kostenbereich. Im allgemeinen wird jeder Kostenbereich in mehrere Kostenstellen (z.B. Abteilungen) aufgeteilt, die ihrerseits das Merkmal einheitlicher Tätigkeit aufweisen. Die Zahl der zu bildenden Kostenstellen je Kostenbereich hängt von der Art und Größe des Betriebes und dem angestrebten Genauigkeitsgrad der Kostenrechnung ab.

Kostenbereiche nach Funktionen	Kostenstellen nach Tätigkeiten
I **Material**bereich:	Materialeinkauf, -prüfung, -verwaltung
II **Fertigungs**bereich:	Gießerei, Schmiede, Montage, technische Betriebsleitung usw.
III **Verwaltungs**bereich:	Kfm. Leitung, Finanzabteilung, Buchhaltung usw.
IV **Vertriebs**bereich:	Werbung, Verkauf, Fertiglager, Versand usw.

Merke: **Für jeden Kostenbereich ist mindestens eine Kostenstelle zu bilden.**

Kostenstellen nach Verantwortung. Damit die Kostenstellenrechnung ihrer Kontrollaufgabe gerecht werden kann, ist es notwendig, daß sich die nach einheitlichen Tätigkeitsmerkmalen gebildeten Kostenstellen mit den Verantwortungsbereichen decken. Praxisgerecht ist die Zusammenfassung mehrerer Kostenstellen zu einem Verantwortungsbereich: Der Meister ist verantwortlich für den Kostenverbrauch in seiner Fertigungsabteilung; der Betriebsleiter ist verantwortlich für den Kostenverbrauch des Fertigungsbetriebs, der mehrere Abteilungen umfaßt.

Merke: **Kostenstellen schaffen klare Verantwortungsbereiche zur Kontrolle der Wirtschaftlichkeit.**

Kostenstellen. Alle Tätigkeits- und Verantwortungsbereiche in einem Industriebetrieb, die eine organisatorische Einheit bilden und die in den Prozeß der Leistungserstellung oder Leistungsverwertung eingegliedert sind, eignen sich als Kostenstellen. Je nach der Genauigkeit, mit der die Kostenstruktur eines Unternehmens aufgedeckt werden soll, sind die Tätigkeitsbereiche mehr oder weniger weit aufzugliedern. Die feinste Gliederung liegt dann vor, wenn die Arbeits- oder Maschinenplätze selbst die Kostenstellen bilden. In der Regel wird ein Industrieunternehmen mit der Gliederung nach Abteilungen auskommen.

Merke: **Kostenstellen sind die Stellen im Unternehmen, an denen die Gemeinkosten entstehen. Betriebsabteilungen bilden in der Regel Kostenstellen.**

Erweiterung der Kostenbereiche. Die verfeinerte Kostenstellenrechnung unterteilt den Fertigungsbereich in

- **Fertigungshauptstellen,** in denen unmittelbar am Erzeugnis gearbeitet wird (z. B. Gießerei, mechanische Bearbeitung, Montage, Lackiererei), und
- **Fertigungshilfsstellen,** die nicht direkt an der Herstellung beteiligt sind, sondern der Aufrechterhaltung der Produktion dienen (z. B. technische Betriebsleitung, Arbeitsvorbereitung, Konstruktionsbüro, Reparaturabteilung).

Ein **Allgemeiner Bereich** kann den Kostenbereichen vorgeschaltet werden. In diesem Bereich werden die Kosten gesammelt, die sich keiner der vier genannten Funktionen (Material, Fertigung, Verwaltung, Vertrieb) ausschließlich zuordnen lassen (z. B. Energieversorgung, Sozialeinrichtungen, Fuhrpark, Werkschutz, Werkfeuerwehr).

		Kostenbereiche			
Allgemeiner Bereich	Material- bereich	Fertigungs- bereich		Verwaltungs- bereich	Vertriebs- bereich
Allgemeine Kostenstellen	Material- stellen	Fertigungs- hilfs- stellen	haupt- stellen	Verwaltungs- stellen	Vertriebs- stellen

Nach der Zugehörigkeit der Gemeinkosten zu den einzelnen Kostenbereichen unterscheidet man:

- **Materialgemeinkosten.** Das sind Gemeinkosten, die im Zusammenhang mit der Annahme, Lagerung, Pflege, Ausgabe und Versicherung des Materials entstehen.
- **Fertigungsgemeinkosten.** Dazu zählen alle Gemeinkosten, die im Produktionsprozeß anfallen, wie Hilfslöhne, Gehälter für Meister und technische Angestellte, Verbrauch von Strom, Gas, Wasser in der Herstellung, Hilfs- und Betriebsstoffverbrauch, soweit er die Fertigung betrifft, Abschreibungen auf Maschinen und maschinelle Anlagen usw.
- **Verwaltungsgemeinkosten.** Hierzu rechnen die Kosten für die Leitung und Verwaltung des Unternehmens, z. B. Gehälter für die Geschäftsleitung und die Angestellten der Verwaltungsabteilungen, Büromaterial, Abschreibungen auf die Geschäftsausstattung.
- **Vertriebsgemeinkosten.** Darunter fallen alle Gemeinkosten, die mit dem Absatz der Erzeugnisse zusammenhängen, z. B. die Kosten für die Lagerung der fertigen Erzeugnisse, für das Verkaufsbüro, die Werbung, die Verpackung und den Versand, soweit letztere nicht für das verkaufte Erzeugnis einzeln feststellbar sind (Sondereinzelkosten des Vertriebs!).

Fragen

406

1. *Was sind Kostenstellen?*
2. *Welche Aufgaben hat die Kostenstellenrechnung?*
3. *Unterscheiden Sie zwischen Kostenbereichen und Kostenstellen.*
4. *Aus welchem Grund ist die Einrichtung einer Allgemeinen Kostenstelle erforderlich?*
5. *Warum ist die Einrichtung von Fertigungshaupt- und Fertigungshilfsstellen zweckmäßig?*
6. *Nennen Sie Beispiele für Allgemeine Kostenstellen.*
7. *Begründen Sie, daß Industriebetriebe mit Serienfertigung auf die Einrichtung von Kostenbereichen und Kostenstellen nicht verzichten können.*

4.2.2 Betriebsabrechnungsbogen (BAB) als Hilfsmittel der Kostenstellenrechnung

Situation: Die Schmolmann KG stellt serienmäßig Blechgehäuse für Elektrogeräte in unterschiedlicher Größe, Form und Ausstattung her. Im abgelaufenen Geschäftsjahr wurden insgesamt 200 000 Gehäuse in drei Typen (A, B, C) hergestellt. Die Produktionsanlagen werden von den Gehäusetypen unterschiedlich stark beansprucht; ebenso sind Material- und Lohnaufwand für die einzelnen Typen unterschiedlich hoch. Diese Unterschiede müssen in den Selbstkosten berücksichtigt werden. Hierzu stellt die Schmolmann KG zunächst den nebenstehenden Betriebsabrechnungsbogen auf, in dem die Gemeinkosten auf 4 Kostenbereiche verteilt sind, und ermittelt die Gemeinkostenzuschlagssätze für die nachfolgende Kalkulation. Außer den Aufwendungen für Rohstoffe (= Fertigungsmaterial) und den Löhnen – die als Einzelkosten gelten – zählen alle Kostenarten der Ergebnistabelle von Seite 326 zu den Gemeinkosten.

Der Betriebsabrechnungsbogen weist für jeden Kostenbereich die für die Kalkulation unterschiedlicher Erzeugnisse notwendigen Stellengemeinkosten, die Zuschlagsgrundlagen und die Zuschlagssätze aus. Er wird gewöhnlich monatlich und jährlich aufgestellt und ist senkrecht nach Kostenarten und waagerecht nach Kostenstellen gegliedert. Am Ende einer Abrechnungsperiode übernimmt er in den linken Spalten die Gemeinkostenarten und die Kostenbeträge aus der Betriebsergebnisrechnung der Ergebnistabelle und verteilt die Kosten in waagerechter Anordnung auf die Kostenstellen, in denen sie entstanden sind.

Merke: Die tabellarische Kostenstellenrechnung heißt Betriebsabrechnungsbogen (BAB). Der BAB wird monatlich und jährlich aufgestellt. Er ist senkrecht nach Kostenarten (Gemeinkosten!) und waagerecht nach Kostenstellen gegliedert.

Die Verteilung der Gemeinkosten auf die einzelnen Kostenstellen geschieht meist direkt aufgrund von Belegen (= Kostenstellen-Einzelkosten): Die Lohnlisten, Gehaltslisten, Entnahmescheine für Hilfs- und Betriebsstoffe usw. weisen nicht nur die Beträge, sondern auch die zu belastenden Kostenstellen aus.

Andere Gemeinkostenarten lassen sich nicht – oder nur auf sehr unwirtschaftliche Weise – direkt für die Kostenstellen erfassen und verrechnen. Sie können nur indirekt mit Hilfe von bestimmten Schlüsseln auf die Stellen umgelegt werden (= Kostenstellen-Gemeinkosten). So lassen sich z. B. die Aufwendungen für Miete, Reinigung und Heizung nach der beanspruchten Raumfläche, die freiwilligen sozialen Aufwendungen nach der Zahl der Beschäftigten, die Sachversicherungsprämien nach den angelegten Werten verteilen. In der richtigen Ermittlung dieser Verteilungsschlüssel liegt die Schwierigkeit der Kostenstellenrechnung.

Welche Anforderungen sind an solche Schlüssel zu stellen?

Ergebnis der Kostenstellenrechnung. Das Beispiel auf der nebenstehenden Seite zeigt die Verteilung der Gemeinkosten der Betriebsergebnisrechnung auf die Kostenstellen. Addiert man die Gemeinkosten einer jeden Kostenstelle, so erhält man die für die Kalkulation verschiedenartiger Erzeugnisse notwendigen Stellengemeinkosten:

Kostenbereiche	Stellengemeinkosten
I Material	Materialgemeinkosten **(MGK)**
II Fertigung	Fertigungsgemeinkosten **(FGK)**
III Verwaltung	Verwaltungsgemeinkosten **(VwGK)**
IV Vertrieb	Vertriebsgemeinkosten **(VtGK)**

Merke: Die Summe der Gemeinkosten aus der Betriebsergebnisrechnung der Ergebnistabelle muß mit der Summe der im BAB ermittelten Material-, Fertigungs-, Verwaltungs- und Vertriebsgemeinkosten übereinstimmen.

Betriebsabrechnungsbogen mit Istgemeinkosten und Istzuschlägen

Gemeinkostenarten	Zahlen der KLR	Verteilungsgrundlagen	Kostenstellen			
			I Material	II Fertigung	III Verwaltg.	IV Vertrieb
Hilfsstoffaufwendg.	795 000	Entnahmeschein	–	710 000	–	85 000
Betriebsstoffaufwendg.	35 000	Entnahmeschein	–	30 000	3 000	2 000
Gehälter	500 000	Gehaltsliste	60 000	100 000	290 000	50 000
AG-Anteil/SV	600 000	Gehaltsliste	10 000	450 000	130 000	10 000
Kalk. Abschreibungen	660 000	Anlagekartei	40 000	510 000	70 000	40 000
Bürokosten	50 000	Rechnungen	–	20 000	30 000	–
Werbung	205 000	Rechnungen	–	30 000	122 000	53 000
Betriebl. Steuern	180 000	Anlagewerte	20 000	40 000	90 000	30 000
Kalk. Zinsen	1 035 000	Vermögenswerte	149 300	650 000	110 000	125 700
Kalk. Untern.-Lohn	300 000	Schätzung	–	100 000	200 000	–
Summe/Gem.-Kosten	**4 360 000**	**aufgeteilt:**	**279 300** MGK	**2 640 000** FGK	**1 045 000** VwGK	**395 700** VtGK
		Zuschlagsgrundlagen:	Fertigungsmaterial (FM) 2 940 000	Fertigungslöhne (FL) 2 400 000	Herstellkosten des Umsatzes (HK) 8 019 300	
		Zuschlagssätze	**9,5 %**	**110 %**	**13 %**	**4,95 %**

Berechnung der Herstellkosten des Umsatzes als Zuschlagsgrundlage für die Verwaltungs- und Vertriebsgemeinkosten (vgl. Seite 354):

	Fertigungsmaterial	2 940 000,00 DM	
+	Materialgemeinkosten (MGK)	279 300,00 DM	
=	**Materialkosten**		**3 219 300,00 DM**
	Fertigungslöhne	2 400 000,00 DM	
+	Fertigungsgemeinkosten (FGK)	2 640 000,00 DM	
=	**Fertigungskosten**		**5 040 000,00 DM**
	Herstellkosten der produzierten Menge		**8 259 300,00 DM**
–	Mehrbestand an fertigen Erzeugnissen (vgl. S. 302)		240 000,00 DM
=	**Herstellkosten der abgesetzten Menge (des Umsatzes)**		**8 019 300,00 DM**

Merke: Aufgaben des Betriebsabrechnungsbogens:

- Übernahme der Gemeinkostenarten aus der Betriebsergebnisrechnung der Ergebnistabelle.
- Verteilung dieser Gemeinkosten aufgrund von Belegen oder nach Schlüsseln auf die Kostenstellen, in denen sie entstanden sind.
- Errechnen von Zuschlagssätzen für die Kostenträgerstück- und Kostenträgerzeitrechnung.
- Überwachen der Gemeinkosten an den Stellen ihrer Entstehung (Kontrolle der Wirtschaftlichkeit).

4.2.3 Ermittlung der Zuschlagssätze (Istzuschläge)

Die durch den BAB ermittelten „Stellen"-Gemeinkosten müssen den verschiedenen Erzeugnissen, die die Kostenstellen beansprucht haben, anteilig zugeschlagen werden. Das geschieht mit Hilfe von Gemeinkostenzuschlagssätzen.

Berechnung der Zuschlagssätze. Die Zuschlagssätze ergeben sich, wenn man die Material-, Fertigungs-, Verwaltungs- und Vertriebsgemeinkosten zu bestimmten Größen (= Zuschlagsgrundlagen) in Beziehung setzt.

An die Zuschlagsgrundlagen sind zwei Anforderungen zu stellen:

- Sie müssen die **Inanspruchnahme eines Kostenbereiches** durch einen Kostenträger **wiedergeben**.
- Zwischen der Zuschlagsgrundlage und den zu verrechnenden Gemeinkosten muß eine **Abhängigkeit** bestehen.

Merke: Jeder Kostenbereich erhält seine besondere Zuschlagsgrundlage, auf die die Gemeinkosten dieses Bereichs bezogen werden.

Materialbereich. Für die Gemeinkosten des Materialbereichs bieten sich die Einzelkosten „Aufwendungen für Rohstoffe" (Fertigungsmaterial) als geeignete Zuschlagsgrundlage an, wobei unterstellt wird, daß die Höhe der Materialgemeinkosten von den in der Abrechnungsperiode verbrauchten Rohstoffen abhängig ist.

Beispiel (vgl. BAB S. 351):

```
    Fertigungsmaterial .......................... 2 940 000,00 DM
+   Materialgemeinkosten lt. BAB ................   279 300,00 DM  ≙ 9,5 %
    Materialkosten .............................. 3 219 300,00 DM
```

$$\text{Materialgemeinkosten-Zuschlagssatz} = \frac{\text{Materialgemeinkosten} \cdot 100\,\%}{\text{Fertigungsmaterial}}$$

Der Zuschlagssatz für die Materialgemeinkosten beträgt **9,5 %**.

Merke: Die Zuschlagsgrundlage für die Materialgemeinkosten ist der bewertete Verbrauch an Fertigungsmaterial.

Fertigungsbereich. Die in einer Abrechnungsperiode gezahlten Fertigungslöhne (Konto 6200) gelten als geeignete Zuschlagsgrundlage für die Fertigungsgemeinkosten, wobei unterstellt wird, daß die Höhe der Fertigungsgemeinkosten von den gezahlten Fertigungslöhnen abhängig ist.

Beispiel (vgl. BAB S. 351):

```
    Fertigungslöhne ............................. 2 400 000,00 DM
+   Fertigungsgemeinkosten lt. BAB .............. 2 640 000,00 DM  ≙ 110 %
    Fertigungskosten ............................ 5 040 000,00 DM
```

$$\text{Fertigungsgemeinkosten-Zuschlagssatz} = \frac{\text{Fertigungsgemeinkosten} \cdot 100\,\%}{\text{Fertigungslöhne}}$$

Der Zuschlagssatz für die Fertigungsgemeinkosten beträgt **110 %**.

Merke: Die Zuschlagsgrundlage für die Fertigungsgemeinkosten sind die in einer Abrechnungsperiode gezahlten Fertigungslöhne.

Verwaltungs- und Vertriebsbereich. Verwaltungs- und Vertriebsgemeinkosten sind in ihrer Höhe weder vom Fertigungsmaterial noch von den Fertigungslöhnen abhängig. Man kann aber davon ausgehen, daß die in einer Abrechnungsperiode angefallenen Herstellkosten eine geeignete Zuschlagsgrundlage ergeben, auf die sich die Verwaltungs- und Vertriebsgemeinkosten beziehen lassen.

Herstellkosten der Erzeugung. Die Materialkosten und die Fertigungskosten sind im Rahmen der eigentlichen Herstellung der Erzeugnisse angefallen. Faßt man sie zusammen, erhält man die im Abrechnungszeitraum entstandenen Herstellkosten der produzierten Erzeugnisse, auch Herstellkosten der Erzeugung genannt.

Beispiel zur Berechnung der Herstellkosten der Erzeugung (vgl. BAB S. 351):

	Fertigungsmaterial	2 940 000,00 DM	
+	Materialgemeinkosten	279 300,00 DM	
	Materialkosten		3 219 300,00 DM
	Fertigungslöhne	2 400 000,00 DM	
+	Fertigungsgemeinkosten	2 640 000,00 DM	
	Fertigungskosten		5 040 000,00 DM
	Herstellkosten der Erzeugung		8 259 300,00 DM

Herstellkosten des Umsatzes. Die Vertriebsgemeinkosten werden nicht durch die Herstellung der Erzeugnisse, sondern durch deren Absatz verursacht. Sie stehen daher auch nicht in Abhängigkeit zu den Herstellkosten der Erzeugung, sondern in Abhängigkeit zu den auf die abgesetzte Menge umgerechneten Herstellkosten der Erzeugung, den sog. Herstellkosten des Umsatzes. Die Herstellkosten des Umsatzes unterscheiden sich durch die Bestandsveränderungen an fertigen und unfertigen Erzeugnissen von den Herstellkosten der Erzeugung.

Beim Ermitteln der Herstellkosten des Umsatzes sind drei Fälle zu unterscheiden:

- **Die Endbestände an unfertigen und fertigen Erzeugnissen stimmen mit den Anfangsbeständen überein.** Es wurden alle im Abrechnungszeitraum hergestellten Erzeugnisse verkauft. Die Herstellkosten der Erzeugung entsprechen daher denen des Umsatzes.
- **Die Endbestände an unfertigen und fertigen Erzeugnissen sind größer als die Anfangsbestände.** Es wurden also im Abrechnungszeitraum mehr Erzeugnisse hergestellt als verkauft. Die Herstellkosten des Umsatzes sind somit niedriger als die der Erzeugung. Der Mehrbestand muß daher von den Herstellkosten der Erzeugung abgezogen werden, um die Herstellkosten des Umsatzes zu erhalten.
- **Die Endbestände an unfertigen und fertigen Erzeugnissen sind kleiner als die Anfangsbestände.** Im Abrechnungszeitraum wurden mehr Erzeugnisse verkauft als hergestellt. Die Herstellkosten des Umsatzes sind höher als die der Erzeugung. Der Minderbestand muß den Herstellkosten der Erzeugung zugerechnet werden, um die Herstellkosten des Umsatzes zu ermitteln.

Merke:	Herstellkosten der Erzeugung
+	Bestandsminderungen an unfertigen und fertigen Erzeugnissen
−	Bestandsmehrungen an unfertigen und fertigen Erzeugnissen
	Herstellkosten des Umsatzes

Obwohl die Verwaltungsgemeinkosten auch für die noch nicht verkauften Produkte entstehen, wählt man für sie ebenfalls die Herstellkosten des Umsatzes als Zuschlagsgrundlage. Das hat den Vorteil, daß man für die Verwaltungs- und Vertriebsgemeinkosten einen einheitlichen Zuschlagssatz bilden kann.

Beispiel: Der Mehrbestand an Erzeugnissen beträgt nach den Angaben im GuV-Konto (vgl. S. 302) 240 000,00 DM. Die Herstellkosten des Umsatzes berechnen sich dann wie folgt:

Herstellkosten der Erzeugung	8 259 300,00 DM
− Mehrbestand an Erzeugnissen	240 000,00 DM
Herstellkosten des Umsatzes	8 019 300,00 DM

$$\text{Verwaltungsgemeinkosten-Zuschlagssatz} = \frac{\text{Verwaltungsgemeinkosten} \cdot 100\,\%}{\text{Herstellkosten des Umsatzes}}$$

Der Zuschlagssatz für Verwaltungsgemeinkosten beträgt ..... $\frac{1\,045\,000 \cdot 100\,\%}{8\,019\,300} = 13{,}03\,\%$.

$$\text{Vertriebsgemeinkosten-Zuschlagssatz} = \frac{\text{Vertriebsgemeinkosten} \cdot 100\,\%}{\text{Herstellkosten des Umsatzes}}$$

Der Zuschlagssatz für Vertriebsgemeinkosten beträgt .... $\frac{395\,700 \cdot 100\,\%}{8\,019\,300} = 4{,}93\,\%$.

$$\text{Einheitlicher Zuschlagssatz} = \frac{\text{Verwaltungs- und Vertriebsgemeinkosten} \cdot 100\,\%}{\text{Herstellkosten des Umsatzes}}$$

Der einheitliche Zuschlagssatz beträgt .... $\frac{1\,440\,700 \cdot 100\,\%}{8\,019\,300} = 17{,}97\,\%$.

Merke: Die Zuschlagsgrundlage sowohl für die Verwaltungs- als auch für die Vertriebsgemeinkosten sind die Herstellkosten des Umsatzes.

Istzuschlagssätze. Die zuvor errechneten Zuschlagssätze ergeben sich aus den tatsächlich angefallenen Einzelkosten und den im BAB aufgeschlüsselten Gemeinkosten; es sind sog. Istzuschlagssätze. Sie können erst nach Ablauf einer bestimmten Abrechnungsperiode (und nach Fertigstellung des BAB) aufgrund der tatsächlich entstandenen und im Kosten- und Leistungsbereich ausgewiesenen Einzel- und Gemeinkosten ermittelt werden. Istzuschlagssätze werden daher in der Regel nur für eine Nachkalkulation, d. h. für eine Selbstkostenberechnung nach Herstellung der Erzeugnisse, verwendet.

Selbstkosten des Umsatzes. Die Kostenrechnung hat u. a. die Aufgabe, die gesamten Selbstkosten einer Abrechnungsperiode auszuweisen. Die Selbstkosten des Umsatzes ergeben sich, wenn man in die Herstellkosten des Umsatzes die Verwaltungs- und Vertriebsgemeinkosten laut BAB einrechnet:

Herstellkosten des Umsatzes	8 019 300,00 DM
+ Verwaltungsgemeinkosten lt. BAB	1 045 000,00 DM
+ Vertriebsgemeinkosten lt. BAB	395 700,00 DM
Selbstkosten des Umsatzes	**9 460 000,00 DM**

Im Vergleich zu der hier ermittelten Zahl von 9 460 000,00 DM Selbstkosten des Umsatzes weist die Ergebnistabelle auf Seite 326 die Selbstkosten der Erzeugung (= 9 700 000,00 DM) aus. Der Unterschied beider Zahlen beträgt 240 000,00 DM Mehrbestand an Erzeugnissen. Dieser Mehrbestand ist in den Selbstkosten des Umsatzes nicht mehr enthalten.

Selbstkosten der Kostenträger. Mit Hilfe der obigen Zuschlagssätze und der für die einzelnen Kostenträger (z. B. Gehäusetypen) getrennt ermittelten Einzelkosten lassen sich die Gemeinkosten anteilig auf die einzelnen Kostenträger verteilen und damit die Selbstkosten jedes Kostenträgers hinreichend genau errechnen (vgl. S. 359).

Kalkulationsschema. Für den abgelaufenen Zeitabschnitt ergibt sich die folgende Gesamtkostenrechnung, deren Schema stets zu beachten ist:

Kalkulationsschema (vgl. BAB S. 351)	
1. Fertigungsmaterial (FM) .... 2 940 000,00 DM	
2. + Materialgemeinkosten lt. BAB (9,5 %) .... 279 300,00 DM	
3. Materialkosten (MK) (1 + 2)	**3 219 300,00 DM**
4. Fertigungslöhne (FL) .... 2 400 000,00 DM	
5. + Fertigungsgemeinkosten lt. BAB (110 %) ..... 2 640 000,00 DM	
6. Fertigungskosten (FK) (4 + 5)	**5 040 000,00 DM**
7. Herstellkosten der Erzeugung (HK d. E.) (3 + 6)	**8 259 300,00 DM**
8. − Mehrbestand an fertigen Erzeugnissen	240 000,00 DM
9. Herstellkosten des Umsatzes (HK d. U.)	**8 019 300,00 DM**
10. + Verwaltungsgemeinkosten lt. BAB (13 %)	1 045 000,00 DM
11. + Vertriebsgemeinkosten lt. BAB (4,95 %)	395 700,00 DM
12. Selbstkosten des Umsatzes (SK)	**9 460 000,00 DM**

Bewertung der Endbestände an fertigen und unfertigen Erzeugnissen (vgl. GuV-Rechnung S. 302). Wir zeigen Ihnen im folgenden auf der Grundlage des obigen Kalkulationsschemas, des Betriebsabrechnungsbogens von Seite 351 sowie des Schemas zur Berechnung der steuerrechtlichen Herstellungskosten von Seite 203, wie wir den Mehrbestand von 6034 fertigen Gehäusen (vgl. S. 334) bewertet haben:

Bewertung des Mehrbestandes von 6034 Gehäusen nach steuerrechtlichen Vorschriften				
Fertigungsmaterial	zu Istkosten (vgl. S. 325)	2 800 000		
+ Materialgemeinkosten	vgl. BAB Seite 351	279 300		
	− kalkulatorische Abschreibung	40 000		
	+ anteilige bilanzm. Abschreibg.	35 000		
	− kalkulatorische Zinsen	149 300	125 000	
Materialkosten				2 925 000
Fertigungslöhne			2 400 000	
+ Fertigungsgemeinkosten	vgl. BAB Seite 351		2 640 000	
	− kalkulatorische Abschreibung	510 000		
	+ anteilige bilanzm. Abschreibg.	520 000		
	− kalkulatorische Zinsen	650 000		
	− kalkulatorischer Untern.-Lohn	100 000	1 900 000	
Fertigungskosten				4 300 000
+ Verw.-Gemeinkosten	vgl. BAB Seite 351	1 045 000		
	− kalkulatorische Abschreibung	70 000		
	+ anteilige bilanzm. Abschreibg.	65 000		
	− kalkulatorische Zinsen	110 000		
	− kalkulatorischer Untern.-Lohn	200 000		730 000
Wertansatz nach Steuerrecht für 200 000 Gehäuse				7 955 000
Wertansatz für 1 Gehäuse				39,775
Wertansatz für 6034 Gehäuse				240 000

Aufgaben – Fragen

407

Betriebsabrechnungsbogen

Kostenarten	Kosten insgesamt	I Material	II Fertigung	III Verwaltung	IV Vertrieb
insgesamt	276 000,00	24 500,00	168 000,00	51 000,00	32 500,00

Einzelkosten:

Fertigungsmaterial .... 440 000,00 DM
Fertigungslöhne .... 123 000,00 DM

Bestandsveränderungen:

Mehrbestand an unfertigen Erzeugnissen .... 40 000,00 DM
Minderbestand an fertigen Erzeugnissen .... 15 000,00 DM

1. Ermitteln Sie die Herstellkosten des Umsatzes.
2. Berechnen Sie die Istzuschlagssätze.
3. Führen Sie eine Gesamtkalkulation durch.

408 Die Betriebsergebnisrechnung des RK II eines Industriebetriebes weist für den Monat April folgende Kosten aus:

Fertigungsmaterial	49 600,00	Gehälter	32 800,00
Hilfsstoffe	11 500,00	Soziale Abgaben	19 500,00
Betriebsstoffe	2 600,00	Abschreibungen	8 600,00
Fertigungslöhne	61 000,00	Betriebssteuern	4 400,00
Hilfslöhne	18 000,00	Sonstige betr. Aufwendungen ..	10 700,00

Stellen Sie den Betriebsabrechnungsbogen nach folgendem Verteilungsschlüssel auf:

Kostenart	I Material	II Fertigung	III Verwaltung	IV Vertrieb
Hilfsstoffe	200,00	10 700,00	–	600,00
Betriebsstoffe	240,00	1 820,00	360,00	180,00
Hilfslöhne	1 390,00	15 730,00	280,00	600,00
Gehälter	1 600,00	5 400,00	15 300,00	10 500,00
Soz. Abgaben	650,00	10 550,00	5 940,00	2 360,00
Abschreibg. n. Anlagewerten	4 000 000,00	6 000 000,00	2 000 000,00	1 000 000,00
Betriebssteuern	–	3	:	1	–
Sonst. Aufwdg.	1 260,00	2 240,00	5 300,00	1 900,00

1. Berechnen Sie die Herstellkosten des Umsatzes (Minderbestand an unfertigen Erzeugnissen 4 500,00 DM, Mehrbestand an fertigen Erzeugnissen 6 200,00 DM).
2. Berechnen Sie mit Hilfe des BAB die vier Gemeinkostenzuschlagssätze.
3. Ermitteln Sie die Selbstkosten des Umsatzes für den Abrechnungszeitraum.
4. Wie hoch ist das Betriebsergebnis für den Abrechnungszeitraum, wenn die Umsatzerlöse 250 000,00 DM betragen?
5. Ermitteln Sie die Selbstkosten für je einen Kostenträger A und B. Die Einzelkosten betragen für Kostenträger A: Fertigungsmaterial 100,00 DM, Fertigungslöhne 50,00 DM; für Kostenträger B: Fertigungsmaterial 300,00 DM, Fertigungslöhne 120,00 DM.

In die Kostenstellenrechnung eines Industriebetriebes gehen für den Monat Dezember folgende Zahlen aus der Kostenartenrechnung ein: **409**

Kostenarten	Zahlen der KLR	I Material	II Fertigung	III Verwaltung	IV Vertrieb
Hilfsstoffaufw.	162 500,00	3 500,00	145 200,00	4 500,00	9 300,00
Betr.-Stoffaufw.	17 650,00	2 800,00	9 000,00	4 200,00	1 650,00
Hilfslöhne	152 800,00	13 400,00	121 400,00	8 200,00	9 800,00
Gehälter	199 400,00	18 500,00	33 400,00	108 900,00	38 600,00
Soz. Abgaben	153 500,00	9 800,00	89 700,00	32 600,00	21 400,00
Kalk. Abschr.			(vgl. unten!)		
Kalk. Zinsen			(vgl. unten!)		
Betriebssteuern	90 500,00	–	71 600,00	18 900,00	–
Miete	120 000,00		(vgl. unten!)		
Büro/Werbung	70 800,00	6 800,00	23 400,00	31 500,00	9 100,00
Versicherungen	31 200,00		(vgl. unten!)		
Kalk. Abschr.	Verteilung nach Verhältniszahlen	1	6	2	1
Kalk. Zinsen	Verteilung nach Verhältniszahlen	1,5	5	2	1,5
Miete	Verteilung nach Fläche	2 000 m²	6 000 m²	1 200 m²	800 m²
Versicherungen	Verteilg. **nach Anlagewert** je Kostenbereich	200 000,00	1 200 000,00	400 000,00	200 000,00

Kalkulatorische Abschreibungen je Jahr: DM
  auf 0530   1,5 % von Anschaffungskosten 2 400 000,00
  auf 0700   15 % von Wiederbeschaffungskosten 1 000 000,00
  auf 0800   10 % von Wiederbeschaffungskosten 540 000,00

Kalkulatorische Zinsen je Jahr:
  6 % vom betriebsnotwendigen Kapital 4 500 000,00
  Minderbestand an unfertigen Erzeugnissen 25 660,00
  Mehrbestand an fertigen Erzeugnissen 31 405,00
  Fertigungsmaterial 513 500,00
  Fertigungslöhne 413 380,00

1. Vervollständigen Sie den Betriebsabrechnungsbogen.
2. Berechnen Sie die Herstellkosten des Umsatzes und die Selbstkosten des Abrechnungszeitraumes.
3. Ermitteln Sie die vier Gemeinkostenzuschlagssätze.

1. Welche Aufgaben erfüllt der Betriebsabrechnungsbogen?   **410**
2. Wozu dient die Errechnung von Ist-Zuschlagssätzen?
3. Nach welchem Gesichtspunkt werden die Zuschlagsgrundlagen für die Stellengemeinkosten ausgewählt?
4. Wodurch unterscheiden sich die Herstellkosten der Erzeugung von den Herstellkosten des Umsatzes?
5. Begründen Sie, daß eine Bestandsmehrung von den Herstellkosten der Erzeugung abzuziehen, eine Bestandsminderung zu den Herstellkosten hinzuzuzählen ist.
6. Welche Aufgabe erfüllt die Gesamtkostenrechnung, die für eine zurückliegende Abrechnungsperiode aufgestellt wird?

4.2.4 Kostenträgerblatt (BAB II) als Hilfsmittel der Kostenträgerzeitrechnung

Die Kostenträgerzeitrechnung hat die Aufgabe, alle Einzel- und Gemeinkosten einer Abrechnungsperiode insgesamt und getrennt nach Kostenträgern (z.B. Gehäusetypen) zu erfassen. Im einzelnen erfüllt sie folgende **Ziele:**

- **Errechnung der Herstellkosten** für jeden Kostenträger. Sie ist damit die Grundlage für die Bewertung der fertigen und unfertigen Erzeugnisse.
- **Errechnung der Selbstkosten** insgesamt und für jeden Kostenträger. Sie ist damit Grundlage zur Kontrolle der Wirtschaftlichkeit und Rentabilität.
- **Ermittlung des Betriebsergebnisses** einer Abrechnungsperiode (z.B. Monat). Sie ist damit die Grundlage einer kurzfristigen Erfolgsrechnung.

Merke: **Die Kostenträgerzeitrechnung ist die Grundlage zur Berechnung der Herstellkosten, der Selbstkosten und des Betriebsergebnisses einer Rechnungsperiode.**

Kostenträgerblatt (BAB II). Für die Geschäftsleitung ist es wichtig zu erfahren, mit wieviel Kosten jeder Kostenträger belastet werden muß und in welchem Maße jeder Kostenträger am Gewinn oder Verlust beteiligt ist. Die entsprechende Rechnung wird tabellarisch im sog. Kostenträgerblatt vorgenommen.

Aufbau des Kostenträgerblattes. Das Kostenträgerblatt ist senkrecht nach dem Kalkulationsschema zur Berechnung der Selbstkosten (vgl. S. 355, Zuschlagskalkulation) und waagerecht nach den Kostenträgern gegliedert. Die Einzelkosten (Fertigungsmaterial und Fertigungslöhne) können der Ergebnistabelle entnommen und in das Kostenträgerblatt eingetragen werden. Sie lassen sich anhand der Belege (z.B. Materialentnahmescheine, Auftragszettel, Arbeitskarten, Lohnlisten) direkt und eindeutig den verschiedenen Kostenträgern (im Beispiel die Gehäusetypen A, B und C) zuordnen. Mit Hilfe der im BAB (vgl. S. 351) errechneten Zuschlagssätze werden die Stellengemeinkosten anteilig den Kostenträgern zugerechnet. Auf diese Weise besteht die Möglichkeit, die Selbstkosten des Umsatzes für die Kostenträger zu bestimmen.

Ergebnisrechnung. Das Kostenträgerblatt läßt sich durch die Aufnahme der Nettoumsatzerlöse aus der Ergebnistabelle (vgl. S. 326) zu einer Ergebnisrechnung ausbauen. In der FB werden die Nettoumsatzerlöse auf Unterkonten auch für jeden Kostenträger ausgewiesen; sie können ebenfalls in das Kostenträgerblatt übernommen werden. Bildet man die Differenzen zwischen den Selbstkosten des Umsatzes und den Nettoumsatzerlösen, erhält man das Betriebsergebnis insgesamt sowie die durch jeden Kostenträger erwirtschafteten Anteile am Betriebsergebnis. Im Kostenträgerblatt kann somit kurzfristig das Betriebsergebnis ermittelt werden.

Merke:
- **Das Kostenträgerblatt kann zu einer Ergebnisrechnung ausgebaut werden; es ist dann die Grundlage für die kurzfristige Erfolgsrechnung.**

	Nettoumsatzerlöse
−	Selbstkosten des Umsatzes (Ist)
=	Betriebsergebnis

- **Im Kostenträgerblatt läßt sich auf einen Blick ablesen, wie hoch der Anteil der einzelnen Kostenträger am Betriebsergebnis ist.**

Abstimmung mit dem Betriebsergebnis der Ergebnistabelle. Das im Kostenträgerblatt ermittelte Ergebnis muß mit dem in der Ergebnistabelle ausgewiesenen Betriebsergebnis übereinstimmen. Eine Abstimmung der Zahlen aus der Betriebsergebnisrechnung der Ergebnistabelle mit den Zahlen der Kostenrechnung ist somit gewährleistet.

Situation: Auf der Grundlage der Zuschlagssätze im BAB, Seite 351, und der angefallenen Einzelkosten (Fertigungsmaterial, Fertigungslöhne) will die Schmolmann KG nunmehr die Selbstkosten der einzelnen Kostenträger – Gehäuse der Typen A, B und C – mit Hilfe des Kostenträgerblattes berechnen. Außerdem soll der Anteil eines jeden Kostenträgers am Betriebsgewinn ermittelt werden. Die hierzu erforderlichen Angaben sind der folgenden Tabelle zu entnehmen:

	gesamt	Geh. Typ A	Geh. Typ B	Geh. Typ C
Fertigungsmaterial	2 940 000	1 225 000	750 000	965 000
Fertigungslöhne	2 400 000	1 050 000	625 000	725 000
Mehrbestand	240 000	83 700	19 900	136 400
Umsatzerlöse	10 520 000	4 696 820	2 384 460	3 438 720
Herstellmenge	200 000 St.	87 500 St.	62 500 St.	50 000 St.
Absatzmenge	193 966 St.	85 395 St.	62 000 St.	46 571 St.

Kostenträgerblatt (BAB II) auf Istkostenbasis					
	Kalkulationsschema	Istkosten insgesamt	Kostenträger		
			Gehäuse A	Gehäuse B	Gehäuse C
1.	Fertigungsmaterial	2 940 000	1 225 000	750 000	965 000
2.	+ 9,5 % MGK lt. BAB	279 300	116 375	71 250	91 675
3.	**Materialkosten (1. + 2.)**	**3 219 300**	**1 341 375**	**821 250**	**1 056 675**
4.	Fertigungslöhne	2 400 000	1 050 000	625 000	725 000
5.	+ 110 % FGK lt. BAB	2 640 000	1 155 000	687 500	797 500
6.	**Fertigungskosten (4. + 5.)**	**5 040 000**	**2 205 000**	**1 312 500**	**1 522 500**
7.	**HK d. Erzeugung (3. + 6.)**	**8 259 300**	**3 546 375**	**2 133 750**	**2 579 175**
8.	+ Minderbestand/Erzeugnisse	–	–	–	–
9.	– Mehrbestand/Erzeugnisse	240 000	83 700	19 900	136 400
10.	**HK des Umsatzes**	**8 019 300**	**3 462 675**	**2 113 850**	**2 442 775**
11.	+ 13,1 % VwGK lt. BAB	1 045 000	453 200	272 085	319 715
12.	+ 4,95 % VtGK lt. BAB	395 700	171 610	103 025	121 065
13.	**Selbstkosten des Umsatzes**	**9 460 000**	**4 087 485**	**2 488 960**	**2 883 555**
14.	**Nettoumsatzerlöse**	**10 520 000**	**4 696 820**	**2 384 460**	**3 438 720**
15.	Betriebsergebnis (14. – 13.)	+ 1 060 000	+ 609 335	– 104 500	+ 555 165

Auswertung: Das Kostenträgerblatt zeigt die Höhe der Herstell- und Selbstkosten für jeden Kostenträger. Ebenso läßt sich der Erfolg, den jeder Kostenträger erwirtschaftet hat, ablesen. Hierbei fällt auf, daß der Kostenträger „Gehäuse Typ B" einen <u>Verlust in Höhe von 104 500,00 DM</u> erbracht hat. Die Ursachen für diesen Verlust müssen aufgedeckt und die zu treffenden Maßnahmen erörtert werden (vgl. hierzu Kap. „Deckungsbeitragsrechnung").

Wirtschaftlichkeit. Die aufgegliederten Zahlen des Kostenträgerblattes ermöglichen es, die Wirtschaftlichkeit der einzelnen Kostenträger zu beurteilen. Verglichen mit der Gesamtwirtschaftlichkeit von **1,11** (vgl. S. 328) weisen die einzelnen Kostenträger <u>deutlich abweichende Wirtschaftlichkeitszahlen</u> auf:

Wirtschaftlichkeit	Gehäuse Typ A	Gehäuse Typ B	Gehäuse Typ C
Nettoumsatzerlöse	4 696 820 DM	2 384 460 DM	3 438 720 DM
Selbstkosten	4 087 485 DM	2 488 960 DM	2 883 555 DM
	= **1,149**	= **0,96**	= **1,193**

4.3 Kostenstellen- und Kostenträgerrechnung auf Normalkostenbasis

4.3.1 Normalgemeinkosten

Schwankungen der Istkostenzuschläge. Betriebsabrechnungsbögen werden zu Beginn eines jeden Monats aus den Zahlen des jeweiligen Vormonats neu aufgestellt. In der Regel sind hierbei die aus den Stellengemeinkosten und den Zuschlagsgrundlagen errechneten Istkostenzuschläge nicht konstant. Das ist zurückzuführen auf

- **Preisabweichungen**
  Preiserhöhungen bei Hilfs- und Betriebsstoffen sowie Gehaltserhöhungen z.B. führen zu einer höheren Belastung der Kostenstellen mit Gemeinkosten und damit zu höheren Zuschlagssätzen. Ebenso wäre es denkbar, daß preisgünstigere Materialien ein Sinken der Stellengemeinkosten und damit ein Sinken der Zuschlagssätze bewirken.

- **Beschäftigungsabweichungen**
  Die Erhöhung der Produktion kann z.B. zu überhöhten Stellengemeinkosten im Fertigungsbereich (Reparaturaufwand, Lohnzuschläge für Zusatzschichten) und damit zu höheren Zuschlagssätzen beitragen. Andererseits ist ein Rückgang der Beschäftigung nicht unbedingt mit einem Sinken der Zuschlagssätze verbunden, da in diesem Fall zwar die variablen Einzelkosten sinken werden, nicht aber die fixen Gemeinkosten.

- **Verbrauchsabweichungen**
  Es kann auch vorkommen, daß die geplanten Fertigungszeiten und Materialvorgaben (Stückliste) über- oder unterschritten werden. Das führt zu steigenden oder fallenden Kosten und damit ebenfalls zu schwankenden Zuschlagssätzen.

Eine solche auf Istkosten basierende Kostenrechnung ist also nicht in der Lage,

- **Kostenkontrollen durchzuführen,**
  da ihr eine feste Grundlage für Vergleiche fehlt, und
- im voraus **verbindliche Angebotskalkulationen aufzustellen,**
  da sie keine konstanten Zuschlagssätze zur Verfügung stellen kann.

Merke:
- **Die Ist-Kostenrechnung eignet sich nicht für Kostenkontrollen und Angebotskalkulationen, weil sie mit Vergangenheitswerten und mit schwankenden Zuschlagssätzen arbeitet.**
- **Die Ist-Kostenrechnung ist die Grundlage für Nachkalkulationen zur Überprüfung der im voraus festgelegten Kosten.**

Normalkosten als Durchschnittskosten. Für die zukunfts- und kontrollorientierte, über einen längeren Zeitraum konstante Kalkulation werden sog. Normalkosten verwendet. Normalkosten sind Durchschnittskosten, die aus den Istkosten oder den Istkostenzuschlägen der Vergangenheit errechnet werden.

Normalzuschlagssätze lassen sich vereinfacht als arithmetische Mittelwerte aus einer Anzahl früherer Istzuschlagssätze für jeden Kostenbereich (z.B. als Zuschlagsprozentsatz, Maschinenstundensatz, Fertigungsstundensatz) berechnen.

Beispiel: Im BAB der Schmolmann KG (vgl. S. 351) wurde der Istzuschlagssatz für die Materialgemeinkosten mit 9,5 % errechnet. In den zurückliegenden Monaten betrugen die Materialgemeinkostenzuschläge 9,8 %, 10,2 %, 9,6 %, 10,1 %, 10,4 %.

Es soll ein geeigneter Normalzuschlagssatz berechnet werden.

$$\frac{9,5\ \% + 9,8\ \% + 10,2\ \% + 9,6\ \% + 10,1\ \% + 10,4\ \%}{6} = 9,93\ \%;\ \text{aufgerundet } \mathbf{10\ \%\ MGK\text{-}Zuschlag}$$

Verrechnungspreise (vgl. S. 325). In verfeinerter Form lassen sich Normalkosten auch für einzelne Kostenarten – insbesondere für die Einzelkosten „Fertigungsmaterial" und „Fertigungslöhne" – festlegen. Hierzu werden

- **Materialien zu festen Verrechnungspreisen,**
- **Löhne zu festen Lohnsätzen** kalkuliert.

Das ermöglicht die Überprüfung des tatsächlichen Kostenverbrauchs, da z.B. die Verwendung fester Verrechnungspreise Schwankungen der Einkaufspreise ausschaltet. In der Regel reicht es aus, wenn die wichtigsten Kostenarten normiert werden.

Beispiel: Der Rohstoffverbrauch (= Stahlblech einheitlicher Stärke) wird in der Kostenrechnung der Schmolmann KG zum festen Verrechnungspreis von 210,00 DM je 100 kg angesetzt (vgl. S. 325). Dieser Verrechnungspreis wurde aus Anschaffungskosten zurückliegender Monate berechnet:

Monat:	Juni	Juli	August	September	Oktober
Anschaffungs-kosten:	210,50 DM	208,40 DM	209,20 DM	210,80 DM	211,20 DM

$$\frac{210,5 + 208,4 + 209,2 + 210,8 + 211,2}{5} = 210,02 \text{ DM; gerundet } \underline{\underline{210,00 \text{ DM}/100 \text{ kg}}}$$

Merke: Normalkosten sind Durchschnittskosten, die aus den Istkosten oder den Istkostenzuschlagssätzen der Vergangenheit als arithmetische Mittelwerte berechnet werden.

Festlegung der Normalzuschlagssätze für die Gemeinkosten in den Kostenbereichen des Betriebsabrechnungsbogens. Ähnlich wie für den Materialbereich, werden die Normalzuschlagssätze für die Bereiche „Fertigung", „Verwaltung" und „Vertrieb" festgelegt. Hierbei ist darauf zu achten, daß diese Zuschlagssätze für einen längeren Zeitraum (ca. 6 Monate) Gültigkeit behalten können. Überschreiten die Istzuschlagssätze in mehreren aufeinanderfolgenden Monaten die Normalzuschlagssätze, so sind die Normalzuschlagssätze entsprechend zu erhöhen.

Beispiel: Aufgrund der vorliegenden Zahlen wurden in der Schmolmann KG folgende Normalzuschlagssätze für die Gemeinkosten in den Kostenbereichen des Betriebsabrechnungsbogens festgelegt:

Materialgemeinkostenzuschlag	10,0 %
Fertigungsgemeinkostenzuschlag	110,0 %
Verwaltungsgemeinkostenzuschlag	13,0 %
Vertriebsgemeinkostenzuschlag	5,0 %

Normalkostenrechnung. Die Kostenrechnung wird in der Praxis auf Normalzuschlagssätzen aufgebaut. Im einzelnen bedeutet dies:

- **Angebote** – und damit Preisfestsetzungen in Preislisten und Kaufverträgen – werden auf Normalkostenbasis kalkuliert. Das hat zur Folge, daß auch in den Umsatzerlösen Normalkosten erstattet werden.
- Die **Kostenträgerzeitrechnung** kann bereits vor der Aufstellung des Betriebsabrechnungsbogens aus den Einzelkosten und den Normalkostenzuschlägen erstellt werden und zeigt dem Unternehmer kurzfristig den Periodenerfolg.
- Durch die Verwendung der Normalzuschlagssätze wird die Kostenrechnung von **Störungen durch Preisschwankungen** befreit.
- Die **Istkostenrechnung** ist für die Kostenkontrolle in Form der Nachkalkulation weiterhin von Bedeutung.

4.3.2 Kostenüberdeckung und Kostenunterdeckung im BAB

Situation: Für das Unternehmen Schmolmann KG ist es wichtig festzustellen, ob die durch die Produktion tatsächlich entstandenen Kosten den in die Preise eingerechneten (vorkalkulierten) Normalkosten entsprechen. Insgesamt dürfen die IST-Stellengemeinkosten im BAB nicht höher ausfallen als die aus den Zuschlagsgrundlagen und den Normalzuschlagssätzen errechneten Normalgemeinkosten, weil dann die über die Umsatzerlöse „erstatteten" Normalkosten nicht mehr die tatsächlichen Kosten decken, was zu Gewinneinbußen oder sogar zu Verlusten führt. Um dies zu prüfen, wird der BAB um die Normalgemeinkosten ergänzt.

Betriebsabrechnungsbogen[1] mit Istgemeinkosten und Normalgemeinkosten						
Gemeinkostenarten	Zahlen der KLR	Verteilungs- grundlagen	Kostenstellen			
			I Material	II Fertigung	III Verwaltg.	IV Vertrieb
Hilfsstoffaufwendg.	795 000	Entnahmeschein	–	710 000	–	85 000
Betriebsstoffaufwendg.	35 000	Entnahmeschein	–	30 000	3 000	2 000
Gehälter	500 000	Gehaltsliste	60 000	100 000	290 000	50 000
AG-Anteil/SV	600 000	Lohnliste	10 000	450 000	130 000	10 000
Kalk. Abschreibungen	660 000	Anlagekartei	40 000	510 000	70 000	40 000
Bürokosten	50 000	Rechnungen	–	20 000	30 000	–
Werbung	205 000	Rechnungen	–	30 000	122 000	53 000
Betriebl. Steuern	180 000	Anlagewerte	20 000	40 000	90 000	30 000
Kalk. Zinsen	1 035 000	Vermögenswerte	149 300	650 000	110 000	125 700
Kalk. Untern.-Lohn	300 000	Schätzung	–	100 000	200 000	–
Summe/Gem.-Kosten	**4 360 000**	**aufgeteilt:**	**279 300**	**2 640 000**	**1 045 000**	**395 700**
			MGK	FGK	VwGK	VtGK
		Zuschlagsgrundlagen:	FM 2 940 000	FL 2 400 000	HK des Umsatzes 8 019 300	
		IST-Zuschlagssätze:	9,5 %	110 %	13,0 %	4,95 %
		Normal-Zuschlagssätze:	10 %	110 %	13,0 %	5,0 %
		Normalgemeinkosten:	294 000	2 640 000	1 044 420	401 700
		Kostenüberdeckung:	14 700	0	–	6 000
		– Kostenunterdeckung:	–	–	580	–
		= Kostenüberdeckung insg.		20 120,00		

Aufgabe: Berechnen Sie die „Normal"-Herstellkosten des Umsatzes (8 034 000,00 DM) nach dem Schema von Seite 355 aus den Einzelkosten und den Normalzuschlagssätzen.

Bei einer Kostenüberdeckung liegen die verrechneten Normalkosten über den Istkosten. Die Normal-Selbstkosten sind höher als die tatsächlichen Selbstkosten.

Bei einer Kostenunterdeckung liegen die verrechneten Normalkosten unter den Istkosten. Die tatsächlich angefallenen Kosten werden durch die Kalkulation mit Normalzuschlagssätzen nicht mehr gedeckt.

Es ist zweckmäßig, die Kostenüber-/-unterdeckungen im BAB auszuweisen. Hierzu werden die verrechneten Normalkosten unterhalb der IST-Stellengemeinkosten in den BAB eingetragen. Die Über- oder Unterdeckungen ergeben sich dann durch Saldierung.

Merke:
- Normalgemeinkosten > IST-Stellengemeinkosten = **Kostenüberdeckung**
- Normalgemeinkosten < IST-Stellengemeinkosten = **Kostenunterdeckung**

---
[1] vgl. BAB, S. 351

4.3.3 Kostenträgerblatt auf Normalkostenbasis

Beispiel: Auf der Grundlage der im Unternehmen Schmolmann KG festgelegten Normalzuschlagssätze (vgl. S. 361) und der angefallenen Einzelkosten für die abgelaufene Rechnungsperiode (Fertigungsmaterial, Fertigungslöhne) sowie der für jeden Kostenträger ausgewiesenen Umsatzerlöse wird das Kostenträgerblatt auf Normalkostenbasis nach dem Schema von Seite 359 aufgestellt.

	Kostenträgerblatt (BAB II) auf Normalkostenbasis				
	Kalkulationsschema	**Normalkosten insgesamt**	**Kostenträger**		
			Gehäuse Typ A	Gehäuse Typ B	Gehäuse Typ C
1.	Fertigungsmaterial	2 940 000	1 225 000	750 000	965 000
2.	+ 10,0 % MGK	294 000	122 500	75 000	96 500
3.	Materialkosten (1. + 2.)	3 234 000	1 347 500	825 000	1 061 500
4.	Fertigungslöhne	2 400 000	1 050 000	625 000	725 000
5.	+ 110 % FGK	2 640 000	1 155 000	687 500	797 500
6.	Fertigungskosten (4. + 5.)	5 040 000	2 205 000	1 312 500	1 522 500
7.	Herstellkosten (HK) der Erzeugung (3. + 6.)	8 274 000	3 552 500	2 137 500	2 584 000
8.	+ Minderbestand/Erzeugung	–	–	–	–
9.	– Mehrbestand/Erzeugung	240 000	83 700	19 900	136 400
10.	HK des Umsatzes	8 034 000	3 468 800	2 117 600	2 447 600
11.	+ 13,0 % VwGK	1 044 420	450 944	275 288	318 188
12.	+ 5,0 % VtGK	401 700	173 440	105 880	122 380
13.	Selbstkosten des Umsatzes	9 480 120	4 093 184	2 498 768	2 888 168
14.	Nettoumsatzerlöse lt. FB	10 520 000	4 696 820	2 384 460	3 438 720
15.	Umsatzergebnis (14. – 13.)	1 039 880	(+) 603 636	(–) 114 308	(+) 550 552
16.	+ Kostenüberdeckung lt. BAB	20 120	–	–	–
17.	Betriebsergebnis	1 060 000	= Saldo in der Betriebsergebnisrechnung der Ergebnistabelle		

Merke: Mit Hilfe des Kostenträgerblattes können ermittelt werden:
- der Anteil der verschiedenen Kostenträger an den gesamten Normalkosten der Abrechnungsperiode,
- der Anteil jedes einzelnen Kostenträgers am Umsatzergebnis,
- das monatliche Betriebsergebnis (kurzfristige Erfolgsrechnung).

Ergebnisrechnung im Kostenträgerblatt. Durch Vergleich der Normal-Selbstkosten des Umsatzes mit den Netto-Umsatzerlösen erhält man das Umsatzergebnis insgesamt und für jeden Kostenträger.

Das Umsatzergebnis unterscheidet sich vom Betriebsergebnis lediglich durch die Kostenüberdeckung bzw. Kostenunterdeckung, da diese die Differenz zwischen Normalkosten und Istkosten bildet. Berichtigt man daher das Umsatzergebnis um die dem BAB zu entnehmende Kostenüberdeckung oder Kostenunterdeckung, erhält man das Betriebsergebnis der Abrechnungsperiode.

Merke:
- Umsatzergebnis + Kostenüberdeckung lt. BAB = Betriebsergebnis,
- Umsatzergebnis – Kostenunterdeckung lt. BAB = Betriebsergebnis.

Aufgaben

411 Die Finanzbuchhaltung und die Kosten- und Leistungsrechnung eines Industriebetriebes weisen für den zurückliegenden Abrechnungszeitraum u. a. folgende Zahlen auf:

	insgesamt DM	Produkt A	Produkt B
Rohstoffaufwand (Fertigungsmaterial)	1 100 000,00	700 000,00	400 000,00
Lohnaufwand (Fertigungslöhne)	840 000,00	540 000,00	300 000,00
Umsatzerlöse	4 434 540,00	2 948 900,00	1 485 640,00
Gemeinkosten insgesamt	2 325 000,00		
Bestände an fertigen Erzeugnissen:			
Anfangsbestand	72 000,00	50 000,00	22 000,00
Endbestand	47 000,00	20 000,00	27 000,00

Die Gemeinkosten sind im unten angegebenen BAB bereits auf die 4 Hauptkostenstellen verteilt.

Das Unternehmen hat im Abrechnungszeitraum mit folgenden Normalzuschlagssätzen kalkuliert:
Materialgemeinkosten .... 14 %   Verwaltungsgemeinkosten .... 10 %
Fertigungsgemeinkosten .... 180 %   Vertriebsgemeinkosten .... 8 %

BAB

Gemeinkostenarten	Zahlen der KLR	Material	Fertigung	Verwaltung	Vertrieb
Istgemeinkosten	2 325 000,00	165 000,00	1 470 000,00	450 000,00	240 000,00

1. *Ermitteln Sie im BAB die Kostenüberdeckungen und Kostenunterdeckungen und erläutern Sie das Ergebnis.*
2. *Bestimmen Sie im Kostenträgerblatt die Umsatzergebnisse der beiden Erzeugnisse und das Betriebsergebnis.*
3. *Erläutern Sie die Erfolgssituation.*

412 Die Kosten- und Leistungsrechnung einer Brauerei liefert folgende Zahlen:

	insgesamt	Pils	Export	Alt
Umsatzerlöse	2 052 500	1 350 000	382 500	320 000
Ausstoß in Liter	2 350 000	1 500 000	450 000	400 000
Fertigungsmaterial	900 000	570 000	170 000	160 000
Fertigungslöhne	300 000	190 000	60 000	50 000
Gemeinkosten, fix	900 000			

Die Gemeinkosten verteilen sich wie folgt auf die Hauptkostenstellen:
Materialstelle .... 125 000,00 DM   Verwaltungsstelle .... 130 000,00 DM
Fertigungsstelle .... 500 000,00 DM   Vertriebsstelle .... 145 000,00 DM

Im Unternehmen wird mit folgenden Normalzuschlagssätzen kalkuliert:
Materialgemeinkosten .... 15 %   Verwaltungsgemeinkosten .... 7 %
Fertigungsgemeinkosten .... 165 %   Vertriebsgemeinkosten .... 8 %
Bestandsveränderungen sind nicht zu berücksichtigen.

1. *Ermitteln Sie im BAB die Kostenüberdeckungen und Kostenunterdeckungen und erläutern Sie das Ergebnis.*
2. *Erstellen Sie das Kostenträgerblatt zur Bestimmung der Umsatzergebnisse und des Betriebsergebnisses.*

413 Die Ergebnistabelle eines Betriebes liefert folgende Zahlen und Angaben:

Bezeichnung	insgesamt	Anteile der Erzeugnisse		
		A	B	C
Fertigungsmaterial	146 000,00	58 000,00	37 000,00	51 000,00
Fertigungslöhne	88 000,00	34 000,00	18 000,00	36 000,00
Verschiedene Gemeinkosten	221 060,00	—	—	—
Unfertige Erzeugnisse:				
Anfangsbestand	12 000,00	5 000,00	4 000,00	3 000,00
Endbestand	5 000,00	2 000,00	1 000,00	2 000,00
Fertige Erzeugnisse:				
Anfangsbestand	18 000,00	9 000,00	2 000,00	7 000,00
Endbestand	25 000,00	11 000,00	6 000,00	8 000,00
Nettoumsatzerlöse	434 800,00	198 600,00	144 500,00	91 700,00

Die Istgemeinkosten je Kostenbereich betragen lt. BAB:
Materialgemeinkosten .... 15 200,00 Verwaltungsgemeinkosten 52 890,00
Fertigungsgemeinkosten ...... 128 500,00 Vertriebsgemeinkosten 24 470,00

Der Betrieb hat mit folgenden Normalzuschlägen gerechnet:
Materialgemeinkosten .... 10 % Verwaltungsgemeinkosten .... 15 %
Fertigungsgemeinkosten .... 150 % Vertriebsgemeinkosten .... 5 %

1. Stellen Sie das Kostenträgerblatt auf und erläutern Sie das Umsatzergebnis.
2. Berechnen Sie das Betriebsergebnis.

414 **Abgrenzungsrechnung mit BAB und Kostenträgerblatt**
Die Ergebnistabelle der Körner KG weist folgende Aufwendungen und Erträge aus:

5000	Umsatzerlöse für eigene Erzeugnisse	880 000,00
5202	Erhöhung des Bestandes an fertigen Erzeugnissen	40 000,00
5400	Mieterträge	5 000,00
5460	Erträge aus dem Abgang von Gegenständen des Umlaufvermögens	50 000,00
5480	Erträge aus der Herabsetzung von Rückstellungen	20 000,00
5500	Erträge aus Beteiligungen	20 000,00
5710	Zinserträge	15 000,00
6000	Aufwendungen für Rohstoffe	120 000,00
6020	Aufwendungen für Hilfsstoffe	25 000,00
6200	Löhne	220 000,00
6300	Gehälter	115 000,00
6400	Arbeitgeberanteil zur Sozialversicherung	52 000,00
6520	Abschreibungen auf Sachanlagen	80 000,00
6700	Mieten/Pachten	20 000,00
68	Aufwendungen für Kommunikation	22 000,00
6900	Versicherungsbeiträge	3 000,00
6930	Verluste aus Schadensfällen	8 000,00
6960	Verluste aus dem Abgang von Vermögensgegenständen	10 000,00
70/77	Betriebliche Steuern	25 000,00
7510	Zinsaufwendungen	2 000,00

Der Rohstoffverbrauch wird zu Verrechnungspreisen angesetzt 130 000,00
Der kalkulatorische Unternehmerlohn beträgt 12 000,00 DM. Die kalkulatorischen Zinsen für das betriebsnotwendige Kapital machen 20 000,00 DM aus. Für Garantieverpflichtungen werden als kalkulatorische Wagnisse 15 000,00 DM in Ansatz gebracht. Die kalkulatorischen Abschreibungen auf Sachanlagen betragen 75 000,00 DM.
Unter den Abschreibungen befinden sich 5 000,00 DM Abschreibungen auf ein vermietetes Lagergebäude.

Erstellen Sie die Ergebnistabelle.

Grundlagen zur Aufstellung des BAB:

Kostenart	I Material	II Fertigung	III Verwaltung	IV Vertrieb
	Direkte Verteilung in DM (Belege)			
Hilfsstoffe	3 000,00	20 000,00	—	2 000,00
Gehälter	5 000,00	15 000,00	85 000,00	10 000,00
Soziale Abgaben	2 000,00	25 000,00	22 000,00	3 000,00
Abschreibungen	5 000,00	55 000,00	10 000,00	5 000,00
Kalkulatorische Zinsen	2 000,00	15 000,00	2 000,00	1 000,00
Kommunikationsaufw.	1 000,00	5 000,00	12 000,00	4 000,00
	Indirekte Verteilung nach Schlüsseln			
Betriebssteuern	2 :	12 :	8 :	3
Mieten/Pachten: Raumgröße	100 m²	600 m²	200 m²	100 m²
Versicherungen: **Vers.-Werte**	1 000 000 DM	3 000 000 DM	2 000 000 DM	–
Unternehmerlohn	1 :	2 :	2 :	1
Kalkulatorische Wagnisse	2 :	4 :	1 :	3

1. *Erstellen Sie nach obigen Angaben den BAB.*
2. *Errechnen Sie die Ist-Zuschlagssätze.*

Der Betrieb hat im gleichen Abrechnungsmonat mit folgenden Normalzuschlagssätzen kalkuliert:

Materialgemeinkosten . . . . 15 %   Verwaltungsgemeinkosten . . . . 25 %
Fertigungsgemeinkosten . . . . 80 %   Vertriebsgemeinkosten . . . . 6 %

1. *Führen Sie die Kostenrechnung mit Normalzuschlägen durch.*
2. *Tragen Sie die verrechneten Normalgemeinkosten in den BAB ein, und ermitteln Sie die Kostenüber- bzw. -unterdeckungen in den einzelnen Kostenbereichen und insgesamt.*

Aufstellung des Kostenträgerblattes nach folgenden Angaben:

Bezeichnung	insgesamt	Anteile der Erzeugnisse	
		A	B
Fertigungsmaterial	130 000,00	80 000,00	50 000,00
Fertigungslöhne	220 000,00	130 000,00	90 000,00
Gemeinkosten	lt. BAB		
Unfertige Erzeugnisse:			
Anfangsbestand	120 000,00	80 000,00	40 000,00
Endbestand	150 000,00	100 000,00	50 000,00
Fertige Erzeugnisse:			
Anfangsbestand	160 000,00	100 000,00	60 000,00
Endbestand	170 000,00	120 000,00	50 000,00
Umsatzerlöse	880 000,00	550 000,00	330 000,00

1. *Stellen Sie fest, in welcher Höhe die Erzeugnisgruppen A und B am Umsatzergebnis beteiligt sind.*
2. *Ermitteln Sie im Kostenträgerblatt das Betriebsergebnis und stimmen Sie es mit dem in der Ergebnistabelle ausgewiesenen Betriebsergebnis ab.*
3. *Ermitteln Sie den Prozentanteil der Kostenträger A und B am Umsatzergebnis.*
4. *Bestimmen Sie die Wirtschaftlichkeitskoeffizienten der einzelnen Kostenträger nach der Formel:*

$$\text{Wirtschaftlichkeitskoeffizient} = \frac{\text{Leistung (Umsatzerlöse)}}{\text{Kosten (Selbstkosten)}}$$

4.4 Erweiterter Betriebsabrechnungsbogen
4.4.1 Betriebsabrechnungsbogen mit mehreren Fertigungshauptstellen

Situation: Die Schmolmann KG ist mit der Aussagefähigkeit des Betriebsabrechnungsbogens (vgl. Seite 362) nicht zufrieden: Da nur ein Kostenbereich „Fertigung" geführt wird, kann hieraus nicht der Gemeinkostenverbrauch in einzelnen Fertigungsabteilungen ersehen werden, so daß gezielte Kostenkontrollen gar nicht möglich sind. Um zu besseren Ergebnissen zu kommen, wird die Aufteilung des Fertigungsbereichs in folgende Fertigungshauptstellen (FHS) geplant:

FHS I: Stanzen/Pressen   FHS III: Lackieren
FHS II: Bohren/Entgraten   FHS IV: Montieren/Verpacken

Fertigungshauptstellen. In Betrieben mit einem umfangreichen Fertigungsprozeß wird zweckmäßigerweise für jede Fertigungsabteilung eine besondere Kostenstelle eingerichtet, die sog. Fertigungshauptstelle, die als selbständige Kostenstelle mit eigener Zuschlagsgrundlage und eigenem Gemeinkostenzuschlagssatz gilt.

Beispiel: Der BAB (vgl. S. 362) könnte für die neu eingerichteten Fertigungshauptstellen nach der Verteilung der Gemeinkosten folgende Stellengemeinkosten und Zuschlagsgrundlagen (= Fertigungslöhne je Fertigungshauptstelle) ausweisen:

			\multicolumn{4}{c}{Betriebsabrechnungsbogen (gekürzt)}		
Gemein-kosten	Zahlen der KLR	Material-stelle	\multicolumn{4}{c}{Fertigungshauptstellen}	Verwalt.-stelle	Vertriebs-stelle
			I	II	III	IV		
insges.	4 360 000	279 300	845 000	605 000	680 000	510 000	1 045 000	395 700
Zuschlags-grundlagen:		2 940 000 FM	735 000 FL	525 000 FL	630 000 FL	510 000 FL	\multicolumn{2}{c}{8 019 300 HK des Umsatzes}
IST-Zuschlagssätze		9,5 %	114,9 %	115,2 %	107,9 %	100 %	13,0 %	4,95 %

Auswertung: Der Vergleich zeigt deutliche Abweichungen in den IST-Zuschlagssätzen der einzelnen Fertigungshauptstellen untereinander und auch gegenüber dem einheitlichen Zuschlagssatz von 110,0 % (vgl. BAB S. 362). Die Zuschlagssätze der Fertigungshauptstellen machen die Kostenstruktur deutlich. So haben die FHS I und II einen im Verhältnis zu den Fertigungslöhnen höheren Anteil an Gemeinkosten als die FHS IV; diese Abteilung ist offensichtlich lohnintensiv.

Eine Folge des obigen Ergebnisses wäre die Festlegung von Normalzuschlagssätzen für jede Fertigungshauptstelle mit entsprechender Auswirkung auf die Kostenträgerrechnung. Im Kostenträgerblatt müßte nacheinander der Lohnaufwand für jede Fertigungshauptstelle aus dem BAB und der jeweils zugeordnete Normalzuschlagssatz eingesetzt werden, um die Normal-Fertigungskosten berechnen zu können.

Aufgabe

1. Erstellen Sie zu obigem Beispiel das Kostenträgerblatt nach dem Muster von Seite 363 mit folgenden Normalzuschlagssätzen: MGK 10 %, FHS I 115 %, FHS II 120 %, FHS III 105 %, FHS IV 95 %, VerwGK 13 %, VertrGK 5 %.
2. Ermitteln Sie im obigen BAB auf der Grundlage der Normalzuschlagssätze die Kostenüberdeckung oder Kostenunterdeckung.
3. Welche Auswirkung auf die Normal-Selbstkosten der Periode hat diese verfeinerte Kalkulation gegenüber der vereinfachten mit nur einem Fertigungszuschlag?

415

4.4.2 Mehrstufiger Betriebsabrechnungsbogen

Situation: Wegen des recht häufigen Wechsels in der Fertigung der Gehäusetypen A, B und C wird die Einrichtung einer besonderen Abteilung „Arbeitsvorbereitung" notwendig, die sich um die Fertigungsplanung und Fertigungssteuerung kümmert. Diese Abteilung soll als getrennte Kostenstelle, die für alle Fertigungshauptstellen Hilfsdienste leistet, geführt werden (= Fertigungshilfsstelle).

Zusätzlich plant das Unternehmen Schmolmann KG, den inzwischen stark erweiterten Fuhrpark aus Kontrollgründen zu einer selbständigen Kostenstelle (= Allgemeine Kostenstelle) zu machen. Bisher sind die Fuhrparkkosten aufgrund von Belegen direkt den einzelnen Kostenbereichen zugewiesen worden.

Die Allgemeinen Kostenstellen (= AKS) erfassen die Gemeinkosten, die das Unternehmen insgesamt betreffen und allen Kostenbereichen zuzuordnen sind. Folgende Betriebsabteilungen können als AKS eingerichtet werden: Energieversorgung, Werkschutz, Fuhrpark, Sozialeinrichtungen. Die auf diesen Kostenstellen erfaßten Gemeinkosten sind letztlich von allen Betriebsabteilungen verursacht worden. Folglich werden sie nach einem geeigneten Schlüssel auf alle Kostenstellen umgelegt.

Merke: **Die in den Allgemeinen Kostenstellen erfaßten Gemeinkosten werden auf alle nachgeordneten Kostenstellen verursachungsgerecht umgelegt.**

Fertigungshilfsstellen. Die Fertigungshilfsstellen sind den Fertigungshauptstellen untergeordnet. Sie erfassen die Gemeinkosten, die den Fertigungsbereich insgesamt betreffen und nicht einer einzelnen Fertigungshauptstelle direkt zugewiesen werden können. Zu den Abteilungen, die Hilfsdienste für die Fertigung leisten, gehören z. B. die technische Betriebsleitung, die Arbeitsvorbereitung, das Konstruktionsbüro, die Reparaturwerkstatt. Die Fertigungshilfsstellen geben die bei ihnen erfaßten Gemeinkosten nach einem geeigneten Schlüssel an die Fertigungshauptstellen ab.

Merke: **Die in den Fertigungshilfsstellen erfaßten Gemeinkosten werden auf die übergeordneten Fertigungshauptstellen abgewälzt.**

Beispiel: Das nebenstehende Beispiel zeigt, wie der um die Allgemeine Kostenstelle „Fuhrpark" und um die Fertigungshilfsstelle „Arbeitsvorbereitung" erweiterte BAB aussieht. Es verdeutlicht auch, wie die Kosten aus den vorgelagerten Stellen nach den erbrachten Leistungen auf die Hauptkostenstellen abgewälzt werden:
1. Umlage „Fuhrpark" im Verhältnis 2 : 0 : 2 : 1 : 1 : 0 : 3 : 3.
2. Umlage „Arbeitsvorbereitung" im Verhältnis 3 : 3 : 2 : 2.

Auswertung: Zusätzliche Erkenntnisse bietet der BAB hinsichtlich der neu eingerichteten Kostenstellen „Fuhrpark" und „Arbeitsvorbereitung". Der Fuhrpark verursacht 240 000,00 DM Kosten, die Arbeitsvorbereitung 100 000,00 DM, die jetzt – hinsichtlich der Höhe und der Kostenart – einer Kontrolle unterzogen werden können.

Die Erweiterung des BAB führt auch zu einer Verschiebung in den Stellengemeinkosten: Im Vergleich mit dem BAB von Seite 367 werden die Fertigungshauptstellen I bis III weniger stark mit Gemeinkosten belastet, die übrigen Kostenstellen haben einen höheren Anteil an den Gemeinkosten zu tragen. Dies macht sich – bei gleichen Zuschlagsgrundlagen – in den abweichenden Zuschlagssätzen bemerkbar.

Zu beachten ist, daß die vertiefte Kenntnis der Kostenstruktur aufgrund des erweiterten Betriebsabrechnungsbogens erkauft werden muß mit einem hohen Maß an Sorgfalt und Aufwand bei der Zuweisung der Gemeinkosten auf die Kostenstellen.

Merke: **Der erweiterte und mehrstufige Betriebsabrechnungsbogen gibt einen guten Einblick in die Kostenstruktur des Unternehmens und gestattet – im Vergleich mehrerer Abrechnungsperioden – eine sorgfältige Kostenkontrolle.**

Mehrstufiger Betriebsabrechnungsbogen mit Istgemeinkosten und Istzuschlägen

Gemein-kosten-arten	Zahlen der KLR	AKS: Fuhr-park	Mat.-stelle	Arbeits-vorbe-reitung	Fertigungshauptstellen				Verwal-tungs-stelle	Ver-triebs-stelle
					I Stanzen Pressen	II Bohren Entgraten	III Lackieren	IV Mon-tieren		
Hilfsstoffe	795 000	40 000	—	20 000	210 000	150 000	160 000	130 000	—	85 000
Betriebsstoffe	35 000	15 000	—	—	5 000	4 000	4 000	3 000	2 000	2 000
Gehälter	500 000	25 000	50 000	10 000	20 000	20 000	20 000	20 000	270 000	65 000
AG-Anteil	600 000	30 000	10 000	15 000	135 000	95 000	105 000	85 000	115 000	10 000
Abschreibungen	660 000	50 000	35 000	20 000	150 000	100 000	110 000	95 000	65 000	35 000
Bürokosten	50 000	2 000	4 000	1 000	3 000	2 000	2 000	2 000	30 000	4 000
Werbung	205 000	5 000	—	10 000	7 000	4 000	4 000	5 000	140 000	30 000
Steuern	180 000	10 000	20 000	—	10 000	10 000	10 000	10 000	93 000	17 000
Zinsen	1 035 000	53 000	146 000	14 000	190 000	135 000	150 000	120 000	105 000	122 000
Untern.-lohn	300 000	10 000	5 000	10 000	30 000	20 000	15 000	20 000	180 000	10 000
Summe	4 360 000	240 000	270 000	100 000	760 000	540 000	580 000	490 000	1 000 000	380 000
1. Umlage: Fuhrpark			40 000	—	40 000	20 000	20 000	—	60 000	60 000
Zwischensumme			310 000	100 000	800 000	560 000	600 000	490 000	1 060 000	440 000
2. Umlage: Arbeitsvorbereitung			—		30 000	30 000	20 000	20 000	—	—
Stellengemeinkosten			310 000	—	830 000	590 000	620 000	510 000	1 060 000	440 000
Zuschlagsgrundlagen: Fertigungsmaterial Fertigungslöhne Herstellkosten des Umsatzes			2 940 000		735 000	525 000	630 000	510 000	7 960 000	
IST-Zuschlagssätze			10,5 %		112,9 %	112,4 %	98,4 %	100 %	13,3 %	5,5 %

Berechnung der Herstellkosten des Umsatzes als Zuschlagsgrundlage für die Verwaltungs- und Vertriebsgemeinkosten:

Kalkulationsschema

	Fertigungsmaterial	2 940 000,00 DM
+	Materialgemeinkosten (MGK)	310 000,00 DM
=	**Materialkosten**	3 250 000,00 DM
	Fertigungslöhne **FHS I**	735 000,00 DM
+	Fertigungsgemeinkosten (FGK) I	830 000,00 DM
=	**Fertigungskosten I**	1 565 000,00 DM
	Fertigungslöhne **FHS II**	525 000,00 DM
+	Fertigungsgemeinkosten (FGK) II	590 000,00 DM
=	**Fertigungskosten II**	1 115 000,00 DM
	Fertigungslöhne **FHS III**	630 000,00 DM
+	Fertigungsgemeinkosten (FGK) III	620 000,00 DM
=	**Fertigungskosten III**	1 250 000,00 DM
	Fertigungslöhne **FHS IV**	510 000,00 DM
+	Fertigungsgemeinkosten (FGK) IV	510 000,00 DM
=	**Fertigungskosten IV**	1 020 000,00 DM
	Herstellkosten der produzierten Menge (HK der Erzeugung)	8 200 000,00 DM
−	Mehrbestand an Erzeugnissen	240 000,00 DM
=	**Herstellkosten der abgesetzten Menge** (HK des Umsatzes)	**7 960 000,00 DM**

Aufgaben – Fragen

416 Die Kostenstellenrechnung eines Industriebetriebes enthält nach der Verteilung der Gemeinkosten folgende Zahlen:

Gemein-kosten-arten	Material-stelle	Fertigungshauptstellen				Verwal-tungs-stelle	Vertriebs-stelle
		Dreherei	Bohrerei	Fräserei	Montage		
insges.	5 200,00	57 600,00	27 500,00	22 500,00	31 500,00	79 200,00	25 200,00
Zuschlags-grund-lagen	65 000,00	48 000,00	25 000,00	18 000,00	35 000,00	Herstellkosten des Umsatzes	

1. Errechnen Sie die Zuschlagssätze für jede Kostenstelle.
2. Ermitteln Sie die Selbstkosten des Abrechnungsmonats, wenn ein Minderbestand in Höhe von 24 700,00 DM zu berücksichtigen ist.

417 Vervollständigen Sie den BAB unter Anwendung der vorgegebenen Schlüsselzahlen:

Gemein-kosten-arten	Zahlen der KLR	Material-stelle	Fertigungshauptstellen		Verwal-tungs-stelle	Vertriebs-stelle
			I	II		
Hilfsstoffe	12 150,00	750,00	5 000,00	6 000,00	150,00	250,00
Hilfslöhne	70 400,00	1 500,00	32 900,00	34 500,00	1 000,00	500,00
Gehälter	180 700,00	4 700,00	38 000,00	25 000,00	92 000,00	21 000,00
Soziale Abgaben nach Pers.-Aufw.	80 000,00	10 000,00	70 000,00	60 000,00	90 000,00	20 000,00
Abschreibungen	78 000,00	2 000,00	33 500,00	28 000,00	8 000,00	6 500,00
Steuern	110 000,00	2 :	3 :	2 :	3 :	1
Übrige Kosten	24 000,00	1 :	2 :	2 :	3 :	2
Fertigungsmaterial:		290 800,00			Herstellkosten des Umsatzes	
Fertigungslöhne:			114 825,00	86 437,50		

1. Errechnen Sie die Istzuschlagssätze.
2. Bestimmen Sie die Selbstkosten des Abrechnungsmonats.
   (Mehrbestand: 30 912,50 DM)

418
1. Aus welchem Grund ist die Aufteilung des Fertigungsbereichs in Fertigungshauptstellen zweckmäßig?
2. Gegen welche Grundsätze darf bei der Einrichtung der Fertigungshauptstellen nicht verstoßen werden?
3. Berechnen Sie die Selbstkosten des Abrechnungsmonats.

   Fertigungsmaterial .... 124 000,00 Materialgemeinkostenzuschlag .... 12 %
   Fertigungslöhne I .... 86 500,00   Fertigungsgemeinkostenzuschlag .. 110 %
   Fertigungslöhne II .... 67 300,00   Fertigungsgemeinkostenzuschlag .. 140 %
   Fertigungslöhne III .... 78 400,00   Fertigungsgemeinkostenzuschlag .. 90 %
   Minderbestand an unfertigen Erzeugnissen .... 48 000,00 DM
   Mehrbestand an fertigen Erzeugnissen .... 83 500,00 DM
   Verwaltungsgemeinkostenzuschlag .... 24 %
   Vertriebsgemeinkostenzuschlag .... 8 %

Zur Aufstellung eines BAB werden folgende Zahlen dem KLR-Bereich der Ergebnistabelle entnommen: **419**

Gemeinkostenarten	DM	Verteilungsgrundlagen
1. Hilfsstoffaufwand	32 000,00	Rechnungen (direkt)
2. Hilfslöhne	157 000,00	Lohnlisten (direkt)
3. Soziale Abgaben	130 000,00	Lohn- und Gehaltslisten (direkt)
4. Instandhaltung	88 000,00	Kostenstellen (Schlüsselzahlen)
5. Reisekosten	45 000,00	Schätzung (Schlüsselzahlen)
6. Büromaterial	110 000,00	Rechnungen (direkt)
7. Gehälter	561 000,00	Gehaltslisten (direkt)
8. Betriebssteuern	36 000,00	Beschäftigtenzahl (s. u.)
9. Abschreibungen	151 500,00	Anlagenkartei (**Anlagenwerte**, s. u.)

Der Betrieb hat nachstehende Kostenstellen eingerichtet:

Allgemeine Kostenstellen: I Wasserversorgung
                                II Kraftzentrale

Hauptkostenstelle: III Materialstelle

Hilfskostenstelle: IV Fertigungshilfsstelle

Hauptkostenstellen: V   Fertigungshauptstelle A
                                VI Fertigungshauptstelle B
                                VII Fertigungshauptstelle C
                                VIII Verwaltungsstelle
                                IX Vertriebsstelle

1. *Stellen Sie einen BAB für die 9 Kostenstellen nach folgenden Angaben auf:*

Gem.-kosten-art	Kostenstellen								
	I	II	III	IV	V	VI	VII	VIII	IX
1.	4 000	5 000	4 000	2 000	5 000	6 000	3 000	1 000	2 000
2.	18 500	16 600	5 800	6 400	38 100	30 600	33 000	—	8 000
3.	7 300	5 200	11 200	7 500	10 900	18 200	21 400	23 700	24 600
4.	1 :	2 :	1 :	5 :	2 :	3 :	4 :	1 :	1
5.	3 :	2 :	1 :	1 :	2 :	2 :	2 :	1 :	1
6.	2 400	2 200	15 900	2 100	3 100	3 200	4 100	43 600	33 400
7.	34 100	24 900	54 800	34 800	52 200	76 100	89 900	93 200	101 000
8.	5 :	5 :	10 :	20 :	20 :	20 :	35 :	25 :	10
9.	238 500	58 500	46 500	33 000	511 500	654 000	499 500	198 000	33 000

2. *Legen Sie die Gemeinkosten der Allgemeinen Kostenstelle „Wasserversorgung" auf die anderen Kostenstellen in folgendem Verhältnis um:*
   3 : 2 : 3 : 4 : 2 : 2 : 2 : 2
   Anschließend verteilen Sie die Gemeinkosten der Allgemeinen Kostenstelle „Kraftzentrale" auf die restlichen Kostenstellen im Verhältnis:
   1 : 2 : 3 : 3 : 3 : 2 : 1

3. *Die Gemeinkosten der Fertigungshilfsstelle sind auf die 3 Fertigungshauptstellen im Verhältnis 1 : 1 : 2 zu verteilen.*

4. *Errechnen Sie die Zuschlagssätze für die Gemeinkosten.*
   Fertigungsmaterial .... 300 000,00 DM   Fertigungslöhne II .... 180 000,00 DM
   Fertigungslöhne I .... 150 000,00 DM   Fertigungslöhne III ...... 200 000,00 DM
   Bestandsveränderungen sind nicht zu berücksichtigen.

420 Die Kostenartenrechnung für den Monat Juli weist folgende Kosten aus:

Kostenarten			DM-Beträge
variable Kosten	1.	Fertigungsmaterial	630 000,00
	2.	Fertigungslöhne	480 000,00
teilfixe Kosten	3.	Gemeinkostenmaterial	70 000,00
	4.	Hilfslöhne	120 000,00
	5.	Sozialkosten	175 000,00
	6.	Strom, Gas, Wasser	30 000,00
	7.	Reparaturen	80 000,00
	8.	Bürokosten	60 000,00
	9.	Werbung	40 000,00
fixe Kosten	10.	Gehälter	180 000,00
	11.	Gewerbesteuer	10 000,00
	12.	Versicherungen	5 000,00
	13.	Kalkulatorische Abschreibungen	95 000,00
	14.	Kalkulatorische Zinsen	45 000,00
	15.	Kalkulatorischer Unternehmerlohn	15 000,00

Im BAB werden folgende Kostenstellen geführt:

Allg. Kostenstellen: I Grundstücke/Gebäude **Hauptkostenstellen:** VI Schweißerei
II Fuhrpark   VII Dreherei
Hauptkostenstelle: III Materialstelle   VIII Montage
Hilfskostenstellen: IV Arbeitsvorbereitung   IX Verwaltungsstelle
V Entwicklung   X Vertriebsstelle

1. Erstellen Sie den BAB und ermitteln Sie die Zuschlagssätze:

Kosten-art	Kostenstellen									
	I	II	III	IV	V	VI	VII	VIII	IX	X
1			630 000							
2						220 000	160 000	100 000		
3	—	5 000	—	—	5 000	25 000	25 000	10 000	—	—
4	—	20 000	10 000	5 000	5 000	35 000	20 000	15 000	—	10 000
5	5 000	15 000	10 000	10 000	20 000	40 000	20 000	10 000	40 000	5 000
6	5 000	2 000	1 000	1 000	2 000	10 000	5 000	2 000	1 000	1 000
7	10 000	8 000	—	—	—	32 000	25 000	3 000	—	2 000
8	—	—	4 000	9 000	3 000	—	—	—	44 000	—
9	—	—	—	—	—	—	—	—	—	40 000
10	—	5 000	15 000	25 000	15 000	13 000	15 000	10 000	60 000	22 000
11	—	—	—	—	—	—	—	—	10 000	—
12	3 :	—	1 :	—	—	1 :	—	—	—	—
13	3 :	1 :	1 :	—	—	5 :	4 :	2 :	2 :	1
14	2 :	—	1 :	—	1 :	2 :	1 :	1 :	1	—
15	—	—	—	—	—	—	—	—	4 :	1

Umlage Grundstücke/Gebäude: 1 : 1 : 0 : 0 : 2 : 1 : 1 : 1 : 1
Umlage Fuhrpark: 2 : 0 : 0 : 0 : 0 : 0 : 4 : 5
Umlage Arbeitsvorbereitung: 0 : 2 : 2 : 1 : 0 : 0
Umlage Entwicklung: 4 : 4 : 3 : 0 : 0

Bestandsveränderungen sind nicht zu berücksichtigen.

2. Bei einer Monatsproduktion von 18 000 Stück konnte das Produkt zu einem Preis von 120,00 DM je Stück verkauft werden.
Prüfen Sie, ob Gewinn erzielt wurde und wie hoch ggf. der Gewinn war.

3. Auf wieviel DM je Stück könnte der Unternehmer zur Absatzstabilisierung vorübergehend den Preis senken, wenn er
a) auf den Gewinn verzichtet (volle Kostendeckung),
b) auf den Ersatz von 40 % der fixen Kosten verzichtet?

Zur Aufstellung eines BAB werden folgende Kosten der Ergebnistabelle des Monats September entnommen: **421**

Gemeinkostenarten	DM	Verteilungsgrundlagen
1. Hilfsstoffaufwand	43 000,00	Rechnungen (direkt)
2. Hilfslöhne	184 000,00	Lohnlisten (direkt)
3. Soziale Abgaben	210 000,00	Lohn- und Gehaltslisten (direkt)
4. Instandhaltung	87 500,00	Rechnungen (direkt)
5. Werbung	52 000,00	Rechnungen (Schlüsselzahlen)
6. Büromaterial	94 000,00	Rechnungen (direkt)
7. Gehälter	518 000,00	Gehaltslisten (direkt)
8. Betriebssteuern	48 000,00	Beschäftigtenzahl (s. u.)
9. Mieten	28 000,00	Raumgröße in m² (s. u.)
10. Kalk. Abschreibungen	165 000,00	**Anlagenwerte** (s. u.)
11. Kalk. Zinsen	116 000,00	Investitionen

Nachstehende Kostenstellen werden geführt:

Allgemeine Kostenstellen: I Energie
  II Fuhrpark
Hauptkostenstelle: III Materialstelle
Hilfskostenstelle: IV Fertigungshilfsstelle Werkzeugbau
Hauptkostenstellen: V Fertigungshauptstelle Dreherei
  VI Fertigungshauptstelle Fräserei
  VII Verwaltungsstelle
  VIII Vertriebsstelle

1. *Ergänzen Sie den BAB nach folgenden Angaben:*

G.-K.-Art	KLR	I	II	III	IV	V	VI	VII	VIII
1.	43 000	6 000	4 000	5 000	3 000	12 000	10 000	2 000	1 000
2.	184 000	35 000	28 000	19 000	13 000	45 000	38 000	—	6 000
3.	210 000	32 000	17 000	25 000	8 000	36 000	31 000	46 000	15 000
4.	87 500	14 000	14 000	7 000	14 000	17 500	14 000	3 500	3 500
5.	52 000	1 :	1 :	2 :	—	1 :	1 :	3 :	4
6.	94 000	9 000	8 000	7 000	5 000	12 000	11 000	24 000	18 000
7.	518 000	68 000	37 000	42 000	18 000	84 000	76 000	154 000	39 000
8.	48 000	8	8	16	16	16	16	32	16
9.	28 000	140	280	140	140	420	420	280	140
10.	165 000	*300 000*	*200 000*	*100 000*	*100 000*	*300 000*	*300 000*	*100 000*	*100 000*
11.	116 000	34 000	12 000	2 000	8 000	27 000	25 000	6 000	2 000

2. Umlage „Energie": 1 : 1 : 3 : 6 : 5 : 3 : 1
 Umlage „Fuhrpark": 4 : 2 : 3 : 2 : 5 : 6
 Die Gemeinkosten der Fertigungshilfsstelle sind im Verhältnis 3 : 2 auf die Fertigungshauptstellen Dreherei und Fräserei zu verteilen.

3. *Errechnen Sie die Zuschlagssätze für die Stellengemeinkosten:*
 Fertigungsmaterial .... 1 100 000,00 DM
 Fertigungslöhne Dreherei .... 420 000,00 DM
 Fertigungslöhne Fräserei .... 320 500,00 DM
 Bei der Berechnung der Herstellkosten des Umsatzes sind Mehrbestände an fertigen und unfertigen Erzeugnissen von 156 000,00 DM zu berücksichtigen.

4. *Bestimmen Sie die Selbstkosten der Abrechnungsperiode.*

4.5 Maschinenstundensatzrechnung

4.5.1 Grundlagen der Maschinenstundensatzrechnung

Situation: Für das Geschäftsjahr 02 plant die Schmolmann KG, die veraltete Lackier- und Trockeneinrichtung durch eine automatische Lackier- und Trockenanlage zu ersetzen. Diese kapitalintensive Anlage soll als selbständige Fertigungshauptstelle, als sog. Maschinenplatz, eingerichtet werden.

Gründe für die Einrichtung des Maschinenplatzes als Kostenstelle. Von den Fertigungsgemeinkosten werden nur wenige direkt von den Fertigungslöhnen beeinflußt. Die meisten Fertigungsgemeinkosten weisen eine geringe oder gar keine Abhängigkeit von den Fertigungslöhnen auf. Sie werden vielmehr durch den Einsatz von Maschinen verursacht (z.B. Platzkosten, Abschreibungen, kalkulatorische Zinsen, Reparaturen) und von der Maschinenlaufzeit beeinflußt (z.B. Betriebsstoff- und Energiekosten). Allgemein gilt, daß

- mit fortschreitender Mechanisierung und Automatisierung der Fertigungsprozesse die Fertigungsgemeinkosten zunehmen,
- der Anteil der Fertigungslöhne an den Fertigungskosten ständig zurückgeht. So ist es zu erklären, daß Industriebetriebe teilweise mit 300 % oder 400 % Zuschlag für die Fertigungsgemeinkosten auf die Fertigungslöhne rechnen müssen.
- die Fertigungsgemeinkosten mehr und mehr in Abhängigkeit zum Maschineneinsatz geraten.

Merke:
- Die Fertigungsgemeinkosten werden in zunehmendem Maße durch den Maschineneinsatz verursacht.
- Je weniger die Fertigungslöhne Ursache für die Fertigungsgemeinkosten sind, um so ungeeigneter und ungenauer sind sie als Zuschlagsgrundlage für den Fertigungsgemeinkostenzuschlag.

Maschinenplatz als Fertigungshauptstelle. In der Kostenrechnung geht man dazu über, den Standort einer kostenintensiven Maschine als Fertigungshauptstelle und die für diesen Maschinenplatz in einer Abrechnungsperiode anfallenden Fertigungsgemeinkosten genau zu erfassen.

Aufteilung der Fertigungsgemeinkosten. Da nicht alle für den Maschinenplatz ermittelten Gemeinkosten durch den Maschineneinsatz verursacht werden, ist es zweckmäßig, die Fertigungsgemeinkosten aufzuteilen:

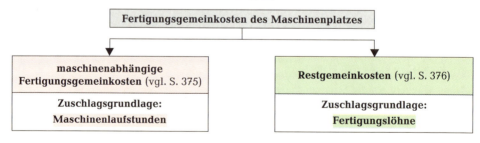

Merke:
- Die Fertigungsgemeinkosten, die durch den Maschineneinsatz verursacht werden und von der Maschinenlaufzeit abhängen, heißen maschinenabhängige Fertigungsgemeinkosten; sie werden den Maschinenlaufstunden zugerechnet.
- Die nicht maschinenabhängigen Fertigungsgemeinkosten heißen Restgemeinkosten; sie werden den Fertigungslöhnen zugerechnet.

4.5.2 Maschinenabhängige Fertigungsgemeinkosten

Beispiel: In der Schmolmann KG wird ein Teil der jährlichen maschinenabhängigen Fertigungsgemeinkosten für die FHS „Lackierautomat" nach folgenden Angaben ermittelt. Die restlichen Gemeinkosten werden im Beispiel vorgegeben.

1. **Betriebsstoffe:** Maschinenleistung 20 kW, Arbeitspreis 0,24 DM/kWh, Grundgebühr 80,00 DM/Monat. Sonstige Betriebsstoffkosten je Monat 750,00 DM. Davon sind 250,00 DM fix.
2. **Abschreibung:** Anschaffungskosten (AK) 1 200 000,00 DM; Wiederbeschaffungskosten 1 350 000,00 DM; Nutzungsdauer 10 Jahre; lineare Abschreibung.
3. **Platzkosten:** Standfläche der Anlage 80 m²; kalkulatorische Gebäudeabschreibung 75,00 DM/m² monatlich; Reparatur- und Wartungskosten jährlich 15 000,00 DM; Werkzeugkosten jährlich 5 400,00 DM.
4. **Zinsen:** 12 % jährliche kalkulatorische Verzinsung der AK. Um zu jährlich gleich hohen Zinskosten zu gelangen, werden die halben AK zugrunde gelegt.
5. **Maschinenlaufstunden:** In einer 40stündigen Arbeitswoche läuft die Anlage durchschnittlich 37,5 Stunden; 2,5 Stunden sind erforderlich, um die Anlage umzurüsten und zu reinigen. 48 Wochen im Jahr wird die Anlage genutzt: 37,5 Std./Woche · 48 Wochen = **1800 Laufstunden** pro Jahr.

Erfassung der maschinenabhängigen Fertigungsgemeinkosten, soweit sie direkt in der Kostenstelle „Lackierautomat" anfallen (ohne Kostenumlage, vgl. BAB S. 377):

maschinenabhängige Fertigungsgemeinkosten	Gemeinkosten insgesamt	variable[1] Gemeinkosten	fixe[1] Gemeinkosten
Hilfsstoffe	140 000,00 DM	140 000,00 DM	—
Betriebsstoffe	18 600,00 DM	14 640,00 DM	3 960,00 DM
Gehälter	—	—	—
Arbeitgeberanteil/SV	26 000,00 DM	12 360,00 DM	13 640,00 DM
Kalkulatorische Abschreibungen:			
Lackierautomat	135 000,00 DM	—	135 000,00 DM
Platzkosten:			
Gebäudeabschreibung	72 000,00 DM	—	72 000,00 DM
Reparaturen/Wartung	15 000,00 DM	—	15 000,00 DM
Werkzeuge	5 400,00 DM	—	5 400,00 DM
Bürokosten	3 000,00 DM	2 000,00 DM	1 000,00 DM
Werbung	2 000,00 DM	1 000,00 DM	1 000,00 DM
Betriebliche Steuern	8 000,00 DM	1 000,00 DM	7 000,00 DM
Kalkulatorische Zinsen:			
Lackierautomat	72 000,00 DM	—	72 000,00 DM
sonstiges Kapital	86 000,00 DM	—	86 000,00 DM
Unternehmerlohn	11 000,00 DM	—	11 000,00 DM
Fertigungsgemeinkosten insges.	**594 000,00 DM**	**171 000,00 DM**	**423 000,00 DM**

Die variablen Maschinenkosten je Stunde belaufen sich auf:

$$\frac{171\,000,00 \text{ DM}}{1800 \text{ Stunden}} = \textbf{95,00 DM je Maschinenstunde}$$

Merke: Die am Maschinenplatz anfallenden Fertigungsgemeinkosten werden so genau und vollständig wie möglich erfaßt. Die Unterteilung in fixe und variable Fertigungsgemeinkosten ist zweckmäßig, um den Maschinenstundensatz an veränderte Beschäftigungsgrade anpassen zu können.

---
[1] Vgl. hierzu auch Seite 334 f.

4.5.3 Restgemeinkosten

Beispiel: In der Fertigungshauptstelle „Lackierautomat" werden zusätzlich zu den maschinenabhängigen Fertigungsgemeinkosten folgende lohnabhängige Fertigungsgemeinkosten (= Restgemeinkosten) ermittelt (ohne Kostenumlage, vgl. BAB, S. 377):

Gehälter	28 000,00 DM
Arbeitgeberanteil/SV	49 000,00 DM
Kalkulatorische Abschreibungen	15 000,00 DM
Bürokosten	5 000,00 DM
Werbung	5 000,00 DM
Betriebliche Steuern	2 000,00 DM
Unternehmerlohn (anteilig)	4 000,00 DM
Restgemeinkosten insgesamt	**108 000,00 DM**

Die **Fertigungslöhne** der Kostenstelle „Lackierautomat" betragen **448 000,00 DM**; sie bilden die Zuschlagsgrundlage für den Restgemeinkostenzuschlagssatz.

Merke: Die lohnabhängigen Maschinenplatzkosten heißen Restgemeinkosten. Bezogen auf die Löhne der Stelle ergeben sie den Restgemeinkostenzuschlagssatz.

4.5.4 Berechnung des Maschinenstundensatzes im BAB

Beispiel: Der nebenstehende BAB zeigt, wie der Maschinenplatz „Lackierautomat" in die Betriebsabrechnung einbezogen wird, wie hoch der Maschinenstundensatz ist und welche Veränderungen sich in der Kostenstruktur ergeben.

Der Maschinenplatz wird als Fertigungshauptstelle im BAB, unterteilt in „Maschinenabhängige Fertigungsgemeinkosten" sowie „Restgemeinkosten", geführt. Er ersetzt die bisherige Fertigungshauptstelle „III Lackieren" (vgl. BAB S. 369).

Die Fertigungskosten des Maschinenplatzes (mit Kostenumlage, vgl. BAB S. 377) setzen sich aus maschinenabhängigen FGK und lohnabhängigen Fertigungskosten zusammen:

Maschinenabhängige FGK, **variabel** (vgl. S. 375)	171 000,00 DM	
+ Maschinenabhängige FGK, **fix** (vgl. BAB S. 377)	459 000,00 DM	**630 000,00 DM**
Fertigungslöhne (FL) d. Masch.-Pl. (vgl. obiges Beispiel)	448 000,00 DM	
+ Restgemeinkosten (= **25 %** d. FL, vgl. BAB S. 377)	112 000,00 DM	**560 000,00 DM**
Fertigungskosten des Maschinenplatzes		**1 190 000,00 DM**

Maschinenstundensatz. Bei einer Beschäftigung von 1800 Maschinenstunden im Jahr beträgt der Maschinenstundensatz, d.h. der Geldbetrag, mit dem der einstündige Betrieb des Lackierautomaten in der Kalkulation berücksichtigt werden muß:

$$\text{Maschinenstundensatz} = \frac{\text{maschinenabhängige FGK}}{\text{Maschinenstunden}} = \frac{630\,000,00 \text{ DM}}{1800 \text{ Stunden}} = 350,00 \text{ DM/Std.}$$

Lohnabhängige Fertigungskosten. Zusätzlich zu den maschinenabhängigen FGK sind in der Kalkulation die lohnabhängigen Fertigungskosten zu berücksichtigen.

Auswertung des BAB: Die Investition bedingt einen höheren Einsatz an Betriebsstoffen, Abschreibungen und Zinsen; sie verursacht geringere Hilfsstoffaufwendungen und Arbeitgeberanteile zur Sozialversicherung.

Bei den Einzelkosten fällt die deutliche Verminderung der Fertigungslöhne in der Kostenstelle „Lackierautomat" von 620 000,00 DM auf 448 000,00 DM auf. Dies ist auf die Reduzierung der Arbeitsplätze zurückzuführen. Insgesamt haben sich die Fertigungskosten in der Fertigungshauptstelle III um 60 000,00 DM verringert.

Mehrstufiger Betriebsabrechnungsbogen mit Maschinenplatz als Kostenstelle											
Gemein-kosten-arten	Zahlen der KLR	AKS: Fuhr-park	Ma-terial-stelle	Arbeits-vorbe-reitung	Fertigungshauptstellen						Verwal-tungs-stelle	Ver-triebs-stelle
^	^	^	^	^	I	II	III Lackierautomat			IV	^	^
^	^	^	^	^	^	^	masch.-abh. FGK		Rest-gemein-kosten	^	^	^
^	^	^	^	^	^	^	variabel	fix	^	^	^	^
H.-stoffe	775 000	40 000	—	20 000	210 000	150 000	140 000	—	—	130 000	—	85 000
B.-stoffe	49 600	15 000	—	—	5 000	4 000	14 640	3 960	—	3 000	2 000	2 000
Gehälter	508 000	25 000	50 000	10 000	20 000	20 000	—	—	28 000	20 000	270 000	65 000
AG-Ant.	570 000	30 000	10 000	15 000	135 000	95 000	12 360	13 640	49 000	85 000	115 000	10 000
Abschr.	700 000	50 000	35 000	20 000	150 000	100 000	—	135 000	15 000	95 000	65 000	35 000
Platzk.	92 400	—	—	—	—	—	—	92 400	—	—	—	—
Bürok.	56 000	2 000	4 000	1 000	3 000	2 000	2 000	1 000	5 000	2 000	30 000	4 000
Werbung	208 000	5 000	—	10 000	7 000	4 000	1 000	1 000	5 000	5 000	140 000	30 000
Steuern	180 000	10 000	20 000	—	10 000	10 000	1 000	7 000	2 000	10 000	93 000	17 000
Zins./A	72 000	—	—	—	—	—	—	72 000	—	—	—	—
So.Zins	971 000	53 000	146 000	14 000	190 000	135 000	—	86 000	—	120 000	105 000	122 000
U.-Lohn	300 000	10 000	5 000	10 000	30 000	20 000	—	11 000	4 000	20 000	180 000	10 000
Summe	4 482 000	240 000	270 000	100 000	760 000	540 000	171 000	423 000	108 000	490 000	1 000 000	380 000
1. Umlage: Fuhrpark			40 000	—	40 000	20 000	—	20 000	—	—	60 000	60 000
Zwischensumme			310 000	100 000	800 000	560 000	171 000	443 000	108 000	490 000	1 060 000	440 000
2. Umlage: Arb.-Vorber.			—		30 000	30 000	—	16 000	4 000	20 000	—	—
Stellengemeinkosten			310 000	—	830 000	590 000	171 000	459 000	112 000	510 000	1 060 000	440 000
Zuschlagsgrundlagen			2 940 000 FM		735 000 FL	525 000 FL	1 800 Maschinen-stunden		448 000 FL	510 000 FL	7 900 000 Herstellkosten des Umsatzes	
IST-Zuschlagssätze			10,5 %		112,9 %	112,4 %	350,00 DM Maschinen-stundensatz		25 %	100 %	13,4 %	5,6 %

Berechnung der Herstellkosten des Umsatzes als Zuschlagsgrundlage für die Verwaltungs- und Vertriebsgemeinkosten:

Kalkulationsschema	
Fertigungsmaterial	2 940 000,00 DM
+ Materialgemeinkosten (MGK)	310 000,00 DM
= **Materialkosten**	3 250 000,00 DM
Fertigungslöhne FHS I	735 000,00 DM
+ Fertigungsgemeinkosten (FGK) I	830 000,00 DM
= **Fertigungskosten I**	1 565 000,00 DM
Fertigungslöhne FHS II	525 000,00 DM
+ Fertigungsgemeinkosten (FGK) II	590 000,00 DM
= **Fertigungskosten II**	1 115 000,00 DM
Maschinenabhängige FGK	630 000,00 DM
+ **Fertigungslöhne des Maschinenplatzes**	448 000,00 DM
+ **Restgemeinkosten**	112 000,00 DM
= **Fertigungskosten III (Maschinenplatz)**	1 190 000,00 DM
Fertigungslöhne FHS IV	510 000,00 DM
+ Fertigungsgemeinkosten (FGK) IV	510 000,00 DM
= **Fertigungskosten IV**	1 020 000,00 DM
Herstellkosten der produzierten Menge (HK der Erzeugung)	8 140 000,00 DM
− **Mehrbestand an fertigen Erzeugnissen** (HK des Umsatzes)	240 000,00 DM
= **Herstellkosten der abgesetzten Menge**	7 900 000,00 DM

4.5.5 Abhängigkeit des Maschinenstundensatzes von der Maschinenlaufzeit

Maschinenstunden bei Normalbeschäftigung. Der Maschineneinsatz wird in einem Industriebetrieb so geplant, daß die Zahl der Ruhestunden möglichst gering ist. Von den maximal zur Verfügung stehenden Arbeitsstunden sind die Zeiten abzuziehen, in denen die Maschine betriebsbedingt stillsteht. Solche Ausfallzeiten können maschinenbedingt (Wartungs-, Reparaturzeiten), auftragsbedingt (Umrüst-, Einrichtzeiten) oder personalbedingt sein (Betriebsurlaub, Krankheit). Im obigen Beispiel wurden für betriebsbedingte Ausfallzeiten 2,5 Stunden pro Woche angesetzt; die Normalbeschäftigung beträgt damit 37,5 Stunden (von maximal 40 Stunden) = 93,75 %.

Abweichungen von der Normalbeschäftigung treten bei besonders günstiger oder ungünstiger wirtschaftlicher Lage auf. Die geplante Laufzeit wird dann über- oder unterschritten.

- Sie wird überschritten (z.B. durch Überstunden oder die Einrichtung einer zweiten Schicht), wenn die Auftragseingänge steigen.
- Sie wird unterschritten (z.B. durch Kurzarbeit), wenn in einer wirtschaftlichen Krise die Auftragseingänge rückläufig sind.

Weichen die tatsächlichen von den geplanten Maschinenlaufstunden ab, so hat das bei vollem Kostenersatz Auswirkungen auf die Höhe des Maschinenstundensatzes.

Folgende Fälle ergeben sich:

1. Fall: Geplante Maschinenlaufzeit 1800 Stunden/Jahr:

	Variable Maschinenkosten je Maschinenstunde (vgl. S. 375)	95,00 DM
+	Fixe Maschinenkosten je Maschinenstunde (459 000 : 1800 =) . . .	255,00 DM
=	**Maschinenstundensatz** (bei Normalbeschäftigung)	**350,00 DM**

2. Fall: Tatsächliche Maschinenlaufzeit 3 600 Stunden/Jahr (zweite Schicht):

	Variable Maschinenkosten je Maschinenstunde (s. oben)	95,00 DM
+	Fixe Maschinenkosten je Maschinenstunde (459 000 : 3 600 =) . . .	127,50 DM
=	**Maschinenstundensatz** (bei Überbeschäftigung)	**222,50 DM**

Das Sinken des Maschinenstundensatzes von 350,00 DM/Std. auf 222,50 DM/Std. ist darauf zurückzuführen, daß sich die fixen Maschinenkosten auf eine höhere Laufzeit verteilen.

3. Fall: Tatsächliche Maschinenlaufzeit 1200 Stunden/Jahr (Kurzarbeit):

	Variable Maschinenkosten je Maschinenstunde (s. oben)	95,00 DM
+	Fixe Maschinenkosten je Maschinenstunde (459 000 : 1200 =) . . .	382,50 DM
=	**Maschinenstundensatz** (bei Unterbeschäftigung)	**477,50 DM**

Das Steigen des Maschinenstundensatzes von 350,00 DM/Std. auf 477,50 DM/Std. ist darauf zurückzuführen, daß sich die fixen Maschinenkosten auf eine niedrigere Laufzeit verteilen.

Merke:
- Eine Erhöhung der Maschinenlaufzeit gegenüber der Normalbeschäftigung verringert den Maschinenstundensatz bei vollem Kostenersatz.
- Eine Verringerung der Maschinenstundenzahl gegenüber der Normalbeschäftigung erhöht den Maschinenstundensatz entsprechend.
- In Zeiten wirtschaftlicher Rezession ist zu prüfen, ob der Maschinenstundensatz unter Verzicht auf teilweisen Ersatz der fixen Kosten gesenkt werden soll.

Aufgaben – Fragen

422 Der Betriebsabrechnungsbogen eines anlageintensiven Industriebetriebes weist nach der Verteilung der Gemeinkosten auf die Kostenstellen folgende Stellengemeinkosten aus:

Betriebsabrechnungsbogen					
Material-stelle	Fertigungshauptstellen			Verwaltungs-stelle	Vertriebs-stelle
	Maschine I	Maschine II	Übrige Fertig.-Stellen		
320 000,00	120 000,00	145 000,00	96 000,00	265 000,00	110 000,00

1. Berechnen Sie die Gemeinkostenzuschlagssätze und die Maschinenstundensätze nach folgenden Angaben:
   Materialstelle hat als Zuschlagsgrundlage: 800 000,00 DM Fertigungsmaterial,
   FHS Maschine I hat als Zuschlagsgrundlage: 1 500 Maschinenstunden,
   FHS Maschine II hat als Zuschlagsgrundlage: 1 650 Maschinenstunden,
   Übrige Fertig.-Stellen haben als Zuschlagsgrundlage: 120 000,00 DM Fertigungslöhne.
   Die Verwaltungs- und Vertriebsgemeinkosten werden auf die Herstellkosten des Umsatzes bezogen. Hierbei ist ein Mehrbestand von 24 000,00 DM zu berücksichtigen.
2. Berechnen Sie die Selbstkosten der Abrechnungsperiode.
3. Der Beschäftigungsrückgang zwingt zu einer Verkürzung der Maschinenlaufzeit auf 1 200 Std. (Maschine I) und 1 500 Std. (Maschine II). Erläutern Sie die Auswirkungen auf die Maschinenstundensätze.

423 Vervollständigen Sie den Betriebsabrechnungsbogen.

Kostenart	Zahlen der KLR	Material-stelle	Abrichtanlage		Rest-gemein-kosten	Übrige Fertig.-Stellen	Verw.-Stelle	Vertr.-Stelle
			Maschinen-abhängige Fertigungsgemein-kosten					
			fix	variabel				
Allg. Betriebs-kosten	8 000,00	1	:		3	:	4	
Energie	3 000,00	300,00	80,00	600,00		1 400,00	500,00	120,00
Betr.-Stoffkosten	6 000,00			1 000,00		5 000,00		
Gehälter	20 000,00	2 000,00	2 500,00			4 500,00	11 000,00	
Hilfslöhne	35 000,00	3 000,00			7 000,00	21 500,00		3 500,00
Soz. Aufwend.	19 000,00	1 200,00			3 000,00	9 400,00	4 000,00	1 400,00
Kalk. Zinsen	5 000,00	500,00	800,00			2 600,00	600,00	500,00
Abschreibg. auf Anlagen	9 000,00	200,00	2 500,00			5 500,00	500,00	300,00
Abschreibg. auf Gebäude	18 000,00	1 800,00	3 500,00			9 000,00	2 200,00	1 500,00
Reparaturkosten	6 500,00		770,00	1 200,00		4 200,00		330,00
Sonstige Kosten	7 000,00	2	:		8	:	3	:	1
Fertigungslöhne					10 400,00	47 400,00		
Fertigungsmaterial		88 000,00						
Maschinenlaufstunden				250				

1. Berechnen Sie die Zuschlagssätze und den Maschinenstundensatz.
2. Ermitteln Sie die Selbstkosten der Abrechnungsperiode.
3. Mit welchem Maschinenstundensatz muß bei vollem Kostenersatz in Zukunft kalkuliert werden, wenn mit einem Beschäftigungsrückgang um 20 % gerechnet wird?
4. Wieviel DM fixe Kosten könnten nicht ersetzt werden, wenn trotz Beschäftigungsrückgang mit dem ursprünglichen Maschinenstundensatz kalkuliert wird?

424 In einem Industriebetrieb bilden 3 Stanzen eine Fertigungshauptstelle. Für jede Stanze wird der Maschinenstundensatz nach folgenden Angaben gesondert berechnet:

	Stanze I	Stanze II	Stanze III
Anschaffungskosten	84 000,00	150 000,00	240 000,00
Betriebsübliche Nutzungsdauer	15 Jahre	14 Jahre	14 Jahre
Lineare Abschreibung von den Wiederbeschaffungskosten	105 000,00	175 000,00	280 000,00
Kalk. Zinsen auf halbe Ansch.-Kosten .	9 %	9 %	9 %
Maschinenleistung	10 kW	20 kW	40 kW
Strompreis je kWh	0,18 DM	0,18 DM	0,18 DM
Grundgebühr monatlich	60,00 DM	80,00 DM	100,00 DM
Kosten für Instandhaltung und Wartung pro Jahr	4 000,00	8 000,00	10 000,00
Stand- und Arbeitsfläche	20 m²	25 m²	30 m²
Platzkosten je m²	40,00	40,00	40,00
durchschn. Werkzeugkosten je Monat .	150,00	200,00	400,00
Betriebsstoffkosten je Monat	40,00	50,00	70,00

Die maschinenunabhängigen Fertigungskosten werden für den Monat Oktober für die gesamte Kostenstelle in folgender Höhe ermittelt:

    Fertigungslöhne .... 7 500,00 DM
    Hilfslöhne .... 8 000,00 DM
    Soziale Aufwendungen .... 3 500,00 DM
    Allgemeine Betriebskosten .... 2 000,00 DM

1. Berechnen Sie die Maschinenstundensätze für jede Stanze bei geplanten Beschäftigungen je Monat von:

	Stanze I	Stanze II	Stanze III
Laufstunden	150 Stunden	120 Stunden	100 Stunden

2. Ermitteln Sie den Restgemeinkostenzuschlagssatz.

---

425 In einem Industriebetrieb bildet die Reparaturwerkstatt mit 1 Bohrmaschine, 1 Drehbank und 1 Fräsmaschine eine besondere Kostenstelle. Für jede Maschine wurde ein besonderer Maschinenstundensatz errechnet, und zwar für

    Bohrmaschine .... 15,00 DM
    Drehbank .... 18,00 DM
    Fräsmaschine .... 22,00 DM

Zusätzlich fallen in dieser Kostenstelle maschinenunabhängige Fertigungsgemeinkosten für Reinigung, Montage und Kontrolle an:

    Hilfslöhne .... 4 000,00 DM
    Gehälter .... 2 400,00 DM
    Soziale Aufwendungen .... 3 000,00 DM
    Allgemeine Betriebskosten .... 1 000,00 DM

Die Fertigungslöhne betragen in der Abrechnungsperiode 8 000,00 DM.

Berechnen Sie den Restgemeinkostenzuschlagssatz und die Periodenkosten für 150 Stunden.

4.6 Kostenträgerstückrechnung bei Serienfertigung

Die Kostenträgerstückrechnung (= **Kalkulation**) stellt die 3. Stufe der KLR dar.

Aufgaben. Die Kostenträgerstückrechnung dient vor allem zur Berechnung der Selbstkosten für einzelne Kostenträger. Sie wird auch angewandt, um

- Angebotspreise für Erzeugnisse zu berechnen. In diesem Fall spricht man von Vorkalkulation. Sie basiert auf Normalzuschlagssätzen (vgl. S. 382),
- zu kontrollieren, ob die Normalkosten der Vorkalkulation durch die Produktion eingehalten worden sind. In diesem Fall spricht man von Nachkalkulation (vgl. S. 386),
- die Annahme von Aufträgen zu festen Marktpreisen entscheiden zu können. In der Regel wird ein Auftrag nur angenommen, wenn der Preis mindestens die variablen Kosten deckt (vgl. Kap. „Deckungsbeitragsrechnung", S. 404),
- die liquiditätsorientierte Preisuntergrenze zu bestimmen. Bei angespannter Absatzlage ist es für den Unternehmer wichtig zu wissen, welche Kosten ausgabewirksam sind und welche nicht. Ausgabewirksame Kosten (z.B. Löhne, Steuern, Mieten) müssen über die Umsatzerlöse ersetzt werden, da sie kurzfristig zu Geldausgaben führen (vgl. S. 405).

Merke: Die Kostenträgerstückrechnung – auch Kalkulation genannt – ermittelt die Selbstkosten für den einzelnen Kostenträger. Mit ihrer Hilfe werden Angebotspreise berechnet und Kostenkontrollen durchgeführt.

4.6.1 Zuschlagskalkulation

Zuschlagskalkulation. In Betrieben mit Serienfertigung stellt die Zuschlagskalkulation das geeignete Kalkulationsverfahren dar. Die Zuschlagskalkulation geht von den Einzelkosten des Kostenträgers (= Fertigungsmaterial und Fertigungslöhne) aus und führt durch schrittweise Einrechnung der anteiligen Gemeinkosten über Gemeinkostenzuschlagssätze (z.B. Normalzuschlagssätze, Istzuschlagssätze) zu den Selbstkosten. In stark mechanisierten Betrieben wird sie durch die Maschinenstundensatzrechnung ergänzt.

Schema der Zuschlagskalkulation. Die Selbstkostenkalkulation für den einzelnen Kostenträger entspricht in ihrem Aufbau dem aus der Kostenträgerzeitrechnung bekannten Schema:

	Kalkulationsschema	
1.		Fertigungsmaterial lt. Stückliste
2.	+	... % Materialgemeinkosten
3.	=	**Materialkosten (1. + 2.)**
4.		Fertigungslöhne lt. Arbeitsplan
5.	+	... % Fertigungsgemeinkosten
6.	=	**Fertigungskosten (4. + 5.)**
7.	=	**Herstellkosten (3. + 6.)**
8.	+	... % Verwaltungsgemeinkosten
9.	+	... % Vertriebsgemeinkosten
10.	=	**Selbstkosten des Kostenträgers (7. + 8. + 9.)**

Merke: Die Zuschlagskalkulation paßt sich in ihrem Aufbau der Hauptkostenstellengliederung des Betriebsabrechnungsbogens an.

4.6.2 Zuschlagskalkulation als Angebotskalkulation

Selbstkostenkalkulation. Die Angebots- oder Vorkalkulation soll bereits bei Abschluß eines Kaufvertrages eine verbindliche Aussage über den Verkaufspreis machen. Sie liegt also zeitlich vor dem Produktionsprozeß und basiert auf Normalkosten. In einem ersten Schritt ermittelt sie die Selbstkosten für den einzelnen Kostenträger.

Situation: In der Schmolmann KG wird der Selbstkostenpreis für ein Blechgehäuse des Typs A nach folgenden Angaben kalkuliert (vgl. auch die Angaben von Seite 359, angenommene Herstellungsmenge 87 500 Gehäuse; BAB Seite 369):

Fertigungsmaterial lt. Stückliste .... 14,00 DM
Fertigungslöhne der Fertigungshauptstelle I (lt. Arbeitsplan) .... 3,70 DM
Fertigungslöhne der Fertigungshauptstelle II (lt. Arbeitsplan) .... 2,60 DM
Fertigungslöhne der Fertigungshauptstelle III (lt. Arbeitsplan) ...... 3,20 DM
Fertigungslöhne der Fertigungshauptstelle IV (lt. Arbeitsplan) ...... 2,50 DM

Die Normalzuschlagssätze sind im Kalkulationsschema eingetragen.

Kalkulationsschema		
	Fertigungsmaterial	14,00 DM
+	10 % Materialgemeinkosten	1,40 DM
=	Materialkosten	15,40 DM
	Fertigungslöhne I	3,70 DM
+	115 % Fertigungsgemeinkosten	4,25 DM
=	Fertigungskosten I	7,95 DM
	Fertigungslöhne II	2,60 DM
+	110 % Fertigungsgemeinkosten	2,86 DM
=	Fertigungskosten II	5,46 DM
	Fertigungslöhne III	3,20 DM
+	100 % Fertigungsgemeinkosten	3,20 DM
=	Fertigungskosten III	6,40 DM
	Fertigungslöhne IV	2,50 DM
+	100 % Fertigungsgemeinkosten	2,50 DM
=	Fertigungskosten IV	5,00 DM
=	Herstellkosten	40,21 DM
+	13 % Verwaltungsgemeinkosten	5,23 DM
+	5 % Vertriebsgemeinkosten	2,01 DM
=	**Selbstkosten für 1 Gehäuse, Typ A**	**47,45 DM**

Angebotskalkulation. Die Selbstkostenkalkulation wird durch Einrechnung des Gewinns sowie von Skonto (ggf. Provision) und Rabatt zur Angebotskalkulation erweitert.

Gewinn. Der Betriebsgewinn muß so hoch ausfallen, daß er — nach Erstattung aller Kosten über die Umsatzerlöse — das allgemeine Unternehmerrisiko abdeckt und Finanzmittel für zukünftige Neuinvestitionen (vgl. S. 327) bereitstellt.

> **Merke:** Im kalkulatorischen Gewinn werden das allgemeine Unternehmerrisiko abgedeckt und Finanzmittel für zukünftige Neuinvestitionen bereitgestellt.

Gewinnzuschlagssatz. Einen angemessenen Gewinn erzielt man in der Kalkulation dadurch, daß man den Selbstkosten einen Zuschlag (in %) für den Gewinn zurechnet.

Beispiel: Aus dem Kostenträgerblatt der Schmolmann KG (vgl. S. 363) lassen sich folgende Zahlen für die Berechnung des durchschnittlichen Gewinnzuschlagssatzes entnehmen:

Umsatzergebnis (zu Normalkosten) .... 1 039 880,00 DM,
Selbstkosten des Umsatzes (zu Normalkosten) .... 9 480 120,00 DM.

$$\text{Gewinnzuschlagssatz} = \frac{\text{Umsatzergebnis}}{\text{Selbstkosten d. Ums.}} = \frac{1\,039\,880 \text{ DM}}{9\,480\,120 \text{ DM}} = \underline{\underline{10{,}96\,\%}} \sim \underline{\underline{11\,\%}}$$

Merke:
- Zuschlagsgrundlage für den Gewinn sind die Selbstkosten.
- Die Summe aus Selbstkosten und Gewinn ergibt den Barverkaufspreis.

Angebotspreis. Nach Einrechnung der Zuschläge für Skonto (evtl. Provision) und Rabatt in den Barverkaufspreis ergibt sich der Angebotspreis des Kostenträgers.

Sondereinzelkosten des Vertriebs. Sofern beim Verkauf Nebenkosten entstehen, die sich unmittelbar dem Kostenträger zurechnen lassen (z.B. Transport- und Verpackungskosten, Provision), werden diese Nebenkosten in den Barverkaufspreis eingerechnet. In manchen Fällen sind die Nebenkosten zunächst aufgrund bestimmter Prozentsätze zu berechnen (z.B. Transportversicherung, Vertriebsprovision). Hierbei ist zu beachten, daß die Zuschlagsgrundlage (= 100 %) für diese Nebenkosten der Zielverkaufspreis ist, nicht der Barverkaufspreis.

Kundenskonto und Kundenrabatt sind im Angebotspreis enthalten. Sie kommen dem Kunden entweder für Zahlung innerhalb bestimmter Fristen (Kundenskonto) oder für die Abnahme bestimmter Mengen (Mengenrabatt) zugute. Kundenskonto wird in den Barverkaufspreis, Kundenrabatt in den Zielverkaufspreis eingerechnet. Hierbei ist zu beachten, daß die Zuschlagsgrundlage (= 100 %) für Kundenskonto der Zielverkaufspreis, für Kundenrabatt der Angebotspreis ist. Kundenrabatte werden bereits bei der Rechnungserstellung in Abzug gebracht.

Beispiel: In der Schmolmann KG wird der Angebotspreis für ein Blechgehäuse – ausgehend von den Selbstkosten – aufgrund folgender Angaben kalkuliert:

Gewinnzuschlag	11 %,	Vertriebsprovision	3 %,
Kundenskonto	2 %,	Kundenrabatt	12 %.

Selbstkosten für 1 Gehäuse (vgl. S. 382)	**47,45 DM**		
+ 11 % Gewinn	5,22 DM		
Barverkaufspreis	**52,67 DM**	≙ 95 %	
+ 2 % Kundenskonto	1,11 DM	≙ 2 %	
+ 3 % Vertriebsprovision	1,66 DM	≙ 3 %	
Zielverkaufspreis (= Rechnungspreis)	**55,44 DM**	≙ 100 % ▼	≙ 88 %
+ 12 % Kundenrabatt	7,56 DM		≙ 12 %
Angebotspreis (= Listenpreis)	**63,00 DM**		≙ 100 % ▼

Berechnung der Verkaufszuschläge:

$$\text{Kundenskonto} = \frac{52{,}67 \text{ DM} \cdot 2\,\%}{95\,\%} = \mathbf{1{,}11 \text{ DM}}$$

$$\text{Vertriebsprovision} = \frac{52{,}67 \text{ DM} \cdot 3\,\%}{95\,\%} = \mathbf{1{,}66 \text{ DM}}$$

$$\text{Kundenrabatt} = \frac{55{,}44 \text{ DM} \cdot 12\,\%}{88\,\%} = \mathbf{7{,}56 \text{ DM}}$$

Aufgaben

426 Der BAB einer Maschinenfabrik enthält für den Monat November folgende Angaben:

Materialgemeinkosten	36 850,00
Fertigungsgemeinkosten	716 880,00
Verwaltungsgemeinkosten	281 573,00
Vertriebsgemeinkosten	140 786,50

An Einzelkosten fallen an:

Fertigungsmaterial	670 000,00
Fertigungslöhne	477 920,00

1. Berechnen Sie die Istzuschlagssätze (Bestandsveränderungen sind nicht zu berücksichtigen).
2. Das Unternehmen kalkuliert mit folgenden Normalzuschlagssätzen:
   Material 6 %, Fertigung 160 %, Verwaltung 15 %, Vertrieb 6 %.

Errechnen Sie die Selbstkosten eines Auftrags, für den folgende Einzelkosten veranschlagt werden:

Fertigungsmaterial	650,00
Fertigungslöhne 42 Stunden zu je	21,00

427 Eine Schlösserfabrik will 50 000 Vorhängeschlösser eines bestimmten Typs in Fertigung geben. Es werden folgende Kosten geplant:

Fertigungsmaterial	32 000,00
Fertigungslöhne in Fertigungshauptstelle I	8 000,00
Fertigungslöhne in Fertigungshauptstelle II	5 800,00
Fertigungslöhne in Fertigungshauptstelle III	4 400,00

Die Normalzuschlagssätze betragen:
Material 5 %, Fertigung I 180 %, Fertigung II 200 %, Fertigung III 160 %, Verwaltung 15 %, Vertrieb 8 %, Gewinnzuschlag 18 %.

Berechnen Sie die geplanten Selbstkosten insgesamt und je Stück sowie den Barverkaufspreis für 1 Schloß.

428 Eine Werkzeugfabrik kalkuliert mit folgenden Normalzuschlagssätzen:
Material 12 %, Fertigung I 160 %, Fertigung II 200 %, Verwaltung 10 %, Vertrieb 8 %.

Für einen Auftrag über 500 Feilen wird mit einem Materialverbrauch von 750,00 DM und einem Lohnaufwand von

15 Stunden zu je 22,50 DM in Fertigungshauptstelle I und
18 Stunden zu je 20,50 DM in Fertigungshauptstelle II

gerechnet.

Gewinnzuschlag 15 %, Skonto 3 %, Vertriebsprovision 4 %.

1. Erstellen Sie die Vorkalkulation. Wieviel DM Selbstkosten entfallen auf 1 Feile?
2. Bestimmen Sie den Rechnungspreis für 1 Feile.

429 *Für eine Werkzeugmaschine sind die Selbstkosten nach folgenden Angaben zu kalkulieren:*

Fertigungsmaterial	12 500,00 DM
Fertigungslöhne Dreherei	2 950,00 DM
Fertigungslöhne Fräserei	1 410,00 DM

Normalzuschlagssätze:

Material	15 %
Fertigungshauptstelle Dreherei	115 %
Fertigungshauptstelle Fräserei	120 %
Verwaltung	15 %
Vertrieb	5 %

Das Erzeugnis wird unter Einrechnung von 3 % Kundenskonto und 8 % Kundenrabatt zum Preis von 38 660,00 DM angeboten.

Wie hoch ist der erzielbare Gewinn in DM und Prozent?

430 Die Kostenrechnungsabteilung eines Industriebetriebes kalkuliert den Listenpreis für ein Gerät, das neu in das Produktionsprogramm aufgenommen werden soll, aufgrund folgender Unterlagen:

Fertigungsmaterial lt. Stückliste:
Gehäuse je Stück 4,00 DM
Armatur je Stück 12,00 DM

Fertigungslöhne lt. Zeitvorgabe:
I. Schneiden je 100 Stück 450 Minuten
II. Schweißen je Stück 3 Minuten
III. Lackieren je 100 Stück 270 Minuten
IV. Montieren je Stück 2 Minuten

Die Arbeitsstunde wird einheitlich mit 24,00 DM verrechnet.

Die Normalzuschlagssätze betragen:
Material 5 %, Fertigung I 100 %, Fertigung II 140 %, Fertigung III 90 %, Fertigung IV 110 %, Verwaltung 20 %, Vertrieb 6 %.

Folgende Verkaufszuschläge sind zu berücksichtigen:
Gewinn 15 %, Skonto (i. H.) 2 %, Rabatt (i. H.) 10 %.

1. *Wieviel DM beträgt der Listenpreis je Gerät?*
2. *Das entsprechende Gerät wird von Konkurrenzunternehmen zum Barverkaufspreis von 33,00 DM auf dem Markt angeboten. Lohnt sich die Produktion? Wie hoch wäre der tatsächliche Stückgewinn?*

431 *Erstellen Sie die Vorkalkulation für einen Reparaturauftrag unter Berücksichtigung folgender Angaben:*

Reparaturmaterial: 45,00 DM,
Materialgemeinkostenzuschlag: 8 %,
Fertigungslöhne: 1,5 Stunden zu je 25,00 DM,
Maschineneinsatz: Bohren 0,25 Std.,
Drehen 0,75 Std.,
Fräsen 0,50 Std.,

Der Maschineneinsatz wird mit 25,40 DM je Stunde kalkuliert.
Verwaltungs- und Vertriebsgemeinkostenzuschlag: 20 %.
Gewinnzuschlag: 15 %.

4.6.3 Zuschlagskalkulation als Nachkalkulation

Aufgabe. Die Nachkalkulation zeigt, ob der zu Normalkosten kalkulierte und angenommene Auftrag im Rahmen dieser Kosten verwirklicht werden konnte. Sie wird nach Beendigung der Produktion als Zuschlagskalkulation aufgrund der tatsächlich entstandenen Einzelkosten und der Istzuschläge aus dem BAB durchgeführt. Aus der Gegenüberstellung mit der Vorkalkulation werden Abweichungen ersichtlich.

Merke: Die Nachkalkulation ist eine Kontrollrechnung, die den Normalkosten der Vorkalkulation die tatsächlichen Kosten (Istkosten) gegenüberstellt.

Beispiel: Auf der Grundlage der Istzuschlagssätze (BAB, S. 369) und der Ist-Einzelkosten für Material und Löhne (vgl. S. 382) entsteht die folgende Nachkalkulation.

Fertigungsmaterial (Ist = Normal) 14,00 DM   Fertigungslöhne, FHS III   3,15 DM
Fertigungslöhne, FHS I .... 3,67 DM   Fertigungslöhne, FHS IV   2,55 DM
Fertigungslöhne, FHS II .... 2,63 DM

Kalkulationsschema	Vorkalkulation		Nachkalkulation	
Fertigungsmaterial		14,00 DM		14,00 DM
+ Materialgemeinkosten	10,0 %	1,40 DM	10,5 %	1,47 DM
Materialkosten		15,40 DM		15,47 DM
Fertigungslöhne FHS I		3,70 DM		3,67 DM
+ Fertigungsgemeinkosten	115,0 %	4,25 DM	112,9 %	4,14 DM
Fertigungskosten FHS I		7,95 DM		7,81 DM
Fertigungslöhne FHS II		2,60 DM		2,63 DM
+ Fertigungsgemeinkosten	110,0 %	2,86 DM	112,4 %	2,96 DM
Fertigungskosten FHS II		5,46 DM		5,59 DM
Fertigungslöhne FHS III		3,20 DM		3,15 DM
+ Fertigungsgemeinkosten	100,0 %	3,20 DM	98,4 %	3,10 DM
Fertigungskosten FHS III		6,40 DM		6,25 DM
Fertigungslöhne FHS IV		2,50 DM		2,55 DM
+ Fertigungsgemeinkosten	100,0 %	2,50 DM	100,0 %	2,55 DM
Fertigungskosten FHS IV		5,00 DM		5,10 DM
Herstellkosten		40,21 DM		40,22 DM
+ Verwaltungsgemeinkosten	13,0 %	5,23 DM	13,3 %	5,35 DM
+ Vertriebsgemeinkosten	5,0 %	2,01 DM	5,5 %	2,21 DM
Selbstkosten für 1 Gehäuse		47,45 DM		47,78 DM
+ Gewinn	11,0 %	5,22 DM	**10,23 %**	**4,89 DM**
Barverkaufspreis		52,67 DM		52,67 DM
+ Kundenskonto	2,0 %	1,11 DM		
+ Vertriebsprovision	3,0 %	1,66 DM		
Zielverkaufspreis		55,44 DM		
+ Kundenrabatt	12,0 %	7,56 DM		
Angebotspreis		63,00 DM		

Gegenüber der Vorkalkulation fällt der tatsächlich erzielte Gewinn um 0,33 DM je Gehäuse niedriger aus. Das führt zu einem tatsächlichen Gewinnzuschlag von 10,23 %.

Merke:
- Die Nachkalkulation mißt im Vergleich mit den Normalkosten der Vorkalkulation den tatsächlichen Erfolg eines Kostenträgers.
- Die festgestellten Abweichungen bedürfen einer Analyse.

Auswertung der Nachkalkulation: Im nebenstehenden Beispiel übersteigen die tatsächlich angefallenen Selbstkosten die vorkalkulierten Normal-Selbstkosten insgesamt um 0,33 DM je Gehäuse. Da der Barverkaufspreis verbindlich vorgegeben war, führt diese Kostenunterdeckung zu einer entsprechend hohen Gewinneinbuße. Eine genaue Analyse zeigt, daß die Ist-Gemeinkostenzuschläge in der Materialstelle, der Fertigungshauptstelle II, der Verwaltungs- und Vertriebsstelle über den Normalzuschlagssätzen liegen und hier somit Kostenunterdeckungen anzeigen. In den Fertigungshauptstellen I und III liegen die Ist-Gemeinkostenzuschläge unter den Normalzuschlägen; sie zeigen hier Kostenüberdeckungen an.

Beschäftigungsabweichung (vgl. S. 360). Die eigentliche Abweichung (= Kostenunterdeckung) entsteht im Verwaltungs- und Vertriebsbereich. Hierbei handelt es sich offenbar um eine Beschäftigungsabweichung. Es ist zu erwarten, daß bei der geplanten Beschäftigungserhöhung (vgl. S. 334) die Ist-Zuschlagssätze in diesen Bereichen zurückgehen werden und sich den Normal-Zuschlagssätzen annähern, weil die Verwaltungs- und Vertriebsgemeinkosten überwiegend fixe Kosten sind, die sich bei der Beschäftigungserhöhung nicht verändern und zu sinkenden Zuschlagssätzen führen.

Preis- und Verbrauchsabweichungen (vgl. S. 360). Gehen wir davon aus, daß keine Preisabweichungen vorliegen, da verstärkt mit kalkulatorischen Kosten und Verrechnungspreisen gearbeitet wird, dann sind Verbrauchsabweichungen bei den Einzelkosten mit die Ursache für die Kostenunterdeckung in der Nachkalkulation. Im einzelnen ist festzustellen:

- Beim **Fertigungsmaterial** ergibt sich keine Abweichung zwischen Vor- und Nachkalkulation.
- Bei den **Fertigungslöhnen** sind sowohl Über- als auch Unterdeckungen in den einzelnen Fertigungshauptstellen feststellbar. Hier muß der Betriebsleiter nach den Ursachen forschen.

Merke: Die Abweichungen zwischen Ist- und Normal-Zuschlägen bedürfen einer Analyse:
- Beschäftigungs- und Preisabweichungen lassen sich leicht ausschalten.
- Verbrauchsabweichungen hat der Betriebsleiter zu verantworten.

Aufgaben – Fragen

432 *Zur Aufgabe 428, S. 384, ist eine Nachkalkulation aufzustellen.*
Nach Durchführung der Produktion steht fest, daß der Materialverbrauch eingehalten wurde, der Lohnaufwand betrug jedoch

    in Fertigungshauptstelle I: 16 Stunden zu je 23,00 DM,
    in Fertigungshauptstelle II: 24 Stunden zu je 18,40 DM.

Der BAB des Abrechnungsmonats weist folgende Ist-Zuschlagssätze aus:
Material 10 %; Fertigung I 150 %; Fertigung II 180 %; Verwaltung 12,5 %; Vertrieb 10 %.

1. Welche Kostenarten und -stellen sind zu überprüfen?
2. Wie erklären Sie den erheblichen Unterschied zwischen normierter und verbrauchter Arbeitszeit in der Fertigungshauptstelle II?

433
1. Worin unterscheiden sich Vor- und Nachkalkulation?
2. Wie werden Normalzuschlagssätze errechnet?
3. Die Zuschlagssätze für die Fertigungsgemeinkosten liegen in zwei aufeinanderfolgenden Betriebsabrechnungsbögen über dem Normalzuschlagssatz.
    Worauf kann das zurückzuführen sein? Was müßte ggf. veranlaßt werden?

434 Erstellen Sie die Vor- und Nachkalkulationen für folgenden Auftrag:

	Vorkalkulation	Nachkalkulation
Fertigungsmaterial	520,00 DM	535,00 DM
Materialgemeinkostenzuschlag	5 %	5,5 %
Maschinenkosten: Laufzeit	20 Stunden	19,5 Stunden
Stundensatz	24,75 DM	25,20 DM
Fertigungslöhne: Fertigungsstunden	22 Stunden	22 Stunden
Stundensatz	23,00 DM	22,60 DM
Verwaltungsgemeinkostenzuschlag	12,5 %	12,7 %
Vertriebsgemeinkostenzuschlag	8,0 %	7,6 %
Gewinnzuschlag	12,0 %	
Kundenskonto	3,0 %	
Kundenrabatt	6,0 %	

1. Errechnen Sie den tatsächlichen Gewinn.
2. Begründen Sie die Abweichungen.

435 Kalkulieren Sie auf der Grundlage der Aufgabe 424, S. 380, die Herstellkosten (gesamt und je Stück) für folgende Aufträge:

Auftrag A: Stanzen von 5 000 Behälterböden auf Stanze II.
Stahlblech: 1 100,00 DM,
Materialgemeinkostenzuschlag: 4 %,
Fertigungslöhne: 70 Stunden zu je 24,50 DM,
Maschinenstunden: 70 Stunden,
Sondereinzelkosten der Fertigung: 500,00 DM.

Auftrag B: Stanzen von 8 000 Ventildeckeln auf Stanze I.
Stahlblech: 800,00 DM,
Materialgemeinkostenzuschlag: 4 %,
Fertigungslöhne: 40 Stunden zu je 24,50 DM,
Maschinenstunden: 40 Stunden,
Sondereinzelkosten der Fertigung: 200,00 DM.

Auftrag C: Stanzen von 4 000 Mantelblechen auf Stanze III.
Stahlblech: 3 200,00 DM,
Materialgemeinkostenzuschlag: 4 %,
Fertigungslöhne: 100 Stunden zu je 24,50 DM,
Maschinenstunden: 100 Stunden,
Sondereinzelkosten der Fertigung: 400,00 DM.

Nach Abschluß der Produktion zeigen sich folgende Abweichungen:

Auftrag A: Stahlblech: 10%ige Erhöhung der Anschaffungskosten.
Fertigungslöhne: 73 Stunden zu je 24,50 DM,
Maschinenstundensatz: 5%ige Verringerung gegenüber der Norm.

Auftrag B: Stahlblech: 70,00 DM Mehrverbrauch,
Fertigungslöhne: 40 Stunden zu je 25,10 DM,
Maschinenstundensatz: 3%ige Erhöhung gegenüber Norm.

Auftrag C: Materialgemeinkostenzuschlag: 4,3 %,
Sondereinzelkosten der Fertigung: 10%ige Verringerung gegenüber Norm.

Stellen Sie die Nachkalkulation auf.

4.7 Vollkostenrechnung in Betrieben mit Sortenfertigung (Äquivalenzziffernkalkulation)

Situation 1: Das Unternehmen Schmolmann KG möchte einen schnellen Überblick (ohne BAB und Kostenträgerblatt) über die Selbstkosten jedes Gehäusetyps mit Hilfe der Äquivalenzziffernkalkulation gewinnen.

Voraussetzungen für die Anwendung der Äquivalenzziffernrechnung:

- Die **Erzeugnisse** müssen **artgleich** sein (= Sorten; vgl. S. 346), z. B. Ziegel, Biersorten, Bausteine, Zigaretten usw.
- Die **Erzeugnisse** müssen **in einem festen Kostenverhältnis** zueinander stehen.

Es kann unterstellt werden, daß diese Bedingungen für die im Unternehmen Schmolmann KG produzierten Gehäusetypen im wesentlichen erfüllt sind.

Äquivalenzziffern. Unterschiede in den Selbstkosten je Erzeugniseinheit können nur dadurch verursacht werden, daß die einzelnen Erzeugnisgruppen die Produktionsstätten verschieden stark beanspruchen. Das Kostenverhältnis, das die unterschiedlich starke Beanspruchung angibt, wird durch Beobachtung und Messung festgestellt. Hierbei setzt man das Haupterzeugnis gleich 1 und bringt die anderen Erzeugnisgruppen durch einen die Kostenverursachung ausdrückenden Zuschlag oder Abschlag in Beziehung zu 1. Die sich ergebenden Zahlen heißen Äquivalenzziffern.

Situation 2: Aufgrund der Arbeitspläne verschafft man sich in der Schmolmann KG einen Überblick darüber, in welchem Ausmaß die verschiedenen Gehäusetypen die Betriebsabteilungen belasten: Gehäusetyp A wird in durchschnittlich 26,7 Minuten gefertigt, Gehäusetyp B in 24 Minuten, Gehäusetyp C in 35 Minuten. Zusätzlich wird das Verhältnis, in dem Material- und Lohneinsatz je Stück zueinander stehen (vgl. S. 359), berücksichtigt, wobei aufgrund der größten Produktionsmenge das Gehäuse Typ A als Hauptsorte mit der Ziffer 1 festgesetzt wird. Hieraus ermittelt man die **Äquivalenzziffern** der Gehäusetypen A, B, C mit **1 : 0,9 : 1,3**.

Aus dem Kostenträgerblatt von Seite 359 lassen sich die Selbstkosten des Umsatzes mit 9 460 000,00 DM ablesen. Die Absatzmengen (vgl. S. 359) betrugen für Typ A 85 395 Stück, für Typ B 62 000 Stück und für Typ C 46 571 Stück.

Typ	Absatzmengen	Äquivalenzziffern	Umrechnungszahlen	Selbstkosten je Gehäuse	Selbstkosten je Typ (gerundet)
A	85 395 ·	1,0 =	85 395	**46,89 DM**	**4 004 400,00 DM**
B	62 000 ·	0,9 =	55 800	**42,20 DM**	**2 616 610,00 DM**
C	46 571 ·	1,3 =	60 542	**60,96 DM**	**2 838 990,00 DM**
			201 737		9 460 000,00 DM
Berechnung der Selbstkosten je Gehäuse:	9 460 000 DM :	201 737	= 46,8927 DM ≈	**46,89 DM**	
	0,9 ·	46,8927 DM	= 42,2034 DM ≈	**42,20 DM**	
	1,3 ·	46,8927 DM	= 60,9606 DM ≈	**60,96 DM**	
Berechnung der Selbstkosten je Typ:	85 395 Stück	·	46,8927	=	4 004 400,00 DM
	62 000 Stück	·	42,2034	=	2 616 610,00 DM
	46 571 Stück	·	60,9606	=	2 838 990,00 DM

Aufgabe: Vergleichen Sie diese Ergebnisse mit denen im Kostenträgerblatt von Seite 359.

Merke: Die Äquivalenzziffernkalkulation ist bei Sortenfertigung anwendbar. Sie vereinfacht die verursachungsgerechte Zuordnung der Kosten zu den Kostenträgern.

Aufgaben – Fragen

436 Die Novalux GmbH kalkuliert die Selbstkosten ihrer Glühbirnen nach folgenden Angaben: Die Einzelkosten (Fertigungsmaterial, Fertigungslöhne) werden für jede Sorte getrennt erfaßt, die Gemeinkosten in einer Summe.

Sorte	Produktions-menge	Fertigungs-material	Fertigungs-löhne	Äquivalenz-ziffer	Gemein-kosten
40 W	600 000	90 000,00 DM	75 000,00 DM	0,8	
60 W	800 000	110 000,00 DM	130 000,00 DM	1,0	514 800,00 DM
100 W	200 000	35 000,00 DM	40 000,00 DM	1,4	

1. Berechnen Sie die Stückkosten jeder Sorte.
2. Berechnen Sie die Selbstkosten jeder Sorte.

437 Eine Ziegelei stellt 4 Sorten Ziegel her.

Sorte	Äquivalenzziffern	Produktionsmenge	Gesamtkosten
I	0,75	40 000 Stück	
II	1,00	80 000 Stück	66 960,00 DM
III	1,20	30 000 Stück	
IV	1,60	25 000 Stück	

1. Berechnen Sie die Stückkosten jeder Sorte.
2. Berechnen Sie die Selbstkosten jeder Sorte.

438 Die Merkheimer OHG hat sich auf die Herstellung von hochwertigen Aktentaschen aus Leder spezialisiert. Sie stellt zur Zeit 3 Typen (A, B, C) von Aktentaschen her, die sich vor allem in der Größe und in der Innenausstattung voneinander unterscheiden. Eine durchgeführte Kostenanalyse hat ergeben, daß die Tasche Typ A als Hauptsorte einzustufen ist, und daß zwischen den Sorten A, B und C ein Kostenverhältnis von 1 : 0,9 : 1,25 besteht.
Für den abgelaufenen Monat liegen folgende Zahlen vor:

Sorte	Produktionsmenge	gesamte Selbstkosten
A	4 000 Stück	
B	2 500 Stück	1 976 250,00 DM
C	1 200 Stück	

1. Berechnen Sie aufgrund der Angaben die Selbstkosten je Stück und je Sorte.
2. Zu welchem Fehler könnte dieses Kalkulationsverfahren im Laufe der Zeit führen?

439 Die Pons GmbH stellt in einem Zweigwerk auf einer abgesonderten Fertigungsanlage Türbeschläge her. Für den Monat September liegen folgende Zahlen vor:

Typ	Produktionsmenge	Äquivalenzziffern	ges. Selbstkosten	Umsatzerlöse
I	15 000 Stück	0,9		270 000,00 DM
II	20 000 Stück	0,8		400 000,00 DM
III	12 500 Stück	1	1 581 600,00 DM	312 500,00 DM
IV	8 500 Stück	1,4		340 000,00 DM
V	10 000 Stück	1,2		300 000,00 DM

1. Bestimmen Sie die Selbstkosten je Stück und je Sorte.
2. Berechnen Sie den Gewinn je Stück, je Sorte und insgesamt.
3. Welche Schlußfolgerungen könnten aus der Gewinnsituation gezogen werden?

4.8 Vollkostenrechnung in Betrieben mit Massenfertigung (Divisionskalkulation)

Massenfertigung. Die Divisionskalkulation findet Anwendung in Unternehmungen, die ein einheitliches Produkt herstellen (Massenfertigung, vgl. S. 346). In diesen Unternehmungen gibt es kein verzweigtes Produktionsprogramm mit unterschiedlicher Belastung der Kostenstellen durch die Kostenträger. Somit entfällt bei Anwendung der Divisionskalkulation die Aufteilung der Kosten in Einzel- und Gemeinkosten und die umständliche Aufschlüsselung der Gemeinkosten auf die Kostenstellen.

Einfache Divisionskalkulation. Die einfache Divisionskalkulation ist anwendbar, wenn ein Unternehmen nur eine Erzeugnisart herstellt (z.B. Elektrizitätswerk, Ziegelei, Brauerei usw.). Die Selbstkosten für den einzelnen Kostenträger ergeben sich aus der Division der Gesamtkosten einer Abrechnungsperiode durch die Produktionsmenge der gleichen Periode.

$$\text{Selbstkosten des Kostenträgers} = \frac{\text{Gesamtkosten der Periode}}{\text{Produktionsmenge der Periode}}$$

Situation: Es soll angenommen werden, daß die Schmolmann KG nur einen Gehäusetyp fertigt. Im abgelaufenen Geschäftsjahr wurden 200 000 Gehäuse produziert (s. S. 334), dabei entstanden Kosten in Höhe von 9 700 000,00 DM (s. Ergebnistabelle S. 326). Das Unternehmen kalkuliert mit einem Gewinnzuschlag von 11 % (s. S. 383).

$$\text{Selbstkosten je Gehäuse} = \frac{9\,700\,000{,}00\ \text{DM}}{200\,000\ \text{Stück}} = \ldots\ldots\ 48{,}50\ \text{DM}$$

+ 11 % Gewinn .... 5,34 DM

= Barverkaufspreis .... 53,84 DM

Für die Angebotskalkulation werden bei diesem Verfahren normierte Selbstkosten verwendet, die man als arithmetisches Mittel aus den Stückselbstkosten vergangener Abrechnungsperioden berechnet.

Mehrfache Divisionskalkulation. Nicht immer wird ein Unternehmen alle in einer Abrechnungsperiode hergestellten Erzeugnisse auch in der gleichen Periode absetzen können. Am Ende der Abrechnungsperiode befindet sich ein Teil der Produktion vorübergehend im Lager. Unter dieser Bedingung führt die einfache Divisionskalkulation zu nicht verursachungsgerechten Selbstkosten, da sie auch die noch nicht verkauften Erzeugnisse mit anteiligen Vertriebskosten belastet. Um zu genauen Ergebnissen zu gelangen, teilt man zunächst die Gesamtkosten in Herstellkosten und Vertriebskosten auf. Die Herstellkosten werden dann auf die hergestellte Menge umgelegt, die Vertriebskosten nur auf die abgesetzte Menge. Die Selbstkosten je Kostenträger ergeben sich aus der Summe von Herstellkosten je Kostenträger und Vertriebskosten je Kostenträger.

$$\text{Selbstkosten je Kostenträger} = \frac{\text{Herstellkosten}}{\text{Produktionsmenge}} + \frac{\text{Vertriebskosten}}{\text{Absatzmenge}}$$

Zuordnung der Verwaltungsgemeinkosten. Verwaltungsgemeinkosten können in der mehrfachen Divisionskalkulation entweder den Herstellkosten, den Vertriebskosten oder anteilig beiden Kostenbereichen zugeordnet werden. Je nachdem, für welche Lösung man sich entscheidet, werden die Selbstkosten unterschiedlich hoch ausfallen.

Aufgaben – Fragen

440
1. Unter welchen Produktionsbedingungen ist die einfache Divisionskalkulation anwendbar?
2. Worin unterscheidet sich die einfache Divisionskalkulation von der mehrfachen Divisionskalkulation?
3. Wie werden die Verwaltungskosten in der mehrfachen Divisionskalkulation behandelt?

441 In einem Betrieb mit Massenfertigung entstanden im Monat März folgende Kosten:

Rohstoffverbrauch	380 000,00 DM
Hilfsstoffverbrauch	165 000,00 DM
Fertigungslöhne	357 000,00 DM
Fertigungsgemeinkosten	734 000,00 DM
Verwaltungskosten	422 000,00 DM
Vertriebskosten	186 000,00 DM

1. Wie hoch sind die Selbstkosten für eine Produktionseinheit bei einer Produktion von 336 000 Stück?
2. Errechnen Sie die Selbstkosten unter der Bedingung, daß ein Lagerbestand von 36 000 Stück verbleibt und die Verwaltungskosten im Verhältnis 3 : 1 den Herstell- und Vertriebskosten zugewiesen werden.
3. Wie hoch wären die Selbstkosten für den Fall, daß sich ein Minderbestand von 24 000 Stück ergibt und die Verwaltungskosten im Verhältnis 3 : 1 den Herstell- und Vertriebskosten zugewiesen werden?
4. Wie hoch sind die Selbstkosten, wenn man dazu übergeht, die Verwaltungskosten in voller Höhe dem Vertriebsbereich zuzuordnen?
   a) Es soll ein Mehrbestand von 36 000 Stück vorliegen.
   b) Es soll sich ein Minderbestand von 24 000 Stück ergeben.

442 Eine Kiesgrube arbeitet monatlich mit folgenden Kosten:

Betriebsstoffkosten	8 420,00 DM
Energiekosten	4 300,00 DM
Lohnkosten	48 500,00 DM
Abschreibungen	12 600,00 DM
Verwaltungskosten	10 400,00 DM
Vertriebskosten	9 800,00 DM

Es wird eine Menge von 200 t Kies ständig im Vorratsbehälter gelagert, so daß die Fördermenge nicht der Absatzmenge entspricht. Die Förderung betrug 3 800 t, die Absatzmenge 3 600 t.

Wie hoch sind die Selbstkosten für 1 t, wenn die Verwaltungskosten
a) voll den Herstellkosten zugerechnet werden,
b) je zur Hälfte den Herstell- und Vertriebskosten zugerechnet werden?

443 Ein Kunststeinwerk ermittelt die monatlichen Kosten mit:

Material	55 500,00 DM
Löhne	96 800,00 DM
Fertigungsgemeinkosten	140 200,00 DM
Verwaltungskosten	81 600,00 DM
Vertriebskosten	36 000,00 DM

1. Errechnen Sie die Selbstkosten und den Nettoverkaufspreis für 1000 Steine bei einer Herstellmenge von 800 000 Stück und einem Gewinnzuschlag von 15 % auf die Selbstkosten.
2. Wie hoch sind die Selbstkosten und der Nettoverkaufspreis für 1000 Steine, wenn 20 % der Produktion nicht im gleichen Abrechnungsmonat abgesetzt werden konnten? Die Verwaltungskosten gelten in voller Höhe als Vertriebskosten.

5 Deckungsbeitragsrechnung als Teilkostenrechnung

5.1 Vergleich zwischen Vollkosten- und Teilkostenrechnung

Die Vollkostenrechnung erfaßt alle Kostenarten periodengerecht und weist sie den einzelnen Kostenträgern zu. Ihre Aufgabe erfüllt sie zufriedenstellend, wenn auf dem Markt die mit Hilfe der Zuschlagskalkulation errechneten Preise akzeptiert werden.

Nachteile der Vollkostenrechnung. Die Vollkostenrechnung kann nicht angewandt werden, wenn unternehmerische Entscheidungen zur Verbesserung der Beschäftigung oder des Betriebserfolgs zu treffen sind. Im einzelnen weist sie folgende Nachteile auf:

- **Die Abhängigkeit der Gemeinkosten von der Beschäftigung** wird nicht untersucht: Zum Teil verhalten sich die Gemeinkosten bei Beschäftigungsänderungen fix, zum Teil variabel. Die Verteilung der fixen Kosten auf die Kostenstellen führt bei Beschäftigungsänderungen zu nicht verursachungsgerechten Kostenbelastungen (= Proportionalisierung der fixen Kosten über Gemeinkostenzuschlagssätze).
- **Bei der Berechnung von Zuschlagssätzen** für die Material-, Fertigungs-, Verwaltungs- und Vertriebsgemeinkosten wird unterstellt, daß zwischen den Gemeinkosten und der gewählten Zuschlagsgrundlage eine Abhängigkeit besteht. Das trifft aber nur bedingt zu, so hängt z. B. die Höhe der Fertigungsgemeinkosten nicht von der Höhe der Fertigungslöhne ab.

> **Merke:**
> - Für kurzfristig zu treffende marktorientierte Entscheidungen liefert die Vollkostenrechnung keine geeigneten Unterlagen.
> - Langfristig ist die Vollkostenrechnung die notwendige Grundlage für die Kostenkontrolle und Betriebsergebnisrechnung.

Teilkostenrechnung. Hier setzen nun die zur Teilkostenrechnung führenden Überlegungen an. Den Verantwortlichen in einer Unternehmung geht es doch letztlich darum, sich den Bedingungen des Marktes hinsichtlich Preis, Absatzmenge, Warensortiment anzupassen. Dabei ist zugleich auf die Erhaltung der Arbeitsplätze und die Erzielung von Gewinn zu achten. So hat die Unternehmensleitung in Zeiten des konjunkturellen Rückganges mit fallenden Marktpreisen zu entscheiden, ob auch noch zu einem nicht mehr kostendeckenden Preis produziert werden soll. Eine solche Entscheidung läßt sich zuverlässig nur treffen, wenn man in der Kostenrechnung völlig umdenkt:

Nicht entscheidend:	Entscheidend:
Die Kosten sind Grundlage der Kalkulation und **bestimmen den Preis** des Erzeugnisses.	Der **Marktpreis** des Erzeugnisses ist Grundlage der Kalkulation und **legt den Gewinn nach Abzug der Kosten offen.**

Das unterschiedliche Verhalten der Kosten bei Produktionsschwankungen wird in der Teilkostenrechnung dadurch berücksichtigt, daß von den Umsatzerlösen der einzelnen Erzeugnisgruppen zunächst nur die auf sie entfallenden variablen Kosten (vgl. S. 336) abgezogen werden. Die den Erzeugnisgruppen nicht genau zurechenbaren Gemeinkosten (= fixe Kosten, vgl. S. 338) erfaßt man gesondert in einem Block.

> **Merke:** Der Einsatz der Teilkostenrechnung im Rechnungswesen eines Industriebetriebes setzt voraus, daß alle Kostenarten auf ihre Abhängigkeit von der Produktion untersucht und danach in variable Kosten oder fixe Kosten aufgeteilt werden.

5.2 Grundzüge der Deckungsbeitragsrechnung

Maßgeblichkeit der variablen Kosten für den Betriebserfolg. Der Betriebserfolg wird entscheidend von den variablen Kosten (vgl. Kap. 3.3.1) beeinflußt, da sie auf die Kostenhöhe proportional zur Beschäftigung einwirken. Die fixen Kosten sind in der Regel unvermeidbar. Sie fallen also auch dann an, wenn die Beschäftigung Schwankungen unterworfen ist oder der Betrieb gar nicht mehr produziert.

Deckungsbeitrag. Um festzustellen, in welchem Umfang ein Kostenträger am Betriebserfolg beteiligt ist, werden von den Umsatzerlösen dieses Kostenträgers dessen variable Kosten subtrahiert. Die Differenz stellt den Bruttoerfolg dar und wird Deckungsbeitrag genannt.

> **Merke:** Umsatzerlöse
> − variable Kosten
> Bruttoerfolg = Deckungsbeitrag

5.2.1 Deckungsbeitragsrechnung als Stückrechnung

Situation: Es soll angenommen werden, daß die Schmolmann KG nur einen Gehäusetyp für einen Großabnehmer herstellt. Aus der Kostenrechnung des Geschäftsjahres 01 liegen folgende Angaben vor: Absatzmenge 193 966 Gehäuse, Umsatzerlöse 10 520 000,00 DM (vgl. S. 359). Hierbei fielen fixe Kosten in Höhe von 4 100 000,00 DM und variable Kosten je Stück von 28,00 DM (vgl. S. 342) an.
Wie hoch ist der Deckungsbeitrag je Gehäuse?

Deckungsbeitrag je Stück (= db). Jedes verkaufte Gehäuse erbringt einen **Erlös** (= Preis) von (10 520 000,00 DM : 193 966 Stück = 54,236, gerundet) **54,25 DM,** verursacht aber nur **variable Kosten** von **28,00 DM** (= variable Stückkosten). Die Differenz zwischen Preis und variablen Stückkosten von (54,25 DM − 28,00 DM =) **26,25 DM** je Gehäuse trägt zur Deckung der ohnehin anfallenden fixen Kosten bei oder führt zu Betriebsgewinnen, sobald die fixen Kosten gedeckt sind. Diese Differenz heißt Deckungsbeitrag je Stück.

> Umsatzerlös je Stück (= p) .... 54,25 DM
> − variable Stückkosten (= k_v) ...... 28,00 DM
> Deckungsbeitrag je Stück (= db) .. 26,25 DM

Preisuntergrenze. Liegt der Stückpreis, zu dem ein Auftrag ausgeführt werden kann, unterhalb der variablen Stückkosten, so decken die zusätzlichen Umsatzerlöse nicht die zusätzlichen Kosten, und die Erfolgssituation des Unternehmens verschlechtert sich; der Auftrag wird dann nicht angenommen.

Der Unternehmer könnte den Preis so weit senken, daß der Umsatzerlös gerade die auf das Stück umgerechneten variablen Kosten deckt; anders ausgedrückt: bis der Deckungsbeitrag je Stück gleich Null ist. In dieser Situation ist die Preisuntergrenze erreicht (vgl. S. 404).

> **Merke:** • Preis − variable Kosten je Mengeneinheit
> = Deckungsbeitrag je Stück.
> • Preis > variable Kosten je Mengeneinheit
> ↔ Verbesserung des Betriebserfolgs.
> • Preis < variable Kosten je Mengeneinheit
> ↔ Verschlechterung des Betriebserfolgs.
> • Preis = variable Kosten je Mengeneinheit
> ↔ Preisuntergrenze.

5.2.2 Deckungsbeitragsrechnung als Periodenrechnung im Einproduktunternehmen

Um den Betriebserfolg im Einproduktunternehmen zu ermitteln, werden die <u>fixen Kosten</u> einer Periode <u>in einer Summe</u> vom gesamten Deckungsbeitrag subtrahiert.

Situation: Die Schmolmann KG analysiert das Ergebnis des Geschäftsjahres 01 auf der Grundlage der Deckungsbeitragsrechnung. Hierfür verwendet sie die Zahlen der Ergebnistabelle (S. 326) sowie die Ausführungen von Seite 342 einschließlich der <u>grafischen Darstellung</u> des Kosten- und Umsatzverlaufs von Seite 343.

(1) Deckungsbeitrag und Betriebsergebnis der Abrechnungsperiode

Umsatzerlöse der Periode (= E)	193 966 St. · 54,25 DM ~	10 520 000,00 DM
− Variable Kosten des **Absatzes** (= K_v)	193 966 St. · 28,00 DM =	5 431 048,00 DM
Deckungsbeitrag der Periode (= DB)	193 966 St. · 26,25 DM ~	**5 088 952,00 DM**
− fixe Kosten der Periode (= K_f)		4 100 000,00 DM
= **Betriebsgewinn** (umsatzbezogen)		**988 952,00 DM**

Die Abweichung gegenüber dem auf Seite 326 errechneten Betriebsgewinn ergibt sich dadurch, daß in den fixen Kosten von 4 100 000,00 DM auch die fixen Kosten für die Lagerleistung enthalten sind. Berücksichtigt man also die Lagerleistung mit dem Betrag von 71 048,00 DM (= 240 000,00 DM Mehrbestand − 168 952,00 DM variable Kosten), so ergibt sich der in der Ergebnistabelle ausgewiesene Gewinn von 1 060 000,00 DM.

(2) Bestimmung der Gewinnschwellenmenge (Break-even-Point, vgl. S. 343)

Die Gewinnschwellenmenge kennzeichnet die Produktionsmenge, bei der die Summe der Stückdeckungsbeiträge (= **db**) gerade zur Deckung der fixen Kosten ausreicht.

Beispiel: Die Gewinnschwellenmenge ist bei einem Stückdeckungsbeitrag von 26,25 DM und fixen Kosten von 4 100 000,00 DM zu bestimmen.

$$db \cdot x = K_f$$
$$26,25 \cdot x = 4\,100\,000$$
$$x = \frac{4\,100\,000}{26,25} = \underline{156\,190 \text{ Stück}}$$

Merke: Gewinnschwellenmenge = $K_f : db$

Grafisch liegt die <u>Gewinnschwellenmenge</u> im <u>Schnittpunkt</u> von Erlös- und Gesamtkostengerade. Bei dieser Menge sind <u>Erlöse und Gesamtkosten gleich hoch</u> (vgl. S. 343):

Erlöse = Kosten.

Gewinnzone. Produziert das Unternehmen mehr als 156 190 Gehäuse, so arbeitet es mit Gewinn: **Erlöse > Kosten.**

Verlustzone. Produziert das Unternehmen weniger als 156 190 Gehäuse, so gerät es in die Verlustzone: **Erlöse < Kosten.**

Merke:
- Deckungsbeitrag > fixe Kosten ⟷ Betriebsgewinn,
- Deckungsbeitrag < fixe Kosten ⟷ Betriebsverlust.

Aus der grafischen Darstellung (vgl. S. 343) geht anschaulich hervor, daß bei dem derzeitigen Absatz von 193 966 Gehäusen die Gewinnschwelle überschritten wurde. Eine Ausweitung der Produktion und des Absatzes vergrößert den Gewinn.

(3) Auswirkung von Erweiterungsinvestitionen

Wird eine Erweiterungsinvestition geplant, die zusätzliche fixe Kosten in Höhe von z.B. 312 600,00 DM verursacht, so stellt sich für den Unternehmer die Frage, wie viele Gehäuse zusätzlich produziert und verkauft werden müssen, um das bisherige Ergebnis zu halten.

Die zusätzlichen fixen Kosten müssen durch die erwirtschafteten Stückdeckungsbeiträge gedeckt werden; also:

$$\frac{\text{zusätzliche fixe Kosten}}{\text{Stückdeckungsbeitrag}} = \frac{312\,600{,}00\text{ DM}}{26{,}25\text{ DM}} = \underline{\underline{11\,909\text{ Gehäuse}}}$$

In der Grafik (S. 343) würde sich die Erhöhung der fixen Kosten durch eine Parallelverschiebung der Gesamtkosten bemerkbar machen; das hat eine Vergrößerung der Gewinnschwellenmenge zur Folge.

Merke: Durch Erhöhung der fixen Kosten wird die Gewinnschwellenmenge vergrößert.

(4) Auswirkung von Kostenänderungen

Erhöhen sich die variablen Kosten je Stück (z. B. durch Lohnerhöhung oder Preissteigerung beim Fertigungsmaterial) von bisher 28,00 DM auf 29,20 DM, so wird dadurch der Stückdeckungsbeitrag um diese Kostensteigerung verringert; er fällt also von 26,25 DM auf 25,05 DM. Die unverändert gebliebenen fixen Kosten können über eine größere Ausbringungsmenge gedeckt werden:

$$\frac{\text{fixe Kosten}}{\text{db}} = \frac{4\,100\,000{,}00\text{ DM}}{25{,}05\text{ DM}} = \underline{\underline{163\,673\text{ Stück Gewinnschwellenmenge}}}$$

Die Verringerung des Stückdeckungsbeitrags um 4,6 % hat eine Erhöhung der Gewinnschwellenmenge um 4,8 % zur Folge. In der Grafik würde sich die Erhöhung der variablen Stückkosten durch einen stärkeren Anstieg der Gesamtkosten bemerkbar machen; das bedingt eine Vergrößerung der Gewinnschwellenmenge.

Merke:
- Die Erhöhung der variablen Stückkosten hat eine Verringerung des Stückdeckungsbeitrags zur Folge. Die Deckung der fixen Kosten ist dann über eine Erhöhung der Gewinnschwellenmenge möglich.
- Eine Senkung der variablen Stückkosten hat die entgegengesetzte Wirkung auf den Stückdeckungsbeitrag und die Gewinnschwellenmenge.

(5) Auswirkung von Preisänderungen

Preiserhöhungen bewirken bei unveränderter Kostenlage eine Erhöhung des Stückdeckungsbeitrags. Dadurch wird die Deckung der fixen Kosten bereits bei einer geringeren Ausbringungsmenge erreicht.

Der Verkaufspreis der Gehäuse wird von 54,25 DM auf 55,60 DM erhöht. Der Stückdeckungsbeitrag beträgt nunmehr 27,60 DM. Die Gewinnschwellenmenge wird erreicht bei

$$\frac{\text{fixe Kosten}}{\text{db}} = \frac{4\,100\,000{,}00\text{ DM}}{27{,}60\text{ DM}} = \underline{\underline{148\,550\text{ Stück Gewinnschwellenmenge}}}$$

In der grafischen Darstellung würde sich die Preiserhöhung durch einen stärkeren Anstieg der Erlösfunktion bemerkbar machen. Das bewirkt bei unverändertem Kostenverlauf eine Verringerung der Gewinnschwellenmenge.

Merke: Durch eine Preiserhöhung (-senkung) wird die Gewinnschwellenmenge bei unveränderten Kosten verringert (erhöht).

Aufgaben — Fragen

444 Beurteilen Sie die Erfolgssituation eines Industriebetriebes, dessen Teilkostenrechnung für ein bestimmtes Produkt folgende Ergebnisse ausweist:
1. Stückdeckungsbeitrag (= db) = 0,
2. Nettoverkaufspreis < variable Stückkosten,
3. Nettoverkaufspreis > variable Stückkosten,
4. Nettoverkaufspreis = variable Stückkosten.

445 Die Baustoff-GmbH stellt in einem Zweigwerk Wandfliesen in 4 unterschiedlichen Qualitäten A, B, C und D her. Aufgrund der starken Konkurrenz auf dem Baustoffmarkt will die Baustoff-GmbH durch eine aktive Preispolitik ihren Marktanteil verteidigen. Die hierzu erforderlichen Daten sollen mit Hilfe der Deckungsbeitragsrechnung ermittelt werden. Für den Monat April lagen folgende Angaben vor:

	Fliese A	Fliese B	Fliese C	Fliese D	insgesamt
Verkaufspreis je Stück	2,20 DM	2,45 DM	3,10 DM	3,80 DM	
variable Stückkosten	1,50 DM	1,90 DM	2,65 DM	3,20 DM	
fixe Kosten insgesamt					286 000,00 DM
Absatzmengen in Stück	80 000	110 000	145 000	65 000	

1. Berechnen Sie das Betriebsergebnis des Monats April für die abgesetzten Mengen.
2. Bestimmen Sie die Stückdeckungsbeiträge und geben Sie aufgrund dieser Zahlen eine Rangfolge der „erfolgreichen" und der „weniger erfolgreichen" Fliesensorten an.
3. Ermitteln Sie die (kurzfristige) Preisuntergrenze für jede Fliesensorte.
4. Zur Verbesserung der Erfolgssituation und zum Abbau freier Kapazitäten plant die Unternehmensleitung, zusätzlich eine Bodenfliese mit monatlich 40 000 Stück zu produzieren. Diese Fliese würde zusätzlich 26 000,00 DM fixe Kosten und 2,05 DM variable Stückkosten verursachen. Sie ließe sich zu einem Preis von 2,65 DM je Stück absetzen. *Lohnt sich für das Unternehmen die Erweiterung der Produktion?*

446 In einem Zweigwerk der ELMO-AG werden elektrische Heizlüfter in 4 unterschiedlichen Ausführungen (HL I, HL II, HL III, HL IV) gefertigt. Für den zurückliegenden Monat wurden folgende Daten ermittelt:

	HL I	HL II	HL III	HL IV	insgesamt
Verkaufspreis	45,00 DM	36,00 DM	54,00 DM	62,00 DM	
variable Stückkosten	24,75 DM	21,00 DM	30,50 DM	35,10 DM	
fixe Kosten insgesamt					82 500,00 DM
Absatzmenge in Stück	3 200	850	1 450	1 200	

1. Berechnen Sie den Betriebserfolg für den betreffenden Monat.
2. Bestimmen Sie die Stückdeckungsbeiträge je Kostenträger sowie die Preisuntergrenzen.
3. Zur Verbesserung der schlechten Absatzsituation bei dem Kostenträger HL II plant die Unternehmensleitung eine Preissenkung um 35 %.
   a) Leistet dieser Kostenträger dann noch einen Beitrag zur Deckung der fixen Kosten?
   b) Durch diese Maßnahme steigt der Absatz im kommenden Monat um 40 % (die Absatzsituation soll bei den anderen Kostenträgern als konstant angenommen werden). *Wie wirkt sich diese Steigerung auf den Betriebserfolg aus?*

447 Die Bauelemente-AG stellt in einem Zweigwerk genormte Fenster aus Aluminium mit Doppelverglasung her. Der Wettbewerb zwingt zur Festsetzung des Verkaufspreises auf 750,00 DM je Fenster. Die Kapazität, die zur Zeit zu 70 % ausgelastet ist, beträgt 300 Fenster je Monat. Das Unternehmen ermittelt die variablen Stückkosten mit 400,00 DM je Fenster und die fixen Kosten mit 80 000,00 DM je Monat. *Werten Sie diese Situation hinsichtlich des Stückdeckungsbeitrags, der Preisuntergrenze und des Betriebserfolgs aus.*

448 Machen Sie sich die Auswirkungen von Kostensenkungen im Bereich der fixen und variablen Kosten sowie die Auswirkungen von Preissenkungen auf die Gewinnschwellenmenge an selbstgewählten Beispielen deutlich.

449 Bei einer Produktion von 3000 Stück, Gesamtkosten in Höhe von 75 000,00 DM, darunter fixe Kosten in Höhe von 30 000,00 DM, ergab sich in einem Unternehmen ein Verlust von 12 000,00 DM.
Ermitteln Sie rechnerisch und grafisch die Gewinnschwelle.

450 Aus den Zahlen der Kostenrechnung ergibt sich, daß für die Produktion des Taschenrechners „Minitron" fixe Kosten in Höhe von 400 000,00 DM je Rechnungsperiode anfallen und die variablen Kosten nach folgender Abhängigkeit von der Beschäftigung verlaufen.

Beschäftigung in Stück	Variable Kosten in DM
5 000	125 000,00
6 000	150 000,00
7 000	175 000,00
8 000	200 000,00
9 000	225 000,00
10 000	250 000,00

1. Errechnen Sie die Gesamt- und Stückkosten für die einzelnen Produktionsmengen.
2. Bestimmen Sie den Deckungsbeitrag und den Betriebserfolg für die unterschiedlichen Produktionsmengen bei einem Nettoverkaufspreis von 80,00 DM je Stück.
3. Berechnen Sie die Gewinnschwellenmenge.
4. Stellen Sie die Gesamtkosten und die Umsatzerlöse in einem grafischen Bild dar.
5. Welche Auswirkung hat eine Preissenkung um 5,00 DM je Stück auf die Gewinnschwellenmenge?

451 Die Kosten- und Leistungsrechnung eines Industrieunternehmens weist folgende Zahlen aus:

Rechnungs-periode	Produktion in Stück	Gesamt-kosten	variable Kosten je Stück	Netto-verkaufspreis
Oktober	20 000	700 000,00 DM	25,00 DM	40,00 DM
November	24 000	800 000,00 DM	25,00 DM	40,00 DM

1. Berechnen Sie die variablen Gesamtkosten, die fixen Gesamtkosten und die fixen Stückkosten für die Monate Oktober und November.
2. Ermitteln Sie den Betriebserfolg für die Monate Oktober und November unter der Voraussetzung, daß die gesamte Produktion abgesetzt werden konnte.
3. Bestimmen Sie rechnerisch und grafisch die Gewinnschwelle.
4. Welche Auswirkung auf die Gewinnschwellenmenge hat eine Erhöhung der variablen Stückkosten auf 30,00 DM?
5. Eine geplante Erweiterungsinvestition verursacht zusätzliche fixe Kosten in Höhe von 40 000,00 DM.
Wie viele Erzeugnisse müssen zusätzlich produziert und abgesetzt werden, um bei 25,00 DM variablen Stückkosten das Betriebsergebnis des Monats November zu halten?

452 Eine Möbelfabrik stellt in einem Zweigwerk Bürostühle her. Im zurückliegenden Geschäftsjahr wurden 6500 Stühle produziert und zum Stückpreis von 450,00 DM verkauft. Die fixen Kosten beliefen sich auf 550 000,00 DM, der Betriebsgewinn auf 425 000,00 DM in der Periode.
1. Berechnen Sie die variablen Kosten insgesamt und je Stuhl.
2. Bei welcher Menge wird die Gewinnschwelle erreicht?
3. Um sich gegen Konkurrenzprodukte behaupten zu können, soll der Verkaufspreis um 10 % gesenkt werden. Das Unternehmen rechnet aufgrund dieser Maßnahme mit einer Zunahme der Absatzmenge auf 7000 Stühle.
   Welche Auswirkungen ergeben sich hieraus auf den Betriebsgewinn?

453 Das Unternehmen „Wohnideal" stellt in einer Niederlassung Holzregale her. Die Kapazität beträgt 1200 Regale je Monat. Die fixen Kosten belaufen sich auf monatlich 64 000,00 DM, die variablen Kosten wurden mit 110,00 DM je Stück ermittelt. Zur Zeit wird für jedes Regal ein Nettoverkaufspreis von 180,00 DM erzielt.
1. Bei welcher Monatsproduktion erreicht das Unternehmen die Gewinnschwelle?
2. Welchem Beschäftigungsgrad entspricht die Gewinnschwellenmenge?
3. Das Unternehmen arbeitet zur Zeit mit einem Beschäftigungsgrad von 85 %.
   Wie hoch ist das Betriebsergebnis bei dieser Produktionsmenge?

454 Für das abgelaufene Geschäftsjahr hat ein Kunststoffverarbeitungsbetrieb für sein Produkt „Haushaltsschüsseln" folgende Zahlen ermittelt:

Produktions-(= Absatz-)Menge	120 000	Stück
Variable Gesamtkosten (K_v)	900 000,00	DM
Fixe Gesamtkosten (K_f)	340 000,00	DM
Nettoverkaufspreis	11,80	DM

1. Langfristig rechnet der Unternehmer mit einem Absatzrückgang um 25 %. Die Produktion soll unter dieser Bedingung nur aufrecht erhalten werden, wenn der Stückgewinn mindestens 0,70 DM beträgt.
   Untersuchen Sie die Situation daraufhin, ob die Bedingung eingehalten werden kann.
2. *Bis zu welcher Menge ließen sich Produktion und Absatz zurückführen, um gerade noch volle Kostendeckung zu erreichen?*
3. Aufgrund einer Marktuntersuchung erwägt der Unternehmer, die Produktion rationeller zu gestalten, um die Monatsproduktion erhöhen und zugleich den Verkaufspreis senken zu können. Bei einem Preis von 9,50 DM je Schüssel könnte er den Absatz auf 160 000 Stück steigern. Die hierzu erforderliche Umstellung der Produktion würde die variablen Stückkosten auf 7,20 DM verändern und die fixen Kosten um 25 000,00 DM/Monat erhöhen.
   Würden Sie dem Unternehmer zu einer entsprechenden Produktionsänderung raten?

455 Begründen Sie, warum ein Industriebetrieb mit überwiegend variablen Kosten bei der kurzfristigen Preisgestaltung wenig Spielraum hat.

456 Wie beurteilen Sie die Situation eines Betriebes, dessen Kostenrechnung folgende Ergebnisse ausweist:
   1. Deckungsbeitrag > Fixe Kosten
   2. 0 < Deckungsbeitrag < Fixe Kosten
   3. Deckungsbeitrag < 0?

5.2.3 Deckungsbeitragsrechnung als Periodenrechnung im Mehrproduktunternehmen

Situation: Aus den Zahlen von Seite 359 soll in der Schmolmann KG entschieden werden, ob der Gehäusetyp B wegen des Verlustes von 104 500,00 DM im Produktionsprogramm bleibt oder (zur Gewinnsteigerung) herauszunehmen ist.

Kostenträgerblatt (BAB II) auf Istkostenbasis					
	Kalkulationsschema	Istkosten insgesamt	Kostenträger		
			Gehäuse A	Gehäuse B	Gehäuse C
1.	Fertigungsmaterial	2 940 000	1 225 000	750 000	965 000
2.	+ 9,5 % MGK lt. BAB	279 300	116 375	71 250	91 675
3.	**Materialkosten (1. + 2.)**	3 219 300	1 341 375	821 250	1 056 675
4.	Fertigungslöhne	2 400 000	1 050 000	625 000	725 000
5.	+ 110 % FGK lt. BAB	2 640 000	1 155 000	687 500	797 500
6.	**Fertigungskosten (4. + 5.)**	5 040 000	2 205 000	1 312 500	1 522 500
7.	HK der Erzeugung (3. + 6.)	8 259 300	3 546 375	2 133 750	2 579 175
8.	− Mehrbestand/Erzeugnisse	240 000	83 700	19 900	136 400
9.	HK des Umsatzes	8 019 300	3 462 675	2 113 850	2 442 775
10.	+ 13,1 % VwGK lt. BAB	1 045 000	453 200	272 085	319 715
11.	+ 4,95 % VtGK lt. BAB	395 700	171 610	103 025	121 065
12.	**Selbstkosten des Umsatzes**	9 460 000	4 087 485	2 488 960	2 883 555
13.	Nettoumsatzerlöse	10 520 000	4 696 820	2 384 460	3 438 720
14.	**Betriebsergebnis (13. − 12.)**	1 060 000	+ 609 335	− 104 500	+ 555 165

(1) Produktionsentscheidung auf der Basis der Vollkostenrechnung

Die Produktion des Gehäuses Typ B wird eingestellt. Hierdurch würden sich die Kosten um 2 488 960,00 DM, die Umsatzerlöse nur um 2 384 460,00 DM verringern, so daß sich der Betriebsgewinn um 104 500,00 DM erhöhen würde.

Die aufgrund der Vollkostenrechnung getroffene Maßnahme wäre nur dann richtig, wenn alle Kosten variabel sind. Die Einstellung der Produktion verringert dann tatsächlich die Selbstkosten um 2 488 960,00 DM. Da die Vollkostenrechnung aber keine Aussage über das Verhalten der Kosten bei Beschäftigungsänderungen macht (vgl. Abschn. 3.3, S. 334), läßt sie eine Entscheidung im obigen Sinn gar nicht zu.

(2) Produktionsentscheidung auf der Basis der Deckungsbeitragsrechnung

Die Deckungsbeitragsrechnung unterteilt die Kosten sorgfältig in variable und fixe Kosten. Erst auf dieser Grundlage ist eine Produktionsentscheidung möglich.

Situation: Variable und fixe Kosten verhalten sich für **alle** Gehäusetypen so zueinander, wie es in der Rechnung auf Seite 342 dargestellt ist. Danach fallen für die Produktion von insgesamt 200 000 Gehäusen 5 600 000,00 DM variable Kosten und 4 100 000,00 DM fixe Kosten an; 57,73 % der Gesamtkosten sind also variabel, 42,27 % sind fix.

Die **Selbstkosten des Gehäuses B** wären danach aufzuteilen in

variable Selbstkosten = 57,73 % von 2 488 960,00 DM = **1 436 880,00 DM** und
fixe Selbstkosten   = 42,27 % von 2 488 960,00 DM = **1 052 080,00 DM**.

Durch Produktionseinstellung könnten also nur die variablen Kosten abgebaut werden, die fixen Kosten bleiben in voller Höhe bestehen.

Mit Hilfe der einstufigen Deckungsbeitragsrechnung soll der Betriebserfolg für die beiden Fälle „(a) Das Gehäuse B scheidet aus der Produktion aus" und „(b) Das Gehäuse B scheidet nicht aus der Produktion aus" berechnet werden. Es soll gelten, daß sich die Selbstkosten des Umsatzes von 9 460 000,00 DM in 5 461 260,00 DM (= 57,73 %) variable Kosten und 3 998 740,00 DM (= 42,27 %) fixe Kosten aufteilen lassen.

(a) Das Gehäuse B scheidet aus der Produktion aus:

Ergebnisrechnung	Kostenträger insg.	Gehäuse Typ A	Gehäuse Typ B	Gehäuse Typ C
Umsatzerlöse	8 135 540 DM	4 696 820 DM	—	3 438 720 DM
− variable Kosten	4 024 380 DM	2 359 705 DM	—	1 664 675 DM
= Deckungsbeitrag	4 111 160 DM	2 337 115 DM	—	1 774 045 DM
− fixe Kosten	3 998 740 DM	—	—	—
= Betriebsgewinn	+ 112 420 DM			

Die Selbstkosten der Abrechnungsperiode können nur um die variablen Kosten des Gehäuses B (= 1 436 880,00 DM) verringert werden. Die fixen Kosten bleiben beim Ausscheiden des Gehäuses B in voller Höhe bestehen und müssen nunmehr allein von den Deckungsbeiträgen der Gehäuse A und C getragen werden. Die verbliebenen Deckungsbeiträge reichen noch zur Erzielung eines Betriebsgewinnes aus, der jedoch deutlich niedriger ausfällt als in der ursprünglichen Situation (vgl. S. 400). Durch die Herausnahme des Gehäuses B verschlechtert sich also die betriebliche Erfolgslage.

(b) Das Gehäuse B scheidet nicht aus der Produktion aus:

Ergebnisrechnung	Kostenträger insg.	Gehäuse Typ A	Gehäuse Typ B	Gehäuse Typ C
Umsatzerlöse	10 520 000 DM	4 696 820 DM	2 384 460 DM	3 438 720 DM
− variable Kosten	5 461 260 DM	2 359 705 DM	1 436 880 DM	1 664 675 DM
= Deckungsbeitrag	5 058 740 DM	2 337 115 DM	947 580 DM	1 774 045 DM
− fixe Kosten	3 998 740 DM	—	—	—
= Betriebsgewinn	1 060 000 DM			

Die Umsatzerlöse von Gehäuse B liegen um 947 580,00 DM über dessen variablen Kosten. Dieser Mehrbetrag kann für die Deckung der fixen Gesamtkosten mit herangezogen werden. Es entsteht dadurch ein Betriebsgewinn in der ausgewiesenen Höhe.

Merke: Solange ein Kostenträger einen Deckungsbeitrag erzielt, ist es unwirtschaftlich, diesen Kostenträger aus der Produktion herauszunehmen.

(3) Produktionsentscheidung bei mehrstufiger Deckungsbeitragsrechnung

Deckungsbeitrag I (= DB I). Das Beispiel verdeutlicht, daß die Produktionsentscheidung im Mehrproduktunternehmen von den Deckungsbeiträgen der einzelnen Kostenträger abhängt. Diese Deckungsbeiträge ergeben sich als Differenz aus den Umsatzerlösen minus den variablen Kosten, sie heißen Deckungsbeitrag I.

Erzeugnisfixe Kosten. Die fixen Kosten wurden im Beispiel keiner näheren Betrachtung unterzogen, sondern als Block von der Summe der Deckungsbeiträge subtrahiert. In der Praxis wird jedoch ein Teil der fixen Kosten den einzelnen Kostenträgern direkt zurechenbar sein; es handelt sich hierbei um die sog. erzeugnisfixen Kosten.
Beispiele: Kosten der Produktionsanlagen, die nur für bestimmte Erzeugnisse genutzt werden, Patente, Forschungs- und Entwicklungskosten, Werkzeugkosten.
Deckungsbeitrag II (= DB II). Subtrahiert man von den Deckungsbeiträgen I der einzelnen Kostenträger deren erzeugnisfixe Kosten, erhält man den Deckungsbeitrag II. Er zeigt den Beitrag der Kostenträger zur Deckung der Restfixkosten an, die nicht kostenträgerbezogen sind.

Erzeugnisgruppenfixe Kosten. Sofern fixe Kosten nicht einem bestimmten Kostenträger, sondern nur mehreren Kostenträgern gemeinsam zugerechnet werden können (z.B. Erzeugnisgruppe), spricht man von erzeugnisgruppenfixen Kosten.

Deckungsbeitrag III (= DB III). Subtrahiert man von den gruppenweise zusammengefaßten DB II die erzeugnisgruppenfixen Kosten, so erhält man den DB III. Er gibt die Fixkostendeckung durch die Erzeugnisgruppen an.

Unternehmensfixe Kosten bilden den restlichen Fixkostenblock, der für das Unternehmen insgesamt angefallen ist und nicht mehr verursachungsgerecht einem Kostenträger oder einer Kostenträgergruppe zugerechnet werden kann. **Beispiele:** Kosten der kaufmännischen und betrieblichen Verwaltung und der Unternehmensleitung. Unternehmensfixe Kosten werden von der Summe der Deckungsbeiträge III subtrahiert; die Differenz stellt das **Betriebsergebnis der Rechnungsperiode** dar.

Beispiel: Die fixen Kosten in Höhe von 3 998 740 DM sollen wie folgt aufteilbar sein:

	Gehäuse Typ A	Gehäuse Typ B	Gehäuse Typ C
Erzeugnisfixe Kosten	756 790 DM	637 590 DM	796 790 DM
Erzeugnisgruppenfixe K.		597 590 DM	—
Unternehmensfixe Kosten		1 209 980 DM	

Deckungsbeitragsrechnung mit stufenweiser Fixkostendeckung

Ergebnisrechnung	Gehäuse Typ A	Gehäuse Typ B	Gehäuse Typ C	Kostenträger insgesamt
Umsatzerlöse − variable Kosten	4 696 820 DM 2 359 705 DM	2 384 460 DM 1 436 880 DM	3 438 720 DM 1 664 675 DM	10 520 000 DM 5 461 260 DM
= Deckungsbeitrag I − erzeugnisfixe Kosten	2 337 115 DM 756 790 DM	947 580 DM 637 590 DM	1 774 045 DM 796 790 DM	5 058 740 DM 2 191 170 DM
= Deckungsbeitrag II − erzeugnisgruppenfixe K.	1 580 325 DM	309 990 DM 597 590 DM	977 255 DM —	2 867 570 DM 597 590 DM
= Deckungsbeitrag III − unternehmensfixe Kosten	1 292 725 DM —		977 255 DM —	2 269 980 DM 1 209 980 DM
= Betriebsgewinn				1 060 000 DM

Auswertung: Es stellt sich die Frage, ob das Gehäuse Typ B zugunsten einer höheren Produktion der Gehäuse Typ A und Typ C aus der Produktion ausscheiden soll. Dafür spricht der geringe DB II. Zudem wären erzeugnisfixe Kosten von 637 590,00 DM abbaufähig. Der geringe DB II sagt aber nichts darüber aus, wieviel Deckungsbeitrag das einzelne Gehäuse erbringt. Erst diese Aussage ist für die Entscheidung maßgeblich:

DB je Stück	Gehäuse Typ A	Gehäuse Typ B	Gehäuse Typ C
$\dfrac{\text{DB II}}{\text{Absatzmenge}} = db$	$\dfrac{1\,580\,325 \text{ DM}}{85\,395 \text{ St.}} = 18{,}51 \text{ DM}$	$\dfrac{309\,990 \text{ DM}}{62\,000 \text{ St.}} = 5{,}00 \text{ DM}$	$\dfrac{977\,255 \text{ DM}}{46\,571 \text{ St.}} = 20{,}98 \text{ DM}$

Nach dieser Rechnung hat das Gehäuse C Vorrang vor den Gehäusen A und B. Gehäuse B wird nur noch zur Abrundung des Produktionsprogramms weiterproduziert.

Merke: Die Deckungsbeiträge II und III sind für Produktionsentscheidungen von großer Bedeutung, da sie Einblick in die abbaufähigen fixen Kosten geben und die Berechnung der Stückdeckungsbeiträge gestatten.

Aufgaben

457 Die Kostenrechnung liefert für den Monat November folgende Zahlen:

	Erzeugnis A	Erzeugnis B
Produktions- und Absatzmenge	600 Stück	1 000 Stück
Preis je Stück	520,00 DM	390,00 DM
Variable Kosten je Stück	240,00 DM	160,00 DM
Erzeugnisfixe Kosten	80 000,00 DM	120 000,00 DM
Unternehmensfixe Kosten	130 000,00 DM	

Bestimmen Sie die Deckungsbeiträge I und II sowie das Betriebsergebnis.

458 Aus dem Vormonat stehen folgende Zahlen zur Verfügung:

	Erzeugnis A	Erzeugnis B	Erzeugnis C
Produktions- u. Absatzmenge	4 000 Stück	2 400 Stück	8 000 Stück
Preis je Stück	105,00 DM	80,00 DM	45,00 DM
Variable Kosten je Stück	53,00 DM	61,00 DM	24,00 DM
Erzeugnisfixe Kosten	54 000,00 DM	48 000,00 DM	80 000,00 DM
Erzeugnisgruppenfixe Kosten	41 000,00 DM		
Unternehmensfixe Kosten	115 500,00 DM		

1. *Bestimmen Sie die Deckungsbeiträge I, II und III sowie das Betriebsergebnis.*
2. *Machen Sie Vorschläge zur Verbesserung des Betriebsergebnisses.*

459 In einem Industriebetrieb werden 4 Erzeugnisse A, B, C, D in zwei Produktionsstufen I und II hergestellt. Die Erzeugnisarten A und B durchlaufen beide Produktionsstufen, die Erzeugnisarten C und D durchlaufen nur die erste Produktionsstufe.
Die fixen Kosten betragen insgesamt 1 000 000,00 DM je Rechnungsperiode und lassen sich wie folgt aufteilen:

	Erzeugnisarten			
	A	B	C	D
Erzeugnisfixe Kosten der Stufe I	125 000,00	140 000,00	80 000,00	105 000,00
Erzeugnisgruppenfixe Kosten der Stufe I	160 000,00		40 000,00	

Die fixen Kosten der Produktionsstufe II belaufen sich auf 130 000,00 DM und gelten als erzeugnisgruppenfixe Kosten.
Die unternehmensfixen Kosten betragen 220 000,00 DM.

Für die Betriebsergebnisrechnung liegen die folgenden Angaben vor:

	A	B	C	D
Verkaufspreis je Stück	150,00 DM	220,00 DM	180,00 DM	200,00 DM
Produktions- und Absatzmenge in Stück	4 000	3 500	3 200	3 000
Variable Kosten je Stück	80,00 DM	140,00 DM	110,00 DM	120,00 DM

1. *Berechnen Sie die Deckungsbeiträge I, II und III sowie den Betriebserfolg.*
2. *Durch welche Maßnahmen könnte das Betriebsergebnis verbessert werden?*

5.3 Bestimmung der Preisuntergrenze

Die Preisuntergrenze gibt den Verkaufspreis an, den das Unternehmen für sein Erzeugnis fordern muß, um kurzfristig oder langfristig zu bestehen.

In wirtschaftlich schlechten Zeiten, die durch Absatzeinbußen gekennzeichnet sind, wird die Unternehmensleitung gezwungen sein, die Verkaufspreise zu senken, um den Absatzrückgang aufzuhalten. Man muß dann aber wissen, in welchem Ausmaß die Preissenkung vorgenommen werden kann, ohne Verluste zu erleiden.

Die langfristige Preisuntergrenze legt den Preis fest, der zu kostendeckenden Erlösen führt. Die Produktion kann in dieser Situation über längere Zeit fortgesetzt werden, da Ersatzinvestitionen durchführbar sind. Zur Erhaltung der Arbeitsplätze und zur Stabilisierung des Absatzes wird die Unternehmensleitung diese Preisuntergrenze anstreben.

Situation: Es soll angenommen werden, daß der Absatz des Gehäuses Typ B, von dem in der abgelaufenen Periode 62000 Stück verkauft wurden, rückläufig ist. Bei den Gehäusen A und C sind keine Absatzeinbußen zu verzeichnen.

Um den Absatz bei Gehäuse Typ B auf dem bisherigen Stand zu halten, soll der Preis so weit gesenkt werden, daß der DB II genau 0 DM beträgt; die Umsatzerlöse sollen also die variablen Kosten und die erzeugnisfixen Kosten gerade noch decken.

Der DB II kann demnach um 309 990,00 DM niedriger ausfallen (vgl. S. 402). Dies wird durch Verminderung der Umsatzerlöse um den Betrag von 309 990,00 DM erreicht:

Früherer Nettoverkaufspreis von Gehäuse B = (2 384 460 DM : 62 000 St.) =	**38,46 DM**
− **Preissenkung** bei Gehäuse B = (309 990 DM : 62 000 St.) =	**5,00 DM**
= **Neuer Nettoverkaufspreis** von Gehäuse B =	**33,46 DM**

Ergebnisrechnung	Gehäuse Typ A	Gehäuse Typ B	Gehäuse Typ C	Kostenträger insgesamt
Umsatzerlöse	4 696 820 DM	2 074 470 DM	3 438 720 DM	10 210 010 DM
− variable Kosten	2 359 705 DM	1 436 880 DM	1 664 675 DM	5 461 260 DM
= **Deckungsbeitrag I**	2 337 115 DM	637 590 DM	1 774 045 DM	4 748 750 DM
− erzeugnisfixe Kosten	756 790 DM	637 590 DM	796 790 DM	2 191 170 DM
= **Deckungsbeitrag II**	1 580 325 DM	0 DM	977 255 DM	2 557 580 DM
− erzeugnisgruppenfixe K.	597 590 DM	—	—	597 590 DM
= **Deckungsbeitrag III**	982 735 DM	—	977 255 DM	1 959 990 DM
− unternehmensfixe Kosten	—	—	—	1 209 980 DM
= **Betriebsgewinn**				**750 010 DM**

Im obigen Beispiel wurde der Preis für das Gehäuse Typ B auf die langfristige Preisuntergrenze festgesetzt. Über die Umsatzerlöse fließen dem Unternehmen genau so viele Finanzmittel zu, daß die variablen Kosten und die direkt zurechenbaren fixen Kosten gedeckt werden. Der Kostenträger ist nicht mehr an der Deckung der erzeugnisgruppenfixen und der unternehmensfixen Kosten beteiligt. Die Deckung dieser Kosten wird von den übrigen Kostenträgern voll übernommen.

Auffallend ist, daß eine Absenkung des Verkaufspreises beim Gehäuse Typ B um 13,0 % beim Betriebsgewinn zu einem Rückgang um 27,8 % führt.

Merke: Reichen die Umsatzerlöse insgesamt aus, um alle anfallenden Kosten zu decken, so hat der Verkaufspreis die langfristige Preisuntergrenze erreicht.

Die **kurzfristige Preisuntergrenze** (= absolute Preisuntergrenze) legt den Preis fest, der genau die variablen Kosten des Kostenträgers deckt. Der Verkaufspreis ist in diesem Fall also gleich den variablen Stückkosten. In Höhe der gesamten fixen Kosten (= Kosten der Betriebsbereitschaft) ergibt sich dann ein Betriebsverlust.

Beispiel: Die kurzfristigen Preisuntergrenzen für die Kostenträger lauten:

Kurzfristige Preisuntergrenze	Gehäuse Typ A	Gehäuse Typ B	Gehäuse Typ C
Variable Kosten	2 359 705 DM	1 436 880 DM	1 664 675 DM
Absatz (Stück)	85 395 St.	62 000 St.	46 571 St.
	= 27,63 DM	= 23,18 DM	= 35,74 DM

Merke: Die kurzfristige oder absolute Preisuntergrenze ist erreicht, wenn der Nettoverkaufspreis gerade die variablen Stückkosten des Erzeugnisses deckt. Auf den Ersatz der ohnehin anfallenden fixen Kosten wird vorübergehend verzichtet.

Liquiditätsorientierte Preisuntergrenze. Die Ausrichtung der Verkaufspreise nach der kurzfristigen Preisuntergrenze kann ein Unternehmen in Liquiditätsschwierigkeiten bringen. Da in der kurzfristigen Preisuntergrenze nur die variablen Kosten erfaßt werden, bleiben die fixen Kosten, die kurzfristig zu Ausgaben führen, unberücksichtigt; das sind insbesondere Mietaufwendungen, betriebliche Steuern, Gehälter, Löhne, Soziale Abgaben, Versicherungsbeiträge. Die liquiditätsorientierte Preisuntergrenze wird nach folgender Rechnung festgelegt:

$$\frac{\text{Variable Kosten} + \text{ausgabewirksame fixe Kosten}}{\text{Absatzmenge}}$$

Aufgaben – Fragen

460
1. Definieren Sie die Begriffe kurzfristige, langfristige und liquiditätsorientierte Preisuntergrenze.
2. Begründen Sie, warum ein Industriebetrieb langfristig nicht existieren kann, wenn die Umsatzerlöse gerade die gesamten Kosten decken, er aber kurzfristig durchaus die liquiditätsorientierte Preisuntergrenze anstreben kann.

461
In einem Industriebetrieb wird ein Erzeugnis zu variablen Stückkosten in Höhe von 45,00 DM und fixen Kosten je Abrechnungsperiode in Höhe von 120 000,00 DM produziert. Die monatliche Produktionsmenge beträgt 5 000 Stück.
Geben Sie die langfristige und kurzfristige Preisuntergrenze an.

462
Ein Mehrproduktunternehmen fertigt 3 Erzeugnisse. Die KLR liefert folgende Unterlagen:

	Erzeugnis I	Erzeugnis II	Erzeugnis III
Verkaufspreis	62,50 DM	36,00 DM	40,00 DM
Variable Stückkosten	40,00 DM	20,00 DM	25,00 DM
Erzeugnisfixe Kosten	50 000,00 DM	80 000,00 DM	110 000,00 DM
Unternehmensfixe Kosten		220 000,00 DM	
Produktions- u. Absatzmenge	8 000 Stück	10 000 Stück	20 000 Stück

1. Bestimmen Sie die Deckungsbeiträge I und II sowie das Betriebsergebnis.
2. Beim Produkt II liegen Absatzschwierigkeiten vor. Der Preis dieses Erzeugnisses soll so weit gesenkt werden, daß dessen Erlöse gerade noch die variablen Kosten und die erzeugnisfixen Kosten decken. Zu welchem Preis muß das Erzeugnis angeboten werden?
3. Der Unternehmer strebt die langfristige Preisuntergrenze an, um den Absatz des Erzeugnisses II halten zu können. Bei welchem Preis wird die langfristige Preisuntergrenze erreicht, wenn Preise und Kosten der übrigen Erzeugnisse unverändert bleiben?

5.4 Annahme von Zusatzaufträgen

Zusatzaufträge. Alle Aufträge, die zu Preisen unterhalb der derzeitigen Verkaufspreise angenommen werden, heißen Zusatzaufträge. Durch Zusatzaufträge sollen

- **die zur Zeit nicht ausgelasteten Produktionsanlagen optimal genutzt und**
- **das Betriebsergebnis verbessert werden.**

Auf dem Markt läßt sich diese Strategie nur durchsetzen, wenn sich die Abnehmer untereinander nicht kennen. Das ist auf den Gütermärkten in der Regel der Fall.

Situation: Die Schmolmann KG ermittelt für das abgelaufene Geschäftsjahr folgende Produktions- und Absatzsituation (vgl. auch S. 359/402):

	Gehäuse A	Gehäuse B	Gehäuse C	insgesamt
Verkaufspreis	55,00 DM	38,46 DM	73,84 DM	
Variable Stückkosten	27,63 DM	23,18 DM	35,74 DM	
Erzeugnisfixe Kosten	756 790,00 DM	637 590,00 DM	796 790,00 DM	
Erz.-gruppenfixe K.	597 590,00 DM			
Untern.-fixe Kosten				1 209 980,00 DM
Absatzmenge	85 395 Stück	62 000 Stück	46 571 Stück	
Kapazität	105 000 Stück	80 000 Stück	65 000 Stück	

Im kommenden Geschäftsjahr rechnet die Schmolmann KG mit einer unveränderten Produktions- und Absatzsituation. Es besteht allerdings die Möglichkeit, einen Zusatzauftrag von einem bisher nicht belieferten Kunden über 10 000 Gehäuse Typ B zu erhalten, wenn ein Verkaufspreis von 30,00 DM je Gehäuse akzeptiert wird.
Welche Erfolgssituation ergibt sich für die Schmolmann KG ohne Berücksichtigung des Zusatzauftrags und einschließlich des Zusatzauftrags?

Die Annahme des Zusatzauftrags empfiehlt sich unbedingt: Der Zusatzauftrag erbringt einen positiven Stückdeckungsbeitrag von **30,00 DM − 23,18 DM = + 6,82 DM**. Jedes zusätzlich produzierte und verkaufte Gehäuse hilft also bei der Deckung der fixen Kosten bzw. erhöht den Betriebsgewinn um 6,82 DM.

Merke:
- **Die Annahme eines Zusatzauftrags empfiehlt sich immer dann, wenn sein Preis über den variablen Stückkosten liegt.**
- **Zur Arbeitsplatzerhaltung ist ein Zusatzauftrag immer zu befürworten.**

(1) Ergebnisrechnung ohne Berücksichtigung des Zusatzauftrags (vgl. S. 402)

Ergebnisrechnung	Gehäuse A	Gehäuse B	Gehäuse C	insgesamt
Umsatzerlöse	4 696 820 DM	2 384 460 DM	3 438 720 DM	10 520 000 DM
− variable Kosten	2 359 705 DM	1 436 880 DM	1 664 675 DM	5 461 260 DM
= Deckungsbeitrag I	2 337 115 DM	947 580 DM	1 774 045 DM	5 058 740 DM
− erzeugnisfixe Kosten	756 790 DM	637 590 DM	796 790 DM	2 191 170 DM
= Deckungsbeitrag II	1 580 325 DM	309 990 DM	977 255 DM	2 867 570 DM
− erzeugnisgruppenfixe K.	597 590 DM			597 590 DM
= Deckungsbeitrag III	1 292 725 DM	—	977 255 DM	2 269 980 DM
− unternehmensfixe Kosten				1 209 980 DM
= Betriebsgewinn				**1 060 000 DM**

(2) Ergebnisrechnung einschließlich des Zusatzauftrags

Ergebnisrechnung	Gehäuse A	Gehäuse B	Gehäuse C	insgesamt
Umsatzerlöse aus laufender Produktion	4 696 820 DM	2 384 460 DM	3 438 720 DM	10 520 000 DM
+ **Umsatzerlöse** aus dem Zusatzauftrag	—	300 000 DM	—	300 000 DM
= **Umsatzerlöse** insgesamt	4 696 820 DM	2 684 460 DM	3 438 720 DM	10 820 000 DM
− **variable Kosten** der laufenden Produktion	2 359 705 DM	1 436 880 DM	1 664 675 DM	5 461 260 DM
− **variable Kosten** des Zusatzauftrags	—	231 800 DM	—	231 800 DM
= **Deckungsbeitrag I**	2 337 115 DM	1 015 780 DM	1 774 045 DM	5 126 940 DM
− erzeugnisfixe Kosten	756 790 DM	637 590 DM	796 790 DM	2 191 170 DM
= **Deckungsbeitrag II**	1 580 325 DM	378 190 DM	977 255 DM	2 935 770 DM
− erzeugnisgruppenfixe K.		597 590 DM	—	597 590 DM
= **Deckungsbeitrag III**	1 360 925 DM		977 255 DM	2 338 180 DM
− unternehmensfixe Kosten				1 209 980 DM
= **Betriebsgewinn**				**1 128 200 DM**

Auswertung: Da die bisherige Produktion bereits einen Betriebsgewinn erbracht hat, <u>wird durch den Zusatzauftrag der Betriebsgewinn um 10 000 Stück · 6,82 DM = **68 200,00 DM** erhöht</u>.

Auch für den Fall eines vorher schon bestehenden <u>Betriebsverlustes</u> würde sich die Annahme dieses Zusatzauftrages lohnen, da der zusätzlich erzielbare Gewinn <u>zur Verringerung des Betriebsverlustes</u> beiträgt.

Aufgaben

463 Ein Unternehmen, das Spritzgußteile herstellt, ist auf eine Kapazität von 10 000 Stück je Monat ausgelegt. Die Kostenrechnung schloß im Monat Juni mit folgenden Zahlen ab:

Produktion	variable Gesamtkosten	fixe Gesamtkosten
8 400 Stück	126 000,00 DM	84 000,00 DM

Es wird damit gerechnet, daß in Zukunft eine Produktion von 7 500 Stück zum Preis von 30,00 DM je Stück abgesetzt werden kann.
1. Errechnen Sie den Betriebserfolg bei der erwarteten Absatzlage.
2. Lohnt sich die Hereinnahme eines Zusatzauftrags über 1500 Stück, der zum Preis von 22,00 DM je Stück abgerechnet werden muß?
3. Zu welchem kostendeckenden Preis könnten 7 500 Stück angeboten werden?
4. Wie hoch ist die absolute Preisuntergrenze?

464 Ein Uhrenhersteller produziert zwei Uhren, Typ A und Typ B, unter folgenden Bedingungen:

Typ	Monatliche Produktion	Kapazitäts- grenze	Variable Stückkosten	Erzeugnis- fixe Kosten	Untern.-fixe Kosten	Verkaufs- preis
A	6000	8000	35,00	50 000,00	210 000,00	75,00
B	4000	5000	56,00	80 000,00		120,00

1. Errechnen Sie den Deckungsbeitrag I und II sowie den Betriebsgewinn.
2. Bestimmen Sie, ob sich die Annahme eines Zusatzauftrags über 500 Uhren vom Typ A zum Preis von 40,00 DM je Uhr lohnt.
3. Um Absatzeinbußen bei der Uhr von Typ B zu vermeiden, will der Unternehmer den Betriebsgewinn vorübergehend auf 50 000,00 DM senken. Ermitteln Sie den Verkaufspreis, zu dem eine Uhr unter dieser Bedingung angeboten werden kann.

5.5 Optimales Produktionsprogramm

Zweck. Unter optimalem Produktionsprogramm versteht man die Ausrichtung der Produktion in einem Mehrproduktunternehmen auf die rentabelsten Erzeugnisgruppen, wobei sich die Rangfolge, in der die Erzeugnisse hergestellt werden, nach der Höhe der von ihnen erwirtschafteten Deckungsbeiträge richtet.

(1) Produktionsprogramm nach absoluten Deckungsbeiträgen

Unter der Voraussetzung, daß alle absetzbaren Erzeugnisse auch hergestellt werden können, hängt die Produktionsrangfolge von der Höhe der Deckungsbeiträge je Stück ab.

Situation 1: Es wird angenommen, daß die Schmolmann KG 4 Gehäusetypen (A, B, C, D) zu folgenden Bedingungen produziert:

Gehäusetyp	Nettoverkaufs-preis	Variable Stückkosten	Deckungsbeitrag je Stück
A	55,00 DM	27,63 DM	**27,37 DM**
B	38,46 DM	23,18 DM	**15,28 DM**
C	73,84 DM	35,74 DM	**38,10 DM**
D	44,50 DM	27,80 DM	**16,70 DM**

Die Rangfolge, in der die einzelnen Gehäusetypen bei der Produktionsentscheidung berücksichtigt werden, lautet demnach:

$$C - A - D - B.$$

Merke: Sofern die absetzbaren Mengen auch hergestellt werden können, richtet sich die Rangfolge, in der die Erzeugnisgruppen produziert werden, nach der Höhe der von ihnen erzielten Deckungsbeiträge je Stück.

(2) Produktionsprogramm nach relativen Deckungsbeiträgen

In der Praxis wird es in jedem Industriebetrieb Engpässe geben, die die Produktionsmenge in einer bestimmten Abteilung gegenüber den anderen Abteilungen beschränken. Die Produktionsrangfolge wird dann von den Produktionsbedingungen des Engpasses bestimmt.

Situation 2: Die 4 Gehäusetypen A, B, C und D durchlaufen die gleiche Montageabteilung. Diese Abteilung bildet mit 16 000 Stunden/Monat den betrieblichen Engpaß. Für die Montage der Gehäusetypen werden folgende Zeiten aufgewendet:

	Typ A	Typ B	Typ C	Typ D
Montagezeit in Minuten	5	3	6	4

Relativer Deckungsbeitrag. Das Gehäuse **A** hat einen Deckungsbeitrag von 27,37 DM je Stück erzielt. Dieses Gehäuse weist eine Montagezeit von 5 Minuten je Stück auf. In 1 Stunde können also (60 Minuten : 5 Minuten/Stück =) **12 Gehäuse** montiert werden. 12 Gehäuse erbringen einen Deckungsbeitrag von (12 Stück · 27,37 DM je Stück =) **328,44 DM**. Dieser Deckungsbeitrag je Stunde heißt relativer Deckungsbeitrag.

$$\text{Relativer Deckungsbeitrag} = \frac{60 \text{ Minuten}}{\text{Bearbeitungszeit je Stück}} \cdot \text{Stückdeckungsbeitrag}$$

Merke: Der auf 1 Stunde umgerechnete Deckungsbeitrag heißt relativer Deckungsbeitrag.

In der folgenden Aufstellung sind für alle Gehäusetypen die relativen Deckungsbeiträge aufgeführt:

Gehäuse-typ	Montagezeit je Stück	montierte Stücke je Stunde	Deckungsbeitrag je Stück	relativer Deckungsbeitrag
A	5 Minuten	12 Stück ·	27,37 DM	**328,44 DM**
B	3 Minuten	20 Stück ·	15,28 DM	**305,60 DM**
C	6 Minuten	10 Stück ·	38,10 DM	**381,00 DM**
D	4 Minuten	15 Stück ·	16,70 DM	**250,50 DM**

Die Produktionsentscheidung richtet sich nunmehr nach der Höhe der relativen Deckungsbeiträge. Die 4 Gehäusetypen werden in der Rangfolge

C – A – B – D

produziert. Von der Kapazität des Engpasses und der Absatzsituation hängt es ab, ob alle Gehäusetypen in den absetzbaren Mengen hergestellt werden.

Merke: Sofern ein betrieblicher Engpaß vorliegt, richtet sich die Produktionsrangfolge der Kostenträger nach der Höhe der relativen Deckungsbeiträge.

Unter der Annahme bestimmter monatlicher Absatzmengen (vgl. nachfolgendes Beispiel und S. 359) wird folgende Produktionsentscheidung getroffen:

Rang	Gehäuse-typ	absetzbare Menge	montierte Stücke je Stunde	Montagezeit insgesamt	Produktions-menge
I	C	46 571 Stück :	10 Stück/Std.	= 4 657 Stunden	**46 571 Geh.**
II	A	85 395 Stück :	12 Stück/Std.	= 7 116 Stunden	**85 395 Geh.**
III	B	62 000 Stück :	20 Stück/Std.	= 3 100 Stunden	**62 000 Geh.**
				14 873 Stunden	
IV	D	35 000 Stück	15 Stück/Std. ·	1 127 Stunden =	**16 905 Geh.**
				16 000 Stunden	

Auswertung: Die auf dem Rang I–III stehenden Gehäusetypen C, A und B können im Umfang ihrer absetzbaren Mengen produziert werden. Im Engpaß „Montage" werden hierfür insgesamt 14 873 Arbeitsstunden verbraucht. Für das im letzten Rang stehende Gehäuse Typ D stehen noch 1127 Montagestunden zur Verfügung. Diese Zeit reicht für eine Produktionsmenge von (1127 Stunden · 15 Stück/Stunde =) 16 905 Gehäuse. Damit können von diesem Gehäusetyp monatlich nur noch 48,3 % der absetzbaren Menge produziert werden.

Aufgaben – Fragen

465 *Errechnen Sie zu obigem Beispiel den gesamten Deckungsbeitrag und das Betriebsergebnis, wenn die fixen Kosten 4 100 000,00 DM (vgl. S. 342) betragen.*

466 In einem Industrieunternehmen werden 5 unterschiedliche Erzeugnisse unter folgenden Bedingungen hergestellt:

Erzeugnis-gruppe	Nettoumsatzerlöse je Stück	Variable Stückkosten	fixe Gesamtkosten
A	3,50 DM	1,90 DM	
B	2,80 DM	1,10 DM	
C	5,20 DM	3,10 DM	52 200,00 DM
D	7,40 DM	3,80 DM	
E	4,10 DM	2,20 DM	

In der gemeinsamen Engpaßstufe können monatlich maximal 6400 Fertigungsstunden geleistet werden.

Der Zeitbedarf in dieser Stufe beträgt je Stück:

A	B	C	D	E
10 Min.	5 Min.	12 Min.	15 Min.	10 Min.

Die absetzbare Stückzahl beträgt:

A	B	C	D	E
9000	12000	8000	8000	15000

Ermitteln Sie das optimale Produktionsprogramm, und berechnen Sie das Betriebsergebnis.

467 Wie lautet die Lösung zu Aufgabe 466, wenn in der Engpaßstufe nicht mit der maximalen Leistung von 6400 Fertigungsstunden gearbeitet wird, sondern mit optimaler Leistung, die 90 % der maximalen Leistung beträgt?

468 Ein Industrieunternehmen produziert 3 verschiedenartige Erzeugnisse A, B und C unter folgenden Bedingungen:

Erzeugnis-gruppe	Variable Stückkosten	Nettoumsatzerlöse je Stück	fixe Gesamtkosten
A	124,00 DM	165,00 DM	
B	86,00 DM	121,00 DM	125000,00 DM
C	105,00 DM	128,00 DM	

1. Wie hoch ist das Betriebsergebnis, wenn von jedem Produkt monatlich 2000 Stück absetzbar sind und keine betrieblichen Engpässe vorliegen?
2. Ermitteln Sie das optimale Produktionsprogramm und das Betriebsergebnis, wenn auf einer gemeinsamen Fertigungsstufe ein Engpaß mit monatlich 6440 Fertigungsstunden vorliegt und die Fertigungszeiten in dieser Stufe bei Produkt A 1,5 Stunden, bei B 1,0 Stunde und bei C 1,2 Stunden betragen. Es sollen wiederum von jedem Produkt 2000 Stück absetzbar sein.

469 Die Montageabteilung eines Industriebetriebes soll die Fertigung eines neuen Gerätes Typ G übernehmen, obwohl sie bereits an der Kapazitätsgrenze arbeitet. Bisher werden in dieser Abteilung 3 Geräte montiert:

Gerät	Fertigungszeit Min./Stück	Deckungsbeitrag
Typ C	12 Min./Stück	25,00 DM
Typ D	15 Min./Stück	31,00 DM
Typ E	10 Min./Stück	19,00 DM

Das Gerät Typ G benötigt eine Montagezeit von 7,5 Minuten je Stück, es kann zu einem Nettoverkaufspreis von 41,00 DM abgesetzt werden und verursacht variable Stückkosten von 26,00 DM.

Lohnt es sich, vorübergehend die Fertigung eines Gerätes zugunsten des neuen Gerätes einzuschränken? Welches Gerät wird ggf. mit geringeren Stückzahlen produziert?

470 1. Erklären Sie die Begriffe „absoluter Deckungsbeitrag" und „relativer Deckungsbeitrag".
2. Wovon hängt die Produktionsentscheidung beim Kalkulieren mit relativen Deckungsbeiträgen ab?

471 Ein Unternehmen stellt u. a. Graugußteile her. Die Kapazität ist auf 10 000 Stück je Monat ausgelegt.
Für den Monat März lieferte die Kostenrechnung folgende Zahlen:

Produktion	variable Gesamtkosten	fixe Gesamtkosten	Umsatzerlöse
8 500 Stück	244 800,00 DM	180 200,00 DM	510 000,00 DM

1. Die Absatzentwicklung der letzten Monate läßt für den kommenden Monat einen Rückgang des Absatzes auf 7 500 Stück befürchten.
   a) Zu welchem Preis müßte die Produktion bei unveränderten fixen Kosten abgesetzt werden?
   (unveränderter Gewinnzuschlag: 20 %)
   b) Welche Preisfestsetzungen könnte die Unternehmensleitung kurzfristig beschließen, wenn sich der unter a) errechnete Preis nicht auf dem Markt durchsetzen läßt?
2. Besondere absatzpolitische Maßnahmen haben die unter 1. befürchtete Entwicklung nicht eintreten lassen. Die Unternehmensleitung rechnet nun für den Folgemonat mit Aufträgen über 8 000 Stück, die zum gleichen Preis abgesetzt werden können. Zusätzlich kann die Unternehmung einen Auftrag über 1 000 Stück erhalten, wenn ein Stückpreis von 30,00 DM akzeptiert wird.
   a) Untersuchen Sie, ob sich die Annahme des Zusatzauftrags lohnt.
   b) Welche Auswirkung auf das Betriebsergebnis ergäbe sich, wenn der Auftrag angenommen wird?
3. Langfristig rechnet die Unternehmensleitung mit einem Rückgang des Absatzes auf 5 000 Stück. Unter dieser Annahme wird geplant, die Produktion der Graugußteile aus dem Produktionsprogramm zu streichen. Hierdurch könnten die Fixkosten um 40 000,00 DM abgebaut werden.
   Lohnt sich die Herausnahme des Produktes aus dem Produktionsprogramm?
4. Wegen der schlechten Absatzlage bei Graugußteilen stellt das Unternehmen die Produktion auf Kunststoff-Spritzgußteile um. 3 Erzeugnisse werden unter folgenden Bedingungen produziert und angeboten:

Erzeugnis	variable Stückkosten	Nettoverkaufspreis	fixe Gesamtkosten (Monat)
A	2,40 DM	2,70 DM	
B	1,60 DM	1,85 DM	90 000,00 DM
C	2,00 DM	2,40 DM	

   a) Bestimmen Sie das Betriebsergebnis, wenn von A 150 000 Stück, von B 200 000 Stück und von C 120 000 Stück monatlich absetzbar sind und kein betrieblicher Engpaß vorliegt.
   b) Die Produkte werden in Serie auf getrennten Gußanlagen gefertigt; sie durchlaufen gemeinsam eine Kontroll-, Prüf- und Verpackungsabteilung, die mit 12 400 Stunden je Monat belastet werden kann. Für das Produkt A werden 2,4 Min./Stück, für B 1,5 Min./Stück und für C 1,8 Min./Stück verbraucht.
   Bestimmen Sie unter den genannten Bedingungen das optimale Produktionsprogramm.

472 Ein Betrieb hatte in der vergangenen Abrechnungsperiode 2 000 Stück eines Erzeugnisses hergestellt. Die Gesamtkosten beliefen sich auf 124 000,00 DM. In der laufenden Abrechnungsperiode werden 2 250 Stück zu Gesamtkosten von 135 250,00 DM produziert.
1. Berechnen Sie bei proportionalem Verlauf der variablen Kosten die Fixkosten.
2. Mit welchen Gesamtkosten ist bei einer Produktion von 2 400 Stück zu rechnen? Stellen Sie den Kostenverlauf grafisch dar.

5.6 Eigenfertigung oder Fremdbezug

Die Frage, ob ein Produkt selbst hergestellt oder von Zulieferern bezogen werden soll, stellt sich aus vielfältigen Gründen, z. B.

- Kosten der Eigenfertigung oder des Fremdbezugs,
- Beschäftigungsgrad der eigenen Anlagen,
- Qualität der eigenen oder fremdbezogenen Erzeugnisse,
- technisches Wissen und technisches Können,
- Abhängigkeit von Zulieferern,
- Kapitalausstattung des Unternehmens.

In den folgenden Ausführungen wird von der Annahme ausgegangen, daß nur die Aspekte „Kosten" und „Beschäftigungsgrad" entscheidungsrelevant sind. Damit lassen sich die Überlegungen auf zwei grundsätzliche Situationen reduzieren:

1. Das Unternehmen verfügt über freie Kapazitäten an Betriebsmitteln und Arbeitskräften und plant, bisher fremdbezogene Erzeugnisse zur Kapazitätsauslastung selbst herzustellen (vgl. **Situation 1**).
2. Das Unternehmen möchte Kapazitäten für andere Erzeugnisse frei machen und plant, bestimmte bisher selbst hergestellte Erzeugnisse in Zukunft von Zulieferern zu beziehen (vgl. **Situation 2**).

Situation 1: Das Unternehmen Schmolmann KG kann von einem Zulieferer Blechgehäuse zu folgenden Bedingungen beziehen: Listeneinkaufspreis 45,00 DM je Stück mit 10 % Rabatt. Zahlungsbedingungen: 10 Tage mit 2 % Skonto oder 30 Tage ohne Abzug. Die Bezugskosten werden mit 1 % des Bareinkaufspreises pauschal verrechnet.
Eigenfertigung: Rohstoffaufwendungen 5,50 DM/Stück. Löhne für Stanzen, Pressen, Bohren, Lackieren und Montieren 18,00 DM/Stück (die Facharbeiter sind bei vollem Lohnausgleich unterbeschäftigt).
An Gemeinkosten werden verrechnet:
Material 8 % (die Materialgemeinkosten sind zu 25 % variabel),
Fertigung 180 % (die Fertigungsgemeinkosten sind zu 40 % variabel).

Kalkulation des Fremdbezugs	
Listeneinkaufspreis	45,00 DM
− 10 % Rabatt	4,50 DM
Rechnungspreis	40,50 DM
− 2 % Skonto	0,81 DM
Bareinkaufspreis	39,69 DM
+ 1 % Bezugskosten	0,40 DM
Einstandspreis je Stück	**40,09 DM**

Kalkulation der Eigenfertigung auf Vollkostenbasis	
Rohstoffaufwand	5,50 DM
+ 8 % Materialgemeinkosten	0,44 DM
+ Fertigungslöhne	18,00 DM
+ 180 % Fert.-Gemeinkosten	32,40 DM
Herstellkosten je Stück	**56,34 DM**

Auf der Grundlage der obigen Vollkostenrechnung würde die Entscheidung zugunsten des Fremdbezugs ausfallen. Das ist **falsch,** weil in der Vollkostenkalkulation auch fixe Kosten angesetzt wurden, die durch die bisherige Beschäftigung bereits in voller Höhe erfaßt waren. Fixe Kosten bleiben unberücksichtigt. Auch Fertigungslöhne werden nicht eingerechnet; sie sind in den bisherigen Fertigungskosten enthalten (vgl. Beispiel 1, voller Lohnausgleich).

Kalkulation der Eigenfertigung auf der Grundlage variabler Kosten	
Rohstoffaufwand	5,50 DM
+ 2 % var. MGK (25 % v. 8 %)	0,11 DM
+ 72 % var. FGK (von 18,00 DM)	12,96 DM
variable Herstellkosten	**18,57 DM**

Merke: Bei der Berechnung der Herstellkosten für die Eigenfertigung werden nur die zusätzlich anfallenden variablen (proportionalen) Kosten berücksichtigt. Die fixen Kosten bleiben außer Ansatz.

Situation 2: Das Unternehmen Schmolmann KG stellt Stahlblechgehäuse Typ A selbst her, während sie die Gehäusedeckel Typ A von einem Zulieferer zum Einstandspreis von 7,50 DM/Stück bezieht. Die Geschäftsleitung plant, die Deckel Typ A auf vorhandenen Stanzen und Pressen selbst herzustellen. Diese Maschinen sind derzeit mit der Produktion von Deckeln Typ B ausgelastet. Die Deckel Typ B haben einen (angenommenen) Verkaufspreis von 8,50 DM je Stück.

Die Fertigungsplanung liefert folgende Zahlen:

Maschinenstundensätze:	Stanze (proportional)	25,00 DM
	Presse (proportional)	31,00 DM
einheitlicher **Lohnstundensatz** (proportional)		50,00 DM
Fertigungsgemeinkostenzuschlag (proportional)		14 %
Deckel A:	Rohstoffaufwand je Stück	1,40 DM
	Materialgemeinkosten (proportional)	3,5 %
	Bearbeitungszeit je Stück und Maschine	1,2 Minuten
Deckel B:	Rohstoffaufwand je Stück	1,73 DM
	Materialgemeinkosten (proportional)	3,5 %
	Bearbeitungszeit je Stück und Maschine	1,5 Minuten

Opportunitätskosten. In diesem Fall konkurrieren Deckel Typ A und Deckel Typ B in der Produktion miteinander. Auf die Höhe der fixen Kosten hat dies keinen Einfluß; sie bleiben unberücksichtigt. Werden Deckel Typ A produziert, so entstehen zunächst die variablen (= proportionalen) Kosten dieser Produktion. Zusätzlich sind die durch diese Produktion verdrängten „Vorteile der Deckelproduktion Typ B" (= Opportunitätskosten = relativer Deckungsbeitrag) einzurechnen.

Kosten der Eigenfertigung von Deckeln Typ A:

	Deckel Typ A	Deckel Typ B
1. Variable Kosten:		
Rohstoffaufwand je Stück	1,40 DM	1,73 DM
+ 3,5 % Materialgemeinkosten	0,05 DM	0,06 DM
+ proportionale Maschinenkosten: Stanze	0,50 DM	0,63 DM
Presse	0,62 DM	0,78 DM
+ Fertigungslöhne je Stück	2,00 DM	2,50 DM
+ 14 % proportionale Fertigungsgemeinkosten	0,28 DM	0,35 DM
variable Herstellkosten je Stück	**4,85 DM**	**6,05 DM**
2. Opportunitätskosten:		
Verkaufspreis (fiktiv)		8,50 DM
− variable Stückkosten		6,05 DM
Deckungsbeitrag je Stück		**2,45 DM**
Deckungsbeitrag je Minute (2,45 : 1,5 Min.)		**1,63 DM**
Opportunitätskosten (1,63 · 1,2 Min.)	**1,96 DM**	
3. Gesamtkosten je Stück	**6,81 DM**	
4. Ergebnis der Entscheidung:		
Einstandspreis je Stück bei Fremdbezug	7,50 DM	
− Kosten der Eigenfertigung je Stück	6,81 DM	
Vorteil der Eigenfertigung je Stück	**0,69 DM**	

Merke: Wenn Produktionsalternativen bei ausgelasteter Kapazität zu entscheiden sind, müssen neben den variablen Kosten der jeweiligen Produktion auch die entgangenen Deckungsbeiträge der jeweils anderen Produktion (= Opportunitätskosten) berücksichtigt werden. Die fixen Kosten bleiben außer Ansatz.

Aufgaben – Fragen

473 Ein Maschinenbauunternehmen hat bisher Messingventile, die in eigene Erzeugnisse eingebaut werden, zu folgenden Bedingungen fremdbezogen: Listeneinkaufspreis je Stück 52,00 DM; bei Abnahme von mehr als 5000 Stück werden 15 % Mengenrabatt gewährt. Zahlungsbedingungen: bei Zahlung innerhalb von 10 Tagen 2 % Skonto, innerhalb von 30 Tagen ohne Abzug. Die Bezugskosten (Fracht, Verpackung) werden mit 0,70 DM je Stück kalkuliert.

Das Unternehmen hat freie Kapazitäten zur Verfügung, die es ihm gestatten, die Ventile selbst zu fertigen. Die Fertigungsplanung legt für die Entscheidungsfindung folgende Zahlen vor: Rohstoffaufwand je Stück 9,50 DM; Löhne für Schneiden, Drehen, Fräsen, Bohren und Gewindeschneiden je Stück 35,50 DM (die Arbeiter sind bei vollem Lohnausgleich unterbeschäftigt). An Gemeinkosten werden verrechnet: 12 % Materialgemeinkosten, davon gelten 30 % als variabel; 220 % Fertigungsgemeinkosten, davon gelten 45 % als variabel.

Entscheiden Sie auf der Grundlage dieser Zahlen, ob die Eigenfertigung günstiger ist als der Fremdbezug.

474 Ein Unternehmen, das Elektrogeräte herstellt, bezieht die Gehäuse für das Gerät „Maximus II" zum Einstandspreis von 74,50 DM je Stück von einem Zulieferer. Die technischen Einrichtungen des Unternehmens gestatten es, dieses Gehäuse selbst zu fertigen, dadurch ließe sich die Kapazität der Betriebsmittel und Arbeitskräfte besser ausnutzen. Die Eigenfertigung würde folgende Kosten verursachen: Fertigungsmaterial je Gehäuse 17,20 DM. Die Fertigungslöhne werden mit einem Stundensatz von 62,00 DM verrechnet; die Fertigungszeit für ein Stück beträgt 24 Minuten. Da der Betrieb Kurzarbeit eingeführt hat, fallen bei Erhöhung des Beschäftigungsgrades die Fertigungslöhne als variable Kosten an. Die Materialgemeinkosten sind mit einem proportionalen Anteil von 4 %, die Fertigungsgemeinkosten mit einem proportionalen Anteil von 80 % zu berücksichtigen.

Lohnt sich die Eigenfertigung?

475 Ein Maschinenbauunternehmen bezieht einen stufenlosen elektronischen Regler von einem Zulieferer zum Einstandspreis von 124,00 DM je Stück. Die Geschäftsleitung plant, diesen Regler selbst herzustellen. Die erforderlichen Anlagen und Arbeitskräfte wären dafür vorhanden. Wegen der ausgelasteten Kapazität müßte aber die Produktion einer elektronischen Schaltung eingestellt und die Schaltung fremdbezogen werden. Die Schaltung hat einen (fiktiven) Verkaufspreis von 75,00 DM.

Die Fertigungsplanung liefert folgende Zahlen:

Fertigungslöhne:	einheitlicher Lohnstundensatz (proportional)	54,00 DM
	proportionale Fertigungsgemeinkosten	60 %
Regler:	Rohstoffaufwand	32,00 DM
	proportionale Materialgemeinkosten	4 %
	Fertigungszeit je Regler	30 Minuten
Schaltung:	Rohstoffaufwand	18,00 DM
	proportionale Materialgemeinkosten	4 %
	Fertigungszeit je Schaltung	20 Minuten

1. *Entscheiden Sie, ob die Reglerproduktion zugunsten der Schalterproduktion aufgenommen werden soll.*
2. *Wie wäre zu entscheiden, wenn der fiktive Verkaufspreis für einen Schalter 80,00 DM beträgt? Argumentieren Sie in diesem Fall nicht nur unter Kostengesichtspunkten.*

476 1. *Welche Gesichtspunkte sind bei der Entscheidung „Eigenfertigung oder Fremdbezug" zu berücksichtigen?*
2. *Erläutern Sie den Begriff „Opportunitätskosten".*

6 Plankostenrechnung als Controlling-Instrument

6.1 Grundlagen des Controlling

Controlling meint nicht nur – wie aus dem Wortstamm abgeleitet werden kann – **Kontrolle** der betrieblichen Leistungsprozesse. Mit diesem Begriff werden Tätigkeiten erfaßt, die weit über die Kontrolle hinausgehen und sich auf folgende Funktionen im Unternehmen erstrecken:

Controlling	
sammelt Informationen aus allen betrieblichen Bereichen	Controlling als Planungs-, Steuerungs- und Entscheidungsinstrument basiert auf den verzweigten Daten aus den unterschiedlichen Bereichen und Abteilungen des Unternehmens, z.B. Beschaffung, Lagerung, Absatz, Investition, Finanzierung, Finanzbuchhaltung, Kosten- und Leistungsrechnung.
wirkt bei der Formulierung von Unternehmenszielen mit und erstellt Prognosen	Controlling prognostiziert z.B. Umsatz, Kosten, Gewinn, Liquidität auf der Grundlage kurz- und langfristiger Pläne, formuliert Sollzustände und arbeitet Vorlagen für Entscheidungen aus.
erstellt Soll-Ist-Vergleiche	Controlling stellt die aus der Finanzbuchhaltung und der Kostenrechnung stammenden Ist- und Planwerte fest und ermittelt Abweichungen.
analysiert Abweichungen	Controlling wertet Ist-/Planabweichungen aus, indem es nach den Ursachen forscht.
führt Berichte und informiert die Geschäftsleitung	Controlling interpretiert die Abweichungen, informiert die verantwortlichen Stellen und präsentiert die Ergebnisse.
macht Vorschläge zur Steuerung und Korrektur von Vorgaben	Controlling entwickelt Vorschläge zur Gegensteuerung bei Abweichungen, um die Ist-Lage wieder auf Plan-Lage zu bringen.

Stellung des Controlling in der Aufbauorganisation. Damit der Controller seiner Planungs-, Informations- und Analyseaufgabe für die Geschäftsleitung angemessen nachkommen kann, ist es sinnvoll, das Controlling als zentrale oder dezentrale **Stabstelle** einzurichten. Im Organisationsschema könnte die Zuordnung folgendermaßen aussehen:

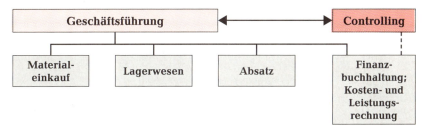

Die Verbindung des Controlling zum Rechnungswesen (= Finanzbuchhaltung und Kosten-/Leistungsrechnung) ist im Organisationssystem von besonderer Bedeutung. Auch das Rechnungswesen ist ein dem Unternehmer dienendes Instrument, das er zur Dokumentation, Analyse, Planung und Steuerung **finanzwirtschaftlicher** und

kostenrechnerischer Vorgänge nutzt. So gesehen gehören folgende – in diesem Buch an anderer Stelle ausgeführte – Inhalte zum Controlling:

- Bilanzaufbereitung und Bilanzanalyse (S. 272 f.),
- Aufbereitung und Auswertung der Gewinn- und Verlustrechnung (S. 287 f.),
- Betriebsabrechnung über den Betriebsabrechnungsbogen (S. 350 f.),
- Kalkulationen auf der Grundlage von Normalkosten (S. 360 f.),
- Entscheidungen auf der Grundlage der Deckungsbeitragsrechnung (S. 393 f.).

Davon hebt sich das Controlling dadurch ab, daß es in **alle Bereiche** des Unternehmens hineinreicht und **langfristig** der Unternehmens**steuerung** dient. Selbstverständlich greift hierbei das Controlling auf die Zahlen und die Verfahren des Rechnungswesens zurück und nutzt diese als Hilfsmittel und Werkzeuge, um seine eigentlichen Aufgaben,

- den **Soll-Ist-Vergleich** und
- die **Abweichungsanalyse,**

erfüllen zu können. Die folgende Abbildung verdeutlicht diesen Zusammenhang:

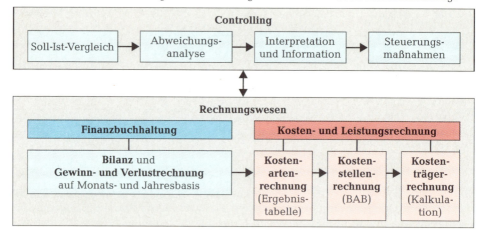

Ein controlling-orientiertes Rechnungswesen ist in seinem Aufbau und in seinen Methoden auf die Controllingaufgaben ausgerichtet

1. durch ein System zur vollständigen, periodenbezogenen und gegliederten **Erfassung der Istdaten** (z.B. Kontenplan, Bilanz, Gewinn- und Verlustrechnung, Ergebnistabelle),
2. durch Methoden zur **Berechnung periodenbezogener Plandaten** aufgrund vorgegebener Ziele (z.B. Plan- und Sollkosten),
3. durch Instrumente zur **Feststellung und Analyse von Soll-Ist-Abweichungen** (z.B. tabellarische oder grafische Darstellung von Abweichungen).

Plankostenrechnung. Um Ihnen einen Einblick in die **Grundlagen** einer **controlling-orientierten Kostenrechnung** zu geben, stellen wir am Beispiel der Plankostenrechnung für eine stark vereinfachte Situation dar, mit welchen Berechnungen und Darstellungsmethoden es gelingt, Soll-Ist-Vergleiche zu ermöglichen und Kostenabweichungen festzustellen.

6.2 Wesen der Plankostenrechnung

Plankosten. Die Plankosten entstehen auf <u>technischer Grundlage</u> unter Mitwirkung der REFA-Ingenieure, der Betriebstechniker, des Leiters der Arbeitsvorbereitung, der Kostenrechner und der Konstrukteure. Plankosten sind – soweit keine einschneidenden technischen Änderungen eintreten – <u>zukunftsorientiert</u>.

Beispiele: In der Dreherei der Maschinenbau Kern KG werden u.a. Ventilgehäuse gefertigt.

1. Grundlage für die Planung der in dieser Kostenstelle anfallenden **Einzelkosten** „Fertigungslöhne" sind Arbeitszeitstudien, aus denen hervorgeht, wieviel Zeit die Anfertigung eines Gehäuses erfordert:

   Umrüstzeit auf das Stück umgerechnet .... 0,2 Min.
   Einrichtzeit auf das Stück umgerechnet .... 1,2 Min.
   Bearbeitungszeit je Stück .... 8,1 Min.
   Gesamtzeit je Stück .... 9,5 Min.

   Wird ein Lohnfaktor von 40,00 DM je Stunde zugrunde gelegt, so ergeben sich an dieser Maschine <u>Lohnkosten je Stück</u> in Höhe von

   $$\frac{40,00 \text{ DM}}{60 \text{ Min.}} \cdot 9,5 \text{ Min.} = 6,33 \text{ DM}.$$

   Bei einer monatlichen geplanten Produktion von 900 Stück betragen die <u>Plankosten für Fertigungslöhne</u>

   6,33 DM/Stück · 900 Stück = 5 697,00 DM.

2. Grundlage für die Planung der **Gemeinkosten** „Hilfsstoffverbrauch" sind die aus den Konstruktionsunterlagen erstellten Stücklisten. Die in den Stücklisten aufgeführten Materialien für die Produktionseinheit werden bewertet und ergeben so die Plankosten.

Ziele der Plankostenrechnung. Die Plankostenrechnung ist auf folgende <u>betriebliche Ziele</u> ausgerichtet:

1. Ermittlung von Plankosten für jede Kostenstelle.
2. Gegenüberstellung von <u>Plankosten bei Istbeschäftigung</u> und <u>Istkosten</u> einer Abrechnungsperiode.
3. <u>Feststellung der Abweichungen</u> zwischen Plankosten bei Istbeschäftigung und Istkosten.
4. <u>Aufdeckung der Ursachen</u> für die Abweichungen.

Damit wird deutlich,

- daß in der Plankostenrechnung nicht auf die exakte Erfassung der Istkosten verzichtet werden kann,
- daß von den Betriebsleitern nur solche Abweichungen zwischen Plan- und Istkosten zu verantworten sind, die reine <u>Verbrauchsabweichungen</u> sind (z. B. höherer Istverbrauch an Material gegenüber dem geplanten Verbrauch; höhere Istlöhne gegenüber den geplanten Löhnen). <u>Abweichungen in den Beschaffungspreisen</u> oder <u>Schwankungen in der Beschäftigung</u> sind nicht den Betriebsleitern anzulasten; für die Zwecke der Kostenkontrolle sind diese Abweichungen in den Plankosten zu berücksichtigen.

Merke: Für die Kostenkontrolle dürfen nur Verbrauchsabweichungen maßgeblich sein; deshalb sind Preis- und Beschäftigungsabweichungen auszuschalten.

6.3 Planung der Einzel- und Gemeinkosten

Grundlage der flexiblen Plankostenrechnung. In der flexiblen Plankostenrechnung werden die Kostenbeträge aller Gemeinkostenarten durch eine Kostenauflösung in fixe und variable (proportionale!) Bestandteile zerlegt. Dadurch ist es möglich, jeder Kostenstelle sowohl nach Kostenarten unterteilte feste Plankosten vorzugeben, als auch diese Kostenvorgaben entsprechend der jeweiligen Istbeschäftigung abzuwandeln.

Die Einzelkosten „Fertigungsmaterial", „Fertigungslöhne" und „Sondereinzelkosten" gelten in voller Höhe als variabel; bei ihnen entfällt das Problem der Kostenauflösung. Zum Teil werden sie um die Kostenstellen herumgeführt und den Kostenträgern direkt zugerechnet (z. B. Fertigungsmaterial, Sondereinzelkosten); zum Teil können sie in die Kostenstellenrechnung eingehen (z. B. Fertigungslöhne).

Merke: Wesentliches Merkmal der flexiblen Plankostenrechnung ist die Auflösung der Gemeinkosten in fixe und variable Kostenvorgaben.

Aufbau der flexiblen Plankostenrechnung. Das Ziel der Plankostenrechnung – Kostenkontrolle! – wird durch folgenden Aufbau erreicht, der die wesentlichen Planungsgrößen beachtet:

1. Festlegung der **Bezugsgröße** für jede Kostenstelle (z.B. Fertigungsstunden, Maschinenstunden, Ausbringungsmengen),
2. Bestimmung der **Planbeschäftigung,**
3. Festlegung der **Verbrauchsmengen und -zeiten** für jede Kostenart in bezug auf die Planbeschäftigung (vgl. Beispiele S. 417),
4. **Bewertung der Mengen oder Zeiten mit Festpreisen** und damit Festlegung der Plankosten für jede Kostenart innerhalb der Kostenstellen,
5. **Auflösung der Gemeinkosten** in fixe und variable Kostenvorgaben.

Kostenpläne. Die Planungsarbeiten enden mit der Aufstellung von Kostenplänen für alle Kostenstellen. Diese Pläne enthalten die Kostenvorgaben für die Gesamtplankosten sowie für die variablen und fixen Plankosten.

Plankosten sind durch methodisches Vorgehen im voraus bestimmter, wertmäßiger Güter- und Dienstleistungsverzehr mit Vorgabecharakter. Die gesamten Plankosten ergeben sich aus der Summe aller variablen und fixen Plankosten einer Kostenstelle.

Merke:
- Die Anwendung der Plankostenrechnung setzt eine sorgfältige Kostenstellengliederung des Betriebes und eine genaue Festlegung der Planungsgrößen voraus.
- Plankosten sind durch methodisches Vorgehen im voraus bestimmte Kosten mit Vorgabecharakter.

Anwendung. Die Planeinzel- und -gemeinkosten bilden die Grundlage für die Plankalkulation (vgl. S. 421) und für den Soll-Ist-Kostenvergleich zur Ausweisung der Verbrauchsabweichungen (vgl. S. 425). Unter Istkosten sind hierbei die zu Festpreisen bewerteten tatsächlichen Verbrauchsmengen oder -zeiten zu verstehen. Die Festpreisbewertung schaltet Preisschwankungen aus.

Merke: Durch die Planung der Einzel- und Gemeinkosten werden Grundlagen für die Ermittlung von Verbrauchsabweichungen und für die Plankalkulation geschaffen.

6.3.1 Bestimmung der Planbeschäftigung

Situation: In der Dreherei der Maschinenbau Kern KG werden u.a. Armaturen gefertigt. Diese Armaturen bestehen im wesentlichen aus einem Ventilgehäuse, das aus einem Messing-Gußteil hergestellt wird. Die folgende Übersicht verdeutlicht, welche Abteilungen (= Kostenstellen) das Gußteil durchlaufen muß, um zum fertigen Gehäuse zu werden, und wie hoch die monatlichen Produktionsmengen (= Beschäftigung) in den einzelnen Abteilungen sind:

Beschäftigung (Stück)	Kostenstellen			
	Abteilung Bohren	Abteilung Drehen	Abteilung Gewindeschneiden	Abteilung Montage
Maximalbeschäftigung	3 900	4 100	3 500	**3 000**
Normalbeschäftigung	3 600	3 700	3 200	2 800

Engpaßorientierte Beschäftigung. Die Festlegung der Planbeschäftigung erfolgt nach den betrieblichen Erfordernissen. Hierbei kann sich die Geschäftsleitung von den <u>vorhandenen Kapazitäten</u>, den <u>Absatzerwartungen</u> oder den <u>zukünftig vermuteten Minimumsektoren</u> leiten lassen.

Die Ausrichtung der Planbeschäftigung auf den <u>derzeitigen Engpaß</u> berücksichtigt die tatsächlichen Produktionsverhältnisse oder die bestehenden Schwierigkeiten im Finanzierungs- und Absatzbereich.

Im vorliegenden Beispiel könnte die <u>Planbeschäftigung auf 3 000 Gußteile je Monat</u> festgelegt werden. Damit wird der <u>geringen Kapazität in der Montageabteilung</u> Rechnung getragen.

Merke: Als Planbeschäftigung eignet sich die engpaßorientierte Beschäftigung.

6.3.2 Festlegung der Plankosten aufgrund fester Verrechnungspreise

Beispiel: Die Kern KG bezieht die Messing-Gußteile von einer Gießerei. Im laufenden Jahr sind vier Bestellungen erteilt worden, die zu folgenden Stückpreisen ausgeführt wurden:

Datum	Preis je Gußteil	Datum	Preis je Gußteil
05.02.19..	7,20 DM	12.05.19..	7,40 DM
05.04.19..	7,60 DM	24.07.19..	7,70 DM

Verrechnungspreis. Für die Berechnung der Plankosten stellen schwankende Beschaffungspreise ein Hindernis dar. Ihrer Aufgabe können Plankosten nur gerecht werden, wenn sie auf einer festen Basis ermittelt werden. Zu diesem Zweck verwendet man in der Plankostenrechnung feste Verrechnungspreise. Sie werden z.B. als arithmetisches Mittel aus den Einzelwerten berechnet.

Berechnung der Plankosten. In obigem Beispiel soll der Verrechnungspreis auf <u>7,50 DM je Stück</u> festgesetzt werden. Die Plankosten für das monatlich zu verbrauchende Fertigungsmaterial betragen dann bei 3 000 Gußteilen (s.o.):

Plankosten je Monat = **Planbeschäftigung · Verrechnungspreis**

Plankosten für Fertigungsmaterial „Ventilgehäuse" = 3 000 Stück · 7,50 DM = **22 500,00 DM**

Merke: Plankosten werden aufgrund fester Verrechnungspreise gewonnen.

6.3.3 Verfahren der Kostenauflösung

Zweck. Durch die Kostenauflösung wird erreicht, daß bei Beschäftigungsschwankungen nur die variablen Kosten der vom Plan abweichenden Beschäftigungslage angepaßt werden, während die unvermeidbaren fixen Kosten in voller Höhe bestehen bleiben.

Verfahren. Die folgende Übersicht zeigt einige Verfahren der Kostenauflösung. Auf die Darstellung der mathematischen und grafischen Kostenauflösung wird an dieser Stelle verzichtet.

Voraussetzungen. Die Methoden der Kostenauflösung gehen in der Regel von den Voraussetzungen aus, daß sich die variablen Kostenanteile bei Beschäftigungsänderungen proportional verhalten und daß die fixen Kostenanteile während des Planungszeitraumes keinen Veränderungen unterliegen.

Die direkte Methode der Kostenauflösung beruht auf Einzeluntersuchungen innerhalb der Kostenstellen unter Zusammenarbeit der Abteilungen „Arbeitsvorbereitung" und „Kostenrechnung".

Beispiel: Aufgrund einer Einzeluntersuchung sind für die Kostenstelle „Dreherei" bei einer Beschäftigung von 1400 Stunden/Monat und einer entsprechenden Ausbringung von 2800 Stück/Monat folgende Einzel- und Gemeinkosten ermittelt worden:

Kostenart	Gesamtkosten	fixe Kosten	variable Kosten
Fertigungsmaterial (EK)	21 000,00	—	21 000,00
Gemeinkostenmaterial	4 000,00	2 000,00	2 000,00
Fertigungslöhne	25 000,00	—	25 000,00
Hilfslöhne	5 000,00	4 000,00	1 000,00
Soziale Abgaben	6 000,00	1 000,00	5 000,00
Abschreibungen	29 000,00	25 000,00	4 000,00
Sonstige Gemeinkosten	17 500,00	5 500,00	12 000,00
Gemeinkosten	86 500,00	37 500,00	49 000,00

Die Plankosten (= PK) ergeben sich bei einer angenommenen Planbeschäftigung von 1500 Stunden/Monat bzw. 3000 Stück/Monat nach folgender Rechnung:

Die proportionalen Kosten für das **Fertigungsmaterial** werden um die Kostenstelle herumgeführt und in der Kalkulation dem Kostenträger direkt zugerechnet (vgl. S. 418):

$$\frac{21\,000 \cdot 3\,000}{2\,800} = 22\,500,00 \text{ DM PK}$$

Die fixen Kosten gehen in voller Höhe in die Plankosten der Kostenstelle ein:

$$- \quad 37\,500,00 \text{ DM fixe PK}$$

Die variablen Kosten (einschließlich der Fertigungslöhne) sind auf die Planbeschäftigung umzurechnen:

$$\frac{49\,000 \cdot 1\,500}{1\,400} = 52\,500,00 \text{ DM var. PK}$$

Die gesamten Plankosten der Kostenstelle betragen

$$\underline{90\,000,00 \text{ DM gesamt.}}$$

6.4 Zuschlagskalkulation mit Plankostenverrechnungssätzen

Plankalkulation. Für viele Industriebetriebe ist die Einzel- oder Serienfertigung unterschiedlicher Erzeugnisse der maßgebliche Produktionstyp. Diese Betriebe wenden zur Berechnung der Planselbstkosten das Verfahren der Zuschlagskalkulation an. Die Plan-Zuschlagskalkulation basiert auf Planeinzelkosten (z.B. Fertigungsmaterial) und auf Plankostenverrechnungssätzen, die in den einzelnen Kostenbereichen oder Kostenstellen ermittelt werden.

Der Plankostenverrechnungssatz gibt an, wieviel DM Plankosten auf eine Planbeschäftigungseinheit (= 1 Stunde) entfallen. Mit diesem Satz wird die Planarbeitszeit für die Kostenträgereinheit (z.B. 1 Stück) multipliziert, und es ergeben sich die Planfertigungskosten, mit denen die einzelnen Kostenstellen den Kostenträger belasten.

Beispiel: Das Beispiel auf Seite 420 weist für die Kostenstelle „Dreherei" gesamte Plankosten in Höhe von 90 000,00 DM bei einer Planbeschäftigung von 1500 Stunden/Monat aus.

Der **Plankostenverrechnungssatz** beträgt $\dfrac{90\,000}{1500}$ = **60,00 DM/Std.**

Beläuft sich die Arbeitszeit für 1 Stück auf 15 Minuten,
so fallen folgende **Planfertigungskosten** an: 60,00 DM : 4 = **15,00 DM**

> **Merke:**
> - Plankostenverrechnungssatz = $\dfrac{\text{gesamte Plankosten}}{\text{Planbeschäftigung}}$
> - Mit Hilfe des Plankostenverrechnungssatzes werden die Plankosten auf die Kostenträger verrechnet.

Planeinzelkosten. Die Planeinzelkosten für das Fertigungsmaterial werden dem Kostenträger direkt zugerechnet. Für die Stückkalkulation ist lediglich die Umrechnung der Plankosten auf eine Mengeneinheit erforderlich.

Beispiel: Die Plankosten für das Fertigungsmaterial betragen 22 500,00 DM bei einer Planbeschäftigung von 3000 Stück (vgl. S. 420).

Auf 1 Stück entfallen **Einzelmaterialkosten** von $\dfrac{22\,500\ \text{DM}}{3\,000\ \text{Stück}}$ = **7,50 DM**

Zuschlagssätze. Für Material-, Verwaltungs- und Vertriebsgemeinkosten werden Planzuschlagssätze ermittelt und in die Kalkulation eingesetzt.

Beispiel einer Plankalkulation:

	Fertigungsmaterial (s. oben)	7,50 DM	
+	Materialgemeinkosten 6 %	0,45 DM	
	Planmaterialkosten		7,95 DM
	Planfertigungskosten „Bohren"	6,20 DM (angen.)	
+	Planfertigungskosten „Drehen"	15,00 DM (s.o.)	
+	Planfertigungskosten „Schneiden"	4,05 DM (angen.)	
+	Planfertigungskosten „Montieren"	2,30 DM (angen.)	
	gesamte Planfertigungskosten		27,55 DM
	Planherstellkosten		35,50 DM
+	Verwaltungsgemeinkosten 15 %		5,33 DM
+	Vertriebsgemeinkosten 5 %		1,77 DM
	Planselbstkosten		**42,60 DM**

6.5 Sollkosten

Plankostenverrechnungssatz bei unterschiedlichen Beschäftigungen. Der Plankostenverrechnungssatz ist ein Vollkostensatz, d.h., er enthält neben den variablen Kosten anteilige fixe Kosten. Durch die Proportionalisierung der fixen Kosten werden die gesamten Plankosten in Abhängigkeit zur Beschäftigung gebracht. Die kalkulierten Plankosten werden somit eine Funktion der Beschäftigung:

$$\text{Kalkulierte Plankosten} = \text{Plankostenverrechnungssatz} \cdot \text{Beschäftigung}$$

Sollkosten. Richtigerweise dürfen sich aber nur die variablen Kosten proportional zur Beschäftigung verändern, während die fixen Kosten in ihrer Höhe unverändert bestehen bleiben müssen. Die Sollkosten berücksichtigen für unterschiedliche Beschäftigungsgrade diese Eigenschaft der Plankosten: Sie enthalten die variablen Plankosten im Verhältnis des tatsächlichen Beschäftigungsgrades zum geplanten Beschäftigungsgrad und die fixen Kosten in voller Höhe. Damit eignen sie sich für den Soll-Ist-Kostenvergleich zur Ausweisung von Verbrauchsabweichungen. Sie lassen sich nach folgender Gleichung berechnen:

$$\text{Sollkosten} = \frac{\text{variable Plankosten} \cdot \text{Istbeschäftigung}}{\text{Planbeschäftigung}} + \text{fixe Plankosten}$$

Merke: Sollkosten sind die auf einen bestimmten Beschäftigungsgrad umgerechneten gesamten Plankosten unter Berücksichtigung der vollen fixen Plankosten und der anteiligen variablen Plankosten. Sie sind Grundlage für den Soll-Ist-Kostenvergleich.

Beispiel: Bei einer Planbeschäftigung von 1500 Stunden/Monat betragen die variablen Plankosten 52500,00 DM. Die fixen Plankosten werden mit 37500,00 DM ermittelt (vgl. S. 420). Der Plankostenverrechnungssatz beträgt 60,00 DM (vgl. S. 421).

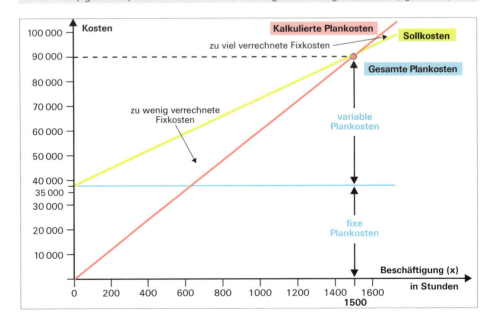

Erläuterung:

Die kalkulierten Plankosten werden nach der Vorschrift

$$\text{kalkulierte Plankosten} = 60 \cdot x$$

ermittelt, wobei x die Variable für die Beschäftigung ist. Da über den Plankostenverrechnungssatz die fixen Kosten proportionalisiert werden, geht der Graph dieser Funktion durch den Ursprung; d. h., bei der Beschäftigung 0 werden keine fixen Kosten verrechnet.

Für die Sollkosten gilt folgende Rechenvorschrift:

$$\text{Sollkosten} = \frac{52\,500}{1\,500} \cdot x + 37\,500 = 35 \cdot x + 37\,500$$

In dieser Vorschrift werden nur die variablen Plankosten in Abhängigkeit zur Beschäftigung gebracht. Bei allen Beschäftigungsgraden werden fixe Kosten in Höhe von 37 500,00 DM ausgewiesen.

Die Plankosten bei Planbeschäftigung werden im Schnittpunkt von Sollkosten- und Plankosten-Funktion ausgewiesen.

Auswertung:

- Istbeschäftigung = Planbeschäftigung: In diesem Fall sind die kalkulierten Plankosten gleich den Sollkosten.
- Istbeschäftigung < Planbeschäftigung: In diesem Fall liegen die kalkulierten Plankosten unter den Sollkosten. Ein Teil der fixen Kosten wird dann nicht verrechnet.
- Istbeschäftigung > Planbeschäftigung: In diesem Fall liegen die kalkulierten Plankosten über den Sollkosten. Es werden mehr fixe Kosten verrechnet, als nach Plan anfallen sollen.

Aufgaben

477 Für die Kostenstelle „Dreherei" werden bei einer Planbeschäftigung von 1200 Stunden/Monat gesamte Plankosten in Höhe von 75 000,00 DM ermittelt. Davon sind 45 000,00 DM variable Plankosten und 30 000,00 DM fixe Plankosten.
1. Berechnen Sie den Plankostenverrechnungssatz.
2. Bestimmen Sie die Sollkosten für eine Beschäftigungsabweichung auf 1350 Stunden/Monat.
3. Stellen Sie den Verlauf der kalkulierten Plankosten und der Sollkosten grafisch dar.

478 In einer Kostenstelle werden bei einer Beschäftigung von 2200 Stunden/Monat folgende Kosten ermittelt:

Kostenart	Gesamtkosten	Fixe Kosten	Variable Kosten
Gemeinkostenmaterial	7 000,00	2 500,00	4 500,00
Fertigungslöhne	65 000,00	—	65 000,00
Hilfslöhne	16 000,00	12 000,00	4 000,00
Soziale Abgaben	14 000,00	3 500,00	10 500,00
Abschreibungen	58 000,00	50 000,00	8 000,00
Sonstige Gemeinkosten	31 000,00	7 000,00	24 000,00

1. Bestimmen Sie die gesamten Plankosten bei 2400 Stunden Planbeschäftigung.
2. Berechnen Sie die Sollkosten für eine Abweichung um ± 10 %.
3. Berechnen Sie den Plankostenverrechnungssatz.
4. Stellen Sie den Verlauf der Sollkosten und der kalkulierten Plankosten grafisch dar.

6.6 Soll-Ist-Kostenvergleich (Kostenkontrolle)

Ziel. Die kostenstellenweise durchgeführte Kostenkontrolle verfolgt das Ziel, Abweichungen von Kostenvorgaben sichtbar zu machen, um dadurch Unwirtschaftlichkeiten im Betrieb aufdecken und beseitigen zu können. Sie wird grundsätzlich mindestens einmal im Monat für alle Kostenarten und alle Kostenstellen über den Soll-Ist-Kostenvergleich durchgeführt. Störende Einflüsse durch Preis- und Beschäftigungsabweichungen sind vorher auszuschalten.

Ausschaltung von Preisabweichungen. Dadurch, daß den Istkosten der Abrechnungsperiode die gleichen Verrechnungspreise zugrunde gelegt werden wie den Sollkosten, können Lohnsatz- und Preisschwankungen aus dem Soll-Ist-Kostenvergleich ferngehalten werden (vgl. S. 419).

> **Merke:** Istkosten sind die zu Planpreisen bewerteten tatsächlichen Verbrauchsmengen und -zeiten einer Abrechnungsperiode.

Ausschaltung von Beschäftigungsabweichungen. Während der Abrechnungsperiode wird auf der Basis der Plankostenverrechnungssätze kalkuliert. Weicht die Istbeschäftigung von der dem Plankostenverrechnungssatz zugrunde liegenden Planbeschäftigung ab — was in der Regel der Fall ist —, so treten zwischen den nach Plan vorgesehenen Kosten (Sollkosten) und den kalkulierten Plankosten Beschäftigungsabweichungen auf. Die Beschäftigungsabweichungen sind von den Betriebsleitern nicht zu verantworten. Durch den Vergleich der tatsächlich kalkulierten Plankosten mit den Sollkosten bei Istbeschäftigung lassen sich die Beschäftigungsabweichungen ermitteln und aus der Kostenkontrolle heraushalten.

Beispiel: In der Kostenstelle „Dreherei" wird mit einem Plankostenverrechnungssatz von 60,00 DM kalkuliert. Die gesamten Plankosten machen bei einer Beschäftigung von 1500 Stunden/Monat 90 000,00 DM aus (vgl. S. 421).
Im Monat Juli wird eine Istbeschäftigung von 1200 Stunden erreicht.
Wie groß ist die Beschäftigungsabweichung?

Die Istbeschäftigung beträgt: $\dfrac{1200 \cdot 100\,\%}{1500} = $ **80 %**.

Die Planbeschäftigung wird also um 20 % unterschritten.

Kalkulierte Plankosten bei Istbeschäftigung	$= 60,00 \cdot 1200 =$	72 000,00 DM
− Sollkosten (vgl. S. 422) der Istbeschäftigung	$= \dfrac{52\,500 \cdot 1200}{1500} + 37\,500 =$	79 500,00 DM
= Beschäftigungsabweichung	$=$	(−) 7 500,00 DM

Gegenüber den Sollkosten sind bei der Istbeschäftigung von 1200 Stunden 7 500,00 DM fixe Kosten zu wenig verrechnet worden.

> **Merke:** Die Beschäftigungsabweichung ist der Kostenbetrag, der angibt, um wieviel DM die kalkulierten Plankosten die Sollkosten bei Istbeschäftigung übersteigen (+) oder unterschreiten (−).

Die Grafik auf S. 425 verdeutlicht den Zusammenhang.

Beispiel: In der Kostenstelle „Dreherei" fallen gesamte Plankosten in Höhe von 90 000,00 DM an (Planbeschäftigung 1500 Stunden/Monat, vgl. S. 420). Im Monat Juli wird eine Istbeschäftigung von 1200 Stunden erreicht (vgl. S. 424). Die Istkosten werden mit 85 000,00 DM ermittelt.

Wie groß ist die Verbrauchsabweichung?

Sollkosten bei Istbeschäftigung	$= \dfrac{52\,500 \cdot 1200}{1500} + 37\,500 =$	79 500,00 DM
− **Istkosten**	=	85 000,00 DM
= **Verbrauchsabweichung**	=	(−) 5 500,00 DM

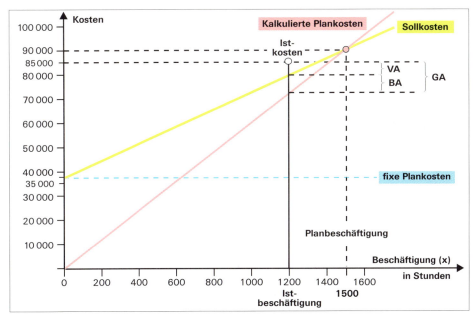

Erläuterung: Die obige Grafik zeigt den Verlauf der Sollkosten und der kalkulierten Plankosten (vgl. auch S. 422) und weist bei einer Istbeschäftigung von 1200 Stunden Istkosten in Höhe von 85 000,00 DM aus.

Die Abkürzungen bedeuten: **BA** = Beschäftigungsabweichung (vgl. S. 424),
VA = Verbrauchsabweichung,
GA = Gesamtabweichung.

Verbrauchsabweichungen. Der eigentliche Zweck der flexiblen Plankostenrechnung besteht in der Ermittlung der Verbrauchsabweichungen. Verbrauchsabweichungen zeigen den wertmäßigen Mehr- und Minderverbrauch an Gütern und Diensten gegenüber den Sollkosten an. Der Mehrverbrauch ist von den Kostenstellenleitern zu verantworten. Verbrauchsabweichungen werden ausgewiesen durch den Vergleich der Sollkosten bei Istbeschäftigung mit den Istkosten.

Merke:
- Der eigentliche Zweck der flexiblen Plankostenrechnung besteht in der Ermittlung von Verbrauchsabweichungen.
- Die Verbrauchsabweichung ist der Kostenbetrag, der angibt, um wieviel DM die Sollkosten die Istkosten übersteigen (+) oder unterschreiten (−).

Gesamtabweichung. Faßt man die Beschäftigungsabweichung und die Verbrauchsabweichung zusammen, so erhält man die Gesamtabweichung. Sie ergibt sich auch aus dem Unterschied zwischen den kalkulierten Plankosten bei Istbeschäftigung und den Istkosten. Im vorhergehenden Beispiel beträgt die Gesamtabweichung:

Kalkulierte Plankosten (vgl. S. 424)		72 000,00 DM
− Istkosten		85 000,00 DM
= Gesamtabweichung	=	(−) **13 000,00 DM**

Beschäftigungsabweichung (vgl. S. 424)	(−)	7 500,00 DM
+ **Verbrauchsabweichung** (vgl. S. 425)	(−)	5 500,00 DM
= Gesamtabweichung	=	(−) **13 000,00 DM**

Merke: Die Gesamtabweichung wird aus dem Unterschied zwischen kalkulierten Plankosten bei Istbeschäftigung und Istkosten ermittelt.

Aufgaben – Fragen

479
1. Welche Aufgaben hat die flexible Plankostenrechnung?
2. Wodurch ist die flexible Plankostenrechnung gekennzeichnet?

480
1. Wie werden Plankosten und Sollkosten definiert?
2. Wodurch unterscheiden sich Sollkosten und kalkulierte Plankosten?
3. Wie ermittelt man den Plankostenverrechnungssatz, und wozu dient er?
4. Welche Verfahren der Kostenauflösung sind Ihnen bekannt?

481
1. Erläutern Sie die Aussage: Bei Unterschreitung der Planbeschäftigung werden über den Plankostenverrechnungssatz zu wenig fixe Kosten verrechnet.
2. Wodurch unterscheiden sich Beschäftigungs- und Verbrauchsabweichungen?
3. Wie werden Beschäftigungsabweichungen ermittelt?
4. Wie gelingt es, Preisschwankungen aus der Kostenkontrolle herauszuhalten?

482
1. Welche Planungsgrößen sind bei der Kostenplanung zu beachten?
2. Die Beschäftigungsabweichung beträgt (+) 40 000,00 DM, die Verbrauchsabweichung (−) 25 000,00 DM. Wie groß ist die Gesamtabweichung?
3. Was bedeutet die Aussage: „Die Verbrauchsabweichung beträgt (+) 20 000,00 DM"?

483 Bestimmen Sie die Beschäftigungs- und Verbrauchsabweichungen (mit grafischer Darstellung):
  Planbeschäftigung: 2 000 Stunden/Monat,
  Istbeschäftigung: 1 200 Stunden/Monat,
  gesamte Plankosten: 150 000,00 DM, davon fix 60 000,00 DM,
  Istkosten: 122 000,00 DM.

In einer Kostenstelle wird mit einem Plankostenverrechnungssatz von 35,00 DM je Stunde **484**
kalkuliert. Die Planbeschäftigung beträgt 2400 Stunden/Monat, 70 % der Plankosten sind
variabel.

1. Wie hoch sind die gesamten Plankosten, die variablen Plankosten und die fixen Plankosten?
2. Wie hoch sind die Beschäftigungs- und die Verbrauchsabweichungen bei einer Istbeschäftigung von 1920 Stunden/Monat und Istkosten von 65400,00 DM?
3. Wie hoch wären die Beschäftigungs- und Verbrauchsabweichung bei einer Istbeschäftigung von 2760 Stunden/Monat und Istkosten von 98500,00 DM?
4. Stellen Sie die Ergebnisse zu 2. und 3. grafisch dar.

In einem Betrieb wird ein Maschinenteil aufgrund folgender Vorgaben kalkuliert: **485**

Einzelmaterial A	2,36 kg, Verrechnungspreis 2,15 DM/kg
Einzelmaterial B	0,85 kg, Verrechnungspreis 6,40 DM/kg
Materialgemeinkosten 5 %,	

Fertigungsstelle I	0,25 Std./Stück, Plankostenverrechnungssatz	16,40 DM,
Fertigungsstelle II	0,40 Std./Stück, Plankostenverrechnungssatz	24,60 DM,
Fertigungsstelle III	0,35 Std./Stück, Plankostenverrechnungssatz	11,80 DM.

Verwaltungs- und Vertriebsgemeinkosten 30 %.
Sondereinzelkosten des Vertriebs (Fracht, Provision) 1,80 DM/Stück.

Berechnen Sie die Planselbstkosten für ein Stück.

In der Kostenstelle „Pflanzenschutz PI" mit fünf gleichartigen Produktionsapparaturen werden **486**
bei einer Einzeluntersuchung folgende Kosten ermittelt (der Untersuchung lag eine Beschäftigung von 3000 Stunden/Monat ≙ 5000 Stück zugrunde):

Kostenart	Gesamtkosten	variable Kosten	fixe Kosten
Fertigungsmaterial	120000,00	120000,00	—
Gemeinkostenmaterial	46000,00	30000,00	16000,00
Energie	32000,00	24000,00	8000,00
Fertigungslöhne	184000,00	184000,00	—
Hilfslöhne	38000,00	8000,00	30000,00
Soziale Abgaben	42000,00	30000,00	12000,00
Abschreibungen	134000,00	16000,00	118000,00
Sonstige Gemeinkosten	74000,00	49000,00	25000,00

Das Fertigungsmaterial wird unmittelbar dem Kostenträger zugerechnet.

1. Bestimmen Sie die gesamten Plankosten dieser Kostenstelle für eine Planbeschäftigung von 3300 Stunden/Monat.
2. Berechnen Sie den Plankostenverrechnungssatz.
3. Kalkulieren Sie die Planherstellkosten für eine Einheit, wenn 6 % Materialgemeinkosten anfallen, die Produktionsdauer für eine Einheit 0,6 Stunden beträgt und mit einer Planbeschäftigung von 5500 Stück/Monat gerechnet wird.
4. Stellen Sie den Verlauf der kalkulierten Plankosten und der Sollkosten grafisch dar.
5. Bestimmen Sie die Beschäftigungsabweichung, die Verbrauchsabweichung und die Gesamtabweichung bei einer Istbeschäftigung von 85 % (Istkosten = 508400,00 DM).
6. Welche Sollkosten sind anzusetzen, wenn die Planbeschäftigung um 10 % überschritten würde? Wie groß wäre in diesem Fall die Beschäftigungsabweichung?
7. Stellen Sie die Ergebnisse zu 5. grafisch dar.

I Aufgaben zur Wiederholung und Vertiefung

487 *Wonach werden im Inventar die Vermögensposten i. d. R. gegliedert?*
Nach der   a) Fälligkeit,
           b) Größe der Posten,
           c) Flüssigkeit oder
           d) Fristigkeit?

488 *Erklären Sie den Inhalt der Passivseite der Bilanz:*
a) Die Passivseite der Bilanz enthält das Anlage- und Umlaufvermögen.
b) Die Passivseite zeigt die Verwendung des Kapitals.
c) Die Passivseite zeigt die Herkunft des Kapitals.
d) Die Passivseite enthält das Gesamtvermögen abzüglich der Schulden.
e) Die Passivseite zeigt die Finanzierung des Vermögens.

489 *Bei welchem Geschäftsfall vermindert sich die Bilanzsumme?*
a) Unsere Barzahlung an einen Lieferer.
b) Barabhebung vom Bankkonto.
c) Kauf von Betriebsstoffen.
d) Umwandlung einer Liefererschuld in eine Darlehensschuld.

490 *Wie verhalten sich die aktiven und passiven Bestandskonten?*
a) Anfangsbestand und Mehrungen stehen bei Passivkonten auf der Sollseite.
b) Minderungen und Schlußbestand stehen bei Aktivkonten auf der Sollseite.
c) Minderungen und Schlußbestand stehen bei Passivkonten auf der Sollseite.
d) Anfangsbestand und Mehrungen stehen bei Aktivkonten auf der Habenseite.

491 *Welcher Geschäftsfall liegt dem Buchungssatz „Postbank an Forderungen a. LL" zugrunde?*
a) Wir begleichen eine Rechnung.
b) Kunde begleicht eine Rechnung bar.
c) Lieferer begleicht Rechnung durch Postbanküberweisung.
d) Kunde begleicht Rechnung durch Postbanküberweisung.

492 *Worin unterscheiden sich Inventar und Bilanz? Nennen Sie mindestens drei Merkmale.*

493 *Ergänzen Sie:*
a) Erträge $>$ Aufwendungen = ?
b) Vorsteuer $>$ Umsatzsteuer = ?
c) Umsatzerlöse $>$ Selbstkosten = ?
d) Aufwendungen $>$ Erträge = ?
e) Umsatzsteuer $>$ Vorsteuer = ?
f) Selbstkosten $>$ Umsatzerlöse = ?
g) Herstellungsmenge $>$ Absatzmenge = Gewinnauswirkung: + oder −?
h) Herstellungsmenge $<$ Absatzmenge = Gewinnauswirkung: + oder −?

494 Doppelte Buchführung bedeutet ......?...... Ermittlung des Erfolges. Der Erfolg kann nämlich durch
a) Vergleich ....?.................. und
b) durch Gegenüberstellung der ....?............ und ....?............
ermittelt werden. *Ergänzen Sie.*

495 *Welcher der nachstehenden Geschäftsfälle führt zu folgender Bilanzveränderung:*
Aktivtausch (I), Passivtausch (II), Aktiv-Passiv-Mehrung (III), Aktiv-Passiv-Minderung (IV)

a) Rohstoffeinkauf gegen Akzept
b) Unser Kunde löst sein Akzept ein
c) Akzeptierung einer Lieferertratte
d) Banklastschrift für Wechseleinlösung
e) Kauf von Handelswaren gegen Weitergabe eines Wechsels
f) Banküberweisung der Gehälter
g) Barentnahme durch den Geschäftsinhaber
h) Zinsgutschrift der Bank
i) Kapitaleinlage des Geschäftsinhabers durch Bankeinzahlung

496 *Bei den nachstehenden Geschäftsfällen ist zu prüfen, ob sie*
(1) den Jahresgewinn erhöhen.
(2) den Jahresgewinn vermindern.
(3) den Jahresverlust erhöhen.
(4) den Jahresverlust vermindern.
(5) keinen Einfluß auf das Jahresergebnis haben.
(6) eine Bilanzverkürzung bewirken.
(7) eine Bilanzverlängerung bewirken.
Beachten Sie: Es können mehrere Ergebnisse zutreffen.

a) Kauf einer Maschine auf Ziel
b) Zahlung der Darlehenszinsen
c) Abschreibung auf Maschinen
d) Banküberweisung an den Lieferer abzüglich Skonto
e) Aufnahme eines Darlehens bei der Bank
f) Lastschrift der Bank für Zinsen
g) Zinsgutschrift der Bank
h) Barentnahme aus der Geschäftskasse für Privatzwecke

497 *Nennen Sie den Buchungssatz:*

a) Banküberweisung für Grundsteuer .... 800,00 DM
　　　　　　　　　　　Grunderwerbsteuer .... 4 000,00 DM
　　　　　　　　　　　Gewerbeertragsteuer .... 5 000,00 DM
b) Banküberweisung eines Einzelunternehmers für eine Spende .... 1 500,00 DM
c) Brandschaden im Rohstofflager .... 3 500,00 DM
d) Über das Vermögen unseres Kunden Schneider wird das Konkurs-
　 verfahren eröffnet. Unsere Forderung beträgt .... 5 750,00 DM
e) Entnahme v. Erzeugnissen f. Privatzwecke durch den Inhaber, Herstellwert 1 500,00 DM
f) Im Fall d) rechnen wir zum 31.12. mit einem Verlust von 40 %.

498 Die Anschaffungskosten eines Lieferwagens betragen 120 000,00 DM.

a) Wie hoch sind Abschreibungsbetrag und Buchwert am Ende des 2. Nutzungsjahres, wenn jährlich 20 % linear abgeschrieben werden?
b) Wie hoch sind Abschreibungsbetrag und Buchwert am Ende des 2. Jahres, wenn jährlich 20 % degressiv abgeschrieben werden?

499 Buchen Sie auf dem Konto „4200 Kurzfristige Verbindlichkeiten gegenüber Kreditinstituten", das im Haben einen Saldovortrag von 6834,00 DM ausweist, die folgenden Geschäftsfälle, und ermitteln Sie den neuen Saldo.
a) Einlösung unseres Schuldwechsels .... 3500,00 DM
b) Zinslastschrift .... 800,00 DM
c) Überweisungen der Kunden .... 2800,00 DM
d) Bonus des Lieferers .... 5750,00 DM
e) Wechseldiskontierung .... 2280,00 DM
f) Darlehenstilgungsrate .... 2800,00 DM
g) Inkasso eines Kundenakzeptes .... 1725,00 DM
h) Lastschrift für Diskont und Spesen .... 90,00 DM
i) Bareinzahlung .... 2200,00 DM

500 Für einen schwebenden Prozeß wurde zum 31.12. des abgelaufenen Geschäftsjahres eine Rückstellung in Höhe von 4500,00 DM gebildet. Im laufenden Geschäftsjahr endet der Prozeß durch Vergleich. Unsere Kosten über 3000,00 DM zuzüglich Umsatzsteuer werden durch die Bank überwiesen. *Nennen Sie die Buchungssätze.*

501 Eine zweifelhafte Forderung über 17250,00 DM, die bereits mit 5000,00 DM netto direkt abgeschrieben worden ist, wird in voller Höhe uneinbringlich.
a) Mit welchem Wert steht die zweifelhafte Forderung zu Buch?
b) Wie lautet die Buchung bei voller Uneinbringlichkeit der Forderung?

502 Ordnen Sie den folgenden Buchungssätzen die untenstehenden Geschäftsfälle zu.
a) Bank und Kosten des Geldverkehrs an Besitzwechsel
b) Verbindlichkeiten a.LL an Schuldwechsel
c) Bank und Diskontaufwendungen an Besitzwechsel
d) Diskontaufwendungen an Verbindlichkeiten a.LL
e) Verbindlichkeiten a.LL an Bezugskosten und Vorsteuer
Geschäftsfälle: 1. Kunde erhält von uns Diskontbelastungsanzeige
2. Diskontbelastung durch den Lieferer
3. Wechseldiskontierung durch die Bank
4. Gutschrift des Lieferers für zurückgesandte Verpackung
5. Wechselinkasso durch unsere Bank
6. Bank löst unser Akzept ein
7. Wechselziehung auf unseren Kunden
8. Akzeptierung einer Lieferertratte

503 Das Unternehmen H. Lindner stellt Haushaltsgeräte her. Es hat zum 31.12. noch 12 Kühlaggregate für Tiefkühltruhen auf Lager. Die Anschaffungskosten je Stück betrugen 150,00 DM netto. Zum Jahresabschluß beträgt der Einstandswert je Kühlaggregat gleicher Bauart
    a) 130,00 DM   und   b) 180,00 DM.
Ermitteln und begründen Sie den Wertansatz für den Schlußbestand in den Fällen a) und b). Wie lautet der Buchungssatz?

504 Am 1. Juli eines Geschäftsjahres wurde ein Geschäfts-PKW (Nutzungsdauer: 5 Jahre) angeschafft und durch Banküberweisung bezahlt. Im einzelnen:

Listenpreis, brutto	34500,00 DM	Nummernschilder, brutto	57,50 DM
abzüglich 10 % Rabatt		Kfz-Versicherung für ein Jahr	1200,00 DM
Überführungskosten, brutto	690,00 DM	Kfz-Steuer	360,00 DM
Zulassungskosten	80,00 DM		

a) Wie hoch sind die Anschaffungskosten des PKWs?
b) Ermitteln Sie den Buchwert des PKWs zum 31.12.
c) Buchen Sie die Anschaffung des PKWs, die Kfz-Versicherung und -Steuer.
d) Welche Buchungen sind im einzelnen zum 31.12. erforderlich?

505
a) Was haben Rückstellungen und sonstige Verbindlichkeiten gemeinsam?
b) Worin unterscheiden sich Rückstellungen von sonstigen Verbindlichkeiten?
c) Für welche Fälle müssen Rückstellungen gebildet werden? Nennen Sie mindestens zwei Arten passivierungspflichtiger Rückstellungen.
d) Für welche Rückstellungen besteht ein Recht auf Bildung (Passivierungsrecht)?
e) Welchen Einfluß haben Rückstellungen auf Gewinn und Ertragsteuern?
f) Inwiefern beeinflußt die Bildung von Rückstellungen auch die Liquidität des Unternehmens?
g) Worin unterscheiden sich Rückstellungen und Rücklagen?
h) Wodurch entstehen stille Rücklagen (stille Reserven)?

506
a) Nennen Sie Steuerarten, die den Gewinn des Unternehmens vermindern.
b) Welche Steuern sind vom Gewinn (aus dem Gewinn) zu zahlen?
c) Welche Steuer ist Bestandteil der Anschaffungskosten?
d) Außer den „Lieferungen und Leistungen" und der „Einfuhr" unterliegt nach § 1 UStG auch der „Eigenverbrauch" der Umsatzsteuer. Nennen Sie die drei Möglichkeiten des umsatzsteuerpflichtigen Eigenverbrauchs.
e) Der Unternehmer W. Peters verkauft seinen Privat-PKW. Warum unterliegt dieser Umsatz nicht der Umsatzsteuer?
f) Unterscheiden Sie Aufwandsteuern, Personensteuern, aktivierungspflichtige Steuern, durchlaufende Steuern und Verkehrsteuern. Nennen Sie jeweils ein Beispiel.

507
Bilden Sie für nachstehende Geschäftsfälle die Buchungssätze:

a) Die Darlehenszinsen für die Zeit vom 01.05. bis 30.04. sind am 30.04. des nächsten Jahres fällig .... 4 800,00 DM

b) Bankbelege für Einkommensteuer .... 5 800,00 DM
   Grundsteuer .... 1 200,00 DM
   Umsatzsteuerzahllast .... 24 500,00 DM
   Darlehenstilgung .... 5 000,00 DM
   Wechseleinlösung .... 3 450,00 DM 39 950,00 DM

c) Für eine im Januar des nächsten Jahres dringend durchzuführende Reparatur des Gebäudes beträgt der Kostenvoranschlag zum 31.12. .... 87 900,00 DM

d) Der Gesamtbestand der Forderungen beträgt zum 31.12.02 .... 287 500,00 DM
   Es ist eine Pauschalwertberichtigung in Höhe von 4 % zu bilden.
   Zum 31.12.01 betrug die PWB 15 000,00 DM.

e) Die Kfz-Steuer in Höhe von .... 1 800,00 DM
   wurde von uns am 01.04. im voraus gezahlt. Buchung zum 31.12.?

f) Den Wert einer zweifelhaften Forderung in Höhe von .... 230 000,00 DM
   schätzen wir zum 31.12. auf 40 %.

g) Gehaltszahlung durch Banküberweisung:
   Bruttogehalt .... 4 800,00 DM
   + Vermögenswirksame Leistung des Arbeitgebers .... 39,00 DM
   − Einbehaltener Sozialversicherungsbetrag .... 620,00 DM
   − Einbehaltene Lohn- und Kirchensteuer sowie SolZ ..... 780,00 DM
   − Vermögenswirksame Sparleistung .... 78,00 DM
   Banküberweisung (Nettogehalt) .... 3 361,00 DM
   Arbeitgeberanteil zur Sozialversicherung .... 620,00 DM

h) Wir haben einem Kunden den Umsatzbonus in Höhe von brutto .... 1 035,00 DM
   noch nicht gutgeschrieben.

i) Zum Ausgleich einer Rechnung über 17 250,00 DM akzeptieren wir einen
   Wechsel über .... 12 000,00 DM
   und überweisen vom Postbankkonto .... 5 250,00 DM

j) Der Forderungsbestand zum 31.12. beträgt .... 575 000,00 DM
   Die bisherige Pauschalwertberichtigung beläuft sich auf .... 12 500,00 DM
   Die Pauschalwertberichtigung ist auf 4 % zu erhöhen.

k) Die private Entnahme von Erzeugnissen des Unternehmers beträgt netto 4 500,00 DM
   Für die private Nutzung des Geschäfts-PKWs sind netto anzusetzen ..... 3 500,00 DM

508 Stellen Sie fest, ob es sich bei den untenstehenden Sachverhalten zum 31.12. jeweils um eine Aktive Rechnungsabgrenzung (I), Passive Rechnungsabgrenzung (II), Sonstige Forderung (III) oder Sonstige Verbindlichkeit (IV) handelt. Nennen Sie auch den entsprechenden Buchungssatz.
  a) Die Miete für eine vermietete Lagerhalle steht am 31.12. noch aus: 2 500,00 DM.
  b) Die Kfz-Steuer wurde am 01.08. von uns für ein Jahr überwiesen: 480,00 DM.
  c) Die zugesicherte Provision haben wir noch nicht erhalten: 1 500,00 DM.
  d) Die Löhne für die Lohnwoche vom 28.12. bis 31.12. werden am 03.01. nächsten Jahres überwiesen. Auf das alte Jahr entfallen 5 700,00 DM.
  e) Darlehenszinsen in Höhe von 4 800,00 DM wurden von uns am 01.12. für drei Monate im voraus überwiesen.
  f) Die Dezembermiete für eine angemietete Lagerhalle wird von uns erst am 02.01. nächsten Jahres überwiesen: 2 800,00 DM.
  g) Der Mieter unserer Werkshalle hatte mit der Dezembermiete am 01.12. auch bereits die Januarmiete überwiesen: insgesamt 6 000,00 DM.

509 Die Anschaffungskosten eines Schreibtischsessels betragen 780,00 DM.
  Welche Aussage ist richtig?
  a) Es ist nur eine Vollabschreibung im Anschaffungsjahr möglich.
  b) Es ist lediglich eine Abschreibung nach der Nutzungsdauer möglich.
  c) Es besteht eine Wahlmöglichkeit zwischen a) und b).
  d) Die Abschreibung erhöht den Verlust.

510 *Welche Aussage kennzeichnet zutreffend die Folge einer nicht durchgeführten zeitlichen Abgrenzung in Form der „Aktiven Rechnungsabgrenzung"?*
  a) Die Erträge im alten Jahr sind zu niedrig.
  b) Die Aufwendungen im alten Jahr sind zu niedrig.
  c) Die Erträge im alten Jahr sind zu hoch.
  d) Die Aufwendungen im alten Jahr sind zu hoch.

511 *Welche Geschäftsfälle wirken sich gewinnerhöhend (I), gewinnmindernd (II) und erfolgsneutral (III) aus?*
  a) Überweisung der Einkommensteuer an das Finanzamt.
  b) Bildung einer Rückstellung für einen schwebenden Prozeß.
  c) Überweisung der Umsatzsteuerzahllast an das Finanzamt.
  d) Verkauf eines nicht mehr benötigten LKWs zum Buchwert zuzüglich USt.
  e) Bankgutschrift für Zinsen.
  f) Die Entnahme von Erzeugnissen für Privatzwecke beträgt 1 800,00 DM.
  g) Eine Forderung über 5 000,00 DM netto wird uneinbringlich.
  h) Banküberweisung an den Lieferer abzüglich Skonto.
  i) Kunde überweist den Rechnungsbetrag abzüglich Skonto.
  j) Auf eine im vergangenen Jahr abgeschriebene Forderung gehen unerwartet 575,00 DM ein.
  k) Überweisung der einbehaltenen Lohn- und Kirchensteuer.
  l) Abschreibung auf Maschinen.
  m) Kauf eines Lieferwagens.
  n) Herabsetzung der Pauschalwertberichtigung zu Forderungen.
  o) Im Konto Mietaufwendungen wird eine aktive Rechnungsabgrenzung vorgenommen.

512 Eine Verpackungsmaschine, deren Buchwert zum Zeitpunkt des Ausscheidens 5 000,00 DM beträgt, wird gegen Bankscheck verkauft für
      a) 5 000,00 DM + USt,   b) 7 000,00 DM + USt,   c) 4 000,00 DM + USt.
  Wie lauten die Buchungen?

513 Anschaffung einer maschinellen Anlage: 200 000,00 DM netto + USt, 2 000,00 DM Fracht + USt, 15 000,00 DM Fundamentierungskosten + USt, 5 000,00 DM Montagekosten + USt. Rechnungen werden unter Abzug von 2 % Skonto durch Banküberweisungen beglichen.
a) Ermitteln Sie die Anschaffungskosten.
b) Nennen Sie die Buchungssätze.

514 Bilden Sie die Buchungssätze:
a) Das GuV-Konto weist einen Verlust aus.
b) Auf dem Privatkonto überwiegen die Einlagen.
c) Die Umsatzsteuer ist größer als die Vorsteuer.
d) Die Pauschalwertberichtigung ist aufzustocken.
e) Eine Forderung wird uneinbringlich.
f) Die Rückstellung für einen Prozeß erübrigt sich.
g) Der Lieferer gewährt uns einen Bonus.
h) Kunde erhält von uns Preisnachlaß wegen Mängelrüge.
i) Rücksendung beschädigter Rohstoffe an unseren Lieferer.
j) Weitergabe eines Kundenwechsels an unseren Lieferer.
k) Kunde wird mit Diskont belastet (Wechselzahlung war vereinbart).
l) Nachzahlung der Gewerbeertragsteuer aufgrund einer Betriebsprüfung.
m) Barauszahlung eines Gehaltsvorschusses.

515

Auszug aus der Summenbilanz	Soll	Haben
Rohstoffe	450 000,00	—
Bezugskosten	25 000,00	—
Nachlässe, brutto	—	23 000,00
Vorsteuer	18 000,00	—

a) Ermitteln Sie die Steuerberichtigung.
b) Nennen Sie zu a) die entsprechenden Buchungssätze.
c) Ermitteln Sie die Anschaffungskosten der Rohstoffe.

516

Auszug aus der vorläufigen Saldenbilanz	Soll	Haben
Vorsteuer	76 000,00	—
Umsatzsteuer	—	20 000,00
Nachlässe für Rohstoffe (brutto)	—	16 100,00
Erlösberichtigungen für eigene Erzeugnisse (brutto)	19 550,00	—

a) Ermitteln Sie die Steuerberichtigungen.
b) Nennen Sie die Buchungssätze zu a).
c) Wie hoch ist der Saldo nach Verrechnung der Beträge auf den Steuerkonten?
d) Wie lauten die Abschlußbuchungen für die Steuerkonten zum 31.12.?

517 Ein Kunde überweist den Rechnungsbetrag in Höhe von 5 750,00 DM unter Abzug von 2 % Skonto durch die Bank.
a) Nennen Sie den Buchungssatz bei Nettobuchung des Skontos.
b) Wie lautet die Buchung im Falle der Bruttobuchung?
c) Nennen Sie auch die Steuerberichtigungsbuchung im Fall b).

518 Der Bestand der Forderungen a.LL beträgt zum 31.12. 345 000,00 DM. Das Konto „Pauschalwertberichtigung zu Forderungen" weist zum gleichen Zeitpunkt noch einen Bestand von 14 000,00 DM aus. Die Pauschalabschreibung soll zum Bilanzstichtag 3 % betragen.
a) Ermitteln Sie die neue Pauschalwertberichtigung.
b) Welche Buchung ergibt sich zum 31.12.?

519 Auf welchen Konten werden die folgenden Geschäftsfälle im Haben gebucht?
  a) Zielverkauf von eigenen Erzeugnissen.
  b) Kunde erhält Preisnachlaß wegen Mängelrüge.
  c) Unser Kunde löst Barscheck für Umsatzbonus ein.
  d) Lastschrift unseres Rohstofflieferers wegen unberechtigten Skontoabzugs.
  e) Eigenverbrauch von Erzeugnissen.
  f) Rohstoffeinkauf auf Ziel.
  g) Zum 31.12. ergibt sich ein Vorsteuerüberhang.
  h) Unser Rohstofflieferer gewährt Preisnachlaß wegen Mängelrüge.
  i) Wir erhalten Provision durch Banküberweisung.
  j) Zum 31.12. ergibt sich eine Umsatzsteuerzahllast.

520 Wie wirkt sich eine „Passive Rechnungsabgrenzung" auf den Erfolg des Abschlußjahres aus?
  a) Der Jahresgewinn erhöht sich.
  b) Der Jahresgewinn wird vermindert.
  c) Der Jahresverlust erhöht sich.
  d) Der Jahresverlust wird vermindert.

521 Beurteilen Sie folgende Aussagen auf ihre Richtigkeit:
  a) Aufwendungen und Erträge, die wirtschaftlich das Abschlußjahr betreffen, die jedoch erst im neuen Jahr zu Ausgaben bzw. Einnahmen führen, sind zum Bilanzstichtag als „Sonstige Verbindlichkeiten" bzw. „Sonstige Forderungen" zu erfassen.
  b) Aktive Rechnungsabgrenzungen sind erforderlich, wenn Einnahmen im neuen Jahr gebucht werden, die aber wirtschaftlich das Abschlußjahr betreffen.
  c) Auf dem Konto „Passive Rechnungsabgrenzung" werden Erträge auf Erfolgskonten erfaßt, die als Einnahmen erst im neuen Jahr gebucht werden.
  d) Aufwendungen des Abschlußjahres, die im neuen Jahr zu Ausgaben führen, müssen bereits zum 31.12. gebucht werden.
  e) Das Konto „Aktive Rechnungsabgrenzung" fordert zum Bilanzstichtag von allen Erfolgskonten die Aufwendungen an, die bereits als Ausgaben gebucht wurden, wirtschaftlich jedoch zur Erfolgsrechnung des neuen Jahres gehören.
  f) Erträge, die im Abschlußjahr bereits als Einnahmen gebucht wurden, jedoch wirtschaftlich in die Erfolgsrechnung des neuen Jahres gehören, werden auf dem Konto „Passive Rechnungsabgrenzung" erfaßt.

522 1. Erläutern Sie den Begriff „Deckungsbeitrag".
  2. Nennen Sie mindestens zwei Gründe für die Abschreibungen auf Anlagen.
  3. Erläutern Sie die Begriffspaare
    a) Ausgaben – Einnahmen,
    b) Aufwand – Ertrag,
    c) Kosten – Leistung.
  4. Nennen Sie jeweils ein Beispiel für 3 a) bis 3 c).
  5. Unterscheiden Sie zwischen planmäßigen und außerplanmäßigen Abschreibungen.
  6. Nennen Sie die drei Methoden der planmäßigen Abschreibung.

523 1. Nennen Sie kalkulatorische Kostenarten.
  2. Unterscheiden Sie zwischen Grundkosten und Zusatzkosten.
  3. Nennen Sie Beispiele für Zusatzkosten.
  4. Worin unterscheiden sich bilanzmäßige und kalkulatorische Abschreibungen?
  5. Wie ermittelt man das betriebsnotwendige Kapital?
  6. Welche kalkulatorischen Wagnisse gibt es?
  7. Warum läßt sich das allgemeine Unternehmerwagnis nicht kalkulieren?
  8. Welche Aufgabe hat die Abgrenzungsrechnung im Rahmen der Kosten- und Leistungsrechnung?

524 Man unterscheidet Ausgaben, Aufwendungen und Kosten.
Nennen Sie je ein Beispiel für
a) Kosten, die kein Aufwand sind,
b) Ausgaben, die keine Kosten sind,
c) Ausgaben, die sowohl Aufwendungen als auch Kosten sind.

525
1. Erläutern Sie, inwiefern die Deckungsbeitragsrechnung zur Sortimentgestaltung beitragen kann.
2. Begründen Sie, welche Auswirkungen die Verrechnung kalkulatorischer Kostenarten auf das Gesamtergebnis des Unternehmens hat.
3. Erläutern Sie kurz die Aufgaben der Kostenstellenrechnung und der Kostenträgerrechnung.

526
1. Weshalb bildet man Pauschalwertberichtigungen auf Forderungen a. LL?
2. Warum darf bei Bildung der Pauschalwertberichtigung die Umsatzsteuer nicht berichtigt werden?
3. Warum werden steuerliche Höchstsätze für die jährliche AfA vorgeschrieben?
4. Warum kann es für ein Unternehmen günstiger sein, ein Anlagegut degressiv statt linear abzuschreiben?
5. Die Verkaufszahlen einer Handelsware gehen aufgrund einer schlechten konjunkturellen Lage zurück. Welche Auswirkung hat das auf den Handlungskostenzuschlag in der Kalkulation?

527 Man unterscheidet Einnahmen, Erträge und Leistungen.
Nennen Sie je ein Beispiel für
a) Einnahmen, die sowohl Erträge als auch Leistungen darstellen,
b) Einnahmen, die weder Erträge noch Leistungen sind,
c) Erträge, die keine Leistungen darstellen.

528
1. Welche Bedeutung hat die Abgrenzungsrechnung für die Kosten- und Leistungsrechnung?
2. Unterscheiden Sie:
       a) Gesamtergebnis,   b) Neutrales Ergebnis,   c) Betriebsergebnis.
3. Die Betriebsergebnisrechnung weist einen Verlust von 50 000,00 DM aus, während die Gewinn- und Verlustrechnung der Finanzbuchhaltung einen Gesamtgewinn in Höhe von 120 000,00 DM ausweist. *Wie erklären Sie sich das?*

529 *Ergänzen Sie:*
1. Deckungsbeitrag je Stück $> 0 = \ldots$?
2. Deckungsbeitrag je Stück $= 0 = \ldots$?
3. Deckungsbeitrag je Stück $< 0 = \ldots$?
4. Summe der Deckungsbeiträge $>$ fixe Kosten $= \ldots$?
5. Summe der Deckungsbeiträge $<$ fixe Kosten $= \ldots$?

530
1. Unterscheiden Sie zwischen kurzfristiger und langfristiger Preisuntergrenze.
2. Erläutern Sie den „Break-even-Point".
3. Wie hoch ist die Gewinnschwellenmenge, wenn der Stückdeckungsbeitrag 200,00 DM beträgt und die fixen Kosten insgesamt 300 000,00 DM ausmachen?

531
1. Unterscheiden Sie zwischen Wirtschaftlichkeit und Rentabilität.
2. Welcher Zusammenhang besteht zwischen Wirtschaftlichkeit und Rentabilität?

J Rechnungslegungsvorschriften nach HGB

Das Handelsgesetzbuch enthält in seinem 3. Buch „Handelsbücher" eine geschlossene Darstellung der handelsrechtlichen Rechnungslegungsvorschriften. Sie gliedern sich (siehe auch Seite 10) in drei Abschnitte:

- 1. Abschnitt: **Vorschriften für alle Kaufleute:** §§ 238–263 HGB
- 2. Abschnitt: **Vorschriften für Kapitalgesellschaften:** §§ 264–335 HGB
- 3. Abschnitt: **Vorschriften für eingetragene Genossenschaften:** §§ 336–339 HGB

Wesentliche Vorschriften des ersten und zweiten Abschnitts, die im Lehrbuch in den entsprechenden Kapiteln zugrunde gelegt und auf den folgenden Seiten zusammengestellt werden, sollen den Lernerfolg mit dem Lehrbuch rechtlich noch vertiefen.

Erster Abschnitt: Vorschriften für alle Kaufleute

§ 238 Buchführungspflicht

(1) Jeder Kaufmann ist verpflichtet, Bücher zu führen und in diesen seine Handelsgeschäfte und die Lage seines Vermögens nach den Grundsätzen ordnungsmäßiger Buchführung ersichtlich zu machen. Die Buchführung muß so beschaffen sein, daß sie einem sachverständigen Dritten innerhalb angemessener Zeit einen Überblick über die Geschäftsvorfälle und über die Lage des Unternehmens vermitteln kann. Die Geschäftsvorfälle müssen sich in ihrer Entstehung und Abwicklung verfolgen lassen.

(2) Der Kaufmann ist verpflichtet, eine mit der Urschrift übereinstimmende Wiedergabe der abgesandten Handelsbriefe (Kopie, Abdruck, Abschrift oder sonstige Wiedergabe des Wortlauts auf einem Schrift-, Bild- oder anderen Datenträger) zurückzubehalten.

§ 239 Führung der Handelsbücher

(1) Bei der Führung der Handelsbücher und bei den sonst erforderlichen Aufzeichnungen hat sich der Kaufmann einer lebenden Sprache zu bedienen. Werden Abkürzungen, Ziffern, Buchstaben oder Symbole verwendet, muß im Einzelfall deren Bedeutung eindeutig festliegen.

(2) Die Eintragungen in Büchern und die sonst erforderlichen Aufzeichnungen müssen vollständig, richtig, zeitgerecht und geordnet vorgenommen werden.

(3) Eine Eintragung oder eine Aufzeichnung darf nicht in einer Weise verändert werden, daß der ursprüngliche Inhalt nicht mehr feststellbar ist. Auch solche Veränderungen dürfen nicht vorgenommen werden, deren Beschaffenheit es ungewiß läßt, ob sie ursprünglich oder erst später gemacht worden sind.

(4) Die Handelsbücher und die sonst erforderlichen Aufzeichnungen können auch in der geordneten Ablage von Belegen bestehen oder auf Datenträgern geführt werden, soweit diese Formen der Buchführung einschließlich des dabei angewandten Verfahrens den Grundsätzen ordnungsmäßiger Buchführung entsprechen. Bei der Führung der Handelsbücher und der sonst erforderlichen Aufzeichnungen auf Datenträgern muß insbesondere sichergestellt sein, daß die Daten während der Dauer der Aufbewahrungsfrist verfügbar sind und jederzeit innerhalb angemessener Frist lesbar gemacht werden können. Absätze 1 bis 3 gelten sinngemäß.

§ 240 Inventar

(1) Jeder Kaufmann hat zu Beginn seines Handelsgewerbes seine Grundstücke, seine Forderungen und Schulden, den Betrag seines baren Geldes sowie seine sonstigen Vermögensgegenstände genau zu verzeichnen und dabei den Wert der einzelnen Vermögensgegenstände und Schulden anzugeben.

(2) Er hat demnächst für den Schluß eines jeden Geschäftsjahrs ein solches Inventar aufzustellen. Die Dauer des Geschäftsjahrs darf zwölf Monate nicht überschreiten. Die Aufstellung des Inventars ist innerhalb der einem ordnungsmäßigen Geschäftsgang entsprechenden Zeit zu bewirken.

(3) Vermögensgegenstände des Sachanlagevermögens sowie Roh-, Hilfs- und Betriebsstoffe können, wenn sie regelmäßig ersetzt werden und ihr Gesamtwert für das Unternehmen von nachrangiger Bedeutung ist, mit einer gleichbleibenden Menge und einem gleichbleibenden Wert angesetzt werden, sofern ihr Bestand in seiner Größe, seinem Wert und seiner Zusammensetzung nur geringen Veränderungen unterliegt. Jedoch ist in der Regel alle drei Jahre eine körperliche Bestandsaufnahme durchzuführen.

(4) Gleichartige Vermögensgegenstände des Vorratsvermögens sowie andere gleichartige oder annähernd gleichwertige bewegliche Vermögensgegenstände können jeweils zu einer Gruppe zusammengefaßt und mit dem gewogenen Durchschnittswert angesetzt werden.

§ 241 Inventurvereinfachungsverfahren

(1) Bei der Aufstellung des Inventars darf der Bestand der Vermögensgegenstände nach Art, Menge und Wert auch mit Hilfe anerkannter mathematisch-statistischer Methoden auf Grund von Stichproben ermittelt werden. Das Verfahren muß den Grundsätzen ordnungsmäßiger Buchführung entsprechen. Der Aussagewert des auf diese Weise aufgestellten Inventars muß dem Aussagewert eines auf Grund einer körperlichen Bestandsaufnahme aufgestellten Inventars gleichkommen.

(2) Bei der Aufstellung des Inventars für den Schluß eines Geschäftsjahrs bedarf es einer körperlichen Bestandsaufnahme der Vermögensgegenstände für diesen Zeitpunkt nicht, soweit durch Anwendung eines den Grundsätzen ordnungsmäßiger Buchführung entsprechenden anderen Verfahrens gesichert ist, daß der Bestand der Vermögensgegenstände nach Art, Menge und Wert auch ohne die körperliche Bestandsaufnahme für diesen Zeitpunkt festgestellt werden kann.

(3) In dem Inventar für den Schluß eines Geschäftsjahrs brauchen Vermögensgegenstände nicht verzeichnet zu werden, wenn

1. der Kaufmann ihren Bestand auf Grund einer körperlichen Bestandsaufnahme oder auf Grund eines nach Absatz 2 zulässigen anderen Verfahrens nach Art, Menge und Wert in einem besonderen Inventar verzeichnet hat, das für einen Tag innerhalb der letzten drei Monate vor oder der beiden ersten Monate nach dem Schluß des Geschäftsjahrs aufgestellt ist, und

2. auf Grund des besonderen Inventars durch Anwendung eines den Grundsätzen ordnungsmäßiger Buchführung entsprechenden Fortschreibungs- oder Rückrechnungsverfahrens gesichert ist, daß der am Schluß des Geschäftsjahrs vorhandene Bestand der Vermögensgegenstände für diesen Zeitpunkt ordnungsgemäß bewertet werden kann.

§ 242 Pflicht zur Aufstellung der Eröffnungsbilanz und des Jahresabschlusses

(1) Der Kaufmann hat zu Beginn seines Handelsgewerbes und für den Schluß eines jeden Geschäftsjahrs einen das Verhältnis seines Vermögens und seiner Schulden darstellenden Abschluß (Eröffnungsbilanz, Bilanz) aufzustellen. Auf die Eröffnungsbilanz sind die für den Jahresabschluß geltenden Vorschriften entsprechend anzuwenden, soweit sie sich auf die Bilanz beziehen.

(2) Er hat für den Schluß eines jeden Geschäftsjahrs eine Gegenüberstellung der Aufwendungen und Erträge des Geschäftsjahrs (Gewinn- und Verlustrechnung) aufzustellen.

(3) Die Bilanz und die Gewinn- und Verlustrechnung bilden den Jahresabschluß.

§ 243 Aufstellungsgrundsatz

(1) Der Jahresabschluß ist nach den Grundsätzen ordnungsmäßiger Buchführung aufzustellen.

(2) Er muß klar und übersichtlich sein.

(3) Der Jahresabschluß ist innerhalb der einem ordnungsmäßigen Geschäftsgang entsprechenden Zeit aufzustellen.

§ 244 Sprache. Währungseinheit

Der Jahresabschluß ist in deutscher Sprache und in Deutscher Mark aufzustellen.

§ 245 Unterzeichnung

Der Jahresabschluß ist vom Kaufmann unter Angabe des Datums zu unterzeichnen. Sind mehrere persönlich haftende Gesellschafter vorhanden, so haben sie alle zu unterzeichnen.

§ 246 Vollständigkeit. Verrechnungsverbot

(1) Der Jahresabschluß hat sämtliche Vermögensgegenstände, Schulden, Rechnungsabgrenzungsposten, Aufwendungen und Erträge zu enthalten, soweit gesetzlich nichts anderes bestimmt ist.

(2) Posten der Aktivseite dürfen nicht mit Posten der Passivseite, Aufwendungen dürfen nicht mit Erträgen, Grundstücksrechte nicht mit Grundstückslasten verrechnet werden.

§ 247 Inhalt der Bilanz

(1) In der Bilanz sind das Anlage- und das Umlaufvermögen, das Eigenkapital, die Schulden sowie die Rechnungsabgrenzungsposten gesondert auszuweisen und hinreichend aufzugliedern.

(2) Beim Anlagevermögen sind nur die Gegenstände auszuweisen, die bestimmt sind, dauernd dem Geschäftsbetrieb zu dienen.

(3) Passivposten, die für Zwecke der Steuern vom Einkommen und vom Ertrag zulässig sind, dürfen in der Bilanz gebildet werden. Sie sind als Sonderposten mit Rücklageanteil auszuweisen und nach Maßgabe des Steuerrechts aufzulösen. Einer Rückstellung bedarf es insoweit nicht.

§ 249 Rückstellungen

(1) Rückstellungen sind für ungewisse Verbindlichkeiten und für drohende Verluste aus schwebenden Geschäften zu bilden. Ferner sind Rückstellungen zu bilden für

1. im Geschäftsjahr unterlassene Aufwendungen für Instandhaltung, die im folgenden Geschäftsjahr innerhalb von drei Monaten nachgeholt werden,
2. Gewährleistungen, die ohne rechtliche Verpflichtung erbracht werden.

Im Falle des Satzes 2 Nr. 1 dürfen Rückstellungen auch gebildet werden, wenn die Instandhaltung nach Ablauf der Frist innerhalb des Geschäftsjahrs nachgeholt wird.

(2) Rückstellungen dürfen außerdem für ihrer Eigenart nach genau umschriebene, dem Geschäftsjahr oder einem früheren Geschäftsjahr zuzuordnende Aufwendungen gebildet werden, die am Abschlußstichtag wahrscheinlich oder sicher, aber hinsichtlich ihrer Höhe oder des Zeitpunkts ihres Eintritts unbestimmt sind.

(3) Für andere als die in den Absätzen 1–2 bezeichneten Zwecke dürfen Rückstellungen nicht gebildet werden. Rückstellungen dürfen nur aufgelöst werden, soweit der Grund hierfür entfallen ist.

§ 250 Rechnungsabgrenzungsposten

(1) Als Rechnungsabgrenzungsposten sind auf der Aktivseite Ausgaben vor dem Abschlußstichtag auszuweisen, soweit sie Aufwand für eine bestimmte Zeit nach diesem Tag darstellen.

(2) Auf der Passivseite sind als Rechnungsabgrenzungsposten Einnahmen vor dem Abschlußstichtag auszuweisen, soweit sie Ertrag für eine bestimmte Zeit nach diesem Tag darstellen.

(3) Ist der Rückzahlungsbetrag einer Verbindlichkeit höher als der Ausgabebetrag, so darf der Unterschiedsbetrag in den Rechnungsabgrenzungsposten auf der Aktivseite aufgenommen werden. Der Unterschiedsbetrag ist durch planmäßige jährliche Abschreibungen zu tilgen, die auf die gesamte Laufzeit der Verbindlichkeit verteilt werden können.

§ 251 Haftungsverhältnisse

Unter der Bilanz sind, sofern sie nicht auf der Passivseite auszuweisen sind, Verbindlichkeiten aus der Begebung und Übertragung von Wechseln, aus Bürgschaften, Wechsel- und Scheckbürgschaften und aus Gewährleistungsverträgen sowie Haftungsverhältnisse aus der Bestellung von Sicherheiten für fremde Verbindlichkeiten zu vermerken; sie dürfen in einem Betrag angegeben werden. Haftungsverhältnisse sind auch anzugeben, wenn ihnen gleichwertige Rückgriffsforderungen gegenüberstehen.

§ 252 Allgemeine Bewertungsgrundsätze

(1) Bei der Bewertung der im Jahresabschluß ausgewiesenen Vermögensgegenstände und Schulden gilt insbesondere folgendes:

1. Die Wertansätze in der Eröffnungsbilanz des Geschäftsjahrs müssen mit denen der Schlußbilanz des vorhergehenden Geschäftsjahrs übereinstimmen.
2. Bei der Bewertung ist von der Fortführung der Unternehmenstätigkeit auszugehen, sofern dem nicht tatsächliche oder rechtliche Gegebenheiten entgegenstehen.
3. Die Vermögensgegenstände und Schulden sind zum Abschlußstichtag einzeln zu bewerten.
4. Es ist vorsichtig zu bewerten, namentlich sind alle vorhersehbaren Risiken und Verluste, die bis zum Abschlußstichtag entstanden sind, zu berücksichtigen, selbst wenn diese erst zwischen dem Abschlußstichtag und dem Tag der Aufstellung des Jahresabschlusses bekanntgeworden sind; Gewinne sind nur zu berücksichtigen, wenn sie am Abschlußstichtag realisiert sind.
5. Aufwendungen und Erträge des Geschäftsjahrs sind unabhängig von den Zeitpunkten der entsprechenden Zahlungen im Jahresabschluß zu berücksichtigen.
6. Die auf den vorhergehenden Jahresabschluß angewandten Bewertungsmethoden sollen beibehalten werden.

(2) Von den Grundsätzen des Absatzes 1 darf nur in begründeten Ausnahmefällen abgewichen werden.

§ 253 Wertansätze der Vermögensgegenstände und Schulden

(1) Vermögensgegenstände sind höchstens mit den Anschaffungs- oder Herstellungskosten, vermindert um Abschreibungen nach den Absätzen 2 und 3, anzusetzen. Verbindlichkeiten sind zu ihrem Rückzahlungsbetrag, Rentenverpflichtungen, für die eine Gegenleistung nicht mehr zu erwarten ist, zu ihrem Barwert und Rückstellungen nur in Höhe des Betrages anzusetzen, der nach vernünftiger kaufmännischer Beurteilung notwendig ist.

(2) Bei Vermögensgegenständen des Anlagevermögens, deren Nutzung zeitlich begrenzt ist, sind die Anschaffungs- oder Herstellungskosten um planmäßige Abschreibungen zu vermindern. Der Plan muß die Anschaffungs- oder Herstellungskosten auf die Geschäftsjahre verteilen, in denen der Vermögensgegenstand voraussichtlich genutzt werden kann. Ohne Rücksicht darauf, ob ihre Nutzung zeitlich begrenzt ist, können bei Vermögensgegenständen des Anlagevermögens außerplanmäßige Abschreibungen vorgenommen werden, um die Vermögensgegenstände mit dem niedrigeren Wert anzusetzen, der ihnen am Abschlußstichtag beizulegen ist; sie sind vorzunehmen bei einer voraussichtlich dauernden Wertminderung.

(3) Bei Vermögensgegenständen des Umlaufvermögens sind Abschreibungen vorzunehmen, um diese mit dem niedrigeren Wert anzusetzen, der sich aus einem Börsen- oder Marktpreis am Abschlußstichtag ergibt. Ist ein Börsen- oder Marktpreis nicht festzustellen und übersteigen die Anschaffungs- oder Herstellungskosten den Wert, der den Vermögensgegenständen am Abschlußstichtag beizulegen ist, so ist auf diesen Wert abzuschreiben. Außerdem dürfen Abschreibungen vorgenommen werden, soweit diese nach vernünftiger kaufmännischer Beurteilung notwendig sind, um zu verhindern, daß in der nächsten Zukunft der Wertansatz dieser Vermögensgegenstände auf Grund von Wertschwankungen geändert werden muß.

(4) Abschreibungen sind außerdem im Rahmen vernünftiger kaufmännischer Beurteilung zulässig.

(5) Ein niedrigerer Wertansatz nach Absatz 2 Satz 3, Absatz 3 oder 4 darf beibehalten werden, auch wenn die Gründe dafür nicht mehr bestehen.

§ 254 Steuerrechtliche Abschreibungen

Abschreibungen können auch vorgenommen werden, um Vermögensgegenstände des Anlage- oder Umlaufvermögens mit dem niedrigeren Wert anzusetzen, der auf einer nur steuerrechtlich zulässigen Abschreibung beruht. § 253 Abs. 5 ist entsprechend anzuwenden.

§ 255 Anschaffungs- und Herstellungskosten

(1) Anschaffungskosten sind die Aufwendungen, die geleistet werden, um einen Vermögensgegenstand zu erwerben und ihn in einen betriebsbereiten Zustand zu versetzen, soweit sie dem Vermögensgegenstand einzeln zugeordnet werden können. Zu den Anschaffungskosten gehören auch die Nebenkosten sowie die nachträglichen Anschaffungskosten. Anschaffungspreisminderungen sind abzusetzen.

(2) Herstellungskosten sind die Aufwendungen, die durch den Verbrauch von Gütern und die Inanspruchnahme von Diensten für die Herstellung eines Vermögensgegenstandes, seine Erweiterung oder für eine über seinen ursprünglichen Zustand hinausgehende wesentliche Verbesserung entstehen. Dazu gehören die Materialkosten, die Fertigungskosten und die Sonderkosten der Fertigung. Bei der Berechnung der Herstellungskosten dürfen auch angemessene Teile der notwendigen Materialgemeinkosten, der notwendigen Fertigungsgemeinkosten und des Wertverzehrs des Anlagevermögens, soweit er durch die Fertigung veranlaßt ist, eingerechnet werden. Kosten der allgemeinen Verwaltung sowie Aufwendungen für soziale Einrichtungen des Betriebs, für freiwillige soziale Leistungen und für betriebliche Altersversorgung brauchen nicht eingerechnet zu werden. Aufwendungen im Sinne der Sätze 3 und 4 dürfen nur insoweit berücksichtigt werden, als sie auf den Zeitraum der Herstellung entfallen. Vertriebskosten dürfen nicht in die Herstellungskosten einbezogen werden.

(3) Zinsen für Fremdkapital gehören nicht zu den Herstellungskosten. Zinsen für Fremdkapital, das zur Finanzierung der Herstellung eines Vermögensgegenstands verwendet wird, dürfen angesetzt werden, soweit sie auf den Zeitraum der Herstellung entfallen.

(4) Als Geschäfts- oder Firmenwert darf der Unterschiedsbetrag angesetzt werden, um den die für die Übernahme eines Unternehmens bewirkte Gegenleistung den Wert der einzelnen Vermögensgegenstände des Unternehmens abzüglich der Schulden im Zeitpunkt der Übernahme übersteigt. Der Betrag ist in jedem folgenden Geschäftsjahr zu mindestens einem Viertel durch Abschreibungen zu tilgen. Die Abschreibung des Geschäfts- oder Firmenwerts kann aber auch planmäßig auf die Geschäftsjahre verteilt werden, in denen er voraussichtlich genutzt wird.[1]

§ 256 Bewertungsvereinfachungsverfahren

Soweit es den Grundsätzen ordnungsmäßiger Buchführung entspricht, kann für den Wertansatz gleichartiger Vermögensgegenstände des Vorratsvermögens unterstellt werden, daß die zuerst oder daß die zuletzt angeschafften oder hergestellten Vermögensgegenstände zuerst oder in einer sonstigen bestimmten Folge verbraucht oder veräußert worden sind. § 240 Abs. 3 und 4 ist auch auf den Jahresabschluß anwendbar.

§ 257 Aufbewahrung von Unterlagen. Aufbewahrungsfristen

(1) Jeder Kaufmann ist verpflichtet, die folgenden Unterlagen geordnet aufzubewahren:
1. Handelsbücher, Inventare, Eröffnungsbilanzen, Jahresabschlüsse, Lageberichte, Konzernabschlüsse, Konzernlageberichte sowie die zu ihrem Verständnis erforderlichen Arbeitsanweisungen und sonstigen Organisationsunterlagen,
2. die empfangenen Handelsbriefe,
3. Wiedergaben der abgesandten Handelsbriefe,
4. Belege für Buchungen in den von ihm nach § 238 Abs. 1 zu führenden Büchern.

(2) Handelsbriefe sind nur Schriftstücke, die ein Handelsgeschäft betreffen.

(3) Mit Ausnahme der Eröffnungsbilanzen, Jahresabschlüsse und der Konzernabschlüsse können die in Absatz 1 aufgeführten Unterlagen auch als Wiedergabe auf einem Bildträger oder auf anderen Datenträgern aufbewahrt werden, wenn dies den Grundsätzen ordnungsmäßiger Buchführung entspricht und sichergestellt ist, daß die Wiedergabe oder die Daten

---
1 Für die Steuerbilanz beträgt die Nutzungsdauer 15 Jahre.

1. mit den empfangenen Handelsbriefen und den Buchungsbelegen bildlich und mit den anderen Unterlagen inhaltlich übereinstimmen, wenn sie lesbar gemacht werden,
2. während der Dauer der Aufbewahrungsfrist verfügbar sind und jederzeit innerhalb angemessener Frist lesbar gemacht werden können.

Sind Unterlagen auf Grund des § 239 Abs. 4 Satz 1 auf Datenträgern hergestellt worden, können statt des Datenträgers die Daten auch ausgedruckt aufbewahrt werden; die ausgedruckten Unterlagen können auch nach Satz 1 aufbewahrt werden.

(4) Die in Absatz 1 Nr. 1 aufgeführten Unterlagen sind zehn Jahre und die sonstigen in Absatz 1 aufgeführten Unterlagen sechs Jahre aufzubewahren.

(5) Die Aufbewahrungsfrist beginnt mit dem Schluß des Kalenderjahrs, in dem die letzte Eintragung in das Handelsbuch gemacht, das Inventar aufgestellt, die Eröffnungsbilanz oder der Jahresabschluß festgestellt, der Konzernabschluß aufgestellt, der Handelsbrief empfangen oder abgesandt worden oder der Buchungsbeleg entstanden ist.

§ 258 Vorlegung im Rechtsstreit

(1) Im Laufe eines Rechtsstreits kann das Gericht auf Antrag oder von Amts wegen die Vorlegung der Handelsbücher einer Partei anordnen.

Zweiter Abschnitt: Ergänzende Vorschriften für Kapitalgesellschaften

§ 264 Pflicht zur Aufstellung des Jahresabschlusses und des Lageberichtes

(1) Die gesetzlichen Vertreter einer Kapitalgesellschaft haben den Jahresabschluß (§ 242) um einen Anhang zu erweitern, der mit der Bilanz und der Gewinn- und Verlustrechnung eine Einheit bildet, sowie einen Lagebericht aufzustellen. Der Jahresabschluß und der Lagebericht sind von den gesetzlichen Vertretern in den ersten drei Monaten des Geschäftsjahrs für das vergangene Geschäftsjahr aufzustellen. Kleine Kapitalgesellschaften (§ 267 Abs. 1) dürfen den Jahresabschluß und den Lagebericht auch später aufstellen, wenn dies einem ordnungsgemäßen Geschäftsgang entspricht; diese Unterlagen sind jedoch innerhalb der ersten sechs Monate des Geschäftsjahrs aufzustellen.

(2) Der Jahresabschluß der Kapitalgesellschaft hat unter Beachtung der Grundsätze ordnungsmäßiger Buchführung ein den tatsächlichen Verhältnissen entsprechendes Bild der Vermögens-, Finanz- und Ertragslage der Kapitalgesellschaft zu vermitteln. Führen besondere Umstände dazu, daß der Jahresabschluß ein den tatsächlichen Verhältnissen entsprechendes Bild im Sinne des Satzes 1 nicht vermittelt, so sind im Anhang zusätzliche Angaben zu machen.

§ 265 Allgemeine Grundsätze für die Gliederung

(1) Die Form der Darstellung, insbesondere die Gliederung der aufeinanderfolgenden Bilanzen und Gewinn- und Verlustrechnungen, ist beizubehalten, soweit nicht in Ausnahmefällen wegen besonderer Umstände Abweichungen erforderlich sind.

(2) In der Bilanz sowie in der Gewinn- und Verlustrechnung ist zu jedem Posten der entsprechende Betrag des vorhergehenden Geschäftsjahrs anzugeben.

(5) Eine weitere Untergliederung der Posten ist zulässig. Neue Posten dürfen hinzugefügt werden, wenn ihr Inhalt nicht von einem vorgeschriebenen Posten gedeckt wird.

§ 266 Gliederung der Bilanz

(1) Die Bilanz ist in Kontoform aufzustellen. Dabei haben große und mittelgroße Kapitalgesellschaften (§ 267 Abs. 3, 2) auf der Aktivseite die in Absatz 2 und auf der Passivseite die in Absatz 3 bezeichneten Posten gesondert und in der vorgeschriebenen Reihenfolge auszuweisen. Kleine Kapitalgesellschaften (§ 267 Abs. 1) brauchen nur eine verkürzte Bilanz aufzustellen, in die nur die in den Absätzen 2 und 3 mit Buchstaben und römischen Zahlen bezeichneten Posten in der vorgeschriebenen Reihenfolge aufgenommen werden.

(2) Gliederung der <u>Aktivseite</u> } siehe Rückseite des Kontenrahmens (Faltblatt).
(3) Gliederung der <u>Passivseite</u>

§ 267 Umschreibung der Größenklassen (siehe Seite 239)

§ 268 Vorschriften zu einzelnen Posten der Bilanz. Bilanzvermerke

(1) Die Bilanz darf auch unter Berücksichtigung der vollständigen oder teilweisen Verwendung des Jahresergebnisses aufgestellt werden. Wird die Bilanz nach teilweiser Verwendung des Jahresergebnisses aufgestellt, so tritt an die Stelle des Postens „Jahresüberschuß/Jahresfehlbetrag" und „Gewinnvortrag/Verlustvortrag" der Posten „Bilanzgewinn/Bilanzverlust"; ein vorhandener Gewinn- oder Verlustvortrag ist in den Posten „Bilanzgewinn/ Bilanzverlust" einzubeziehen und in der Bilanz oder im Anhang gesondert anzugeben.

(2) In der Bilanz oder im Anhang ist die Entwicklung der einzelnen Posten des Anlagevermögens und des Postens „Aufwendungen für die Ingangsetzung und Erweiterung des Geschäftsbetriebs" darzustellen. Dabei sind, ausgehend von den gesamten Anschaffungs- und Herstellungskosten, die Zugänge, Abgänge, Umbuchungen und Zuschreibungen des Geschäftsjahrs sowie die Abschreibungen in ihrer gesamten Höhe gesondert aufzuführen. Die Abschreibungen des Geschäftsjahrs sind entweder in der Bilanz bei dem betreffenden Posten zu vermerken oder im Anhang in einer der Gliederung des Anlagevermögens entsprechenden Aufgliederung anzugeben.

(3) Ist das Eigenkapital durch Verluste aufgebraucht und ergibt sich ein Überschuß der Passivposten über die Aktivposten, so ist dieser Betrag am Schluß der Bilanz auf der Aktivseite gesondert unter der Bezeichnung „Nicht durch Eigenkapital gedeckter Fehlbetrag" auszuweisen.

(4) Der Betrag der Forderungen mit einer Restlaufzeit von mehr als einem Jahr ist bei jedem gesondert ausgewiesenen Posten zu vermerken.

(5) Der Betrag der Verbindlichkeiten mit einer Restlaufzeit bis zu einem Jahr ist bei jedem gesondert ausgewiesenen Posten zu vermerken. Erhaltene Anzahlungen auf Bestellungen sind, soweit Anzahlungen auf Vorräte nicht von dem Posten „Vorräte" offen abgesetzt werden, unter den Verbindlichkeiten gesondert auszuweisen.

(6) Ein nach § 250 Abs. 3 in den Rechnungsabgrenzungsposten auf der Aktivseite aufgenommener Unterschiedsbetrag ist in der Bilanz gesondert auszuweisen oder im Anhang anzugeben.

(7) Die in § 251 bezeichneten Haftungsverhältnisse sind gesondert unter der Bilanz oder im Anhang unter Angabe der gewährten Pfandrechte und sonstigen Sicherheiten anzugeben.

§ 270 Bildung bestimmter Posten

(2) Wird die Bilanz nach vollständiger oder teilweiser Verwendung des Jahresergebnisses aufgestellt, so sind Entnahmen aus Gewinnrücklagen sowie Einstellungen in Gewinnrücklagen, die nach Gesetz, Gesellschaftsvertrag oder Satzung vorzunehmen sind oder auf Grund solcher Vorschriften beschlossen worden sind, bereits bei der Aufstellung der Bilanz zu berücksichtigen.

§ 271 Beteiligungen. Verbundene Unternehmen

(1) Beteiligungen sind Anteile an anderen Unternehmen, die bestimmt sind, dem eigenen Geschäftsbetrieb durch Herstellung einer dauernden Verbindung zu jenen Unternehmen zu dienen. Dabei ist es unerheblich, ob die Anteile in Wertpapieren verbrieft sind oder nicht. Als Beteiligung gelten im Zweifel Anteile an einer Kapitalgesellschaft, deren Nennbeträge insgesamt den fünften Teil des Nennkapitals dieser Gesellschaft überschreiten.

§ 272 Eigenkapital

(1) Gezeichnetes Kapital ist das Kapital, auf das die Haftung der Gesellschafter für die Verbindlichkeiten der Kapitalgesellschaft gegenüber den Gläubigern beschränkt ist. Die ausstehenden Einlagen auf das gezeichnete Kapital sind auf der Aktivseite vor dem Anlagevermögen gesondert auszuweisen und entsprechend zu bezeichnen; die davon eingeforderten Einlagen sind zu vermerken. Die nicht eingeforderten ausstehenden Einlagen dürfen aber auch von dem Posten „Gezeichnetes Kapital" offen abgesetzt werden; in diesem Falle ist der verbleibende Betrag als Posten „Eingefordertes Kapital" in der Hauptspalte der Passivseite auszuweisen und ist außerdem der eingeforderte, aber noch nicht eingezahlte Betrag unter den Forderungen gesondert auszuweisen und entsprechend zu bezeichnen.

(2) Als Kapitalrücklage sind auszuweisen

1. der Betrag, der bei der Ausgabe von Anteilen einschließlich von Bezugsanteilen über den Nennbetrag hinaus erzielt wird;

2. der Betrag, der bei der Ausgabe von Schuldverschreibungen für Wandlungsrechte und Optionsrechte zum Erwerb von Anteilen erzielt wird;
3. der Betrag von Zuzahlungen, die Gesellschafter gegen Gewährung eines Vorzugs für ihre Anteile leisten;
4. der Betrag von anderen Zuzahlungen, die Gesellschafter in das Eigenkapital leisten.

(3) Als Gewinnrücklagen dürfen nur Beträge ausgewiesen werden, die im Geschäftsjahr oder in einem früheren Geschäftsjahr aus dem Ergebnis gebildet worden sind. Dazu gehören aus dem Ergebnis zu bildende gesetzliche oder auf Gesellschaftsvertrag oder Satzung beruhende Rücklagen und andere Gewinnrücklagen.

(4) In eine Rücklage für eigene Anteile ist ein Betrag einzustellen, der dem auf der Aktivseite der Bilanz für die eigenen Anteile anzusetzenden Betrag entspricht. Die Rücklage darf nur aufgelöst werden, soweit die eigenen Anteile ausgegeben, veräußert oder eingezogen werden oder soweit nach § 253 Abs. 3 auf der Aktivseite ein niedrigerer Betrag angesetzt wird. Die Rücklage, die bereits bei der Aufstellung der Bilanz vorzunehmen ist, darf aus vorhandenen Gewinnrücklagen gebildet werden, soweit diese frei verfügbar sind.

§ 275 Gliederung der Gewinn- und Verlustrechnung

(1) Die Gewinn- und Verlustrechnung ist in Staffelform nach dem Gesamtkostenverfahren oder dem Umsatzkostenverfahren aufzustellen. Dabei sind die in Absatz 2 oder 3 bezeichneten Posten in der angegebenen Reihenfolge gesondert auszuweisen.

(2) Gliederung nach dem Gesamtkostenverfahren ⎫ siehe Rückseite des Kontenrahmens
(3) Gliederung nach dem Umsatzkostenverfahren ⎭ (Faltblatt).

(4) Veränderungen der Kapital- und Gewinnrücklagen dürfen in der Gewinn- und Verlustrechnung erst nach dem Posten „Jahresüberschuß/Jahresfehlbetrag" ausgewiesen werden.

§ 276 Größenabhängige Erleichterungen

Kleine und mittelgroße Kapitalgesellschaften (§ 267 Abs. 1, 2) dürfen die Posten § 275 Abs. 2 Nr. 1 bis 5 oder Abs. 3 Nr. 1 bis 3 und 6 zu einem Posten unter der Bezeichnung „Rohergebnis" zusammenfassen.

§ 279 Nichtanwendung von Vorschriften. Abschreibungen

(1) § 253 Abs. 4 ist nicht anzuwenden. § 253 Abs. 2 Satz 3 darf, wenn es sich nicht um eine voraussichtlich dauernde Wertminderung handelt, nur auf Vermögensgegenstände, die Finanzanlagen sind, angewendet werden.

(2) Abschreibungen nach § 254 dürfen nur insoweit vorgenommen werden, als das Steuerrecht ihre Anerkennung bei der steuerrechtlichen Gewinnermittlung davon abhängig macht, daß sie sich aus der Bilanz (Handelsbilanz) ergeben.

§ 280 Wertaufholungsgebot

(1) Wird bei einem Vermögensgegenstand eine Abschreibung nach § 253 Abs. 2 Satz 3, Abs. 3 oder § 254 Satz 1 vorgenommen und stellt sich in einem späteren Geschäftsjahr heraus, daß die Gründe dafür nicht mehr bestehen, so ist der Betrag dieser Abschreibung im Umfang der Werterhöhung unter Berücksichtigung der Abschreibungen, die inzwischen vorzunehmen gewesen wären, zuzuschreiben. § 253 Abs. 5, § 254 Satz 2 sind insoweit nicht anzuwenden.

(2) Von der Zuschreibung nach Absatz 1 kann abgesehen werden, wenn der niedrigere Wertansatz bei der steuerrechtlichen Gewinnermittlung beibehalten werden kann und Voraussetzung für die Beibehaltung ist, daß der niedrigere Wertansatz auch in der Bilanz (Handelsbilanz) beibehalten wird.

(3) Im Anhang ist der Betrag der im Geschäftsjahr aus steuerrechtlichen Gründen unterlassenen Zuschreibungen anzugeben und hinreichend zu begründen.

§ 283 Wertansatz des Eigenkapitals

Das gezeichnete Kapital ist zum Nennbetrag anzusetzen.

§ 284 Anhang: Erläuterung der Bilanz und der Gewinn- und Verlustrechnung

(1) In den Anhang sind diejenigen Angaben aufzunehmen, die zu den einzelnen Posten der Bilanz oder der Gewinn- und Verlustrechnung vorgeschrieben oder die im Anhang zu machen sind, weil sie in Ausübung eines Wahlrechts nicht in die Bilanz oder in die Gewinn- und Verlustrechnung aufgenommen wurden.

(2) Im Anhang müssen
1. die auf die Posten der Bilanz und der Gewinn- und Verlustrechnung angewandten Bilanzierungs- und Bewertungsmethoden angegeben werden;
2. die Grundlagen für die Umrechnung in Deutsche Mark angegeben werden, soweit der Jahresabschluß Posten enthält, denen Beträge zugrunde liegen, die auf fremde Währung lauten oder ursprünglich auf fremde Währung lauteten;
3. Abweichungen von Bilanzierungs- und Bewertungsmethoden angegeben und begründet werden; deren Einfluß auf die Vermögens-, Finanz- und Ertragslage ist gesondert darzustellen;
5. Angaben über die Einbeziehung von Zinsen für Fremdkapital in die Herstellungskosten gemacht werden.

§ 285 Sonstige Pflichtangaben im Anhang
Ferner sind im Anhang anzugeben:
1. zu den in der Bilanz ausgewiesenen Verbindlichkeiten
    a) der Gesamtbetrag der Verbindlichkeiten mit einer Restlaufzeit von mehr als fünf Jahren,
    b) der Gesamtbetrag der Verbindlichkeiten, die durch Pfandrechte oder ähnliche Rechte gesichert sind, unter Angabe von Art und Form der Sicherheiten;
8. bei Anwendung des Umsatzkostenverfahrens (§ 275 Abs. 3)
    a) der Materialaufwand des Geschäftsjahrs, gegliedert nach § 275 Abs. 2 Nr. 5,
    b) der Personalaufwand des Geschäftsjahrs, gegliedert nach § 275 Abs. 2 Nr. 6;
9. für die Mitglieder des Geschäftsführungsorgans, eines Aufsichtsrats, eines Beirats oder einer ähnlichen Einrichtung jeweils für jede Personengruppe
    a) die für die Tätigkeit im Geschäftsjahr gewährten Gesamtbezüge (Gehälter, Gewinnbeteiligungen, Aufwandsentschädigungen, Versicherungsentgelte, Provisionen und Nebenleistungen jeder Art);
10. alle Mitglieder des Geschäftsführungsorgans und eines Aufsichtsrats mit dem Familiennamen und mindestens einem ausgeschriebenen Vornamen. Der Vorsitzende eines Aufsichtsrats, seine Stellvertreter und ein etwaiger Vorsitzender des Geschäftsführungsorgans sind als solche zu bezeichnen;
11. Name und Sitz anderer Unternehmen, von denen die Kapitalgesellschaft oder eine für Rechnung der Kapitalgesellschaft handelnde Person mindestens den fünften Teil der Anteile besitzt;
12. Rückstellungen, die in der Bilanz unter dem Posten „sonstige Rückstellungen" nicht gesondert ausgewiesen werden, sind zu erläutern, wenn sie erheblich sind.

§ 289 Lagebericht
(1) Im Lagebericht sind zumindest der Geschäftsverlauf und die Lage der Kapitalgesellschaft so darzustellen, daß ein den tatsächlichen Verhältnissen entsprechendes Bild vermittelt wird.
(2) Der Lagebericht soll auch eingehen auf:
1. Vorgänge von besonderer Bedeutung, die nach dem Schluß des Geschäftsjahrs eingetreten sind;
2. die voraussichtliche Entwicklung der Kapitalgesellschaft;
3. den Bereich Forschung und Entwicklung.

§ 316 Pflicht zur Prüfung
(1) Der Jahresabschluß und der Lagebericht von Kapitalgesellschaften, die nicht kleine im Sinne des § 267 Abs. 1 sind, sind durch einen Abschlußprüfer zu prüfen. Hat keine Prüfung stattgefunden, so kann der Jahresabschluß nicht festgestellt werden.

§ 318 Bestellung und Abberufung des Abschlußprüfers
(1) Der Abschlußprüfer des Jahresabschlusses wird von den Gesellschaftern gewählt.

§ 320 Vorlagepflicht, Auskunftsrecht
(1) Die gesetzlichen Vertreter der Kapitalgesellschaft haben dem Abschlußprüfer den Jahresabschluß und den Lagebericht unverzüglich nach Aufstellung vorzulegen. Sie haben ihm zu gestatten, Bücher und Schriften der Kapitalgesellschaft sowie die Vermögensgegenstände und Schulden, namentlich die Kasse und die Bestände an Wertpapieren und Waren, zu prüfen.

§ 322 Bestätigungsvermerk

(1) Sind nach dem abschließenden Ergebnis der Prüfung keine Einwendungen zu erheben, so hat der Abschlußprüfer dies durch folgenden Vermerk zum Jahresabschluß zu bestätigen:

„*Die Buchführung und der Jahresabschluß entsprechen nach meiner (unserer) pflichtgemäßen Prüfung den gesetzlichen Vorschriften. Der Jahresabschluß vermittelt unter Beachtung der Grundsätze ordnungsmäßiger Buchführung ein den tatsächlichen Verhältnissen entsprechendes Bild der Vermögens-, Finanz- und Ertragslage der Kapitalgesellschaft. Der Lagebericht steht im Einklang mit dem Jahresabschluß.*"

§ 325 Offenlegung

(1) Die gesetzlichen Vertreter von Kapitalgesellschaften haben den Jahresabschluß unverzüglich nach seiner Vorlage an die Gesellschafter, jedoch spätestens vor Ablauf des neunten Monats des dem Abschlußstichtag nachfolgenden Geschäftsjahrs, mit dem Bestätigungsvermerk oder dem Vermerk über dessen Versagung zum Handelsregister des Sitzes der Kapitalgesellschaft einzureichen; gleichzeitig sind der Lagebericht, der Bericht des Aufsichtsrats und der Vorschlag für die Verwendung des Ergebnisses und der Beschluß über seine Verwendung unter Angabe des Jahresüberschusses oder Jahresfehlbetrags einzureichen. Die gesetzlichen Vertreter haben im Bundesanzeiger bekanntzumachen, bei welchem Handelsregister und unter welcher Nummer diese Unterlagen eingereicht worden sind.

(2) Absatz 1 ist auf große Kapitalgesellschaften (§ 267 Abs. 3) mit der Maßgabe anzuwenden, daß die in Absatz 1 bezeichneten Unterlagen zunächst im Bundesanzeiger bekanntzumachen sind und die Bekanntmachung unter Beifügung der bezeichneten Unterlagen zum Handelsregister des Sitzes der Kapitalgesellschaft einzureichen ist.

§ 326 Größenabhängige Erleichterungen für kleine Kapitalgesellschaften bei der Offenlegung

Auf kleine Kapitalgesellschaften (§ 267 Abs. 1) ist § 325 Abs. 1 mit der Maßgabe anzuwenden, daß die gesetzlichen Vertreter nur die Bilanz und den Anhang spätestens vor Ablauf des zwölften Monats des dem Bilanzstichtag nachfolgenden Geschäftsjahrs einzureichen haben. Soweit sich das Jahresergebnis, der Vorschlag für die Verwendung des Ergebnisses aus der Bilanz oder dem Anhang nicht ergeben, sind auch der Vorschlag und der Beschluß über die Verwendung des Ergebnisses unter Angabe des Jahresergebnisses einzureichen. Der Anhang braucht die die Gewinn- und Verlustrechnung betreffenden Angaben nicht zu enthalten.

§ 327 Größenabhängige Erleichterungen für mittelgroße Kapitalgesellschaften bei der Offenlegung

1. Die Bilanz darf in der für kleine Kapitalgesellschaften nach § 266 Abs. 1 Satz 3 vorgeschriebenen Form zum Handelsregister eingereicht werden. In der Bilanz oder im Anhang sind jedoch die folgenden Posten des § 266 Abs. 2 und 3 zusätzlich gesondert anzugeben:

Auf der Aktivseite[1]:

Geschäfts- oder Firmenwert; Grundstücke, grundstücksgleiche Rechte und Bauten einschließlich der Bauten auf fremden Grundstücken; technische Anlagen und Maschinen; Betriebs- und Geschäftsausstattung; geleistete Anzahlungen und Anlagen im Bau; Anteile an verbundenen Unternehmen; Ausleihungen an verbundene Unternehmen; Beteiligungen; Ausleihungen an beteiligte Unternehmen.

Auf der Passivseite[1]:

Verbindlichkeiten gegenüber Kreditinstituten; Verbindlichkeiten gegenüber verbundenen Unternehmen; Verbindlichkeiten gegenüber Unternehmen, mit denen ein Beteiligungsverhältnis besteht.

§ 329 Prüfungspflicht des Registergerichts

(1) Das Gericht prüft, ob die vollständig oder teilweise zum Handelsregister einzureichenden Unterlagen vollzählig sind und, sofern vorgeschrieben, bekanntgemacht worden sind.

---

1 gekürzt

Sachregister

Abgrenzung,
  unternehmensbezogene 307 f.
Abgrenzungsrechnung 307 f.
Abhängigkeit der Kosten 334 f.
Abschluß der Erfolgskonten 45 f.
Abschlußübersicht 231 f.
Abschreibungen 50, 171 f.
  − Berechnungs-
    methoden 51, 173 f.
  − planmäßige 171 f., 208
  − außerplanmäßige 171 f., 208
  − bilanzmäßige 315
  − direkte, indirekte 216 f.
  − kalkulatorische 314 f.
Abzugskapital 318
AG, Jahresabschluß 252
Abschreibungskreislauf 317
Agio 225, 242
Aktivkonten 26
Aktivierungspflichtige
  Leistungen 168
Anderskosten 314 f.
Angebotskalkulation 382
Anhang 184, 239
Anlagegüter, Anschaffungen 166
Anlagen, Abgänge 179 f., 244
Anlagendeckung 276 f.
Anlagenkartei 12, 84, 165
Anlagenspiegel 244
Anlagevermögen,
  Bewertung 171 f., 208
Anleihen 156, 225
Anschaffungskosten
  109 f., 166, 203, 315
Anzahlungen
  154 f., Anhang (Bilanz)
Äquivalenzziffern 389
Äquivalenzziffernkalkulation 389
Arbeitsproduktivität 295
Aufbereitung von Bilanzen 272 f.
Aufgaben
  − des Rechnungswesens 7 f.
  − der Buchführung 7, 9
  − der Kosten- und
    Leistungsrechnung 8, 299 f.
Aufgeld 225, 242
Aufwendungen 41, 299 f.
Ausgaben 303

BAB (Betriebsabrechnungs-
  bogen) 350 f.
  − erweiterter 367
  − mehrstufiger 368
  − bei Maschinenstunden-
    satzrechnung 376
Belegorganisation 80 f.
Beschäftigung, Abhängigkeit
  der Kosten 334 f.
Beschäftigungsabweichung
  360, 424
Beschäftigungsgrad 334
Bestandskonten 28 f.
Bestandsveränderungen 54 f.

Betriebsbezogene
  − Aufwendungen 302
  − Erträge 304
Betriebsergebnis 299, 307, 327
Betriebsnotwendiges Kapital 318
Betriebsübersicht 231 f.
Bewegungsbilanz 282 f.
Bewertung des
  − Anlagevermögens 171 f., 208
  − der Forderungen 215 f.
  − der Schulden 224 f.
  − der Vorräte 210 f.
Bewertungsgrundsätze 201 f.
Bezugskosten 109 f.
Bilanz 20, 184, 239 f., Anhang
Bilanzgliederung 20, 240 f.,
  Anhang
Bilanzkonten 38
Bilanzkritik 274 f.
Bilanzstruktur 21, 272 f.
Break-even-Point 343, 395
Bücher der Buchführung 82 f.
Buchungssätze
  − einfache 32
  − zusammengesetzte 36
Cash-flow 293
Controlling 415 f.
Damnum 225
Deckungsbeitrag 394 f.
  − I/II, III 401 f.
  − absolut 408
  − relativ 408
Deckungsbeitragsrechnung 393 f.
  − als Stückrechnung 394 f.
  − als Perioden-
    rechnung 395, 400
Dialogbuchung 139 f.
Disagio 225
Divisionskalkulation 391
  − mit Äquivalenzziffern 389
EDV 82, 84, 87 f.
Eigenfertigung 168, 412
Eigenkapital 14, 20, 41, 242, 274 f.
Eigenverbrauch 70 f., 304
Einfuhr 60
Einkauf mit Umsatzsteuer 60 f.
Einnahmen 303
Einzelbewertung
  von Forderungen 216
Einzelkosten 333, 347
Erfolgsermittlung
  durch Kapitalvergleich 18 f.
Erfolgskonten 41 f.
Erfolgsrechnung
  18, 41, 244 f., 287 f., Anhang
Erfolgsstruktur 244, 294
Ergebnistabelle 307 f., 326 f.
Erträge 41, 299 f.
Erzeugnisse
  − fertige, unfertige 54
erzeugnisfixe Kosten 401
erzeugnisgruppenfixe
  Kosten 402

Fertigungsgemeinkosten,
  maschinenabhängige
  375 f.
Fertigungsverfahren 346
Fifo-Methode 212
Finanzierung 21, 50, 274 f.
  − aus Abschreibungs-
    gegenwerten 317
Fixe Kosten 338 f., 342
Forderungen
  − Umschlag 289
  − Ausweis in Bilanzen von
    Kapitalgesellschaften 217
  − Bewertung und
    Abschreibung 215 f.
  − Einzelbewertung 216 f.
  − Pauschal-
    wertberichtigung 220 f.
  − Sonstige 185 f.
Fremdbezug 412

Gehälter 130
Gemeinkosten 333, 347, 350
Geringwertige
  Wirtschaftsgüter 175
Gesamtergebnis 307 f., 327
Gesamtleistung 55, 287 f.
Gesetzliche Grundlagen
  der Buchführung 10, 436 f.,
Gewerbesteuer 160 f.
Gewinnermittlung
  18, 45 f., 235 f., 244 f.
Gewinnschwelle 343, 395
Gewinn- und Verlustrechnung
  18 f., 45 f., 244 f., Anhang
Gezeichnetes Kapital 242
GmbH, Jahresabschluß 242, 246 f.
Grundbuch 32, 82
Grundkosten 314 f.
Gruppenbewertung 211 f.

Handelsbilanz 199
Handelswaren 112
Hauptabschlußübersicht 231 f.
Hauptbuch 83
Herstellkosten des Umsatzes 351
Herstellungskosten 203
Hilfsstoffe 14, 41
Höchstwertprinzip 207, 224
Hypothekenschulden 15 f., 20, 225

IKR 73 f.
Imparitätsprinzip 207
Innerbetriebliche Leistungen 168
Inventur, Inventar 12 f.
Investierung 276 f., 252 f.
Istzuschläge 352 f.

Jahresabschluß 184 f.
  − der AG 239 f., 252
  − der GmbH 239 f., 246 f.
  − der KG 237
  − der OHG 235
Just-in-time 124 f.

Kalkulationsarten 346 f., 381 f.
Kalkulationsschema 355, 359 f.
Kalkulatorische Kosten 314 f.
Kapitalstruktur 21, 274 f.
Kapitalumschlag 289
Kapitalvergleich,
 Erfolgsermittlung 18 f.
Kennzahlen,
 Rentabilität usw. 290 f., 328
KHK-Fibu 90 f.
Körperschaftsteuer 161, 243
Kommanditgesellschaft 237
Konstitution 277 f.
Kontenklassen 73 f.
Kontenplan 76
Kontenrahmen 73 f., 76
Kontokorrentbuch-
 haltung 84 f., 95 f., 254 f.
Korrekturen,
 kostenrechnerische 313 f.
Kosten 302, 314
 – Abhängigkeit
  von Beschäftigung 334 f.
 – fixe 338
 – variable 336
Kostenabgrenzung 313 f.
Kostenarten 333 f.
 – Vorsteuer 61, 63 f.
Kostenartenrechnung 333 f.
Kostenauflösung 418
Kostenfunktion 342
Kostenkontrolle 360 f., 415 f., 424
Kostenplanung 342 f.
Kostenrechnerische
 Korrekturen 313 f.
 – durch kalk. Kosten 314 f.
 – durch Verrechnungspreise 325
Kostenstellenrechnung 347 f.
Kostenträger 346
Kostenträgerblatt (BAB II) 358 f.
Kostenträgerstückrechnung 381 f.
Kostenträgerzeitrechnung 360 f.
Kostenüber- und
 -unterdeckung 362 f.
Kosten- und
 Leistungsrechnung 299 f.
Kostenverläufe 342 f.
 – lineare 343

Lagerbuch 84
Lagerumschlag 288
Leistungen 299, 304
 – innerbetriebliche 168
leverage effect 292
Lifo-Methode 212
Liquidität 194, 279 f.
Löhne 130 f.

Maschinenlaufzeit 375
Maschinenstundensatz 376
Maschinenstundensatz-
 rechnung 374 f.
Maßgeblichkeitsprinzip 199 f.
Mehrwertsteuer 60 f.
Miete, kalkulatorische 324
Mischkosten 339

Mittelherkunft 21, 282 f.
Mittelverwendung 21, 282 f.
Nachkalkulation 386 f.
Nachlässe 115 f., 383
Nebenbücher 84 f.
Neutrale Aufwendungen
 und Erträge 302 f.
Neutrales Ergebnis 307 f., 327
Niederstwertprinzip 172, 206 f.
Normalgemeinkosten 360
Normalzuschläge 361
Offene-Posten-Buchhaltung
 84, 143, 146, 255
Offenlegungspflicht 239
Opportunitätskosten 413
Optimales Produktions-
 programm 408
Ordnungsmäßigkeit
 der Buchführung 11
Passivkonten 26
Pauschalwertberichtigung 220 f.
Personalkosten 130 f.
Planbeschäftigung 417
Plankalkulation 419
Plankosten 417 f.
Plankostenrechnung 415 f.
 – Aufbau 416
 – flexible 415
Plankostenverrechnungssatz 419
Planungsrechnung 8
Preisabweichung 360
Preisuntergrenze 404 f.
Privatkonto 70 f.
Programmwahl 408
Progressive Kosten 337
Proportionale Kosten 336
Prüfungspflicht 239
Rechnungsabgrenzungs-
 posten 185 f.
Rechnungskreis II 299
Rentabilität 290 f., 328
Restgemeinkosten 376 f.
Rohstoffe 14, 41
Rücklagen 242 f.
Rücksendungen 113 f.
Rückstellungen 194 f.
Saldenbilanz 95, 231 f.
Sammelbewertung 211
Schulden, Bewertung 224 f.
Schwebende Geschäfte 194 f.
Selbstfinanzierung 243, 293
Skonti 120 f.
Sofortrabatte 109
Soll-Ist-Kostenvergleich 424
Sollkosten 420
Sondereinzelkosten 333, 383
Sonstige Forderungen 185 f.
Sonstige Verbindlichkeiten 185 f.
Stapelbuchung 139 f.
Steuerbilanz 199
Steuern 160 f.
Stückkosten 381 f.
 – fixe 338
 – variable 336

Tageswert 203 f.
Teilkostenrechnung 393 f.
Teilwert 203
Umsatzrentabilität 292
Umsatzsteuer 60 f., 70, 179 f.
Umsatzsteuer-Zahllast 66 f.
Unterkonten
 des Kapitalkontos 42, 70
Unternehmensbezogene
 – Abgrenzungen 307 f.
 – Aufwendungen 303
 – Erträge 304
Unternehmensfixe Kosten 402
Unternehmerlohn,
 kalkulatorischer 320
Variable Kosten 334 f., 342
Verbindlichkeiten
 – Bewertung 224 f.
 – Sonstige 185 f.
Verbrauchsabweichungen
 360, 424 f.
Verbrauchsfolgebewertung 212
Vermögensstruktur 21, 277 f.
Vermögenswirksame
 Leistungen 145 f.
Verrechnungspreise 325, 417
Vollkostenrechnung 346 f.
 – bei Sortenfertigung 389
 – Mehrprodukt-
  unternehmen 346 f.
 – Nachteile 393
Vorkalkulation 382 f.
Vorratsvermögen
 – Bewertung 210 f.
 – Bewertungsverfahren 210 f.
Vorschüsse 138
Vorsichtsprinzip 199, 206 f.
Vorsteuer 61 f.
Vorsteuer-Überhang 66
Währungs-
 verbindlichkeiten 207, 224
Wagnisse, kalkulatorische 322
Wechselbuchungen 147 f.
Wertänderungen in der Bilanz
 24 f.
Wertberichtigung
 auf Forderungen 217 f.
Wertpapiere 156 f.
Wirtschaftlichkeit 288 f., 328
Wirtschaftsgüter,
 geringwertige 175
Zahllast 60 f.
Zahlungsfähigkeit 279 f.
Zeitliche Abgrenzungen 185 f.
Zinsen, kalkulatorische 318
Zurechnung der Kosten
 auf Kostenträger 346 f.
Zusatzaufträge 406
Zusatzkosten 314, 320
Zuschlagskalkulation 381 f.
Zuschlagssätze, Ermittlung 352 f.
Zweikreissystem 73, 299

© Winklers Verlag · Gebrüder Grimm · Darmstadt